Radiologische Differentialdiagnostik in Orthopädie und Rheumatologie

Vom Befund zur Diagnose

Aus dem Standardwerk
„Röntgenologische Differentialdiagnostik" von

Francis A. Burgener und Martti Kormano

Deutsche Übersetzung von Gertrud Gollmann

591 Abbildungen
48 Tabellen

1995
Georg Thieme Verlag Stuttgart · New York

Francis A. Burgener, M.D.
Professor of Radiology,
University of Rochester
Medical Center,
Rochester, N. Y. 14642, USA

Martti Kormano, M.D.
Professor and Chairman
Department of Diagnostic Radiology
University Central Hospital
20520 Turku, Finland

Dr. med. Gertrud Gollmann
Facharzt für Innere Medizin
Seefeld 60, A-4853 Steinbach/Attersee

Wichtiger Hinweis:

Wie jede Wissenschaft ist die Medizin ständigen Entwicklungen unterworfen. Forschung und klinische Erfahrung erweitern unsere Erkenntnisse, insbesondere was Behandlung und medikamentöse Therapie anbelangt. Soweit in diesem Werk eine Dosierung oder eine Applikation erwähnt wird, darf der Leser zwar darauf vertrauen, daß Autoren, Herausgeber und Verlag große Sorgfalt darauf verwandt haben, daß diese Angabe dem Wissensstand bei Fertigstellung des Werkes entspricht.

Für Angaben über Dosierungsanweisungen und Applikationsformen kann vom Verlag jedoch keine Gewähr übernommen werden. Jeder Benutzer ist angehalten, durch sorgfältige Prüfung der Beipackzettel der verwendeten Präparate und gegebenenfalls nach Konsultation eines Spezialisten festzustellen, ob die dort gegebene Empfehlung für Dosierungen oder die Beachtung von Kontraindikationen gegenüber der Angabe in diesem Buch abweicht. Eine solche Prüfung ist besonders wichtig bei selten verwendeten Präparaten oder solchen, die neu auf den Markt gebracht worden sind. Jede Dosierung oder Applikation erfolgt auf eigene Gefahr des Benutzers. Autoren und Verlag appellieren an jeden Benutzer, ihm etwa auffallende Ungenauigkeiten dem Verlag mitzuteilen.

Die Deutsche Bibliothek – CIP-Einheitsaufnahme

Burgener, Francis A.:
Radiologische Differentialdiagnostik in Orthopädie und Rheumatologie : vom Befund zur Diagnose ; aus dem Standardwerk „Röntgenologische Differentialdiagnostik" ; 48 Tabellen / von Francis A. Burgener und Martti Kormano. Dt. Übers. von Gertrud Gollmann. –Stuttgart ; New York : Thieme; 1995
NE: Kormano, Martti:

Die englische Originalausgabe erschien unter dem Titel: Differential Diagnosis in Conventional Radiology, 2nd edition.

Printed in Germany
Satz: Druckhaus Götz GmbH, Ludwigsburg,
gesetzt auf Linotron 202
Druck: Grammlich, Pliezhausen

ISBN 3-13-102161-6 3 4 5 6

Vorwort

Trotz der Einführung neuer, faszinierender bildgebender Verfahren wie der Sonographie, der Computertomographie und neuerdings der Magnetresonanz ist und bleibt die konventionelle Radiographie das Rückgrat unseres Faches. Im Gegensatz zu vielen dieser neueren Methoden wird die konventionelle Radiologie nicht nur von Radiologen, sondern auch von zahlreichen Klinikern und Chirurgen praktiziert. Bei jedem Röntgenbild wird man mit röntgenologischen Zeichen konfrontiert, die man interpretieren muß, um zu einem diagnostischen Gesamteindruck und einer vernünftigen Differentialdiagnose zu gelangen. Um mitzuhelfen, daß der Interpret beim Lesen der Bilder dieses Ziel erreicht, geht unser Buch von Röntgenbefunden aus, anders als die meisten Lehrbücher der Radiologie, die sich nach Krankheiten orientieren. Da sich viele Krankheiten radiographisch in vielfältigen Manifestationen präsentieren, sind einige Überschneidungen im Text unvermeidlich. Um möglichst wenig Wiederholungen zu bringen, wird die Differentialdiagnose eines Röntgenbefundes so oft es geht in Tabellenform dargestellt. In den Tabellen werden nicht nur die verschiedenen Krankheiten aufgelistet, die sich röntgenologisch in spezifischer Weise präsentieren können, sondern es werden auch die typischen radiographischen Begleitbefunde und die einschlägigen klinischen Daten in Kurzform beschrieben. Die besprochenen radiographischen Zeichen werden mit beigefügten Röntgenbildern und Zeichnungen visuell demonstriert.

Dieses Buch ist für Ärzte mit einiger Erfahrung in der Radiologie bestimmt, die ihren diagnostischen Scharfblick fördern wollen. Es bietet einen umfassenden Abriß radiographischer Befunde, und wir hoffen, daß es besonders für in Ausbildung stehende Ärzte in Röntgenabteilungen, die sich für ihre Facharztqualifikation vorbereiten, nützlich ist. Jeder mit der Interpretation von Röntgenbildern befaßte Arzt sollte – direkt proportional zu seiner Wißbegierde – aus diesem Buch Gewinn ziehen können.

In diesem Buch werden Befunde der konventionellen Radiographie beschrieben und ihre differentialdiagnostischen Möglichkeiten analysiert. Die Listen der Krankheiten, die mit ähnlichen radiographischen Veränderungen in Erscheinung treten, werden von Beschreibungen anderer radiographischer Begleitbefunde und relevanten Angaben über klinische Besonderheiten bestimmter Krankheitsbilder ergänzt.

Darüber hinaus wird auf den Wert nichtkonventioneller bildgebender Verfahren, nämlich Sonographie, CT und MRT, in der weiteren Abklärung des Falles eingegangen.

Wir hoffen, daß dieses Buch allen Ärzten, die Röntgenaufnahmen beurteilen, bei ihrer Arbeit helfen wird.

Inhaltsverzeichnis

1 Osteopenie

Die Osteopenie wird definiert als Herabsetzung der Knochendichte, verursacht durch reduzierte Knochenbildung und/oder vermehrte Knochenresorption. Eine Verminderung der Knochenbildung kann entweder Folge einer ungenügenden Knochenmatrixbildung (z. B. Inaktivitätsosteoporose und Eiweißmangel jeglicher Ätiologie) oder einer ungenügenden Matrixverkalkung sein (z. B. Osteomalazie). Der primäre Hyperparathyreoidismus ist ein Beispiel für die zu starke Resorption von sowohl Knochenmatrix als auch -mineral. Eine Kombination dieser Ursachen führt zu der beim Großteil der osteopenischen Störungen vorhandenen Untermineralisierung.

Erst wenn der Mineralgehalt des Knochens um ungefähr 30% reduziert ist, wird bei der konventionellen Radiographie ein Unterschied in der Knochendichte erkennbar. Zu den für eine frühere Erkennung und Quantifizierung geeigneten empfindlicheren Verfahren gehören Computertomographie und Photonenabsorptiometrie. Es ist auch zu bedenken, daß sich die normale Knochendichte mit dem Alter verändert – sie nimmt vom Säuglingsalter bis zum Alter von 35–40 Jahren zu und dann fortschreitend um 8% pro Dekade bei der Frau und 3% pro Dekade beim Mann ab.

Radiographisch findet sich bei der Osteopenie eine Herabsetzung der Knochendichte und Verschmälerung der Kortikalis. Die Osteopenie kann generalisiert oder lokalisiert sein; die Differentialdiagnose dieser beiden Formen wird getrennt in Tab. 1.**1** und 1.**2** besprochen.

Bei der *Osteoporose* kann die Verminderung der Knochendichte in Kombination mit der Verschmälerung der Kortikalis zu einer scheinbaren Dichtezunahme der Kortikalis und der Wirbelkörperendplatten, die nun als dünne, scharfe Linien erscheinen, führen. Mit weiterem Fortschreiten der Erkrankung werden die Wirbelkörper bikonkav und nach vorn zu keilförmig verschmälert (Abb. 1.**1 a**). Die Knochenresorption erfolgt vorzugsweise in den transversalen Trabekeln, während die Trabekeln entlang der Zug- und Drucklinien akzentuiert erscheinen. Ausgenommen bei der Osteogenesis imperfecta treten bei der Osteoporose keine Knochenverbiegungen auf. Es besteht jedoch eine Neigung zu Frakturen besonders der Wirbelkörper, Rippen, Hüften und Handgelenke. Die Frakturheilung ist verzögert und die Kallusbildung schlecht. Beim Cushing-Syndrom und bei der Osteogenesis imperfecta kommt es allerdings in osteopenischen Knochen zu einer überschießenden Kallusbildung. Bei der Osteoporose sind Serumkalzium, -phosphat und alkalische Phosphate normal.

Bei der *Osteomalazie* ist eine unspezifische Verminderung der Knochendichte oft der einzige radiographische Anhaltspunkt. Charakteristischer für diese Krankheit ist die unscharfe Begrenzung der Rinde und der Knochenbälkchen, die den betroffenen Knochen milchglasartig erscheinen läßt. Das ist häufig in den Wirbelkörpern am ausgeprägtesten (Abb. 1.**1 b**). Am Schädel ist eine Sprenkelung wie beim Hyperparathyreoidismus typisch. Die Knochen neigen zur Verkrümmung, und man findet gewöhnlich Verbiegungsdeformitäten an Thorax, Wirbelsäule, Becken und Extremitäten. Häufig kommt es zu Pseudofrakturen (Looser-Umbauzonen oder Milkman-Syndrom), die Knocheninfraktionen mit unvollständiger Heilung repräsentieren. Man findet sie in Schulterblatt, Rippen, Schlüsselbein, Sitz- und Schambeinast, Oberschenkelknochen (speziell Schenkelhals)

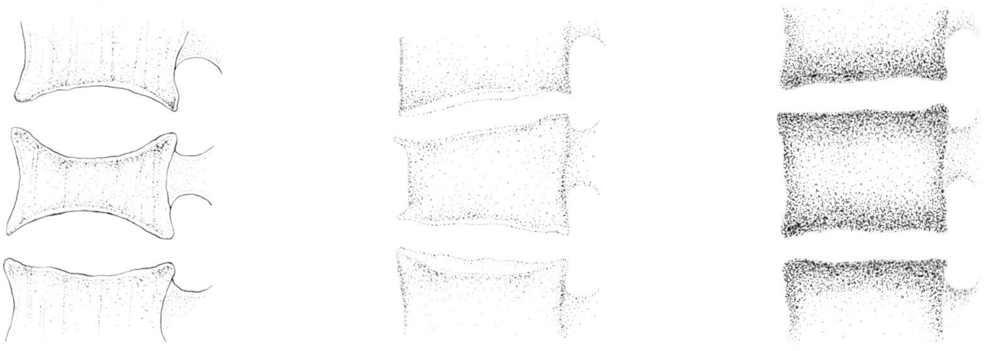

a b c

Abb. 1.**1** **a Osteoporose.** Rarefizierte, bikonkave oder teilweise eingesunkene Wirbelkörper mit schmalen, aber dicht erscheinenden Endplatten und betonten vertikalen Trabekeln.
b Osteomalazie. Einheitliche Demineralisation mit Verlust der trabekulären Zeichnung („milchglasartiges Aussehen") und Kompressionsfrakturen.
c Hyperparathyreoidismus. „Bandförmige Sklerose" (rugger jersey spine) häufiger bei sekundärem Hyperparathyreoidismus (renale Osteodystrophie), während der primäre Hyperparathyreoidismus oft wie Abb. 1.**1 b** aussieht.

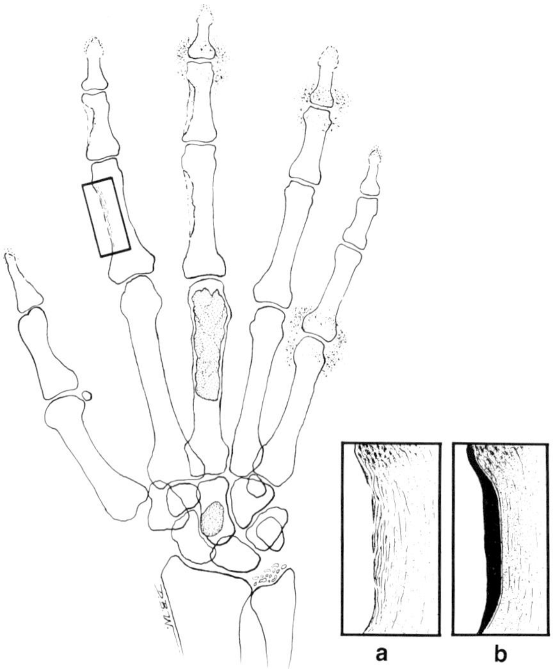

Abb. 1.**2** **Hyperparathyreoidismus** der Hand. Subperiostale Resorption und kortikale Streifungen, die gewöhnlich am radialen Rand der Grund- und Mittelphalangen des zweiten und dritten Fingers am besten zu sehen sind. Ausschnitt **a** zeigt diese Befunde in Vergrößerung, Ausschnitt **b** eine normale Kortikalis zum Vergleich. Zusätzliche Befunde sind eine Resorption der Endphalangenköpfchen, periartikuläre Weichteilverkalkungen, braune Tumoren (drittes Metakarpale und Kapitatum) und Gelenkknorpelverkalkung (oft im Discus articularis zwischen Ulna und Karpus).

und anderen langen Röhrenknochen. Zu den charakteristischen Laborbefunden bei Osteomalazie gehören ein leicht erniedrigtes bis normales Serumkalzium, niedriges Serumphosphat und eine erhöhte alkalische Phosphatase.

Beim *Hyperparathyreoidismus* werden Knochenläsionen in weniger als der Hälfte der Fälle gefunden (Abb. 1.**1 c**). Praktisch pathognomonisch ist eine subperiostale Knochenresorption am radialen Rand der Phalangen. Diese Arrosionen treten meist an den Grund- und Mittelphalangen des Zeige- und Mittelfingers auf (Abb. 1.**2**). Häufige Begleiterscheinungen der Krankheit sind eine Resorption der Endphalangenköpfchen und Streifungen der Kortikalis („Tunnelierung der Kortikalis"). In den langen Röhrenknochen kommt es zur endostalen Resorption. Auch an den akromialen Schlüsselbeinenden, den Ileosakralgelenken, der Symphyse, am Kalkaneus an der Insertion der Plantarfaszie und an den Rippen (gewöhnlich am oberen Rand der oberen Rippen) kann eine Resorption zu beobachten sein. Die Knochenerweichung hat sekundäre Deformationen, etwa eine basiläre Impression im Schädel und eine Kyphoskoliose zur Folge. In tubulären und platten Knochen finden sich zystische Veränderungen und sog. braune Tumoren. Während die braunen Tumoren nach Entfernung des Nebenschilddrüsenadenoms abheilen und schließlich sogar sklerosieren können (s. Abb. 2.**14**, S. 20), bleiben die Knochenzysten nach der Adenomentfernung unverändert. Im Schädel entsteht durch granuläre Rarefizierung ein „Salz-und-Pfeffer-Bild". Häufig kommt es zu einem Schwund der Lamina dura an den Zahnalveolen. Weichteilverkalkungen (speziell arterielle und paraartikuläre), Gelenkknorpelverkalkungen (besonders Menisci und Discus articularis im Handgelenk) sowie Nephrokalzinose und Nephroureterolithiasis sind beim Hyperparathyreoidismus übliche Erscheinungen. Auch Pankreatitis, Ulkuskrankheit und Gallensteine können die Störung begleiten. Zu den klassischen Laborbefunden bei primärem Hyperparathyreoidismus zählen hohes Serumkalzium, niedriges Serumphosphat und erhöhte alkalische Phosphatase bei bestehenden Knochenveränderungen.

Beim sekundären Hyperparathyreoidismus ist die Knochendichte häufig erhöht. In diesen Fällen kann durch Verdickung der oberen und unteren Wirbelkörperendplatten das Bild einer Querstreifung der Wirbelsäule entstehen („bandförmige Sklerose", rugger jersey spine, Abb. 1.**1 c**).

Die Skelettveränderungen sind bei den verschiedenen Formen des Hyperparathyreoidismus identisch, wenn auch braune Tumoren beim primären Hyperparathyreoidismus häufiger sind, während Osteosklerose und ausgedehnte Weichteilverkalkungen öfter bei sekundärem Hyperparathyreoidismus auftreten.

Tabelle 1.1 Differentialdiagnose der generalisierten Osteopenie

Ätiologie	Kommentar
Osteoporose	Laborbefunde: Serumkalzium, -phosphat und alkalische Phosphatase normal.
Senile Form oder Postmenopause-Form	Häufigste Form der Osteoporose. Frauen häufiger und schwerer betroffen als Männer. Kalzium, Phosphat und alkalische Phosphatase im Serum im Bereich der Norm.
Inaktivitätsatrophie	Langdauernde Immobilisierung aus irgendeinem Grund (z. B. neuromuskuläre Erkrankungen, Gips).
Eiweißmangel (z. B. Unterernährung, Nephrose) (Abb. 1.3)	Selten rein diätetisch bedingt. In unterentwickelten Ländern findet sich eine ausgedehnte Osteopenie bei *Kwashiorkor,* einer marantischen, durch Eiweiß- und Kalorienmangel bedingten Malnutrition, die hauptsächlich Kinder betrifft. Häufiger ist ein Eiweißmangel infolge Malabsorption (s. unter Osteomalazie). Der Osteoporose bei *Skorbut* (Vitamin-C-Mangel) und verschiedenen *endokrinen Störungen* liegt ein abnormer Eiweißstoffwechsel zugrunde.
Juvenile (idiopathische Form)	Im Alter von 8 bis 14 Jahren, charakterisiert durch plötzlichen Beginn von Knochenschmerzen. Seltene, von selbst endende Störung mit meist spontaner Heilung.
Osteogenesis imperfecta (Abb. 1.4)	Osteogenesis imperfecta congenita (Frakturen schon bei Geburt vorhanden) und tarda (bei Geburt noch keine Frakturen). Charakteristisch sind Deformationen, die durch wiederholte Frakturen im späteren Leben und Knochenverkrümmungen bedingt sind. Beide Formen sind hereditär.
Homozystinurie	Erbkrankheit, die sich radiographisch als Kombination von Osteoporose, Marfan-ähnlichen Veränderungen (z. B. Arachnodaktylie) und Verbreiterung der Metaphysen und Epiphysen manifestiert.

Fortsetzung auf Seite 6

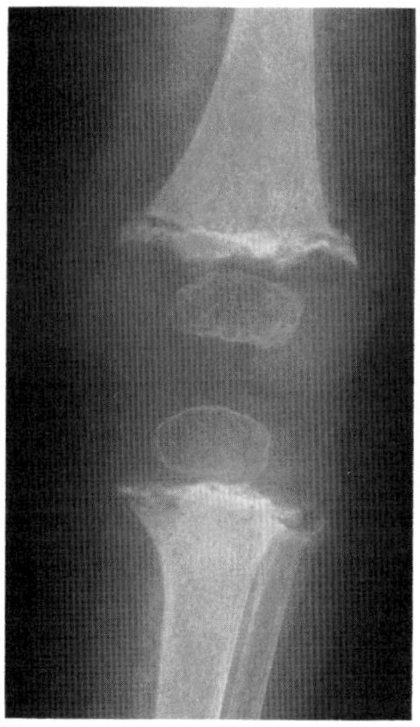
a

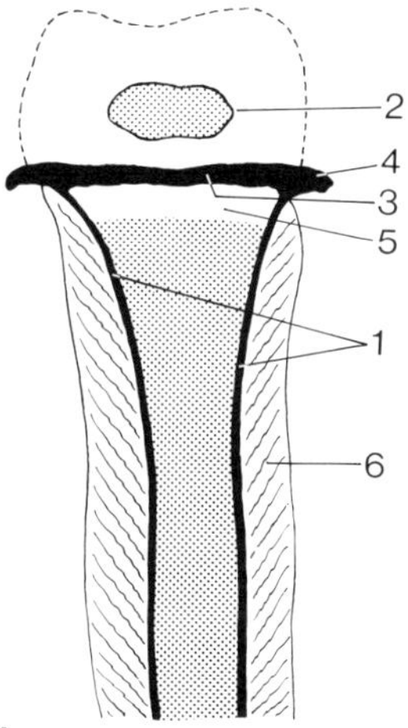

b

Abb. 1.3 a, b **Skorbut.** Zu den charakteristischen Befunden gehören: 1. Osteopenie mit stark verschmälerter Kortikalis, 2. dünne, strahlendichte ringförmige Verkalkung rund um den Epiphysenkern (Wimberger-Ring), 3. dichte, lineare Verkalkungen in der distalen Metaphyse („weiße oder dichte Fränkel-Linie"), 4. kleiner Knochensporn unmittelbar angrenzend an die „weiße Fränkel-Linie" (Pelkan-Sporn), 5. strahlendurchlässiges Band proximal der „weißen Fränkel-Linie" (Trümmerfeldzone) und 6. subperiostale Blutung (diese verkalkt erst nach Einleitung der Therapie). Häufig kommt es bei der Erkrankung metaphysenwärts zu einer Ablösung oder Fragmentation der Epiphyse.

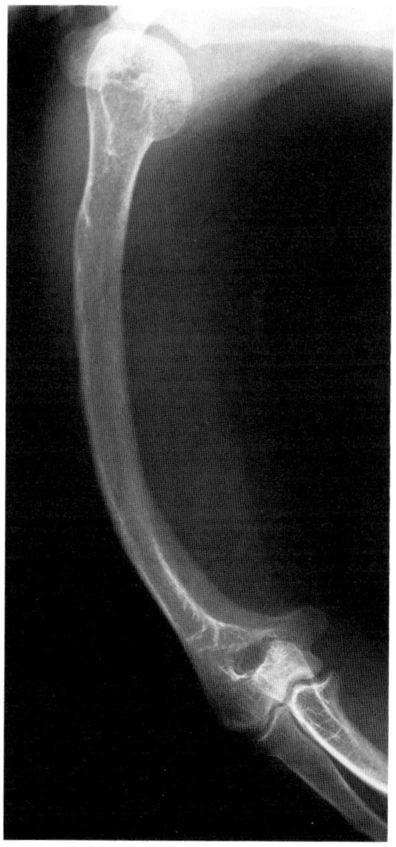

Abb. 1.4 **Osteogenesis imperfecta.** Osteoporose und Verkrümmung sind charakteristisch.

Tabelle 1.1 Differentialdiagnose der generalisierten Osteopenie (Fortsetzung)

Ätiologie	Kommentar
Anämie (Abb. 1.5)	Die Knochenmarkhyperplasie führt zur Ausweitung des Markraums, Kortikalisverschmälerung und Trabekelresorption durch Druckatrophie. Kommt bei schwerer *Eisenmangel-* und *Sichelzellenanämie* vor, ist aber ausgeprägter bei *Thalassämie,* für die eine generalisierte zystische Porose besonders der platten Knochen charakteristisch ist.
Knochenmarksinfiltration (z. B. multiples Myelom, Karzinomatose)	Ursache des Knochensubstanzverlusts ist eine diffuse Infiltration und Proliferation von Tumorzellen im Knochenmark, die zu endostalen Arrosionen, Kortikalisverschmälerung und Trabekelresorption durch sowohl Druckatrophie als auch Destruktion führen. Die Osteopenie kann zwar die einzige radiologische Manifestation bei Myelom und diffusen Skelettmetastasen sein, doch sind bei diesen Erkrankungen oft fleckförmige osteolytische Bezirke vorhanden. Eine Knochenmarksinfiltration verbunden mit Kortikalisverschmälerung und Trabekelresorption kann sich auch bei *Retikulosen* (z. B. *Morbus Gaucher* und *Niemann-Pick), Histiozytosen* und *Hyperlipoproteinämien* finden. Bei Kindern kann eine akute Leukämie zu Osteopenie führen.
Kollagenosen (besonders rheumatoide Arthritis)	Oft sind andere, für die Krankheit typischere Röntgenbefunde vorhanden, die zur richtigen Diagnose hinführen (s. Kap. 6, S. 83).
Endokrine Störungen	*Hypogonadismus:* Osteoporose verbunden mit verzögertem Schluß der Epiphysenfugen (z. B. *Turner-Syndrom, Eunuchoidismus*). *Cushing-Syndrom:* chronische Überproduktion von Glucokortikoiden. *Morbus Addison:* Nebennierenrindeninsuffizienz. *Diabetes mellitus:* Osteopenie in etwa 50% der Fälle vorhanden. *Hyperthyreose:* geht oft mit Streifung der Kortikalis einher, die am besten in den Metakarpalknochen zu sehen ist. Siehe auch unter Hyperparathyreoidismus in dieser Tabelle.
Medikamente (z. B. Steroide, Heparin)	Steroide: hohe Dosen über mehrere Monate. Heparin: 15 000 bis 30 000 Einheiten über sechs Monate oder länger.
***Osteomalazie* (Abb. 1.7)**	Laborbefunde bei Osteomalazie: Serumkalzium leicht erniedrigt bis normal, Serumphosphat erniedrigt, alkalische Phosphatase erhöht.
Ungenügende Resorption von Kalzium und/oder Phosphor: **1. Vitamin-D-Mangel**	Diätetisch oder durch fehlende Besonnung bedingt. Erwachsene: *Osteomalazie.* Kennzeichnend ist eine Abnahme der Knochendichte mit Unschärfe beider Kortikalisränder und der Trabekel. Häufig kommt es zu Verkrümmungen und Pseudofrakturen. Kinder: *Rachitis* (Abb. 1.**8**). Am häufigsten bei Frühgeborenen. Entwickelt sich normalerweise im Alter von 6–12 Monaten. Zu den radiographischen Merkmalen gehören: unscharfe, ausgefranste, konkave Metaphysen („Becherform") mit senkrechten, zur Epiphysenzone verlaufenden Trabekeln. Verspätetes Erscheinen der epiphysären Knochenkerne, die unscharfe Ränder aufweisen (DD: Skorbut – scharf begrenzte Epiphysen). Die Auftreibung der Wachstumsplatten in den langen Röhrenknochen bewirkt eine Verdickung um die Gelenke und einen „rachitischen Rosenkranz" an der Knorpel-Knochengrenze der mittleren Rippen.
2. Malabsorption	Krankheiten des Gastrointestinaltrakts, hepatobiliären Systems und Pankreas, die mit Malabsorption einhergehen, sind die häufigste Ursache eines Vitamin-D-Mangels in entwickelten Ländern. Rachitis und Osteomalazie finden sich oft bei *Sprue, Zöliakie, Morbus Crohn, Sklerodermie, Dünndarmfisteln, Blindschlingensyndromen, Dünndarmbypassoperationen* und *Magen-* oder *Dünndarmresektionen.*
3. Diätetischer Kalziummangel	Extrem selten.

Fortsetzung auf Seite 8

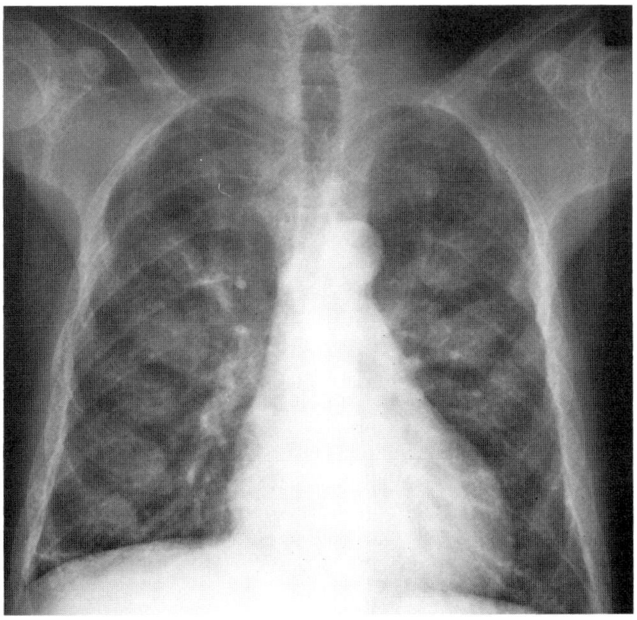

a

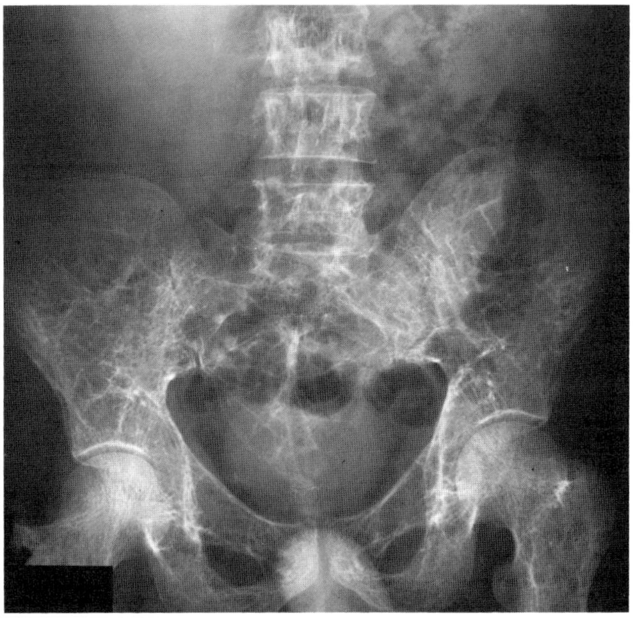

b

Abb. 1.**5** **Thalassaemia major.** Thorax **a** und Becken **b**. Kennzeichnend ist die generalisierte, durch Hyperplasie des roten Knochenmarks bedingte, zystisch wirkende Osteopenie mit hauptsächlichem Befall der zentralen oder flachen Knochen. Man beachte die bulböse Auftreibung der vorderen Rippenenden.

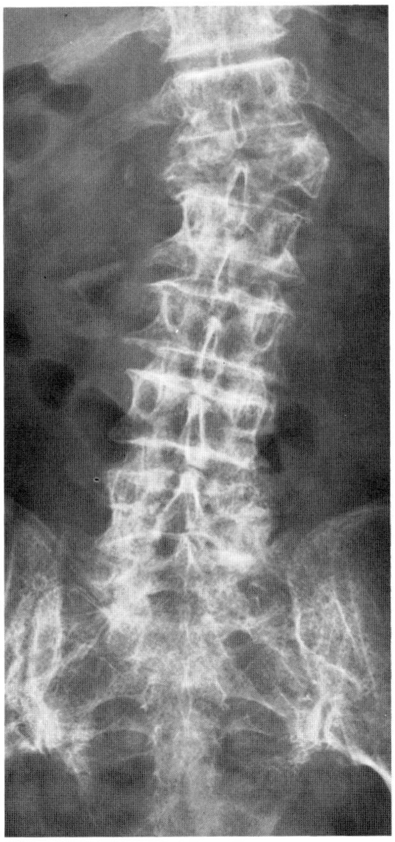

1.6

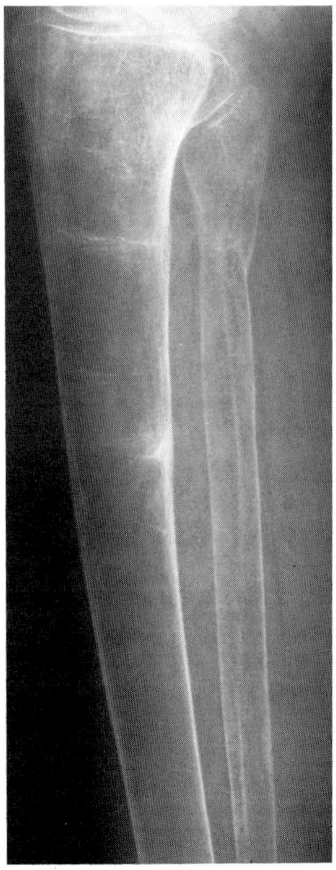

1.7

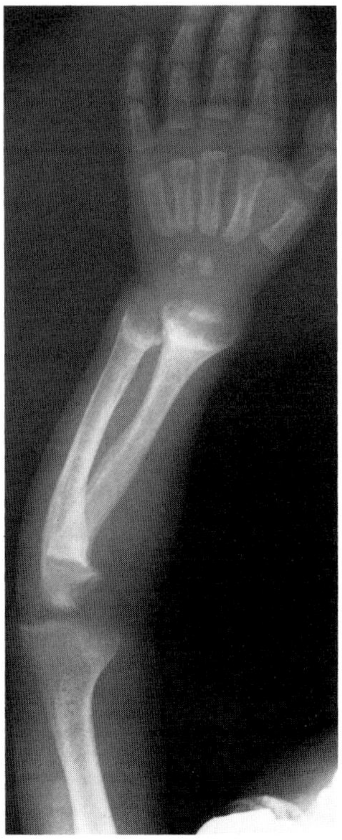

1.8

Abb. 1.**6** **Multiples Myelom,** das sich als generalisierte Osteopenie der Wirbelsäule präsentiert. Die weitgehende Destruktion von L_1 und der zerstörte linke Wirbelbogen von L_5 sprechen in diesem Fall jedoch für den malignen Prozeß.

Abb. 1.**7** **Osteomalazie.** Kennzeichnend ist die ausgeprägte Demineralisierung mit unscharfer Begrenzung des inneren Kortikalisrandes und Verlust der Trabekelzeichnung. Es sind mehrere Pseudofrakturen zu sehen, die sich als sklerotische Querlinien in der Tibia darstellen.

Abb. 1.**8** **Rachitis.** Zu den typischen Veränderungen gehören: 1. Osteopenie, 2. schlecht verkalkte und begrenzte Epiphysen, 3. Verbreiterung der Epiphysenknorpelplatte, 4. Auftreibung, Becherform und Ausfransung der Metaphysen, 5. periostale Reaktionen, 6. Verkrümmungen. Grünholzfrakturen sind dabei häufig, in diesem Fall aber nicht vorhanden.

Tabelle 1.1 Differentialdiagnose der generalisierten Osteopenie (Fortsetzung)

Ätiologie	Kommentar
Defekte im renal-tubulären oder intestinalen Kalziumtransportsystem: **1. Vitamin-D-resistente Rachitis (X-gekoppelte Hypophosphatämie) und Pseudo-Vitamin-D-Mangel-Rachitis**	Herabgesetzte Phosphatresorption im proximalen Tubulus. Hereditäre Störungen (X-gekoppelt dominant und autosomal rezessiv) mit ähnlicher Klinik (Minderwuchs, multiple Frakturen, Genua vara oder valga, Muskelschwäche), aber gewöhnlich geht nur die zweitgenannte Krankheit mit Konvulsionen einher.
2. Renale tubuläre Azidose	*Renale tubuläre Azidose:* metabolische Azidose, die dem renalen Alkaliverlust zugeschrieben wird. Die Pathogenese der Osteomalazie bei dieser Störung ist unklar. Gewöhnlich mit Nephrokalzinose und Nephrourolithiasis verbunden.
3. Fanconi-Syndrom (De-Toni-Debré-Fanconi-Syndrom)	Idiopathische oder erworbene Störung, die durch Hypophosphatämie, Glukosurie und Aminoazidurie gekennzeichnet ist. Die idiopathische Form ist oft mit einer *Zystinose* verbunden (ausgedehnte Zystinkristallablagerungen im Gewebe). Die erworbene Form tritt sekundär bei *Morbus Wilson* (seltene familiäre Krankheit mit Störung der hepatischen Kupferausscheidung und charakteristischer Pigmentation der Kornea [Kayser-Fleischer-Ring]), *multiplem Myelom* und *Blei-* oder *Kadmiumvergiftung* auf.
Langzeittherapie mit Antikonvulsiva	Antikonvulsiva (z. B. Phenytoin) und viele Tranquillantien induzieren hepatische Enzyme, die den Abbau von biologisch aktiven Vitamin-D-Metaboliten beschleunigen.
Fibrogenesis imperfecta ossium und Osteomalazie des Achsenskeletts	Die Fibrogenesis imperfecta ossium (Achsen- und Extremitätenskelett betroffen) und die Osteomalazie des Achsenskeletts (ausschließlich dieses betroffen) sind seltene Krankheiten, die sich bei Männern mittleren Alters finden. Verminderte Knochendichte mit ein paar groben Trabekeln kann ein „Fischnetz"-Bild erzeugen. Mitunter kann die Knochendichte auch zunehmen.
Hypophosphatasie	Autosomal rezessive Krankheit mit sehr unterschiedlicher klinischer Schwere. Radiographisch findet sich eine mangelhafte oder fehlende Knochenmineralisation. Die schwersten Skelettveränderungen beobachtet man bei Neugeborenen, bei denen die Krankheit oft letal ist. Man unterscheidet vier Typen: Die drei Formen des Kindesalters gleichen der Rachitis, während die Form des Erwachsenenalters durch erhöhte Strahlendurchlässigkeit der Knochen, Pseudofrakturen und Frakturen nach geringfügigem Trauma mit verzögerter Heilung und minimaler Kallusbildung gekennzeichnet ist. Biochemisch bezeichnend: erniedrigte alkalische Phosphatase.
***Hyperparathyreoidismus* (Abb. 1.9)**	Laborbefunde bei primärem Hyperparathyreoidismus: Serumphosphat erniedrigt, Serumkalzium erhöht, alkalische Phosphatase erhöht, wenn Knochenveränderungen vorhanden sind.
***Primärer* Hyperparathyreoidismus**	Bei Nebenschilddrüsenadenom, primärer Hyperplasie der Hauptzellen oder der wasserhellen Zellen aller Nebenschilddrüsen und Nebenschilddrüsenkarzinom.
***Sekundärer* Hyperparathyreoidismus**	Kompensationsmechanismus bei jedem Zustand von echter Hypokalzämie. Gewöhnlich durch chronische Niereninsuffizienz bedingt, eventuell aber auch durch D-Hypovitaminose und Kalziummalabsorption. Bei chronischen Nierenleiden bestehen die Skelettveränderungen gewöhnlich aus einer Kombination von Hyperparathyreoidismus, Osteomalazie und Osteosklerose. Diese Trias wird am besten als *„renale Osteodystrophie"* bezeichnet.
***Tertiärer* Hyperparathyreoidismus**	Entwicklung eines autonomen Nebenschilddrüsenadenoms in chronisch überstimulierten, hyperplastischen Nebenschilddrüsen (z. B. nach Nierentransplantation).

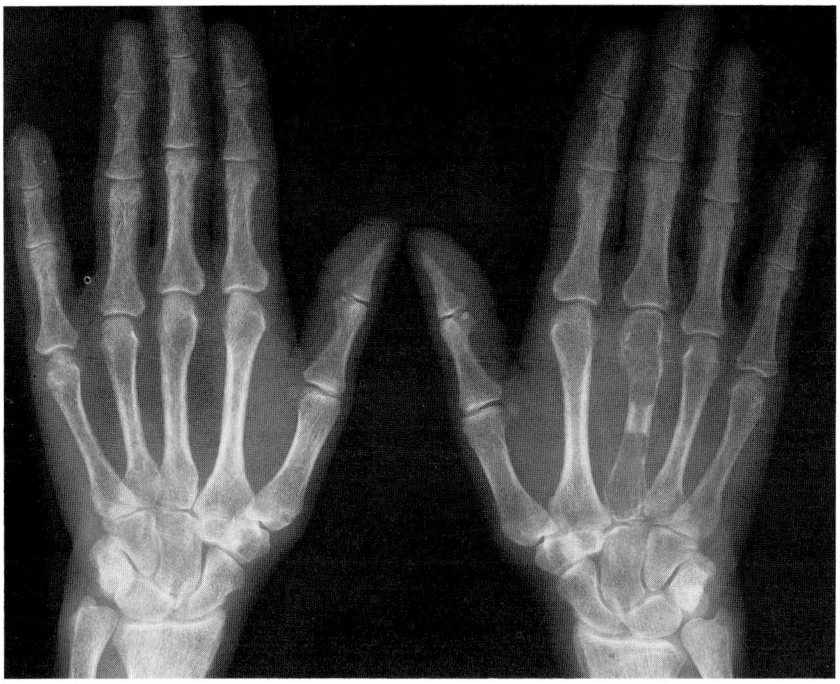

Abb. 1.**9** **Hyperparathyreoidismus.** Subperiostale Resorption, am besten sichtbar am radialen Rand der Grundphalangen beider Zeigefinger. Die Endphalanx des linken Zeigefingers und der ganze rechte dritte Mittelhandknochen sind von braunen Tumoren befallen. Resorption der Endphalangenköpfchen, besonders an den Daumen. Feine Streifung der Kortikalis in den Mittelhandknochen und Phalangen. S. auch Abb. 1.**2**, S. 4.

Tabelle 1.2 Differentialdiagnose der lokalisierten Osteopenie

Ätiologie	Kommentar
Inaktivitätsatrophie (lokale Immobilisation): **1. Fraktur (ausgeprägter distal der Frakturstelle)** **2. Gips** **3. Neurale Paralyse** **4. Muskuläre Paralyse**	Neben identischen radiographischen Zeichen wie bei generalisierter Osteopenie kann bei der lokalisierten Form auch ein fleckiges Bild zu beobachten sein, bedingt durch fleckweise Verdünnung der Kortikalis wie bei der Sudeck-Atrophie.
Sudeck-Atrophie (sympathische Reflexdystrophie) (Abb. 1.10)	Rasche Entwicklung einer fleckigen Osteoporose, verbunden mit schmerzhafter Weichteilschwellung nach banalem Trauma. Wahrscheinlich neurovaskulären Ursprungs.
Verbrennungen und Erfrierungen	Der Röntgenbefund besteht aus Osteoporose, Knochenresorption und Knochennekrose.
Entzündlich: **1. Rheumatoide Arthritis** **2. Osteomyelitis** **3. Tuberkulose**	Die erste, wenn auch unspezifische radiographische Manifestation jeder entzündlichen Erkrankung ist gewöhnlich eine lokalisierte Osteoporose.
Knocheninfarkt und -blutung	Im Frühstadium erzeugen sowohl Knocheninfarkte als auch -blutungen eine lokalisierte Demineralisation. Bei Abheilung werden die Läsionen osteosklerotisch.
Strahlenosteonekrose (Abb. 1.11)	Die Strahlenschäden sind dosisabhängig, der Schwellenwert beträgt 30 Gy, der Zelltod tritt bei 50 Gy ein. Minimale radiographische Veränderungen treten frühestens ein Jahr nach der Radiotherapie auf. Anfangs sind sie oft vorwiegend lytisch, mit der Zeit schreiten sie zu einem gemischt lytisch-sklerotischen Stadium fort.
Tumor (Abb. 1.12)	In erster Linie ist an osteolytische Metastasen und multiples Myelom zu denken. Primäre (benigne oder maligne) Knochentumoren können sich als lokalisierte Aufhellungen darstellen, aber nur selten.
Morbus Paget (lytische Phase) (Abb. 1.13)	Schädeldach: Osteoporosis circumscripta. Lange Röhrenknochen: gewöhnlich scharf abgesetzter, V-förmiger Aufhellungsbezirk.
Fibröse Dysplasie (Abb. 1.14)	Es kommen sowohl rein lytische Läsionen als auch ein homogenes, „milchglasähnliches" Aussehen vor, außerdem vorwiegend sklerotische Manifestationen. Kortikalisverschmälerung und Knochenauftreibung begleiten gewöhnlich lytische Läsionen in Röhrenknochen.
Regionale transitorische Osteoporose	Schmerzhafte, spontan ausheilende Osteoporose im mittleren und höheren Alter. Am häufigsten in der Hüfte („transitorische Demineralisation des Femurkopfs"), kann aber auch jedes andere größere Gelenk befallen. Verbunden mit 2- bis 4monatiger körperlicher Behinderung.
Schulter-Arm-Syndrom (Abb. 1.15)	Schmerzen und Steifheit in der Schulter, verbunden mit Schmerzen, Schwellung und vasomotorischen Phänomenen in der Hand, im Anschluß an eine akute Erkrankung (z. B. Myokardinfarkt – in diesem Fall ist gewöhnlich die linke Seite betroffen). Radiographisch gleicht das Bild der Sudeck-Atrophie.

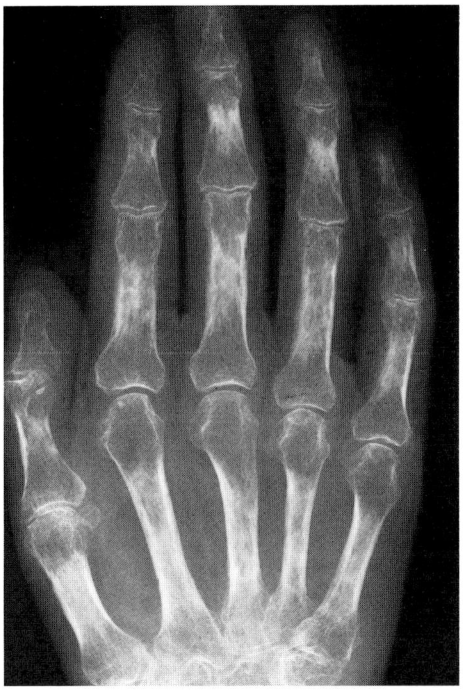

Abb. 1.**10** **Sudeck-Atrophie.** Charakteristische fleckige Demineralisation, die in Gelenknähe am schwersten ist.

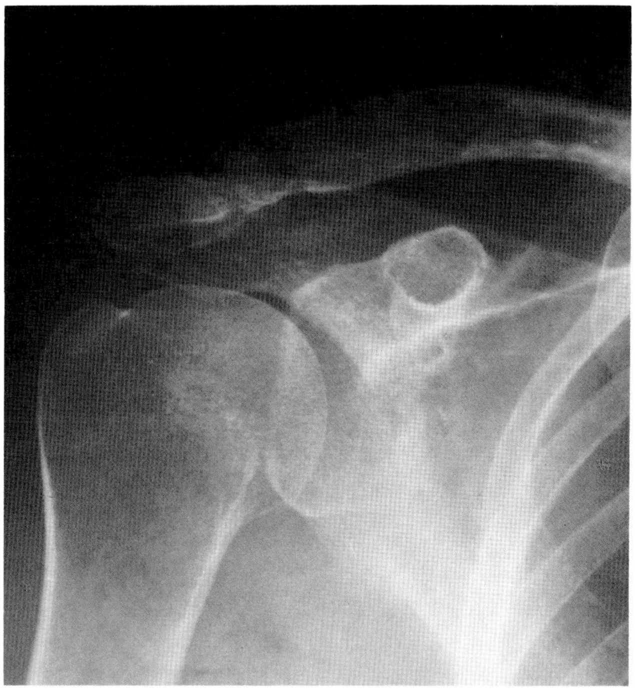

Abb. 1.**11** **Strahlenosteonekrose.** Aufhellung am distalen Ende der Klavikula mit endostaler Knochenresorption. Beobachtet 4 Jahre nach Bestrahlung wegen Mammakarzinom.

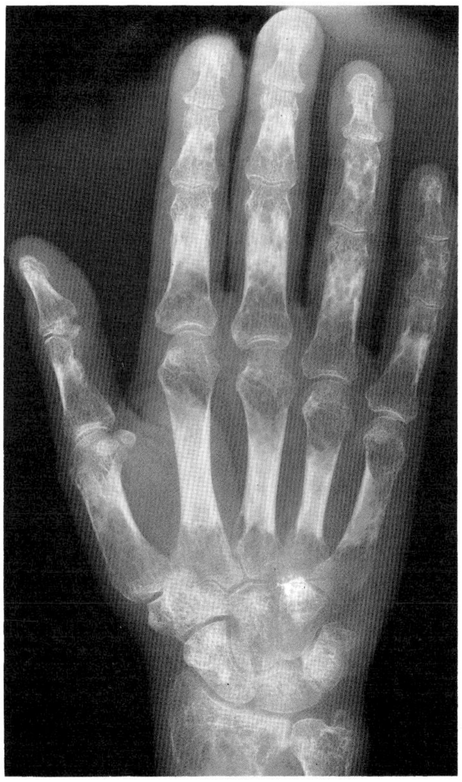

1.**12**

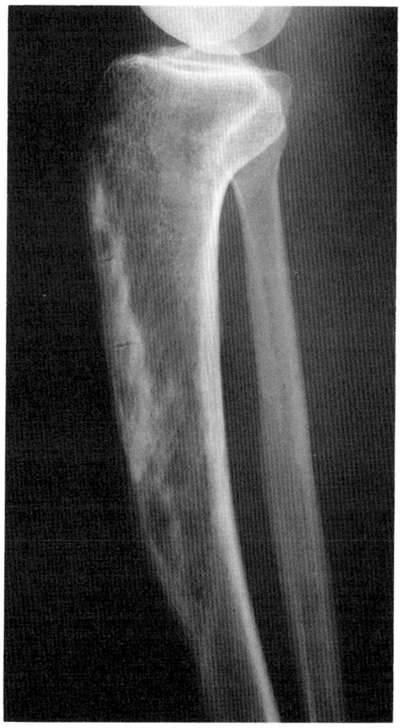

1.**13a**

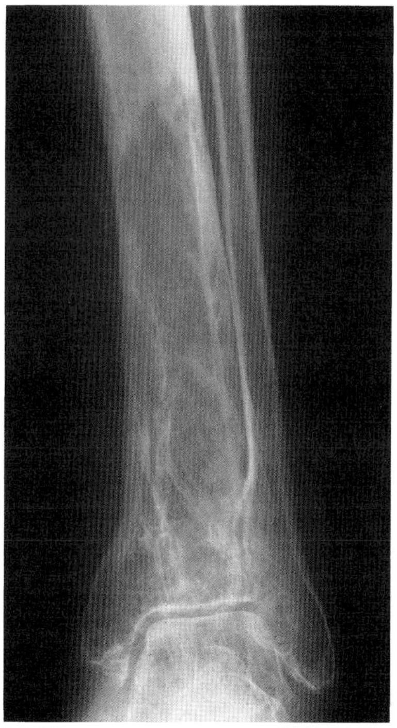

1.**13b**

Abb. 1.**12** **Multiples Myelom.** Demineralisation, die in Gelenknähe am ausgeprägtesten ist, wie bei der Sudeck-Atrophie in Abb. 1.**10**. Man beachte die kleine Kortikalisdestruktion an der ulnaren Seite des distalen Radius.

Abb. 1.**13 a, b** **Morbus Paget.** Lytische Phase bei zwei verschiedenen Patienten. Relativ scharf begrenzte V- oder flammenförmige Aufhellungsbezirke, die strangförmige Knochenverdichtungen enthalten, in einem leicht aufgetriebenen Schaft sind charakteristisch. **a** Proximale Tibia, **b** distale Tibia und Fibula.

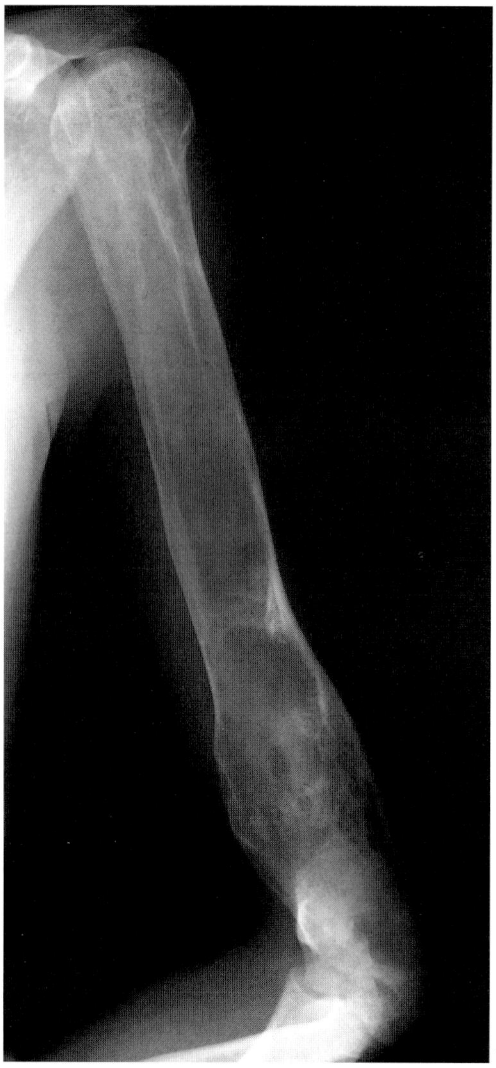

1.14

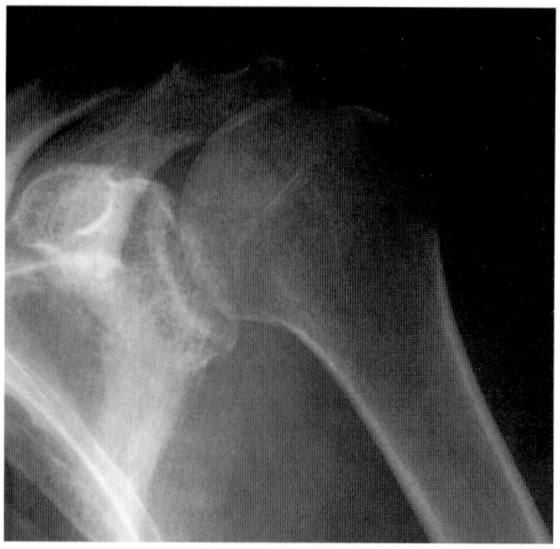

1.15a

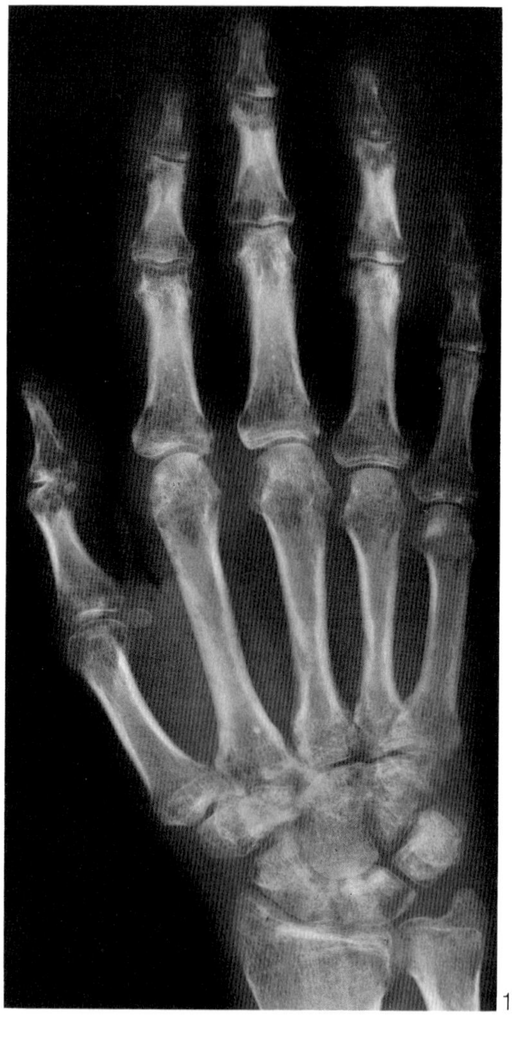

1.15b

Abb. 1.**14** **Fibröse Dysplasie.** Deutliche Verbreiterung des Humerus, der ein „milchglasartiges" Aussehen mit einigen verstreuten fleckförmigen sklerotischen Bezirken aufweist.

Abb. 1.**15** **Schulter-Arm-Syndrom.** Fleckige Osteoporose **a** in der linken Schulter und **b** in der Hand einige Wochen nach Myokardinfarkt.

2 Osteosklerose

Die Osteosklerose wird definiert als Zunahme der Knochendichte, verursacht durch verstärkte Osteoblastenaktivität oder Bildung von knochenähnlichem Gewebe durch osteo- oder chondrogene Tumorzellen. Auch die Verkalkung anderer Gewebe als des Osteoids innerhalb des Knochens oder in seiner Peripherie kann radiographisch die Knochendichte erhöhten.

Die Zunahme der Knochendichte kann disseminiert oder diffus vorhanden sein. Diese Unterscheidung ist für die Differentialdiagnose osteoblastischer Reaktionen verwertbar, da sich bestimmte Erkrankungen ausschließlich als (solitäre oder multiple) disseminierte Sklerose präsentieren können. Die Differentialdiagnose dieser Krankheitsbilder wird dementsprechend separat in Tab. 2.**1** und 2.**2** abgehandelt. In Tab. 2.**3** werden die Lokalisationen und die gebräuchlichen Eigennamenbezeichnungen der idiopathischen avaskulären (aseptischen) Nekrose aufgeführt.

Tabelle 2.1 Solitäre oder multiple disseminierte osteosklerotische Läsionen

Krankheit	Radiographischer Befund	Kommentar
Knocheninsel (Abb. 2.1)	Gut umschriebener, isolierter, selten mehr als 1 cm großer Verdichtungsbezirk. Mitunter wird eine sehr langsame Größenzunahme beobachtet. An den Rändern sind winzige Spikula oder ein „Bürstenbesatz" kennzeichnend. Kann überall vorkommen, Becken und oberer Femur sind jedoch offenbar die häufigsten Lokalisation.	Ein sehr dichter und strukturloser Herd innerhalb des Markraums wird oft *Enostom* genannt.
Osteopoikilie (Abb. 2.2)	Multiple runde oder ovale Knochenverdichtungen von 2 mm bis 2 cm Größe, eventuell mit zentraler Aufhellung. Können sich in allen Knochen finden, doch sind Schädel, Unterkiefer, Rippen, Brustbein und Wirbel nur selten befallen. In den langen Röhrenknochen sind Meta- und Epiphysen die typische Lokalisation, in Schulterblatt und Becken dagegen die Umgebung der Gelenkpfanne.	Seltene familiäre Anomalie, die nicht mit klinischen Symptomen einhergeht und daher zufällig in irgendeinem Lebensalter entdeckt wird.
Osteopathia striata (Abb. 2.3)	Dichte Längsstreifung in den Metaphysen, die sich in die Epi- und Diaphysen fortsetzen kann. Im Darmbein strahlen die linearen Verdichtungen vom Azetabulum aus. Auch Wirbelkörper und Schädel können befallen sein.	Seltene und meist symptomlose Knochenveränderung.
Chondrodysplasia punctata (kongenital getüpfelte Epiphysen) (Abb. 2.4)	Multiple punktförmige Verkalkungen, die in den Epiphysen vor der normalen Zeit des Auftretens der epiphysären Knochenkerne erscheinen.	Seltene, genetisch heterogene, mit einer großen Bandbreite von klinischen Symptomen einhergehende epiphysäre Dysplasie. Die befallenen Knochen können verkürzt sein, oder die Störung kann sich zurückbilden und keine Deformationen hinterlassen. Die epiphysären Verkalkungen können bis zum Alter von 3 Jahren verschwinden oder allmählich größer werden und zur Form eines normal aussehenden einzelnen Knochenkerns zusammenfließen.
Multiple epiphysäre Dysplasie (Fairbank-Krankheit)	Unregelmäßige gesprenkelte Verkalkungen der Epiphysen, die bei Kindern und Jugendlichen gefunden werden. Folgezustände beim Erwachsenen sind Unregelmäßigkeiten der Epiphysen, degenerative Gelenkveränderungen und – selten – asymmetrische Verkürzung von Röhrenknochen.	Kann als Tarda-Form der Chondrodysplasia punctata aufgefaßt werden. Muß von *Kretinismus* mit verzögertem Erscheinen getüpfelter und fragmentierter epiphysärer Knochenkerne und sklerotischen metaphysären Bändern abgegrenzt werden.
Melorheostose (Abb. 2.5)	Im Frühstadium lineare Hyperostose, die am proximalen Ende eines Röhrenknochens beginnt, mit der Zeit nach distal dortschreitet und schließlich zur einseitigen oder vollständigen Verdickung der Kortikalis führt.	Ist im Spätstadium bei der Differentialdiagnose der diffusen Osteosklerose zu berücksichtigen und wird in Tab. 2.**2** besprochen.
Osteom (Abb. 2.6)	Vorgewölbter, aus abnorm dichtem, strukturlos aussehendem Knochengewebe bestehender Tumor. Ist selten größer als 2 cm im Durchmesser und auf Knochen beschränkt, die von der periostalen Membran gebildet werden. Geht aus von der Tabula externa oder interna des Schädels, den Nasennebenhöhlen (besonders Stirnhöhle und Siebbeinzellen), der Mandibula, Maxilla und selten von den Röhrenknochen der Extremitäten.	Gutartiges Hamartom, das ausschließlich aus Knochengewebe besteht. *Gardner-Syndrom:* Multiple Osteome zusammen mit Weichteiltumoren und prämaligner Polypose hauptsächlich des Kolons.

Fortsetzung auf Seite 17

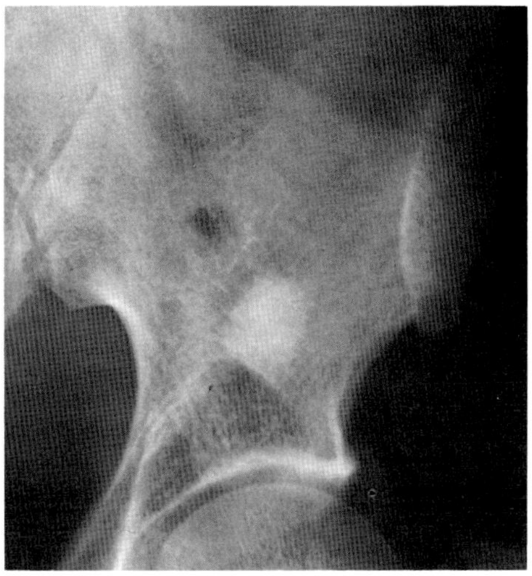

Abb. 2.1 **Knocheninsel.** Gut begrenzter Herd von größerer Dichte mit kleinsten Spikula in seiner Peripherie („Bürstenbesatz") im Ilium.

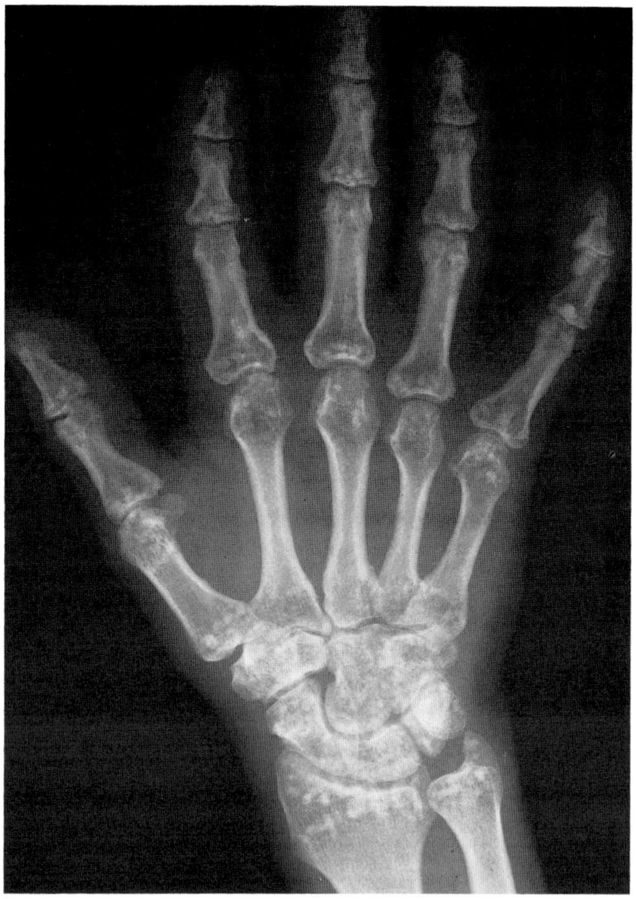

Abb. 2.2 **Osteopoikilie.** Multiple, runde bis ovale sklerotische Läsionen mit einem Durchmesser von einigen Millimetern. Typische Lokalisationen in den Röhrenknochen sind die Meta- und Epiphysen. ▶

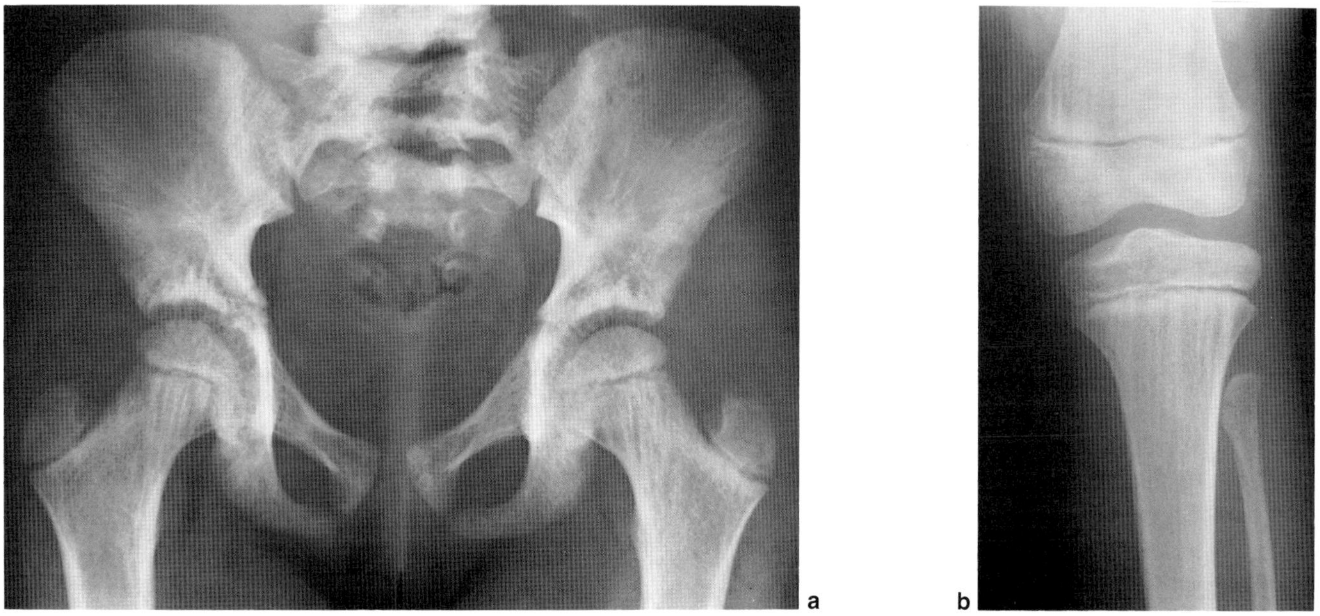

Abb. 2.3 **Osteopathia striata.** Längsstreifung **a** im Becken und **b** hauptsächlich in den Metaphysen von Femur und Tibia.

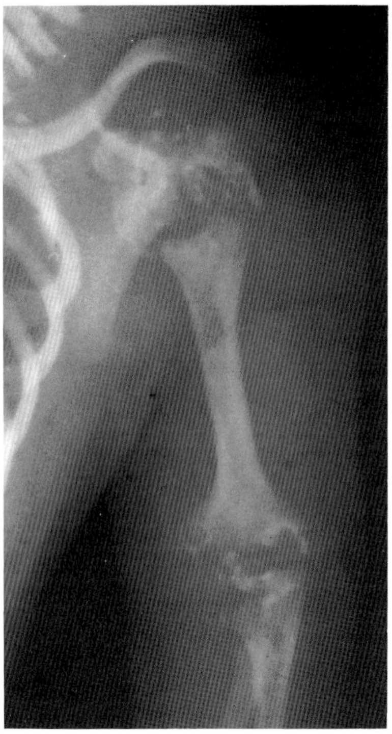

Abb. 2.4 **Chondrodysplasia punctata.** Punktförmige Verkalkungen in den Epiphysen. Man beachte auch die verbreiterten und unregelmäßigen Metaphysen.

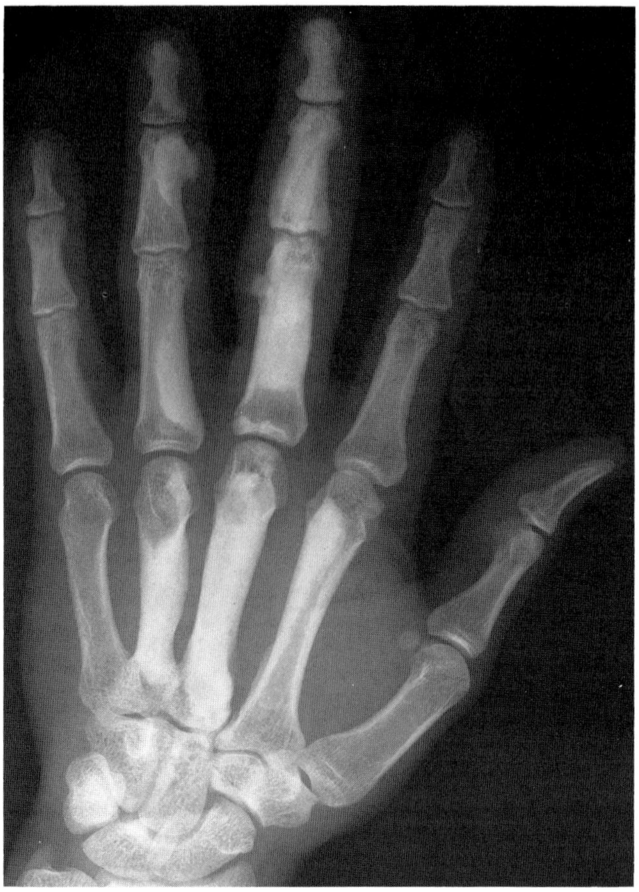

Abb. 2.5 **Melorheostose.** Sklerose in mehreren Mittelhand- und Fingerknochen, verursacht durch Verdickung der Kortikalis, die oft nur eine Seite des Knochens betrifft. Das Bild wurde mit dem „Herabfließen von Wachs an einer brennenden Kerze" verglichen. Man beachte auch den Befall des Os triquetrum.

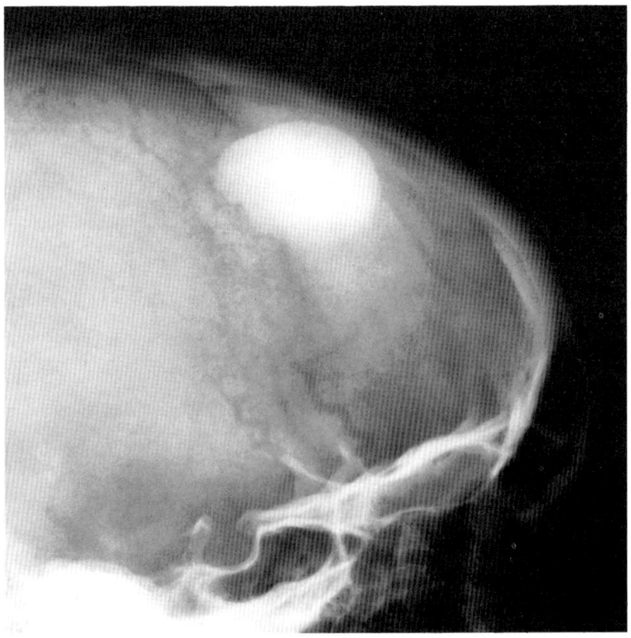

◀ Abb. 2.6 **Osteom.** Typische, abnorm dichte, strukturlos wirkende Läsion. In diesem Fall ging das Osteom von der Tabula externa aus und war leicht zu tasten.

Tabelle 2.1 Solitäre oder multiple disseminierte osteosklerotische Läsionen (Fortsetzung)

Krankheit	Radiographischer Befund	Kommentar
Benigne und maligne Knochentumoren (Abb. 2.7, 2.8)	Vorwiegend sklerotische Läsionen, entweder als solitärer Herd (Enchondrom, Osteochondrom, Chondrosarkom, Osteoidosteom, Osteoblastom, Osteosarkom und Ewing-Sarkom) oder als mutiple Herde (Enchondromatose oder Ollier-Krankheit, hereditäre multiple Exostosen oder diaphysäre Aklasie sowie Osteosarkomatose).	Die Differentialdiagnose der Knochentumoren wird ausführlich in Kap. 5, S. 59, besprochen.
Osteoplastische Metastasen (Abb. 2.9)	Schlecht abgrenzbare Verdichtungsbezirke mit undeutlicher oder fehlender Trabekelstruktur. Wenn sie größer werden, können benachbarte Metastasen verschmelzen und schließlich zu einer diffusen Sklerose führen. Mit Ausnahme von Nieren- und Schilddrüsenkarzinomen, die ausnahmslos lytische und oft expansive Metastasen setzen, können osteoplastische Metastasen praktisch von jedem Karzinom ausgehen, die häufigsten Primärtumoren sind jedoch das *Prostata-* und das *Mammakarzinom.* Zu weiteren Primärtumoren gehören Osteosarkome, Karzinoide und von Lunge, Nasopharynx, Gastrointestinaltrakt und Harnblase ausgehende Karzinome. Von den Lymphomen setzen am ehesten der *Morbus Hodgkin* und das *histiozytäre Lymphom* (Retikulumzellsarkom) osteoplastische Knochenläsionen.	Bei *Kindern* ist an Leukämie, Neuroblastom und Ewing-Sarkom-Metastasen zu denken, wenn auch lytische Herde vor Beginn der Behandlung in diesen Fällen häufiger sind.
Multiples Myelom	Fokale sklerotische Läsionen sind eine extrem seltene Manifestation.	Lytische Läsionen können bei geeigneter Therapie charakteristischerweise sklerosieren.

Fortsetzung auf Seite 18

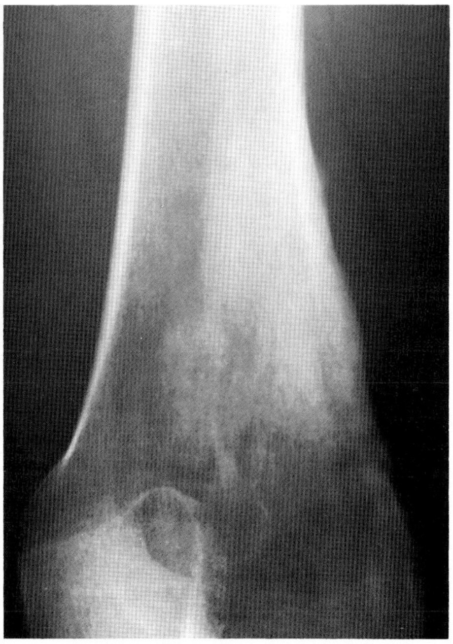

Abb. 2.**7** **Parostales Sarkom.** Dieser Kortikalistumor an der Hinterwand der distalen Femurdiaphyse stellt sich in dieser anteroposterioren Projektion (en face gesehen) als unregelmäßig begrenzte sklerotische Läsion dar. Die laterale Projektion dieses Sarkoms wird in Abb. 4.**21** auf S. 57 gezeigt.

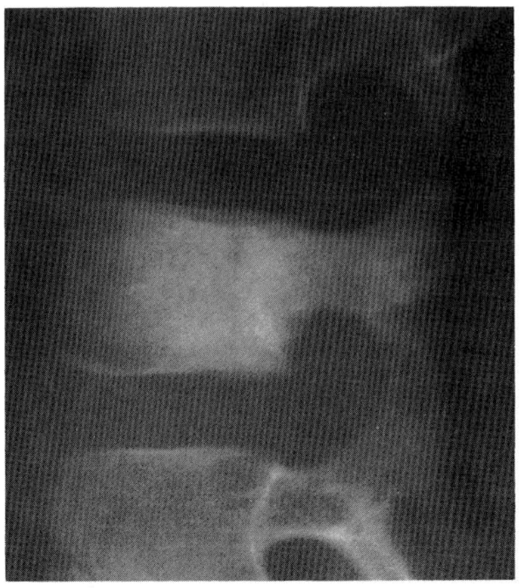

Abb. 2.**8** **Ewing-Sarkom.** Relativ schlecht begrenzte Läsion in L3 im Bereich der dorsalen Zweidrittel des Wirbelkörpers und der Bogenfüße.

Tabelle 2.1 Solitäre oder multiple disseminierte osteosklerotische Läsionen (Fortsetzung)

Krankheit	Radiographischer Befund	Kommentar
Plasmazellgranulom (Abb. 2.10)	Solitärherd oder verstreute osteoplastische Herde, die nur langsam wachsen.	Besteht histologisch aus einem dichten Infiltrat normaler Plasmazellen. Im Gegensatz zu multiplem Myelom und Plasmozytom sind alle Laborbefunde normal.
POEMS-Syndrom	Solitäre und multiple osteosklerotische Läsionen und rauhe spikuläre hyperostotische Areale vornehmlich an Bandansatzstellen in axialen und paraaxialen Lokalisationen.	POEMS setzt sich aus den Anfangsbuchstaben von *P*olyneuropathie, *O*rganomegalie, *E*ndokrinopathie, *M*-Protein und Hautveränderungen (*S*kin) zusammen.
Chronische oder geheilte Osteomyelitis (Abb. 2.11)	Kann als örtliche Verdickung und Sklerosierung des Knochens, die gewöhnlich Aufhellungen enthält, in Erscheinung treten.	Eine chronische Osteomyelitis vom sklerosierenden Typ kann von Bakterien einschließlich Tuberkulosebakterien und Pilzen hervorgerufen werden. *Die sklerosierende Osteomyelitis Garré* ist eine nichteitrige, durch schwach virulente Erreger hervorgerufene chronische Entzündung, die nicht mit Knochendestruktion oder Sequestration einhergeht.
Brodie-Abszeß (Abb. 2.12)	Zentrale Aufhellung, umgeben von leichter bis starker reaktiver Sklerose. Sitz meist in den Metaphysen, selten in den Diaphysen von Röhrenknochen. Kortikalisverdickung, periostale Knochenneubildung und Sequesterbildung können beim Brodie-Abszeß vorkommen, sind aber nicht typisch.	Chronische, oft schmerzhafte Läsion.
Tropengeschwür	Läsion, die oft expansiv ist und bevorzugt im Bereich der unteren Schienbeinhälfte auftritt. Verbunden mit Periostitis, die zu örtlicher spindelförmiger periostaler und kortikaler Verdickung oder sogar zu breitbasigen osteomähnlichen Auswüchsen führt.	Bei Menschen aller Alterstufen in Zentral- und Ostafrika.
Kallusbildung (Abb. 2.13)	Frakturheilung hat eine örtliche Zunahme der Knochendichte zur Folge.	In Rippen oder Mittelfußknochen nach Ermüdungsbruch.
Ermüdungsbruch (Streßfraktur)	Befund abbhängig von Lokalisation und Zeitpunkt. Eine (kortikale oder komplette) Frakturlinie ist nicht immer nachweisbar. Am Schaft von Röhrenknochen sind eine umschriebene Kortikalisverdickung und periostale Reaktion typisch. Am Ende von Röhrenknochen (z. B. Femurhals, Tibiaplateau) und im spongiösen Knochen findet sich gewöhnlich eine bandförmige fokale Sklerose ohne nennenswerte periostale Reaktion.	Äußert sich klinisch mit aktivitätsabhängigen Schmerzen, die durch Ruhe behoben werden. Zur Früherkennung und Diagnose ist die Radionukliduntersuchung viel empfindlicher als die Röntgenaufnahme.
Abgeheilte Knochenläsion (Abb. 2.14)	Spontan oder unter entsprechender Behandlung abgeheilte lytische Läsionen können sklerosieren.	Benigne Knochenveränderungen wie fibröse kortikale Defekte und nichtossifizierende Fibrome können sich spontan rückbilden und als sklerotische Herde persistieren. Lytische Metastasen (z. B. von Bronchuskarzinom, Mammakarzinom, Lymphom) sowie Manifestationen des multiplen Myeloms können auf lokale Bestrahlung, Chemotherapie und/oder Hormontherapie mit einem Übergang zur Osteoplasie antworten. Braune Tumoren bei primärem Hyperparathyreoidismus werden nach Entfernung des Nebenschilddrüsenadenoms sklerotisch.

Fortsetzung auf Seite 21

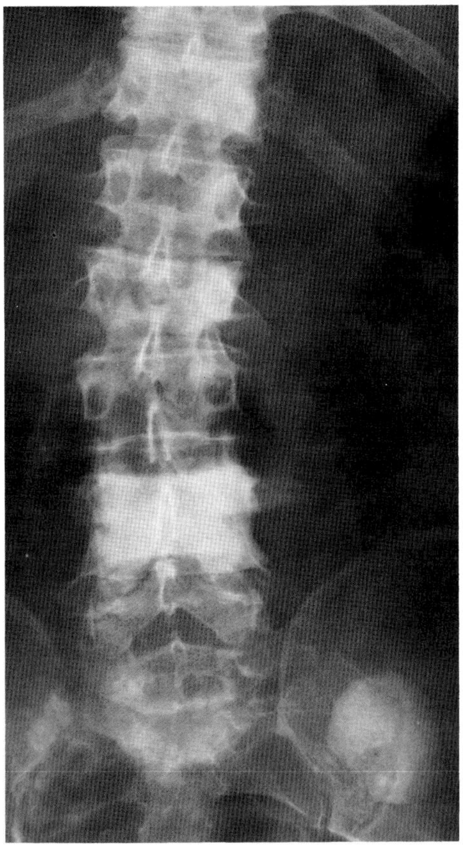

a

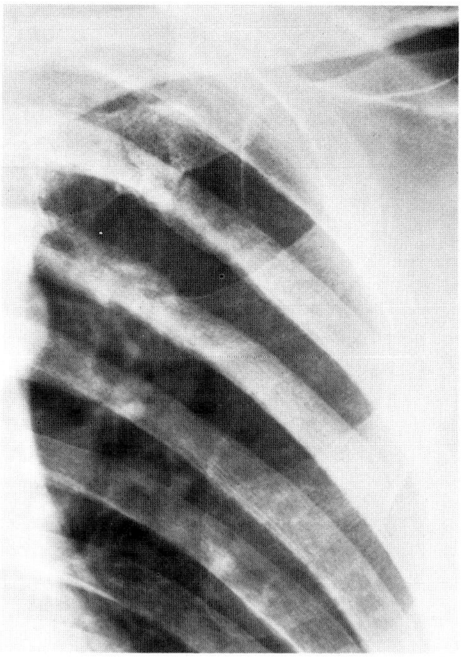

b

Abb. 2.9 **Osteoplastische Metastasen. a Prostatakarzinommetastasen** in Wirbelsäule und Becken. Der Befall der einzelnen Wirbelkörper variiert von kaum sichtbaren, schlecht abgrenzbaren Verdichtungsbezirken in einigen Wirbeln bis zur fast vollständigen Sklerose („Elfenbeinwirbel") in L4. **b Morbus Hodgkin.** Veränderungen nur in der vierten und fünften linken Rippe.

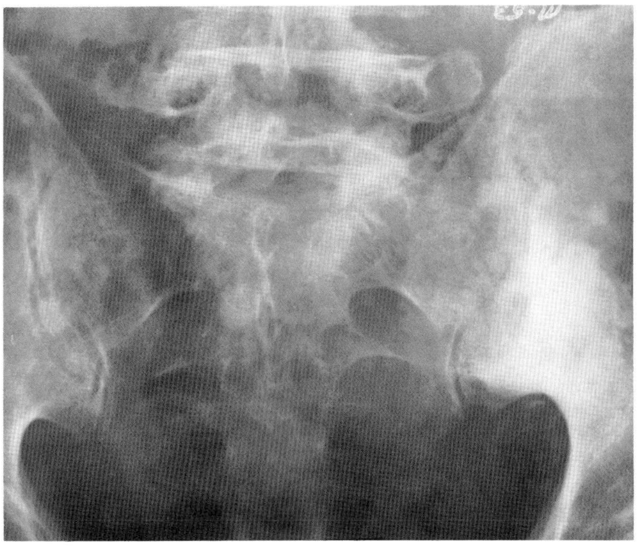

2.**10**

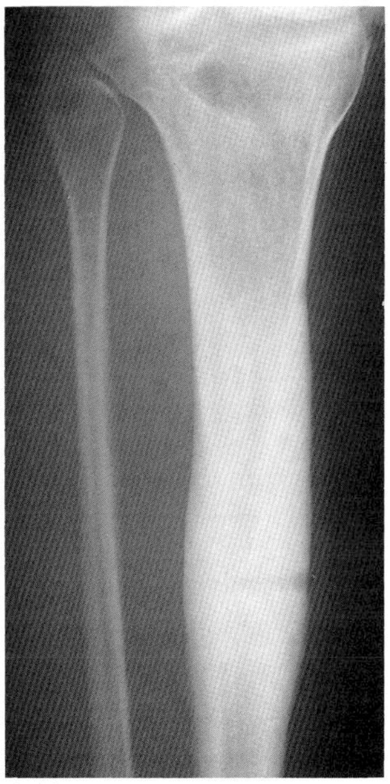

2.**11**

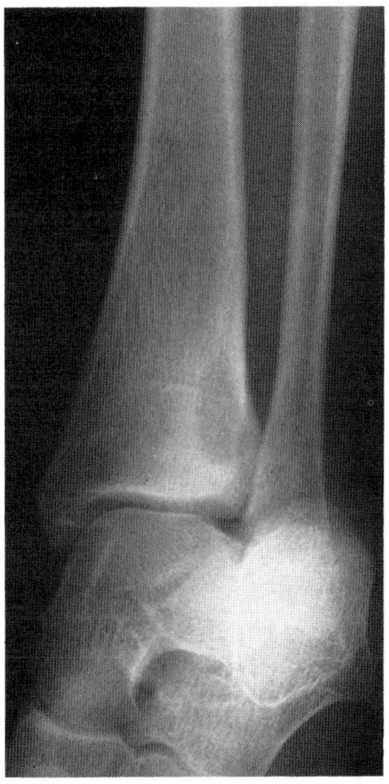

2.**12**

Abb. 2.**10** **Plasmazellgranulom.** Disseminierte osteoplastische Läsionen sowie ein größeres osteoplastisches Areal im linken Ilium neben dem Sakroiliakalgelenk.

Abb. 2.**11** **Sklerosierende Osteomyelitis Garré.** Homogene Sklerose des spindelförmigen proximalen Tibiaschafts.

Abb. 2.**12** **Brodie-Abszeß.** Charakteristische Aufhellung mit umgebender reaktiver Sklerose in der distalen Tibiametaphyse.

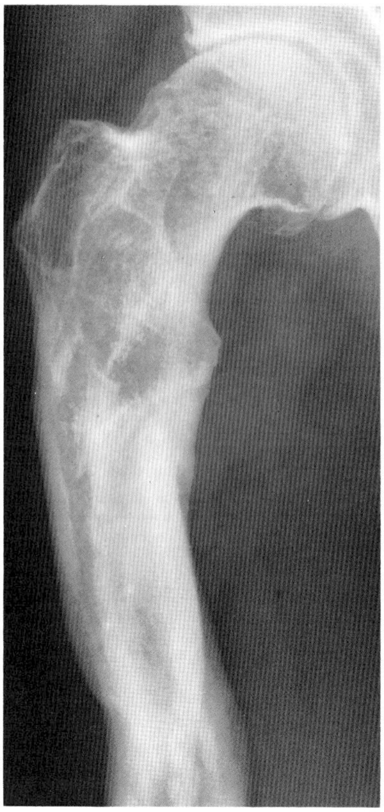

2.13

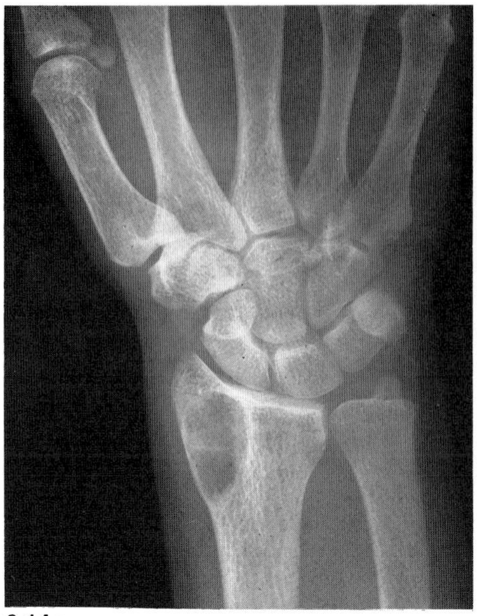

2.14a

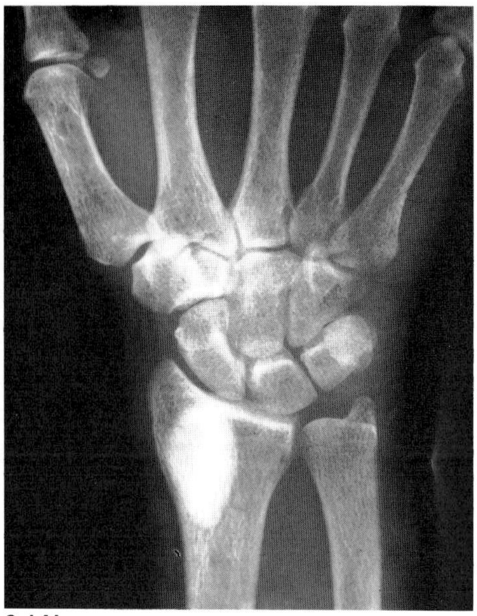

2.14b

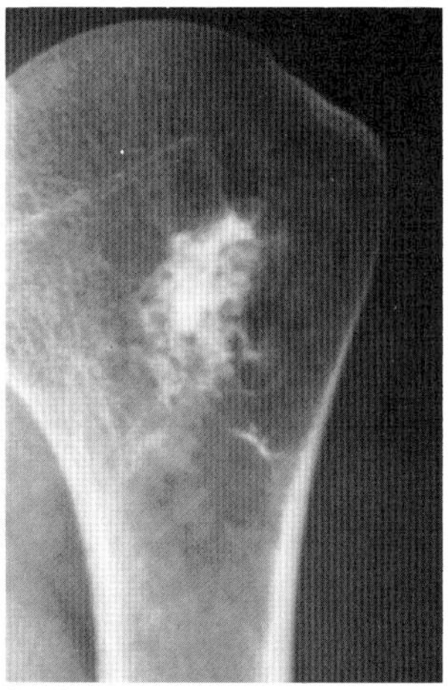

2.16

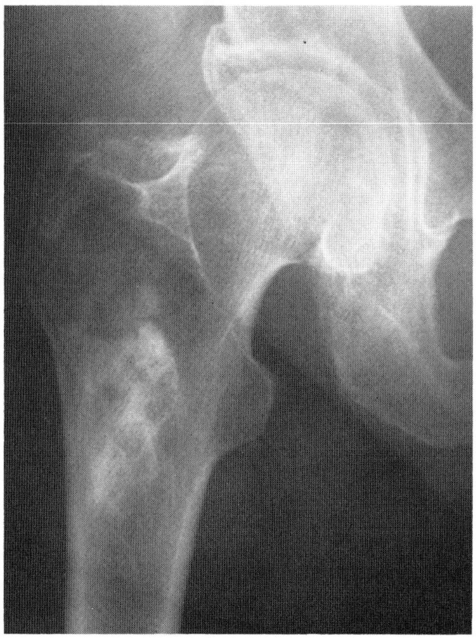

2.15a

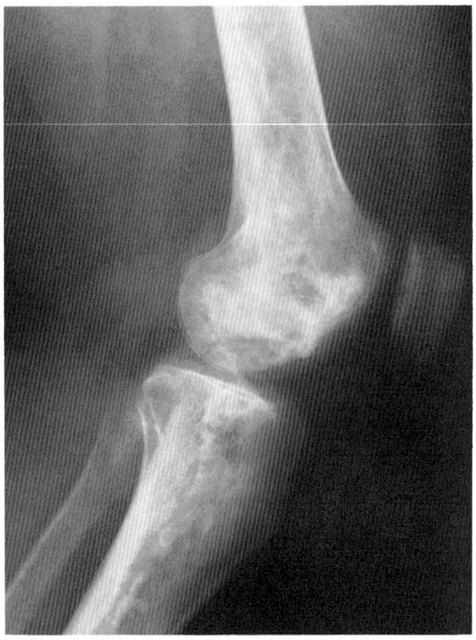

2.15b

Abb. 2.**13** **Geheilte Fraktur.** Unregelmäßige Verbreiterung des Schafts, Kortikalisverdickung und Sklerose nach geheiltem Trümmerbruch des proximalen Femurs.

Abb. 2.**14** **Brauner Tumor bei primärem Hyperparathyreoidismus a** vor und **b** fünf Jahre nach Entfernung eines Nebenschilddrüsenadenoms. Die Heilung des braunen Tumors hinterließ einen persistierenden Skleroseherd.

Abb. 2.**15** **Knocheninfarkte.** Unregelmäßige medulläre Verkalkungen, **a** im proximalen Femur und **b** ausgedehnter im distalen Femur und in der proximalen Tibia bei Sichelzellenanämie.

Abb. 2.**16** **Enchondrom.** Dieses Erscheinungsbild ist von einem Knocheninfarkt praktisch nicht unterscheidbar.

Tabelle 2.1 Solitäre oder multiple disseminierte osteosklerotische Läsionen (Fortsetzung)

Krankheit	Radiographischer Befund	Kommentar
Knocheninfarkte (alte) (Abb. 2.15)	Am häufigsten im proximalen oder distalen Ende langer Röhrenknochen. Abgeheilte Infarkte stellen sich als unregelmäßig verkalkte Bezirke im Markraum dar, die vom normalen Knochen durch eine dichte, serpiginöse Kontur oder unregelmäßige Strähnen abgegrenzt sind.	Infarkte oft in Begleitung anderer Krankheiten wie vaskulärer Verschlußkrankheit, Sichelzellanämie, Pankreatitis, Kollagenose, Caissonkrankheit und Morbus Gaucher sowie bei Strahlentherapie. Enchondrome können Knocheninfarkte vortäuschen (Abb. 2.**16**). Eine ähnliche Verkalkung im Mark langer Röhrenknochen ist gelegentlich *nach Entfernung eines Marknagels* zu beobachten.
Strahlenosteonekrose (Abb. 2.17)	Kann sich Jahre nach der Therapie als Mischung von sklerotischen und lytischen Veränderungen zeigen, auch wenn keine Knocheninfarkte aufgetreten sind.	Diese Veränderung kann von einem lokalen Tumorrezidiv mit Knochenbefall anhand der normalen oder sogar herabgesetzten Speicherung im Knochenscan unterschieden werden.
Avaskuläre Epiphysennekrose (Abb. 2.18)	Die Folgezustände einer avaskulären Nekrose in Epiphysen bestehen in sklerotischen und zystischen Veränderungen mit Abflachung und Unregelmäßigkeit der Gelenkflächen, die zu frühzeitigen, sekundären degenerativen Veränderungen führen, besonders in den gewichtsbelasteten Gelenken. Die meisten idiopathischen avaskulären Nekrosen treten im Kindes- und Jugendalter auf. Im Erwachsenenalter vorkommende idiopathische avaskuläre Nekrosen findet man im medialen Femurkondylus (mediale Seite) bei älteren und im Lunatum bei jungen Erwachsenen *(Morbus Kienböck)*. Im fortgeschrittenen Stadium der Erkrankung weist das Lunatum eine erhöhte Knochendichte, Fragmentation und Kompression auf.	Kann sich bei jeder Störung finden, die mit medullären Knocheninfarkten einhergeht. Ursache einer avaskulären Nekrose ist eine lokale Durchblutungsstörung, die thrombotischen, entzündlichen oder traumatischen Ursprungs oder das Ergebnis jedes infiltrativen oder entzündlichen Prozesses im Markraum sein kann, der die regionale Blutversorgung durch Kompression beeinträchtigt. Außerdem wurden oft Steroide (Kortisontherapie, Morbus Cushing) mit der Entwicklung der avaskulären Nekrose in Verbindung gebracht. Die idiopathischen avaskulären Nekrosen werden gewöhnlich mit Eigennamen bezeichnet (s. Tab. 2.**3**).

Fortsetzung auf Seite 22

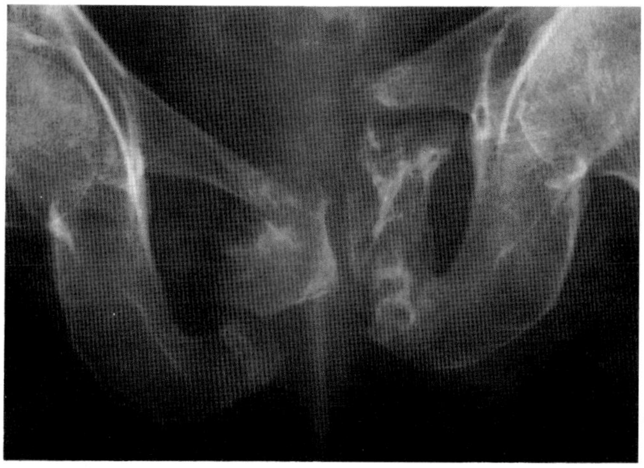

Abb. 2.**17** **Strahlenosteonekrose.** Gemischte osteolytische und osteoplastische Läsionen mit mehreren pathologischen Frakturen in beiden Schambeinen 7 Jahre nach Bestrahlung eines Blasenkarzinoms.

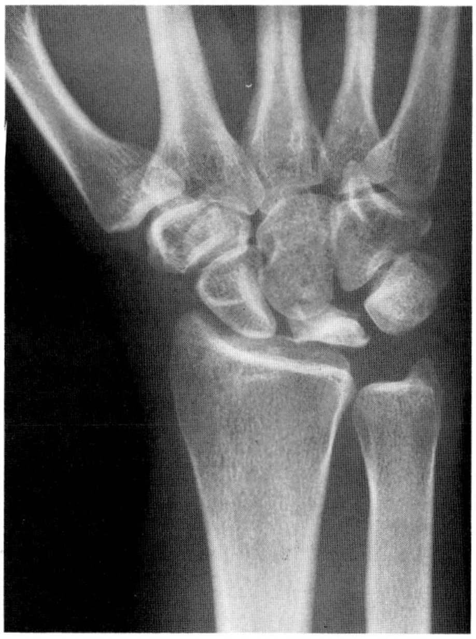

Abb. 2.**18** **Avaskuläre Nekrose des Os lunatum (Morbus Kienböck).** Stärkere Sklerose des Lunatums, das zusammengedrückt ist und eine beginnende Fragmentation aufweist. Eine leichte Verkürzung der Ulna (wie sie in diesem Fall vorhanden ist) prädisponiert, wie man annimmt, möglicherweise zum Morbus Kienböck aufgrund des vermehrten Drucks, der vom medialen Rand des Radiusendes auf das Lunatum ausgeübt wird.

Tabelle 2.1 Solitäre oder multiple disseminierte osteosklerotische Läsionen (Fortsetzung)

Krankheit	Radiographischer Befund	Kommentar
Morbus Paget (Abb. 2.19)	Kann in der sklerotischen Phase zu einer gleichmäßigen Verdichtung von Knochenarealen führen. Im reparativen (gemischt lytischen und sklerotischen) Stadium geht die Krankheit in charakteristischer Weise mit einer Verdikkung der Kortikalis einher, die zu einer Volumenzunahme des befallenen Knochens führt. Es kann jeder Knochen betroffen sein; repräsentative Beispiele für die sklerotische Phase der Erkrankung sind der „Watteschädel" und die „Elfenbeinwirbel".	Die rein sklerotische Phase ist nicht so häufig wie das kombiniert destruktive und reparative Stadium, das praktisch pathognomonisch für die Erkrankung ist.
Fibröse Dysplasie (Abb. 2.20)	Neben ihrem zysten- und „milchglas"-artigen Bild kann sie auch mit rein sklerotischen Läsionen in Erscheinung treten. Die Veränderungen gehen gewöhnlich mit einer Auftreibung des Knochens einher, besonders bei Röhrenknochen. Bei stärkerem Befall kommt es fast ausnahmslos zu Knochendeformationen.	Kommt in mono- und in polyostotischer Form vor. Ein *ossifizierendes Fibrom* von Schädel, Gesicht und Unterkiefer läßt sich histologisch nicht von einer fibrösen Dysplasie unterscheiden und kann radiographisch als lokalisierte Manifestation dieser Krankheit aufgefaßt werden.
Mastozytose (Abb. 2.21)	Kann mit fokalen oder diffusen Knochenveränderungen in Erscheinung treten. Die fokale Form ist durch verstreute, gut begrenzte sklerotische Herde gekennzeichnet, die oft mit Rarefizierungsbezirken abwechseln. Bevorzugt befallen werden Schädel, Wirbelsäule, Rippen, Becken, Oberarm- und Oberschenkelknochen.	Bei der Mehrzahl der Erkrankten bilden sich während des ersten Lebensjahrs Hautläsionen, die Mastzellen enthalten. Die Krankheit kann mitHepatosplenomegalie, Lymphadenopathie und Panzytopenie einhergehen.
Tuberöse Sklerose (Abb. 2.22)	Oft mit verstreuten intrazerebralen Verkalkungen, Nierenhamartomen und Knochenläsionen. Typische Skelettveränderungen sind fleckförmige Osteosklerosebezirke von einigen Millimeter bis zu mehreren Zentimeter Durchmesser. Die Läsionen gehen mit keinerlei Knochenverdickung einher und finden sich am häufigsten in Schädel, Lendenwirbeln (besonders Bogenfüße) und Becken, doch können alle Knochen befallen sein. In Hand- und Fußknochen können zystenartige Läsionen zu beobachten sein.	Seltene familiäre Krankheit mit gestörter Entwicklung ektodermaler Strukturen. Klinisches Bild: Adenoma sebaceum im Gesicht, Epilepsie und geistige Minderentwicklung.
Sarkoidose (Abb. 2.23)	Eine seltene Manifestation ist ein fokale oder generalisierte Osteosklerose im Bereich von Wirbelsäule, Becken, Schädel, Rippen, proximalen langen Röhrenknochen und Endphalangen (Akroosteosklerose).	Ein typischeres Erscheinungsbild, das sich besonders in den Handknochen findet, besteht in einer Osteopenie mit vergröberter, retikulärer oder feinwabiger Trabekelzeichnung und umschriebenen zystischen („ausgestanzten") Läsionen.

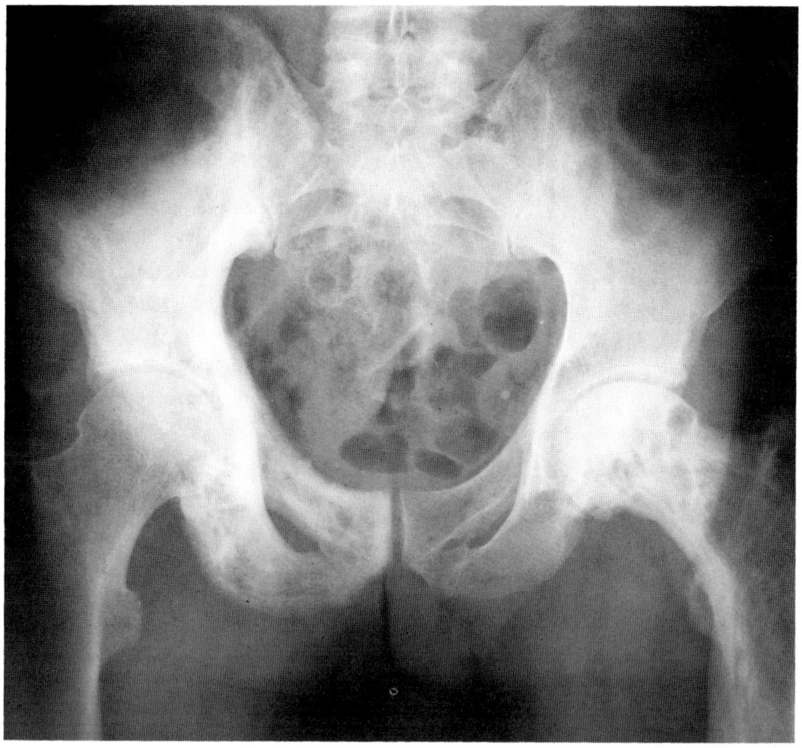

Abb. 2.**19** **Morbus Paget.** Befall der rechten Beckenhälfte und des linken Femurs. In der rechten Beckenhälfte sind die Kortikalisverdickung, die grobe Trabekelzeichnung, die Vergrößerung des Scham- und Sitzbeins und die Verdickung des Beckeneingangrands charakteristisch. Ähnliche Veränderungen im linken proximalen Femur.

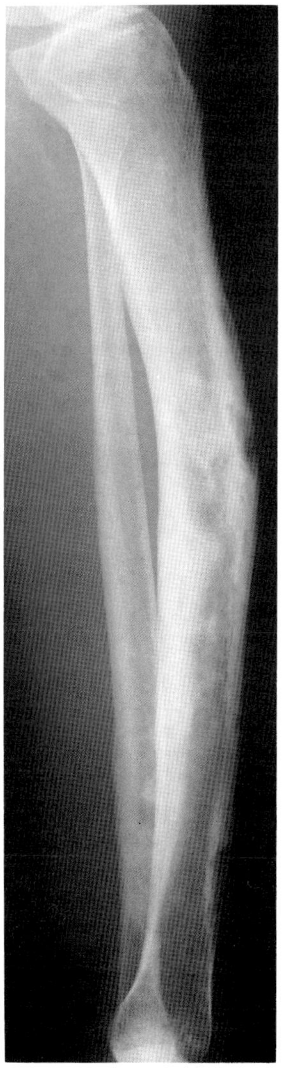

2.**20**

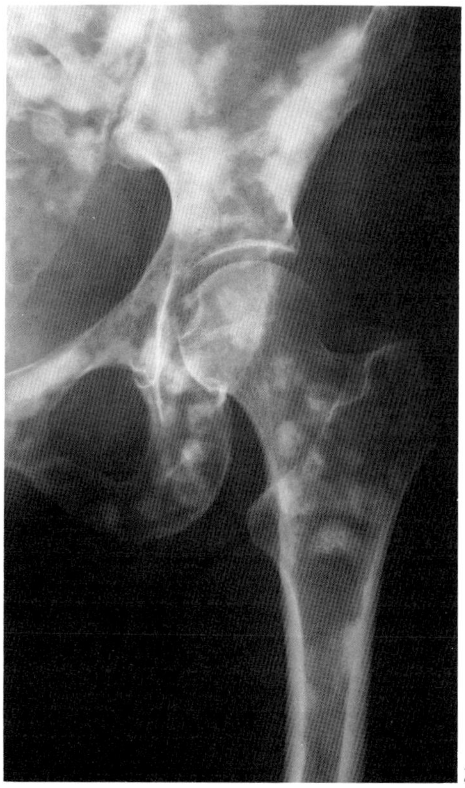

2.**21**

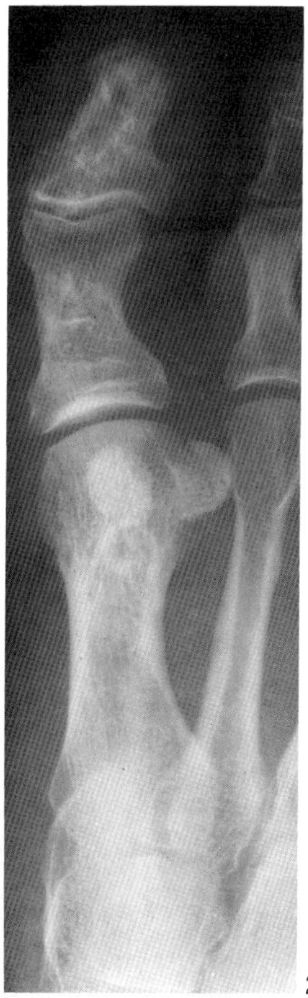

2.**22**

Abb. 2.**20** **Fibröse Dysplasie.** Vorwärtskrümmung des sklerotischen und etwas verbreiterten Tibiaschafts; die Kortikalis ist verdickt, unregelmäßig und enthält mehrere Defekte. Ähnliche, aber nicht so schwere Veränderungen in der Fibula.

Abb. 2.**21** **Mastozytose.** Ins Auge springende multiplesklerotische Herde.

Abb. 2.**22** **Tuberöse Sklerose.** Unregelmäßige sklerotische Bezirke, vermischt mit kleinen zystenähnlichen Läsionen.

Tabelle 2.2 Generalisierte diffuse Osteosklerose

Krankheit	Radiographischer Befund	Kommentar
Physiologische Osteosklerose des Neugeborenen	Durch Kortikalisverdickung und überschießende Spongiosabildung kann eine erhebliche Osteosklerose entstehen, die hauptsächlich die langen Röhrenknochen betrifft.	Die sklerotischen Veränderungen verschwinden nach und nach während der ersten Lebenswochen und haben keine pathologische Bedeutung. Sie sind bei mehr als der Hälfte aller Frühgeborenen zu beobachten.
Angeborene Syphilis (Abb. 2.24)	Symmetrischer Befall der Metaphysen und Diaphysen unter Aussparung der epiphysären Ossifikationszentren. Die metaphysären Veränderungen variieren von Querstreifung bis zu destruktiven Läsionen, die von den an die Knorpelplatte angrenzenden Ecken ausgehen, und einem ausgefransten Aussehen der Metaphysenenden ähnlich wie bei Rachitis. In den Diaphysen können subperiostale Kortikalisverdickung und periostale Reaktionen von fokalen Destruktionen begleitet werden.	Die Veränderungen bei angeborener Syphilis werden durch eine Kombination von luetischer Osteomyelitis und unspezifischen trophischen Störungen in der enchondralen Knochenbildung verursacht. Die radiographischen Veränderungen können schon bei der Geburt vorhanden sein oder sich später entwickeln.
Rubeolenembryopathie (Abb. 2.25)	Bevorzugung der distalen Femur- und proximalen Tibiametaphysen und anschließenden Diaphysen, wo sich unregelmäßige longitudinale Aufhellungen und sklerotische Verdichtungen beobachten lassen, die ein „Sellerie-stengel"-Bild ergeben. Die Metaphysenenden sind unregelmäßig, aber nicht becherförmig.	Verursacht durch Rubeoleninfektion der Mutter während des ersten Trimesters der Gravidität. Klinisch können sich zugleich angeborene Herzfehler, Hepatosplenomegalie, Katarakte, Chorioretinitis und thrombopenische Pupura finden. *Toxoplasmose* und *Zytomegalie* können ähnliche Knochenveränderungen erzeugen.
Erythroblastosis fetalis	Es können Querbänder in den Metaphysen und eine diffuse Sklerose der Diaphysen vorhanden sein.	Durch Rh-Faktor-Inkompatibilität hervorgerufene angeborene hämolytische Anämie. Klinisch einhergehend mit schwerer, prolongierter Gelbsucht (Icterus neonatorum gravis) und generalisiertem Ödem (Hydrops fetalis).
Infantile kortikale Hyperostose (Caffey-Syndrom) (Abb. 2.26)	Kortikalisverdickung, manchmal mit asymmetrischer Verteilung. Betroffen sind Unterkiefer, Schlüsselbein, lange Röhrenknochen (besonders Ulna), Rippen, Schädel, Schulterblatt und Becken, in dieser Häufigkeitsfolge. Röhrenknochen können spindelförmig aussehen, weil nur die Diaphysen befallen sind. Eine lamelläre periostale Reaktion kommt dabei nur in der Heilungsphase vor.	Seltene Krankheit unbekannter Ätiologie, die in den ersten 5 Monaten beginnt. Klinisch gehen die Knochenveränderungen mit schmerzhaften Weichteilschwellungen und Fieber einher. Rückbildung im Laufe von einigen Wochen bis zu mehreren Monaten. Die röntgenologischen Veränderungen gehen innerhalb eines Jahres zurück.
Progressive diaphysäre Dysplasie (Camurati-Engelmann-Syndrom) (Abb. 2.27)	Kortikalisverdickung der langen Röhrenknochen, die in Schaftmitte beginnt und zur Peripherie hin fortschreitet, so daß sich ein spindelförmiges Bild mit relativ abruptem Übergang zum normalen Knochen ergibt. Eine Sklerose anderer Knochen ist seltener zu beobachten.	Diese autosomal dominant vererbbare neuromuskuläre Krankheit wird gewöhnlich zwischen dem 4. und 12. Lebensjahr diagnostiziert. Klinisch charakteristisch sind ein eigentümlicher breitbeiniger, watschelnder Gang, Muskelschwäche und Unterernährung.

Fortsetzung auf Seite 26

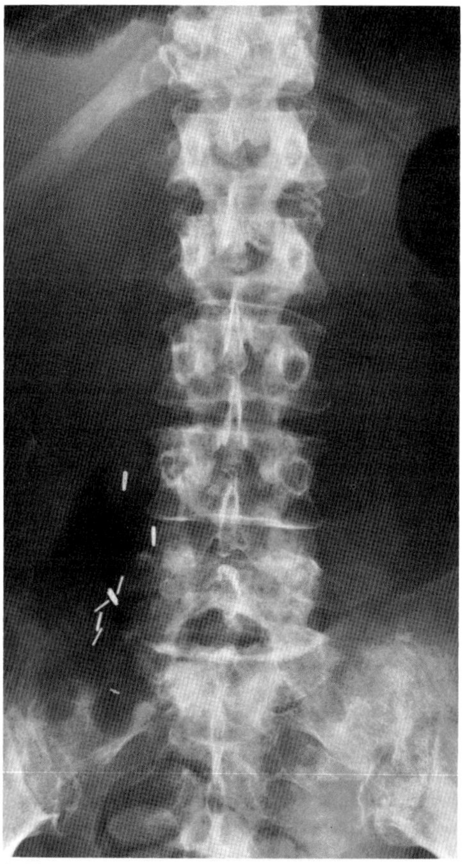

2.23

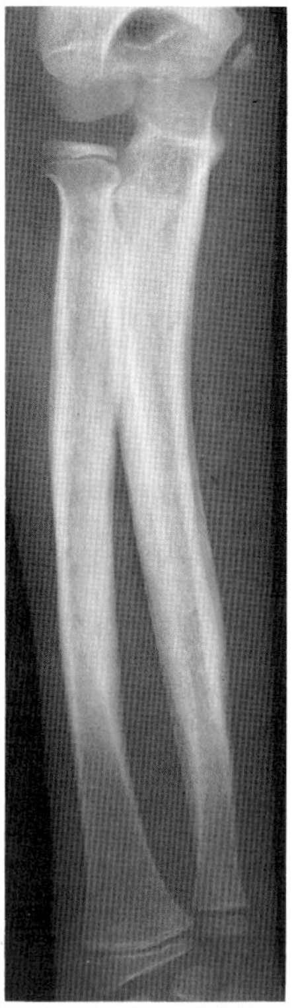

2.24

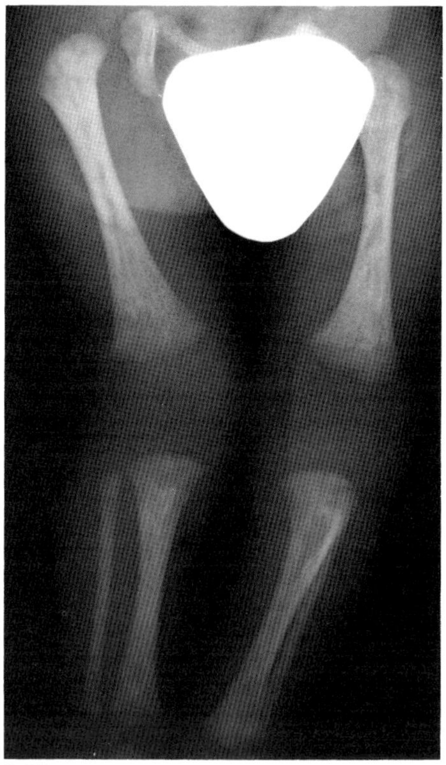

2.25

Abb. 2.**23** **Sarkoidose.** Schlecht abgrenzbare fleckförmige sklerotische Bezirke in der ganzen Wirbelsäule.

Abb. 2.**24** **Angeborene Syphilis.** Die Sklerose der Diaphyse ist durch Kortikalisverdickung und periostale Auflagerungen bedingt. Destruktive Veränderungen sind in dieser Heilungsphase nicht mehr erkennbar.

Abb. 2.**25** **Rubeolenembryopathie.** Typische unregelmäßige longitudinale Aufhellungen und sklerotische Verdichtungen im distalen Femur und in der proximalen Tibia („Selleriestengel"-Bild). Die Metaphysen sind etwas unregelmäßig, aber nicht becherförmig.

Abb. 2.**26** **Infantile kortikale Hyperostose.** Periostale Reaktionen mit nachfolgender Kortikalisverdickung lassen verbreiterte und relativ dichte Diaphysen der langen Röhrenknochen in der oberen Extremität entstehen.

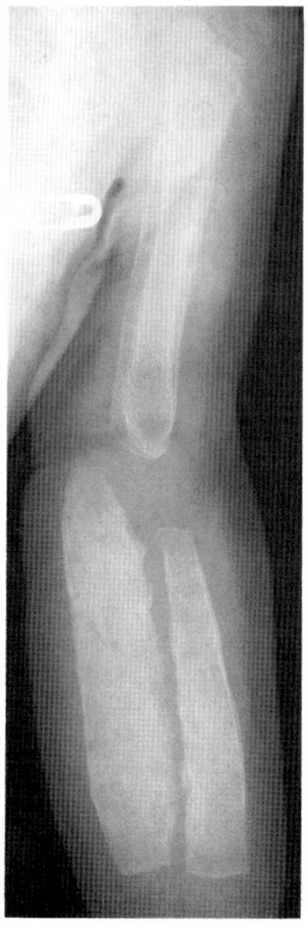

2.26

Abb. 2.**27** **Progressive diaphysäre Dysplasie.** Durch eine Kortikalisverdickung, die in den beiden Femora desselben Patienten unterschiedlich schwer ist, sind spindelförmige, sklerotische Diaphysen mit relativ abruptem Übergang zum normalen Knochen entstanden.

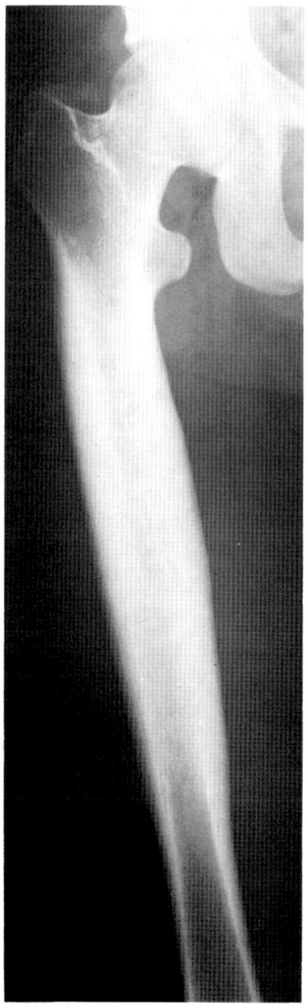

2.27 a

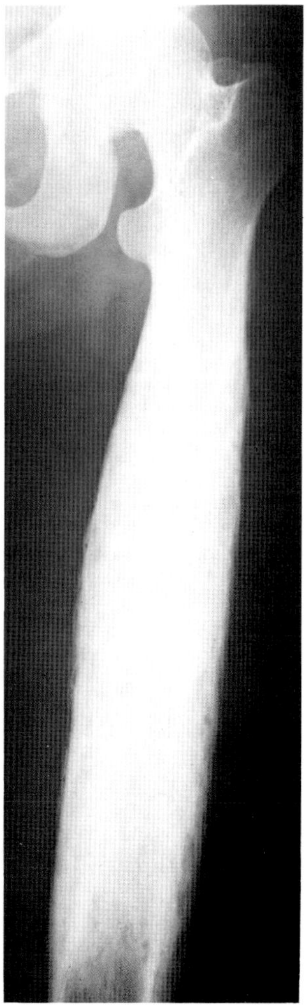

2.27 b

Tabelle 2.2 Generalisierte diffuse Osteosklerose (Fortsetzung)

Krankheit	Radiographischer Befund	Kommentar
Generalisierte kortikale Hyperostose (Van-Buchem-Syndrom) (Abb. 2.28)	Diffuse symmetrische Sklerose und Kortikalisverdickung, vorwiegend an den Diaphysen aller Röhrenknochen. Zu einer Sklerose und Verdickung kommt es auch an Schädeldach und -basis, Unterkiefer, Schlüsselbein, Rippen und Wirbelsäule (besonders an den Dornfortsätzen)	Seltene autosomal rezessive Krankheit mit Manifestation im Erwachsenenalter, prädominant bei Männern. *Worth-Syndrom:* Autosomal dominante Form mit ähnlichem, aber weniger schwerem radiographischem Befund; wird oft zufällig auf Röntgenbildern entdeckt, die aus anderen Gründen angefertigt wurden.
Hereditäre Hyperphosphatasie (juveniler Morbus Paget)	Eine ausgeprägte Kortikalisverdickung kann sich in allen Knochen finden. In den langen Röhrenknochen betrifft der Prozeß den ganzen Knochen und nicht nur die Diaphyse, und es kommt zu Verkrümmungen, besonders der Femora. Eventuell sind auch Pseudofrakturen und „Spaltung" der Kortikalis zu beobachten.	Seltene hereditäre Krankheit, die sich gewöhnlich im zweiten oder dritten Lebensjahr entwickelt. Die radiographischen Zeichen sind ähnlich wie bei Morbus Paget. Die alkalische Phosphatase ist erhöht. Kann mit Pseudoxanthoma elasticum einhergehen.
Kraniometaphysäre Dysplasie	Eine Osteosklerose der Diaphysen der Röhrenknochen findet sich nur im Säuglingsalter und wird später durch eine Verbreiterung der Diaphysen mit Kortikalisverschmälerung und Metaphysenauftreibung („Erlenmeyer-Kolben"-Deformität) ersetzt. Eine Sklerose des Schädels (Kalvaria und Basis) kommt vor. Es besteht eine fehlende Pneumatisation der Nasennebenhöhlen und der Mastoide. Die Mandibula kann stark verdickt und sklerotisch sein, und die Dentition ist gestört.	Seltene hereditäre Krankheit, die durch eine Störung der normalen Ausformung der Röhrenknochen und durch Schädelveränderungen gekennzeichnet ist. Klinisch charakteristisch sind Hypertelorismus und breite, platte Nase, und es kommen Hirnnervenausfälle (progrediente Abnahme des Hör-und Sehvermögens und Fazialisparese) vor.
Hypoparathyreoidismus	Eine Osteosklerose, besonders des Achsenskeletts, ist die häufigste Knochenveränderung, kann aber subtil sein und der Entdeckung entgehen. Sklerotische Querbänder in den Metaphysen der langen Röhrenknochen, vermehrte Dichte des Darmbeinkamms und Randsklerose der Wirbelkörper können ebenfalls zu beobachten sein. Ossifikationen von Muskelinsertionen und Ligamenten sowie subkutane Verkalkungen kommen vor. Im Schädel sind Kalvariaverdickung, Basalganglienverkalkung und Dentitionsstörungen charakteristisch.	Die Hypokalzämie führt zu neuromuskulärer Übererregbarkeit, die sowohl beim primären als auch beim häufigeren sekundären Hypoparathyreoidismus schließlich eine Tetanie zur Folge hat. Die sekundäre Form ist meistens auf eine Schilddrüsenoperation mit versehentlicher Epithelkörperchenentfernung zurückzuführen. Der *Pseudohypoparathyreoidismus* unterscheidet sich von der primären Form durch das Vorliegen kurzer Metakarpalia und Metatarsalia und durch das mangelnde Ansprechen auf eine Parathormon-Substitutionstherapie. Der *Pseudopseudohypoparathyreoidismus* zeigt ähnliche radiographische Symptome, aber keine blutchemischen Veränderungen.
Osteopetrosis (Albers-Schönberg, Marmorknochenkrankheit) (Abb. 2.29)	Symmetrische Knochenverdichtung von minimalem bis extremem Ausmaß. Es können alle Knochen befallen sein, keine bestimmte Stelle in einem Knochen ist bevorzugt. Bei Röhrenknochen fehlt die normale Ausformung, oft sind die Enden aufgetrieben (flaschen- oder keulenförmig, „Erlenmeyer-Kolben"-Deformität). Kennzeichnend ist das „Knochen-im-Knochen"-Bild.	Seltene hereditäre Knochenkrankheit mit meist normalem Serumspiegel von Kalzium, Phosphor und alkalischer Phosphatase.
Pyknodysostose	Diffuse Osteosklerose, die sich von der Osteopetrosis durch das Fehlen der „Erlenmeyer-Kolben"-Deformität sowie des „Knochen-im-Knochen"-Bildes unterscheidet. Eine Hypoplasie des Unterkiefers ist charakteristisch.	Seltene hereditäre Knochenanomalie.
Dysosteosklerose	Sklerose von Schädel, Rippen, Schlüsselbeinen und Röhrenknochen wie bei Osteopetrosis. Die Platyspondylie und Aufhellungsbezirke in den aufgetriebenen Diametaphysen erlauben jedoch die Unterscheidung.	Autosomal rezessive Krankheit, die sich im frühen Kindesalter mit Kleinwuchs, Zahnanomalien, abnormer Knochenbrüchigkeit und gelegentlich neurologischen Symptomen manifestiert.
Melorheostose (Kerzentropfenkrankheit)	Asymmetrische oder gleichmäßige Verdickung der Kortikalis. Gewöhnlich auf eine Extremität beschränkt, bevorzugt in Röhrenknochen, wo sie sich mit durchgehenden oder unterbrochenen sklerotischen Streifen manifestiert.	Wenn Zeichen der Melorheostose zugleich mit Zeichen der Osteopoikilie und der Osteopathia striata vorhanden sind, spricht man oft von *gemischter sklerosierender Knochendystrophie.*

Fortsetzung auf Seite 27

Tabelle 2.2 Generalisierte diffuse Osteosklerose (Fortsetzung)

Krankheit	Radiographischer Befund	Kommentar
Metastasen (ausgedehnte) (Abb. 2.30)	Generalisierte diffuse Osteosklerose.	Besonders von Prostata- und Mammakarzinom.
Osteomyelofibrose (Myelosklerose, myeloide Metaplasie) (Abb. 2.31)	In etwa der Hälfte der Fälle entwickelt sich eine diffuse (selten fleckige) Osteosklerose. Am häufigsten sind Rippen, Wirbelsäule, Becken, Oberarm- und Oberschenkelknochen befallen. Meist zeigt das Röntgenbild eine massive Splenomegalie. Eventuell besteht eine extramedulläre Hämatopoese, die als paraspinale Raumforderung in Erscheinung tritt. Beide Befunde können helfen, die Myelofibrose von osteoplastischen Metastasen, Fluorose, Osteopetrosis und renaler Osteodystrophie anzugrenzen.	Klinisch durch Hepatosplenomegalie, Anämie und Thrombozytopenie gekennzeichnet.
Anämien und Leukämien (Abb. 2.32, 2.33)	Treten radiographisch häufiger mit einer Herabsetzung der Knochendichte und Vergröberung der Trabekelzeichnung in Erscheinung. Eine generalisierte Sklerose kann vorkommen, besonders bei *Sichelzellenanämie.*	Alle Blutkrankheiten können mit einer extramedullären Hämatopoese einhergehen. Gewöhnlich besteht eine Splenomegalie, ausgenommen bei Erwachsenen mit Sichelzellenanämie (vermutlich aufgrund multipler Milzinfarkte).
Multiples Myelom	Eine gleichmäßige Sklerose ist eine sehr seltene Manifestation.	Typische Knochenmark- und Laborbefunde.

Fortsetzung auf Seite 30

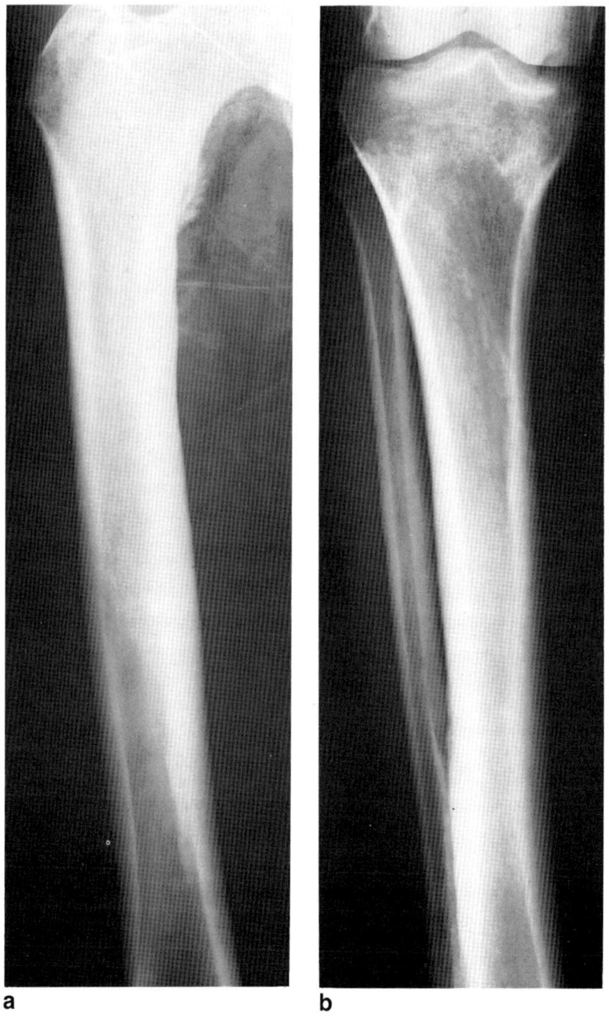

Abb. 2.**28** **Generalisierte kortikale Hyperostose.** Symmetrische Sklerose und Kortikalisverdickung vorwiegend an den Diaphysen von **a** Femur und **b** Tibia und Fibula.

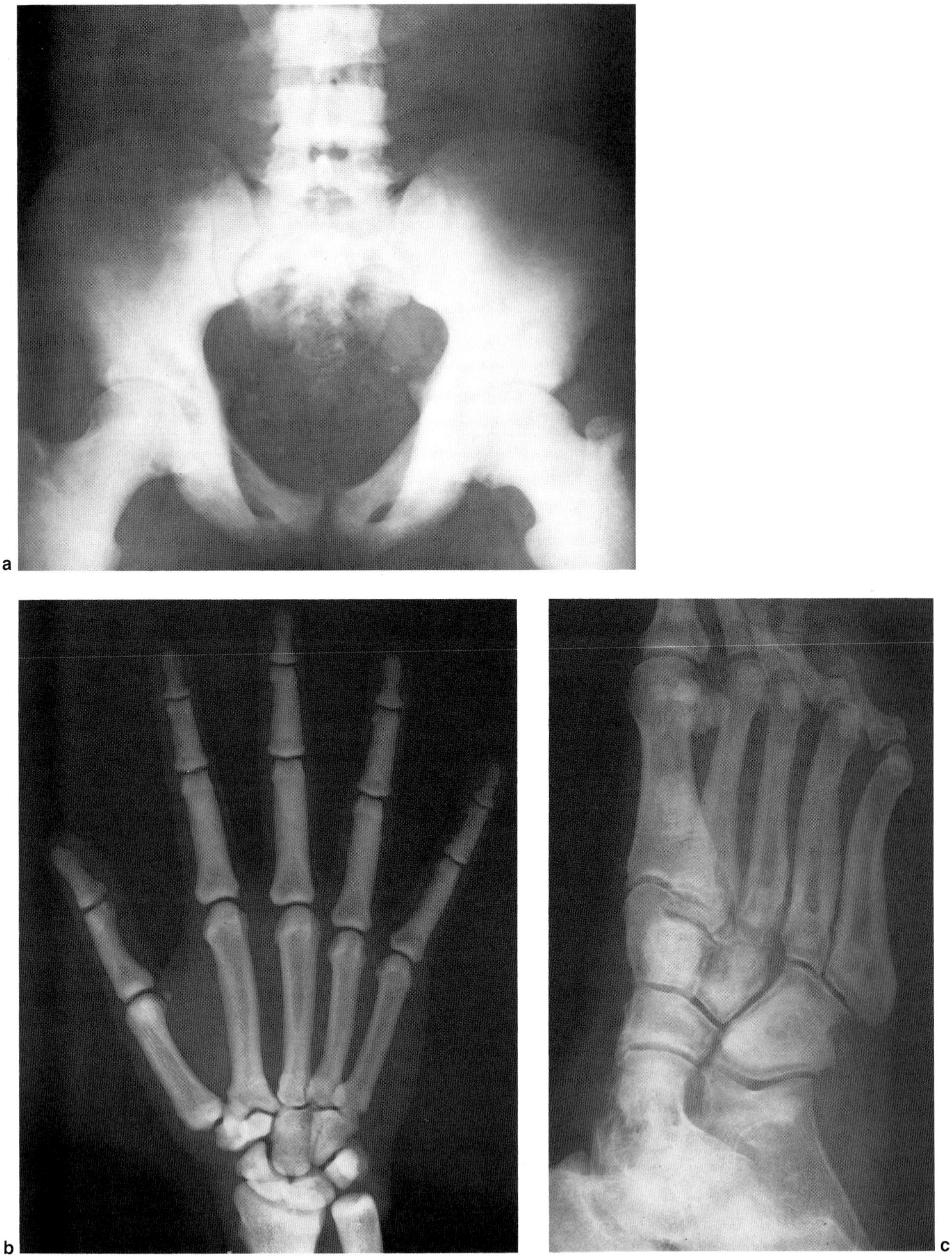

Abb. 2.**29 a–c** **Osteopetrosis.** Kennzeichnend ist eine diffuse und symmetrische Osteosklerose des gesamten Skeletts. Man beachte das „Knochen-im-Knochen"-Bild in den Fußwurzelknochen. **a** Lendenwirbelsäule und Becken, **b** Hand, **c** Fuß.

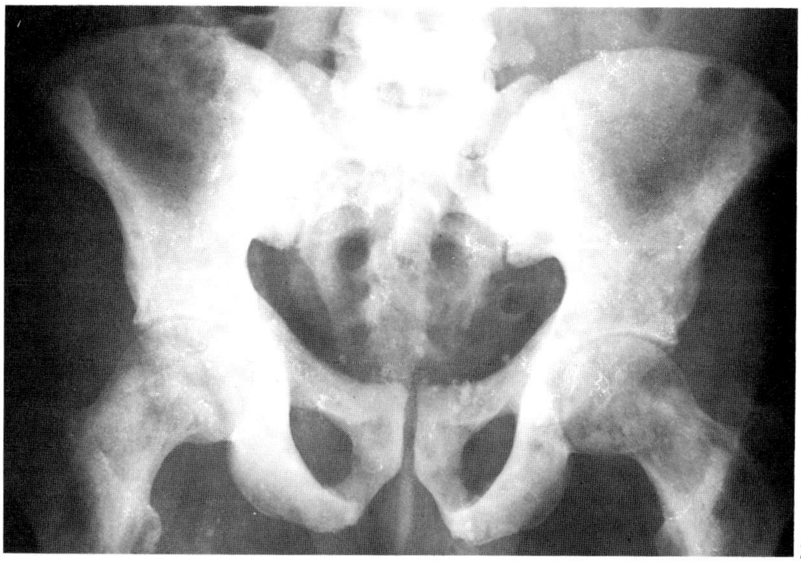

Abb. 2.**30** **Osteoplastische Metastasen eines Prostatakarzinoms.** Generalisierte diffuse Osteosklerose.

2.**30**

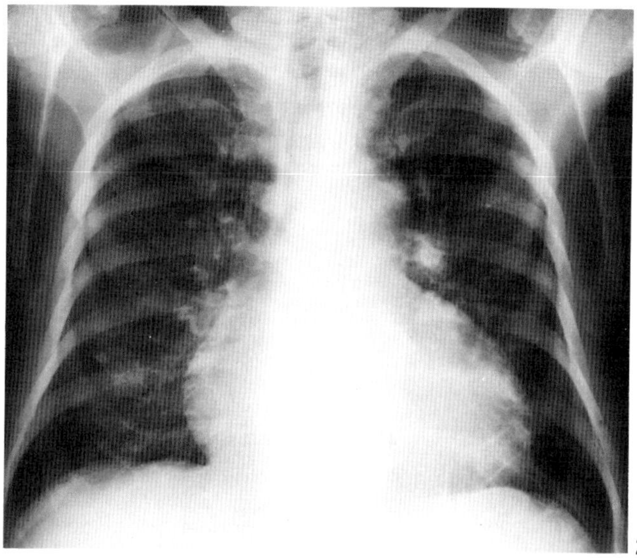

Abb. 2.**31** **Myelofibrose.** Diffuse Osteosklerose, die in den Rippen besonders ausgeprägt ist.

2.**31**

Abb. 2.**32 a, b** **Sichelzellenanämie.** Charakteristisch ist eine ungleichmäßige, auf den Mittelteil der oberen und unteren Endplatten mehrerer aufeinanderfolgender Wirbelkörper beschränkte tassenförmige Vertiefung, deren Ursache vermutlich eine örtliche Ischämie ist, die das Knochenwachstum im Zentrum hemmt. Die Knochendichte kann herabgesetzt oder erhöht sein, und die Trabekelzeichnung ist oft vergröbert.

Abb. 2.**33** **Leukämie.** Vergröberte Trabekelzeichnung und „Tunnelierung" der Kortikalis (Längsstreifenbildung in der Kortikalis) bei insgesamt erhöhter Knochendichte bei einem Kind mit akuter Leukämie.

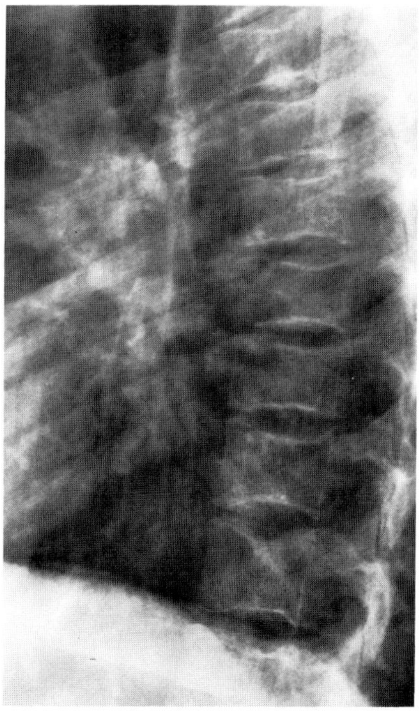

2.**32a**

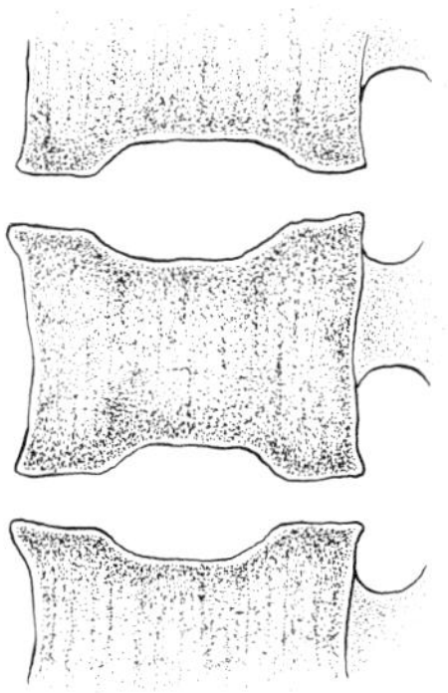

2.**32b**

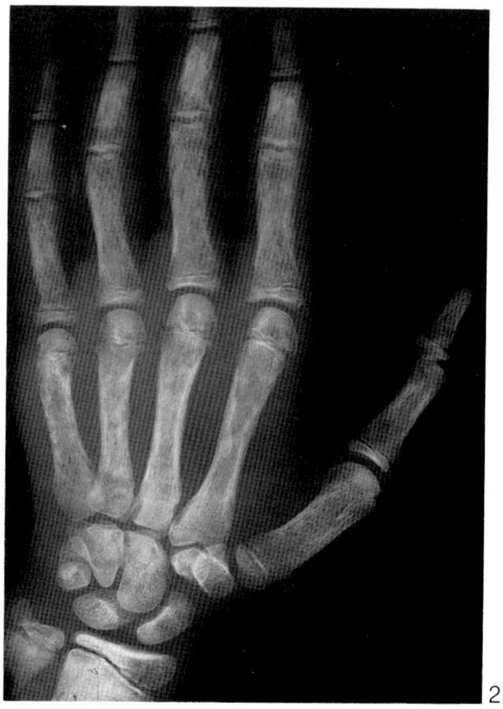

2.**33**

Tabelle 2.2 Generalisierte diffuse Osteosklerose (Fortsetzung)

Krankheit	Radiographischer Befund	Kommentar
Morbus Gaucher	Kann im reparativen Stadium eine diffuse Osteosklerose aufweisen. Charakteristisch für den Morbus Gaucher im Femur ist die Kombination von avaskulärer Femurkopfnekrose, „Erlenmeyer-Kolben"-Deformität des distalen Endes und multiplen osteolytischen und/oder sklerotischen Läsionen im Schaft.	Die beschriebenen radiographischen Befunde sind bei der chronischen Form des Morbus Gaucher zu beobachten, die akute infantile Form ist dagegen durch Krankheitserscheinungen von seiten des Atmungs- und Zentralnervensystems gekennzeichnet und führt in der Regel zum Tod im ersten Lebensjahr.
Erdheim-Chester-Syndrom (Lipoidgranulomatose)	Kennzeichnend ist eine symmetrische fleckförmige oder diffuse Osteosklerose und Kortikalisverdickung der Diaphysen und Metaphysen der großen Röhrenknochen, unter relativer Aussparung der Epiphysen und des Achsenskeletts.	Befällt Männer und Frauen im 5. bis 7. Lebensjahrzehnt. Es können xanthomatöse Flekken an den Augenlidern und leichte Skelettschmerzen vorhanden sein, die Patienten können aber auch symptomlos sein.
Morbus Paget	Das fortgeschrittene Stadium der polyostotischen Form kann schließlich zu einer Deformierung und diffusen Sklerosierung des Skeletts führen. Die Vergrößerung aller befallenen Knochen infolge Verdickung der Kortikalis ist ein radiographisches Hauptmerkmal der Erkrankung.	Übliche Ursache einer Osteosklerose bei symptomfreien Patienten über 40 Jahre. Die Röntgendiagnose wird gestützt durch stark erhöhte Werte der alkalischen Phosphatase im Serum bei normalem Serumkalzium- und -phosphorspiegel.
Fibröse Dysplasie (polyostotische Form)	Ähnlich wie Morbus Paget. Kann sich als diffuse Sklerose des befallenen Knochens verbunden mit Auftreibung und Kortikalisverdickung darstellen. Die Manifestationen sind vorwiegend unilateral, und Knochendeformationen sind häufig.	Klinisch „Café-au-lait"-Pigmentationen mit unregelmäßiger Begrenzung bei etwa einem Drittel der Patienten mit der polyostotischen Form. Alkalische Phosphatase normal oder nur leicht erhöht.
Mastozytose	Kann im ganzen Skelett als diffuse Sklerose in Erscheinung treten, die vom normalen Knochen nicht scharf abgegrenzt und oft mit osteolytischen Bezirken durchsetzt ist.	Siehe Tab. 2.**1**, S. 22.
Tuberöse Sklerose	Kann sich als diffuse Osteosklerose zeigen, ähnlich der Mastozytose.	Siehe Tab. 2.**1**, S. 22.
Sarkoidose	Eine diffuse Osteosklerose ist eine seltene Manifestation.	Siehe Tab. 2.**1**, S. 22.
Renale Osteodystrophie (Abb. 2.34)	Zeichen von Osteomalazie, Hyperparathyreoidismus und Sklerose. Letztere kann im Vordergrund stehen und ist oft mit Weichteilverkalkungen kombiniert. Ganz charakteristisch ist die „bandförmige Sklerose" der Wirbelsäule (die dichten Endplatten und die relativ durchlässige Mitte der Wirbelkörper bewirken, daß die Wirbelsäule gestreift aussieht).	Stellt die Antwort des Skeletts auf chronische Nierenkrankheiten beliebigen Ursprungs dar. Beim primären Hyperparathyreoidismus ist die Sklerose praktisch auf in Heilung begriffene Fälle beschränkt.
Oxalose	Sklerotische metaphysäre Bänder und eine „wollige" oder „Paget"-artige Sklerose in Kombination mit Merkmalen der renalen Osteodystrophie einschließlich einer generalisierteren Form der Osteosklerose.	Ablagerung von Kalziumoxalatkristallen als primäre herditäre (autosomal rezessive) Krankheit oder, häufiger, in Zusammenhang mit chronischen Nierenleiden. Ausgeprägte Nephrokalzinose, Nephrolithiasis und Kalziumoxalatablagerungen in extrarenalen Weichteilen kommen vor.
D-Hypervitaminose, idiopathische Hyperkalzämie, Blei-, Wismut- oder Phosphorvergiftung (Abb. 2.35)	Dichte Querstreifen in den Metaphysen und generalisierte Sklerose.	Bei Kindern.
Fluorose (Abb. 2.36)	Die Fluorose schreitet von einer Vergröberung der Trabekelzeichnung zu einer dichten, gleichmäßigen Sklerose fort. Im Achsenskelett sind die Veränderungen typischerweise am ausgeprägtesten, doch können alle Knochen befallen sein. Es kann eine periostale Reaktion vorhanden sein. Charakteristisch sind ausgedehnte Bänderverkalkungen, besonders in den Lig. sacrospinalia und sacrotuberalia.	Kann sich in jedem Alter finden. Klinisch ist die Sprenkelung des Zahnschmelzes am bezeichnendsten.

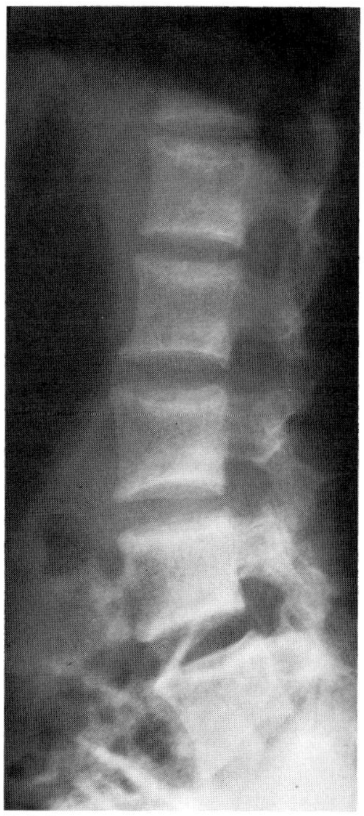

2.34

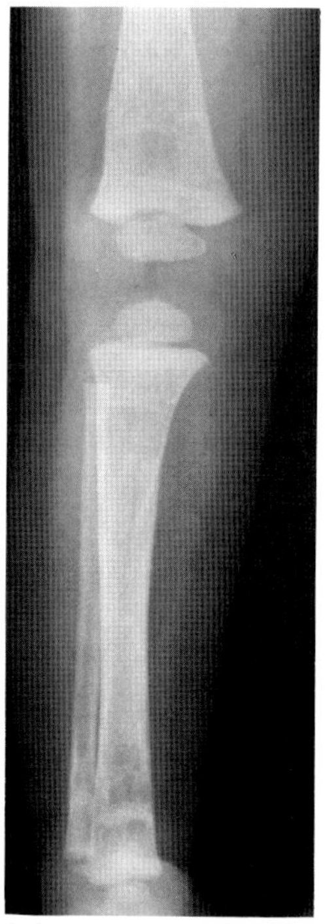

2.35

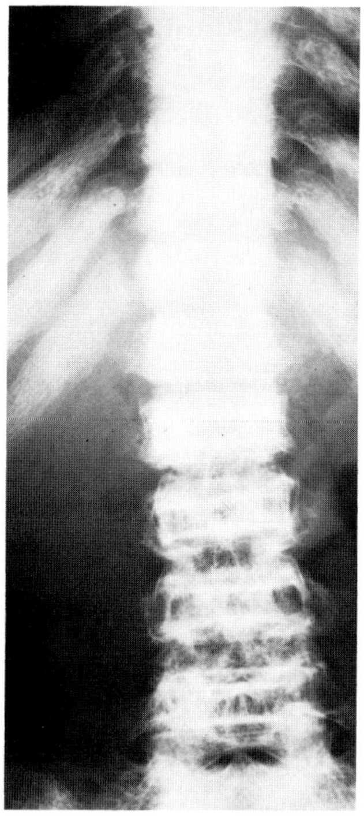

2.36

Abb. 2.**34** **Renale Osteodystrophie.** Besonders dichte Sklerose in den Endplatten der Wirbelkörper, die eine typische Querstreifung der Wirbelsäule im Röntgenbild bewirkt („bandförmige Sklerose").

Abb. 2.**35** **D-Hypervitaminose.** Generalisierte Sklerose sowie Querbänder in den etwas verbreiterten Metaphysen.

Abb. 2.**36** **Fluorose.** Erhöhte Knochendichte – von einer starken Verdickung und Vergröberung der Trabekelzeichnung bis zur gleichmäßigen Sklerose.

Tabelle 2.3 Avaskuläre Knochennekrose

Ort	Bezeichnung der Krankheit (Eigenname oder anderer Terminus)	Ätiologie	Zeit des Auftretens
Wirbelsäule			
Wirbelkörper (Vertebra plana)	Kümmel-Verneuil	idiopathisch, posttraumatisch, eosinophiles Granulom	Kindheit
Wirbelepiphyse	Scheuermann	idiopathisch	Jugend
Becken			
Darmbeinkamm	Buchmann	idiopathisch	Jugend
Sitzbeinapophyse	Milch	idiopathisch	Jugend
Ischiopubische Synchondrose	Van Neck	idiopathisch	Jugend
Schambeinsymphyse	Pierson	idiopathisch	Jugend
Obere Extremität			
Klavikula (untere Hälfte des sternalen Endes)	Friedrich	idiopathisch	Erwachsenenalter
Humeruskopf	Hass	idiopathisch	Kindheit
Humeruskopf (Abb. 2.37)	Avaskuläre Nekrose	nach Fraktur und anderen Ursachen wie bei avaskulärer Nekrose des Femurkopfs (s. dort)	Erwachsenenalter
Humeruskopf	Osteochondritis dissecans	idiopathisch, posttraumatisch	Jugend, Erwachsenenalter
Capitulum humeri (Abb. 2.38)	Panner	idiopathisch, posttraumatisch	Kindesalter, Jugend
Capitulum humeri	Osteochondritis dissecans	idiopathisch, posttraumatisch	Jugend, Erwachsenenalter
Radiuskopf	Brailsford	idiopathisch	Kindheit
Distale Ulnaepiphyse	Burns	idiopathisch	Kindheit

Fortsetzung auf Seite 33

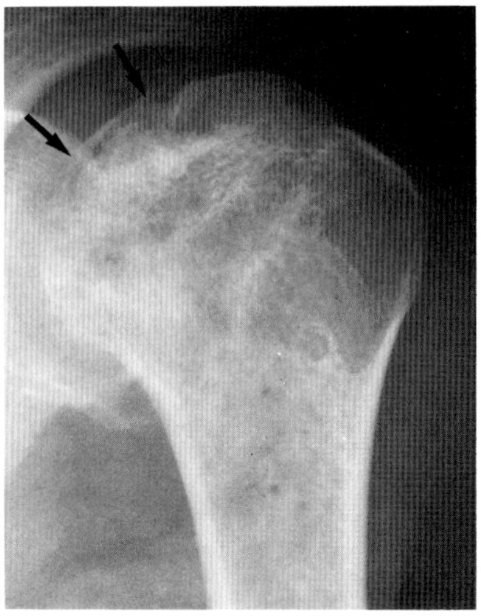

Abb. 2.37 **Avaskuläre Nekrose des Humeruskopfs.** Sklerotische und lytische Veränderungen im Humeruskopf mit Fragmentation der Gelenkfläche (Pfeile).

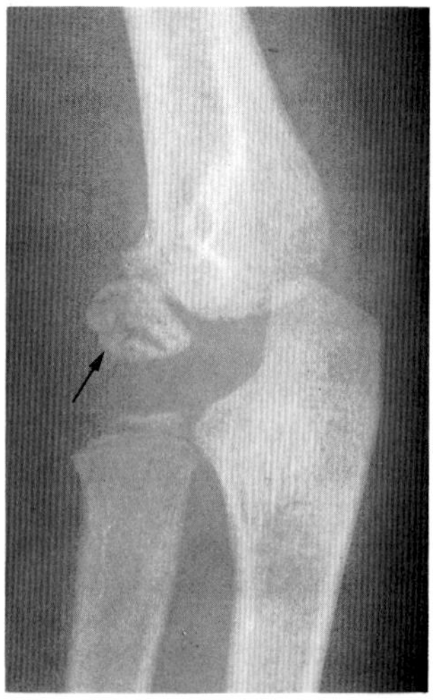

Abb. 2.38 **Avaskuläre Nekrose des Capitulum humeri** (Panner). Fragmentation des etwas sklerotischen Capitulum humeri (Pfeil).

Tabelle 2.3 Avaskuläre Knochennekrose (Fortsetzung)

Ort	Bezeichnung der Krankheit (Eigenname oder anderer Terminus)	Ätiologie	Zeit des Auftretens
Hand			
Os scaphoideum	Preiser	idiopathisch	Kindheit, Jugend
Os scaphoideum (proximaler Teil)	Avaskuläre Nekrose	posttraumatisch	Erwachsenenalter
Os lunatum	Kienböck	idiopathisch, posttraumatisch	Erwachsenenalter
Ganzer Karpus	Caffey	idiopathisch (bilateral), posttraumatisch	Kindheit, Jugend
Metakarpalköpfchen	Dietrich	idiopathisch	Jugend
Phalangenbasis	Thiemann	idiopathisch, posttraumatisch	Jugend
Untere Extremität			
Femurkopfepiphyse	Legg-Calvé-Perthes	idiopathisch	Kindheit
Femurkopfepiphyse	Epiphysiolyse	idiopathisch, posttraumatisch	Jugend
Femurkopf	Osteochondritis dissecans	idiopathisch, posttraumatisch	Jugend, Erwachsenenalter
Femurkopf	Avaskuläre Nekrose	idiopathisch, degenerativ und bei einer Reihe von Krankheiten (z. B. kongenitale Störungen, hämatologische und retikuloendotheliale Krankheiten, posttraumatisch – besonders subkapitale Schenkelhalsfraktur, nach entzündlichen Krankheiten, endokrine und metabolische Störungen, Kollagenosen, Pankreaserkrankungen, Alkoholismus, Steroidtherapie, nach Strahlentherapie, Caissonkrankheit).	Jugend, Erwachsenenalter
Trochanter major	Mandl	idiopathisch	Jugend
Medialer Femurkondylus (seltener lateraler Femurkondylus)	Osteochondritis dissecans	idiopathisch, posttraumatisch	Jugend, Erwachsenenalter
Medialer Femurkondylus (seltener lateraler Femurkondylus)	Avaskuläre Nekrose	idiopathisch, posttraumatisch und andere Ursachen wie bei der avaskulären Nekrose des Femurkopfs (s. dort)	Erwachsenenalter (idiopathische Form gewöhnlich nach dem 60. Lebensjahr)
Patella	Köhler	idiopathisch	Kindheit
Patella (sekundäres Ossifikationszentrum an der Patellaunterseite)	Sinding-Larsen	idiopathisch, posttraumatisch	Jugend
Patella	Osteochondritis dissecans	idiopathisch, posttraumatisch	Jugend, Erwachsenenalter
Eminentia intercondylaris tibiae	Caffey	idiopathisch	Jugend
Medialer Tibiakondylus	Blount	idiopathisch, posttraumatisch	Säuglingsalter, Kindheit, Jugend
Tuberositas tibiae	Osgood-Schlatter	idiopathisch, posttraumatisch	Kindheit, Jugend
Distale Tibia	Liffert-Arkin	idiopathisch, posttraumatisch	Kindheit

Fortsetzung auf Seite 34

Tabelle 2.3 Avaskuläre Knochennekrose (Fortsetzung)

Ort	Bezeichnung der Krankheit (Eigenname oder anderer Terminus)	Ätiologie	Zeit des Auftretens
Fuß			
Talus (Trochlea)	Diaz	idiopathisch	Kindheit
Talus (Trochlea) (Abb. 2.39)	Osteochondritis dissecans	idiopathisch, posttraumatisch	Jugend, Erwachsenenalter
Talus (Trochlea)	Avaskuläre Nekrose	posttraumatisch und andere Ursachen wie bei der avaskulären Nekrose des Femurkopfs (s. dort)	Erwachsenenalter
Kalkaneusepiphyse	Sever	idiopathisch	Jugend
Navikulare	Köhler	idiopathisch	Kindheit
Os tibiale externum	Haglund	idiopathisch, posttraumatisch	Kindheit, Jugend, Erwachsenenalter
Basis des fünften Metatarsale	Iselin	idiopathisch	Jugend
Metatarsalköpfchen (meist des ersten)	Osteochondritis dissecans	idiopathisch, posttraumatisch	Jugend, Erwachsenenalter
Metatarsalköpfchen (meist des zweiten) (Abb. 2.40)	Freiberg	idiopathisch, posttraumatisch	Jugend, Erwachsenenalter
Phalangenbasis	Thiemann	idiopathisch	Jugend, Erwachsenenalter

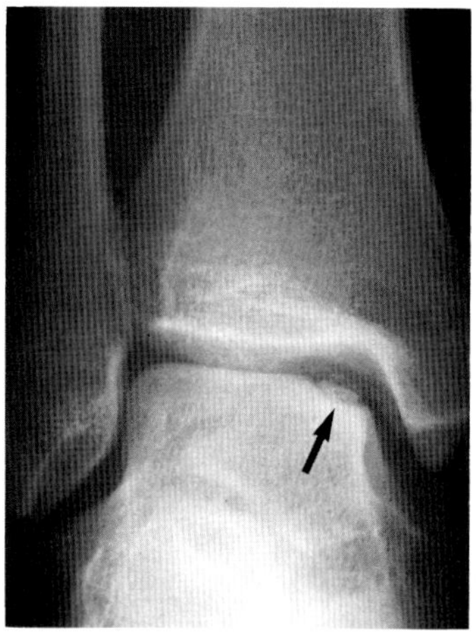

Abb. 2.39 **Osteochondritis dissecans des Talus.** Kleines, ovales Knochenfragment in dem Gelenksdefekt, der in charakteristischer Weise an der medialen Seite der Talusgelenkfläche liegt.

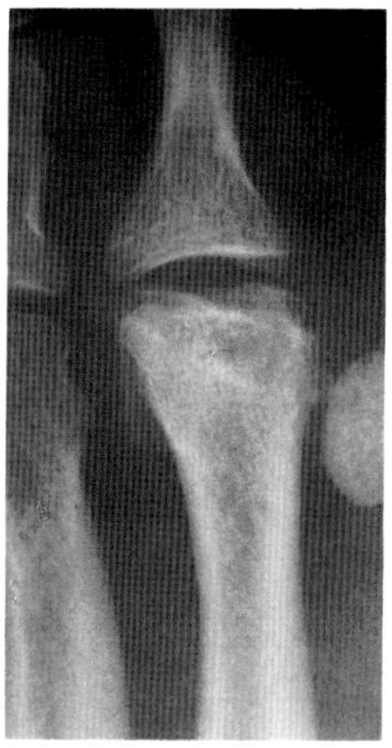

Abb. 2.40 **Avaskuläre Nekrose des zweiten Metatarsalköpfchens** (Freiberg). Sklerose und Abflachung des zweiten Metatarsalköpfchens.

3 Periostale Reaktionen

Der Knochen antwortet auf eine Vielzahl von Insulten häufig mit einer periostalen Reaktion. Aus der Form und Lokalisation periostaler Reaktionen können wichtige differentialdiagnostische Schlüsse gezogen werden. Nach dem akuten Geschehen dauert es gewöhnlich drei Wochen, bis die periostale Reaktion radiographisch diagnostiziert werden kann. Periostale Reaktionen sind als *solide* oder *unterbrochene* Auflagerungen zu klassifizieren. Jede dieser beiden Grundformen der periostalen Reaktion umfaßt mehrere Untertypen. Für die Differentialdiagnose ist es außerdem nützlich, zwischen Krankheitsprozessen mit lokalisierter oder mit generalisierter Reaktion zu unterscheiden.

Solide periostale Reaktionen können *schmale* (1 mm Dicke oder weniger) oder *dicke* Auflagerungen (2 mm oder mehr) sein. Eine schmale periostale Auflagerung könnte ein Frühstadium einer hoch aggressiven Knochenerkrankung oder einen chronischen gutartigen Prozeß repräsentieren (Abb. 3.**1**). Eine dicke periostale Auflagerung weist dagegen in der Regel auf eine gutartige Erkrankung hin. Dicke periostale Auflagerungen lassen sich weiter in *gerade, elliptische* und *wellige* unterteilen, die jeweils für etwas unterschiedliche diagnostische Möglichkeiten sprechen (Abb. 3.**2**).

Eine unterbrochene periostale Reaktion zeigt im allgemeinen einen akuten, rasch fortschreitenden Prozeß an, der sofortige Beachtung verlangt. Diese periostalen Auflagerungen können *lamellär („zwiebelschalenartig"), senkrecht abstehend („strahlig") oder amorph sein* (Abb. 3.**3**). Eine Knochendestruktion in Verbindung mit einer unterbrochenen periostalen Auflagerung spricht für eine Osteomyelitis oder einen malignen Prozeß.

Eine lokale Abhebung des Periosts mit Verkalkung im Bereich seines Knochenansatzes wird als *„Codman-Dreieck"* bezeichnet (Abb. 3.**3b**). Es wurde ursprünglich für ein Zeichen eines malignen Knochenneoplasmas

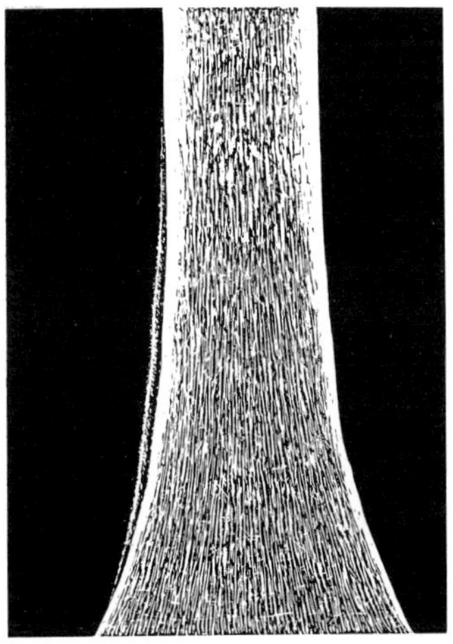

3.**1**

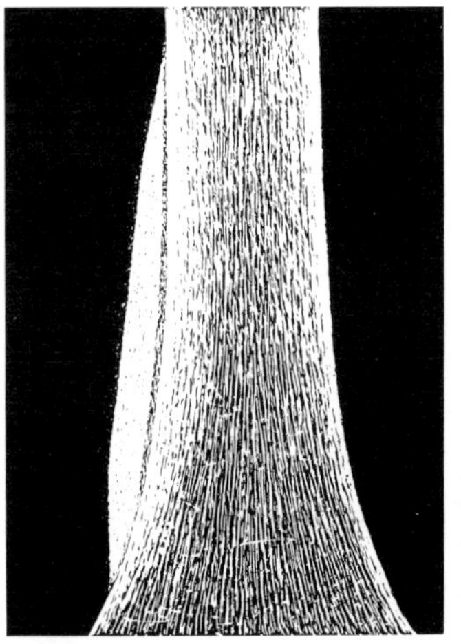

3.**2a**

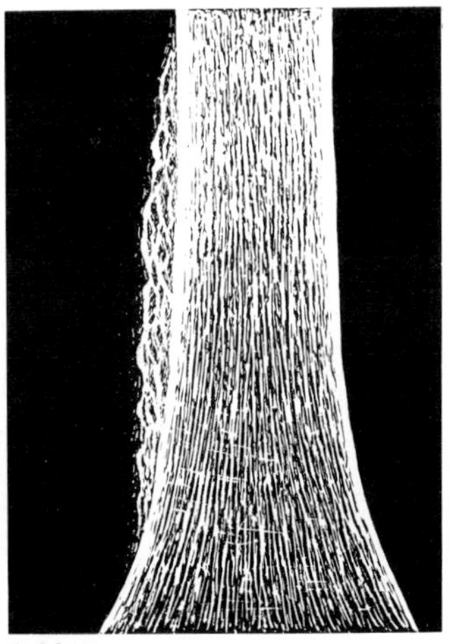

3.**2b**

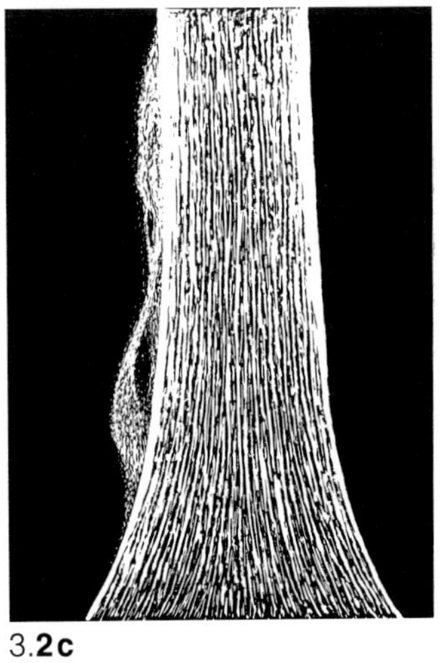

3.**2c**

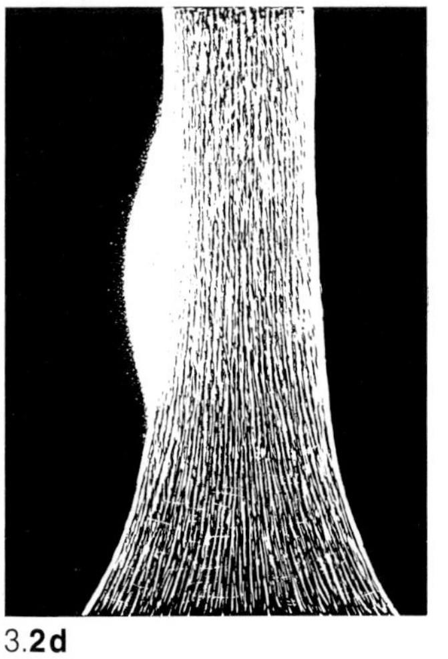

3.**2d**

Abb. 3.**1** **Schmale (1 mm oder darunter) periostale Auflagerung.** Dies ist kein eindeutiges Zeichen, denn es kann einen chronischen benignen Prozeß anzeigen, der – wenn überhaupt – langsam zu einer dicken periostalen Auflagerung fortschreitet, oder es kann das früheste Stadium einer aggressiven Knochenläsion repräsentieren, die rasch zu einer unterbrochenen periostalen Auflagerung fortschreitet.

Abb. 3.**2a–d** **Solide periostale Auflagerungen,** die eine gutartige Knochenläsion anzeigen. **a** Dicke (2 mm oder mehr) periostale Apposition. **b** Wellige periostale Apposition. **c** Periostaler Knochenmantel. **d** Elliptische periostale Apposition.

gehalten, doch hat man nun erkannt, daß es auch bei benignen Prozessen wie Osteomyelitis, subperiostaler Blutung und bei Frakturen vorkommen kann.

Wenn die periostale Auflagerung schließlich mit der anliegenden Kortikalis verschmilzt, kommt es zu einer Verdickung der Kortikalis. Eine Kortikalisverdickung kann sich jedoch auch durch überschießende endostale oder periostale Knochenneubildung entwickeln, ohne daß sich das Periost von der Kortikalis abhebt.

Die Differentialdiagnose verschiedener Knochenläsionen mit periostalen Reaktionen wird in Tab. 3.**1** besprochen.

Bei einer Reihe von degenerativen, traumatischen und entzündlichen Prozessen besteht eine Periostitis an den Ansatzstellen vieler Sehnen und Ligamente, die das Bild abstehender Barthaare (Schnurrhaare) oder Borsten erzeugt („whiskering") (Abb. 3.**4**). Die häufigste Lokalisation ist das Becken, wo Darmbeinkämme, Sitzhöcker und Sitzbein/Schambeinäste betroffen sind. Zu anderen Lokalisationen außerhalb des Beckens gehören Femurtrochanteren, Patella, Kalkaneus, Dorsum pedis, unterer Klavikularrand am Ansatz des Lig. coracoclaviculare, Tubercula humeri und Olekranon. Mit dem Fortschreiten der Periostitis werden die Borsten ausgeprägter und können sich schließlich in Sporne oder andere Knochenauswüchse umwandeln. Bei *Spondylitis ankylosans, Reiter-Syndrom, Psoriasis* und *rheumatoider Arthritis* bleiben sie oft relativ undeutlich ausgebildet oder flaumartig. Bei der rheumatoiden Arthritis sind sie an Häufigkeit und Schwere weit weniger auffallend als bei den anderen oben erwähnten seronegativen Spondyloarthropathien. Bei diesen entzündlichen Prozessen können zugleich Arrosionen oder eine Sklerose des angrenzenden Knochens vorhanden sein.

Die knöchernen Proliferationen oder Borstenbildungen sind bei der *diffusen idiopathischen Skeletthyperostose (DISH)* bilateral und symmetrisch, aber ohne angrenzende Arrosionen oder reaktive Knochensklerose. Die Sporne sind gut abgrenzbar und oft unregelmäßig konturiert, besonders im Kalkaneus. *Degenerative Veränderungen* von Sehnen und Bändern bei älteren Menschen können ein ähnliches radiographisches Bild erzeugen, sind aber meist weniger schwer und nicht so symmetrisch.

Örtliche Spornbildungen an Sehnen-und Bänderinsertionen kommen in Zusammenhang mit *chronischer Überbelastung* oder als *Folge einer alten Verletzung* vor. Bei *Akromegalie* finden sich gewöhnlich Spornbildungen in Kalkaneus, Patella und Trochanteren. DISH-ähnliche, vorwiegend das Achsenskelett betreffende Bänder- und Sehnenverkalkungen werden bei *Fluorose* und *Hypoparathyreoidismus* beobachtet, sind aber in diesen beiden Fällen mit einer Osteosklerose verbunden, die bei Fluorose besonders auffallend ist.

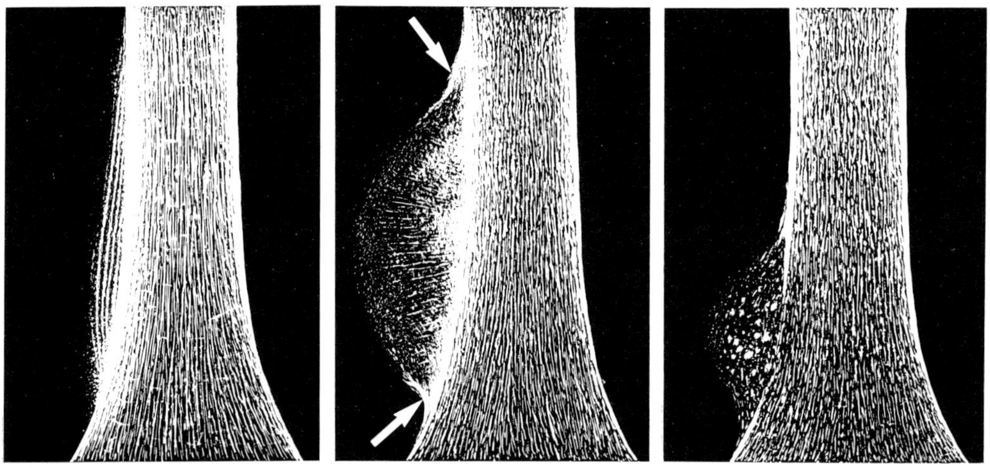

3.**3a** 3.**3b** 3.**3c**

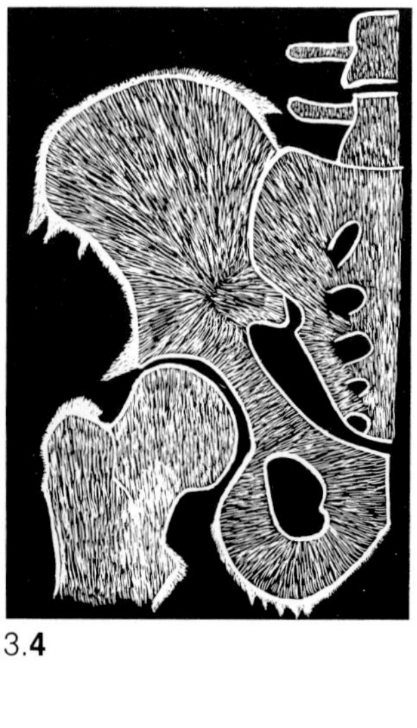

3.**4**

Abb. 3.**3 a–c** **Unterbrochene periostale Auflagerungen,** die eine aggressive oder maligne Knochenläsion anzeigen. **a** Lamelläre („zwiebelschalenartige") periostale Apposition. **b** Senkrecht abstehende („lichtbündelartige" oder „strahlige") periostale Apposition und *Codman-Dreiecke* an beiden Enden (Pfeile). **c** Amorphe periostale Apposition.

Abb. 3.**4** **Barthaare** („whiskering"). Periostitis an Sehnen- und Bandinsertionen, die sich bei einer Reihe von degenerativen, traumatischen oder entzündlichen Prozessen findet. Ein Fortschreiten zur Bildung von Spornen oder knöchernen Auswüchsen ist möglich.

Tabelle 3.1 Krankheiten mit periostalen Reaktionen

Krankheit	Bevorzugte Lokalisation	Verteilung	Periostale Reaktionen	Kommentar
Physiologische Pseudoperiostitis bei Säuglingen (Abb. 3.5)	Lange Röhrenknochen	Generalisiert und symmetrisch	Solid schmal oder dick.	Entwickelt sich im zweiten oder dritten Lebensmonat, besonders bei Frühgeborenen
Angeborene Syphilis (Abb. 3.6)	Lange Röhrenknochen	Generalisiert und symmetrisch	Solid dick oder lamellär.	Verbunden mit Querstreifung der Metaphysen und destruktiven Läsionen, anfangs an den an die Knorpelplatte angrenzenden Metaphysenecken.
Infantile kortikale Hyperostose (Caffey-Syndrom) (Abb. 3.7)	Mandibula, Klavikula, Skapula, Rippen, Röhrenknochen (auf die Diaphysen beschränkt).	Solitär oder multipel	Solid dick oder lamellär.	Klinisch schmerzhafte Weichteilschwellungen, die die Knochenläsionen begleiten. Beginn in den ersten fünf Lebensmonaten.
A-Hypervitaminose	Ulna, Metatarsalia, Klavikula, Tibia, Fibula (auf die Diaphysen beschränkt).	Generalisiert	Solid, wellig oder gelegentlich lamellär.	Verbunden mit schmerzhaften Weichteilschwellungen, gewöhnlich bei 1–3 Jahre alten Kindern. *Prostaglandin*infusionen bei Neugeborenen (um den Ductus Botalli bei duktusabhängigen kongenitalen Herzfehlern offenzuhalten) können gleichartige Knochenveränderungen zur Folge haben. Bei älteren Kindern und Jugendlichen können sich bei *chronischer Administration* von *Retinoinsäure-Präparaten* periostale Reaktionen und Hyperostosen im Achsen- und Extremitätenskelett wie bei DISH finden.

Fortsetzung auf Seite 38

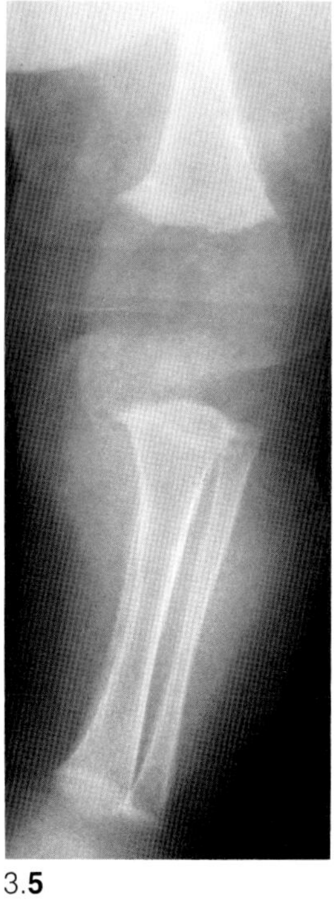

3.5

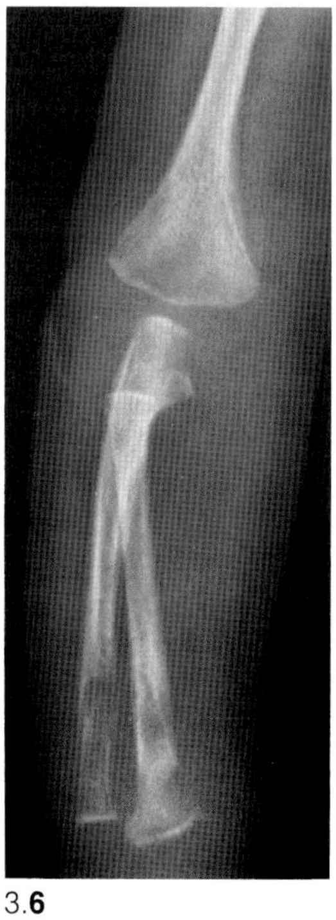

3.6

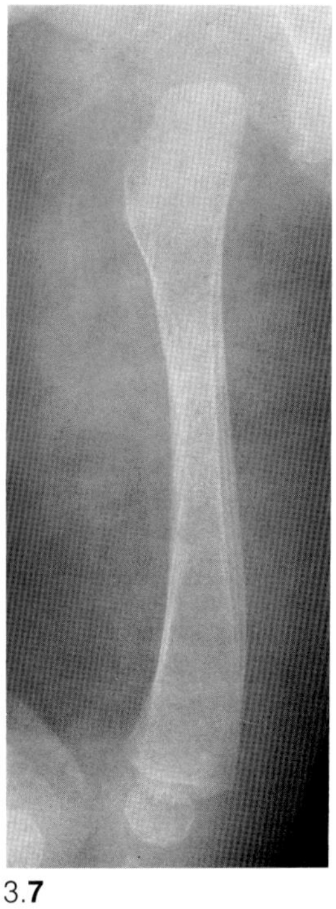

3.7

Abb. 3.5 **Physiologische Pseudoperiostitis bei Säuglingen.** Solide, schmale periostale Auflagerungen entlang der medialen Seite der Tibia und der lateralen Seite des distalen Femurs.

Abb. 3.6 **Angeborene Syphilis.** Solide, dicke periostale Auflagerungen in Verbindung mit Destruktionen in Radius und Ulna und Unregelmäßigkeiten der Metaphysen.

Abb. 3.7 **Infantile kortikale Hyperostose.** Lamelläre periostale Auflagerung entlang der Femurdiaphyse.

Tabelle 3.1 Krankheiten mit periostalen Reaktionen (Fortsetzung)

Krankheit	Bevorzugte Lokalisation	Verteilung	Periostale Reaktionen	Kommentar
Skorbut (in Heilung) (Abb. 3.8)	Lange Röhrenknochen	Generalisiert	Solid dick.	Verursacht durch Verkalkung subperiostaler Blutungen.
Rachitis (in Heilung) (Abb. 3.9)	Lange Röhrenknochen	Generalisiert	Solid schmal, dick oder lamellär.	Verursacht durch Verkalkung des subperiostalen Osteoids. Einhergehend mit Mineralisation der provisorischen Verkalkungszone, die als unregelmäßig dichtes Gebiet im Epiphysenknorpel erscheint, durch eine strahlentransparente Linie von der Metaphyse getrennt.
Dysproteinämie	Röhrenknochen, Mandibula	Generalisiert und symmetrisch	Solid schmal oder dick, oder lamellär.	Bei Kindern mit Knochenschmerzen und oft mit Fieber. Auch eine Hyperphosphatämie kann bestehen.
Pachydermoperiostosis (primäre hypertrophische Osteoarthropathie) (Abb. 3.10)	Distales Ende von Radius, Ulna, Tibia und Fibula. Weniger häufig in Metakarpalia, Metatarsalia und Phalangen, Becken, Rippen und Klavikula.	Generalisiert und symmetrisch	Solid dick, mit rauhen, unregelmäßigen Exkreszenzen.	Familiäre Krankheit mit Hautverdickung und Kortikalisverdickung. Periostale Auflagerung und Kortikalisverdickung gehen oft ineinander über. Fast ausschließlich bei Männern. Beginn im Jugendalter.
Osteosarkom (Abb. 3.11)	Femur, Tibia, Humerus und Mandibula	Lokalisiert	Solid schmal, lamellär, senkrecht abstehend (dünne Spikula) oder amorph. Codman-Dreieck kommt vor.	*Periostales Sarkom:* Beschränkt auf die Kortikalis der Diaphysen langer Röhrenknochen (besonders Femur und Tibia). Kennzeichnend sind strahlige periostale Auflagerungen und Codman-Dreieck. *Parostales Sarkom:* An der äußeren Kortikalis sitzende große, strahlendichte Läsion mit glatten, mehrbogigen oder unregelmäßigen Rändern (Abb. 3.**12**).
Ewing-Sarkom (Abb. 3.13)	Unter 20. Lebensjahr: Röhrenknochen Über 20. Lebensjahr: platte Knochen	Lokalisiert	Solid schmal, lamellär oder senkrecht abstehend (dünne Spikula). Codman-Dreieck kommt vor.	
Andere Sarkome (z. B. Chondrosarkom, Fibrosarkom) und primäres Knochenlymphom (einschließlich Retikulumzellsarkom)	Lange Knochen, platte Knochen	Lokalisiert	Solid dünn oder amorph. Selten solid dick, lamellär, senkrecht abstehend oder amorph. Codman-Dreieck ungewöhnlich.	Periostale Reaktionen sind bei diesen Erkrankungen selten.

Fortsetzung auf Seite 40

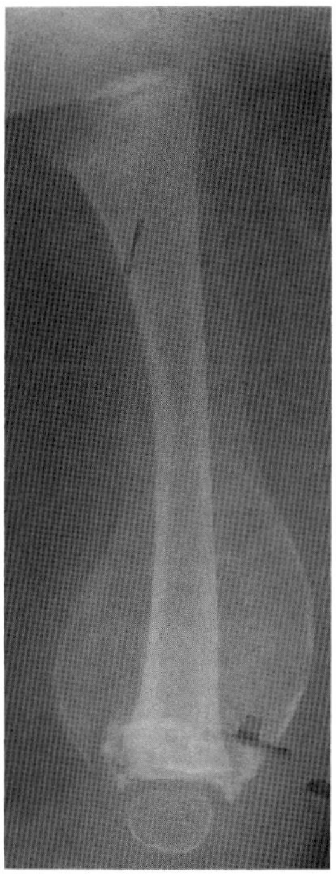

3.**8**

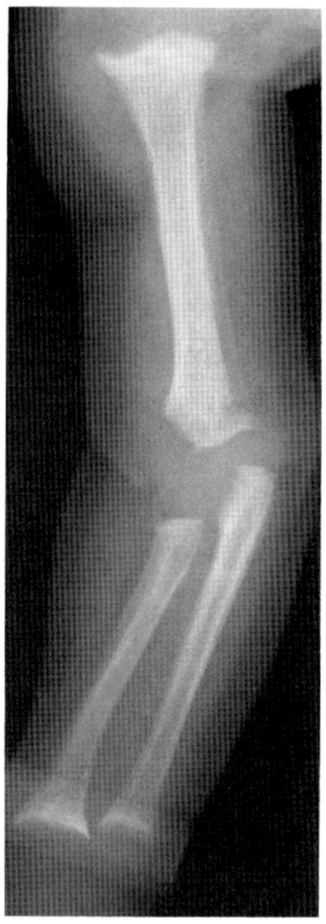

3.**9**

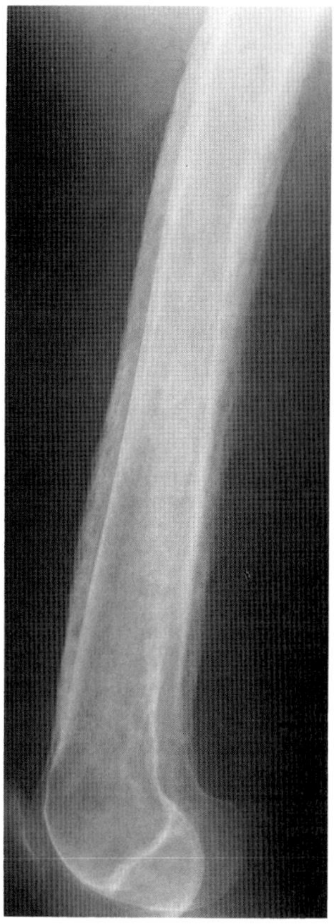

Abb. 3.**8** **Skorbut (in Heilung).** Diese charakteristische periostale Auflagerung ist durch Verkalkung einer subperiostalen Blutung entstanden.

Abb. 3.**9** **Rachitis (in Heilung).** Diese periostale Auflagerung ist durch Verkalkung des subperiostalen Osteoids entstanden.

Abb. 3.**10** **Pachydermoperiostose.** Solide, dicke, „aufgerauhte" periostale Auflagerung.

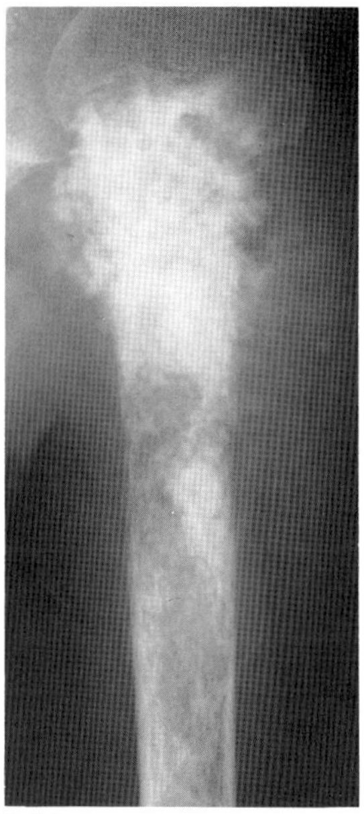

3.**11**

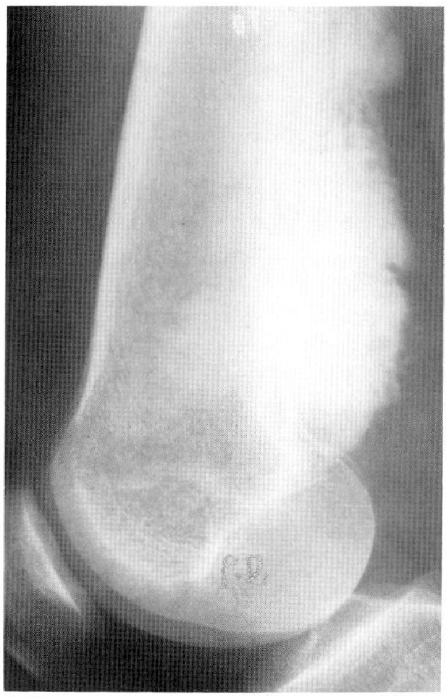

3.**12**

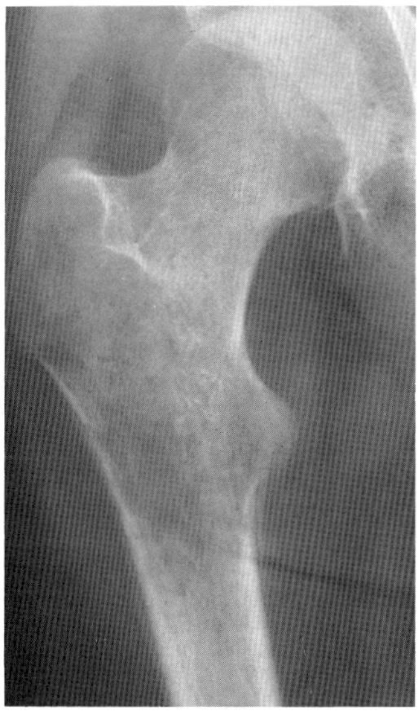

3.**13a**

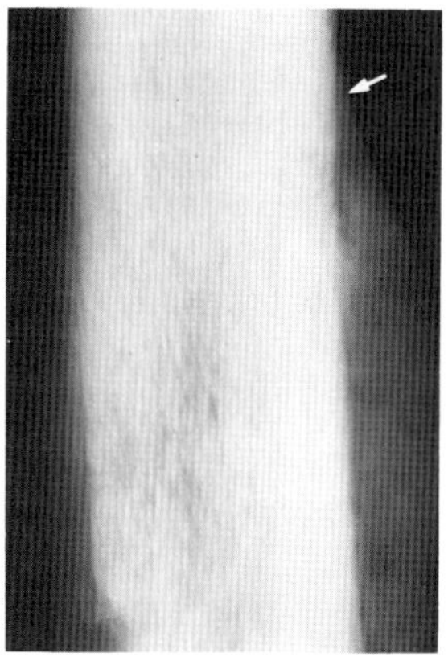

3.**13b**

Abb. 3.**11** **Osteosarkom.** Wie ausradiert aussehende destruktive Läsion mit osteoplastischen Bezirken und amorphen periostalen Auflagerungen, die von dünnen, strahligen Spikula durchsetzt sind.

Abb. 3.**12** **Parostales Sarkom.** Eine große, strahlendichte Läsion mit unregelmäßigen Rändern sitzt dorsal am distalen Femur in typischer Lokalisation.

Abb. 3.**13** **Ewing-Sarkom.** **a** Wie ausradiert aussehende Läsion mit schmaler periostaler Auflagerung. **b** Der amputierte Knochen in Vergrößerung: lamelläre periostale Auflagerung auf der einen Seite und ein Codman-Dreieck (Pfeil) mit einer gemischten unterbrochenen periostalen Auflagerung auf der anderen Seite.

Tabelle 3.1 Krankheiten mit periostalen Reaktionen (Fortsetzung)

Krankheit	Bevorzugte Lokalisation	Verteilung	Periostale Reaktionen	Kommentar
Leukämie und Metastasen (Abb. 3.14)	Lange Knochen, Rippen	Multipel	Solid schmal oder lamellär. Senkrecht abstehend am Schädel. Selten solid dick.	Periostale Reaktionen sind bei Kindern häufig (z. B. Leukämie und Neuroblastommetastasen).
Osteoidosteom (Abb. 3.15)	Femur, Tibia, Fibula, Humerus, Wirbelbogen	Lokalisiert	Elliptisch und dicht. Selten solid schmal.	Ein strahlendurchlässiger intrakortikaler Nidus mit oder ohne zentrale Verkalkung ist klassisch, aber nicht immer nachweisbar.
Andere benigne Tumoren und Zysten		Lokalisiert	Solid schmal oder dick.	Periostale Reaktionen gehen gewöhnlich mit Knochenauftreibungen und/oder pathologischen Frakturen einher.
Akute hämatogene Osteomyelitis		Solitär, selten multipel	Solid schmal oder dick, lamellär oder senkrecht abstehend (kurze, plumpe Spikula). Codman-Dreieck kommt vor.	Früheste radiographische Zeichen: Knochendestruktion nach 1 Woche, periostale Reaktionen nach 2 Wochen und Sequesterbildung nach 3 Wochen. Erreger: Staphylokokken, Streptokokken, Salmonellen (besonders bei Sichelzellenanämie), Pseudomonas, Klebsiella (oft bei intravenöser Suchtgiftinjektion); weniger häufig: Pneumokokken, Meningokokken, Brucella, Pilze, Viren und Parasiten.
Chronische Osteomyelitis (Abb. 3.16)		Solitär, selten multipel	Solid dick, oft wellig und ummantelnd.	Dicke periostale Reaktion verbunden mit Sklerose und verstreuten Aufhellungen, die einen dichten Knochensequester enthalten können.
Sekundäre Osteomyelitis (Übergreifen einer benachbarten Weichteilinfektion) (Abb. 3.17)	Hände, Füße oder im Bereich von Dekubitalgeschwüren	Lokalisiert	Solid schmal oder dick.	Periostale Reaktion verbunden mit Knochendestruktion und -sklerose. Wird gewöhnlich bei Diabetes mellitus und Durchblutungsstörungen beobachtet.
Tuberkulose (Abb. 3.18)		Solitär, selten multipel	Solid schmal oder dick.	Wie hämatogene Osteomyelitis, doch die Osteopenie ist ausgeprägter, periostale Reaktionen und Osteosklerose sind dagegen geringer. Gleichartige Befunde wie bei Tuberkulose sind bei der durch atypische säurefeste Bakterien und durch BCG bedingten Osteomyelitis zu beobachten.

Fortsetzung auf Seite 42

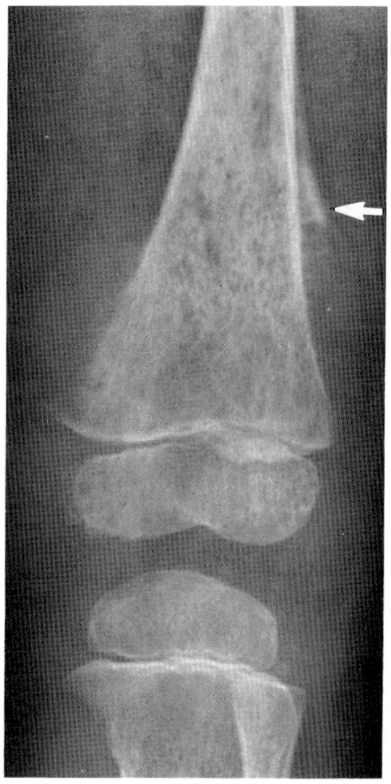

3.14

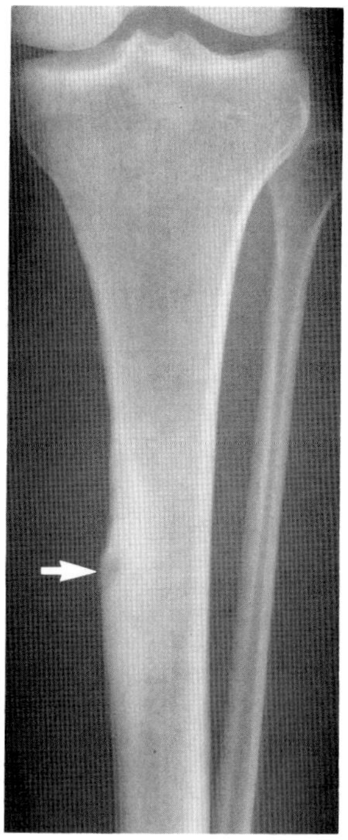

3.15

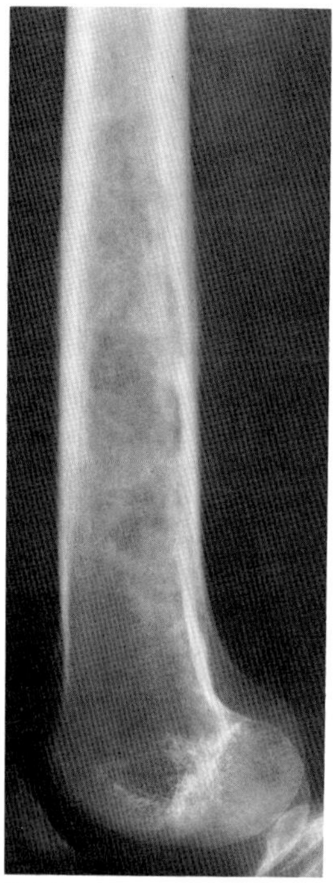

3.16

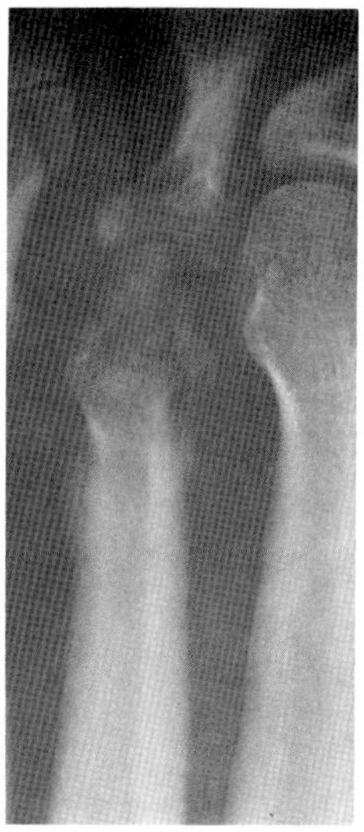

3.17

Abb. 3.**14** **Neuroblastommetastase.** Wie ausradiert aussehende Läsion mit Codman-Dreieck (Pfeil) und zarter strahliger periostaler Auflagerung. Eine solitäre Neuroblastommetastase ist radiographisch oft nicht von einem Ewing-Sarkom unterscheidbar.

Abb. 3.**15** **Osteoidosteom.** Eine dichte, elliptische periostale Auflagerung mit einem Nidus (Pfeil) ist diagnostisch beweisend.

Abb. 3.**16** **Chronische Osteomyelitis.** Schlecht abgrenzbare gemischt lytisch-sklerotische Läsion, verbunden mit einer soliden periostalen Auflagerung (*Serratia-marcescens*-Osteomyelitis bei einem Drogensüchtigen [i.v. Applikation]).

Abb. 3.**17** **Sekundäre Osteomyelitis.** Destruktive Läsion im Bereich des dritten Metatarsophalangealgelenks mit soliden periostalen Auflagerungen bei einem Diabetiker.

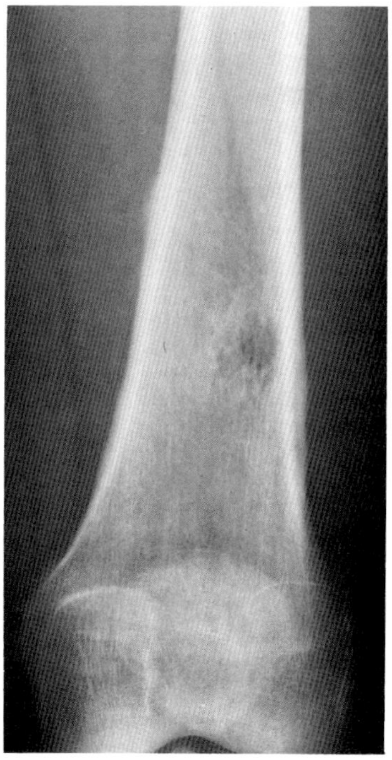

Abb. 3.**18** **Tuberkulose.** Schlecht abgrenzbarer osteolytischer Herd in Verbindung mit einer soliden periostalen Auflagerung. ▶

Tabelle 3.1 Krankheiten mit periostalen Reaktionen (Fortsetzung)

Krankheit	Bevorzugte Lokalisation	Verteilung	Periostale Reaktionen	Kommentar
Syphilis	Lange Röhrenknochen, Schädel	Lokalisiert oder generalisiert	Solid schmal oder dick, oft wellig und mit breitbasigen Spikula, oder lamellär.	Bei früh erworbener Syphilis ist eine ausgedehnte generalisierte periostale Reaktion und Kortikalisverdickung die häufigste ossäre Manifestation. Das radiologische Hauptmerkmal des tertiären Stadiums der Krankheit besteht in einer dichten Knochensklerose mit Destruktionsherden (Gummabildung).
Frambösie	Lange und kurze Röhrenknochen, Schädel	Lokalisiert oder generalisiert	Solid schmal oder dick, oft wellig und mit breitbasigen Spikula, oder lamellär.	Kommt in tropischen Klimazonen vor und wird meist vor der Pubertät erworben. Radiographische Zeichen wie bei Syphilis und *Bejel* (verbreitet im Mittleren Osten). Die Erreger dieser drei Spirochätenkrankheiten sind morphologisch nicht unterscheidbar.
Tropengeschwür	Tibia (Vorderseite des mittleren und distalen Drittels)	Lokalisiert	Solid dick, elliptisch oder wellig.	Häufig in Zentral- und Ostafrika.
Lepra	Hände, Füße	Solitär oder multipel	Solid schmal oder dick, oder lamellär.	Kann mit Knochendestruktion einhergehen. Neuropathische Knochenmanifestationen sind jedoch viel häufiger und charakteristisch.
Rheumatoide Arthritis (juvenile)	Peripheres und Achsenskelett: periartikulär und an Sehnen- und Bänderinsertionen	Lokalisiert oder generalisiert	Solid schmal oder dick, oder lamellär.	Häufig bei juveniler rheumatoider Arthritis; sehr selten bei Erwachsenen, und nie im Vordergrund stehend.
Arthritis psoriatica	Wie oben, bevorzugt an den Händen	Lokalisiert oder generalisiert	Solid schmal oder dick oder lamellär.	Periostale Reaktionen nicht ungewöhnlich. Unregelmäßige knöcherne Exkreszenzen typisch.
Reiter-Syndrom (Abb. 3.19)	Kalkaneus, kurze Röhrenknochen des Fußes, Tibia und Fibula	Lokalisiert, selten generalisiert	Solid schmal oder dick (oft „flaumartig“) oder lamellär.	Periostale Reaktionen häufig.
Panarteriitis nodosa	Lange Röhrenknochen (untere Extremität bevorzugt) und Metatarsalia	Generalisiert und symmetrisch	Solid schmal oder dick, typischerweise wellig.	Radiographisch ähnlich der Osteoarthropathia hypertrophica. Eventuell begleitende Schmerzen und Schwellung an der unteren Extremität.
Frakturen		Solitär oder multipel	Solid schmal oder dick oder lamellär. Codman-Dreieck kommt vor.	Periostale Reaktionen sind bei traumatischen und pathologischen Frakturen gleichartig.
Subperiostale Blutungen	Lange Röhrenknochen	Solitär oder multipel	Solid schmal oder dick oder lamellär. Codman-Dreieck kommt vor.	Traumatisch (einschließlich *Kindesmißhandlungssyndrom)* und bei *Hämophilie.*

Fortsetzung auf Seite 43

Tabelle 3.1 Krankheiten mit periostalen Reaktionen (Fortsetzung)

Krankheit	Bevorzugte Lokalisation	Verteilung	Periostale Reaktionen	Kommentar
Elektrische und thermische Traumen	Obere Extremität	Lokalisiert	Solid schmal.	
Blut- und Lymphgefäßerkrankungen (Abb. 3.20)	Untere Extremität	Lokalisiert oder generalisiert	Solid schmal oder dick, oft wellig.	Jede Krankheit, die mit Blut- und/oder Lymphstauung einhergeht. Eventuell mit Gefäßverkalkungen und Phlebolithen verbunden.
Knocheninfarkte	Lange Röhrenknochen	Solitär oder multipel	Solid schmal oder dick.	Besonders bei Sichelzellanämie, bei der die periostale Reaktion auch durch eine Osteomyelitis bedingt sein kann, die sich radiographisch oft unmöglich von einem Infarkt unterscheiden läßt. *Hand- und Fußsyndrom:* Infarkte der kurzen Röhrenknochen verursachen periostale Reaktionen, die von einer Osteomyelitis nicht zu unterscheiden sind. Kommt bei Kleinkindern (Durchschnittsalter 18 Monate) mit Sichelzellanämie vor.
Eosinophiles Granulom, Histiozytose X		Solitär oder multipel	Solid schmal oder dick. Selten lamellär.	Knochendestruktionen können Knochensequester enthalten.

Fortsetzung auf Seite 44

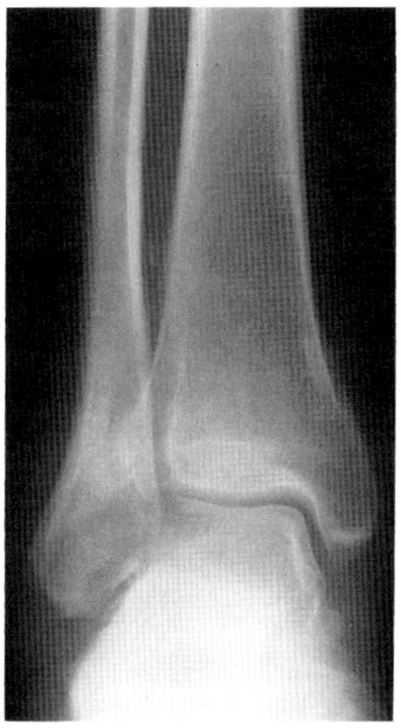
3.19a

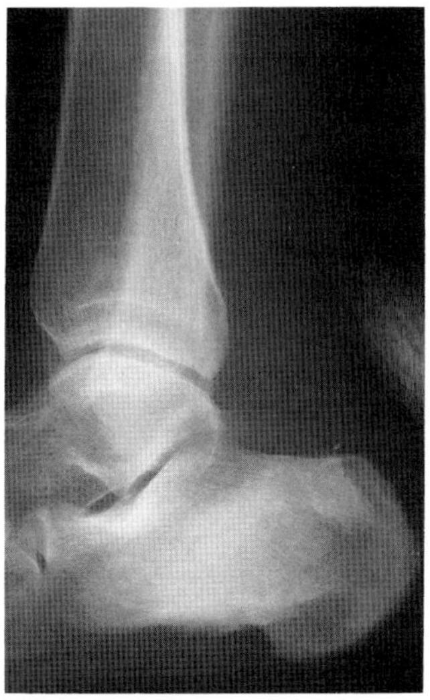
3.19b

Abb. 3.**19** **Reiter-Syndrom. a** Die unscharf begrenzten periostalen Auflagerungen um den Knöchel und **b** flaumartigen Borstenbildungen („whiskering") an der Hinter- und Unterseite des Kalkaneus sind ganz charakteristisch.

Abb. 3.**20** **Venöse Stase.** Dicke, wellige periostale Auflagerung in der Tibiamitte und besonders in der Fibula in Begleitung ausgedehnter Venenverkalkungen.

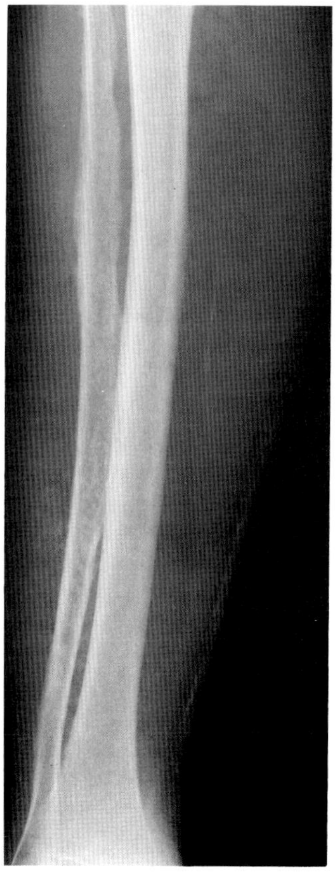
3.20

Tabelle 3.1 Krankheiten mit periostalen Reaktionen (Fortsetzung)

Krankheit	Bevorzugte Lokalisation	Verteilung	Periostale Reaktionen	Kommentar
Morbus Gaucher und andere Speicherkrankheiten	Lange Röhrenknochen, Wirbelsäule und Becken	Lokalisiert oder generalisiert	Solid schmal oder dick, oft wellig und ummantelnd.	Die Kombination von avaskulärer Femurkopfnekrose, „Erlenmeyer-Kolben-Deformität" des distalen Femurs und umschriebenen osteolytischen Läsionen ist für Morbus Gaucher typisch.
Thyreogene Akropachie (Abb. 3.21)	Röhrenknochen, besonders Hände und Füße	Generalisiert und symmetrisch	Solid schmal oder dick, gelegentlich mit kurzen, plumpen Spikula.	Gewöhnlich ein Jahr oder mehr nach Thyreoidektomie oder Behandlung mit radioaktivem Jod.
Renale Osteodystrophie	Lange Röhrenknochen, Metatarsalia, Schambeinäste	Symmetrisch	Solid schmal oder dick.	Sehr selten bei primärem Hyperparathyreoidismus.
Osteoarthropathia hypertrophica (Abb. 3.22)	Diaphysen langer Röhrenknochen	Generalisiert und symmetrisch	Solid schmal oder dick (oft wellig und ummantelnd), lamellär oder senkrecht abstehend.	Bei Lungenkarzinom und in seltenen Fällen bei chronischen Krankheiten der Lunge, des Magen-Darm-Trakts oder des kardiovaskulären Systems.
Tuberöse Sklerose	Röhrenknochen	Solitär oder multipel	Solid schmal oder dick, oft wellig.	
Neurofibromatose	Lange Röhrenknochen der unteren Extremität	Solitär oder multipel	Solid dick, oft wellig.	Die Pathogenese dieser Manifestation ist nicht klar.
Fluorose	Röhrenknochen	Generalisiert und symmetrisch	Solid dick, oft wellig und ummantelnd.	Osteosklerose und Verkalkungen von Bändern und Sehnen an ihrem Ansatz.
Gardner-Syndrom	Röhrenknochen	Multipel	Solid schmal oder dick, oft wellig.	Osteome und Darmpolypose.
DISH (diffuse idiopathische Skeletthyperostose (Abb. 3.23)	Wirbelsäule, Becken, untere Extremität (gewöhnlich Patella und Kalkaneus)	Multipel und oft symmetrisch	Solid dick.	Besonders an Sehnen- und Bänderansatzstellen am Knochen (Borstenbildung – „whiskering").

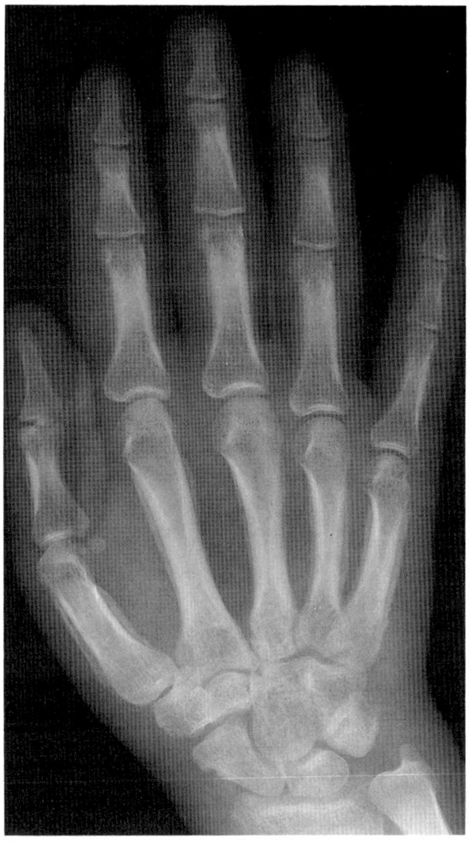

3.21

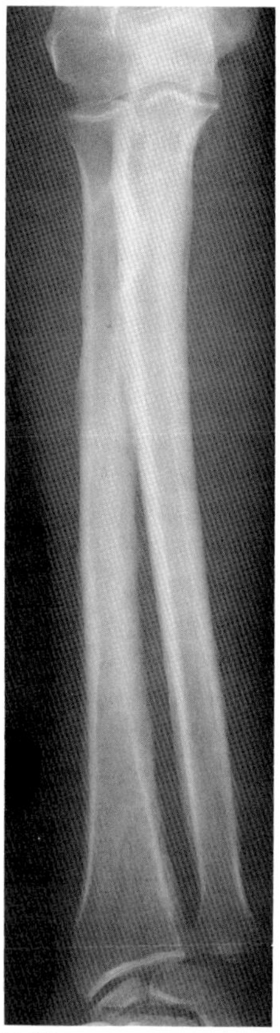

3.22

Abb. 3.**21** **Thyreogene Akropachie.** Symmetrische solide periostale Auflagerungen an den Metakarpalia und Phalangen.

Abb. 3.**22** **Osteoarthropathia hypertrophica.** Sowohl solide wellige als auch lamelläre periostale Auflagerungen bei einem Patienten mit bronchogenem Karzinom.

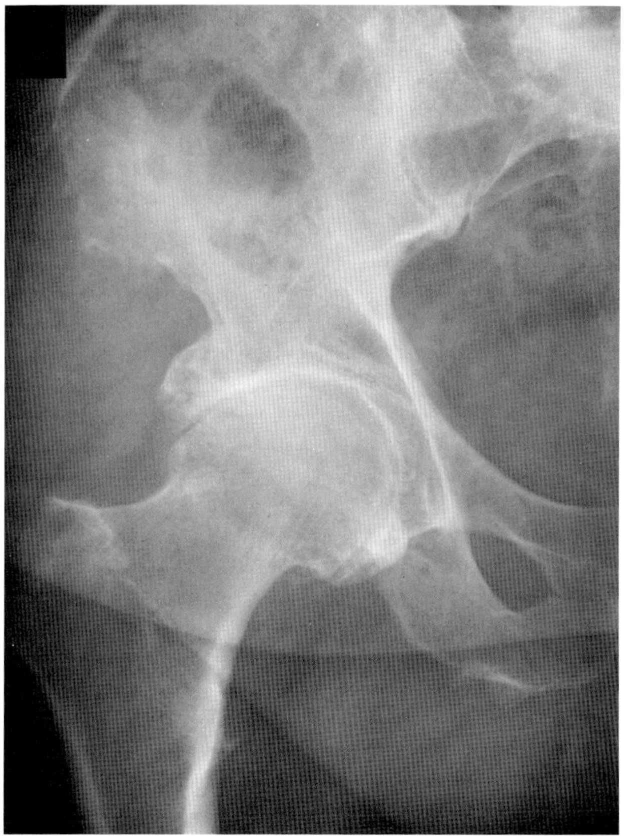

Abb. 3.**23** **DISH.** Borstenbildung („whiskering") an Darmbeinkamm, Sitzbein/Schambeinast und Femurtrochanteren, begleitet von hypertrophischen Spornbildungen im Azetabulum.

4 Trauma und Frakturen

Bei der Röntgendiagnose und -differentialdiagnose einer frischen Fraktur ergeben sich gewöhnlich keine Probleme. Das prägende Kennzeichen einer frischen Fraktur ist die scharf begrenzte Bruchlinie. Je nach ihrem radiographischen Erscheinungsbild werden die Frakturen in verschiedene Typen eingeteilt (Abb. 4.**1**). Mitunter ist jedoch bei Frakturen ohne Dislokation unmittelbar nach dem Trauma keine offensichtliche Bruchlinie nachweisbar, selbst wenn Aufnahmen in mehreren Projektionen gemacht werden. In solchen Fällen liefert eventuell der Nachweis einer Kortikalisunterbrechung – die vom Gefäßkanal einer A. nutricia unterschieden werden muß (s. Abb. 4.**26**, S. 58) – den Hinweis auf die richtige Diagnose. Als weiteres radiologisches Zeichen könnte eine Unterbrechung der normalen Spongiosazeichnung für die Diagnose einer Fraktur brauchbar sein.

Wenn klinische Zeichen einer Fraktur vorhanden sind, kann eine Verdichtungszone im Knochen oder eine abnorme Abwinkelung radiographisch für eine frische Fraktur sprechen, obwohl man diese Befunde auch bei geheilten Frakturen und bei anderen Knochenkrankheiten antreffen kann. Bei praktisch allen frischen Frakturen ist eine Weichteilschwellung zumindest in gewissem Ausmaß radiographisch sichtbar, doch hat dieser Befund für die Unterscheidung einer Fraktur von einer Distorsion oder anderen Weichteilverletzungen wenig Wert.

Die *Frakturheilung* beginnt mit einer akuten entzündlichen Reaktion, die zu einer Organisation des Frakturhämatoms durch Einwachsen von fibrovaskulärem Gewebe führt. In diesem Stadium wird die Knochenresorption an den Frakturrändern evident; sie erlaubt bei Frakturen ohne Dislokation u. U. erst in diesem Stadium (einige Tage nach dem Trauma) eine zweifelsfreie radiologische Diagnose. Die periostale und endostale Kallusbildung wird gewöhnlich zwei bis drei Wochen nach dem Trauma sichtbar und zeigt sich zuerst als schmale periostale Apposition und unregelmäßige gesprenkelte Verkalkungen um die Fraktur, die mit der Zeit dichter werden und schließlich Knochenstruktur bekommen. Der Heilungsprozeß einer unkomplizierten Fraktur vom Trauma bis zur Konsolidierung dauert ein bis mehrere Monate. Bei Schräg- und Spiralfrakturen, einer Einzelfraktur und bei jüngeren Patienten schreitet die Bruchheilung rascher fort; in größeren Knochen, bei Querfrakturen, multiplen Frakturen sowie mit zunehmendem Alter des Patienten ist der Heilungsprozeß langsamer.

Eine *verzögerte Vereinigung* findet sich bei mangelhafter Reposition, unvollständiger Ruhigstellung, bei Bestehen einer Infektion, bei Vitamin-C- und/oder -D-Mangel sowie im Bereich präexistenter Knochenerkrankungen (pathologische Frakturen). Infektionen sind besonders häufig bei *komplizierten Frakturen,* bei denen ausge-

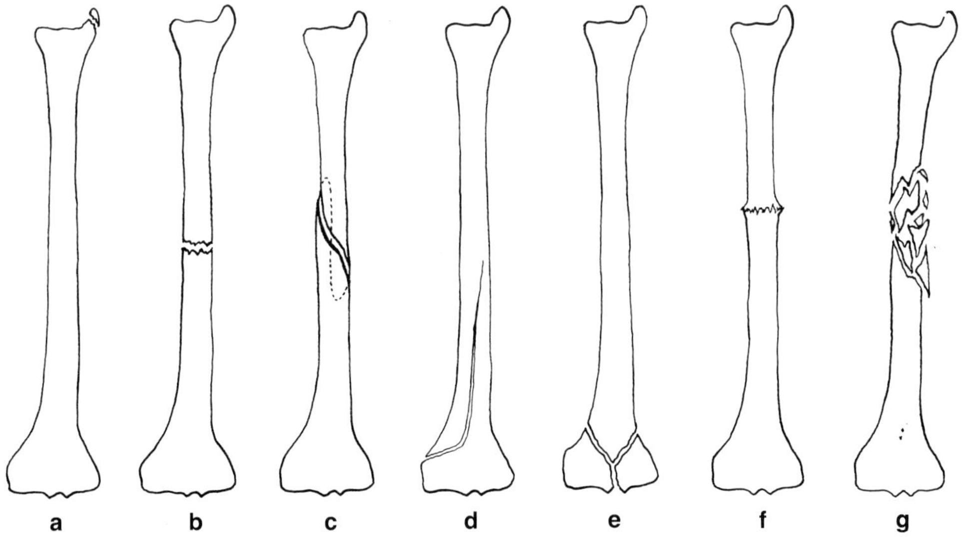

Abb. 4.1 **a–g Einteilung der Frakturen nach ihrem radiographischen Erscheinungsbild. a** Knochenausriß oder Absplitterung (durch gewaltsamen Zug an einem Band- oder Sehnenansatz). **b** Querfraktur (durch Scherkrafteinwirkung an gegenüberliegenden Stellen eines Knochens oder Stauchung in Querachsenrichtung). **c** Schräg- oder Spiralfraktur (durch Einwirkung von Rotationskräften). **d** Längsfraktur (durch Stauchung in Längsachsenrichtung). **e** T-, V- oder Y-förmige Fraktur in Gelenknähe (durch Stauchung in Längsrichtung). **f** Stauchungs- oder Kompressionsfraktur (durch Stauchung in der Längsrichtung). **g** Trümmerfraktur (bei schwerer äußerer Verletzung oder Zertrümmerung durch Einschlag eines Projektils).

dehnte Weichteilzerstörungen durch ein die Haut durchbohrendes Fragment oder durch ein von außen eindringendes Objekt (z. B. ein Projektil) entstanden sind.

Kennzeichen einer *ausgebliebenen Vereinigung* der Bruchstücke sind unregelmäßige, sklerotische Bruchränder mit einer freien, strahlendurchlässigen Zone dazwischen (Abb. 4.**2**). Zum Ausbleiben der Vereinigung kann es in schwereren Fällen durch alle vorgenannten Komplikationen oder durch Interposition von Weichteilen zwischen die Bruchstücke kommen. Am Ende bildet sich eine *Pseudarthrose* (Abb. 4.**3**). Bei der *Osteogenesis imperfecta* wird die Frakturheilung häufiger durch Pseudarthrosenbildung kompliziert als im normalen Knochen. Auch bei der *Neurofibromatose* ist eine Pseudarthrose eine bekannte Erscheinung; sie wird meist in den beiden unteren Dritteln der Tibia beobachtet (Abb. 4.**4**). Pseudarthrosen kommen auch bei der *fibrösen Dysplasie* vor, die radiographisch oft ähnliche Knochenveränderungen wie die Neurofibromatose zeigt. Die beiden Krankheiten lassen sich aber oft anhand ihrer Hautmanifestationen unterscheiden. Die Café-au-lait-Flecke sind bei fibröser Dysplasie unregelmäßig konturiert, bei Neurofibromatose dagegen glatt begrenzt. Für letztere ist außerdem die Existenz von Hautfibromen charakteristisch. Die *konnatale Pseudarthrose* ist eine seltene Krankheit, die mit einer Neurofibromatose oder fibrösen Dysplasie in Zusammenhang stehen kann oder auch nicht (Forme fruste?).

Frakturen bei Kindern können besondere Eigentümlichkeiten bieten. *Grünholzfrakturen* sind unvollständige Frakturen des relativ weichen, wachsenden Knochens, bei denen die Kortikalis nur auf einer Seite unterbrochen ist und der Bruchspalt sich im Markraum verzweigt (Abb. 4.**5**). *Biegungsfrakturen* stellen sich als anteroposteriore oder laterale Verbiegung von Radius, Ulna oder Fibula ohne nachweisbaren Bruchspalt im Knochen dar. Oft braucht man Vergleichsaufnahmen von der kontralateralen Seite für die einwandfreie Diagnose. *Wulstfrakturen* führen zu einer Vorwölbung der metaphysären Kortikalis bei Kindern und osteopenischen Erwachsenen.

Knochentraumen bei Kindern und Jugendlichen ziehen oft die Knorpelplatte in Mitleidenschaft, solange die Epiphysenfugen nicht geschlossen sind. Diese Verletzungen lassen sich nach Salter und Harris in verschiedene Typen einteilen (Abb. 4.**6**). Eine traumatische *Epiphysiolyse* des Femurkopfs ist besonders bei 10- bis 15jährigen Knaben häufig, wenn auch nicht immer eine Vorgeschichte über ein akutes Trauma vorliegt. In diesen Fällen von Epiphysenlösung glaubt man, daß wiederholte geringgradige Traumen der Auslösemechanismus sind.

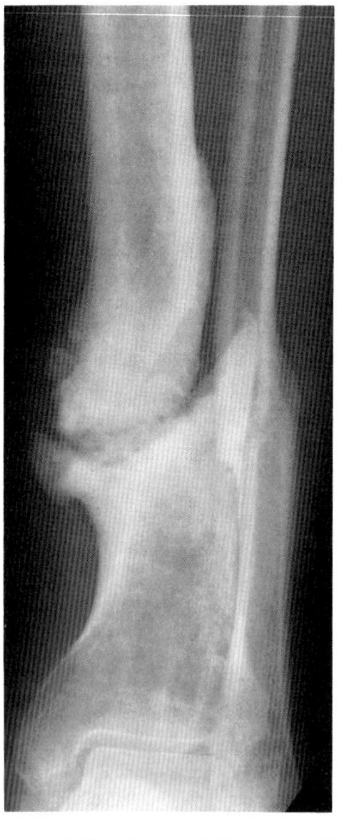

Abb. 4.**2** **Ausgebliebene Vereinigung der Fragmente.** Die Fraktur im distalen Tibiaschaft zeigt relativ glatte, sklerotische Ränder ohne endostale oder periostale knöcherne Überbrückung des Bruchspalts. Es ist auch eine geheilte Fibulafraktur nachweisbar.

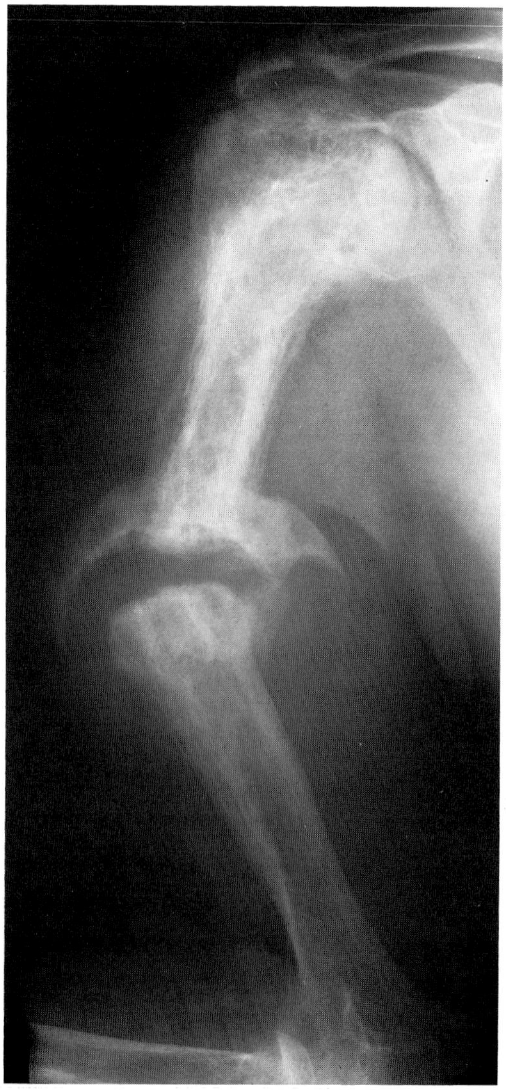

Abb. 4.**3** **Pseudarthrose,** die sich 2 Jahre nach Fraktur ▶ des Humerus, der klassische Veränderungen des Morbus Paget aufweist, entwickelt hatte.

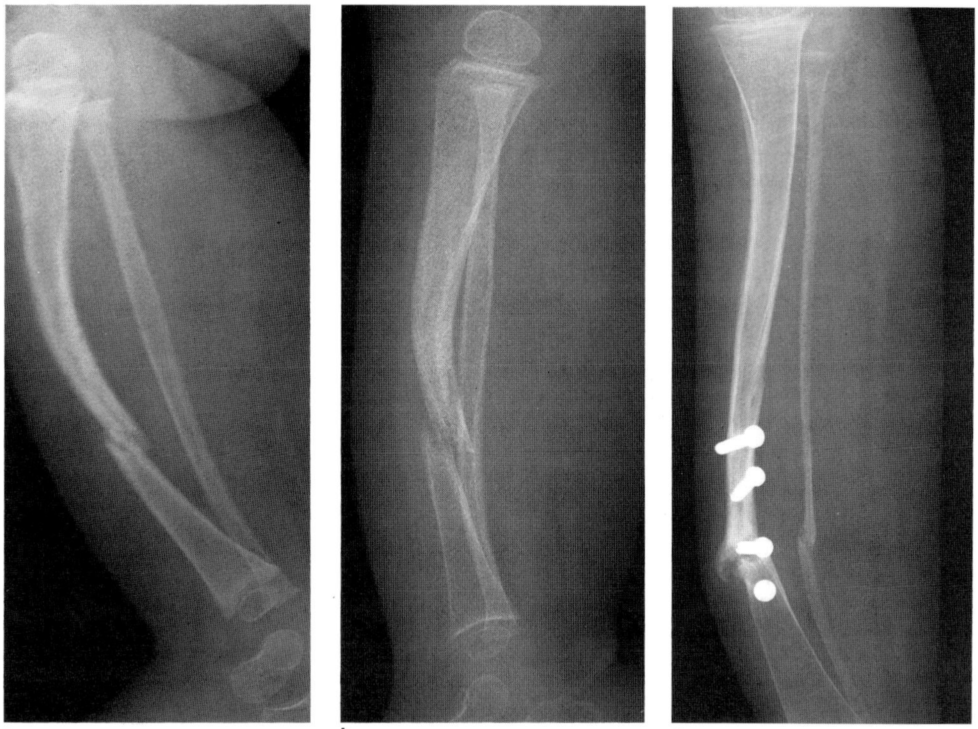

a b c

Abb. 4.**4 a–c** **Ausgebliebene Vereinigung der Fragmente und Pseudarthrosenbildung bei Neurofibromatose.** **a** Fraktur in der nach vorn verbogenen Tibia. **b** Drei Monate nach **a**: Um die Bruchstücke ist eine periostale Kallusbildung und Knochenresorption eingetreten, aber die Fraktur ist nicht geheilt (ausgebliebene Vereinigung). **c** Fünf Jahre nach **a**: Trotz verschiedener konservativer und chirurgischer Behandlungsversuche ist die Fraktur nach fünf Jahren nicht geheilt, und es hat sich eine Pseudarthrose gebildet. Man beachte auch die Verbiegung und Verschmälerung der Fibula (charakteristisch für Neurofibromatose), die nun eine geheilte Fraktur aufweist.

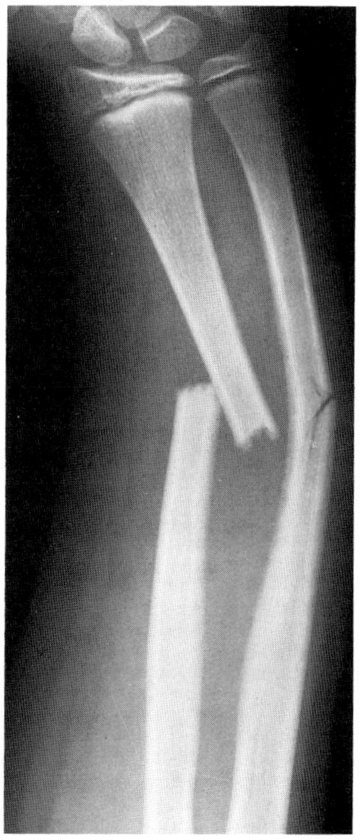

▲

Abb. 4.**5** **Grünholzfraktur.** In der Ulna Grünholzfraktur mit Biegung des Knochens und intakter Kortikalis an seiner radialen Seite, außerdem im Radiusschaft Querfraktur mit Verschiebung der Fragmente.

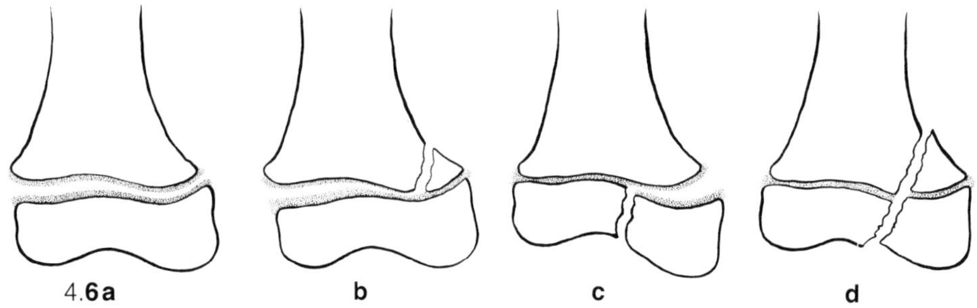

4.**6a** b c d

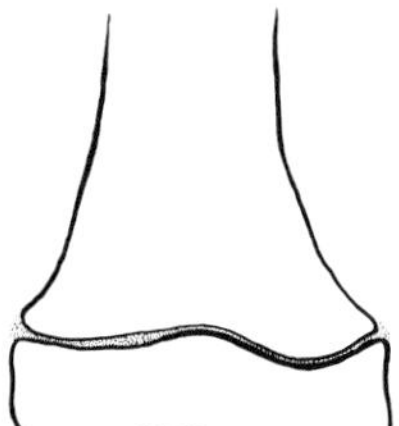

e

Abb. 4.**6 a–e** **Einteilung der Knorpelplattenverletzungen nach Salter und Harris.** **a** Typ I: Die Verletzung beschränkt sich auf die Knorpelplatte, die komplett quer abgetrennt ist. Der Knochen selbst ist intakt. Prognose gut. **b** Typ II: Inkomplette quere Abtrennung der Knorpelplatte verbunden mit Schrägfraktur der Metaphyse. Das dreieckige Bruchstück haftet noch an der Epiphyse. Prognose gut. **c** Typ III: Inkomplette quere Abtrennung der Knorpelplatte verbunden mit longitudinaler Fraktur durch die Epiphyse. Prognose schlecht, wenn der Bruch nicht so eingerichtet wird, daß die Gelenkfläche glatt ist. **d** Typ IV: Schräge Längsfraktur durch Epiphyse, Knorpelplatte und Metaphyse. Prognose schlecht, wenn die Fraktur nicht perfekt reponiert wird. **e** Typ V: Kompression der Knorpelplatte bei intaktem Knochen. Vorzeitiger Verschluß der Epiphysenfuge und Wachstumsstillstand sind relativ häufig.

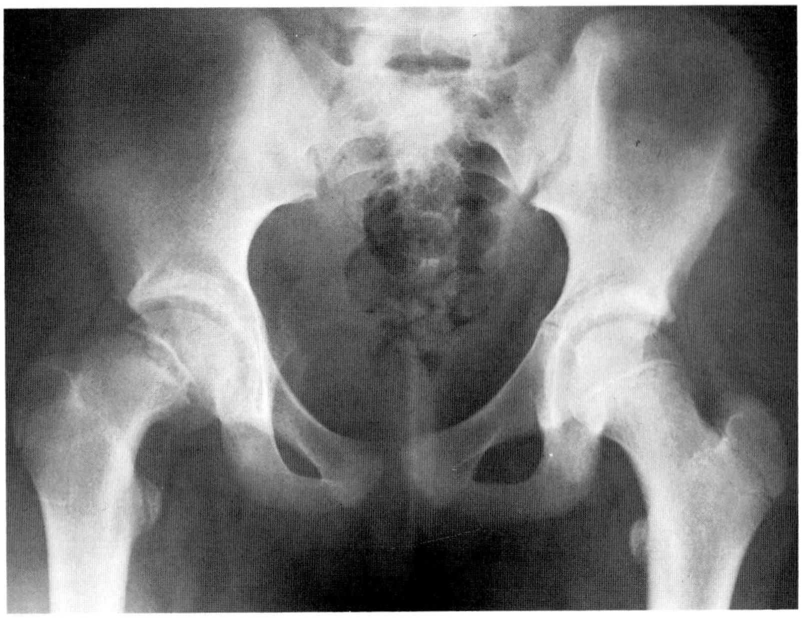

Abb. 4.7 **Traumatische Epiphysiolyse (Abgleiten der Femurepiphyse).** Der rechte Femurkopf ist nach unten und hinten verschoben. Man beachte auch die Verbreiterung der Epiphysenfuge, die Unregelmäßigkeiten der Metaphyse und die unscharfe Grenze zwischen Metaphyse und Epiphysenknorpel – alles Frühzeichen des drohenden Abgleitens. Beim Vergleich mit der normalen linken Hüfte erkennt man diese Zeichen am deutlichsten.

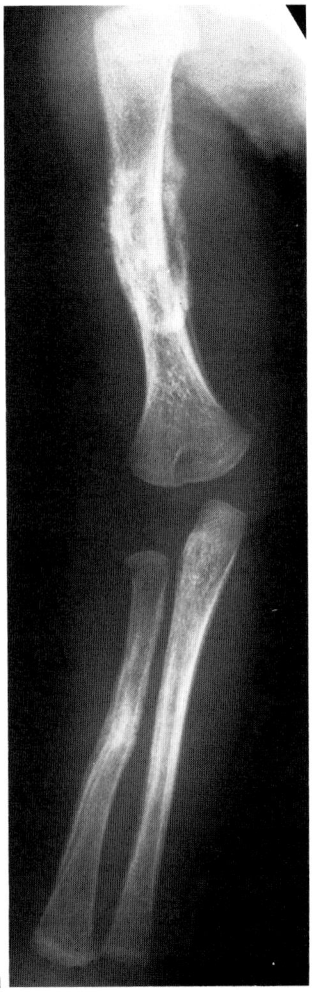

a

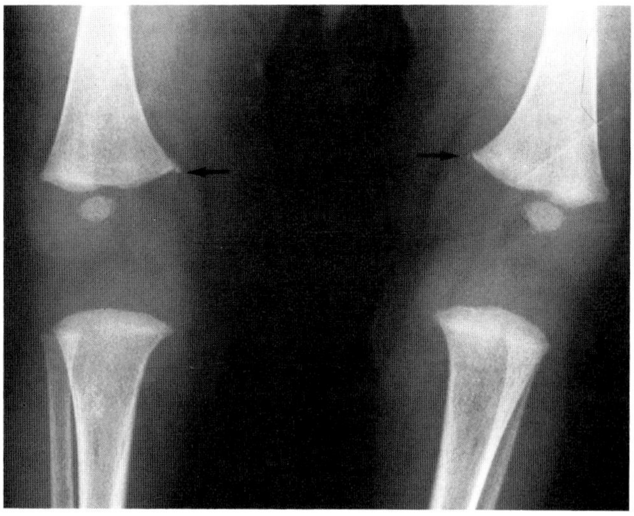

b

Abb. 4.8 **a, b Kindesmißhandlungssyndrom. a** Heilende Frakturen in Humerus, Radius und Ulna. **b** Frischere Abrisse an den Metaphysen (Pfeile) erzeugen die typische „Korbhenkeldeformität".

Die Verschiebung des Femurkopfs in bezug zur Metaphyse erfolgt fast immer in posteriorer Richtung (Abb. 4.**7**). Multiple Frakturen und Luxationen bei einem Kleinkind sollten den Verdacht auf ein *Kindesmißhandlungssyndrom* (battered child syndrome) lenken. Zu den subtileren Befunden bei diesem Syndrom gehören Verletzungen der Knorpelplatte, Fragmentation von Metaphysen und Abrisse; die letztgenannten erzeugen eine charakteristische „Korbhenkeldeformität", eine posttraumatische Becherform der Metaphysen und eine Kortikalisverdickung (Abb. 4.**8**).

Zur Beurteilung von *Luxationen* sind Röntgenaufnahmen in mindestens zwei Projektionen erforderlich (Abb. 4.**9**). Bei einer einzigen Projektion entgeht einem leicht eine Luxation und ebenso ein möglicher begleitender Abriß oder Stauchungsbruch. Man unterscheidet traumatische, habituelle, pathologische (im Gefolge einer Gelenkerkrankung), paralytische und konnatale Luxationen. Bei einer kompletten Luxation besteht zwischen den beiden Gelenkflächen kein Kontakt mehr, während bei einer Subluxation der Kontakt zwischen den Gelenkflächen noch teilweise erhalten bleibt.

Die *Osteochondritis dissecans* scheint in der überwiegenden Mehrzahl, wenn nicht in allen Fällen, durch übermäßige Beanspruchung meist chronischer Art verursacht zu werden. Am häufigsten ist der mediale Femurkondylus betroffen (Abb. 4.**10**), doch wurde die Erkrankung auch am lateralen Femurkondylus, an der distalen Tibia, der Trochleafläche des Talus, am Capitulum humeri, an der Patella und an den Köpfen von Femur, Humerus und Metatarsalia, besonders am ersten Metatarsale, beobachtet. Das Knochenfragment kann noch im korrespondierenden Defekt der Gelenkfläche liegen oder schon vollständig von dieser getrennt sein und einen freien Gelenkkörper bilden. Die Differentialdiagnose der freien Gelenkkörper wird in Tab. 4.**1** behandelt.

Tabelle 4.1 Differentialdiagnose freier Gelenkkörper

Krankheit	Bevorzugte Lokalisation	Anzahl der freien Gelenkkörper	Andere radiographische Befunde	Kommentar
Osteochondritis dissecans (Abb. 4.10)	Knie	Einer	Defekt (Grübchen) in der Gelenkfläche am Ursprungsort.	Vorwiegend bei jungen Männern. In einem Drittel der Fälle ist die Läsion bilateral.
Gelenkchondromatose (synoviale) (Abb. 4.11)	Große Gelenke, Bursae	Mehrere, ein Drittel nicht verkalkt	Gelenkerguß häufig.	Vorwiegend bei Männern im jungen bis mittleren Alter. Hypertrophische kartilaginäre Wucherungen der Synovia, die sich ablösen, verkalken und schließlich verknöchern können.
Trauma	Keine	Einer oder mehrere, nicht immer verkalkt	Zeichen eines alten Traumas.	Folge eines Ausrisses von Knochen und/oder Knorpel (Gelenkfläche, Meniskus).
Septische oder tuberkulöse Arthritis	Keine	Einer oder mehrere	Zeichen der Gelenkdestruktion und -deformierung.	Selten. Typische klinische Vorgeschichte.
Degenerative Gelenkerkrankung	Gelenke mit Gewichtsbelastung	Ein oder mehrere abgelöste(r) Sporn(e)	Osteophytose, Sklerose, subchondrale Zysten und Verschmälerung des Gelenkspalts.	Gewöhnlich bei älteren Menschen.
Pseudogicht (Kalziumpyrophosphat-Arthropathie) (Abb. 4.12)	Große Gelenke der oberen und unteren Extremitäten	Einer oder mehrere	Ähnlich der degenerativen Gelenkerkrankung, aber destruktiver und progressiver. Chondrokalzinose und subchondrale Zystenbildung sind häufig und oft im Vordergrund.	Ältere Menschen.
Neurotrophische Arthropathie (hypertrophische Form) (Abb. 4.13)	Gelenke mit Gewichtsbelastung	Mehrere	Starke Sklerose, Desintegration der Gelenkflächen und Subluxation.	Verlust der Schmerzempfindung (Diabetes, Syphilis [Charcot-Gelenk] und andere neurologische Störungen).

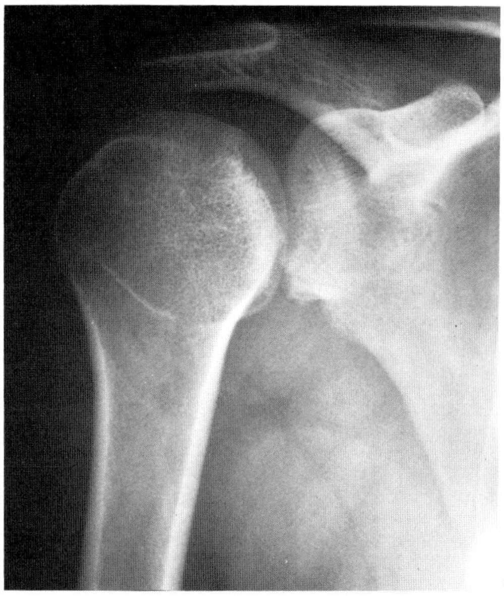

4.9a

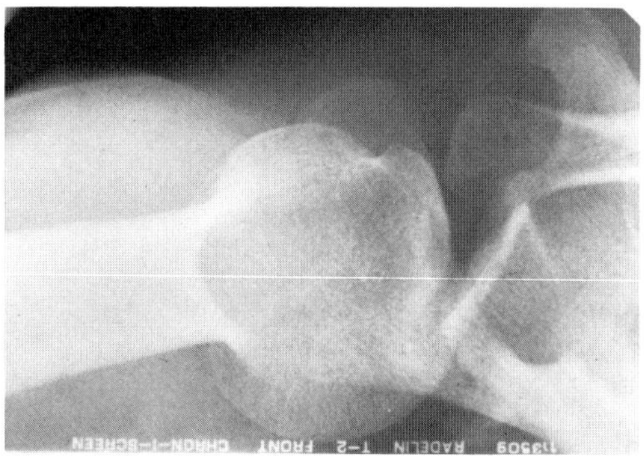

4.9b

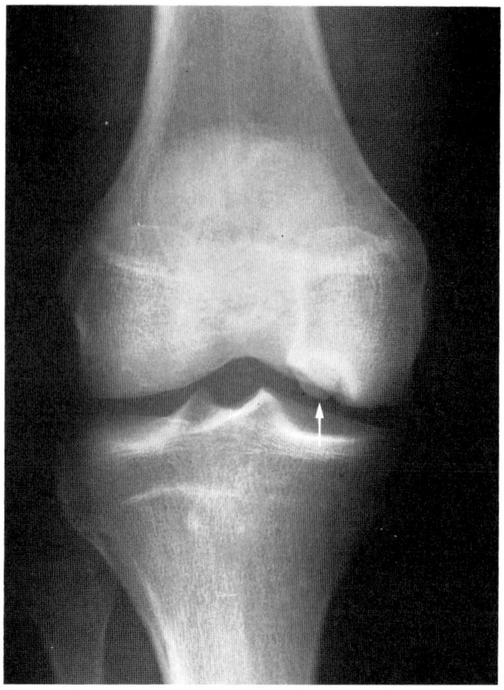

4.10

Abb. 4.**9 a, b** **Schulterluxation nach hinten mit Stauchungsfraktur des Humeruskopfes.** **a** In der a.-p. Schrägprojektion ist die Dislokation nach hinten schwer zu erkennen (normalerweise überschneiden sich in dieser Projektion Humeruskopf und Gelenkpfanne leicht). **b** In der axillaren Projektion ist die Dislokation nach hinten klar ersichtlich. Überdies zeigt sich nun eine Stauchungsfraktur des Humeruskopfes, die durch das Anstoßen am hinteren Rand der Gelenkpfanne entstanden ist.

Abb. 4.**10** **Osteochondritis dissecans.** 1 cm großes eiförmiges Knochenfragment (Pfeil) in dem Gelenkdefekt (Grübchen), der in charakteristischer Weise an der lateralen Fläche des medialen Femurkondylus gelegen ist. In einem späteren Stadium findet man das Knochenfragment eventuell als freien Gelenkkörper irgendwo im Kniegelenk.

Abb. 4.**11** **Gelenkchondromatose.** **a** Ellbogen, **b** Knie. Es sind mehrere freie Gelenkkörper in beiden Gelenken zu sehen. Man beachte auch den Gelenkerguß, der sich als große, birnenförmige weichteildichte Verschattung in der Bursa suprapatellaris, die mit dem Kniegelenk kommuniziert, darstellt (Pfeile).
▼

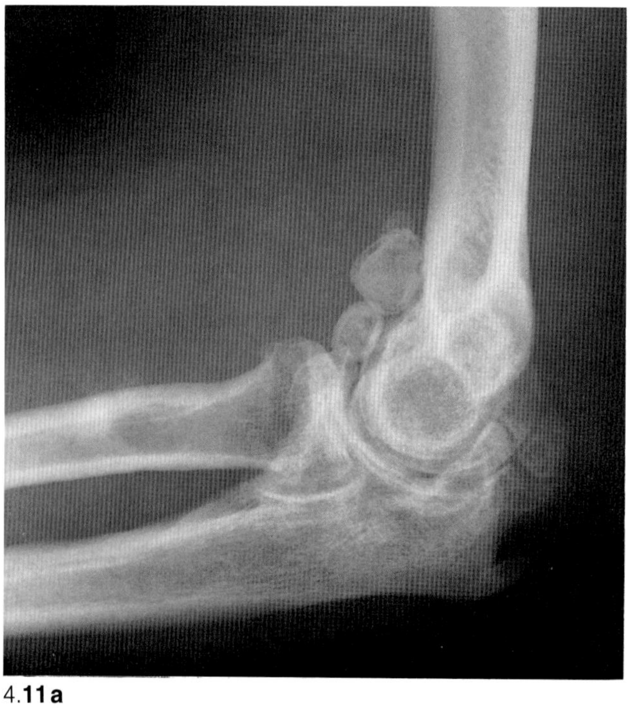

4.11a

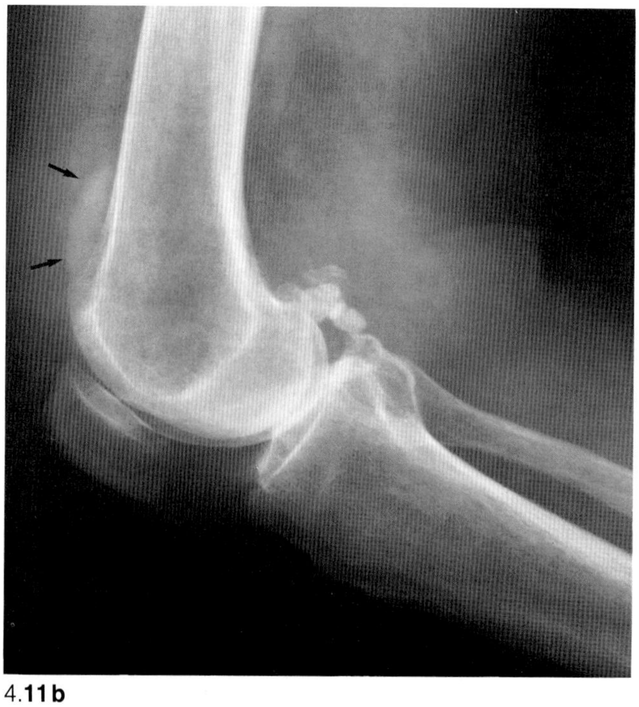

4.11b

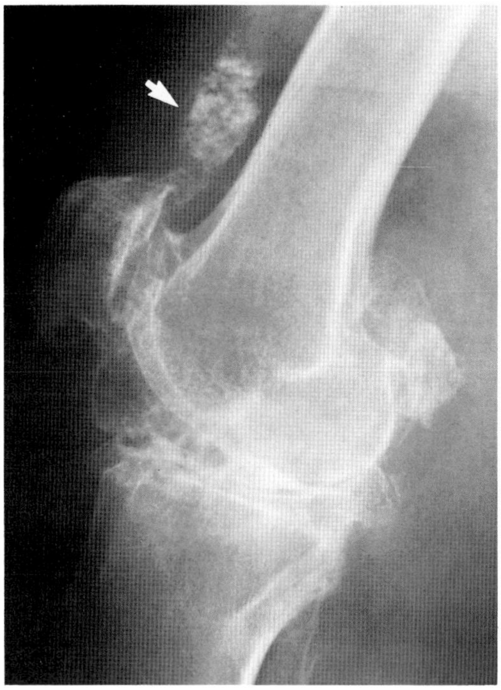

Abb. 4.**12** **Pseudogicht.** Fortgeschrittene degenerative Veränderungen und zahlreiche verkalkte und verknöcherte Gelenkkörper im Gelenkspalt und in der Bursa suprapatellaris (Pfeil).

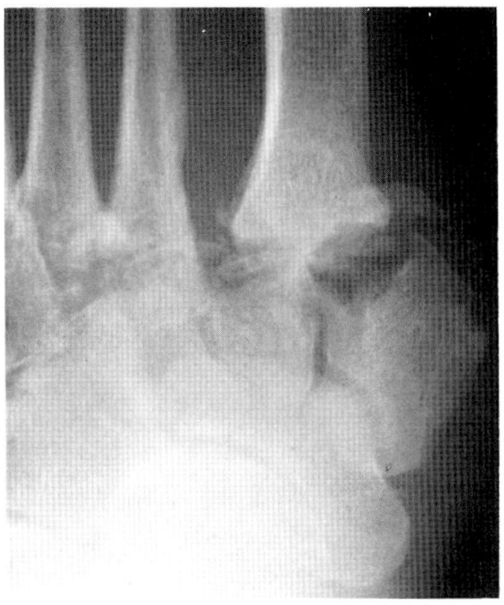

Abb. 4.**13** **Neurotrophische Arthropathie.** Fragmentation der Gelenkflächen, mehrere unregelmäßige freie Gelenkkörper, Sklerose und Subluxationen in den Metatarsophalangealgelenken.

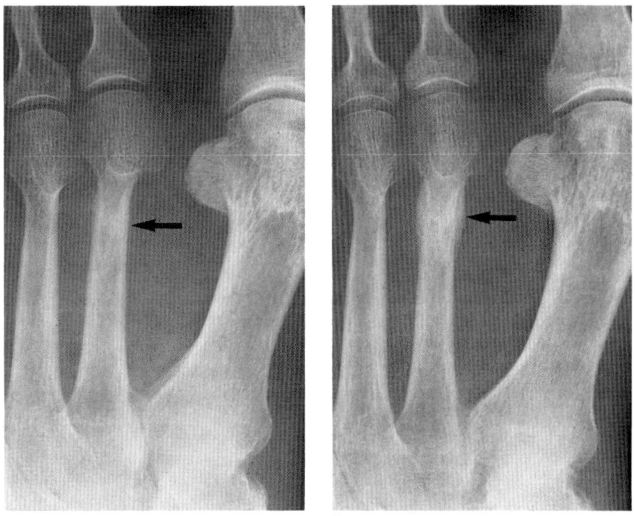

a b

Abb. 4.**15 a, b** **Ermüdungsbruch des zweiten Metatarsale (Marschfraktur).** **a** Die minimale Sklerose (Pfeil) im distalen Teil des zweiten Mittelfußknochens könnte eine Marschfraktur bestenfalls vermuten lassen, aber eine Bruchlinie ist in diesem Stadium nicht zu sehen. **b** Drei Monate später ist eine geheilte Fraktur mit periostaler Kallusbildung (Pfeil) im zweiten Metatarsale nachweisbar.

Streß-(Ermüdungs-)Frakturen treten in gesunden Knochen bei Einwirkung einer abnormen Belastung oder Torsion auf, die durch eine neue, anstrengende oder wiederholte Aktivität bedingt ist. Sie verursachen gewöhnlich Beschwerden. Sie beginnen als kleine Sprünge in der Kortikalis und können zu einer subkortikalen Infraktion oder sogar zu einer quer durch den Knochen verlaufenden Fraktur fortschreiten. Wenn die Frakturlinie radiographisch nicht nachweisbar ist, wird eine Radionukliduntersuchung immer ein positives Ergebnis bringen und eventuell eine frühzeitige Diagnose liefern. Osteomyelitis und Knochentumoren wie Osteosarkom und Osteoidosteom können von einem Ermüdungsbruch aufgrund der charakteristischen Lokalisation und typischen Vorgeschichte von Ermüdungsbrüchen unterschieden werden (Tab. 4.**2**).

In einem späteren Stadium zeigen sich in den Diaphysen von Röhrenknochen periostale Auflagerungen und eine endostale Kortikalisverdickung mit nachfolgender örtlicher Kallusbildung, die den Bruchspalt zum Verschwinden bringt (Abb. 4.**15**). In epiphysärer und metaphysärer Lokalisation (z. B. Tibiaplateau) und im spongiösen Knochen ist eine bandartige fokale Sklerose, oft ohne nennenswerte periostale Reaktion, charakteristischer (Abb. 4.**16**).

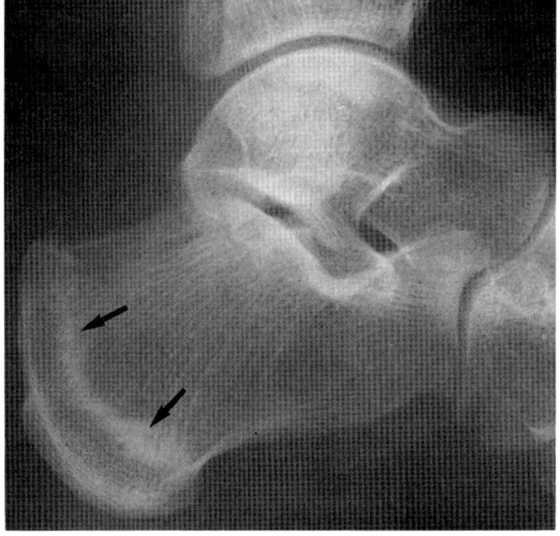

Abb. 4.**16** **Ermüdungsbruch.** Unregelmäßiges sklerotisches Band, das parallel zum Hinterrand des Kalkaneus verläuft (Pfeile). ▶

Tabelle 4.2 Ermüdungsfrakturen (Abb. 4.**14**)

Lokalisation	Tätigkeit
1. Untere zervikale oder obere thorakale Processus spinosi	Schaufeln
2. Schlüsselbein	Postoperativ (nach radikaler Ausräumung der Halslymphknoten)
3. Processus coracoideus des Schulterblatts	Trap-Schießen
4. Rippen	Schwere Säcke u. dgl. tragen; Golf; Husten
5. Humerus: distaler Schaft	Ball werfen
6. Ulna: Processus coronoides Schaft	Ball aufschlagen, Speerwerfen Mit Mistgabel arbeiten; Rollstuhl antreiben
7. Haken des Os hamatum	Golf-, Tennis-, Baseballschläger halten
8. Lendenwirbel: Pars interarticularis (Spondylolyse)	Ballett; Heben schwerer Gegenstände; Fußbodenscheuern
9. Femur: Hals Schaft	Ballett; Laufen Ballett; Marschieren; Laufen; Turnen
10. Becken: Sitz/Schambein um Foramen obturatum	Bücken; Bowling; Turnen
11. Patella	Hürdenlauf
12. Tibia	Laufen (proximaler Schaft bei Kindern, mittlerer und distaler Schaft bei Erwachsenen)
13. Fibula: proximaler Schaft distaler Schaft	Springen; Fallschirmspringen Laufen
14. Kalkaneus (Abb. 4.15**)**	Springen; Fallschirmspringen; langes Stehen; kurz zurückliegende Immobilisation
15. Navikulare	Auf den Boden stampfen; Marschieren; Laufen
16. Mittelfußknochen (Abb. 4.16**)**	Marschieren; auf den Boden stampfen; langes Stehen; Ballett; nach Fußballenoperation
17. Sesambeine der Mittelfußknochen	Langes Stehen

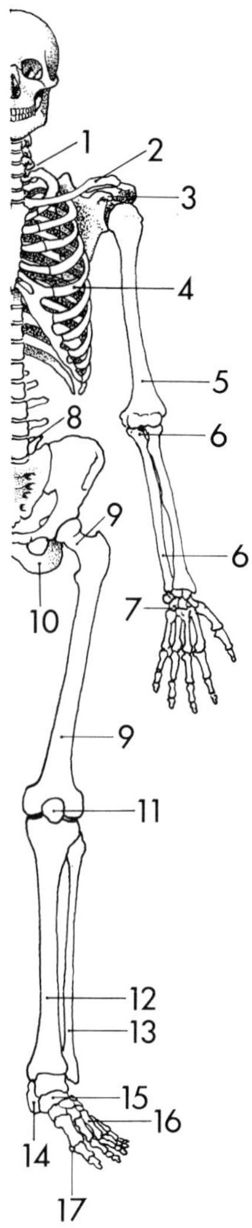

Abb. 4.**14** **Lokalisationen von Ermüdungsbrüchen.** Die Zahlen in dieser Abbildung entsprechen den Zahlen in Tab. 4.**2**.

Insuffizienzfrakturen sind Streßfrakturen, die unter normaler Belastung im pathologisch veränderten, aber nicht tumorbefallenen Knochen mit mangelnder elastischer Widerstandskraft auftreten. Osteoporose und rheumatoide Arthritis sind die beiden häufigsten Zustände, bei denen Insuffizienzfrakturen angetroffen werden.

Pathologische Frakturen treten an Stellen mit präexistenten krankhaften Veränderungen auf und werden oft durch ein geringfügiges Trauma verursacht, das bei einem gesunden Knochen nicht zu einem Bruch führen würde (Abb. 4.**17**, 4.**18**). Die radiographische Differentialdiagnose zwischen pathologischer und nicht-pathologischer Fraktur kann zuweilen schwierig sein, besonders wenn das Trauma Tage bis Wochen vor der ersten Röntgenuntersuchung erfolgt ist. In solchen Fällen kann die Knochenresorption, die im Bereich einer nicht-pathologischen Fraktur stattfindet, eine zugrundeliegende Knochenkrankheit vortäuschen. Andererseits kann eine zugrundeliegende, kleinere lytische oder sklerotische Knochenläsion dem Röntgennachweis entgehen, besonders wenn eine Dislokation der Bruchstücke besteht. In solchen Fällen sollte der Nachweis von anderen lytischen oder sklerotischen Läsionen sowie das Fehlen eines Traumas in der Vorgeschichte oder das Fehlen von Frakturschmerzen an die Möglichkeit einer pathologischen Fraktur denken lassen. Pathologische Frakturen können auch bereits fünf Monate nach einer Strahlentherapie auftreten, d. h. zu einem Zeitpunkt, zu dem am Knochen noch keine strahlenbedingten Veränderungen zu erkennen sind.

Knochenausrisse an Band- oder Sehnenansätzen lassen sich von akzessorischen Knöchelchen aufgrund des Fehlens eines scharf begrenzten Kortikalisrandes, der für die letztgenannten typisch ist, unterscheiden (Abb. 4.**19**, 4.**20**). Die Diagnose kann durch den Nachweis eines Kortikalisdefekts oder einer Unregelmäßigkeit im benachbarten Knochen noch weiter erhärtet werden. Verkalkungen und Verknöcherungen, die sich in einem Ligament nach einem akuten oder einem wiederholten geringgradigen Trauma entwickeln, sind u. U. unmöglich

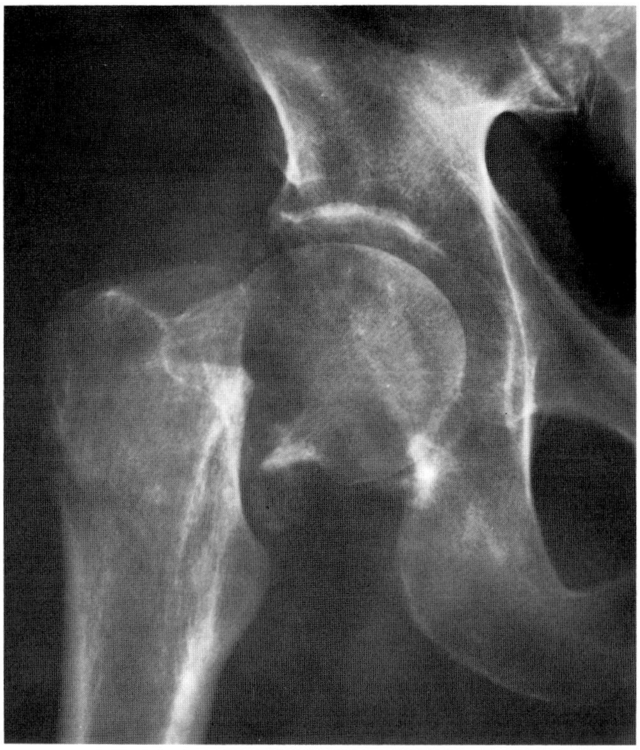

Abb. 4.**17** **Pathologische Fraktur.** Fraktur im Schenkelhals, bedingt durch eine große osteolytische Metastase eines Nierenzellkarzinoms.

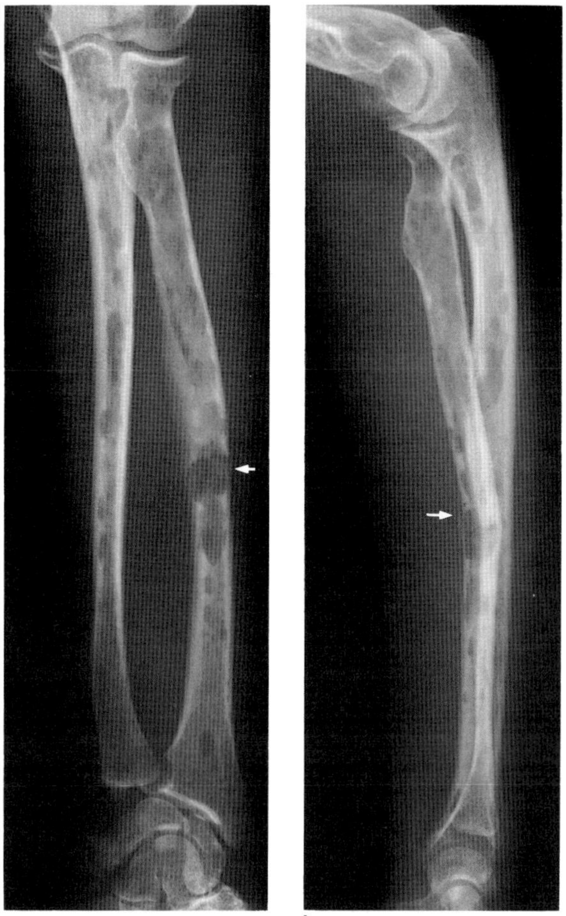

a b

Abb. 4.**18** **Pathologische Fraktur. a** Die Kortikalisunterbrechung (Pfeil) im Radiusschaft dieses Patienten mit multiplem Myelom ist in der anteroposterioren Projektion kaum sichtbar. **b** In der lateralen Projektion ist die pathologische Fraktur (Pfeil) besser zu erkennen, weil der Radius an der Bruchstelle etwas geknickt ist.

von einem Ossikulum unterscheidbar, da beide eine gut ausgebildete Kortikalis besitzen können. Eine charakteristische Lokalisation (z. B. Pellegrini-Stieda-Schatten im inneren Seitenband des Knies) oder die Anamnese des Patienten (z. B. „Reiterknochen" in den Adduktoren des Oberschenkels) können allerdings auf die richtige Diagnose hinweisen.

Eine *heterotope Knochenbildung* in Weichteilen nach einem Trauma wird oft als *Myositis ossificans* bezeichnet, weil sie am häufigsten im Muskel vorkommt; sie findet sich aber auch in Sehnen, Bändern, im Periost und in anderen Bindegeweben. Sie kann sich nach der Implantation einer Gelenkprothese – insbesondere in der Hüfte – sowie bei paraplegischen Patienten entwickeln. Gelegentlich kann die Myositis ossificans ein parostales Sarkom (Abb. 4.**21**) imitieren. Von diesem kann sie aufgrund der dichteren Peripherie und glatten Kontur („Eierschalenverkalkung") unterschieden werden, sowie durch den Nachweis einer feinen Aufhellungslinie, die die Läsion in ihrer ganzen Länge vom angrenzenden Knochen trennt (Abb. 4.**22**). Eine zentrale amorphe Verkalkung sieht man bei der Myositis ossificans nicht; sie spricht eher für ein synoviales oder extraossäres osteogenes Sarkom, bei dem sie in 30 bzw. 50% der Fälle vorhanden ist.

Eine *exzessive Kallusbildung* nach einer Fraktur kann mitunter einen tumorähnlichen Eindruck machen. Sie findet sich bei Frakturen, die nicht richtig ruhiggestellt worden sind. Diese Frakturen wurden vielleicht wegen einer herabgesetzten Schmerzempfindung infolge einer neurologischen Störung nicht diagnostiziert. Da die Frakturen beim Kindesmißhandlungssyndrom nicht immobilisiert werden, ist eine überschießende Kallusbildung häufig. Sie kommt auch bei erhöhtem Steroidblutspiegel vor (z. B. Cushing-Syndrom und Steroidtherapie). Schließlich neigen auch die bei Osteogenesis imperfecta auftretenden Frakturen dazu, mit überschießender Kallusbildung zu heilen.

Frakturen, die bis zur Gelenkfläche reichen, führen zu einem *Gelenkerguß (Hämarthros)*. Bei Frakturen des Radiuskopfes ist u. U. ein Gelenkerguß, der das vordere

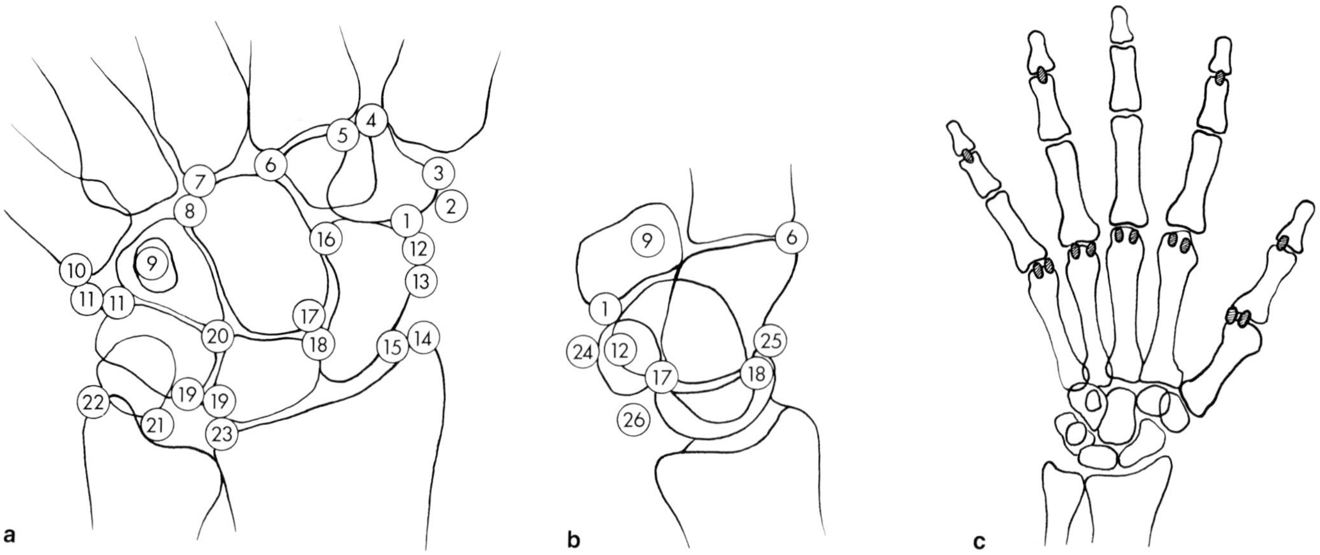

Abb. 4.**19 a–c** **Charakteristische Lokalisationen akzessorischer Knochen** (numeriert) **und Sesamknöchelchen** (schraffiert) **in Handgelenk und Hand. a** A.-p. Projektion des Handgelenks. **b** Laterale Projektion des Handgelenks. **c** A.-p. Projektion der Hand.

1. Epitrapezium
2. Verkalkung (Bursa, Flexor carpi radialis)
3. Paratrapezium
4. Trapezium secundarium
5. Trapezoides secundarium
6. Os styloideum
7. Ossiculum Gruberi
8. Capitatum secundarium
9. Os hamuli proprium
10. Os Vesalianum
11. Os ulnare externum (Verkalkungen in Bursa oder Sehne)
12. Os radiale externum
13. Kahnbeinausriß, kein akzessorischer Knochen
14. persistierender Ossifikationskern des Processus styloideus radii
15. Schaltknochen zwischen Kahnbein und Radius (Paranavikulare)
16. Os centrale carpi
17. Hypolunatum
18. Epilunatum
19. akzessorischer Knochen zwischen Lunatum und Triquetrum
20. Epipyramis
21. Ausriß des Processus styloideus ulnae („Triangulare")
22. persistierender Kern des Processus styloideus ulnae
23. kleines Skelettelement im Radioulnargelenk
24. Verkalkung am Pisiforme
25. Triquetrumausriß, kein akzessorischer Knochen
26. Sehnen- oder Schleimbeutelverkalkung.

Abb. 4.**20 a–c** **Charakteristische Lokalisationen akzessorischer Knochen** (numeriert) **und Sesamknöchelchen** (schraffiert) **in Sprunggelenk und Fuß. a** A.-p. Projektion des Sprunggelenks. **b** Laterale Projektion des Sprunggelenks. **c** A.-p. Projektion des Fußes.

1. Schaltknochen (oder Sesambein) zwischen Malleolus medialis und Talus
2. Os subtibiale
3. Talus accessorius
4. Os sustentaculi
5. Os tibiale externum
6. Os retinaculi
7. Schaltknochen (oder Sesambein) zwischen Malleolus lateralis und Talus,
8. Os subfibulare
9. Talus secundarius
10. Os trochleare calcanei
11. Os trigonum
12. Os talotibiale
13. Os supratalare
14. Os supranaviculare
15. Os infranaviculare
16. Os intercuneiforme
17. Os cuneometatarsale
18. Os intermetatarsale
19. Os unci
20. Os cuboideum secundarium
21. Calcaneus secundarius
22. Os accessorium supracalcaneum
23. Os subcalcis
24. Os peronaeum
25. Os vesalianum
26. Os cuneonaviculare mediale
27. Sesamum tibiale anterius
28. Os cuneometatarsale I plantare
29. Os intercuneiforme.

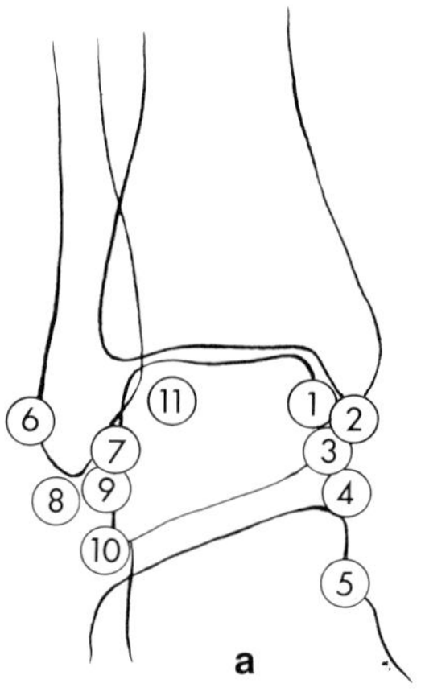

a

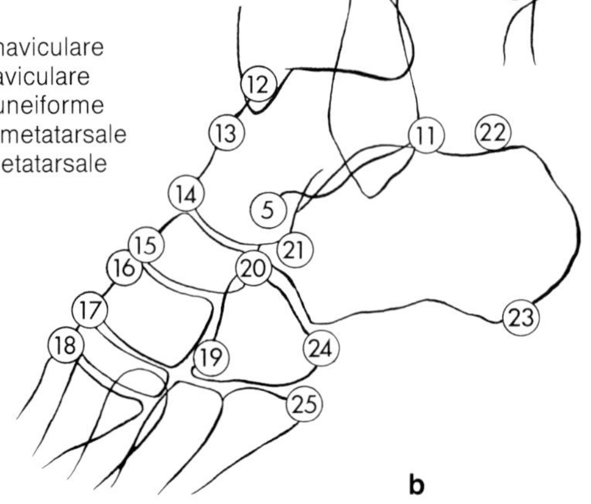

b

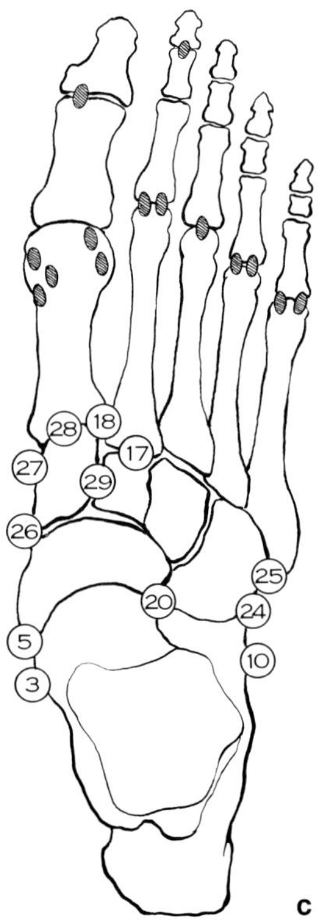

c

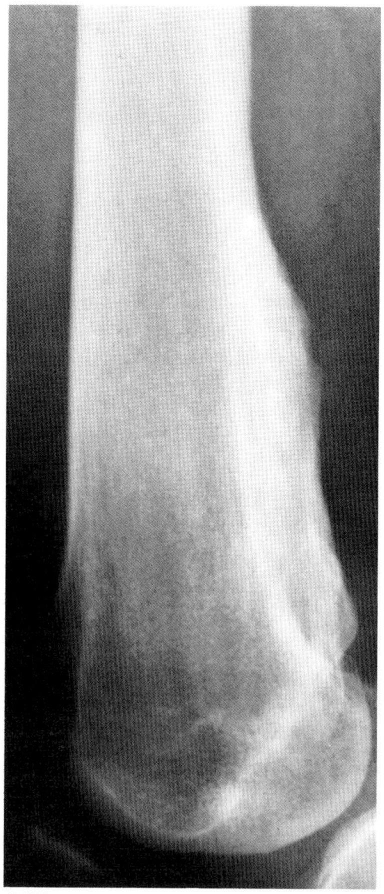

4.21

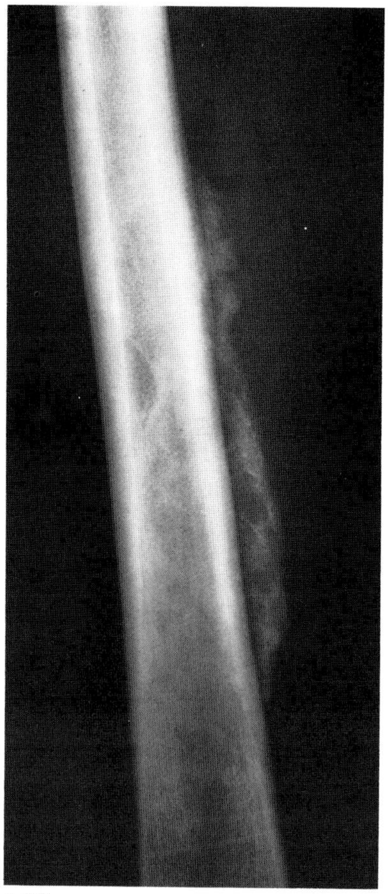

4.22

Abb. 4.**21** **Parostales Sarkom.** Die dicht sklerotische Läsion ist mit der Kortikalis an der Hinterseite des distalen Femurs fest verbunden.

Abb. 4.**22** **Myositis ossificans** (posttraumatisch). Verkalkung an der medialen Seite des Femurschaftes. Charakteristisch ist die dichte und relativ glatte Verkalkung in der Peripherie der Läsion sowie die Aufhellungslinie, die die Läsion in ihrer ganzen Länge vom angrenzenden Knochen trennt.

und/oder hintere Fettpolster verdrängt, der einzige radiographische Befund (Abb. 4.**23**). Der Nachweis eines *Fett-Flüssigkeitsspiegels* in Schulter und Knie ist ein Indizienbeweis für eine intraartikuläre Fraktur, er läßt sich aber nur erbringen, wenn die Aufnahme im horizontalen Strahlengang gemacht wird (Abb. 4.**24**).

Pseudofrakturen (Looser-Umbauzonen, Milkman-Syndrom) hält man für unvollständige Streß-(Insuffizienz-)Frakturen, die sich radiographisch als schmale (2 bis 3 mm), strahlendurchlässige, senkrecht zur Kortikalis liegende Streifen darstellen (Abb. 4.**25**). Im späteren Stadium entwickelt sich um diese Läsionen eine Sklerose, wodurch sie leichter erkennbar werden. Pseudofrakturen kommen bei Vitamin-D-Mangel (Osteomalazie, Rachitis), renaler Osteodystrophie, Morbus Paget, fibröser Dysplasie und hereditärer Hyperphosphatasie („juveniler Morbus Paget“) vor oder sind in seltenen Fällen idiopathisch. Die Lokalisationen sind Femur (Hals und Schaft), Schambein- und Sitzbeinast, Schulterblatt, Schlüsselbein, Rippen, Elle (proximaler Schaft), Speiche (distaler Schaft), Mittelhandknochen, Mittelfußknochen und Phalangen.

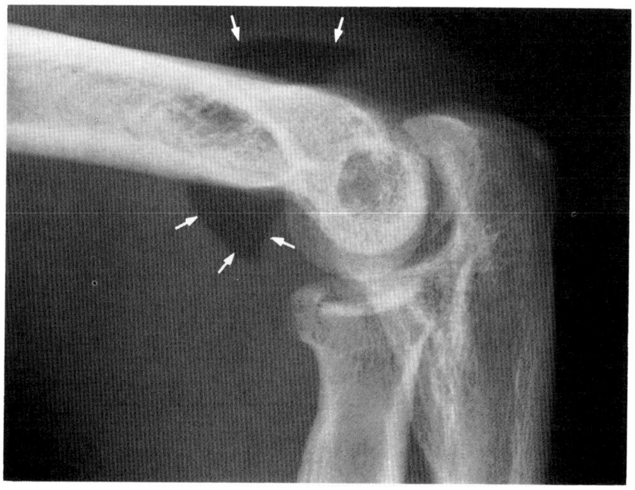

Abb. 4.**23** **Gelenkerguß (Hämarthros) infolge Radiuskopffraktur.** Der Gelenkerguß ist an dem positiven hinteren und vorderen Fettpolsterzeichen zu erkennen, das in Form von segelförmigen Aufhellungen (Pfeile) am distalen Humerus in Erscheinung tritt. Der Nachweis jedes beliebigen Aufhellungsbezirks im hinteren Bereich ist immer Zeichen eines Gelenkergusses (positives hinteres Fettpolsterzeichen), ein kleiner länglicher Aufhellungsbezirk an der Vorderseite des distalen Humerus kann dagegen normal sein. Das vordere Fettpolsterzeichen weist nur dann auf einen Gelenkerguß hin, wenn es Dreieck- oder Segelform annimmt, wie in diesem Fall. Man beachte auch die Fraktur im Radiuskopf, die nicht selten der radiographischen Entdekkung entgeht, selbst wenn Aufnahmen in mehreren Projektionen gemacht werden.

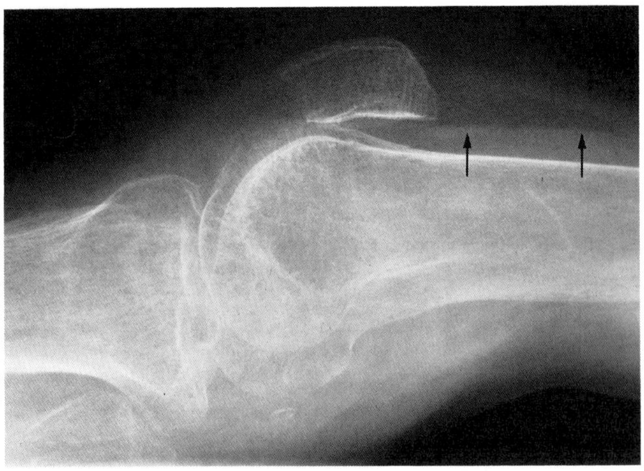

Abb. 4.**24** **Fett-Flüssigkeitsspiegel infolge Tibiakopffraktur.** In der Bursa suprapatellaris zeigt sich ein Fett-Flüssigkeitsspiegel, der für eine intraartikuläre Fraktur pathognomonisch ist. Er wird durch das leichtere und strahlendurchlässigere Fett (Pfeile), das sich auf den schwereren Gelenkerguß aufschichtet, verursacht. Dieser Befund ist nur auf Aufnahmen im horizontalen Strahlengang zu erheben.

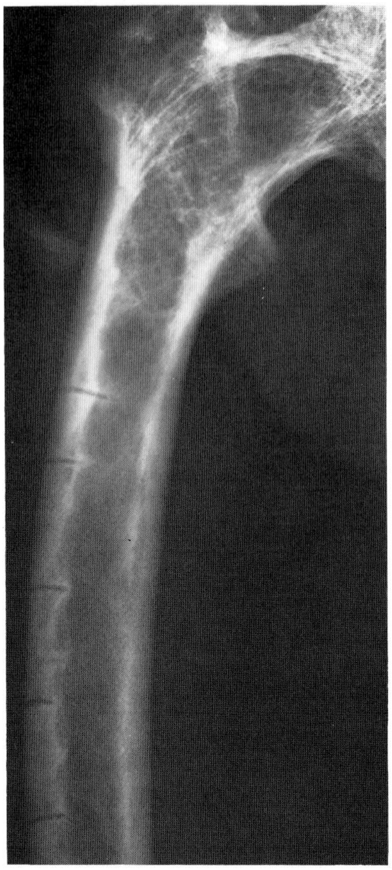

Abb. 4.**25** **Pseudofrakturen** (Looser-Umbauzonen oder Milkman-Syndrom) bei Morbus Paget. Multiple Pseudofrakturen, die sich als kurze, senkrecht zur lateralen Kortikalis des Femurschafts stehende Aufhellungslinien mit umgebender Sklerose darstellen. Man beachte auch die Verbiegung, die Kortikalisverdickung und die vergröberte Trabekelzeichnung des Femurs, die charakteristisch für den Morbus Paget sind.

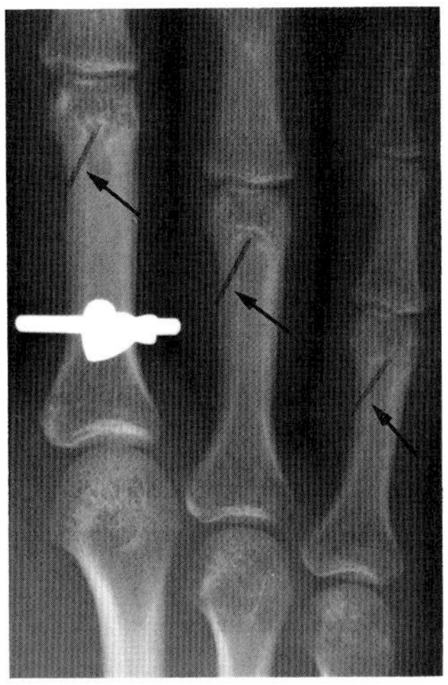

Abb. 4.**26** **Arteriae nutriciae.** Schräge, strahlentransparente Kortikaliskanäle in typischer Lokalisation

Aa. nutriciae treten schräg in die Diaphysen von Röhrenknochen ein. Ort und Winkel ihres Eintritts sind ziemlich konstant, und bezeichnenderweise zeigen die Gefäße weg von dem dominierenden wachsenden Knochenende (dem Ende mit dem Epiphysenkern in kurzen Röhrenknochen oder dem Ende mit der später geschlossenen Epiphysenfuge in langen Röhrenknochen). Aa. nutriciae können radiographisch als schräge, strahlentransparente Kortikaliskanäle, die nicht mit Frakturlinien verwechselt werden dürfen, nachweisbar sein (Abb. 4.**26**).

5 Lokalisierte Knochenläsionen

Je nach der Aggressivität des destruktiven Prozesses ist eine Knochendestruktion zehn oder mehr Tage nach Beginn des Prozesses radiologisch nachweisbar. Im Frühstadium ist die Radioisotopen-Knochenuntersuchung ein empfindlicherer Indikator für den gesteigerten Knochenumsatz als das konventionelle Radiogramm. Auch die Magnetresonanztomographie ist ein hochempfindliches Verfahren zur Früherkennung von Läsionen des trabekulären Knochens. Auf konventionellen Röntgenbildern fällt ein Destruktionsherd in der Rinde mehr auf als im Markraum und ist im normalen Knochen leichter zu erkennen als im osteoporotischen. Eine scharf umschriebene Läsion ist viel besser sichtbar als eine Läsion mit unscharfen Rändern.

Man kann mehrere Formen der Knochendestruktion unterscheiden. Eine *lokalisierte umschriebene Verminderung der Knochendichte* bezeichnet man als *landkartenartige Läsion,* wenn sie einen scharf begrenzten Rand hat, der oft von einem sklerotischen Saum umgeben ist (Abb. 5.**1**). Derartige Veränderungen sind im allgemeinen gutartig. Sie können eine Auftreibung des Knochens bewirken und uni- oder multilokulär sein.

Osteolytische Läsionen mit unscharfen Rändern, die einen aggressiven Prozeß repräsentieren, können aufgrund vieler kleiner konfluierender Aufhellungen wie ausradiert aussehen und gelegentlich als Unterminierung der Kortikalis ohne deutliche Grenzen in Erscheinung treten (Abb. 5.**2**). Ein größeres Gebiet mit Destruktionen ergibt ein *„Mottenfraßbild"* (Abb. 5.**3**).

Knochentumoren und tumorähnliche Läsionen verursachen manchmal *periostale Reaktionen* und manchmal nicht. Eine floride periostale Reaktion sieht man häufig bei *gemischt osteolytisch-osteosklerotischen Läsionen.* Solche gemischten Läsionen bestehen aus nebeneinanderliegenden Knochendestruktions- und Knochenneubildungsbezirken. Die Hauptunterscheidung muß hier zwischen Infektion und Neoplasma getroffen werden. Ein starker Hinweis auf eine Osteomyelitis wäre ein Sequester (Abb. 5.**4**), nach dem man aufmerksam suchen soll.

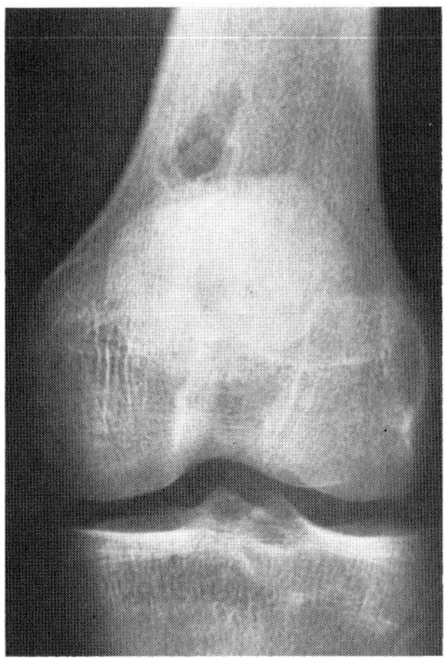

5.**1**

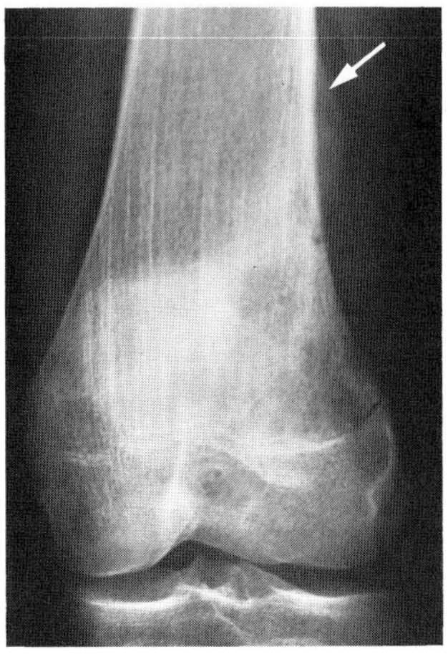

5.**2**

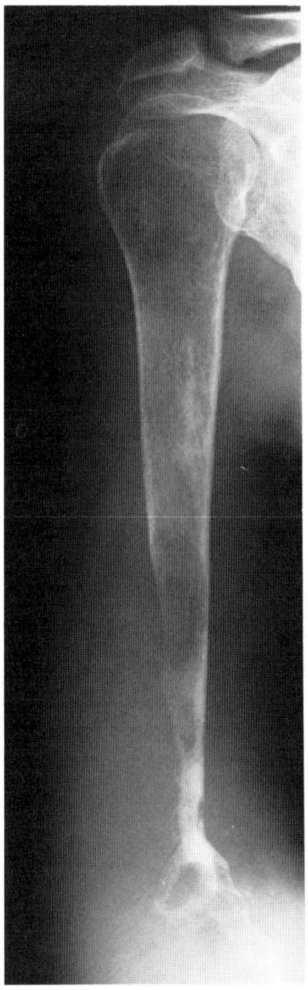

5.**3**

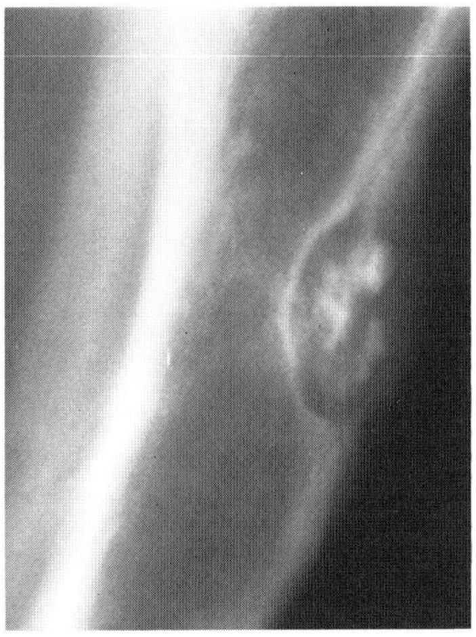

5.**4**

Abb. 5.**1** **Nichtossifizierendes Fibrom** in der Femurmetaphyse. Scharf begrenzte, etwas verdichtete Ränder sind typisch für eine benigne Läsion.

Abb. 5.**2** **Osteosarkom** in der Femurmetaphyse. Die für Malignität typische, wie ausradiert aussehende Läsion ist von Sklerose umgeben. Der Pfeil weist auf die begleitende periostale Reaktion (Codman-Dreieck).

Abb. 5.**3** Mottenfraßähnliches Bild im distalen Humerus und kleinere ausgestanzte Läsionen im proximalen Teil der Diaphyse, verursacht durch ein **multiples Myelom.**

Abb. 5.**4** Sequester innerhalb einer **osteomyelitischen Destruktion.** Die Läsion wird von einem sklerotischen Rand umgeben, der für eine benigne Läsion spricht.

Bei Infektionsprozessen ist das Ausmaß von periostaler Reaktion und Knochendestruktion meist gleich groß, während bei Tumoren entweder die Destruktion oder die periostale Reaktion überwiegt.

Knochentumoren entstehen an bestimmten *bevorzugten Lokalisationen,* die zusammen mit dem Alter des Patienten Anhaltspunkte für die Diagnose bieten. Es ist von diagnostischer Bedeutung, ob Epiphyse, Metaphyse oder Diaphyse und Medulla oder Kortikalis befallen sind, und ebenso, ob die Läsion zentral oder exzentrisch liegt. Zu beachten ist die *Größe* der Läsion, da maligne Tumoren oft groß sind (über 5 cm), wenn sie entdeckt werden. Wichtig für die Diagnose ist die Existenz eines *Weichteiltumors* und seine Größe im Verhältnis zum Knochen – ein substantieller Weichteiltumor ist gewöhnlich ein Zeichen von Malignität, ausgenommen beim Osteoklastom (Riesenzelltumor). Das Ausmaß der Weichteilbeteiligung ist auf Nativröntgenaufnahmen oft schwer zu bewerten. Gut beurteilen lassen sich Weichteile mit der Magnetresonanztomographie.

Die folgenden Röntgensymptome – in verschiedenen Kombinationen – sprechen für die *Malignität* einer Knochenläsion:

1. Knochendestruktion (mottenfraßartig oder wie ausradiert),
2. unregelmäßige, unscharfe Ränder,
3. Arrosion oder Destruktion der Kortikalis,
4. Größe über 5 cm,
5. periostale Reaktion: Codman-Dreieck, lamellär („Zwiebelschale"), Spikula („Lichtbündelstrahlen" oder „zu Berge stehende Haare"),
6. benachbarter Weichteiltumor,
7. Verkalkungs- oder Verknöcherungsflecke,
8. Nachweis von Metastasen.

Für *Gutartigkeit* spricht das Erscheinungsbild bei einer Kombination von scharf begrenzter landkartenartiger Aufhellung, eventuell mit Trabekelzeichnung oder Verkalkung, Auftreibung der Kortikalis und fehlender periostaler Reaktion. Ein solches Aussehen kann allerdings auch bei einem solitären Myelom, einer aus dem Knochen „ausbrechenden" Metastase eines Nieren- oder Schilddrüsenkarzinoms, einem Fibrosarkom und einem sekundären Chondrosarkom innerhalb eines Enchondroms beobachtet werden.

Man sollte nicht auf ein spezielles Röntgensymptom unangemessen großes Gewicht legen, denn jedes der radiographischen Zeichen, die man mit Malignität assoziiert, kann bei einer benignen Veränderung gefunden werden. Solitäre Läsionen sind sehr schwer, wenn nicht unmöglich, radiologisch zu diagnostizieren, wenn sie atypischen Sitz oder atypische Form haben. Man sollte klären, welche Möglichkeiten am wahrscheinlichsten sind und welche weniger in Frage kommen, um dem Pathologen zu helfen, zu einem sinnvollen Ergebnis zu kommen.

In Tab. 5.**1** wurde eine Liste verschiedener Diagnosen, die sich auf das allgemeine Erscheinungsbild der Läsion gründen, zusammengestellt. Die Tab. 5.**2**, 5.**3** und 5.**4** enthalten ausführlichere Informationen über die differentialdiagnostischen Kriterien der einzelnen Läsionen.

Tabelle 5.1 Einteilung intraossärer Knochenläsionen nach ihrem allgemeinen radiologischen Erscheinungsbild (Einzelheiten in Tab. 5.**3**, 5.**3** u. 5.**4**)

Allgemeines radiologisches Erscheinungsbild	Wahrscheinlichkeitsdiagnosen
1. Nichtexpansive, scharf begrenzte, umschriebene Knochendefekte	
a) Unilokuläres Bild	Fibröser Kortikalisdefekt Nichtossifizierendes Fibrom Einfache (einkammerige) Knochenzyste Riesenzelltumor Brauner Tumor bei Hyperparathyreoidismus Eosinophiles Granulom Enchondrom Epidermiseinschlußzyste Posttraumatische oder degenerative Zyste Infektionsbedingte Läsion Pseudotumor bei Hämophilie Intraossäres Ganglion Arthrotische Läsionen Endostale Synovitis villonodularis pigmentosa Fibröse Dysplasie
b) Multilokuläres Bild	Aneurysmatische Knochenzyste Einfache Knochenzyste Riesenzelltumor Fibröse Dysplasie
2. Expansive, scharf begrenzte, umschriebene Knochendefekte	
a) Unilokuläres Bild	Einfache (einkammerige) Knochenzyste Enchondrom Aneurysmatische Knochenzyste Juxtakortikales Chondrom Nichtossifizierendes Fibrom Eosinophiles Granulom Brauner Tumor bei Hyperparathyreoidismus
b) Multilokuläres Bild	Einfache Knochenzyste Fibröse Dysplasie Aneurysmatische Knochenzyste Nichtossifizierendes Fibrom
3. Unscharf begrenzte osteolytische Läsionen ohne periostale Reaktion	
a) Nichtexpansiv	Metastase von irgendeinem Primärtumor Multiples Myelom Hämangiom
b) Expansiv	Chondrosarkom Riesenzelltumor Metastase von Nieren- oder Schilddrüsenkarzinom
4. Unscharf begrenzte osteolytische Läsionen mit periostaler Reaktion	Osteomyelitis Ewing-Sarkom Osteosarkom
5. Gemischt osteosklerotisch-osteolytische Läsionen	
a) Mit Sequester	Osteomyelitis
b) Ohne Sequester	Osteomyelitis Tuberkulose Ewing-Sarkom Metastase Osteosarkom
6. Starke, einen osteolytischen Herd umgebende Sklerose	Osteoidosteom Benignes Osteoblastom Chronische Osteomyelitis Tuberkulose

Tab. 5.2 Differentialdiagnostische Kriterien benigner Knochentumoren und tumorähnlicher Prozesse

Häufige benigne Tumoren	Ursprungsort und Lieblingslokalisationen	Radiologische Kennzeichen	Bemerkungen und differentialdiagnostische Gesichtspunkte
Osteom (Abb. 5.5)	Im membranösen Knochen. Tabula interna oder Tabula externa des Schädels, Nasennebenhöhlen, Unterkiefer, Nasenskelett.	Dicht, strahlenundurchlässig, strukturlos. Rund, gut umschrieben, meist kleiner als 2 cm im Durchmesser.	Gewöhnlich symptomlos. Multiple Osteome des Schädels, des Unterkiefers und sogar anderer Knochen sind typisch für das *Gardner-Syndrom.* Ein großer Tumor mit dem Aussehen eines Osteoms in der periostalen Region eines langen Röhrenknochens ist wahrscheinlich ein *periostales Sarkom.* Dichter Knochen im Markraum ist wahrscheinlich ein *Enostom,* eine *Knocheninsel* oder ein *Knocheninfarkt.*
Osteoidosteom (Abb. 5.6)	Reich vaskularisierter Nidus von osteoidem Gewebe, der intrakortikal, intramedullär oder subperiostal liegen kann. Über 50% liegen in Femur oder Tibia. Fibula, Humerus und Wirbelbogen sind ebenfalls häufig befallen. Kein Knochen ist gefeit.	Weniger als 1 cm großer strahlendurchlässiger Nidus, umgeben von einer breiten, dichten sklerotischen Zone der Kortikalisverdickung. Im spongiösen Knochen ruft der Nidus weniger Knochensklerose hervor, besonders im Schenkelhals.	Lokale Schmerzen, die sich nachts verschlimmern und durch Aspirin dramatisch gebessert werden. Altersspanne vom 2. bis 50. Lebensjahr; 90% treten unter dem 25. Jahr auf. M : F = 2 : 1.
Solitäres Osteochondrom (kartilaginäre Exostose) (Abb. 5.7 a)	Knochenauswuchs mit Knorpelschale in der Metaphyse (seltener in der Diaphyse eines Röhrenknochens oder in einem platten Knochen). Unterer Femur, obere Tibia, Humerus, Becken (kein Knochen gefeit).	Wachstum hört auf, wenn sich die nächstgelegene Epiphysenfuge schließt. Die gestielte Form hat einen langen, schmalen Fuß, der schräg vom benachbarten Gelenk absteht. Die breitbasig aufsitzende Form verbreitert den Knochenschaft. Rinde und Markraum der Exostose gehen in jene des normalen Knochens über. Die verkalkte Form ist in platten Knochen häufig und zeigt sich als lokalisierter flekkiger Verkalkungsbezirk.	Häufigste gutartige Geschwulst des Skeletts. Wird gewöhnlich im zweiten Lebensjahrzehnt als schmerzlose Geschwulst entdeckt. Ein präsuprakondylärer Fortsatz über dem medialen Epikondylus am Humerus, die subunguale Exostose unter einem Finger- oder Zehennagel sowie die manchmal eine Myositis ossificans begleitenden Knochenvorsprünge sind keine echten Osteochondrome. Wenn eine zur Ruhe gekommene Läsion wieder zu wachsen beginnt oder wenn ein Weichteiltumor oder eine Destruktion der Exostose auftritt, ist an eine maligne Umwandlung in ein *Chondrosarkom* zu denken, was eine seltene Komplikation ist (weniger als 1%).
Hereditäre multiple Exostosen (diaphysäre Aklasie) (Abb. 5.7 b)	Wie solitäre Osteochondrome, aber multipel und gewöhnlich bilateral. Lange Röhrenknochen, besonders in der Umgebung des Kniegelenks, Schulterblatt, Becken und Rippen. Schädeldach und Unterkiefer bleiben verschont.	Wachsen nur während der Wachstumsperiode und können Wachstumsstörungen und Deformierungen an mehreren Röhrenknochen verursachen. Die Einzelläsionen gleichen solitären Osteochondromen, aber die Ausformung des Röhrenknochenschafts ist gestört. Ulna und Fibula oft verkürzt, schließlich Bajonettdeformität des distalen Unterarms.	Dominanter Erbgang, nicht betroffene Frau kann Überträgerin sein. Werden gewöhnlich im Alter von 2–10 Jahren als schmerzlose Geschwülste in Gelenknähe entdeckt. M : F = 2 : 1. Umwandlung in Chondrosarkom häufig (etwa 20%).

Fortsetzung auf Seite 64

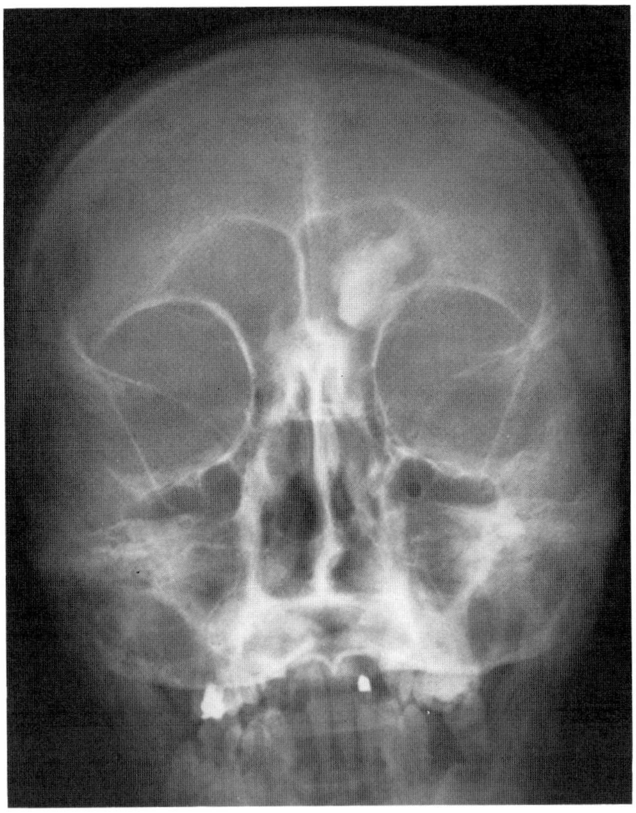

Abb. 5.5 **Osteom** in der linken Stirnhöhle. ▶

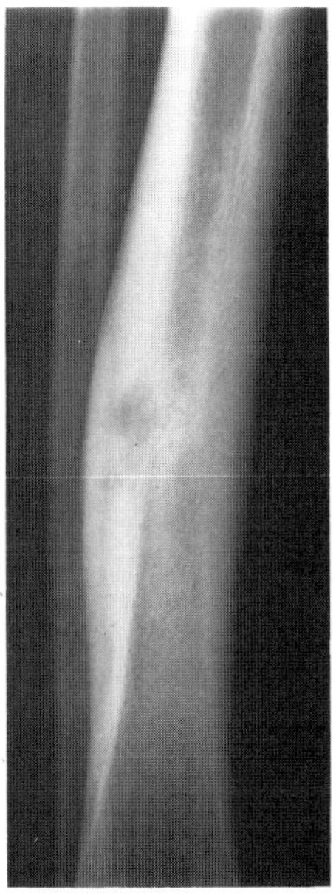

Abb. 5.6 **Osteoidosteom** der Tibiadiaphyse mit strahlendurchlässigem Nidus und ausgedehnter umgebender Sklerose.

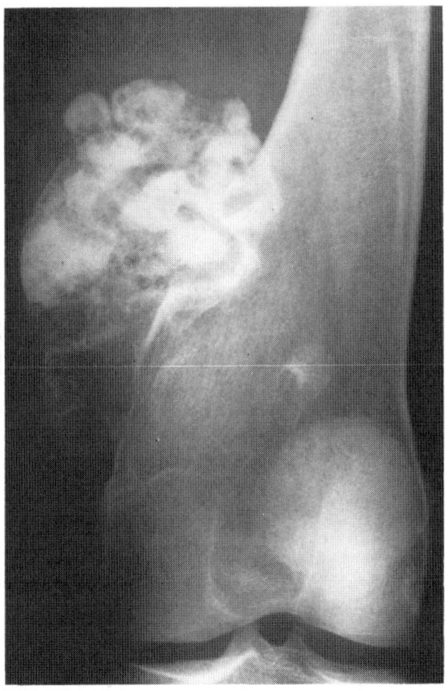

a

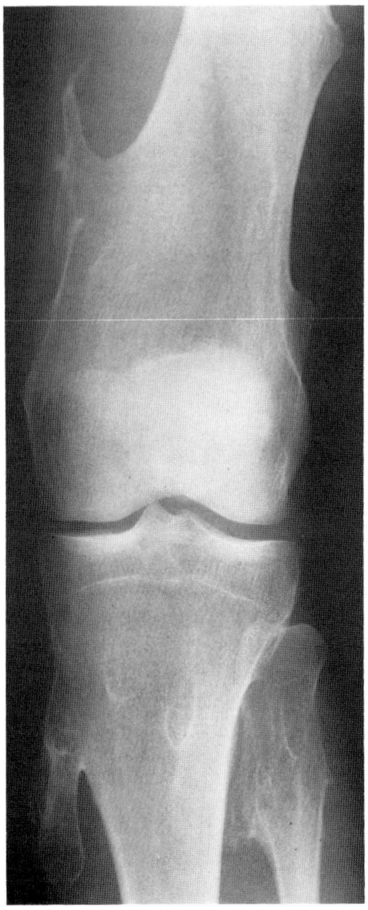

b

Abb. 5.7 **a Solitäres Osteochondrom** mit Umwandlung in ein Chondrosarkom. Für die maligne Umwandlung spricht der verkalkte Tumor an der Exostose. **b** Hereditäre **multiple Exostosen.**

Tab. 5.2 Differentialdiagnostische Kriterien benigner Knochentumoren und tumorähnlicher Prozesse (Fortsetzung)

Häufige benigne Tumoren	Ursprungsort und Lieblingslokalisationen	Radiologische Kennzeichen	Bemerkungen und differentialdiagnostische Gesichtspunkte
Solitäres Enchondrom (Abb. 5.8 a, b)	Kartilaginärer Tumor innerhalb des Markraums, solitär oder multipel. Kurze Röhrenknochen der Hand (50%), Femur, Humerus, Fuß und Fußwurzel.	Befällt gewöhnlich die distalen und mittleren Teile der Metakarpalia und die proximalen Teile der Phalangen. Vor dem Schluß der Epiphysenfuge wird die Epiphyse nicht befallen. Anfangs ist die Läsion evtl. eine nicht in der Mittellinie liegende scharf begrenzte Aufhellung; sie wird aber durch das Wachstum expansiv, ohne die Kortikalis zu durchbrechen oder eine periostale Reaktion zu zeigen. Häufig Verkalkung in unterschiedlichem Grad, getüpfelt oder amorph.	Wird als Zufallsbefund oder in Zusammenhang mit einer pathologischen Fraktur entdeckt. Altersverteilung vom 2. bis 5. Jahrzehnt. Ein stark verkalktes Enchondrom kann einen Knocheninfarkt vortäuschen. Große Enchondrome können wie Chondrosarkome aussehen. Eine maligne Umwandlung in ein sekundäres zentrales Chondrosarkom ist selten. Eine *Epidermiseinschlußzyste* (traumatische Epithelzyste; Abb. 5.**9**) einer distalen Phalanx kann ähnlich aussehen, hat aber eine Vorgeschichte von einem penetrierenden Trauma und keine getüpfelte Verkalkung. Multiple Enchondrome werden als *Ollier-Krankheit* bezeichnet (Abb. 5.**8 c**).
Fibröser Kortikalisdefekt (Abb. 5.10)	Kleiner Herd von fibrösem Gewebe in der Metaphyse. Medial hinten in der distalen Femurmetaphyse, Tibia, Fibula und auch anderen Röhrenknochen.	Runde, ei- oder flammenförmige Aufhellung mit einem Durchmesser von 1–2 cm, Längsachse parallel zur Knochenachse. Ränder scharf begrenzt, glatt oder gekerbt. Eine leichte Vorwölbung der Kortikalis kann vorkommen.	Zufallsbefund mit Häufigkeitsgipfel bei 7- bis 8jährigen. Gewöhnlich spontane Rückbildung zu normalem Aussehen oder Persistenz als sklerotischer Herd. Die Defekte entstehen an der Insertionsstelle einer Sehne im Perichondrium des Epiphysenknorpels. Mit dem Wachstum des Knochens wandern sie später zur Metaphyse. Multiple flammenförmige Aufhellungen in langen Röhrenknochen werden beim *Basalzellnävussyndrom* beobachtet.
Nichtossifizierendes Fibrom (nichtosteogenes Fibrom) (Abb. 5.11; Abb. 5.1, S. 59)	Die Läsion entsteht durch proliferative Aktivität eines fibrösen Kortikalisdefektes einige Zentimeter schaftwärts von der Metaphyse. Lange Knochen der unteren Extremitäten, manchmal obere Extremität und kurze Knochen.	Ovale Aufhellung von etwa 2 cm in der Längsachse mit gekerbten Rändern, sogar multilokuläres Aussehen. Die Kortikalis ist verdünnt und vorgewölbt, der Markraumrand sklerotisch. Längsachse der Läsion parallel zur Knochenachse. Keine periostalen Auflagerungen. Kann zugleich mit fibrösen Kortikalisdefekten vorkommen; multiple Tumoren sind selten.	Wird im Alter von 8–20 Jahren beobachtet – ein Alter, in dem fibröse Kortikalisdefekte spontan rückgebildet worden sind.

Fortsetzung auf Seite 66

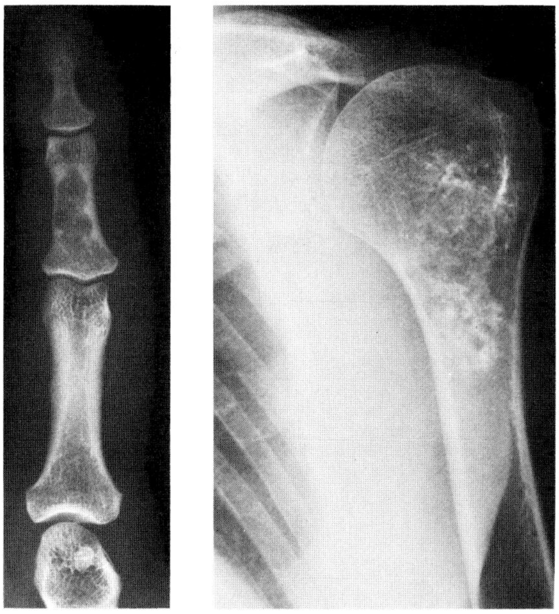

a b

Abb. 5.8 **a Solitäres Enchondrom** des Zeigefingermittelglieds, das eine leichte Auftreibung verursacht und Kalkstippchen enthält. **b Solitäres Enchondrom** im oberen Humerus mit getüpfelten und amorphen Verkalkungen. Ein Knocheninfarkt kann recht ähnlich aussehen. **c Multiple Enchondrome** in den Mittelhand- und Fingerknochen **(Morbus Ollier).**

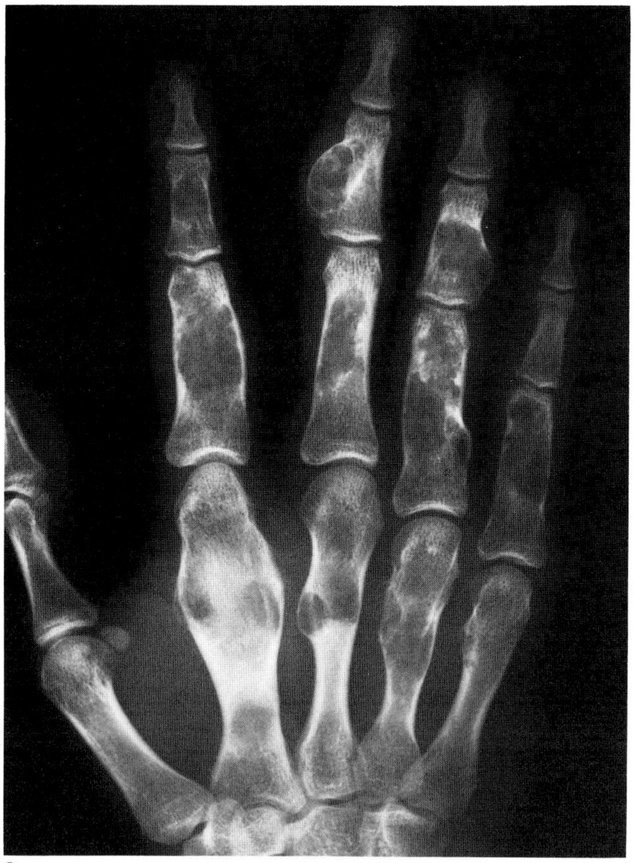

c

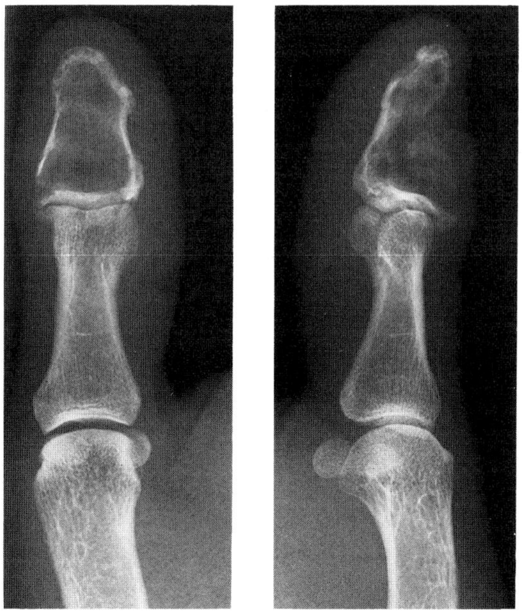

5.9 **a** 5.9 **b**

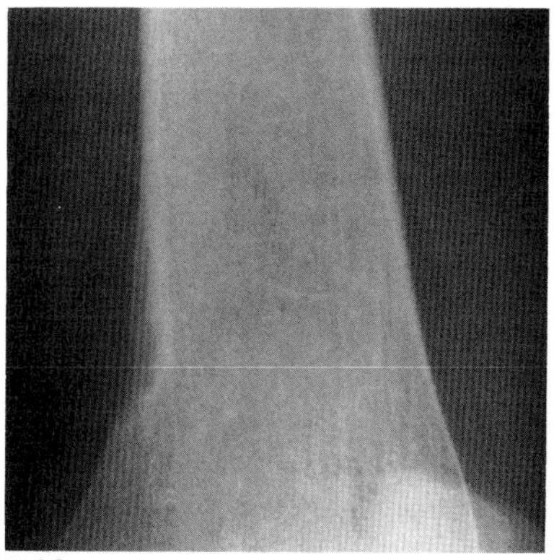

5.**10**

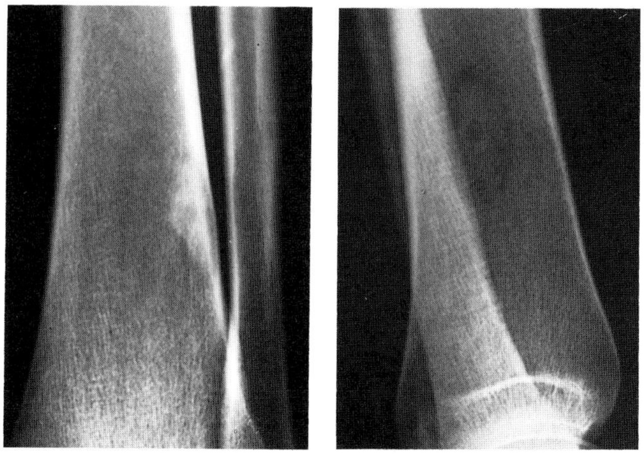

5.**11 a** 5.**11 b**

Abb. 5.**9 a, b** **Epidermiseinschlußzyste** in der Endphalanx. Die expansive Läsion ist einem solitären Enchondrom ähnlich, enthält aber keine Verkalkungen.

Abb. 5.**10** **Fibröser Kortikalisdefekt.**

Abb. 5.**11 a, b** **Nichtossifizierendes Fibrom.**

Tab. 5.2 Differentialdiagnostische Kriterien benigner Knochentumoren und tumorähnlicher Prozesse (Fortsetzung)

Häufige benigne Tumoren	Ursprungsort und Lieblingslokalisationen	Radiologische Kennzeichen	Bemerkungen und differentialdiagnostische Gesichtspunkte
Knochenzyste (einkammerig/einfach) (Abb. 5.12, 5.13)	Flüssigkeitsgefüllte Zyste mit einer Wand aus fibrösem Gewebe, entweder angrenzend an den Epiphysenknorpel (aktiv, kann wachsen) oder entfernt von dieser Wachstumszone im normalen Knochen (latent). Proximaler Humerus und proximaler Femur im Kindesalter. Nach dem 12. Lebensjahr am häufigsten im Becken und Fersenbein zu beobachten.	Oft große, scharf demarkierte, metaphysäre strahlendurchlässige Läsion, die bis zur Zeit des Epiphysenfugenschlusses wachsen kann. Die Kortikalis ist verdünnt oder vorgewölbt, aber nie durchbrochen. Ein trabekuläres Aussehen entsteht durch Erhebungen und Einbuchtungen der Kortikalis. Verkalkt selten (nach posttraumatischer Blutung in die Zyste).	80% der Fälle werden im Alter von 3–19 Jahren beobachtet. Kann mit einer pathologischen Fraktur in Erscheinung treten. M : F = 2 : 1. Eine *aneurysmatische Knochenzyste* unterscheidet sich von der einkammerigen Knochenzyste durch exzentrische Ausbeulung der Kortikalis und oft durch Septen. Beim *Riesenzelltumor* und *benignen Chondroblastom* ist die Epiphyse betroffen. Ein *Enchondrom* enthält gewöhnlich Kalkstippchen. Ein *Chondromyxofibrom* ist mehr exzentrisch und expansiv. Eine *lokalisierte fibröse Dysplasie* kann exzentrisch sein und ungleichmäßiger strahlendurchlässig.
Intraossäres Ganglion (Abb. 5.14)	Tibia, Femurkopf oder -hals.	Scharf begrenzte Aufhellung mit sklerotischem Rand, angrenzend an die Gelenkfläche; Durchmesser von 2 mm bis 2 cm.	
Aneurysmatische Knochenzyste (Abb. 5.15)	Blutgefüllte kavernöse nichtneoplastische Läsion, die entweder *primär* oder *sekundär nach einem Knochentumor* auftritt. Metaphyse langer Röhrenknochen, meist Femur und Tibia, es kann aber jeder Knochen befallen sein.	Exzentrische Aufhellung, die eine starke Ausbeulung der verdünnten Kortikalis verursacht.	Wird vom späteren Kindesalter bis zum hohen Alter als schmerzhafte Veränderung beobachtet. ⅔ sind primär und ⅓ sekundär nach Tumoren wie Riesenzelltumor, Osteosarkom, solitäre Knochenzyste, nichtossifizierendes Fibrom, fibröse Dysplasie, Karzinommetastase und andere.
Riesenzelltumor (Osteoklastom) (Abb. 5.16, S. 69)	Mäßig große, expansive und strahlendurchlässige, oft trabekulierte metaphysäre Läsion mit relativ gut abgegrenzten Rändern. Keine periostale Knochenneubildung. Distaler Femur, proximale Tibia, distaler Radius, 15% in nichttubulären Knochen.	Gewöhnlich ziemlich gut begrenzte, exzentrische, angedeutet trabekuläre, expansive Aufhellung, die sich unmittelbar bis zur Kortikalis unter dem Gelenkknorpel erstreckt, wenn die Epiphysenfuge geschlossen ist. Kaum Sklerose in der Umgebung. Kortikalis ausgeweitet, aber keine Knochenneubildung. Sogar in einem gutartigen Fall kann die Kortikalis unterbrochen sein. Verkalkung der Matrix selten.	3/4 kommen zwischen dem 20.–40. Lebensjahr vor. 20% sind bösartig, aber das Verhalten ist unvorhersagbar. In seltenen Fällen kann ein *brauner Tumor* bei Hyperparathyreoidismus identisch aussehen. Laborbefunde heranziehen. Ein *Enchondrom* befällt nicht direkt das Knochenende wie der Riesenzelltumor.

Fortsetzung auf Seite 68

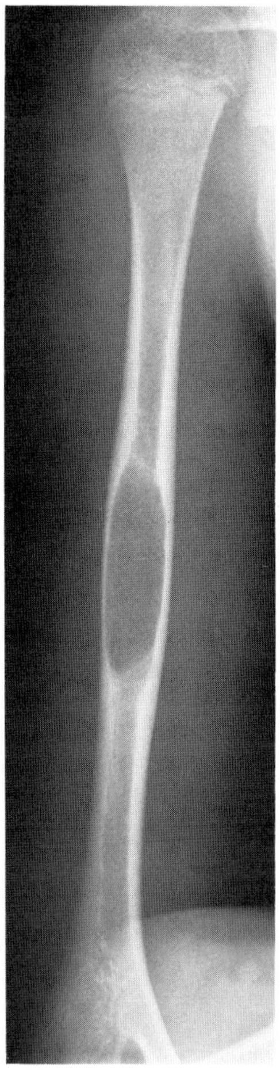

Abb. 5.**12** **Einkammerige Knochenzyste.** Scharf begrenzte expansive strahlendurchlässige Läsion in der Diaphyse.

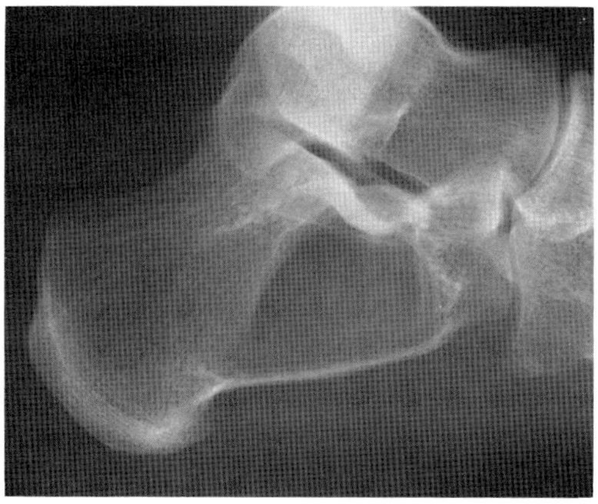

Abb. 5.**13** **Kalkaneuszyste.** Gut abgegrenzte, glattrandige, expansive strahlendurchlässige Läsion im Kalkaneus.

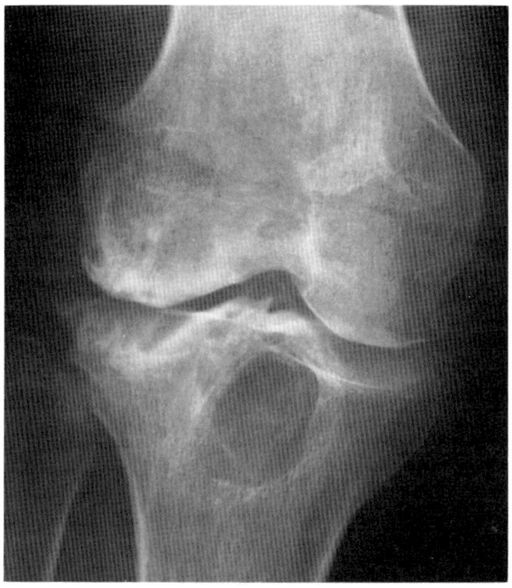

Abb. 5.**14** **Intraossäres Ganglion.** Gut abgegrenzte Aufhellung unter der Gelenkfläche der Tibia.

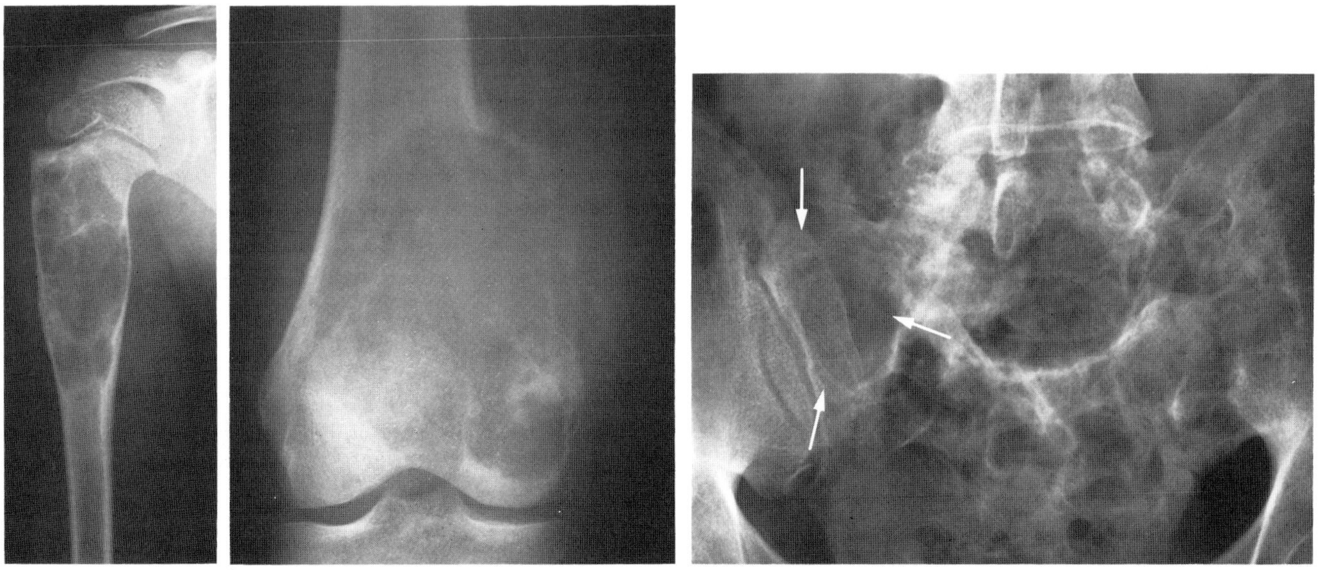

a b c

Abb. 5.**15** **a Aneurysmatische Knochenzyste.** Scharf begrenzte, expansive strahlendurchlässige Läsion mit Trabekelzeichnung. **b** Rasch wachsende **aneurysmatische Knochenzyste** mit ballonförmiger Auftreibung des distalen Femurs, schlechter Abgrenzung und Auslöschung der Kortikalis. **c Aneurysmatische Knochenzyste** (Pfeile) bei einem Osteosarkom des Sakrums.

Tab. 5.2 Differentialdiagnostische Kriterien benigner Knochentumoren und tumorähnlicher Prozesse (Fortsetzung)

Seltene benigne Tumoren	Ursprungsort und Lieblingslokalisationen	Radiologische Kennzeichen	Bemerkungen und differentialdiagnostische Gesichtspunkte
Benignes Chondroblastom (Codman-Tumor) (Abb. 5.17)	Der Tumor entwickelt sich aus chondroblastenähnlichen Zellen des Epiphysenknorpels und befällt meist die Spongiosa. Epiphyse oder Apophyse von Femur, Tibia, Humerus, 50% um das Kniegelenk.	Gut abgegrenzte ovale oder runde Aufhellung von 3–6 cm Durchmesser. Exzentrische Ausbuchtung der Kortikalis möglich, aber keine periostale Reaktion. Kann den Trochanter major femoris und das Tuberculum majus humeri befallen. Manchmal kleinfleckige Verkalkungen.	Häufigkeitsgipfel vom 10.–25. Lebensjahr (Altersspanne 8–59). Schmerzen auf ein Gelenk bezogen, auch andere örtliche Symptome. Ein *Riesenzelltumor* befällt ebenfalls geschlossene Epiphysen, ist aber nicht so gut abgegrenzt, nicht verkalkt, gewöhnlich größer und kommt auch in einer höheren Altersgruppe vor. Die *avaskuläre Femurkopfnekrose* hat eine unregelmäßigere Konfiguration.
Benignes Osteoblastom (Riesenosteoidosteom) (Abb. 5.18)	Im wesentlichen ein großes Osteoidosteom. Wirbelbogen und seine Fortsätze (50%), Femur, Tibia, Mandibula, Schädel.	Expansive, gut abgegrenzte Knochenläsion von über 1 cm Durchmesser. Verkalkung der Tumormatrix in wechselndem Ausmaß. Reaktive Sklerose wie beim Osteoidosteom.	Häufigkeitsgipfel vom 2.–20. Lebensjahr. Differentialdiagnose: Das *Osteosarkom* zeigt periostale Knochenneubildung, *kartilaginäre Tumoren* weisen eine klumpige Verkalkung der Matrix auf, der *Riesenzelltumor* ist nicht verkalkt und befällt die Epiphyse.
Juxtakortikales Chondrom	Kartilaginärer Tumor im Periost oder periostalen Bindegewebe. Röhrenknochen.	Der Kortikalis benachbarter Weichteiltumor mit kleinfleckigen Verkalkungen der Matrix und Druckusur der anliegenden Kortikalis.	Kleiner, fester, schmerzloser Tumor. Man denke auch an ein *periostales Desmoid, Neurofibrom oder Synovialom.* Wenn keine Verkalkung zu sehen ist, kann keine radiologische Diagnose gestellt werden.
Chondromyxofibrom (Abb. 5.19)	Meist metaphysäre Läsion, die chondromatöses Gewebe und eine muzinartige Substanz enthält; kann nach Schluß der Epiphysenfuge auf die Epiphyse übergreifen. Tibia (50%), andere Extremitätenknochen, Becken.	Ovale, exzentrische Aufhellung mit Vorwölbung der Kortikalis; Durchmesser gewöhnlich etwa 3 cm. Keine Destruktion der Kortikalis oder periostale Reaktion. Gebuchtete Ränder können eine Trabekulierung imitieren.	Schmerzhafte Läsion mit Häufigkeitsgipfel im 2. und 3. Jahrzehnt, Vorkommen vom 5.–79. Lebensjahr. Kann histologisch fälschlich für ein *Chondrosarkom* gehalten werden. Wenn sie in einem langen Röhrenknochen beobachtet wird, sind differentialdiagnostisch eine *einkammerige Knochenzyste,* eine *aneurysmatische Knochenzyste* und ein *nichtossifizierendes Fibrom* in Erwägung zu ziehen. In platten und kubischen Knochen kommt dieser Tumor als uncharakteristische expansive Läsion zur Darstellung.

Fortsetzung auf Seite 70

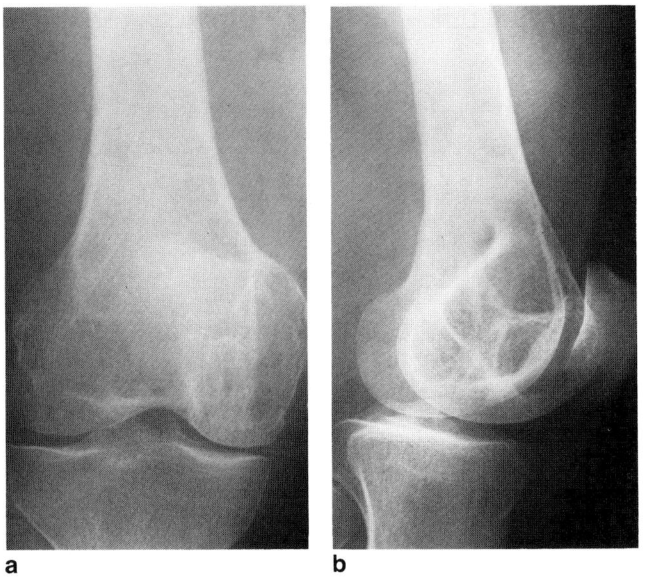

Abb. 5.**16 a, b** **Riesenzelltumor** im distalen Femur. Gut abgegrenzte, trabekuläre, leicht expansive strahlendurchlässige Läsion, die in die Epiphyse reicht.

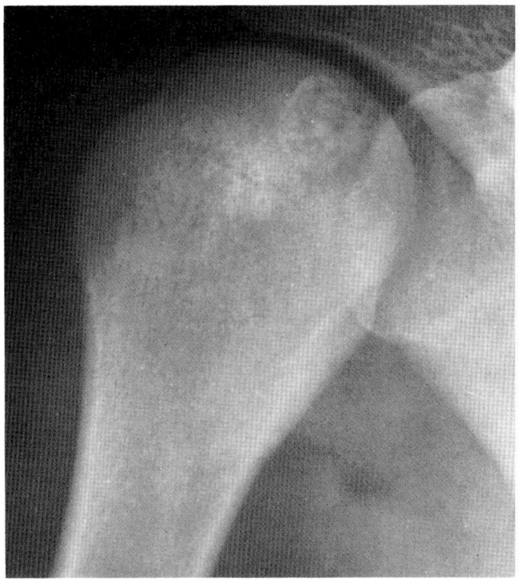

Abb. 5.**17** **Benignes Chondroblastom.** Gut abgegrenzte Läsion in der Humerusepiphyse mit sklerotischen Rändern und zarten, fleckigen Verkalkungen.

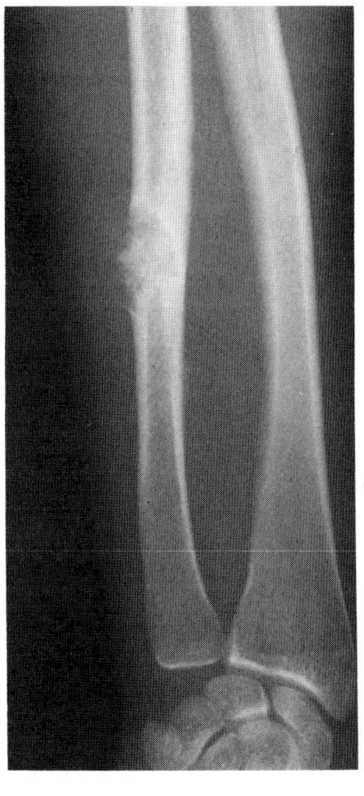

Abb. 5.**18** **Benignes Osteoblastom.** Expansive, gut abgegrenzte Läsion in der Ulna mit etwas Matrixverkalkung und geringer reaktiver Sklerose.

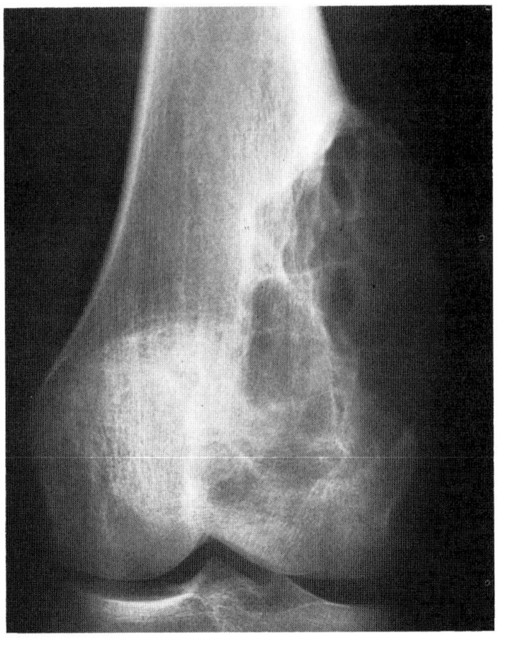

Abb. 5.**19** **Chondromyxofibrom.** Exzentrische, expansive strahlendurchlässige Läsion im distalen Femur mit mehrbogigen Rändern, die eine Trabekelzeichnung vortäuschen.

Tab. 5.2 Differentialdiagnostische Kriterien benigner Knochentumoren und tumorähnlicher Prozesse (Fortsetzung)

Seltene benigne Tumoren	Ursprungsort und Lieblingslokalisationen	Radiologische Kennzeichen	Bemerkungen und differentialdiagnostische Gesichtspunkte
Kortikalisdesmoid	Seltene fibröse Veränderung des Periosts. Distal und dorsal am Femur.	Subperiostale Läsion, die sich am äußeren Rand der Kortikalis entwickelt. Geringe kortikale Knochenneubildung. Der innere Rand ist gewöhnlich scharf.	Im Alter von 8–20 Jahren; kann mit einem malignen Tumor, besonders einem *Osteosarkom,* verwechselt werden.
Desmoplastisches Fibrom	Unterkiefer, lange Röhrenknochen und Becken (Darmbein)	Osteolytische Läsion mit trabekulärer, seifenblasenartiger oder wabiger Zeichnung.	Etwa 75% bei unter 30jährigen Patienten. Kann mit wochen- oder monatelang anhaltenden Schmerzen und Schwellung oder mit einer pathologischen Fraktur in Erscheinung treten.
Adamantinom der Extremitäten (Angioblastom)	Ähnelt dem Ameloblastom des Kiefers. Tibia.	Großer, gekammerter, expansiver strahlendurchlässiger Tumor.	Bei Jugendlichen und jungen Erwachsenen. Kann metastasieren.
Hämangiom (Abb. 5.20, s. auch Abb. 8.30, S. 133)	Wirbelkörper, Schädeldach, selten in langen Röhrenknochen.	Expansive, fein gekammerte, grob trabekuläre strahlendurchlässige Läsion. Kann ein „lichtbündelartiges" Bild am Periost zeigen, besonders im Schädeldach.	Das Erscheinungsbild in Wirbeln und Schädeldach ist typisch und nicht selten.
Glomustumor	Distal in der Fingerendphalanx.		Ähnelt einem *Enchondrom,* ist aber schmerzhaft.
Knochenlipom (Abb. 5.21)	Fersenbein, Schädel, Rippen, Extremitäten.	Expansive strahlendurchlässige Läsion mit verdünnter oder sogar durchbrochener Kortikalis; eventuell multipel. Kann eine kleine zentrale Verkalkung infolge Fettnekrose enthalten.	Bei multiplem Auftreten eventuell in Verbindung mit Hyperlipoproteinämie.

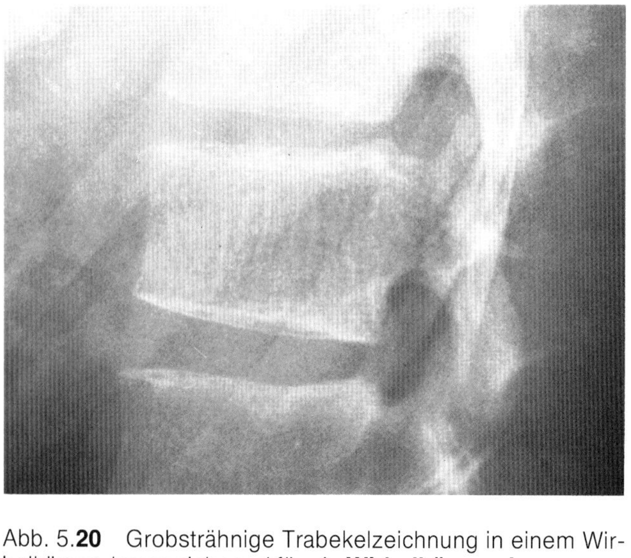

Abb. 5.**20** Grobsträhnige Trabekelzeichnung in einem Wirbelkörper, kennzeichnend für ein **Wirbelhämangiom.**

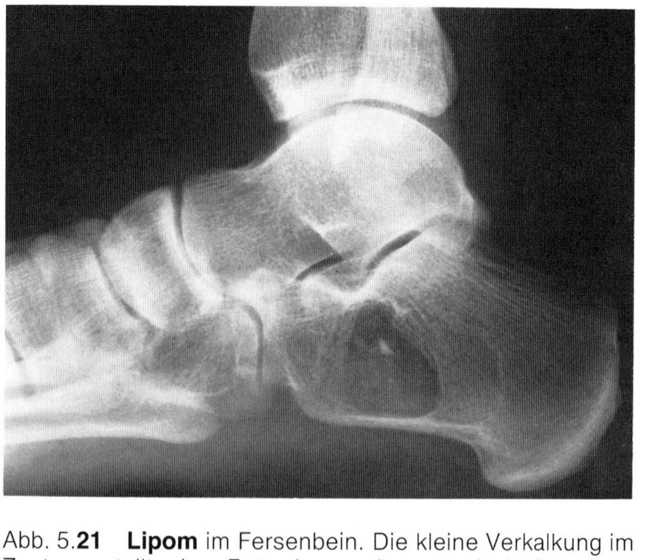

Abb. 5.**21** **Lipom** im Fersenbein. Die kleine Verkalkung im Zentrum stellt eine Fettnekrose dar – typisch für einen Fettgewebstumor.

Tabelle 5.3 Differentialdiagnostische Kriterien maligner Knochentumoren

Tumor	Ursprungsort und bevorzugte Lokalisationen	Radiologische Kennzeichen	Bemerkungen und differentialdiagnostische Gesichtspunkte
Osteosarkom (zentrales Osteosarkom) Sehr selten multipel: sklerosierende osteogene Sarkomatose (Abb. 5.22; s. auch Abb. 5.2, S.59 und Abb. 5.15 c, S. 67)	Zentral in Meta- oder Diaphyse. Distaler Femur oder proximale Tibia (25%), Humerus, Becken, jeder Knochen möglich.	Bei der Entdeckung gewöhnlich schon großes Gebiet befallen (> 5 cm). Transepiphysäre Ausbreitung nur nach Epiphysenfugenschluß. Sklerosiert in 50% der Fälle, kann aber von lytisch bis sehr dicht variieren. Periostale Spikula vom „Lichtbündeltyp" im Spätstadium. Destruktion der Kortikalis und Invasion der Weichteile mit strahlenförmigen Kalkschatten in wechselndem Ausmaß.	Häufig. Weite Altersspanne mit zwei Maxima: 10.–25. Lebensjahr und höheres Alter. M : F = 3 : 2. Bei extrem dichter Sklerose sind *Osteoidosteom, sklerosierende Osteomyelitis* oder sogar *Charcot-Gelenk* in Erwägung zu ziehen. Kann sich an Stellen mit Paget-Veränderungen als osteolytische Läsion oder in seltenen Fällen in vorangehend bestrahlten Knochen entwickeln.
Parostales Sarkom (Abb. 5.23)	Metaphysäre Kortikalis. Distaler Femur (50%) oder proximaler Humerus, proximale Tibia, selten woanders.	Gewöhnlich homogen dichte Läsion, eventuell mit knolligen Auswucherungen. Kann den Knochen umhüllen; wird breiter als an der Basis. Die Demarkation zwischen der Kortikalis des Knochens und der Peripherie des Tumors kann anfangs erhalten bleiben, später verdickt sich die Kortikalis, und der Tumor befällt gelegentlich den Markraum.	Selten. Altersspanne: 12–58 Jahre, Gipfel bei 38 Jahren. M : F = 2 : 3.

Fortsetzung auf Seite 72

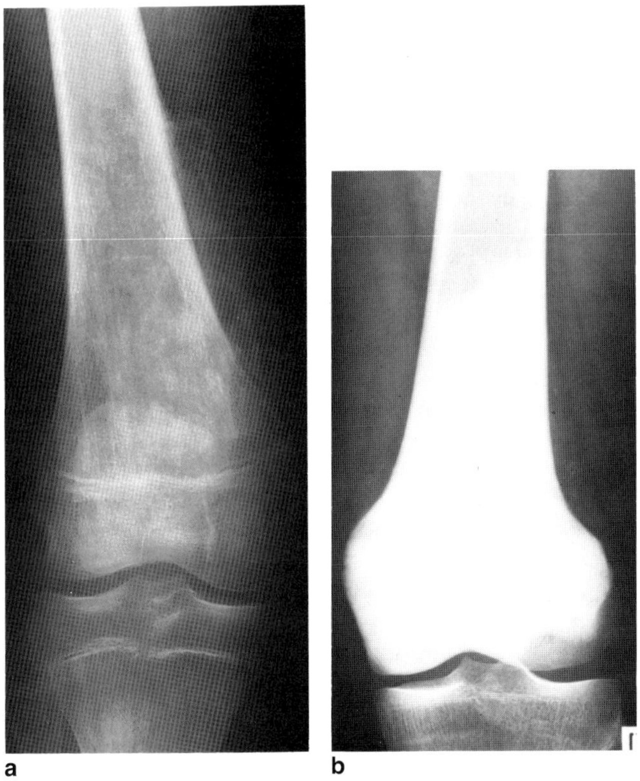

a b

Abb. 5.**22 a, b** Verschiedene Formen des **Osteosarkoms. a** Verwaschene Destruktion im distalen Femur mit lamellärer periostaler Reaktion und Invasion der Weichteile, die verkalkt sind. **b** Homogene Sklerose des distalen Femurs, verbunden mit getüpfelter Tumorverkalkung in den Weichteilen.

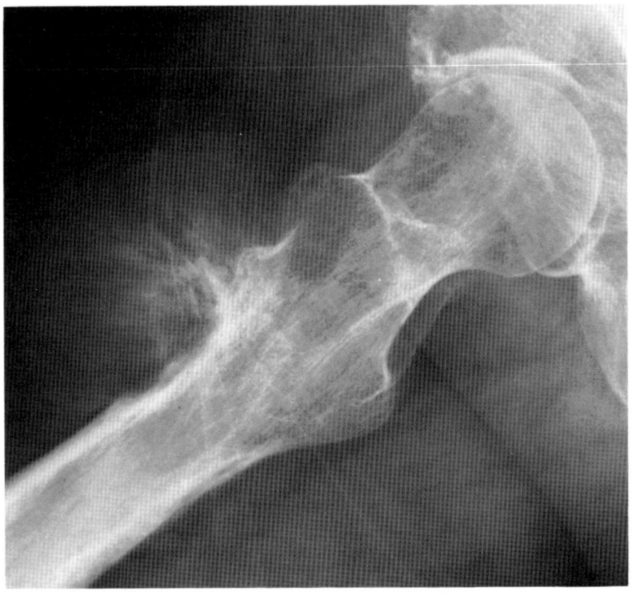

Abb. 5.**23** **Parostales Osteosarkom** des Femurs. Der Weichteiltumor bildet oberhalb seiner kortikalen Basis einen Auswuchs und enthält spikuläres knöchernes Tumorgewebe.

Tabelle 5.3 Differentialdiagnostische Kriterien maligner Knochentumoren (Fortsetzung)

Tumor	Ursprungsort und bevorzugte Lokalisationen	Radiologische Kennzeichen	Bemerkungen und differentialdiagnostische Gesichtspunkte
Periostales Osteosarkom	Diaphysäre Kortikalis. Femur, Tibia.	Nichthomogener, spikulärer, an der Kortikalis sitzender Tumor. Diese ist unter der Läsion verdickt, aber der Markraum ist nicht beteiligt. Wird nicht breiter als an der Basis.	Altersspanne: 13–70 Jahre, Gipfel bei 20 Jahren. M : F = 2 : 1. Ein *juxtakortikales Chondrosarkom* kann ähnlich aussehen. Sehr selten.
Zentrales Chondrosarkom (Abb. 5.24)	Metaphyse (oder Diaphyse) langer Röhrenknochen, platte Knochen. Becken, Femur, Rippen, Humerus oder jeder andere Knochen.	Osteolytische, expansive Läsion mit spärlicher oder starker Verkalkung in der Matrix. Randbildung variabel; kann die Kortikalis durchbrechen oder einen verkalkten Weichteiltumor bilden.	Häufig. Weite Altersspanne, Gipfel über 40. M : F = 1 : 1. Langsames Wachstum. Das *Enchondrom* tritt gewöhnlich im distalen Skelett auf, das Chondrosarkom im proximalen Skelett. Ein Chondrosarkom in den kleinen Fußknochen kann ein *Osteosarkom* oder eine *Tuberkulose* imitieren.
Peripheres Chondrosarkom (Abb. 5.26, 5.27, S. 74; s. auch Abb. 5.7 a, S. 63)	Maligne Degeneration hereditärer multipler Exostosen und, selten, einer solitären Exostose. Becken, Schultergürtel, Femur, Humerus.	Flockige oder streifige Verkalkungen setzen sich von einem Osteochondrom in das benachbarte Weichteilgewebe fort, ohne Rand. Beteiligung des darunterliegenden Knochens in der späteren Phase.	Selten. Häufigkeitsgipfel im mittleren Alter. Ein *juxtakortikales* Chondrosarkom zeigt sich in Form von flockigen oder spikulären Weichteilverkalkungen innerhalb eines Weichteiltumors; es sitzt an einem Knochen *ohne* präexistentes Osteochondrom.
Fibrosarkom des Knochens (Abb. 12.43, S. 203)	Exzentrisch in der Metaphyse, selten periostal. Distaler Femur, proximale Tibia, Mandibula, Humerus, Schädel.	Destruktive Läsion *ohne* Verkalkungen oder Knochenneubildung. Die Kortikalis kann innen arrodiert oder ausgeweitet sein. Häufig sieht man einen Knochen*sequester* innerhalb des Tumors. Spärliche periostale Reaktion, keine Spikula. Kann mit einem großen Weichteiltumor einhergehen.	Selten. Altersverteilung von 8 bis 88, Gipfel im Erwachsenenalter. Die Abgrenzung von einem *Riesenzelltumor* oder von einem *Osteosarkom* des osteolytischen Typs kann schwierig sein.
Angiosarkom des Knochens	Seltener, benigne aussehender, aber maligner Tumor, der vom Gefäßendothel von Weichteilen, Knochen oder Viszera ausgeht.	Gut abgegrenzte Kortikalisdefekte in langen Röhrenknochen. Die Läsionen sind oval, in der Knochenachse elongiert.	Seltener Tumor, der oft ursprünglich für benigne gehalten wird, obwohl er tatsächlich hochmaligne ist. Tritt in Weichteilen einschließlich der Mamma, langen Röhrenknochen, Wirbelsäule und Viszera auf. Kein Altersgipfel; die Patienten sind gewöhnlich über 25. Kann Folge einer Vinylchlorid-, Arsen- oder Thoriumdioxidexposition sein.
Malignes fibröses Histiozytom (Abb. 5.28, S. 75)	Metaphyse langer Röhrenknochen und platte Knochen.	Destruktive und oft expansive Läsion, die vom Fibrosarkom nicht zu unterscheiden ist; Sequester kommen aber nicht vor.	Altersverteilung wie beim Fibrosarkom des Knochens.

Fortsetzung auf Seite 75

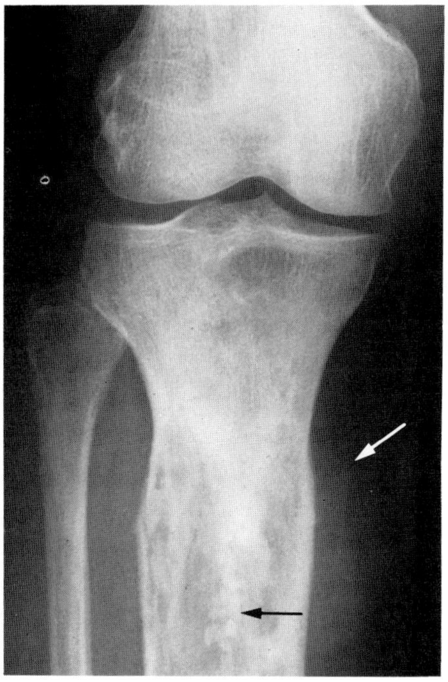
a

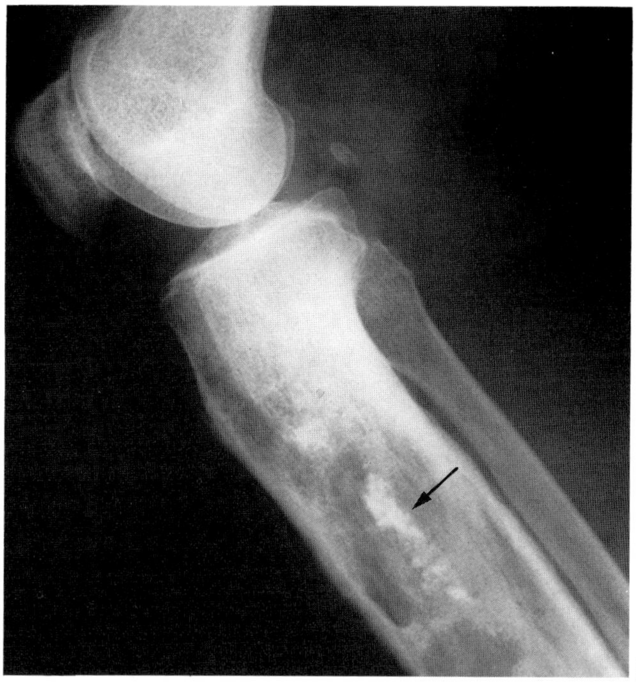
b

Abb. 5.**24 a, b** **Zentrales Chondrosarkom** der proximalen Tibia. Osteolytische, expansive Läsion mit verkalkter chondroider Matrix (schwarze Pfeile) und begleitendem Weichteiltumor, der ebenfalls eine zarte Verkalkung zeigt (weißer Pfeil).

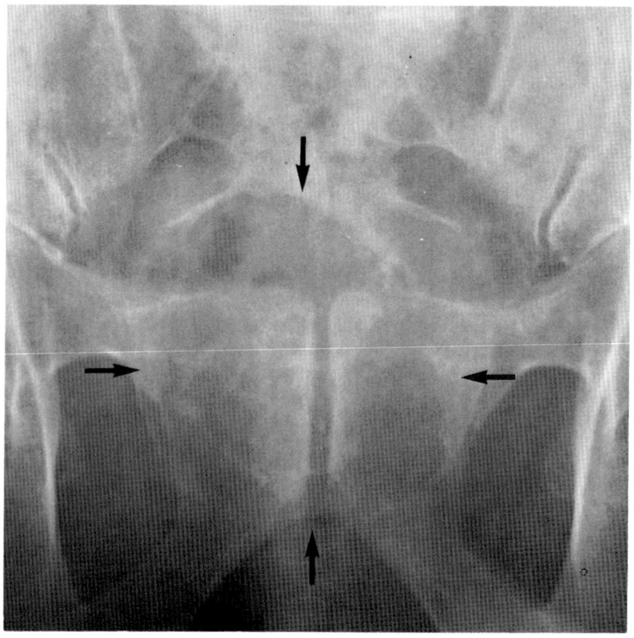

Abb. 5.**25** **Chordom** im Sakrum. Zarte Destruktionen im ▶ Sakrum und flockige Verkalkungen.

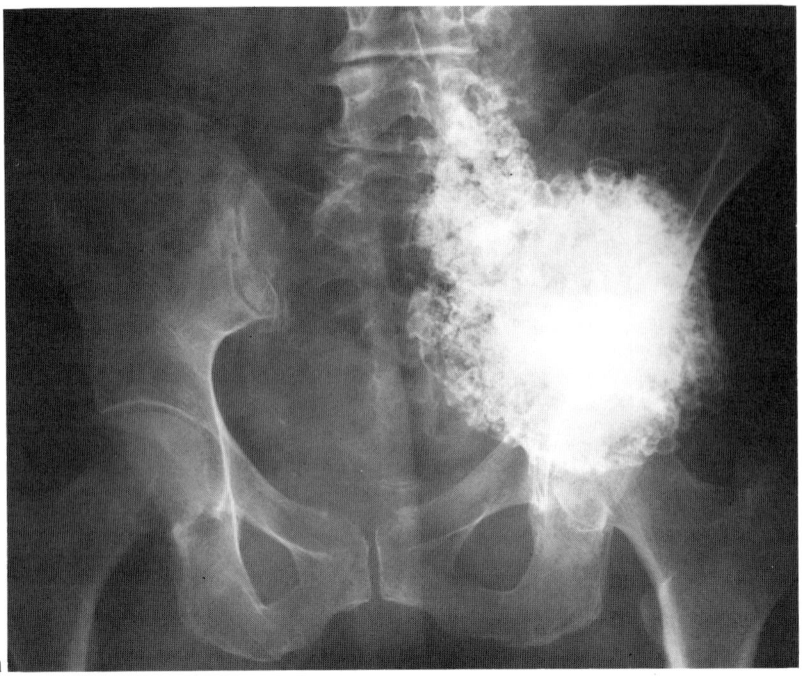

5.26a

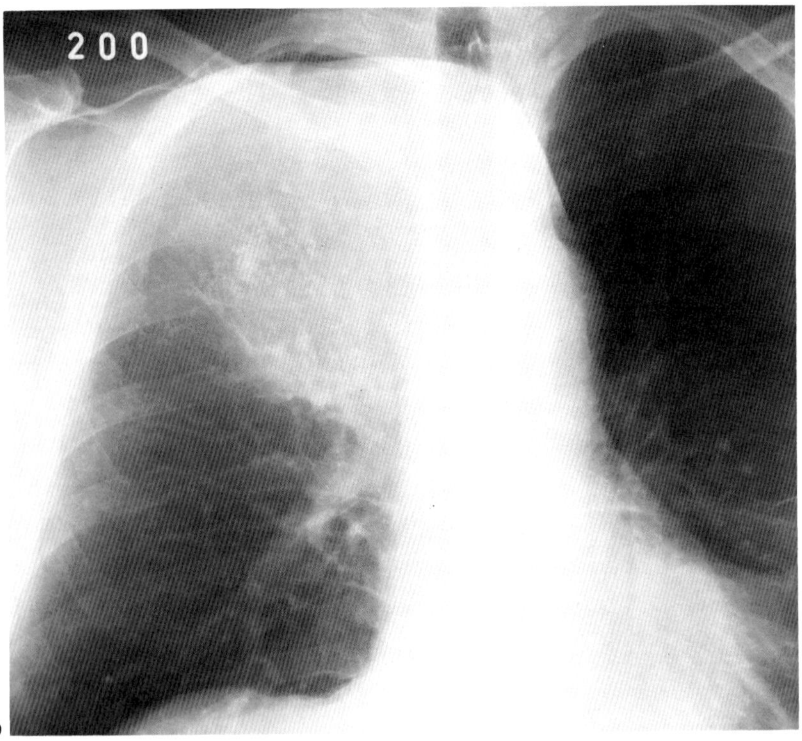

b

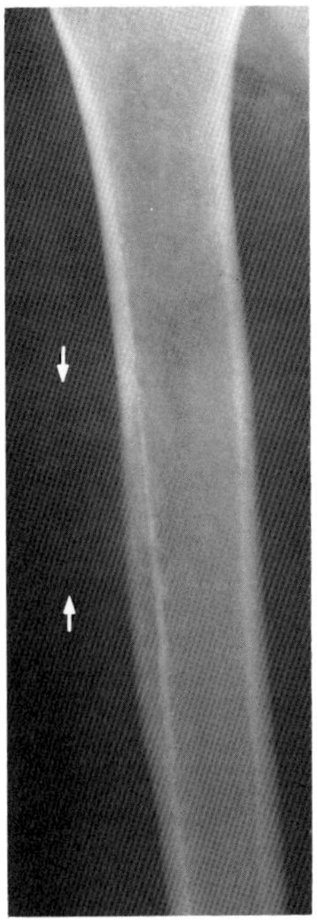

Abb. 5.**27** **Juxtakortikales Chondrosarkom** des Humerus. Zarte Verkalkungen in einem Weichteiltumor (Pfeile), minimale Knochendestruktion.

◄ Abb. 5.**26** **a** Großes **Chondrosarkom** im Becken. Intensive Verkalkung der Tumormatrix. **b** Großes **Chondrosarkom** des Sternums, das über der rechten Thoraxhälfte liegt und aus einem großen Weichteiltumor mit unregelmäßigen Verkalkungen besteht.

Tabelle 5.3 Differentialdiagnostische Kriterien maligner Knochentumoren (Fortsetzung)

Tumor	Ursprungsort und bevorzugte Lokalisationen	Radiologische Kennzeichen	Bemerkungen und differentialdiagnostische Gesichtspunkte
Ewing-Sarkom (Abb. 5.29)	Knochenmark. Junge Patienten: Diaphyse langer Röhrenknochen. Über dem 20. Lebensjahr: platte Knochen. Femur, Tibia, Humerus, Bekken, Rippen.	Schlecht begrenzter, wie ausradiert aussehender Knochendestruktionsbezirk im Mittelschaft langer Röhrenknochen mit spindelförmiger, zarter, lamellärer periostaler Knochenneubildung. Übergreifen auf Metaphyse oder sogar Epiphyse möglich. Sequestration der Kortikalis kommt vor.	Häufig. Altersspanne: 5–30 Jahre, Gipfel bei 15 Jahren. Eine *Osteomyelitis* kann ein identisches radiologisches Bild bieten, doch liegt das Auftreten lokaler Schmerzen kürzer zurück. Wenn eine periostale Reaktion eintritt, ist sie lamellär – anders als beim *Osteosarkom*.
Lymphom des Knochens (einschließlich Retikulumzellsarkom, heute histiozytäres Lymphom genannt)	Diaphysäres oder metaphysäres Knochenmark. Unterer Femur, obere Tibia, Humerus und Skapula.	Einzelne zusammenfließende, wie ausradiert aussehende Destruktionsbezirke mit Zerstörung der Kortikalis. Manchmal Ausweitung der Kortikalis mit oder ohne periostale Reaktionen. Nichtverkalkter Weichteiltumor.	Selten. Alter weit gestreut, Gipfel zwischen 20–40 Jahren. M : F = 2 : 1. Das *Ewing-Sarkom* kann ein identisches Bild aufweisen, aber Zeichen einer Allgemeinerkrankung fehlen beim primären histiozytären Lymphom des Knochens, während sie beim Ewing-Sarkom vorhanden sind.
Chordom (Abb. 5.25, S. 73)	Reste der Chorda dorsalis in Kreuzbein oder Schädelbasis. Os sacrum, Klivus.	Uncharakteristische Knochendestruktion in der Mittellinie. Großer Weichteiltumor mit flockigen Verkalkungen.	Selten. Altersspanne: 30–70 Jahre (s. auch Abb. 8.**11**, S. 126).

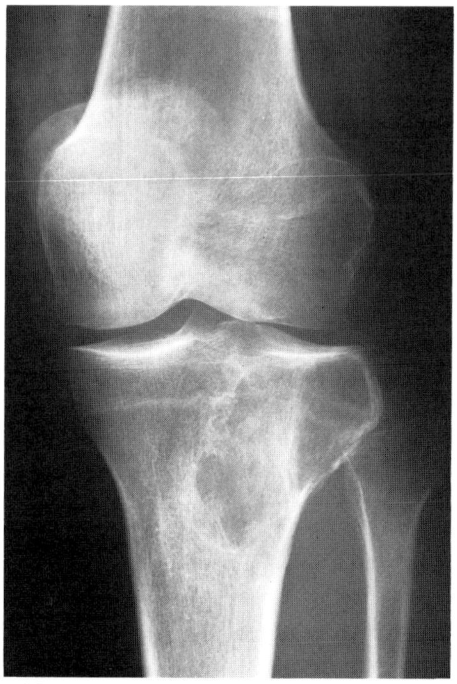

5.**28**

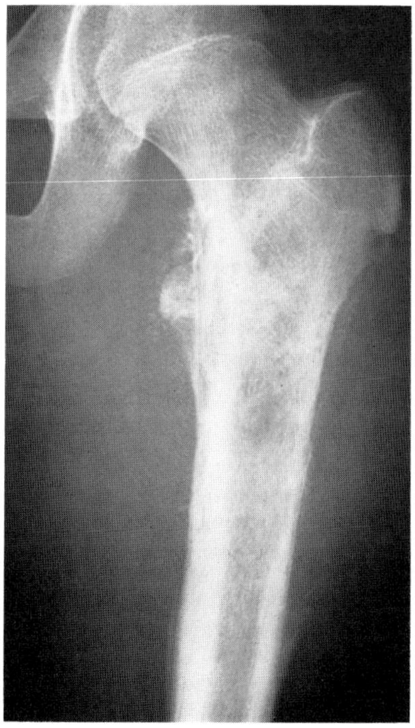

5.**29a**

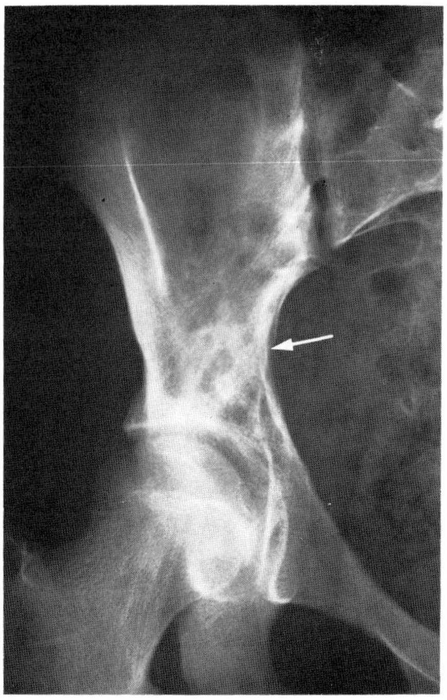

5.**29b**

Abb. 5.**28** **Malignes fibröses Histiozytom** in der proximalen Tibia. Die osteolytische Destruktion betrifft sowhl die Epi- als auch die Metaphyse. Die Kortikalis ist innen arrodiert und minimal ausgeweitet.

Abb. 5.**29** **a Ewing-Sarkom** des Femurs. Wie ausradiert aussehende Knochendestruktion, lamelläre periostale Knochenneubildung und begleitende Weichteilschwellung. **b Ewing-Sarkom** des rechten Darmbeins. Kleinfleckige Knochendestruktion und periostale Reaktion (Pfeil).

Tabelle 5.4 Erkrankungen, die durch weit verteilte Destruktionsbezirke in einzelnen oder vielen Knochen gekennzeichnet sind

Krankheit	Häufigste Lokalisationen und radiographisches Bild	Bemerkungen und differentialdiagnostische Gesichtspunkte
Osteolytische Metastasen (Karzinome, Sarkome, Lymphome) (Abb. 5.30, 5.31)	Das am meisten bevorzugte Gebiet ist das zentrale, rotes Knochenmark enthaltende Skelett: Schädel, Wirbelsäule, Rippen, Becken, Oberarm- und Oberschenkelknochen. Einzelne oder multiple Knochendestruktionsbezirke von wechselnder Größe. Gewöhnlich nicht expansiv. Kleine oder diffuse Metastasen sind u. U. im Röntgenbild nicht zu sehen, lassen sich aber mit einer Isotopenuntersuchung des Knochens nachweisen. Rein osteolytische Metastasen rufen keine reaktive Knochenproliferation hervor. Gelegentlich sind die Metastasen scharf umschrieben. Intervertebralräume und Gelenkspalte bleiben erhalten. Eine periostale Reaktion ist selten. „Knopfförmige" Sequester sieht man selten, am häufigsten noch bei Mammakarzinommetastasen im Schädel.	Häufigkeit von Knochenmetastasen verschiedener Primärkarzinome: Mamma 35%, Prostata (einschließlich osteoplastischer Metastasen) 30%, Lunge 10%, Niere 5%, Gebärmutter 2%, Schilddrüse 2%, Magen 2%, Dickdarm 1%, andere Organe 13%. Wenn eine Sklerose oder eine *reaktive Knochenproliferation* (osteosklerotische oder gemischte Metastasen) besteht, kommen in erster Linie Mammakarzinom, Prostatakarzinom oder Lymphom als Primärtumoren in Betracht (selten Sarkoid, zerebellares Medulloblastom, sarkomatöses Meningeom, Bronchus-, Dickdarm-, Pankreas-, Harnblasen-, Harnleiterkarzinom). Eine *expansive* oder „ausbrechende" Metastase stammt gewöhnlich von einem Nieren- oder Schilddrüsenkarzinom, selten von einem Phäochromozytom, Melanom, Bronchus- oder Mammakarzinom. Nierenkarzinommetastasen können „seifenblasenähnlich" aussehen. *Elliptische* osteolytische Läsionen können beim Lymphom zu beobachten sein. Ausgedehnte, *wie ausradiert aussehende* lytische Läsionen kommen beim Burkitt-Lymphom und selten bei Mycosis fungoides vor. Ein Befall der Wirbelbogenfüße unterscheidet in der Regel Wirbelmetastasen vom multiplen Myelom. Die meisten *lytischen Metastasen in peripheren Knochen* (Hände und Füße) gehen von Bronchuskarzinomen aus. Neuroblastommetastasen ähneln einer Leukämie mit kleinfleckiger Knochendestruktion, subepiphysärer Rarefizierung und manchmal „lichtbündelartigem" Bild in der Kalvaria.
Multiples Myelom (Abb. 5.32; s. auch Abb. 5.3, S. 59)	Rotes Knochenmark enthaltendes zentrales Skelett. Begrenzung auf einen solitären Knochenherd als solitäres Plasmozytom selten. Es sind mehrere Erscheinungsformen – allein oder in Kombination – zu beobachten: 1. Herabsetzung der Knochendichte und Akzentuierung der Trabekelzeichnung wie bei der Osteoporose, hauptsächlich in der Wirbelsäule. 2. Multiple „ausgestanzte" runde, scharf begrenzte, rein lytische Läsionen, die eine bogig gewellte Innenkontur der Kortikalis verursachen können, sind am häufigsten im Schädel und in den langen Röhrenknochen zu beobachten. 3. Eine diffuse Knochendestruktion oder schlecht umschriebene osteolytische Läsionen, die osteolytischen Metastasen ähneln, sind in Becken und Kreuzbein häufig. 4. Expansive, manchmal trabekuläre Läsionen sieht man oft in Rippen, langen Röhrenknochen und Becken. 5. Weichteilschwellungen in der Umgebung der Knochendestruktion sind häufig. 6. Ein verdichteter Rand um die Läsionen, senkrecht abstehende periostale Spikula, die ein Osteosarkom imitieren, und eine fokale Knochensklerose sind sehr selten.	Häufigkeitsgipfel im Alter zwischen 50 und 70 Jahren, selten unter 40 Jahren. M : F = 2 : 1. Die *Schwerkettenkrankheit* befällt das Skelett nicht. Ähnliche Knochenläsionen wie beim multiplen Myelom können bei der *Makroglobulinämie Waldenström* vorkommen. Wenn die radiologischen Befunde einem multiplen Myelom entsprechen, die Krankheit aber nicht vorhanden ist, spricht man von *Pseudomyelom.* Verstreute osteoplastische Läsionen können beim *Plasmazellgranulom* vorkommen. Eine Aussparung der Wirbelbogenfüße bei ausgedehnter myelomatöser Destruktion der Wirbelkörper ist für die Unterscheidung des Myeloms von osteolytischen Metastasen verwertbar.

Fortsetzung auf Seite 78

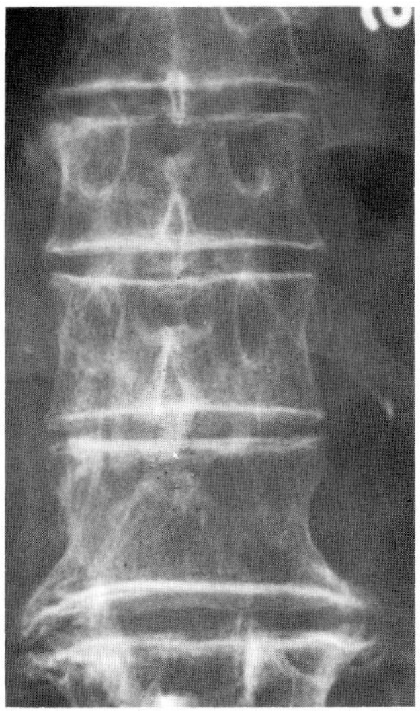
5.**30 a**

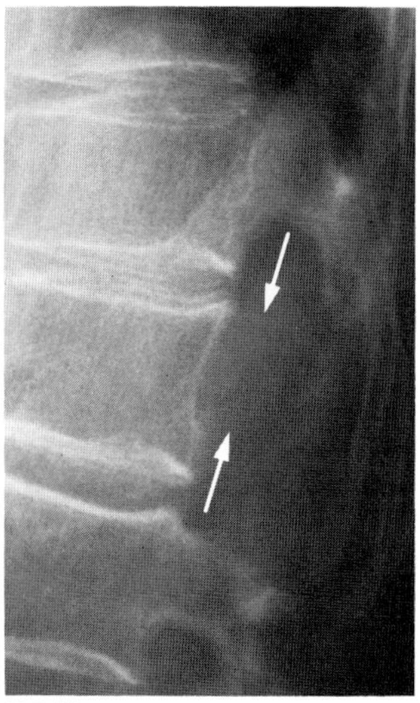
5.**30 b**

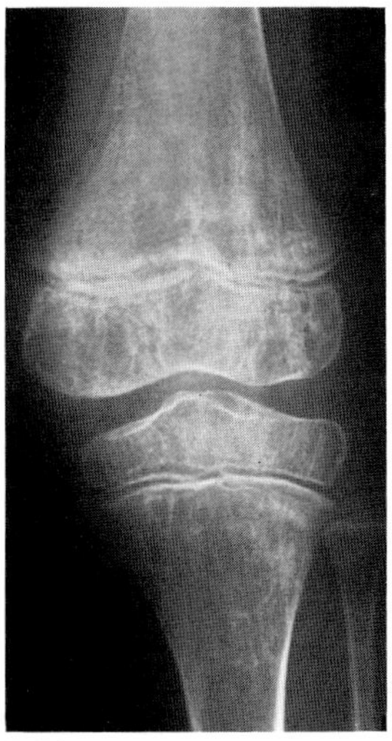
5.**31**

Abb. 5.**30 a, b** **Destruktion der Bogenfüße eines Brustwirbels durch Metastasen.** Ein primärer Befall der Wirbelbogenfüße ist für Metastasen charakteristisch, im Gegensatz zum multiplen Myelom. Die Läsion ist expansiv (Pfeile), wie man es bei Metastasen eines Adenokarzinoms der Niere häufig findet.

Abb. 5.**31** **Lymphosarkommetastase.** Grobe Knochenstruktur im Verein mit weit verteilten kleinen Osteolyseherden im Bereich des Kniegelenks.

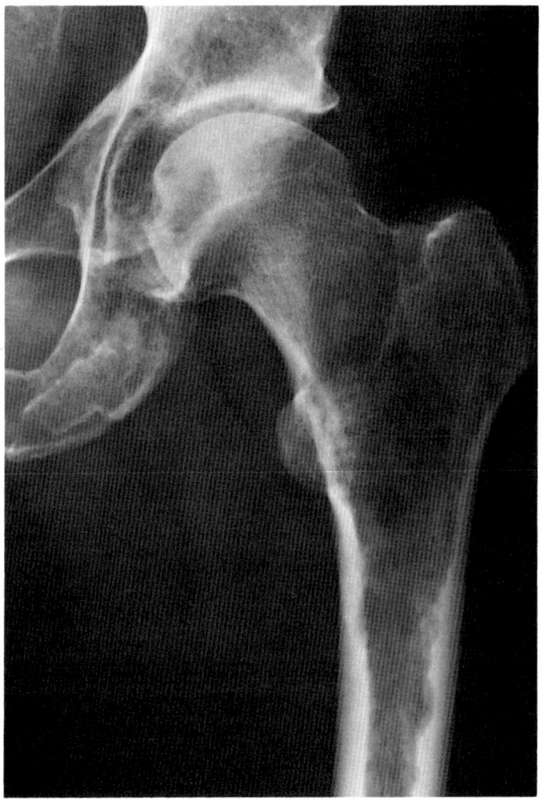

Abb. 5.**32** **Multiples Myelom.** Multiple, kleine, ausgestanzte lytische Läsionen im proximalen Femur und in den Beckenknochen. Außerdem weist die Kortikalis mehrbogige Defekte an der Innenseite auf. ▶

Tabelle 5.4 Erkrankungen, die durch weit verteilte Destruktionsbezirke in einzelnen oder vielen Knochen gekennzeichnet sind (Fortsetzung)

Krankheit	Häufigste Lokalisationen und radiographisches Bild	Bemerkungen und differentialdiagnostische Gesichtspunkte
Osteomyelitis (Abb. 5.33–5.35) *Fortsetzung auf Seite 80*	*Hämatogene Osteomyelitis:* Eindringende Bakterien verursachen multiple Abszesse und Knochendestruktionen, meist in der Meta- oder Epiphyse. Der Eiter breitet sich durch das Havers-System in den subperiostalen Raum, in den Markkanal oder in die Gelenke aus. Kann in nichttubulären Knochen vorkommen, besonders in Becken und Wirbelsäule. *Sekundäre Osteomyelitis:* Übergreifen einer Infektion von benachbarten Weichteilen, die zur Knochendestruktion führt. Radiologisch ist die Destruktion erst nach 10 Tagen sichtbar. Je nach der Dauer und Aggressivität des Prozesses bieten sich folgende verschiedene Bilder: 1. Örtliche Weichteilschwellung in der Nachbarschaft der Metaphyse (nach 3–10 Tagen). 2. Knochendestruktionsbezirk, meist in der Metaphyse (nach 10 Tagen). 3. Periostale Knochenneubildung (Totenlade). Dieser Knochen kann eine Schichtung oder Spikula aufweisen und enthält Defekte, die man als Kloaken bezeichnet. 4. Die alte Kortikalis wird sequestriert; ein von seiner Blutversorgung abgeschnittener Sequester hebt sich kalkweiß vom umgebenden osteoporotischen Knochen ab. 5. Das Ergebnis einer chronischen Osteomyelitis ist ein dicker, unregelmäßiger sklerotischer Knochen mit Aufhellungen, abgehobenem Periost und oft chronischen Fisteln, die sich in seltenen Fällen zu einem destruktiven Plattenepithelkarzinom entwickeln können. 6. In der Wirbelsäule verursacht die Osteomyelitis eine Destruktion und ein Einsinken der Wirbelkörper; der Intervertebralraum ist gewöhnlich beteiligt, was bei einem Neoplasma nicht der Fall ist. 7. Ein chronischer, von einer starken Sklerose umgebener Abszeß wird als *Brodie-Abszeß* bezeichnet.	Die *pyogene* hämatogene Osteomyelitis ist bei Säuglingen und Kindern häufig. Bei Säuglingen und Erwachsenen ist eine Gelenkbeteiligung häufiger als bei älteren Kindern. Nach dem 8. Lebensmonat bildet die Epiphysenplatte eine wirksame Barriere gegen die Ausbreitung der Osteomyelitis. Die *chronische sklerosierende Osteomyelitis* (Garré) ist ein seltener, geringgradiger chronischer Infekt des Knochens, der eine Sklerose ohne Destruktion oder Sequestration verursacht. Bei der *tuberkulösen* Osteomyelitis ist die Osteoporose ausgeprägter, die sklerotische Reaktion dagegen weniger stark. Die Unterscheidung einer pyogenen von einer tuberkulösen Osteomyelitis ausschließlich aufgrund des Röntgenbilds ist gewöhnlich unmöglich mit Ausnahme der „Spina ventosa", einer charakteristischen Auftreibung von Finger- und Zehendiaphysen. Die *luetische* Osteomyelitis kann als dichte periostale Reaktion, verschiedengradige Knochensklerose und als gummatöse Knochendestruktion in Erscheinung treten. Eine Osteomyelitis in platten Knochen, besonders im Becken und Fersenbein, kann radiologisch gleich aussehen wie ein *Osteoidosteom* oder *Ewing-Sarkom*. Kortikale Sequester sind eine charakteristische Erscheinung der Osteomyelitis, kommen aber mitunter beim Ewing-Sarkom und Fibrosarkom vor. „Knopf"-Sequester im Schädel treten ebenso wie bei Osteomyelitis auch bei Histiozytose X und Metastasen, besonders von Mammakarzinomen, auf.

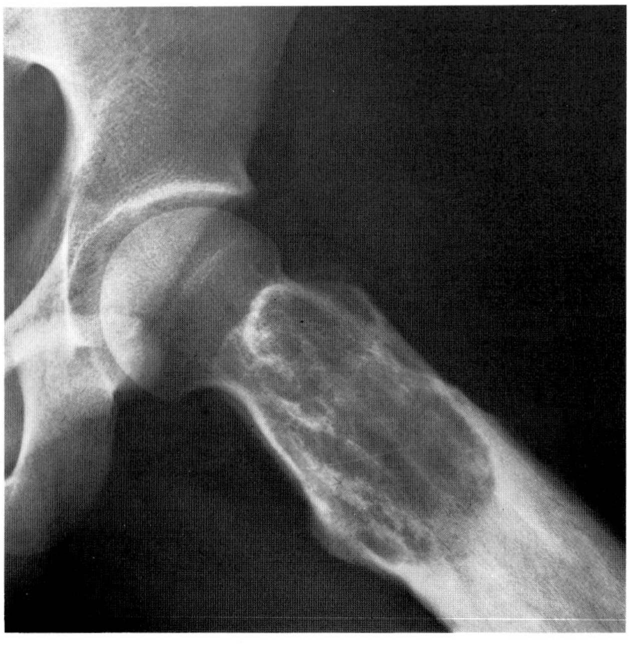

Abb. 5.**33** **Chronische Osteomyelitis** des Femurs. Die Knochendestruktion im proximalen Teil imitiert einen Tumor, es besteht aber eine starke Sklerose und Knochenverdikkung im Schaft, übereinstimmend mit einer chronischen Osteomyelitis.

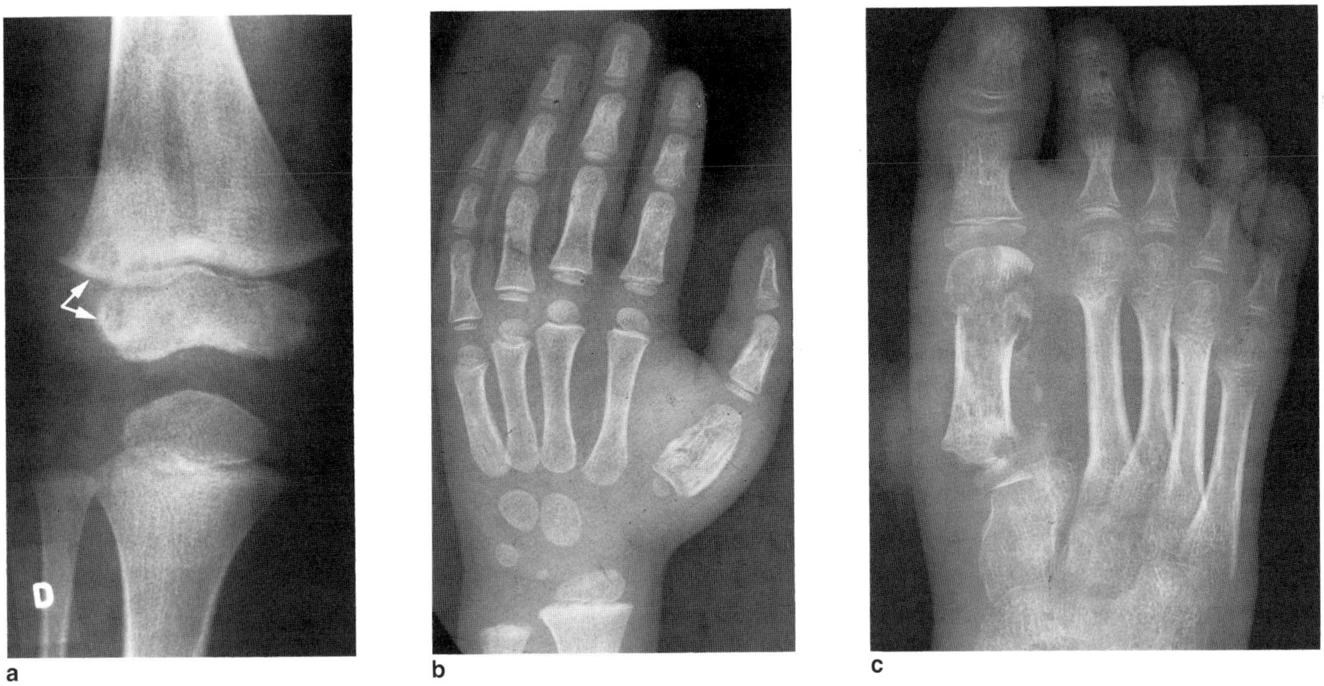

a b c

Abb. 5.**34** **a Tuberkulöse Osteomyelitis** des Femurs bei einem 2jährigen Kind. Sowohl in der Epi- als auch in der Metaphyse ist ein Destruktionsherd (Pfeile) mit reaktiver Sklerose zu sehen. Nicht unterscheidbar von einer pyogenen Osteomyelitis. **b Tuberkulöse Osteomyelitis (Spina ventosa)** des ersten Mittelhandknochens. Auftreibung und periostale Reaktion sind für die tuberkulöse Daktylitis typisch. **c Streptokokkenosteomyelitis** des ersten Mittelfußknochens mit Knochendestruktion, periostaler Verkalkung und Dislokation des Knochens durch Eiteransammlungen.

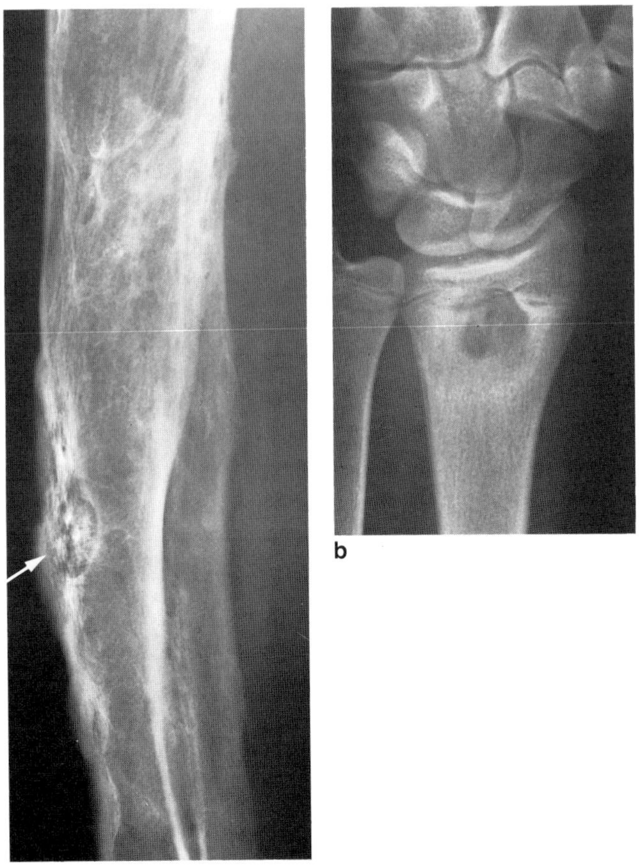

b

a

Abb. 5.**35** **a Chronische Osteomyelitis** der Tibia und ▶ Fibula. Der Knochen ist verdickt, sklerotisch und deformiert. In Tibiamitte ist eine Kloake zu sehen, die einen Knochensequester enthält (Pfeil). **b Brodie-Abszeß** im distalen Radius.

Tabelle 5.4 Erkrankungen, die durch weit verteilte Destruktionsbezirke in einzelnen oder vielen Knochen gekennzeichnet sind (Fortsetzung)

Krankheit	Häufigste Lokalisationen und radiographisches Bild	Bemerkungen und differentialdiagnostische Gesichtspunkte
Leukämie (Abb. 5.36)	Bei Kindern sind die Veränderungen am ausgeprägtesten in Knie-, Sprung- und Handgelenken. Bei Erwachsenen finden sich leukämische Läsionen vorwiegend in Wirbeln, Rippen, Schädel und Becken. Jeder Knochen kann befallen sein. *Kinder:* 1. Querverlaufende bandförmige Aufhellungen in den Metaphysen, gelegentlich mit sklerotischen Rändern. 2. Schlecht abgegrenzte oder „ausgestanzte" lytische Läsionen mit schließlicher Arrosion der Kortikalis, hauptsächlich in der metaphysären Region langer Röhrenknochen. 3. Generalisierte Herabsetzung der Knochendichte. 4. Periostale Knochenneubildung. 5. Verbreiterung der Schädelnähte (Beteiligung der Meningen). *Erwachsene:* 1. Rarefizierung von Wirbeln, Rippen, Schädel und Becken, schließlich Einsinken der Wirbel. 2. Verstreute lytische Läsionen; in jedem Knochen möglich. 3. Periostale Knochenneubildung und Arrosion der Kortikalis. 4. Metaphysäre Bänder oder Zerstörung der Endphalangen sind selten.	Bei Kindern führt die Leukämie (am häufigsten akute lymphatische L.) in 50–70% der Fälle zu einem Knochenbefall, bei Erwachsenen (gewöhnlich chronische lymphatische L.) nur in 10% oder darunter. Bei Kindern unter 2 Jahren können bei schwerer Erkrankung jeden Typs querverlaufende bandförmige Aufhellungen in den Metaphysen zu beobachten sein. Alle radiologischen Befunde der Leukämie können von Knochenmetastasen des *Neuroblastoms* imitiert werden. Die seltene generalisierte Osteosklerose bei einer Leukämie des Kindesalters kann eine *Osteopetrosis* repräsentieren, die durch eine Leukämie kompliziert wird. Wenn man ein ähnliches Aussehen bei erwachsenen Leukämikern findet, so handelt es sich wahrscheinlich um eine *Myelofibrose* mit leukämoidem Bild.
Histiozytose X (Abb. 5.37)	Solitäre oder multiple Osteolysebezirke in jedem beliebigen Teil jedes beliebigen Knochens, am häufigsten in Schädel, Becken und Wirbelsäule. Die Epiphyse langer Röhrenknochen bleibt gewöhnlich verschont. Anfangs eine kleine, scharf oder unscharf begrenzte Aufhellung, die sich vergrößert und einen mehrbogigen Rand, ein multilokuläres Aussehen und eine leichte Auftreibung des Knochens zeigen kann. Es kann eine mehr oder weniger starke periostale Reaktion vorhanden sein. Eine Weichteilschwellung im Nachbarschaftsbereich eines Destruktionsgebiets ist sehr selten. In der Wirbelsäule können Wirbelkörper zusammensinken (Vertebra plana). Die Intervertebralräume bleiben erhalten.	Unter dem 10. Lebensjahr häufig, mit steigendem Alter seltener. Knochenläsionen sind beim *Morbus Abt-Letterer-Siwe* ungewöhnlich, beim *Morbus Hand-Schüller-Christian* häufiger und für das *eosinophile Granulom* typisch. Eine Abheilung der Läsion kann eine Sklerose zur Folge haben, die von der *fibrösen Dysplasie* abgegrenzt werden muß.
Massive Osteolyse („Verschwindender Knochen")	Massive Knochenresorption, die über Gelenke und Zwischenwirbelräume hinweg fortschreitet. Keine periostale oder osteosklerotische Reaktion.	Nichtmaligne fortschreitende Resorption großer Knochenbezirke, die jeden Knochen betreffen kann. Angegebene Altersspanne: 1,5–58 Jahre. Erkrankung meist unter 30 Jahren. Die *hereditäre Osteolyse* der Karpal- und Tarsalknochen und die verschiedenen *Akroosteolysesyndrome* sind eigenständige Krankheiten.
Intraossäre Hämangiomatose, zystische (Lymph-)Angiomatose, angeborene generalisierte Fibromatose (Abb. 5.38)	Knochendefekte, Arrosionen und progrediente osteolytische Defekte, die manchmal von einem sklerotischen Saum umgeben sind, in verschiedenen Knochen.	Seltene Krankheiten, bei denen verbreitete osteolytische Defekte zu beobachten sein können. Gewöhnlich sind Kinder betroffen.
Morbus Pfeifer-Weber-Christian	In manchen Fällen treten multiple lytische Knochenläsionen auf, die ähnlich wie bei Myelomatose aussehen; die Wirbelsäule wird aber nicht befallen.	Fettstoffwechselstörung, die zu einer diffusen Pannikulitis, gelegentlich mit Knochenläsionen, führt. Im subkutanen Fett entwickeln sich multiple, druckschmerzhafte Knoten. Anfallsweise treten Gelenkschmerzen und Schwellungen auf. Knochenveränderungen sind unüblich.

Fortsetzung auf Seite 81

Tabelle 5.4 Erkrankungen, die durch weit verteilte Destruktionsbezirke in einzelnen oder vielen Knochen gekennzeichnet sind (Fortsetzung)

Krankheit	Häufigste Lokalisationen und radiographisches Bild	Bemerkungen und differentialdiagnostische Gesichtspunkte
Membranöse Lipodystrophie (Abb. 5.39)	Multiple zystische Aufhellungen, die symmetrisch in den Karpal- und Tarsalknochen sowie in den Enden langer Röhrenknochen verteilt sind.	Hereditäre Krankheit mit peripheren Skelettläsionen unbekannter (metabolischer) Ätiologie. Gewöhnlich sind junge Erwachsene betroffen. Die Krankheit ist mit präseniler Demenz verbunden.
Fibröse Dysplasie (Abb. 5.40, S. 82)	Die monostotische Form befällt hauptsächlich lange Röhrenknochen. Von der polyostotischen Form werden gewöhnlich Femur, Ilium, Tibia, Pubis, Humerus, Fibula, Radius, Skapula und Klavikula befallen. Lange Röhrenknochen: expansive Läsion an beliebiger Stelle ohne periostale Knochenneubildung. Die Läsion kann strahlendurchlässig, trabekulär oder „milchglasartig" sein. Schädel: Vorwölbung der Tabula externa, Sklerose und Verdickung des Knochens, sogar multiple Aufhellungen. Rippen: polyzyklisch begrenzte expansive Läsion; kann „milchglasartig" oder „seifenblasenartig" aussehen.	Wird gewöhnlich bei jungen Erwachsenen als Zufallsbefund beobachtet.

Fortsetzung auf Seite 82

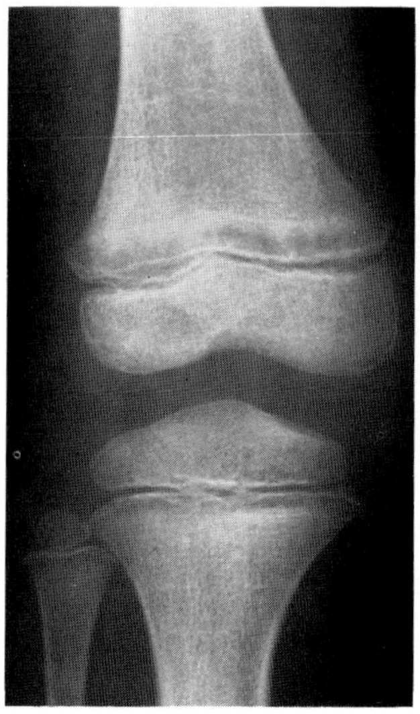

5.36

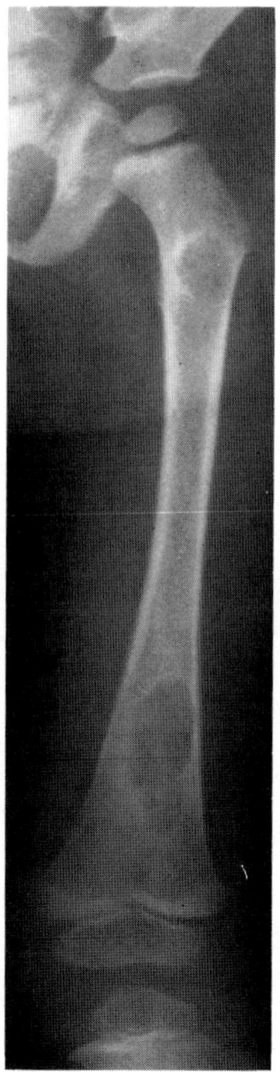

5.37

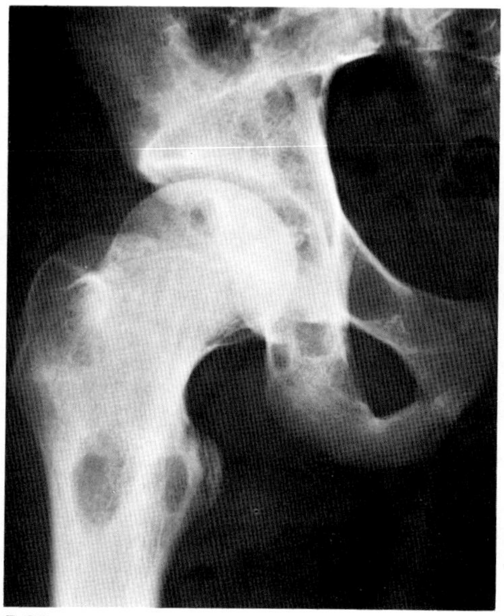

5.38

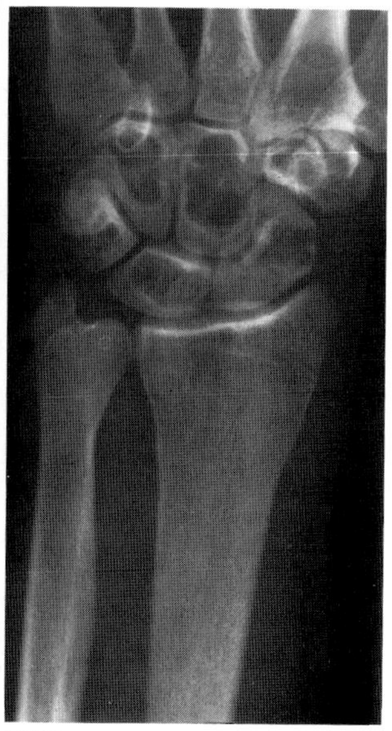

5.39

Abb. 5.**36** **Akute Leukämie** bei einem Kind. Kennzeichnend sind querverlaufende Aufhellungsbänder in den Metaphysen.

Abb. 5.**37** **Histiozytose X.** Zwei große und mehrere kleinere Knochendestruktionsherde im Femur eines vierjährigen Kindes.

Abb. 5.**38** **Zystische Angiomatose.** Multiple gut abgegrenzte osteolytische Läsionen in verschiedenen Knochen, hier demonstriert im oberen Femur und im Becken.

Abb. 5.**39** **Membranöse Lipodystrophie, verbunden mit präseniler Demenz.** Zystische Läsionen mit scharf begrenzten Rändern in den Handwurzelknochen.

Tabelle 5.4 Erkrankungen, die durch weit verteilte Destruktionsbezirke in einzelnen oder vielen Knochen gekennzeichnet sind (Fortsetzung)

Krankheit	Häufigste Lokalisationen und radiographisches Bild	Bemerkungen und differentialdiagnostische Gesichtspunkte
Ostitis fibrosa cystica (braune Tumoren bei Hyperparathyreoidismus) (Abb. 5.41)	Unterkiefer, Becken, Rippen, Femur. Jeder Knochen kann befallen sein. Solitäre oder multiple lytische Läsionen, die ziemlich gut abgegrenzt sind und eine Auftreibung des Knochens verursachen können. Andere radiologische Symptome des Hyperparathyreoidismus sind meist vorhanden.	Gewöhnlich in Verbindung mit Hyperparathyreoidismus. Kommt selten bei *Rachitis, Osteomalazie, Hyperthyreose* und örtlich bei rascher Entwicklung eines *Morbus Paget* vor.

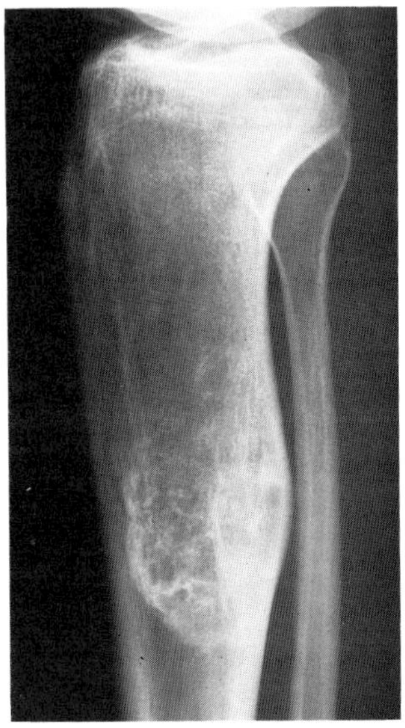

a

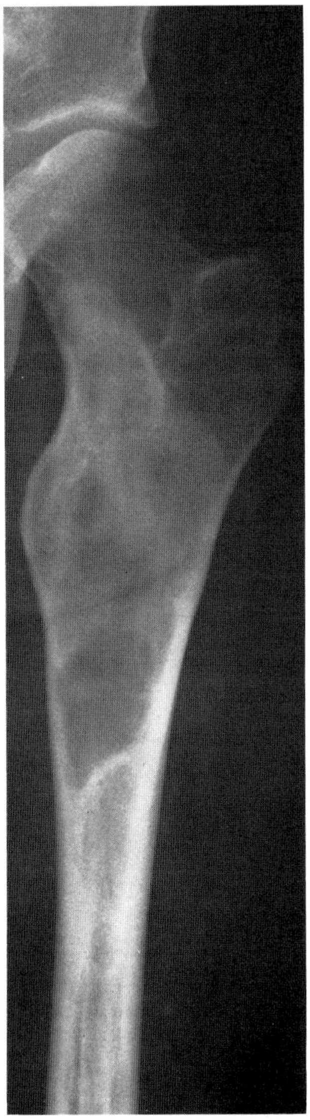

b

Abb. 5.40 **a Fibröse Dysplasie** der Tibia: sklerotische, trabekuläre und expansive Läsion.
b Fibröse Dysplasie des oberen Femurs. Die expansive Läsion hat ein „milchglasartiges" Aussehen.

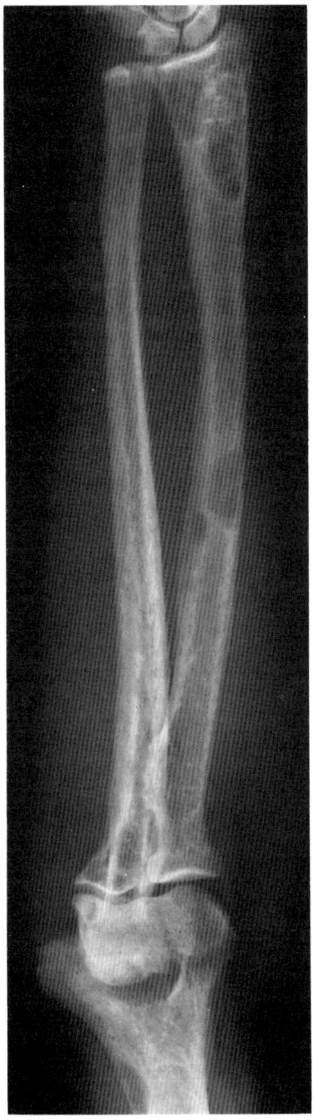

Abb. 5.41 **Braune Tumoren** bei Hyperparathyreoidismus. Multiple, ziemlich gut abgegrenzte lytische Läsionen im Radius und distalen Humerus. ▶

6 Gelenkerkrankungen

Bei Gelenkerkrankungen kommt es zu einer Vielzahl von radiologischen Veränderungen. Sie sind entweder auf ein einziges Gelenk beschränkt oder betreffen mehrere Gelenke. Außerdem sind häufig generalisierte Knochenveränderungen wie die Osteoporose zu beobachten. Eine wertvolle Hilfe für die Diagnose ist das Verteilungsmuster der Gelenkläsionen, weil sich die Prädilektionsstellen der verschiedenen Formen unterscheiden, wenn sich auch die Einzelläsionen gleichen können. Ebenfalls wichtig ist es, Zeitpunkt und Reihenfolge der beobachteten Veränderungen zu berücksichtigen, desgleichen die allgemeine Entwicklung in klinischer Hinsicht. Bestimmte Krankheiten wie die rheumatoide Arthritis zeigen schon in einer relativ frühen Phase radiologische Manifestationen; bei manchen anderen wie der Gicht erscheinen Röntgensymptome erst spät im klinischen Verlauf.

Die *Weichteile* können eine *Schwellung* (die nicht mit einem Erguß verwechselt werden darf) oder eine *Atrophie* aufweisen. Diese Veränderungen sind auf unterexponierten Aufnahmen oder auf Weichteilspezialaufnahmen am besten zu sehen (Abb. 6.**1**). *Weichteilverkalkungen* können in verschiedenen Teilen des artikulären oder paraartikulären Gewebes vorkommen. Sie werden in Kap. 7 ausführlicher besprochen.

Flüssigkeit im Gelenk, Kennzeichen einer Synovitis beliebigen Ursprungs (Erguß) oder eines Traumas (Hämatom), gibt sich eventuell als Erweiterung der Gelenkkapsel zu erkennen (Abb. 6.**2**). Im Kniegelenk wird Flüssigkeit in der Bursa suprapatellaris hinter der Quadrizepssehne als Verschattung des Fettpolsters in der Seitenansicht direkt sichtbar (Abb. 6.**3**). Im Ellbogengelenk nimmt das vordere Fettpolster Dreiecksform an, und das hintere Fettpolster wird durch die intraartikuläre Flüssigkeitsansammlung überhaupt erst sichtbar (Abb. 6.**4**).

Eine *Herabsetzung der Knochendichte* als Ausdruck einer Osteoporose findet sich in der akuten Phase gewöhnlich periartikulär (Abb. 6.**6**). Sie ist eine Folge

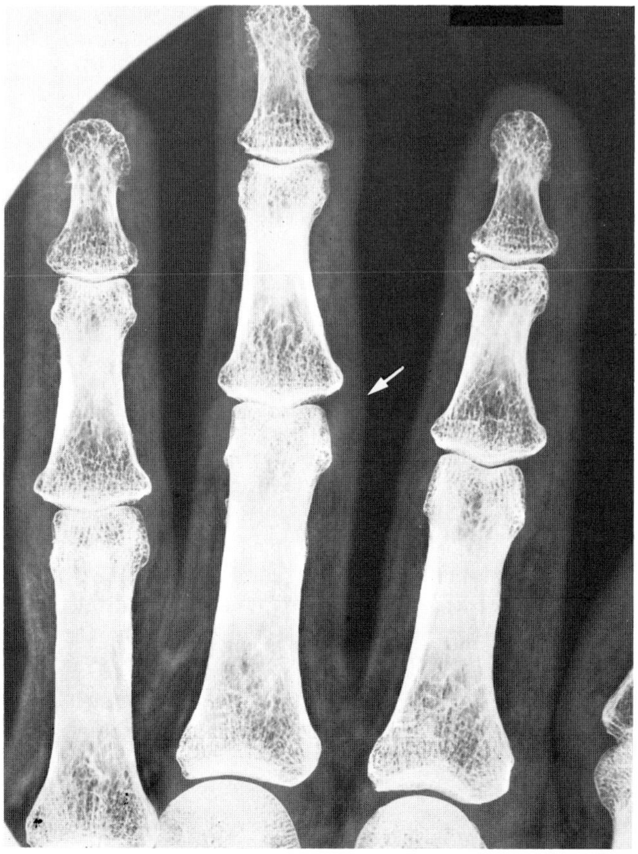

Abb. 6.**1** Weichteilspezialaufnahme zum Nachweis einer leichten **Kapselschwellung** (Pfeil), hervorgerufen durch manuelle Arbeit.

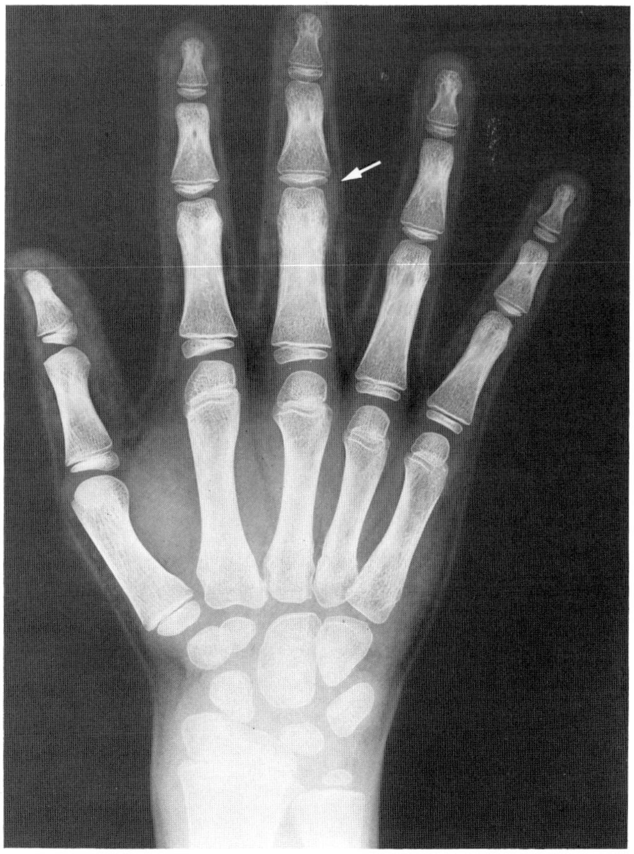

Abb. 6.**2** Kapselerweiterung (Gelenkerguß, Pfeil) bei **juveniler rheumatoider Arthritis.**

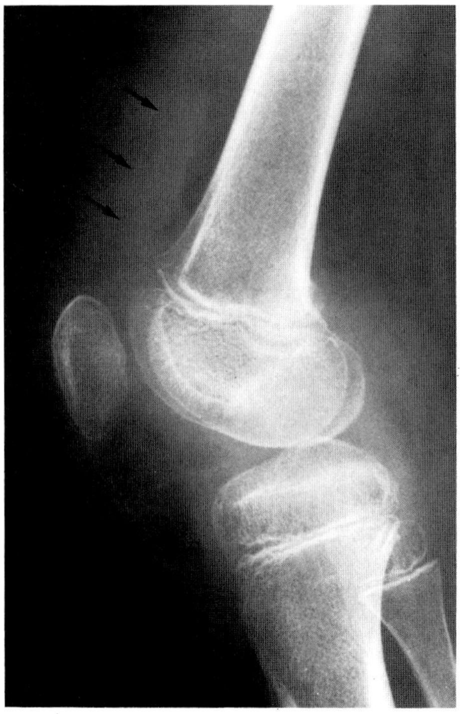

Abb. 6.**3** **Kniegelenkerguß** bei einem Kind nach **Salmonelleninfektion.** Verschattung des Fettpolsters (Pfeile), verbunden mit insgesamt erhöhter Weichteildichte. Keine Knochenveränderungen.

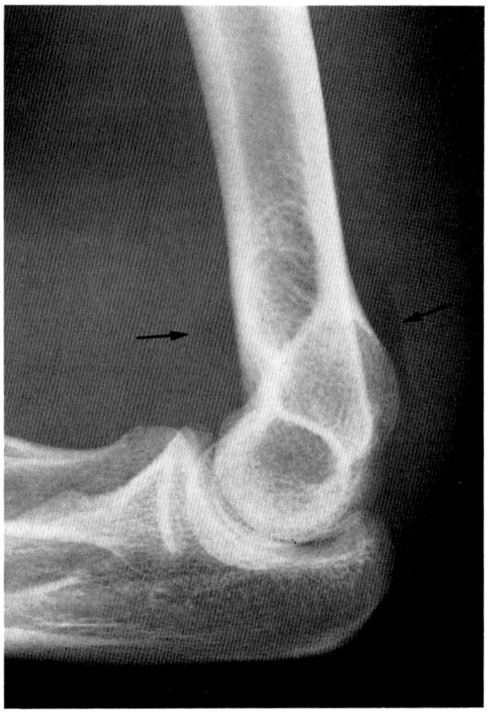

Abb. 6.**4** **Posttraumatischer** Ellbogengelenkerguß. Das vordere Fettpolster ist als dreieckiger, vermehrt strahlendurchlässiger Weichteilschatten zu sehen, und auch das hintere Fettpolster ist sichtbar (Pfeile).

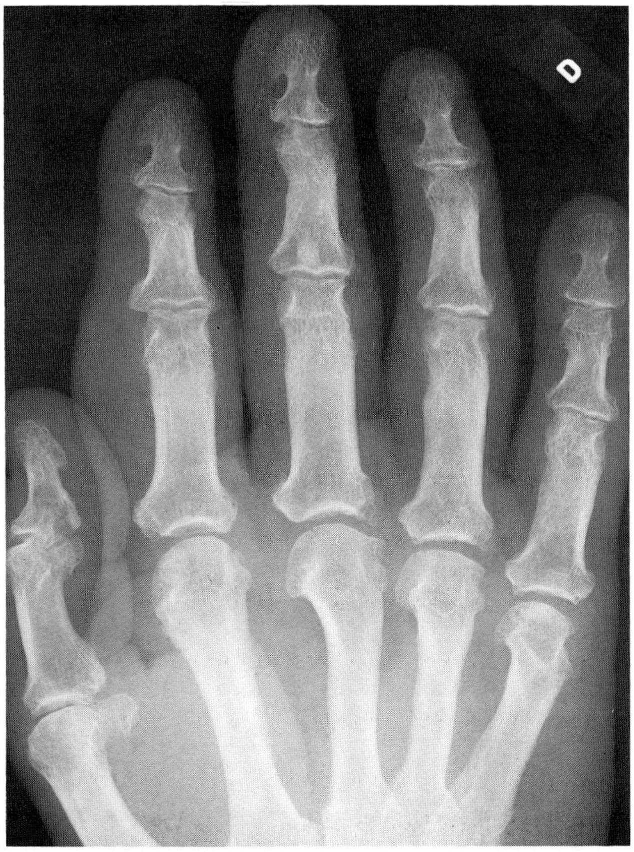

Abb. 6.**5** **Akromegalie.** Breite Gelenkspalte, bedingt durch Knorpelhypertrophie. Sekundäre Arthrose.

der Synovialishyperämie und/oder Funktionsbehinderung. Bei chronischen Prozessen ist die Osteoporose eher einheitlicher. Bestimmte Gelenkkrankheiten sind dadurch gekennzeichnet, daß oft fast keine Osteoporose vorhanden ist (Arthrose, Gicht).

Eine *Verbreiterung des Gelenkspalts* beruht meist auf einem Erguß. Sie kann auch durch Knorpelhypertrophie (Akromegalie; Abb. 6.**5**), interponiertes fibröses Gewebe (späte Arthritis psoriatica der distalen Interphalangealgelenke) oder Knochenresorption (neurotrophische Erkrankung) bedingt sein. Eine *Verschmälerung des Gelenkspalts* beruht auf Knorpeldestruktion; sie gehört bei vielen Arthritiden zum üblichen Bild (Abb. 6.**6**).

Arrosionen des subchondralen oder periartikulären Knochens können anfangs von der allgemeinen Rarefizierung des Knochens überlagert werden. Bei der rheumatoiden Arthritis schreiten sie von dem präarrosiven Stadium der Kortikalisverdünnung und Strich-Punkt-Effekt (Abb. 6.**7**) zu gut abgegrenzten Aufhellungen fort. Die ersten Arrosionen sind im allgemeinen nahe an Kapsel- oder Sehnenansätzen zu sehen. Der subchondrale Knochen wird erst arrodiert, nachdem der Gelenkknorpel zerstört ist (Abb. 6.**8**). Arrosionen bei pyogener oder rheumatoider Arthritis sind oft unscharf begrenzt, bei Gicht und Arthrose haben sie im allgemeinen scharfe Ränder.

Die Arrosionen können zu einer ausgedehnten *Knochenresorption* in Gelenknähe mit oder ohne *Achsenverschiebung, Subluxation und Luxation* fortschreiten. Eine abnorme Stellung der Achsen benachbarter Knochen, etwa eine Ulnardeviation, kann auch ohne Arrosion und Knochenresorption vorkommen (Jaccoud-Arthritis).

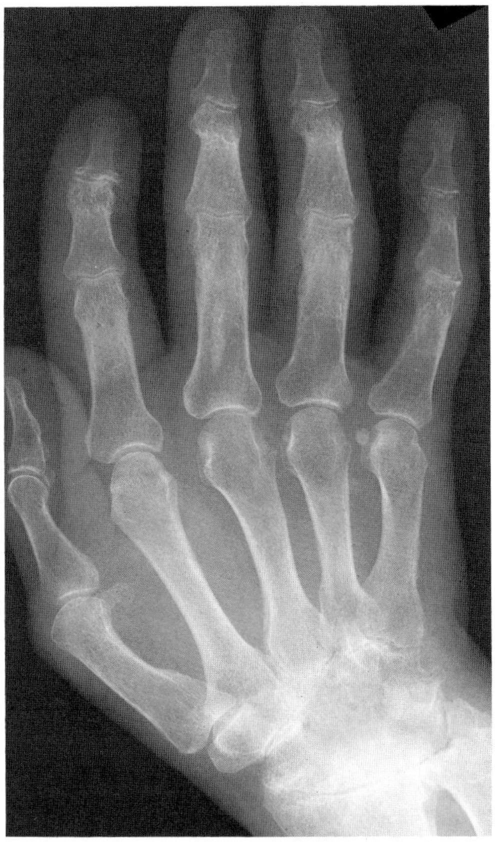

Abb. 6.**6** **Rheumatoide Arthritis.** Die Osteoporose ist um die Metakarpophalangeal- und proximalen Interphalangealgelenke am ausgeprägtesten. Verschmälerung der Gelenkspalte und Arrosionen in mehreren Fingergelenken. Schwere Destruktion der Handwurzelknochen.

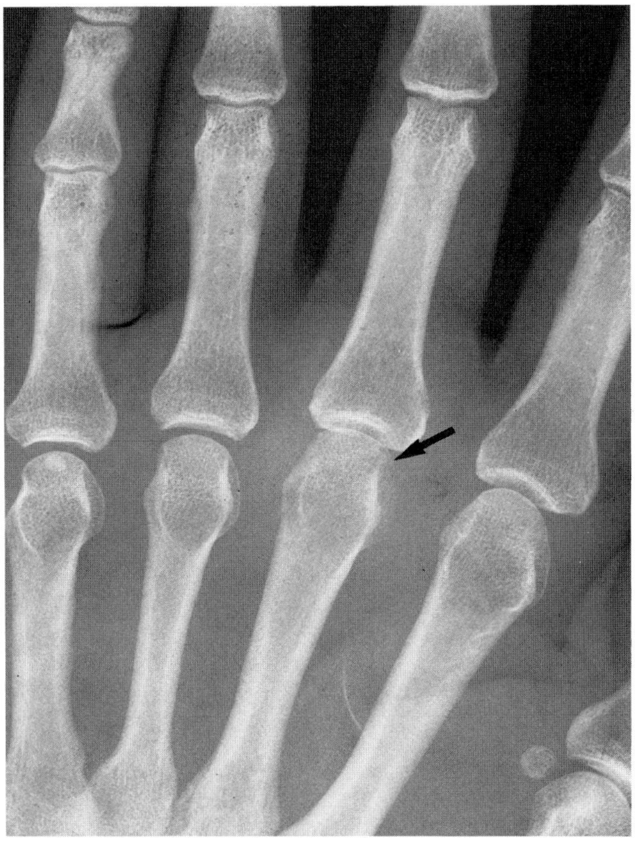

Abb. 6.**7** **Rheumatoide Arthritis.** Erguß und subkortikale Entkalkung im dritten Metakarpophalangealgelenk (Pfeil).

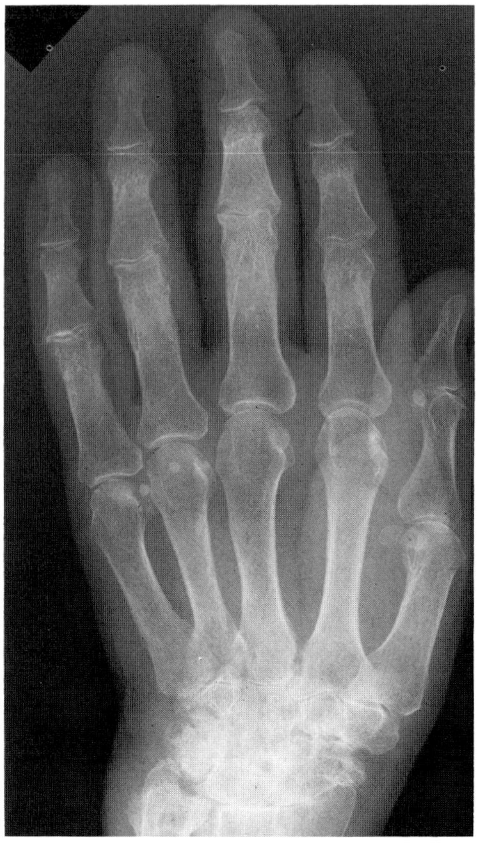

Abb. 6.**8** **Rheumatoide Arthritis.** Destruktion des Gelenkknorpels und Arrosion des subchondralen Knochens in den proximalen Interphalangealgelenken. Schwere Destruktion und sekundäre Arthrose des Handgelenks. ▶

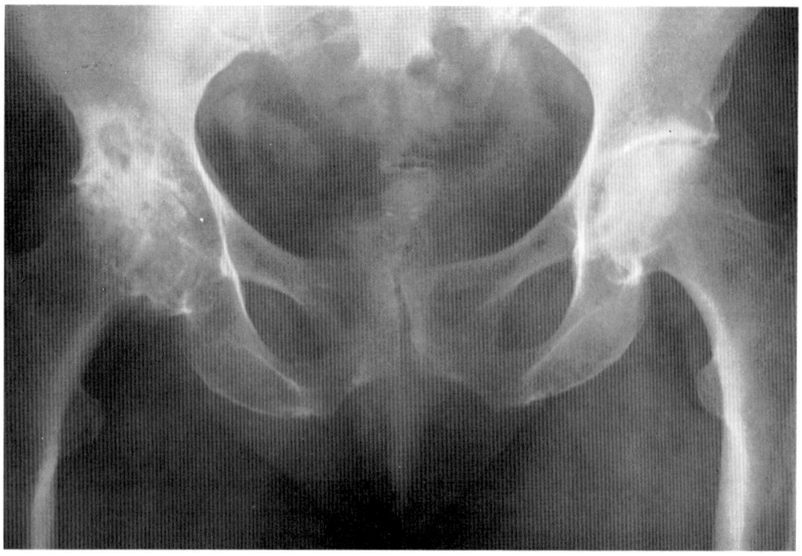

Abb. 6.**9** **Arthrose der Hüftgelenke.** Im linken Hüftgelenk Verschmälerung des Gelenkspalts und Sklerose der gelenkbildenden Skelettanteile. Das rechte Hüftgelenk ist schwerer befallen, und der Gelenkspalt ist verschwunden. Es besteht eine zystische Knochenresorption und Deformation des Femurkopfs.

Die Reibung der gegenüberliegenden Knochenenden nach der Zerstörung des Knorpels führt zur *subchondralen Sklerose.* Sie ist charakteristisch für die Arthrose, kann sich aber in Gelenken, die das Körpergewicht tragen, nach einer Knorpeldestruktion entwickeln, die durch einen Gelenkprozeß jeder Art bedingt sein kann (Abb. 6.**9**).

Osteophyten, Auswüchse des subchondralen Knochens, sind eine typische Erscheinung der Arthrose peripherer Gelenke und der Spondylose (Abb. 6.**9**).

Eine *periostale Knochenneubildung* wird bei infektionsbedingten Arthritiden und bestimmten entzündlichen Gelenkprozessen, besonders bei der juvenilen rheumatoiden Arthritis und beim Reiter-Syndrom, beobachtet.

Wenn der Beginn der Arthritis in die Wachstumsperiode fällt, verschiebt sich der Zeitpunkt des Erscheinens der *Knochenkerne und kleinen Knochen* und der Epiphysenfugenschluß. Das übliche Bild ist eine asymmetrische Vergrößerung, Unregelmäßigkeit, Osteoporose und Vergröberung der Trabekelzeichnung in den Epiphysen mit schließlicher Wachstumsstörung (Abb. 6.**12**, S. 89).

Das Endergebnis einer infektionsbedingten oder anderen Gelenkentzündung ist u. U. eine knöcherne *Ankylose* (Abb. 6.**13**, S. 89). Bei Arthrosen ist eine knöcherne Ankylose selten.

Tab. 6.**1** zeigt eine Einteilung verschiedener Gelenkerkrankungen in monoartikuläre und polyartikuläre mit oder ohne begleitende periartikuläre oder generalisiertere Osteoporose.

Tab. 6.**2** ist eine Aufstellung der differentialdiagnostischen radiologischen Kriterien verschiedener Gelenkerkrankungen.

Einige angeborene oder erworbene Stoffwechselstörungen und andere nichtarthritische Krankheiten können ausgedehnte Veränderungen in den Epi- und Metaphysen verursachen. Sie kommen hauptsächlich bei Neugeborenen und Kindern vor und sollten voneinander und von den Arthritiden abgegrenzt werden. Sie sind durch verschiedenartige Abweichungen gekennzeichnet, die *Knochenkern, Epiphysenknorpel,* präparatorische Verkalkungszone, Verknöcherung der Metaphyse und Periost betreffen. Über die Differentialdiagnose der metaphysären Veränderungen geben Tab. 14.**2** und 14.**4** (S. 234 und 244) Auskunft.

Tabelle 6.1 Einteilung verschiedener Gelenkerkrankungen nach Verteilung und begleitender Osteoporose

Monoartikuläre Krankheit * **ohne ausgeprägte periartikuläre Demineralisation** **	posttraumatische Arthritis sekundäre Arthrose – Deformierung, Achsenabweichung – Trauma, Verschleiß – neurologische Ausfälle – neurotrophische Arthropathie – Pseudogicht – Hydroxyapatitablagerung – avaskuläre Nekrose – Gelenkchondromatose – Gicht frühe eitrige Arthritis Synovitis pigmentosa villonodularis (selten) Synovialistumor (selten) Sarkoidose (selten
Monoartikuläre Krankheit * **mit ausgeprägter periartikulärer Demineralisation** **	Infektionsbedingte Arthritis – pyogen – tuberkulös – mykotisch (selten) rheumatoide Monarthritis, besonders die juvenile Form Reiter-Syndrom
Polyartikuläre Krankheit **ohne ausgeprägte periartikuläre Demineralisation** **	primäre Arthrose sekundäre Arthrose – Knorpelschäden (renale Osteodystrophie, Hämochromatose, Morbus Wilson, Ochronose, Kaschin-Beck-Syndrom) – Ablagerungskrankheiten (Gicht, Pseudogicht, Lipoiddermatoarthritis) – Akromegalie arrosive Arthrose Virussynovitis (transitorisch) Arthritis psoriatica Sarkoidose Jaccoud-Arthritis früher Lupus erythematodes enteropathische Arthritis
Polyartikuläre Krankheit **mit ausgeprägter periartikulärer Demineralisation** **	rheumatoide Arthritis Sklerodermie (progressive, generalisierte) Lupus erythematodes (spät) Hämophilie Spondylitis ankylosans (selten) Reiter-Syndrom

* Kann gelegentlich mehr als ein Gelenk befallen und kann dann als Monarthritis multiplex bezeichnet werden.

** Das Ausmaß der juxtaartikulären oder subchondralen Osteoporose ist unterschiedlich, abhängig von der Dauer und dem Grad der Synovialisentzündung, so daß es zu Überschneidungen in der Gruppeneinteilung kommt.

Tab. 6.2 Differentialdiagnostische Kriterien verschiedener Gelenkerkrankungen

Krankheit	Gewöhnlich befallene Gelenke	Radiologische Kennzeichen	Bemerkungen
Rheumatoide Arthritis (Abb. 6.6, 6.7, 6.8, S. 85, 6.10, 6.11, 6.14, 6.15, S. 90)	Metakarpophalangeal-, proximale Interphalangeal- und Karpalgelenke symmetrisch. Analoge Veränderungen in den Füßen. Halswirbelsäule. Jedes echte Gelenk kann befallen sein.	Veränderungen in der Reihenfolge ihres Erscheinens: 1. Gelenkerguß und periartikuläres Ödem, 2. periartikuläre Osteoporose, 3. Verschmälerung des Gelenkspalts, 4. Randarrosionen, Pseudozysten, 5. Druckusuren, 6. Subluxation und Achsenabweichung in den Gelenken, Ulnardeviation und Beugekontrakturen von Fingern und Zehen, 7. Endstadium: knöcherne Ankylose.	Ulnardeviation und „Boutonnière"-Deformität können auch bei Jaccoud-Arthritis und Lupus erythematodes disseminatus vorkommen. Eine „Schwanenhals"-Deformität kann auch bei Sklerodermie, Lupus erythematodes diss., Jaccoud-Arthritis und Arthritis psoriatica vorkommen. Abheilende Pseudozysten können arthrose-, hämophilie- oder gichtbedingte Läsionen imitieren. Eine atlantoaxiale Subluxation (Abstand 3 mm oder mehr, bei Kindern über 4 mm) gibt es auch bei Spondylitis ankylosans und Arthritis psoriatica.
Juvenile rheumatoide Arthritis (Abb. 6.2, S. 83, Abb. 6.12)	Rasch wachsende Gelenke; öfter monoartikulär (30%) als beim Erwachsenen. Knie-, Sprung-, Handgelenk.	1. Weichteilschwellung, 2. verstärktes Wachstum der Epiphysen, 3. Neigung zu Ankylose und Dislokationen im Gelenk, 4. spätes Auftreten von Arrosionen, 5. Wachstumsstörungen.	*Drei Typen:* 1. Allgemeinerkrankung ohne radiologische Frühveränderungen *(Still-Syndrom,* etwa 20%), 2. wenige Gelenke oder nur ein Gelenk befallen (Befall weniger Gelenke, Wachstumsstörungen häufig), 3. generalisierte Polyarthritis wie beim Erwachsenen (50%). *Felty-Syndrom:* rheumatoide Arthritis mit Splenomegalie und Neutropenie.

Fortsetzung auf Seite 91

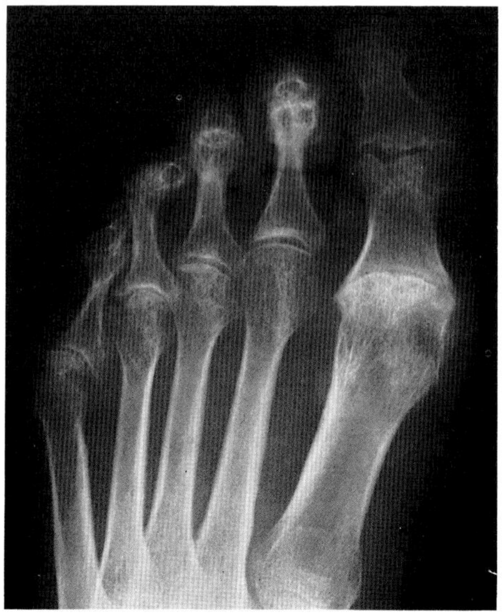

Abb. 6.**10** **Rheumatoide Arthritis.** Die Metatarsophalangealgelenke zeigen eine Verschmälerung des Gelenkspalts, Arrosionen sowie Subluxationen an der fünften Zehe. Im Interphalangealgelenk der großen Zehe sind ebenfalls Veränderungen vorhanden.

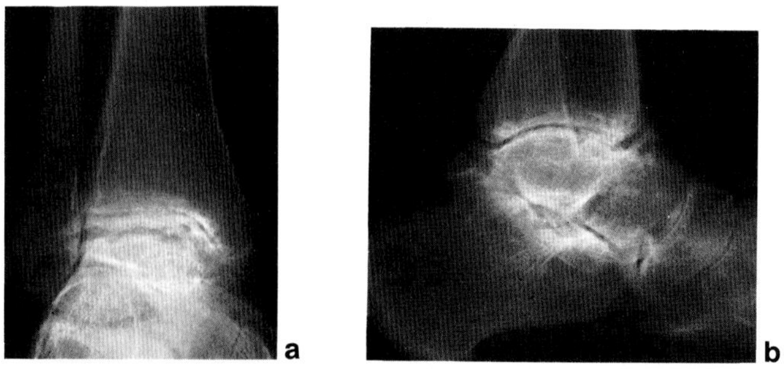

Abb. 6.**11 a, b** **Rheumatoide Arthritis.** Destruktion des Gelenksknorpels, Arrosionen und sekundäre Arthrose im Sprunggelenk.

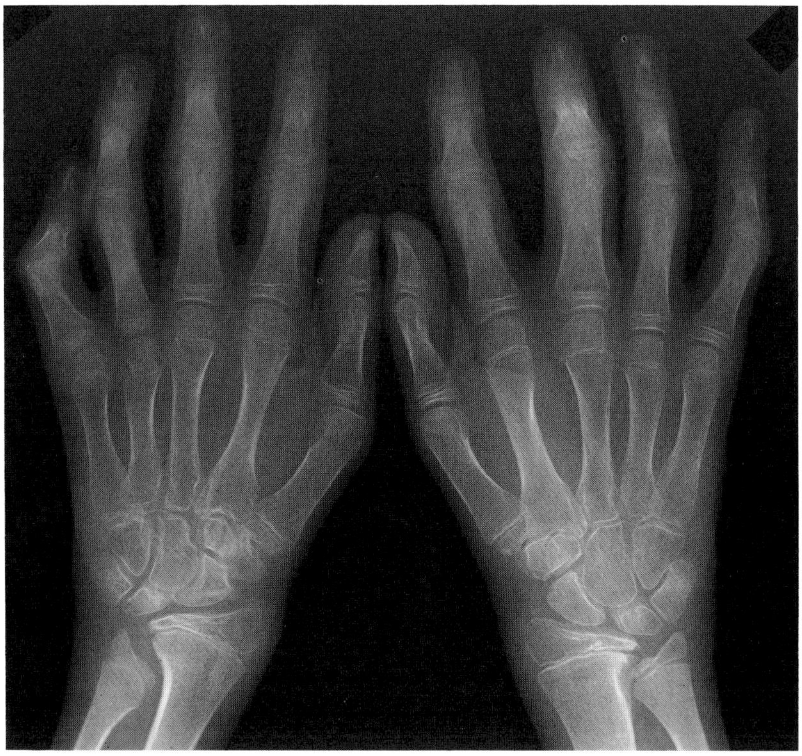

Abb. 6.**12** **Juvenile rheumatoide Arthritis.** Starke Osteoporose, Schwellung und Fehlstellung der Fingergelenke. Wachstumsstörungen zeigen sich am distalen Ende beider Ellen am deutlichsten.

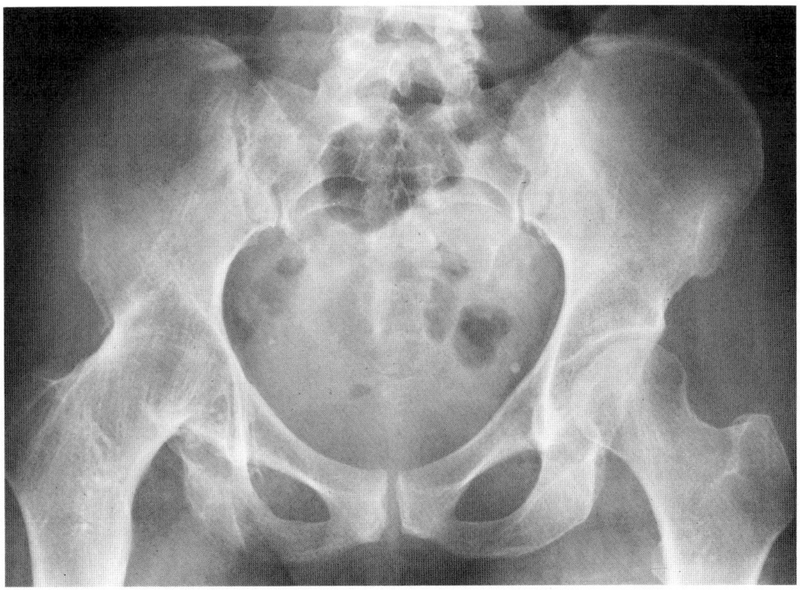

Abb. 6.**13** Ankylose des rechten Hüftgelenks als Folge einer alten **tuberkulösen Arthritis.**

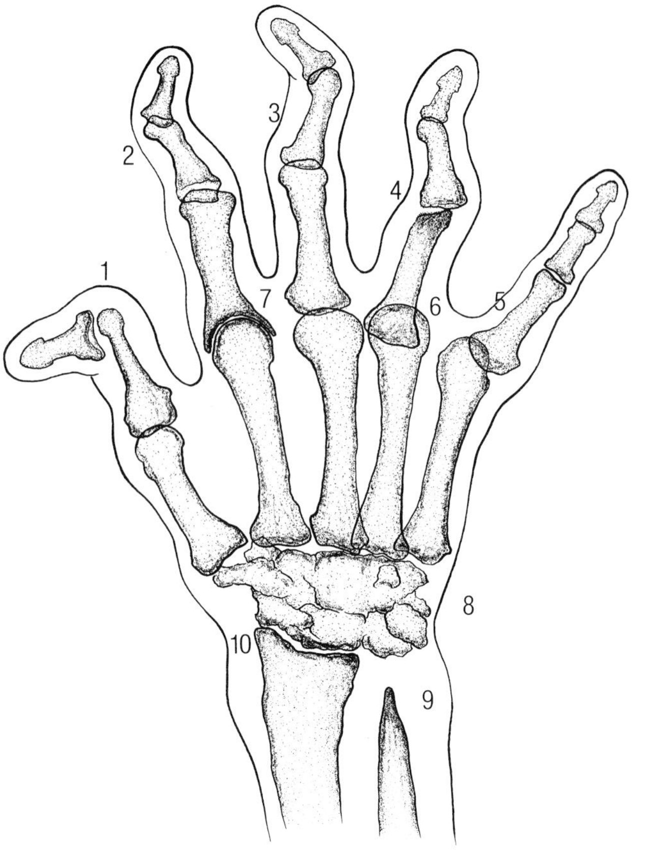

Abb. 6.**14** Hand- und Handgelenkdeformierungen, die bei **rheumatoider Arthritis** vorkommen können: 1. Hyperextension und Subluxation der Daumenendphalanx. 2. Flexion des proximalen und Extension des distalen Interphalangealgelenks (Boutonnière-Deformität). 3. Extension des proximalen und Flexion des distalen Interphalangealgelenks („Schwanenhals"-Deformität). 4. Destruktion der Knochenenden. 5. Ulnardeviation der Metakarpophalangealgelenke mit Subluxation. 6. Luxation der Metakarpophalangealgelenke („main en lorgnette" oder „teleskopartige" Verschiebung). 7. Arrosion und Kompression der Metakarpophalangealgelenke (kugelgelenkartig). 8. Arrosion, Sklerose und partielle Verschmelzung der Karpalgelenke. 9. Spitz zulaufendes Ulnaende. 10. Sklerose, Verschmälerung oder Ankylose der Gelenke.

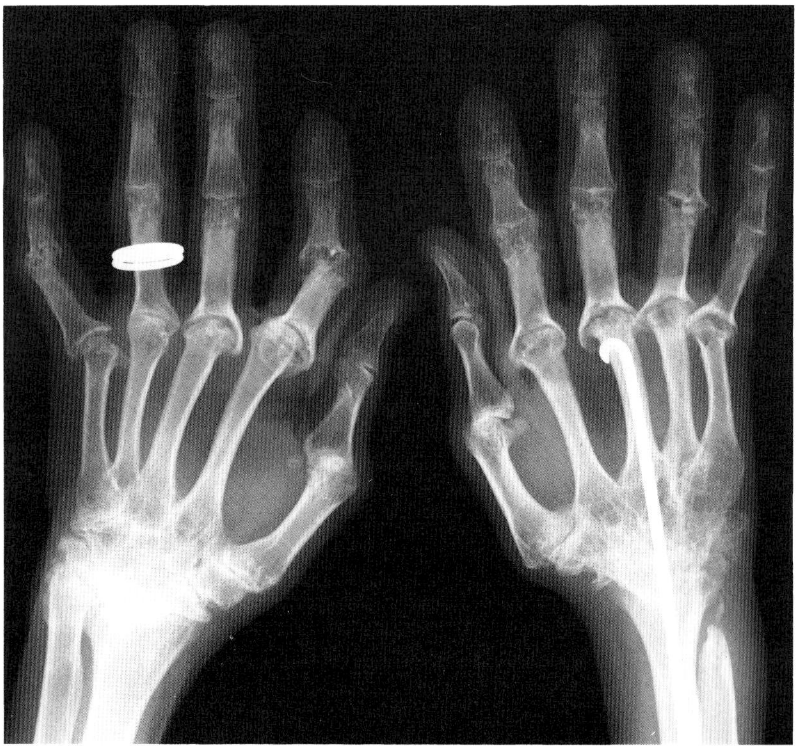

Abb. 6.**15** Radiographische Demonstration verschiedener Spätmanifestationen der **rheumatoiden Arthritis** analog zu Abb. 6.**14**. Das rechte Handgelenk wurde mittels Arthrodese und Nagel immobilisiert.

Tabelle 6.2 Differentialdiagnostische Kriterien verschiedener Gelenkerkrankungen (Fortsetzung)

Krankheit	Gewöhnlich befallene Gelenke	Radiologische Kennzeichen	Bemerkungen
Spondylitis ankylosans (Abb. 6.16)	Sakroiliakalgelenke, Wirbelsäule, Hüftgelenke.	Bilateral symmetrischer Befall der Sakroiliakalgelenke. 1. Anfangs werden die Gelenkränder unscharf, dann folgen 2. Osteoporose oder Sklerose, 3. Arrosion und Verschmälerung des Gelenkspalts, 4. Ankylose. Wirbelsäule: Arthritis der Zwischenwirbelgelenke, Kastenform der Wirbelkörper, Syndesmophyten. Proliferative Knochenneubildung an Muskelansätzen, besonders im Becken.	90% Männer, gewöhlich junge Erwachsene, HLA-B-27-Antigen positiv, Rheumafaktoren negativ. Wenn periphere Gelenke befallen sind, findet sich eine geringere Osteoporose und stärkere Sklerose als bei der rheumatoiden Arthritis; am Ende steht die knöcherne Ankylose.
Arthritis psoriatica (Abb. 6.17, S. 92)	Distale Interphalangealgelenke, Sakroiliakalgelenke, Wirbelsäule. Durch Weichteilschwellung können „Wurstfinger" entstehen.	Asymmetrische destruktive Arthritis der distalen Fingerinterphalangealgelenke und der Zeheninterphalangealgelenke, die zu weiten, scharf demarkierten Gelenkspalten oder zur Ankylose führt. Resorption an den Köpfchen der Endphalangen. Uni- oder bilaterale Sakroiliitis und asymmetrische breite Wirbelsäulendesmophyten. Die periartikuläre Osteoporose ist gewöhnlich nicht so auffallend wie bei der rheumatoiden Arthritis.	Befällt bis zu 20% der Psoriasispatienten. *Drei Typen:* 1. Asymmetrische periphere Polyarthritis (am häufigsten), 2. ähnlich wie rheumatoide Arthritis, aber Fehlen des Serumrheumafaktors, 3. Arthritis mutilans mit Befall der Sakroiliakalgelenke.

Fortsetzung auf Seite 93

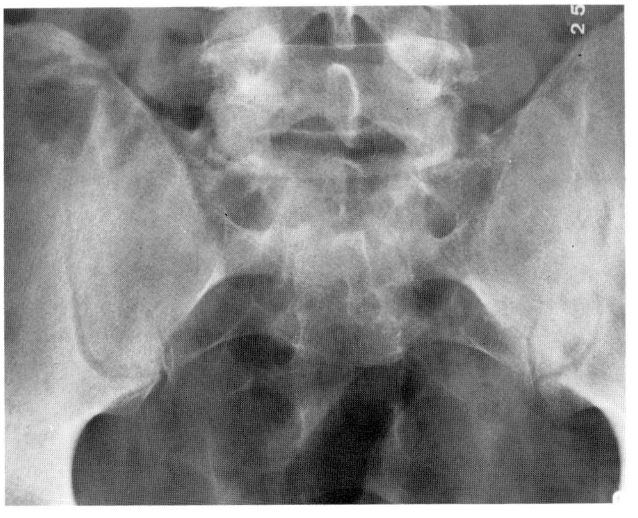

Abb. 6.16 **Spondylitis ankylosans.** Unschärfe, Verschmälerung, leichte Sklerose und kleine Arrosionen an beiden Sakroiliakalgelenken.

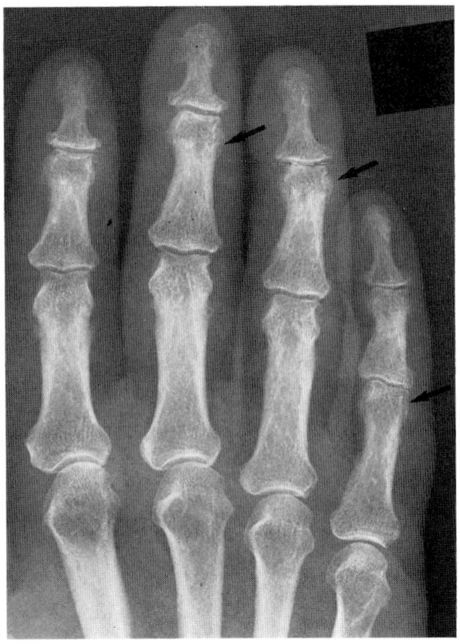
a

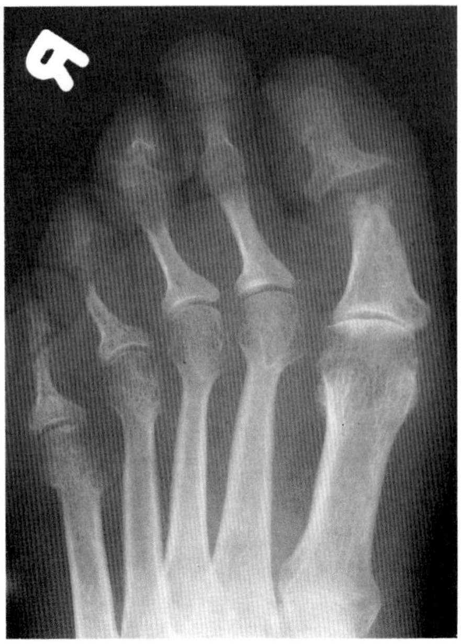
b

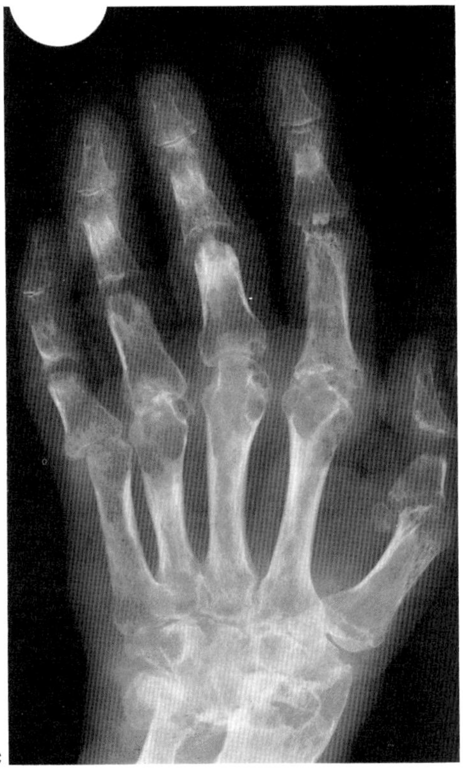
c

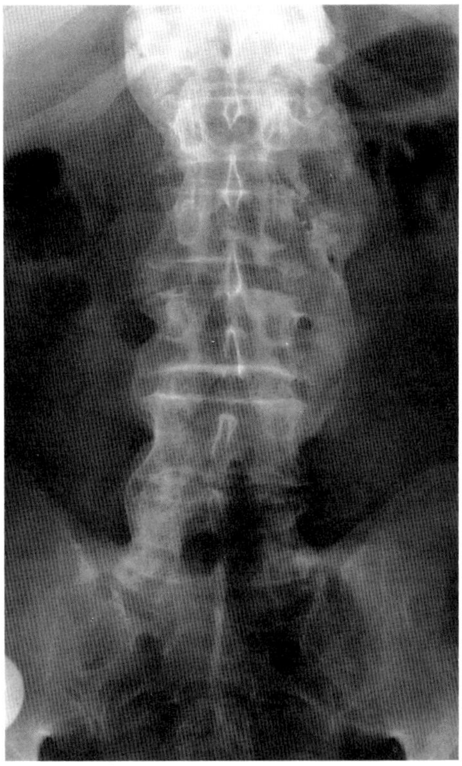
d

Abb. 6.**17 a–c** Verschiedene Bilder der **Arthritis psoriatica: a** Periostale Reaktion in Gelenknähe (Pfeile). **b** Gelenkarrosionen mit geringer Osteoporose. Arrosionen an den Köpfchen der Endphalangen. **c** Breite, scharf demarkierte Gelenkspalte, Luxation und Ankylose.

Abb. 6.**17 d** Breite, asymmetrische Syndesmophyten und bilaterale Ankylose der Sakroiliakalgelenke: Spätmanifestationen der **Arthritis psoriatica.**

Tabelle 6.2 Differentialdiagnostische Kriterien verschiedener Gelenkerkrankungen (Fortsetzung)

Krankheit	Gewöhnlich befallene Gelenke	Radiologische Kennzeichen	Bemerkungen
Reiter-Syndrom (Urethritis, Arthritis, Konjunktivitis, mukokutane Läsionen) (Abb. 6.18, 6.19)	Sakroiliakalgelenke, Fersen, Zehen	Periartikuläre Schwellung, Verschmälerung des Gelenkspalts und sogar Destruktion mit meist geringerer periartikulärer Osteoporose als bei der rheumatoiden Arthritis. Periostale Knochenneubildung (Fersenbein, Mittelfußknochen). Asymmetrische Sakroiliitis und asymmetrische Syndesmophyten in der Wirbelsäule.	Folgt gewöhnlich einer venerischen Urethritis oder Shigelladysenterie bei Männern. Die Krankheit endet gewöhnlich nach 6wöchiger bis 6monatiger Dauer von selbst. Rückfälle können in bis zu 50% der Fälle vorkommen.
Jaccoud-Arthritis (Abb. 6.20, S. 94)	Hände	Periartikuläre Schwellung der Metakarpo- und Metatarsophalangealgelenke, die zu einer reversiblen Ulnardeviation ohne Arrosionen führt.	Selten. Die Krankheit tritt im abklingenden Stadium des rheumatischen Fiebers auf.
Enteropathische Arthritis (Abb. 6.21, S. 95)	Sakroiliakalgelenke, Wirbelsäule, Knie, Ellbogen	Zentraler Typ: Symmetrische Sklerose der Sakroiliakalgelenke und Wirbelsäulenveränderungen, die von der Spondylitis ankylosans nicht zu unterscheiden sind. Peripherer Typ: Weichteilschwellung mit etwas Osteoporose, Periostitis.	Tritt in 4–12% der Fälle von Colitis ulcerosa oder Enteritis auf. Ein ähnliches Bild sieht man gelegentlich bei der Kolitis nach Antibiotikaverabreichung oder bei der *intestinalen Lipodystrophie (Morbus Whipple)*.

Fortsetzung auf Seite 94

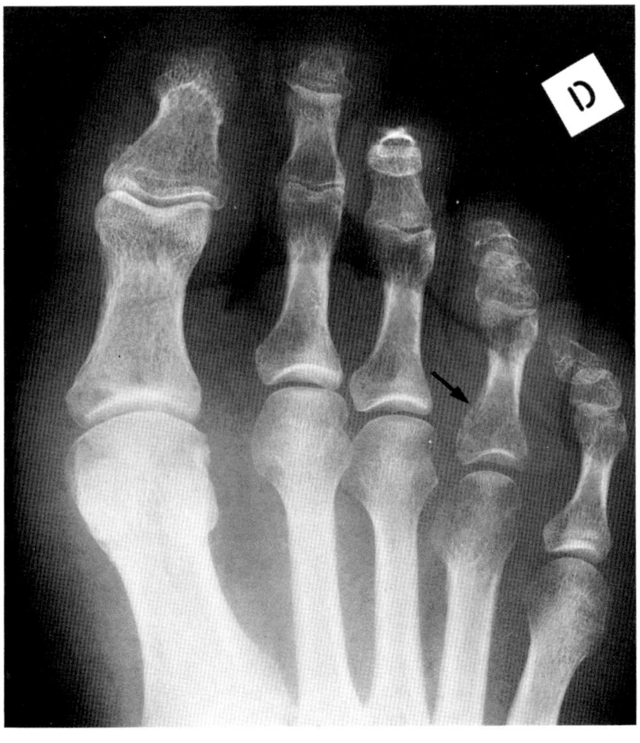

Abb. 6.**18** **Reiter-Syndrom.** Weichteilschwellung und periostale Knochenneubildung (Pfeil). Keine Arrosionen oder Osteoporose.

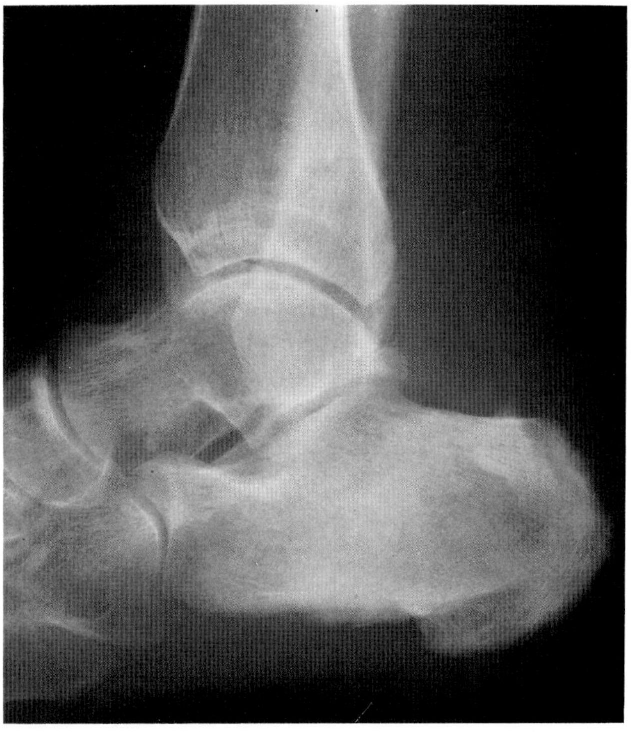

Abb. 6.**19** **Reiter-Syndrom.** Sklerose, Arrosion und periostale Knochenneubildung im Kalkaneus.

Tabelle 6.2 Differentialdiagnostische Kriterien verschiedener Gelenkerkrankungen (Fortsetzung)

Krankheit	Gewöhnlich befallene Gelenke	Radiologische Kennzeichen	Bemerkungen
Lupus erythematodes (Abb. 6.22)	Hände	Weichteilatrophie, Erguß, Subluxation und reversible Fehlstellung der Metakarpophalangeal-und Interphalangealgelenke, ohne Arrosionen.	Eine Ulnardeviation der Finger ist üblich, „Boutonnière"- oder „Schwanenhals"-Deformität kommen aber ebenfalls vor. An den Endphalangen eventuell Resorption oder Sklerose.
Sklerodermie (Abb. 6.23)	Hände und Füße	Resorption an den Endphalangen, Weichteilverkalkungen, selten Arrosionen. Osteoporose.	Ähnliche Veränderungen können bei der *Mischkollagenose* vorkommen, mit klinischen und radiologischen Zeichen, die sich mit Sklerodermie, Lupus erythematodes disseminatus, Polymyositis und rheumatoider Arthritis überschneiden.
Sarkoidose (Abb. 6.24)	Hände	Eine periartikuläre Weichteilschwellung ist der übliche Befund, eine Verschmälerung der Gelenkspalte mit Randspornen kann vorkommen. Auch vergröberte Trabekelzeichnung und zystenähnliche Läsionen werden beobachtet.	Hilus- und Lungenveränderungen sind häufig, Gelenkveränderungen selten.
Familiäres Mittelmeerfieber	Sakroiliakalgelenke, große periphere Gelenke	Subperiostale Osteoporose, selten Arrosionen, Sklerose und Ankylose.	Seltene genetische Störung bei Juden, Armeniern und Arabern. Multiple Fieberschübe, die mit Peritonitis, Pleuritis, Synovitis oder Erythem einhergehen können.

Fortsetzung auf Seite 96

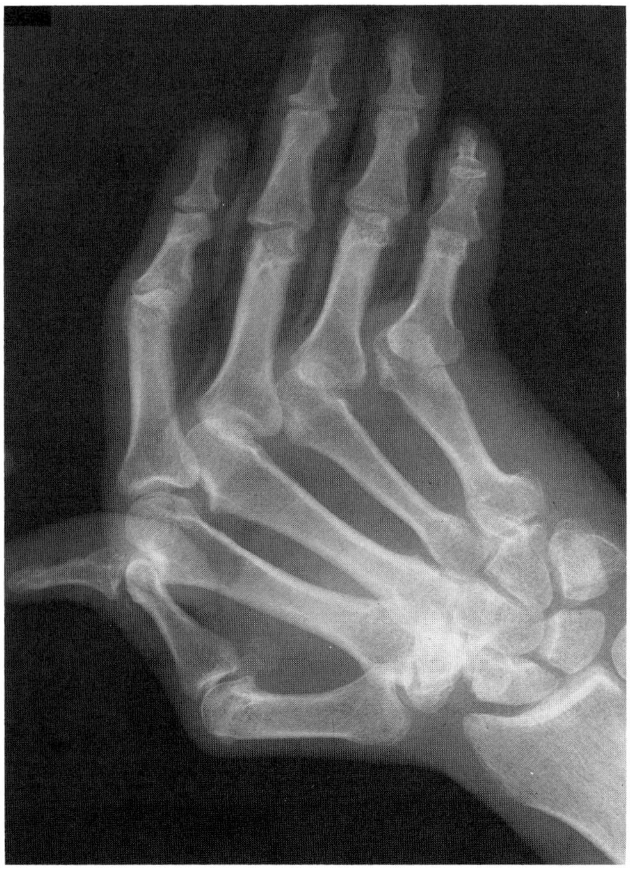

Abb. 6.**20** **Jaccoud-Arthritis.** Ulnardeviation der Metakarpophalangealgelenke mit Subluxationen, jedoch keine Knochenarrosion oder Osteoporose.

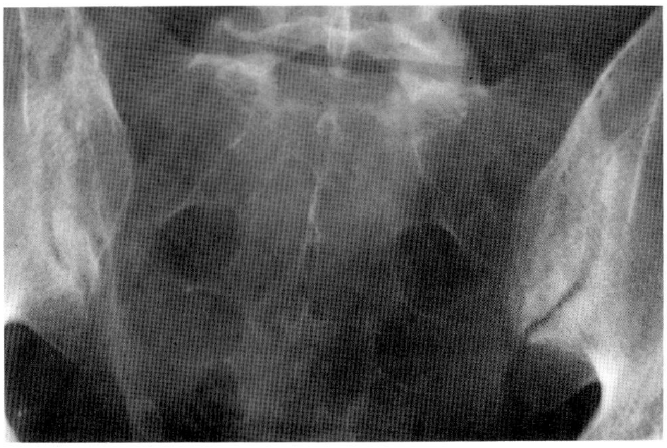

Abb. 6.**21** **Enteropathische Arthritis.** Sklerose und minimale Arrosion in beiden Sakroiliakalgelenken.

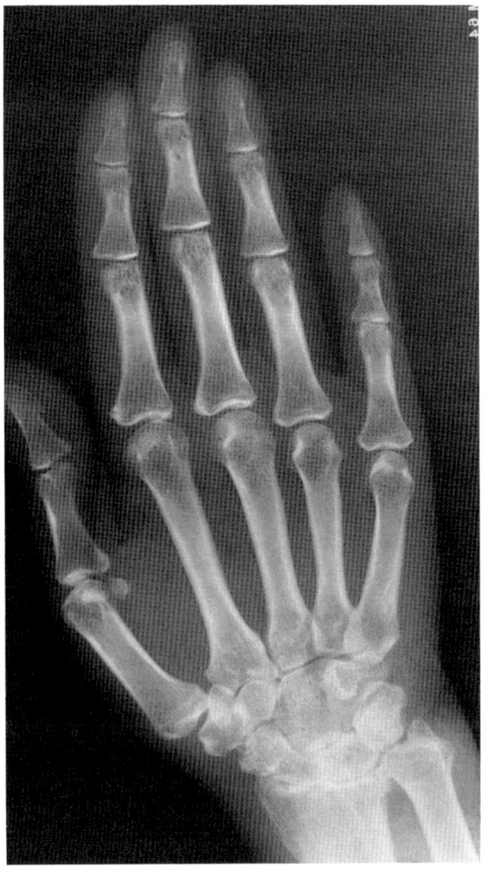

Abb. 6.**22** **Lupus erythematodes disseminatus.** Weichteilatrophie an den Fingerspitzen und Verschmälerung der Gelenkspalte in der Handwurzel. ▶

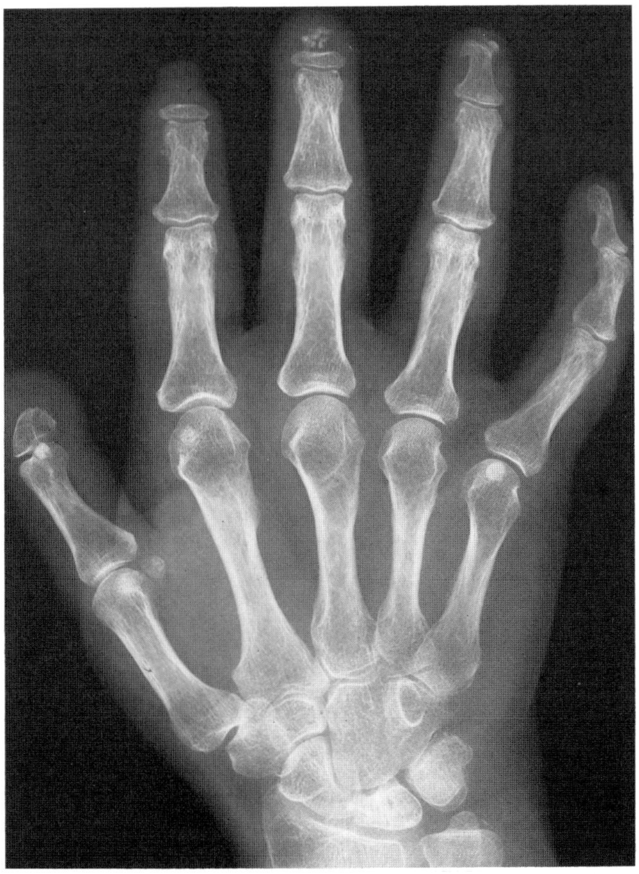

Abb. 6.**23** **Sklerodermie.** Resorption der Endphalangen und Weichteilverkalkungen. Keine Gelenkarrosionen.

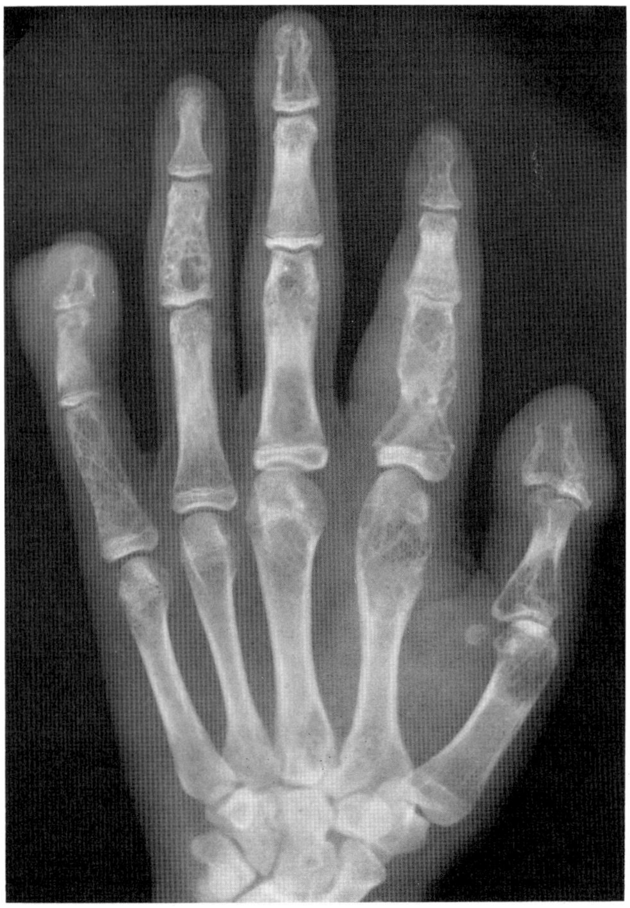

Abb. 6.**24** **Sarkoidose.** Weichteilschwellung, vergröberte Trabekelzeichnung und zystenähnliche Knochenläsionen.

Tabelle 6.2 Differentialdiagnostische Kriterien verschiedener Gelenkerkrankungen (Fortsetzung)

Krankheit	Gewöhnlich befallene Gelenke	Radiologische Kennzeichen	Bemerkungen
Panarteriitis, Dermatomyositis, Sjögren-Syndrom, Purpura Schoenlein-Henoch, Dysgammaglobulinämie, Amyloidose, rezidivierende Polychondritis	Hände	Röntgenologische Veränderungen fehlen gewöhnlich.	Die bei diesen Krankheiten beobachteten transitorischen Arthritiden klingen meist ab, bevor Arrosionen auftreten.
Hämophilie (intraartikuläre Blutung) (Abb. 6.25)	Knie-, Ellbogen-, Sprunggelenke	Gelenkerweiterung und erhöhte Weichteildichte (Hämosiderinablagerung). Arrosionen der Knorpelränder und Zysten im subchondralen Knochen. Erweiterung der Fossa intercondylaris im Knie. Inaktivitätsosteoporose und sekundäre Arthrose.	Die Hämophilie kommt ausschließlich beim männlichen Geschlecht vor. Ursache der Gelenkveränderungen sind wiederholte intraartikuläre Blutungen. Wachstumsstörungen sind häufig. Schwere Veränderungen kommen bei Hämophilie A und B vor. Gelenkblutungen können auch bei *Sichelzellenanämie* als Komplikation auftreten.
Gicht (Harnsäureablagerung) (Abb. 6.26)	Erstes Metatarsophalangealgelenk, Ellbogen, Fingergelenke, Knie	Gelenkerguß und -entzündung, Weichteiltophi. Später „ausgestanzte", expansive zystenähnliche Läsionen oft fern von der Gelenkfläche, keine Osteoporose. Verkalkungen in einem Weichteilknoten oder Knoten bei Chondrokalzinose sind für Gicht beweisend. Endphalangenresorption und Flexionsdeformitäten kommen vor.	*Primäre Gicht:* hereditärer Enzymdefekt unbekannter Ätiologie, meist bei Männern über 40. M : F = 10 : 1; bei Frauen nur nach der Menopause. *Sekundäre Gicht:* übermäßiger Nukleoproteinabbau (Polyzythämie, Anämie, Myelofibrose, Leukämie, Lymphom, multiples Myelom, Psoriasis, Glykogenspeicherkrankheit, Hämoglobin-E-Krankheit, Niereninsuffizienz). Beide Formen haben das gleiche röntgenologische Erscheinungsbild. Eine Hyperurikämie mit Intelligenzdefekt im Kindesalter wird als *Lesch-Nyhan-Syndrom* bezeichnet (selten).

Fortsetzung auf Seite 98

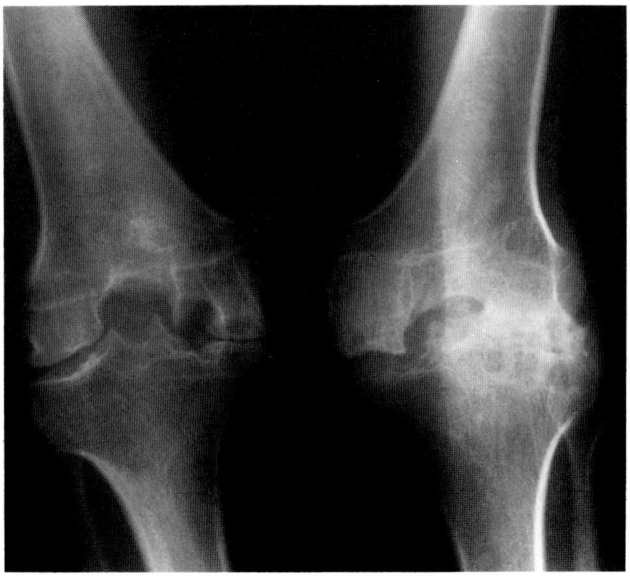

Abb. 6.**25** **Hämophilie.** Die Ausweitung der Fossa intercondylaris, kombiniert mit arrosiven und zystischen Läsionen im subchondralen Knochen, ist typisch.

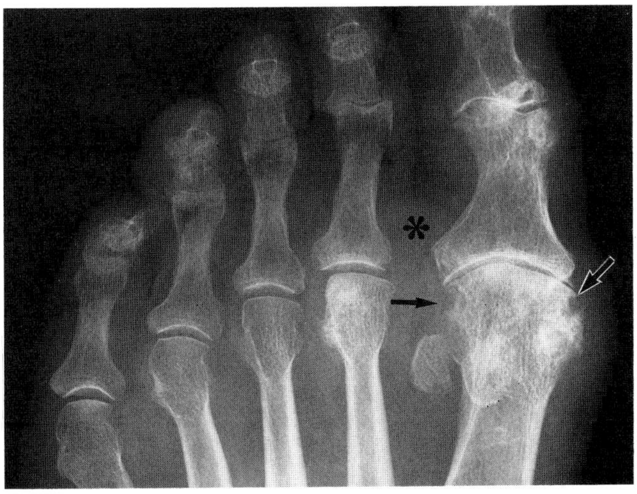

a

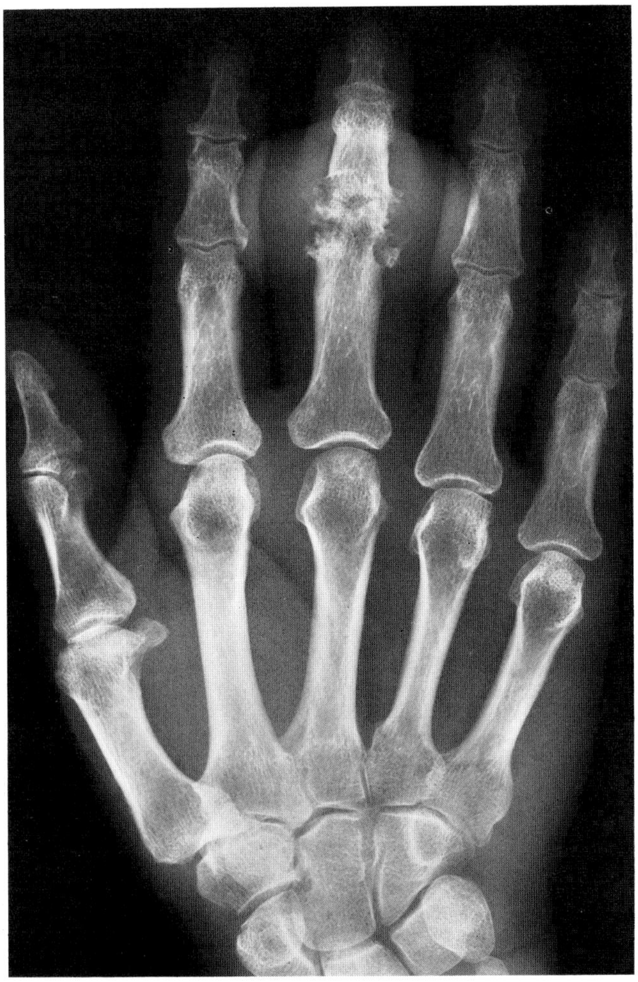

b

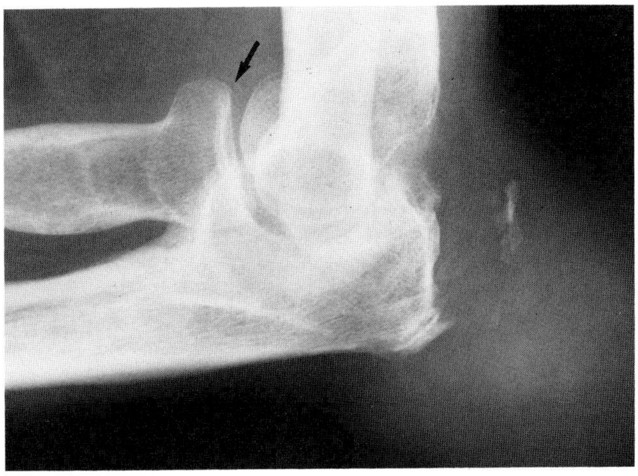

c

Abb. 6.**26** **Gicht.** **a** Arthrose des ersten Metatarsophalangealgelenks, ausgestanzte Knochenläsionen (Pfeile), Gelenkschwellung und zarte Verkalkungen in der begleitenden Weichteilschwellung (Stern). **b** Zerstörung des Interphalangealgelenks, ausgestanzte Knochenläsionen und begleitende Weichteilschwellung. **c** Weichteilschwellung am Ellbogen mit Verkalkung und Chondrokalzinose (Pfeil) des Ellbogengelenks.

Tabelle 6.2 Differentialdiagnostische Kriterien verschiedener Gelenkerkrankungen (Fortsetzung)

Krankheit	Gewöhnlich befallene Gelenke	Radiologische Kennzeichen	Bemerkungen
Pseudogicht (Kalziumpyrophosphatdihydratablagerung) (Abb. 6.27)	Knie-, Hand-, Hüftgelenke, Symphyse, Bandscheiben	Weichteilschwellung. Punktförmige oder lineare Verkalkungen von Knorpel, Gelenkkapsel und sogar paraartikulären Geweben, Arthrose.	Wenn in Gelenken, die normalerweise nicht von einer primären Arthrose befallen werden, eine Arthrose auftritt (z. B. in der oberen Extremität) oder wenn eine Chondrokalzinose besteht, sollte man an eine metabolische Ursache denken und die Diagnose mit einer Gelenkpunktion (Kristallnachweis) bestätigen. Begleitet Diabetes mellitus, Hypertonie, Atherosklerose, Azotämie, Hyperurikämie.
Hydroxylapatitablagerung (s. Kap. 7, S. 113)	Schultergelenke, Hüftgelenke	Amorphe Verkalkungen in Gelenken oder Schleimbeuteln; kann Arrosionen verursachen.	Beispiel: Schulter (Periarthrosis humeroscapularis). Begleitet Kollagengefäßkrankheit, Niereninsuffizienz, Arthrose, Pseudogicht.
Hämochromatose-Osteoarthropathie (synoviale Eisenablagerung, gefolgt von Pseudogicht)	Metakarpophalangeal- und Interphalangealgelenke	Osteoporose und Chondrokalzinose. Verschmälerung des Gelenkspalts, subartikuläre Zysten, Arrosionen und Abflachung der Metakarpalköpfchen, besonders des 2. und 3.	Bei Pseudogicht können identische Veränderungen in den Metakarpophalangealgelenken vorkommen. Periartikuläre Osteoporose, Randarrosionen, Weichteilschwellung und Ulnardeviation kommen nicht vor, was neben dem serologischen Befund zur Unterscheidung der Hämochromatose von der rheumatoiden Arthritis beiträgt.
Ochronosearthropathie (Homogentisinsäureablagerung)	Wirbelsäule, Schulter-, Hüft-, Kniegelenke	Verschmälerung und dichte Verkalkung der Bandscheiben. Arthrose peripherer Gelenke.	Selten. Alkaptonurie: Der Harn wird dunkel, wenn er dem Licht ausgesetzt ist.
Akromegalie (Überproduktion von Wachstumshormon bei Erwachsenen) (Abb. 6.5, S. 84)	Generalisiertes abnormes Wachstum von Knorpel, Knochen und Bindegewebe	Die Gelenkspalte wird weiter; das ist an den Händen am deutlichsten. Arthrose. Verbreiterung der Endphalangenköpfchen.	Gewöhnlich eosinophiles Adenom der Hypophyse, eventuell ist eine Destruktion der Sella zu beobachten.
Primäre Arthrose (konstitutionelle Degeneration des Gelenkknorpels) (Abb. 6.9, S. 86, Abb. 6.28)	Distale Fingerinterphalangealgelenke, erste Karpometakarpalgelenke, Hüft-, Knie-, erste Metatarsophalangealgelenke, Wirbelsäule	Ungleichmäßige Gelenkspaltverschmälerung, subchondrale Sklerose und Spornbildungen (Osteophyten) sind die Merkmale der Krankheit. Oft bestehen subchondrale Zysten, aber eine Osteoporose fehlt typischerweise.	Die primäre Arthrose befällt am häufigsten Frauen nach der Menopause. Die *arrosive Arthrose* ist eine entzündliche Form der Arthrose, die besonders die distalen Interphalangealgelenke und das erste Karpometakarpalgelenk befällt (Abb. 6.**29**, S. 100). *Ankylosierende Hyperostose (diffuse idiopathische Skeletthyperostose, Forestier-Krankheit)* nennt man eine wuchernde Osteophytenbildung mit Verschmelzungsneigung und oberflächlicher Ähnlichkeit zur Spondylitis ankylosans.

Fortsetzung auf Seite 100

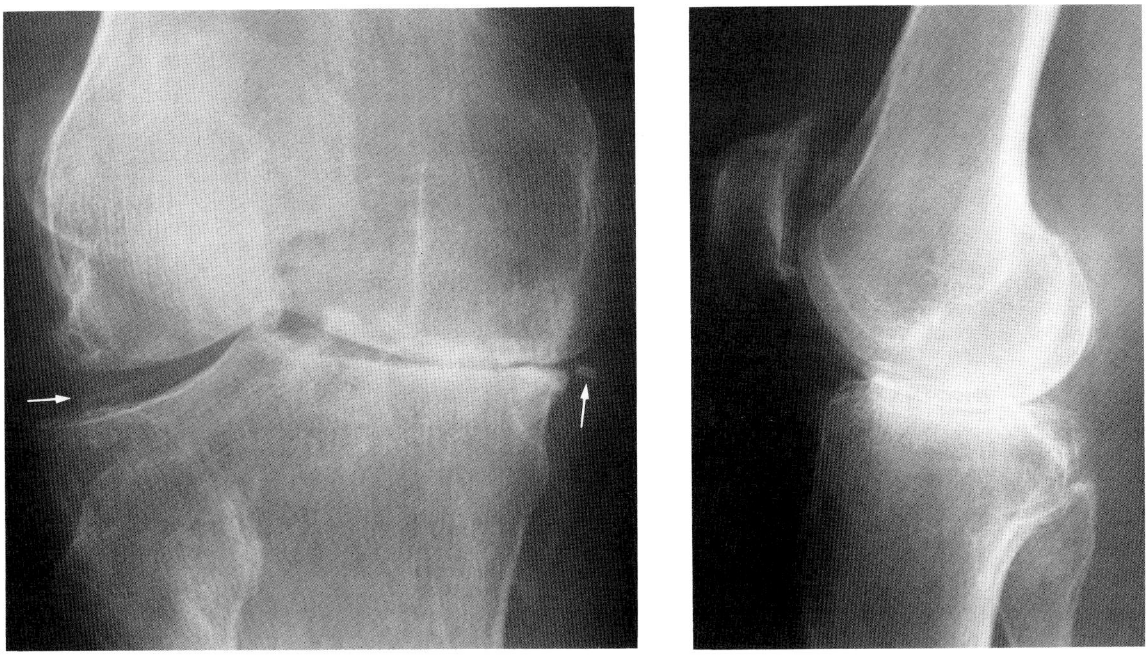

a b

Abb. 6.**27 a, b** **Pseudogicht.** Verkalkung der Menisci (Pfeil) und Arthrose im Bereich des medialen Kniegelenkabteils und des Patellofemoralgelenks.

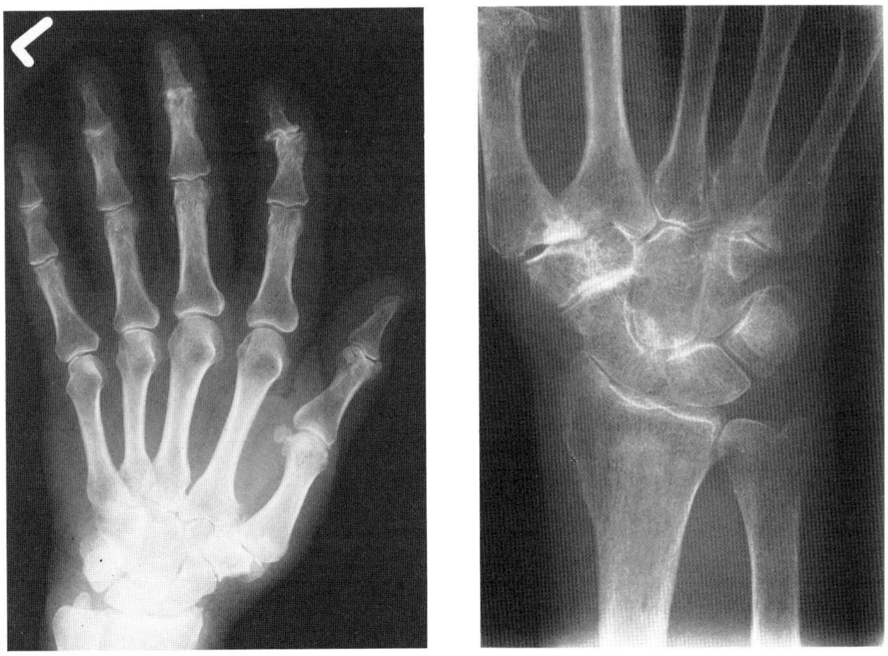

a b

Abb. 6.**28** **Primäre Arthrose, a** in den Fingern und **b** in der Handwurzel. **a** Enger Gelenkspalt, subchondrale Sklerose und knöcherne Protuberanzen um die distalen Interphalangealgelenke. **b** Verschmälerung des Gelenkspalts und subartikuläre Sklerose um das Trapezium.

Tabelle 6.2 Differentialdiagnostische Kriterien verschiedener Gelenkerkrankungen (Fortsetzung)

Krankheit	Gewöhnlich befallene Gelenke	Radiologische Kennzeichen	Bemerkungen
Sekundäre Arthrose (bei bekannter Primärursache) (Abb. 6.30–6.32)	Abhängig vom Auslösemechanismus	Wie bei der primären Arthrose. Bei segmentärer Instabilität in der Wirbelsäule bilden sich Traktionssporne anstelle von Osteophyten.	Bekannte Ursachen: 1. Allgemeinerkrankungen, Fettleibigkeit, Morbus Wilson, Akromegalie, gestörte propriozeptive Sensibilität, Alkaptonurie, Hyperparathyreoidismus, Hämochromatose, Kristallablagerungskrankheiten, Ochronose. 2. Örtliche Knochendeformierung infolge avaskulärer Nekrose, Osteochondritis dissecans, Trauma, Fehlstellung, vorangegangener Arthritiden, segmentärer Instabilität in der Wirbelsäule usw.

Fortsetzung auf Seite 102

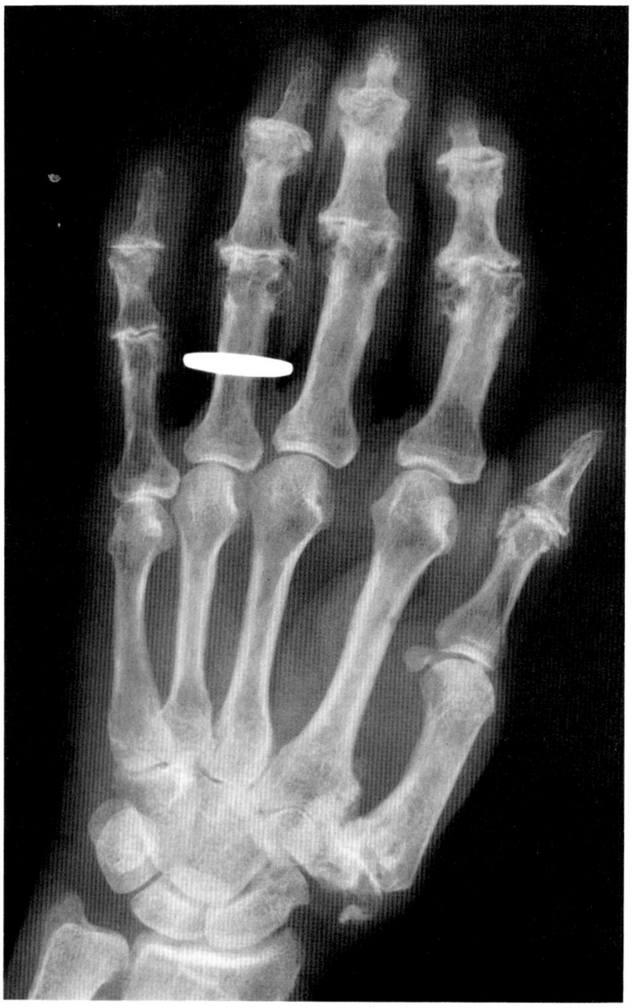

Abb. 6.29 **Arrosive Arthrose.** Ausgedehnte arthrotische Veränderungen in den proximalen und distalen Interphalangealgelenken und im ersten Karpometakarpalgelenk. Die Metakarpophalangealgelenke blieben verschont.

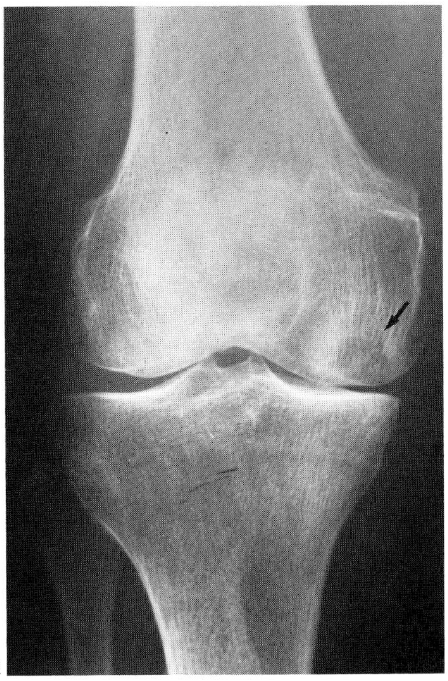
a

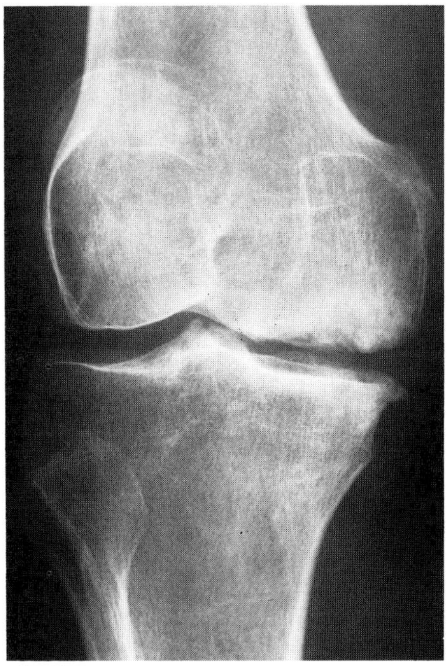
b

Abb. 6.**30 a, b** **Avaskuläre Nekrose** des medialen Femurkondylus mit **sekundärer Arthrose** des Kniegelenks. **a** Frühstadium mit Knochendestruktion und umgebender Sklerose (Pfeil) im medialen Femurkondylus, enger Gelenkspalt. **b** Fortgeschritteneres Stadium mit Destruktion des medialen Femurkondylus, ausgedehnter Sklerose der angrenzenden Knochen und einem Osteophyten an der Tibia.

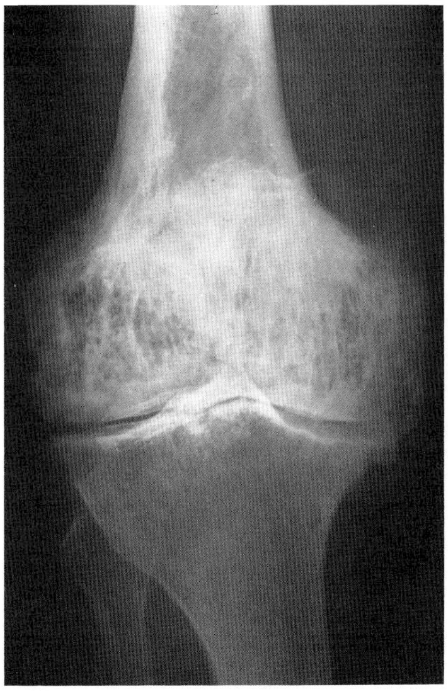
6.**31 a**

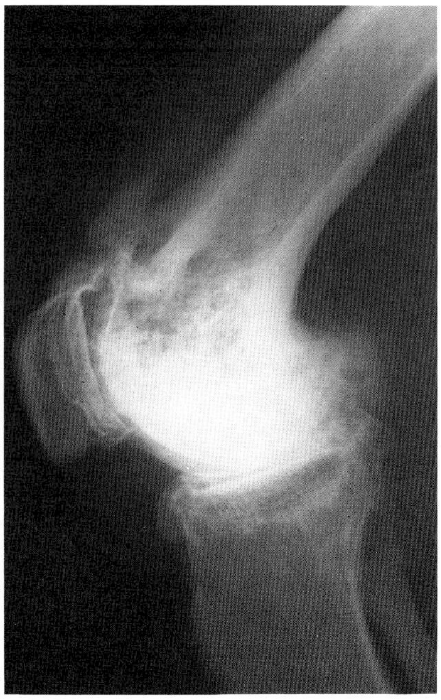
6.**31 b**

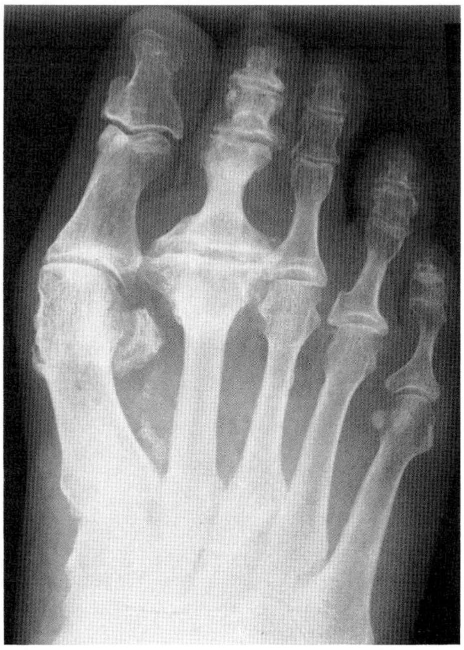
6.**32**

Abb. 6.**31 a, b** Schwere **Arthrose** des Kniegelenks bei Morbus Paget im distalen Femur. Verschmälerung des Gelenkspalts und ausgeprägte Osteophyten.

Abb. 6.**32** **Arthrose** der Gelenke der zweiten Zehe als Folge einer avaskulären Nekrose des zweiten Metatarsalköpfchens (Morbus Freiberg).

Tabelle 6.2 Differentialdiagnostische Kriterien verschiedener Gelenkerkrankungen (Fortsetzung)

Krankheit	Gewöhnlich befallene Gelenke	Radiologische Kennzeichen	Bemerkungen
Neurotrophische Arthropathien			
Diabetes mellitus (diabetische Neuropathie) (Abb. 6.33)	Untere Extremität, besonders Tarsal-, Tarsometatarsal- und Metatarsophalangealgelenke	*Die atrophische Arthropathie* ist in den oberen Extremitäten häufiger: Erguß, gefolgt von fortschreitender Resorption der Knochenenden.	Zu weiteren Ursachen einer neurotrophischen Arthropathie gehören *Lepra* (Hände und Füße), *Alkoholneuropathie* und *angeborene Unempfindlichkeit gegen Schmerz*.
Syphilis (Tabes dorsalis) (Abb. 6.34)	Knie-, Hüft-, Sprunggelenke, untere Wirbelsäule	Die *hypertrophische Arthropathie* ist in Bereichen, die das Körpergewicht zu tragen haben, häufiger (untere Extremitäten und Wirbelsäule): Erguß, Verschmälerung des Gelenkspalts, Knochensklerose, Fragmentation von Gelenkflächen mit nachfolgender Fehlstellung und hypertrophisch-arthrotischen Veränderungen.	
Syringomyelie (Abb. 6.35)	Schulter, Ellbogen, Halswirbelsäule		
Meningomyelozele	Knöchel-, Tarsalgelenke		
Eitrige Arthritis (Abb. 6.36, 6.37)	Knie-, Hüft-, Schultergelenk, Wirbelsäule	Weichteilschwellung, gefolgt von rascher Knorpel- und Knochendestruktion. Die destruierenden Veränderungen gehen der Osteoporose voran. Die Knochenarrosionen erscheinen 8–10 Tage nach dem Beginn. Es ist die ganze Kontur der Gelenkfläche betroffen (s. Arthritis tuberculosa). Zur Feststellung und Punktion eines Hüft- oder Schultergelenkergusses eignet sich die Ultraschalluntersuchung. Mit einer nuklearmedizinischen Knochenuntersuchung lassen sich eine Drucknekrose des Femurkopfs und eine subtile Wirbelinfektion in einem frühen Stadium aufdecken. Das Ausmaß des spinalen Prozesses ist mit Magnetresonanztomographie am besten zu beurteilen.	Die üblichen Bakterien, die eine eitrige Arthritis verursachen, sind bei Erwachsenen Staphylokokken, Pneumokokken und Gonokokken, bei Kindern Streptokokken und Hämophilus. Die Gonokokkenarthritis befällt oft zwei oder mehr Gelenke. Bei Patienten mit rheumatoider Arthritis, Hypogammaglobulinämie, chronischen Leiden mit Immunsuppressionstherapie, neurotrophischer Arthritis, Sichelzellenanämie oder Süchtigen ist die Häufigkeit größer. Ein *begleitender Gelenkerguß* in der Nachbarschaft eines Entzündungsprozesses kann anfangs einen akuten arthritischen Prozeß vortäuschen, schreitet aber nicht zur Gelenkzerstörung fort.

Fortsetzung auf Seite 104

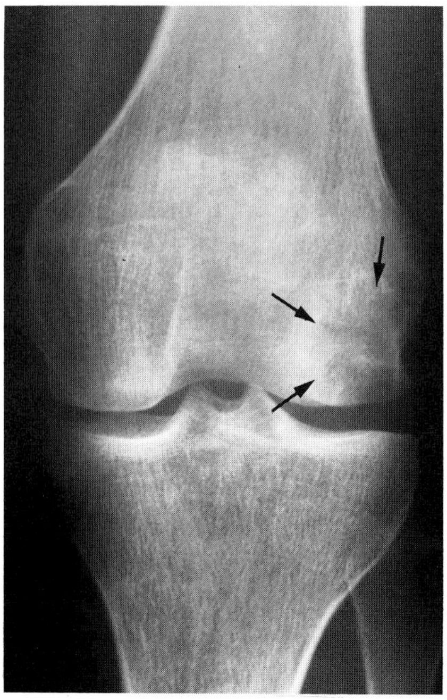

Abb. 6.**33** **Beginnende neurotrophische Arthropathie** bei Diabetes. Knochenresorption im lateralen Femurkondylus (Pfeile).

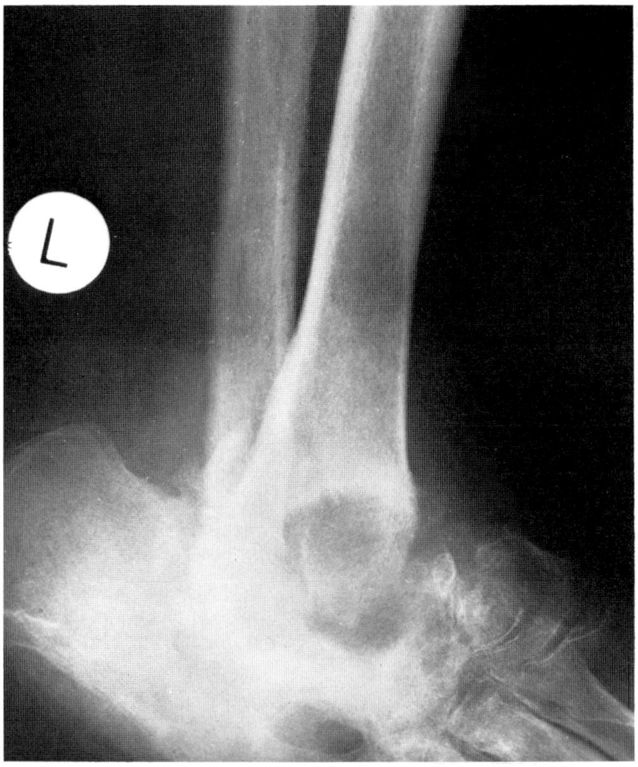

Abb. 6.**34** **Schwere neurotrophische Arthropathie** (Syphilis). Vollständige Destruktion des Sprunggelenks mit Resorption, Sklerose und Fragmentation des Knochens.

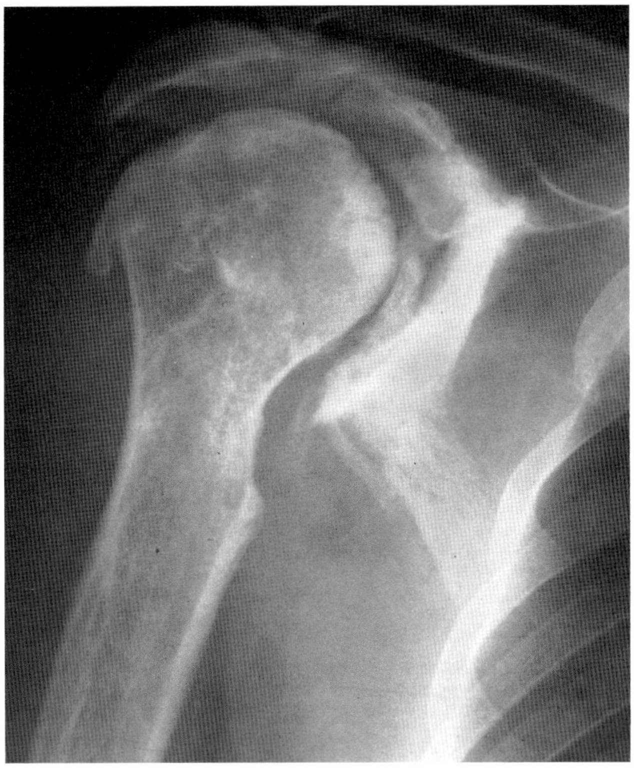

Abb. 6.**35** **Syringomyelie.** Schwere hypertrophische Arthropathie im Schultergelenk. Bezüglich atrophischer arthropathischer Veränderungen s. Abb. 14.**51** und 14.**52**, S. 253.

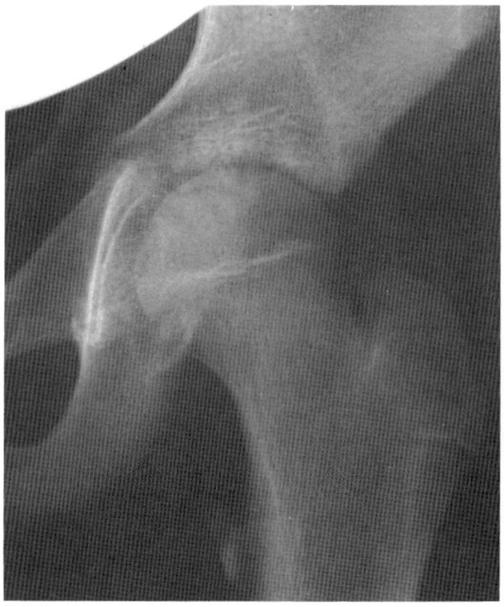

6.**36 a**

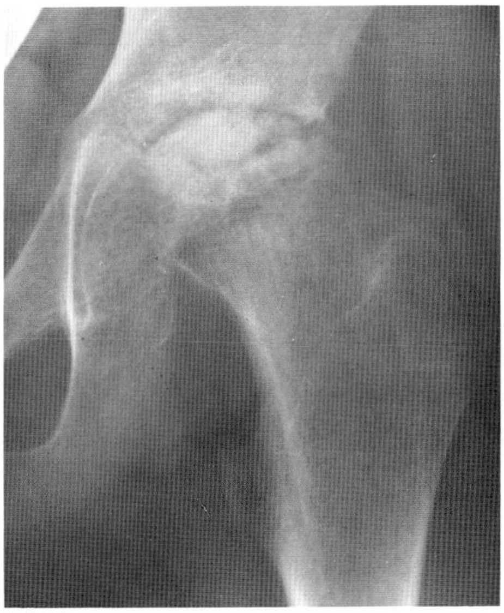

6.**36 b**

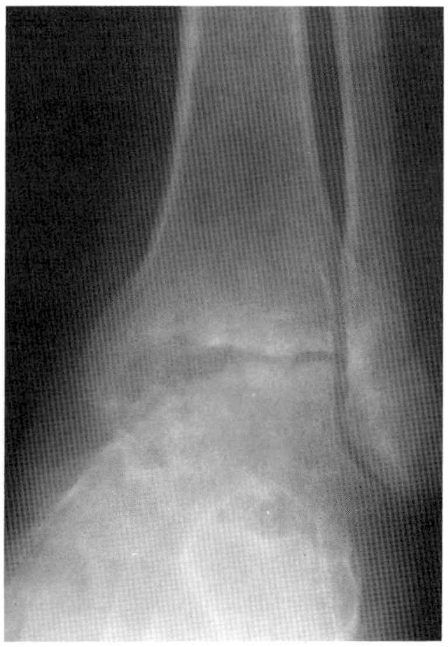

6.**37**

Abb. 6.**36 a, b** **Eitrige Arthritis** des linken Hüftgelenks. **a** Verschmälerung des Gelenkspalts infolge Knorpeldestruktion. Keine Osteoporose. **b** Eine spätere Aufnahme zeigt eine Destruktion im Femurkopf und Sklerose des Azetabulums und des Femurkopfs. Ein Gelenkspalt ist kaum mehr vorhanden.

Abb. 6.**37** **Eitrige Arthritis** im Sprunggelenk. Destruktion der Gelenkflächen des Talus und der distalen Tibia.

Tabelle 6.2 Differentialdiagnostische Kriterien verschiedener Gelenkerkrankungen (Fortsetzung)

Krankheit	Gewöhnlich befallene Gelenke	Radiologische Kennzeichen	Bemerkungen
Arthritis tuberculosa (Abb. 6.38, 6.39)	Wirbelsäule, Hüft-, Kniegelenk	Osteoporose, Erguß und Randarrosionen. Zur Verschmälerung des Gelenkspalts kommt es erst spät, weil der zentrale Gelenkknorpel erst relativ spät befallen wird. Destruktionsherde und Sequester liegen einander meist gegenüber.	Meist monoartikulär und langsamer als die eitrige Arthritis. Bei Kindern kann sie eine juvenile rheumatoide Arthritis mit vorzeitigem Wachstum der Knochenkerne imitieren. Bei der tuberkulösen Spondylitis bleibt die Bandscheibe oft verschont, im Gegensatz zur eitrigen Spondylitis. Ein paravertebraler Abszeß ist bei tuberkulöser Spondylitis häufig.
Mykotische Arthritis	Periphere Gelenke oder Wirbelsäule	Variables radiologisches Bild.	Selten. Zur Diagnose ist eine Gelenkpunktion erforderlich. Kann eine Gelenktuberkulose imitieren.
Virusarthritis	Kleine Gelenke	Gelenkerguß, der sich gewöhnlich ohne Knochenläsionen rückbildet.	Röteln, Mumps, Pocken und Serumhepatitis gehen am häufigsten mit einer flüchtigen Arthritis einher.
AIDS-assoziierte Arthritis	Periphere Gelenke oder Sakroiliakalgelenke	Die radiographischen Veränderungen sind gewöhnlich leicht und variabel, erscheinen aber ziemlich rasch im Krankheitsverlauf und umfassen Weichteilschwellung, periartikuläre Osteoporose, Gelenkergüsse, Sakroiliitis, periostale Reaktion, Gelenkspaltverschmälerung und Randusuren durch Osteonekrose.	Kein Befund ist für eine HIV-assoziierte Arthritis pathognomonisch. Die Fälle laufen unter einer Vielzahl von klinischen Diagnosen einschließlich Reiter-Syndrom, Arthritis psoriatica und rheumatoide Arthritis.
Synovitis pigmentosa villonodularis (Abb. 6.40)	Knie-, Sprung-, Hüftgelenk (monoartikulär)	Gelenkschwellung durch Erguß und einen gelappten Weichteiltumor. Dieser kann durch Hämosiderinablagerung strahlendicht erscheinen. Durch Invasion des benachbarten Knochens können zystenartige Defekte mit scharfen, sklerotischen Rändern entstehen.	Selten. Kommt bei jungen Erwachsenen vor. Vorgeschichte von intermittierenden Gelenkschmerzen mit Schwellung. Das Fehlen einer Gelenkspaltverschmälerung und periartikulären Osteoporose hilft bei der Unterscheidung von der rheumatoiden Arthritis oder Tuberkulose. Das *Synovialsarkom* neigt zur Verkalkung, die Synovitis villonodularis dagegen nicht.
Lipoiddermatoarthritis (multizentrische Retikulohistiozytose) (Abb. 6.41)	Variabel	Randarrosionen und Knochenresorption infolge Ablagerung von lipidenthaltenden Makrophagen.	Selten. Geht mit Hautxanthomen einher.
Hypertrophische Osteoarthropathie (Abb. 6.42, S. 106)	Röhrenknochen	Gelenkschwellungen kommen vor, aber es bestehen keine Arrosionen. Kennzeichnend sind Trommelschlegelfinger und variable periostale Knochenneubildungen an den Diaphysen von Röhrenknochen.	Die Trias Trommelschlegelfinger, Periostitis und Arthralgie findet sich gewöhnlich bei maligner Lungenerkrankung oder bei Kindern mit zystischer Fibrose. Das Ausmaß der periostalen Knochenneubildung ist größer als bei der Arthritis psoriatica oder beim Reiter-Syndrom.

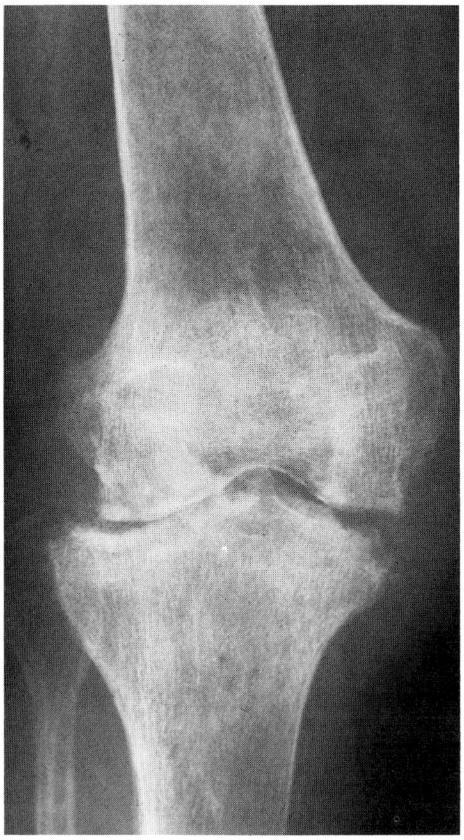

Abb. 6.**38** **Tuberkulöse Arthritis** des Kniegelenks. Trotz ausgedehnter Randusuren ist der Hauptteil der Gelenkfläche erhalten, weil der Gelenkknorpel relativ spät befallen wird.

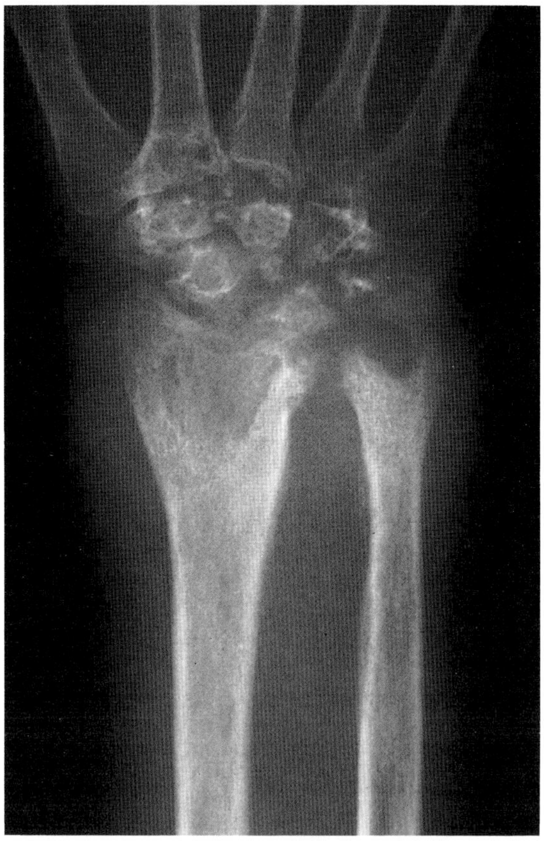

Abb. 6.**39** **Tuberkulöse Arthritis.** Ausgedehnte Destruktion im distalen Bereich von Radius und Ulna mit teilweiser Erhaltung der Gelenkfläche des Radius sowie schwere Osteoporose.

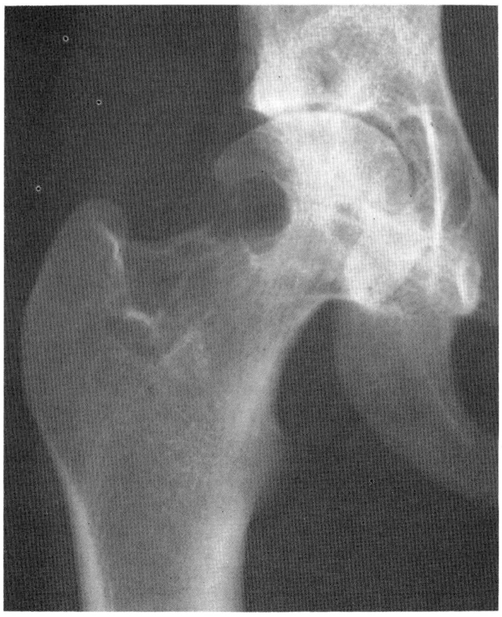

Abb. 6.**40** **Synovitis pigmentosa villonodularis** im Hüftgelenk. Der Tumor hat den Femurhals arrodiert.

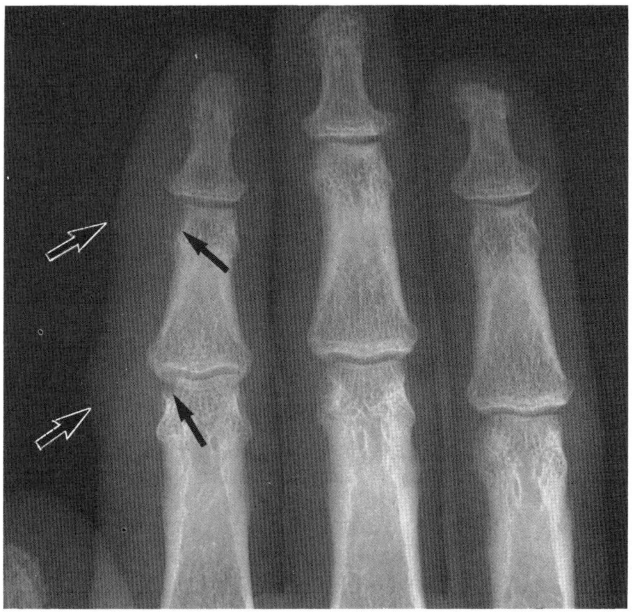

Abb. 6.**41** **Lipoiddermatoarthritis.** Weichteilschwellungen und Knochenarrosionen (Pfeile).

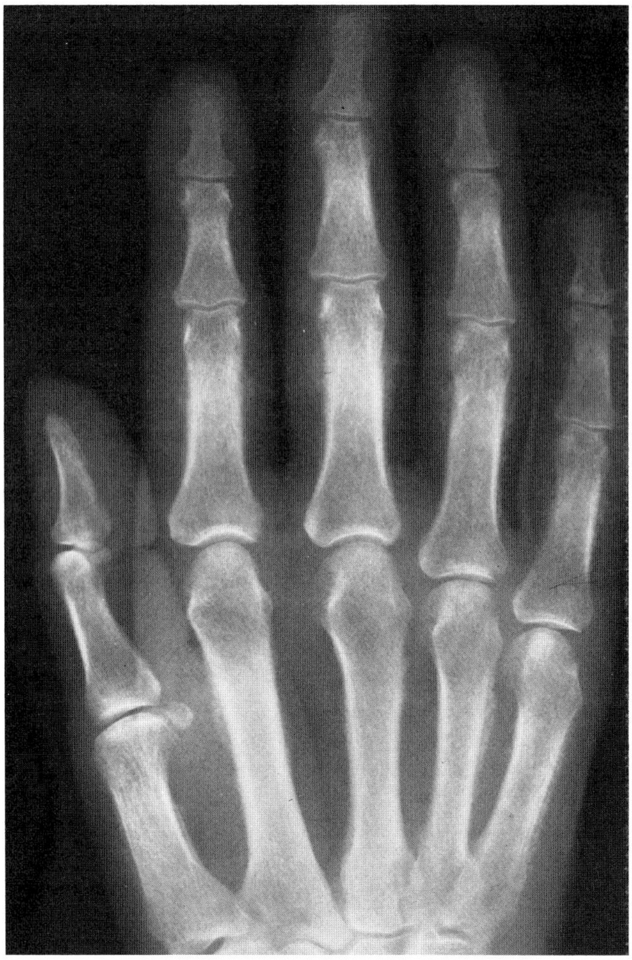

a

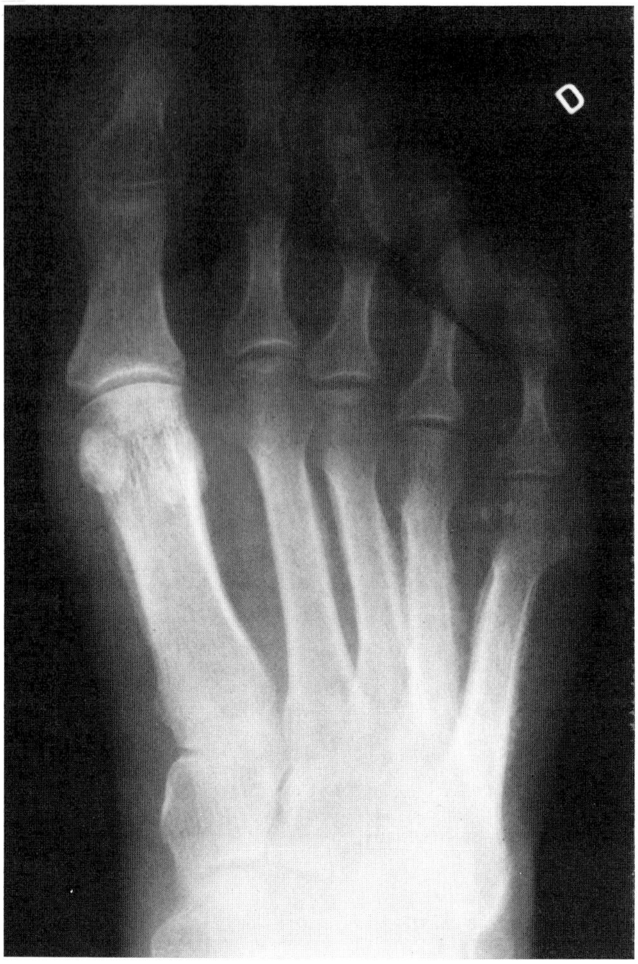

b

Abb. 6.**42 a, b** **Hypertrophische Osteoarthropathie.** Periostale Knochenneubildung in den Diaphysen der langen Knochen von **a** Hand und **b** Fuß. Fleckige Osteoporose, aber keine echten Arrosionen.

7 Gelenk- und Weichteilverkalkungen

Eine Kalkablagerung an abnormer Stelle kann in zwei Formen erfolgen, nämlich als *Verkalkung* oder als *Verknöcherung*. Sie sind röntgenologisch unterscheidbar. Eine Verkalkung wird als strukturlose Verdichtung sichtbar, eine Verknöcherung zeigt eine Organisation in Trabekelwerk und Kortikalis (Abb. 7.**1** und 7.**2**).

Weichteilverkalkungen klassifiziert man als *metastatisch* (zur ektopischen Verkalkung im primär normalen Gewebe führende Störung des Kalzium- oder Phosphorstoffwechsels), als *Kalzinose* (Kalkablagerung in Weichteilen bei normalem Kalziumstoffwechsel) oder als *dystrophisch* (Kalkablagerung im geschädigten Gewebe ohne generalisierte Stoffwechselstörung). Eine Weichteilverknöcherung beruht gewöhnlich auf einer *Myositis ossificans* oder auf einer *Tumorverknöcherung* in Weichteilen.

In Tab. 7.**1** wird die Differentialdiagnose der Verkalkung oder Verknöcherung von Gelenken und Weichteilen der Extremitäten dargestellt.

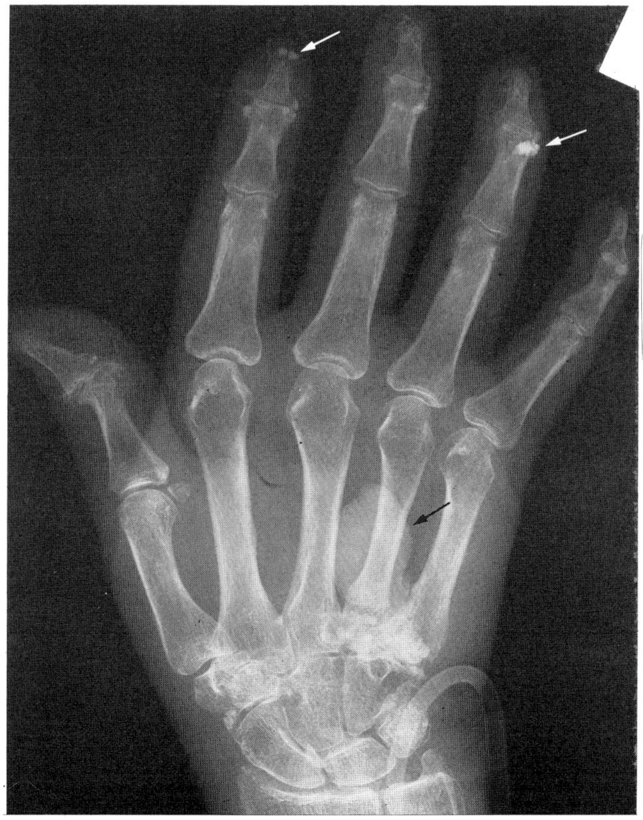

Abb. 7.**1** **Strukturlose Verkalkungen** (Pfeile) in den Weichteilen der Hand. Chronische **Niereninsuffizienz.**

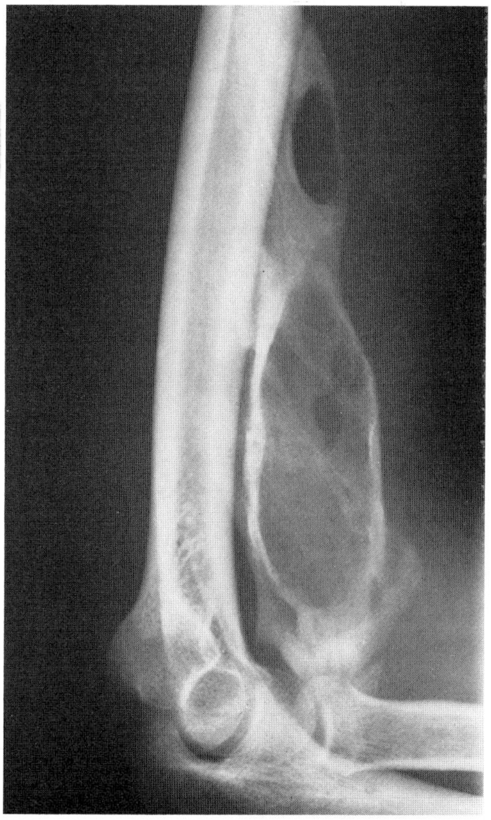

Abb. 7.**2** **Myositis ossificans.** Knochenbildung in den Weichteilen des Oberarms nach **Trauma.**

Tabelle 7.1 Differentialdiagnose der Weichteilverkalkungen und -verknöcherungen

Radiographischer Befund	Damit verbundene Krankheiten	Übliche Lokalisationen, Bemerkungen
Intraartikulärer verkalkter oder verknöcherter Körper (einzeln oder multipel) **(Abb.** 7.3–7.5)	*Degenerative Gelenkerkrankung* mit abgetrenntem Sporn	Knie und andere große Gelenke. Kann einer synovialen Osteochondromatosis ähneln, enthält aber gewöhnlich eine oder etliche Verkalkungen.
	Fraktur mit Ausrißfragment im Gelenk (Knochen, Gelenkknorpel, Meniskus)	Knorpelfragmente können (aber müssen nicht) verkalken.
	Osteochondrosis dissecans	Knie-, Ellbogen-, Hüft-, Schulter-, Sprunggelenk; ähnlich der Gelenkchondromatose, doch nur eine oder wenige Verkalkungen. In der Gelenkfläche bleibt das Bett der Gelenkmaus zurück.
	Gelenkchondromatose	Knie-, Hüft-, Ellbogen-, Schultergelenk; multiple, kleine verkalkte oder verknöcherte Verdichtungen in der Gelenkkapsel. Manche Synovialchondrome bleiben unverkalkt und sind auf Nativaufnahmen nicht erkennbar.
	Neurogene Arthropathie	Knie-, Hüft-, Sprunggelenk. Desintegration der Gelenkflächen, Sklerose und Fehlstellung.
	Intraartikuläre Tumorverkalkung *(Synovialsarkom, intrakapsuläres Chondrom)*	Knie. Verbunden mit Weichteiltumor. Ein Tumor kann einen freien Gelenkkörper simulieren.
	Sequester von einer *tuberkulösen* oder *eitrigen Arthritis*	Selten. Verbunden mit Arthritis oder postarthritischer Deformierung.
Fortsetzung auf Seite 110		

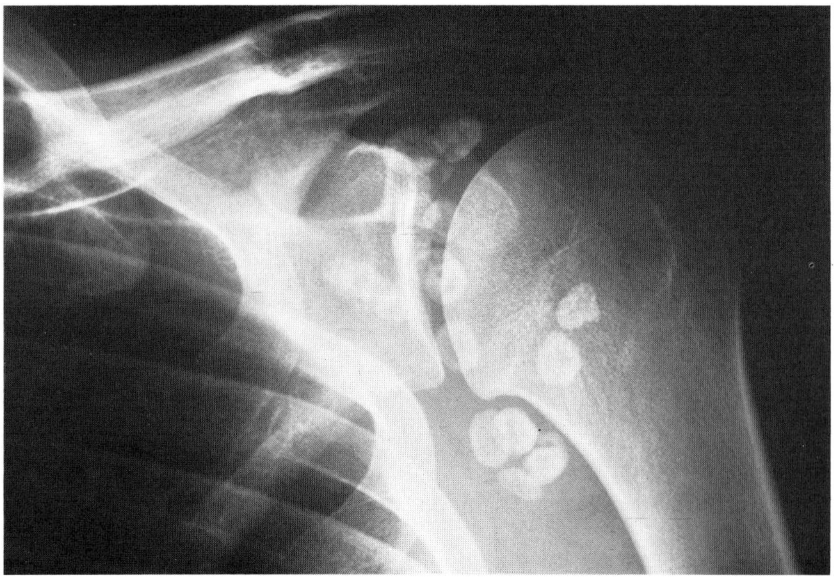

a

Abb. 7.3 **Gelenkchondromatose.** **a** Schultergelenk, **b** und **c** Kniegelenk. Schwere sekundäre Arthrose im Kniegelenk (Abb. auf S. 109).

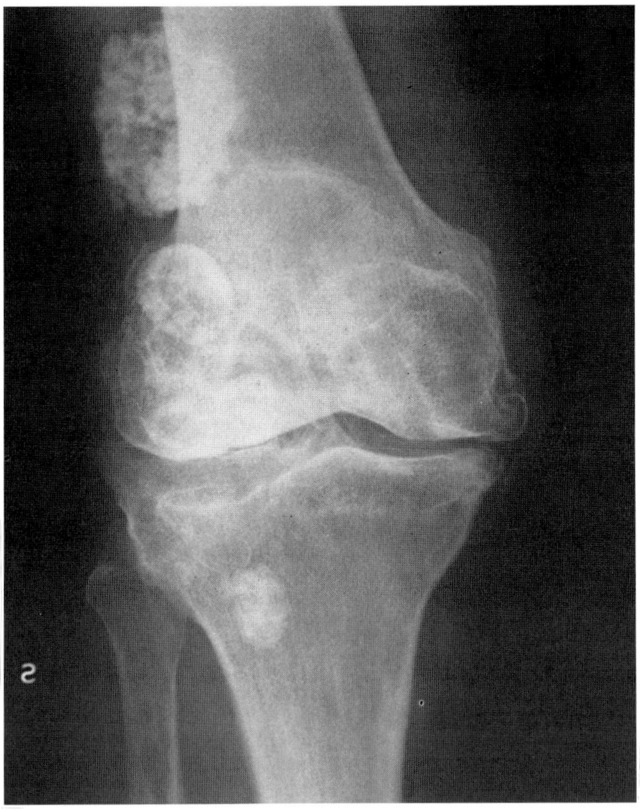

7.3b

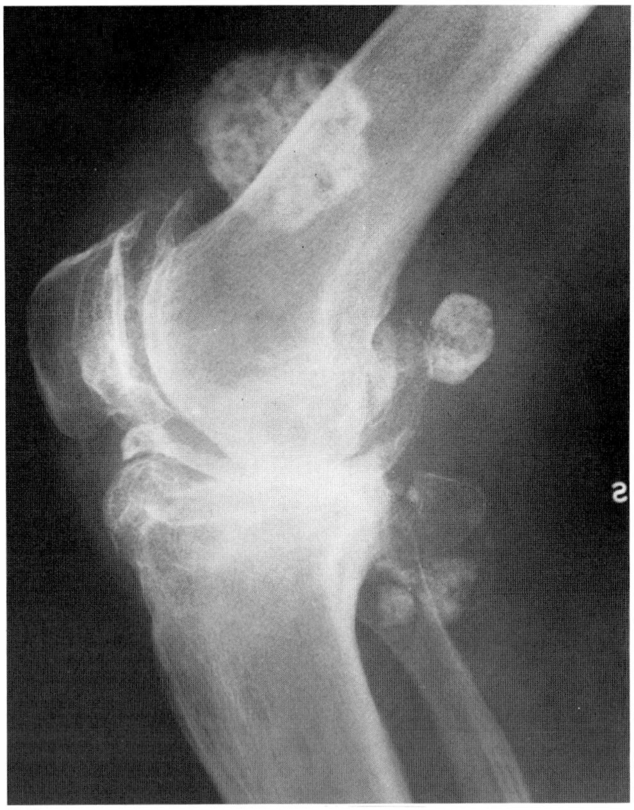

7.3c

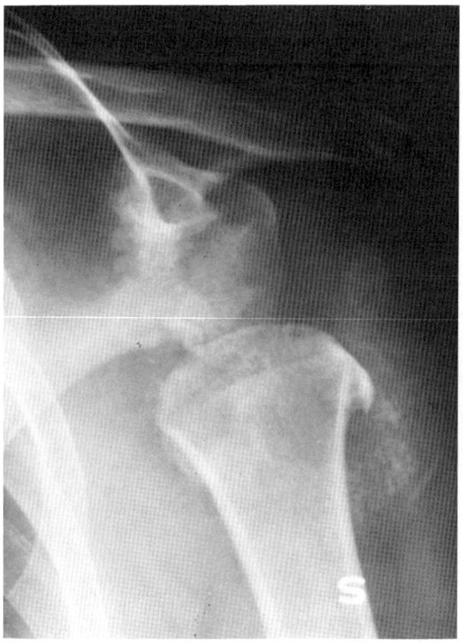

7.4

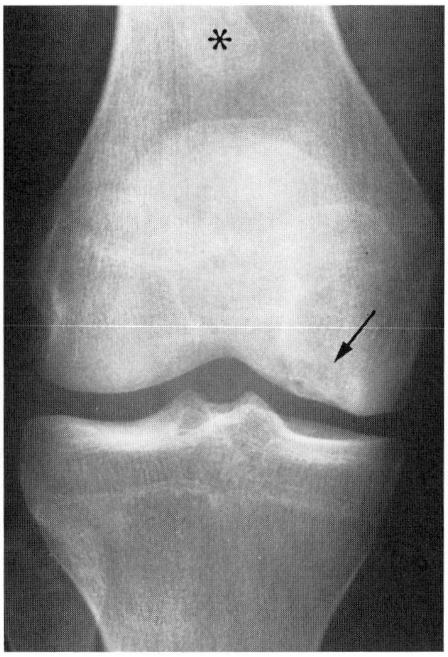

7.5a

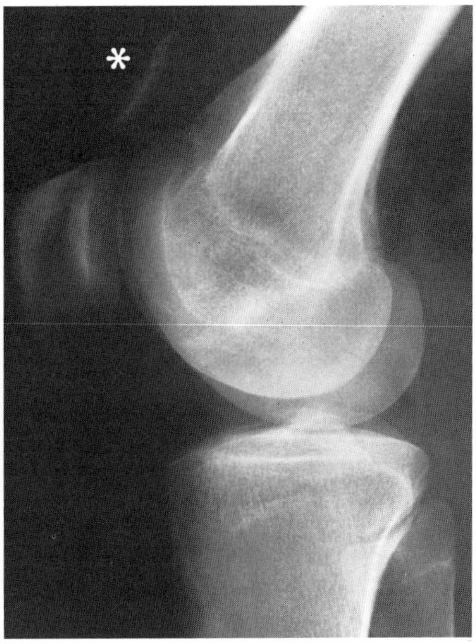

7.5b

Abb. 7.4 **Syringomyelie.** Destruktion der Schultergelenkpfanne und des Humeruskopfs, der nach unten disloziert ist. Die Gelenkhöhle enthält verkalkte Fragmente.

Abb. 7.5 **a** A.-p. und **b** Seitenansicht des Knies bei **Osteochondrosis dissecans.** Zurückgebliebenes Mausbett in der Gelenkfläche des medialen Femurkondylus (Pfeil); der verkalkte freie Gelenkkörper (Gelenkmaus) ist oberhalb der Patella sichtbar (Stern).

Tabelle 7.1 Differentialdiagnose der Weichteilverkalkungen und -verknöcherungen (Fortsetzung)

Radiographischer Befund	Damit verbundene Krankheiten	Übliche Lokalisationen, Bemerkungen
***Verkalkung von Gelenkknorpel oder Meniskus (im hyalinen Knorpel diffus trüb oder linear, im Faserknorpel dick und rauh).* (Abb. 7.6–7.8)**	*Pseudogicht,* Kalziumpyrophosphatdihydratablagerung	Knie-, Hand-, Hüftgelenke. Kann mit verschiedengradiger sekundärer Arthrose einhergehen.
	Idiopathische *primäre Arthrose, Trauma*	Knorpelverkalkung ohne Kristallarthropathie.
	Sekundäre *Arthrose*	Vorzeitige Arthrose mit Chondrokalzinose. Kommt bei *Akromegalie, Hämochromatose und Morbus Wilson* vor, besonders in den kleinen Gelenken der Hände und Füße.
	Hyperparathyreoidismus, renale Osteodystrophie	Hand-, Knie-, Hüft-, Schulter-, Ellbogengelenke. Wird auch bei *Oxalose* mit sekundärer Niereninsuffizienz beobachtet.
	Gicht	Knie. Die Chondrokalzinose ist eine sekundäre Manifestation.
Fortsetzung auf Seite 111	*Ochronose*	Menisci, Bandscheiben. Eine Bandscheibenverkalkung sieht man auch bei *D-Hypervitaminose, Hypophosphatasie, Spondylitis ankylosans, Spondylose und Bandscheibendegeneration.*

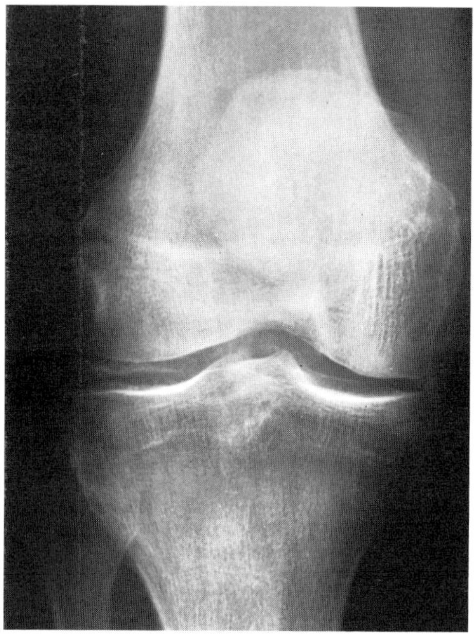

Abb. 7.**6** **Chondrokalzinose** mit Verkalkung der Menisci und des Gelenkknorpels des Knies.

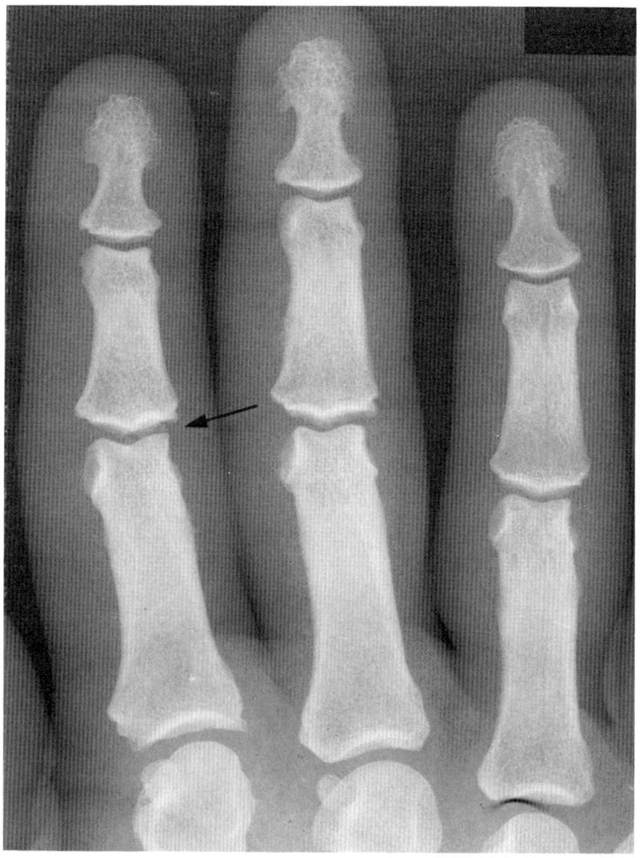

Abb. 7.**8** **Akromegalie.** Verbreiterung der Gelenkspalte und Verkalkung des Knorpels im proximalen Interphalangealgelenk des Zeigefingers (Pfeil).

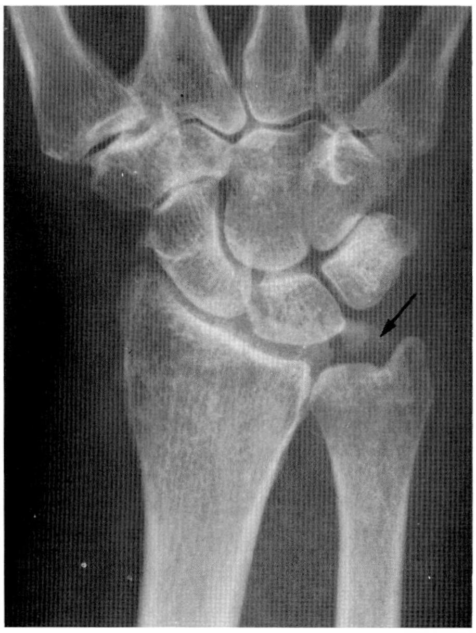

◄ Abb. 7.**7** **Pseudogicht.** Verkalkung in der Gegend des Triquetrumknorpels des Karpus (Pfeil). Arthrotische Veränderungen an den Gelenkflächen des Trapeziums.

Tabelle 7.1 Differentialdiagnose der Weichteilverkalkungen und -verknöcherungen (Fortsetzung)

Radiographischer Befund	Damit verbundene Krankheiten	Übliche Lokalisationen, Bemerkungen
Periartikuläre Weichteilverkalkung oder -verknöcherung		
1. Diffus oder multipel (**Abb. 7.1, S. 107, Abb. 7.9–7.10, Abb. 7.11–7.12, S. 112**)	*Hyperparathyreoidismus* *Renale Osteodystrophie*	Begleiten andere radiographische Zeichen des Hyperparathyreoidismus.
	Andere Störungen des Kalzium- und Phosphatstoffwechsels: *Hypoparathyreoidismus, chronische Hämolyse, ausgedehnte Knochenzerstörung, Vitamin-D-Intoxikation, Milch-Alkali-Syndrom usw.*	Manchmal kommt es zu ligamentären, subkutanen und intrakranialen Verkalkungen. Wird bei postoperativem Hypoparathyreoidismus nicht beobachtet.
	Sklerodermie	Meist in den Händen. Die Verbindung von generalisierter Kalzinose der Haut und Sklerodermie wird als *Thibièrge-Weissenbach-Syndrom* bezeichnet. Die Tetrade Hautverkalkung, Raynaud-Phänomen, Sklerodaktylie und Teleangiektasie *(CRST-Syndrom)* ist eine Variante der Sklerodermie.
	Dermatomyositis	Verbunden mit generalisierter oder lokalisierter Kalzinose des subkutanen Gewebes.
	Panarteriitis nodosa *Raynaud-Syndrom* *Rheumatoide Arthritis* *Lupus erythematodes disseminatus*	Periartikuläre Verkalkungen sind bei diesen Bindegewebskrankheiten selten. Bei Lupus erythematodes disseminatus können sie reversibel sein.
	Sarkoidose	Große periartikuläre Weichteiltumoren mit oder ohne Verkalkungen sind eine seltene Manifestation.

Fortsetzung auf Seite 112

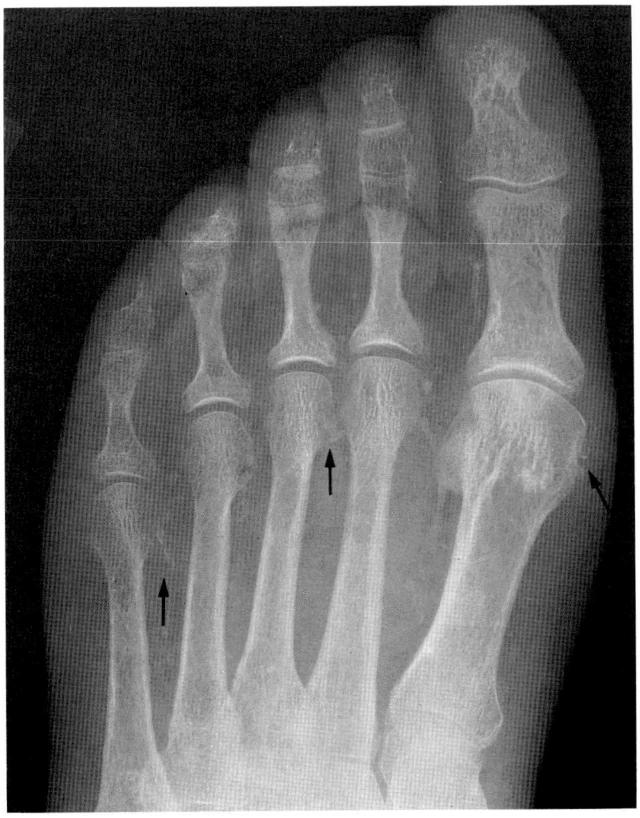

Abb. 7.**9** Periartikuläre (Pfeile) und vaskuläre Verkalkungen bei **Hyperparathyreoidismus.**

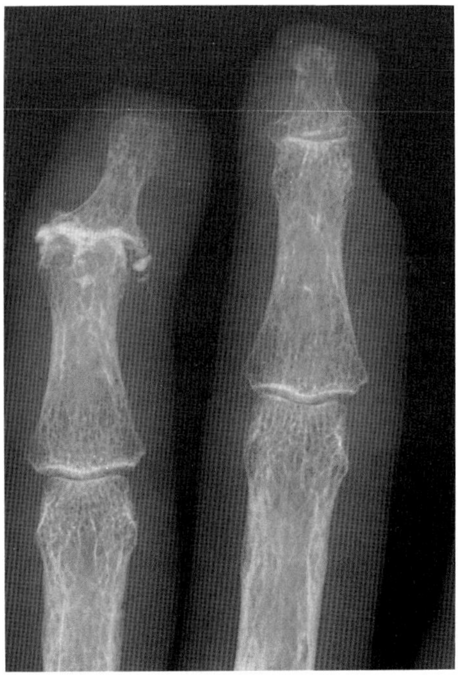

Abb. 7.**10** **Sklerodermie.** Periartikuläre Weichteilverkalkung in einem Finger und ein Weichteildefekt in einem anderen.

Tabelle 7.1 Differentialdiagnose der Weichteilverkalkungen und -verknöcherungen (Fortsetzung)

Radiographischer Befund	Damit verbundene Krankheiten	Übliche Lokalisationen, Bemerkungen
	Gicht	Ein periartikulärer verkalkter Knoten, verbunden mit Chondrokalzinose, ist kennzeichnend für Gicht. Tritt am häufigsten am ersten Metatarsophalangealgelenk, am Achillessehnenansatz und an der Bursa olecrani auf.
	Ochronose	Periartikuläre Verkalkungen kommen in der Wirbelsäule und den großen Gelenken vor.
	Ehlers-Danlos-Syndrom	Siehe „Subkutane Verkalkung", S. 118
	Werner-Syndrom (Progeria adultorum)	Bei dieser seltenen Erkrankung können periartikuläre Bänderverkalkungen auftreten, besonders in der Kniegegend. Zu den weiteren radiographischen Befunden zählen Osteoporose, vorzeitige Atherosklerose mit Verkalkung sowie Arthrose.

Fortsetzung auf Seite 113

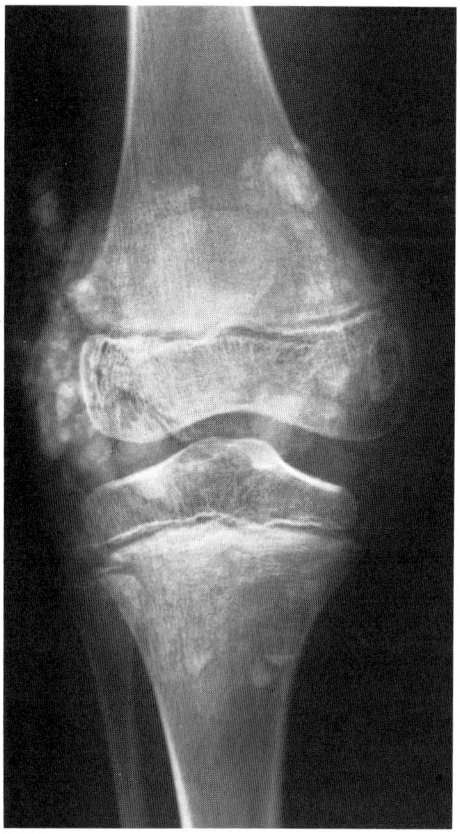

7.**11 a**

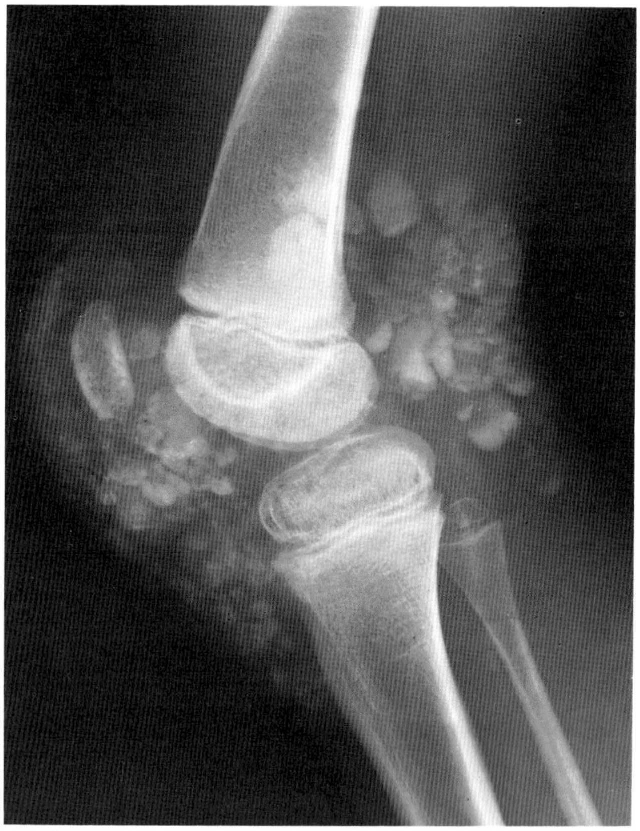

7.**11 b**

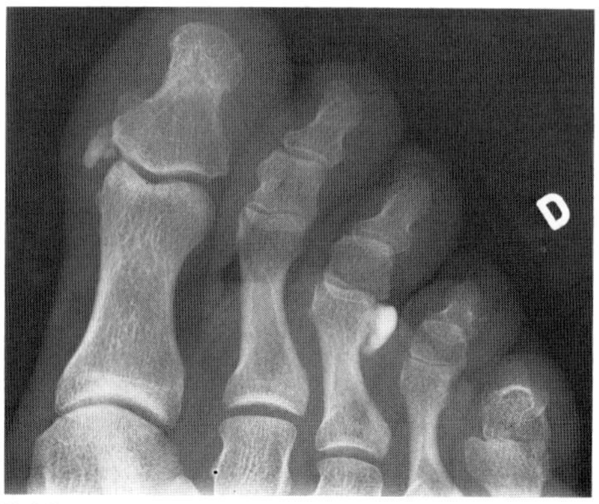

7.**12**

Abb. 7.**11 a, b** **Dermatomyositis** bei einem Kind. Die periartikulären Weichteilverkalkungen in der Kniegegend haben einige Ähnlichkeit mit der Gelenkchondromatose.

Abb. 7.**12** **Calcinosis interstitialis universalis.** Kalkablagerungen in den Zehen wie bei Sklerodermie, aber keine anderen pathologischen Veränderungen.

Tabelle 7.1 Differentialdiagnose der Weichteilverkalkungen und -verknöcherungen (Fortsetzung)

Radiographischer Befund	Damit verbundene Krankheiten	Übliche Lokalisationen, Bemerkungen
2. Lokalisiert (Abb. 7.13, 7.14, Abb. 7.15, Abb. 7.16, S. 114)	*Hydroxylapatitablagerung*	Beispiele: Schulter (tendinitis calcarea, Periarthritis), Hüfte (verkalkte Bursa trochanterica).
	Myositis ossificans (localisata)	Etwa einen Monat nach einem Trauma (Hämatom, Kapsel- oder Bänderverletzung) kommt es zur Verkalkung, später zur Verknöcherung. Häufig auch in der Umgebung einer Gelenkprothese sowie bei chronischen neurologischen Leiden (Paraplegie). Die Verknöcherung ist vom Knochen immer durch eine Aufhellungszone getrennt, anders als ein maligner Knochentumor.
	Posttraumatische Verkalkung	Eine Stieda-Pellegrini-Verkalkung am proximalen Ansatz des Lig. collaterale tibiale des Knies wird häufig beobachtet.
	Synovialsarkom	Meistens im Knie. Nur ein kleiner Prozentsatz dieser Tumoren ist intraartikulär. Der periartikuläre Tumor enthält oft Kalkfleckchen, aber keine massive Verkalkung.
	Synovitis pigmentosa villonodularis	Meistens im Knie. Ein sehr dichter knolliger Tumor kann aufgrund von Hämosiderinablagerungen verkalkt erscheinen, doch der Tumor verkalkt nicht.
	Geheilte Arthritis tuberculosa	Große Gelenke, Wirbelsäule. Oft kommt es zur fibrösen Ankylose und zu ausgedehnten Weichteilverkalkungen.
	Lipokalzinogranulomatose (Teutschländer-Syndrom)	Gewöhnlich schmerzlose Verkalkungen, meist in Schleimbeuteln in der Nähe von Gelenken (Hüfte, Ellbogen, Schulter) oder von Knochenvorsprüngen. Wenn Zysten vorliegen, kann die kalkhaltige Flüssigkeit eine Schichtung aufweisen. Kleine verkalkte Knötchen können sich zu einem großen, soliden knolligen Tumor weiterentwickeln. Das Gelenk ist nicht beteiligt.

Fortsetzung auf Seite 114

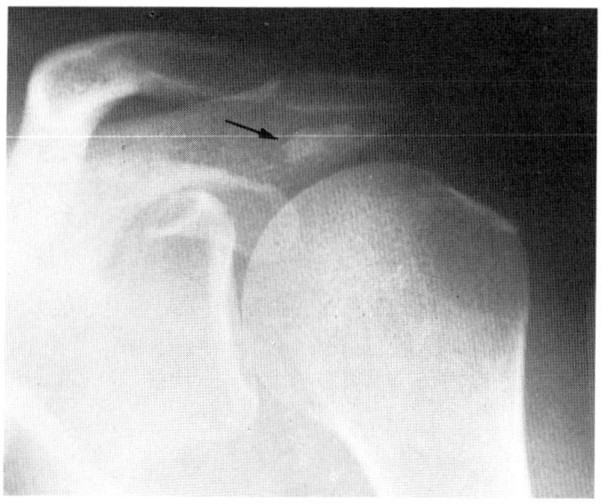

Abb. 7.**13** **Hydroxylapatitablagerung.** Verkalkung der Bursa subacromialis.

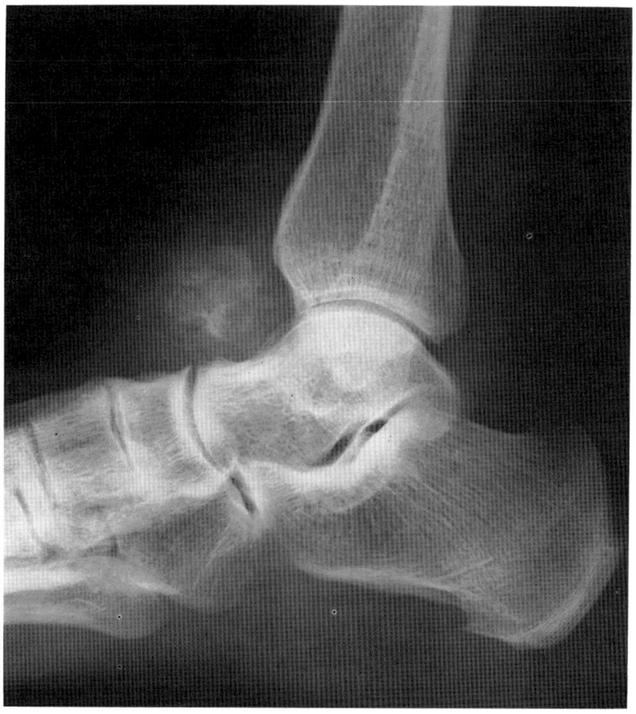

Abb. 7.**14** **Verkalktes Hämatom** in der Nähe des Sprunggelenks.

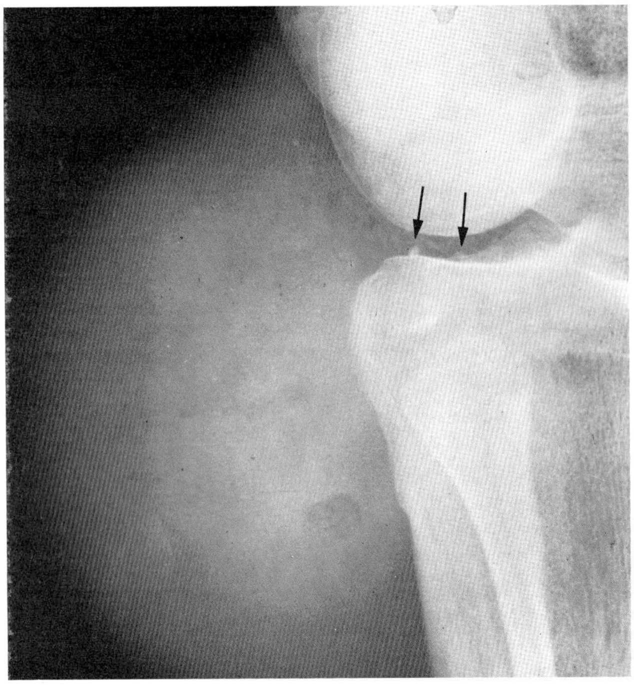

Abb. 7.**15** **Synovialsarkom** des Kniegelenks. Großer Weichteiltumor und kleine Verkalkungen in der Gegend des Gelenkspalts (Pfeile).

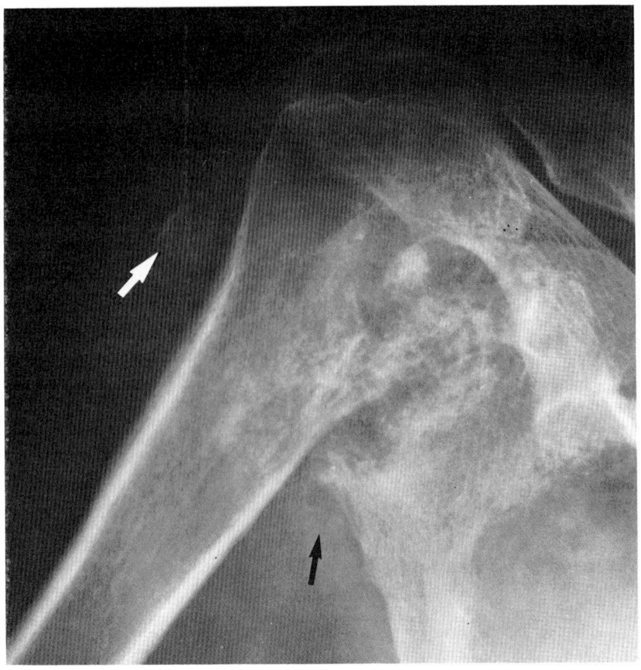

Abb. 7.**16** Geheilte **Arthritis tuberculosa** der rechten Schulter. Schwere Deformierung und Weichteilverkalkungen (Pfeile).

Tabelle 7.1 Differentialdiagnose der Weichteilverkalkungen und -verknöcherungen (Fortsetzung)

Radiographischer Befund	Damit verbundene Krankheiten	Übliche Lokalisationen, Bemerkungen
Bindegewebs- und Muskelverkalkung oder -verknöcherung **1. Generalisiert (Abb. 7.17–7.20)**	*Idiopathische Calcinosis universalis, Sklerodermie, Dermatomyositis, Lupus erythematodes disseminatus* (selten). *Kohlenmonoxidvergiftung* (selten).	Variabel: Hals, Brust, Gliedmaßen. Es findet keine Verknöcherung statt.
	Myositis ossificans progressiva (selten)	Heterotope Verknöcherung im frühen Kindesalter. Hals, Schultern, Oberarme, Becken. Begleitend finden sich kurze Metakarpal- und Metatarsalknochen und Finger- oder Zehenanomalien.
	Parasitenverkalkungen:	
	– Zystizerose *(Taenia solium)*	Multiple, ovale Verkalkungen (etwa 1 cm lang und 3 mm dick) mit der Längsachse in Richtung der Muskelschichten.
	– Hydatiden (Echinokokkose) *(Echinokokkus)*	Wenn Verkalkungen im Muskel vorkommen, liegen sie meist parallel zur Längsachse der Extremität.
	– Guineawurm *(Dracunculus medinensis)*	Kleine unregelmäßige oder lineare serpigiginöse Verkalkungen, die bis zu mehreren Zentimetern lang sind (verkalkter weiblicher Wurm), in der Bein-, Bauch- oder Brustmuskulatur.
	– Loa loa *(Filaria loa)*	U- oder V-förmige verkalkte Tüpfel in den Gewebespalten.
	– Schistosomiasis *(Schistosoma haematobium)*	Fibrose und granulomatöse Verkalkung, häufiger im unteren Harntrakt.
	– Trichinose *(Trichinella spiralis)*	1 mm oder kleiner, selten radiologisch sichtbar.
Fortsetzung auf Seite 116	– *Armillifer armillatus*	Multiple, kommaförmige peritoneale oder pleurale Verkalkungen.

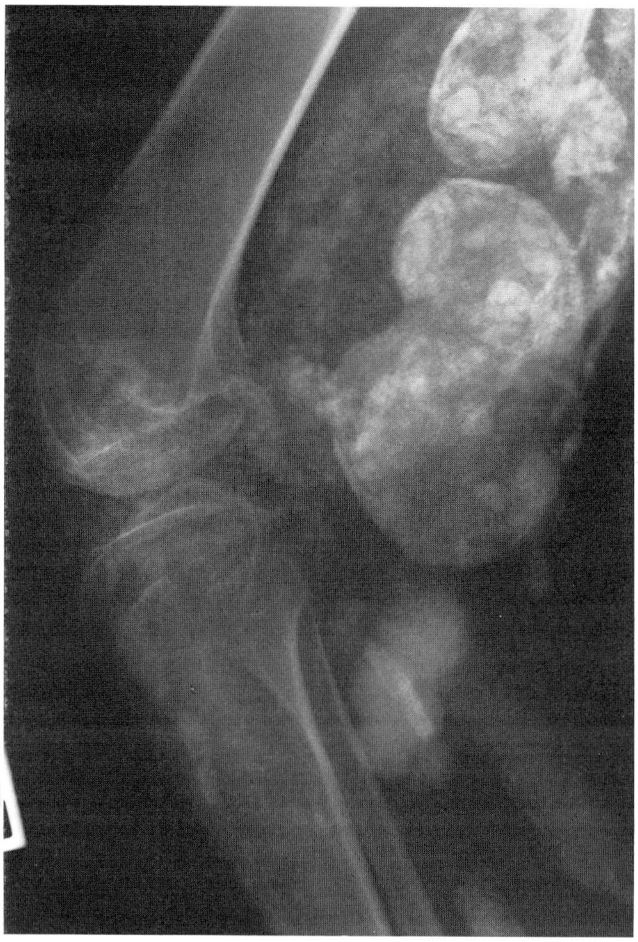

Abb. 7.**17** **Dermatomyositis.** Ausgedehnte Bindegewebsverkalkungen im Bein.

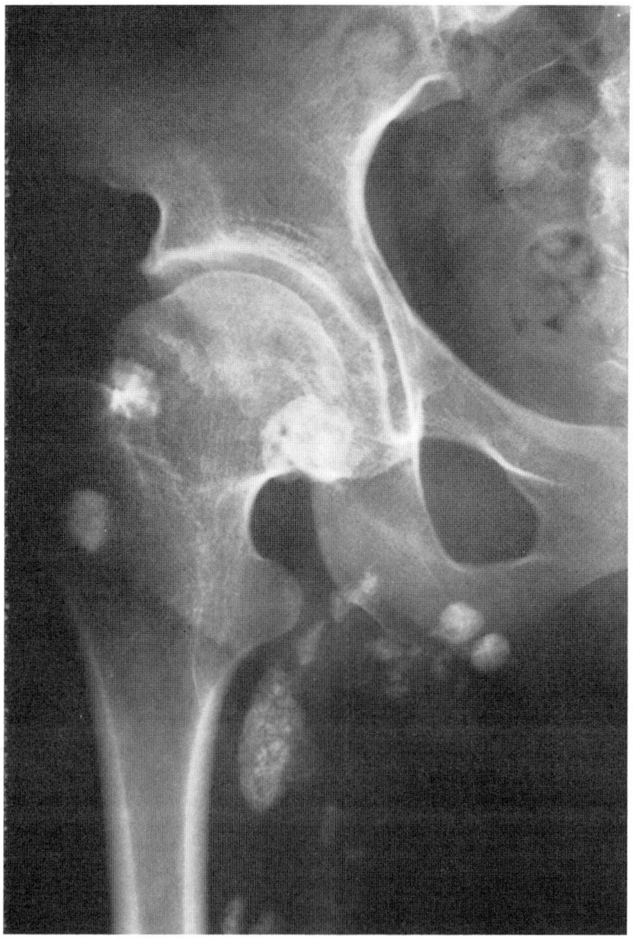

Abb. 7.**18** **Dermatomyositis.** Die Bindegewebsverkalkungen sehen aus wie ein Lymphogramm.

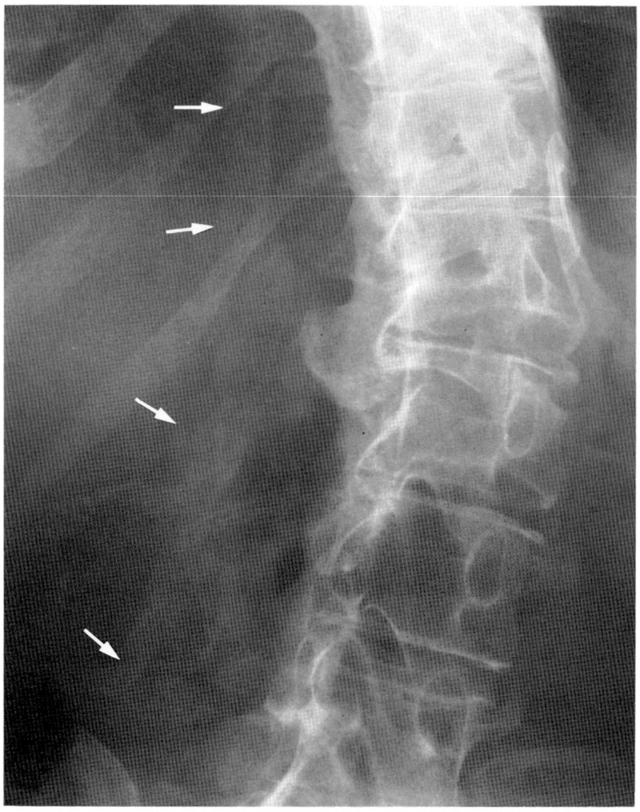

Abb. 7.**19** **Myositis ossificans progressiva.** Paraspinale Weichteilverknöcherung (Pfeile) bei Myositis in dieser Region.

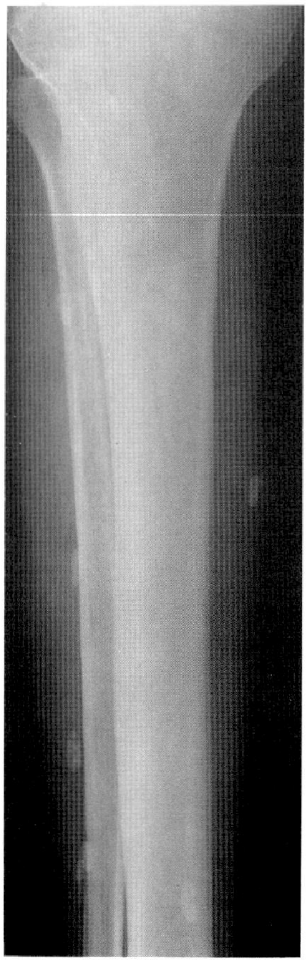

Abb. 7.**20** **Zystizerkose.** ▶ Multiple ovale Verkalkungen in den Weichteilen des Beins.

Tabelle 7.1 Differentialdiagnose der Weichteilverkalkungen und -verknöcherungen (Fortsetzung)

Radiographischer Befund	Damit verbundene Krankheiten	Übliche Lokalisationen, Bemerkungen
2. Lokalisiert (Abb. 7.21–7.34)	*Idiopathisch oder degenerativ*	Die Bänder des Schultergürtels und Beckens verkalken oft bei sonst gesunden Menschen.
	Fluorose	Die paraspinalen, sakrotuberalen und iliolumbalen Bänder können bei Fluorose sehr stark verkalken. Sie Sklerose des Achsenskeletts ist bezeichnender.
	Traumatisch oder postoperativ	Häufig um Hüftgelenk-Totalprothese.
	Periostal infolge *Hämatom*	Kann in der Anfangsphase ein periostales Sarkom imitieren, ist aber in der Peripherie dichter, während das Sarkom im Zentrum dichter ist.
	Neurologische Ursachen, besonders *Paraplegie.*	Eine Myositis ossificans um die Hüftgelenke ist eine häufige Erscheinung.
	Tumoren:	
	– Osteosarkom – Chondrosarkom	Entwickelt sich selten in Weichteilen; kann verschwommene oder spikuläre Verkalkungen zeigen.
	– Fibrom – Fibrosarkom	Sowohl in benignen als auch in malignen Tumoren können kleine Kalkfleckchen vorhanden sein.
	– Synovialsarkom	Die meisten Tumoren sind extraartikulär und zeigen gewöhnlich Kalkfleckchen.
	– Lipom – Liposarkom	Sowohl der benigne als auch der maligne Tumor kann eine ausgedehnte Verknöcherung enthalten. Bevorzugt im medialen Oberschenkel- und Kniekehlenbereich.
	– Metastasen	Knochenbildende Metastasen kommen bei den Karzinomen des Kolons, der Mamma und des Harntrakts vor.
	Lepra	Nervenabszesse bei tuberkuloider Lepra werden als Weichteilschwellungen, die verkalken können, sichtbar.
Fortsetzung auf Seite 118		

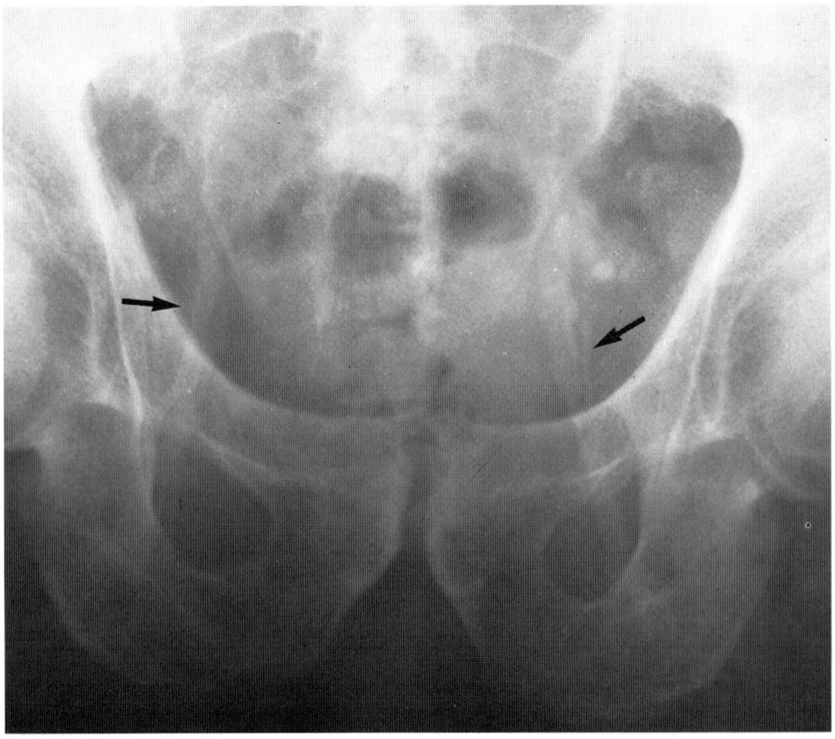

Abb. 7.**21** **Verkalkung der Ligg. sacrotuberalia** (Pfeile), ein Zufallsbefund.

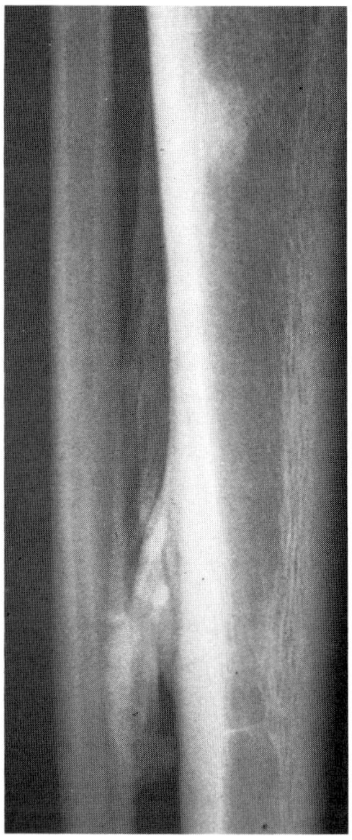

Abb. 7.**22** Verkalkung des Periosts und der Membrana interossea nach einem **Hämatom.**

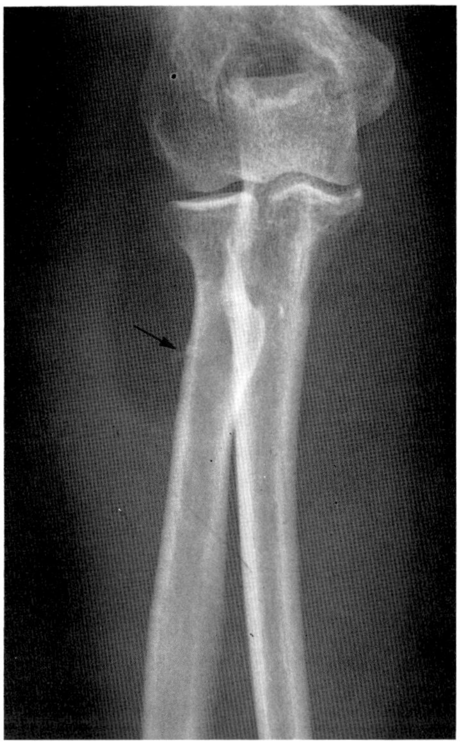

Abb. 7.**23** **Lipom.** Tumor von geringer Dichte mit scharfbegrenzter Kontur im Arm. Er enthält einen Kalkfleck, der charakteristisch für eine Fettnekrose ist (Pfeil).

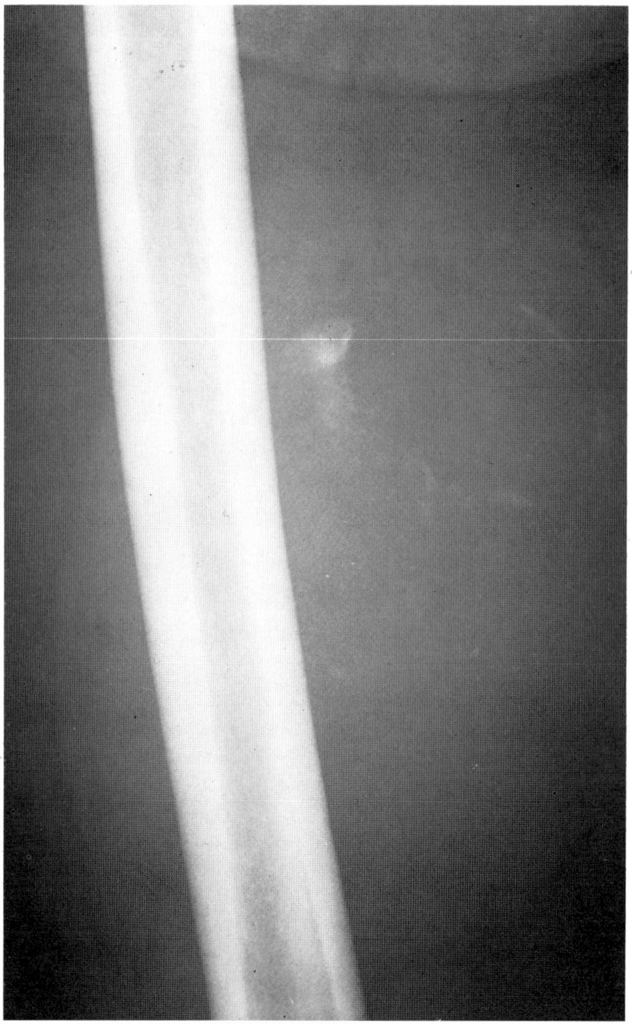

Abb. 7.**24** **Liposarkom** des Oberschenkels ▶ mit Verkalkung.

Tabelle 7.1 Differentialdiagnose der Weichteilverkalkungen und -verknöcherungen (Fortsetzung)

Radiographischer Befund	Damit verbundene Krankheiten	Übliche Lokalisationen, Bemerkungen
Subkutane Verkalkung oder Verknöcherung		
1. Generalisiert (Abb. 7.25)	*Dermatomyositis* und andere Ursachen einer generalisierten oder umschriebenen interstitiellen Kalzinose	Oberschenkel, Bauch, Brust, Schultern, Hals, Hände, Füße.
	Ehlers-Danlos-Syndrom	Generalisierte hereditäre Krankheit des Bindegewebes mit schlaffen Gelenken. Fettknötchen im Subkutangewebe der Extremitäten können verkalken. Sie können Phlebolithen vortäuschen, weil sie zentrale Aufhellungen enthalten.
	Pseudoxanthoma elasticum	Hereditäre Systemerkrankung mit verbreiteter vorzeitiger Degeneration elastischer Fasern. Die mittleren und tiefen Schichten des Koriums können verkalken, ebenso Sehnen, Bänder und große Gefäße.
	Basalzellnävussyndrom	Weichteilverkalkungen können zum Bild dieser hereditären Krankheit gehören, die durch multiple Basalzellkarzinome, palmare Grübchen, follikuläre Zysten der Mandibula, Anomalien der Wirbelsäule und der Rippen, Brachydaktylie sowie neurologische Störungen gekennzeichnet ist.

Fortsetzung auf Seite 119

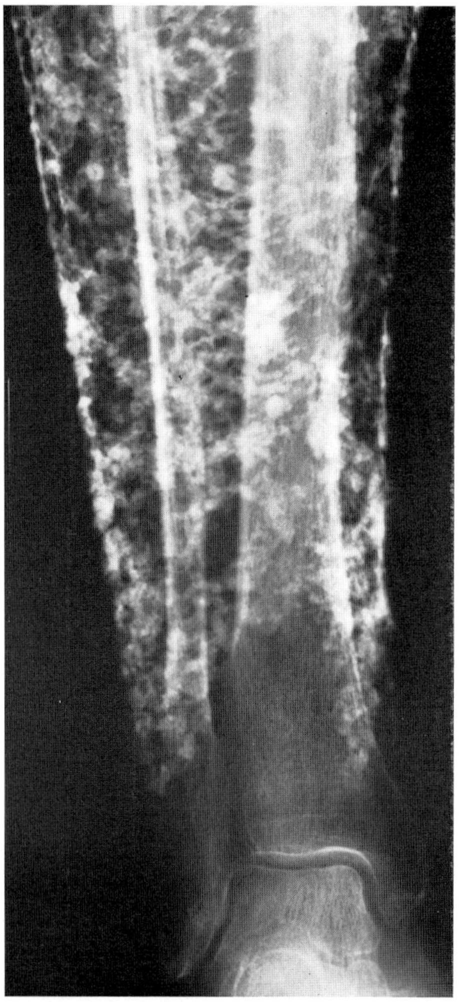

Abb. 7.**25** **Dermatomyositis** mit ausgedehnten subkutanen Verkalkungen.

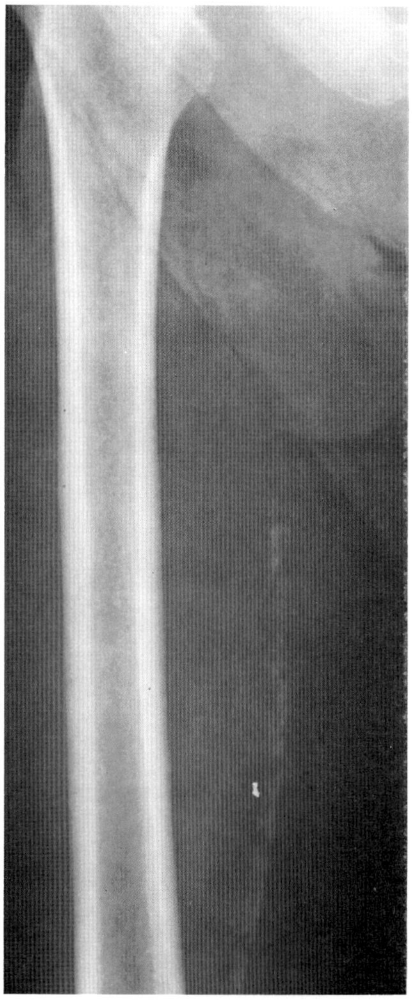

Abb. 7.**26** **Atheromatöse Verkalkungen** in den Oberschenkelarterien.

Tabelle 7.1 Differentialdiagnose der Weichteilverkalkungen und -verknöcherungen (Fortsetzung)

Radiographischer Befund	Damit verbundene Krankheiten	Übliche Lokalisationen, Bemerkungen
2. Lokalisiert, einzeln oder multipel	*Fettnekrose nach Injektion oder Trauma* (oder Schwermetall-einlagerung)	Unregelmäßige dichte Ablagerungen im Gesäß können Schwermetalle enthalten, aber die Verkalkung einer Fettnekrose kann nach Injektion von Antibiotika usw. auftreten.
	Venenthrombose *Varizen*	Untere Extremitäten, subkutane Verknöcherung infolge chronischer venöser Stase.
Gefäßverkalkungen:		Ursachen einer vorzeitigen Atherosklerose: familiäre Hyperlipämie; sekundäre Hyperlipämie (z. B. Diabetes).
Verkalkung atheromatöser Plaques (Abb. 7.26)	*Arteriosklerose* *Aneurysma* *Takayasu-Arteriitis*	
Hauptsächlich Mediasklerose von Arterien, die als parallele Linien sichtbar werden (Mönckeberg-Mediasklerose) (Abb. 7.27)	*Idiopathisch* *Hyperkalzämiesyndrome* *Nephropathien*	Hyperkalzämiesyndrome: Hyperparathyreoidismus, D-Hypervitaminose, Immobilisierung, Milch-Alkali-Syndrom, Sarkoidose, idiopathisch, paraneoplastisch oder sekundär nach massiver Knochendestruktion.
Verkalkter Thrombus (selten)	*Venenthrombose, Varizen*	Wird als unregelmäßige Verkalkung im Verlauf einer Arterie oder häufiger einer Vene sichtbar.
Phlebolith (kleine rundliche Verschattungen mit typischer zentraler Aufhellung) (Abb. 7.28)	*Normal*	Häufig im Becken, seltener in Milz, Knöchel, Orbita.
	Angiomatöse Malformation *Hämangiom*	Gewöhnlich lokalisierte Ansammlung von Phlebolithen. Ein kavernöses Hämangiom in Verbindung mit Enchondromatose bezeichnet man als *Mafucci-Syndrom*.
	Varizen	Untere Extremitäten.

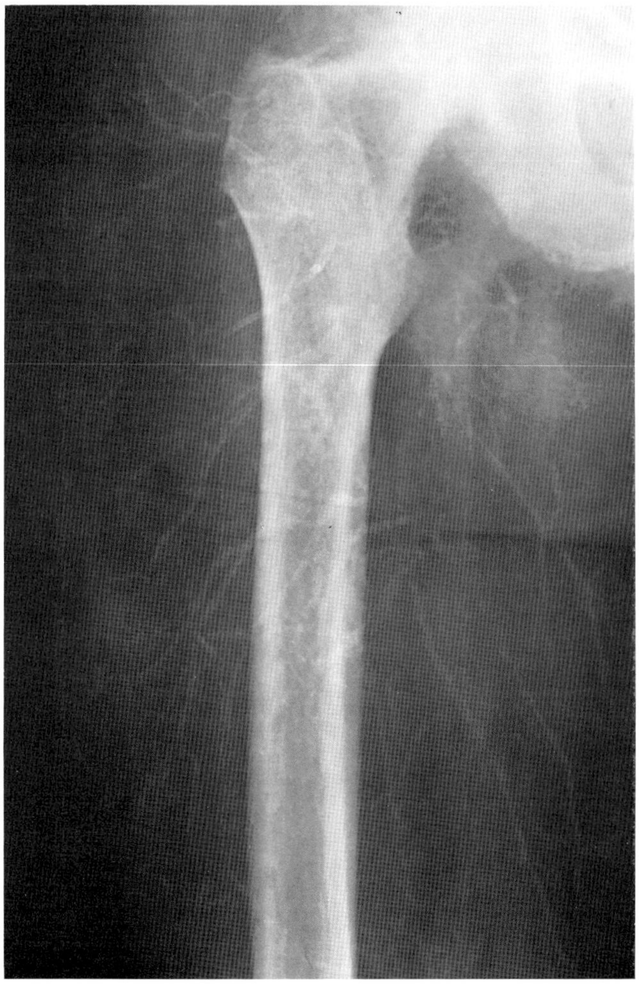

Abb. 7.**27** **Mediasklerose** der Äste der A. femoralis. Ein Fall von Niereninsuffizienz.

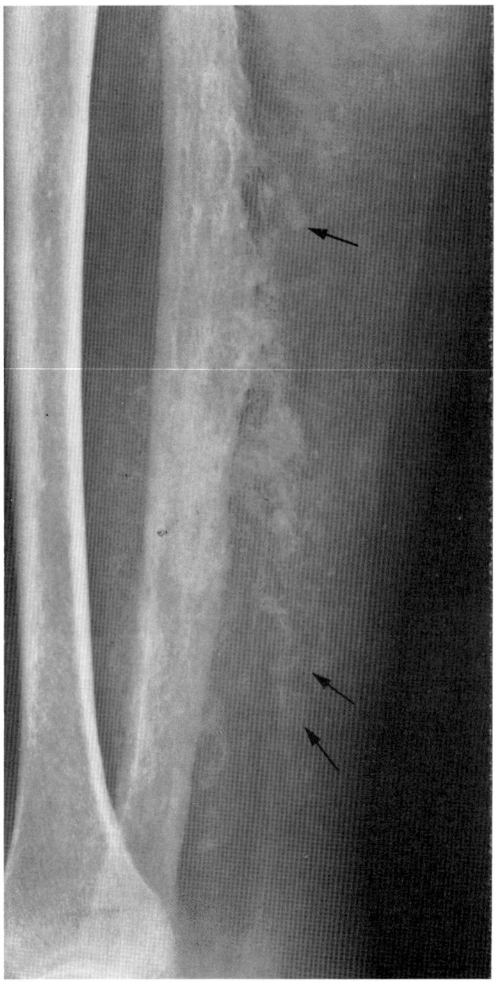

Abb. 7.**28** Weichteilverkalkungen bei **Varizen.** Es sind sowohl Ossifikationen (Myositis ossificans) als auch verkalkte Phlebolithen (Pfeile) zu sehen.

8 Schädel

Verkalkungen

Verkalkungen auf Schädelaufnahmen findet man häufig. Noch viel mehr Verkalkungen, die dem Nachweis auf dem Nativbild entgehen, sind mit der Computertomographie zu erkennen. Es ist zu berücksichtigen, daß zahlreiche Artefakte auf der Kopfhaut (z. B. Schmutz, Splitter, Salben und Haarflechten) intrakraniale Verkalkungen vortäuschen können (Abb. 8.**1**).

Physiologische intrakraniale Verkalkungen

Es gibt physiologische und pathologische intrazerebrale Verkalkungen, doch kann die Grenze zwischen beiden verwischt sein. Die Lokalisationen der typisch physiologischen Verkalkungen sind in Tab. 8.**1** und Abb. 8.**2** zusammengefaßt.

Bei 5% der Kinder unter 10 Jahren und bei fast zwei Drittel der erwachsenen Bevölkerung findet sich eine *verkalkte Zirbeldrüse* (Abb. 8.**3**). Die CT zeigt eine erheblich höhere Quote von Zirbeldrüsenverkalkungen. Sie erscheinen amorph oder ringförmig und sind von recht unterschiedlicher Größe, meist aber unter 1 cm. Ist der Durchmesser einer Zirbeldrüsenverkalkung größer als 1 cm, so spricht dies für ein Neoplasma – entweder ein Pinealom oder sogar noch häufiger ein Teratom. Ein verkalktes Aneurysma der V. cerebri magna kann gelegentlich eine abnorme Zirbeldrüsenverkalkung vortäuschen.

Die Zirbeldrüse liegt in der a.-p. Projektion in der Mittellinie. Eine Verlagerung nach einer Seite um mehr als 3 mm spricht für einen intrakranialen raumfordernden Prozeß, der die Zirbeldrüse aus der Mittellinie verdrängt. In der Seitenansicht projiziert sich die Zirbeldrüse etwa 3 cm über die höchste hintere Erhebung der Pyramiden. Es wurden zahlreiche Methoden zur Bestimmung der Zirbeldrüsenverlagerung in dieser Projektion beschrieben; da ihre Brauchbarkeit aber ziemlich beschränkt ist, werden sie hier nicht besprochen.

Die *Habenula* liegt ein paar Millimeter vor der Zirbeldrüse und verkalkt bei fast einem Drittel der Untersuchten (Abb. 8.**3**). Die typische Form der Habenulaverkalkung ist ein nach hinten offenes C. Verdrängungen der Habenula durch intrakraniale Prozesse erfolgen in gleicher Weise wie die Zirbeldrüsenverdrängung.

Verkalkungen des *Plexus choroideus* können zwar in allen Ventrikeln vorkommen, sind aber am häufigsten im Atriumabschnitt der Seitenventrikel (Verbindung des zentralen Ventrikelabschnitts mit Hinterhorn und Temporalhorn) und projizieren sich in der Seitenansicht ungefähr 2 bis 3 cm hinter und etwas unter die Zirbeldrüse (Abb. 8.**3**). In der a.-p. Projektion projizieren sich die Plexusverkalkungen etwa 3 cm neben die Mittellinie und sind gewöhnlich symmetrisch, wenn auch gelegentlich links und rechts nicht ganz gleich groß. Das Ausmaß der Verkalkungen kann sehr unterschiedlich sein und ist klinisch bedeutungslos. Die Verkalkungen sind typischerweise fein- bis grobkörnig und nehmen ein kreisförmiges

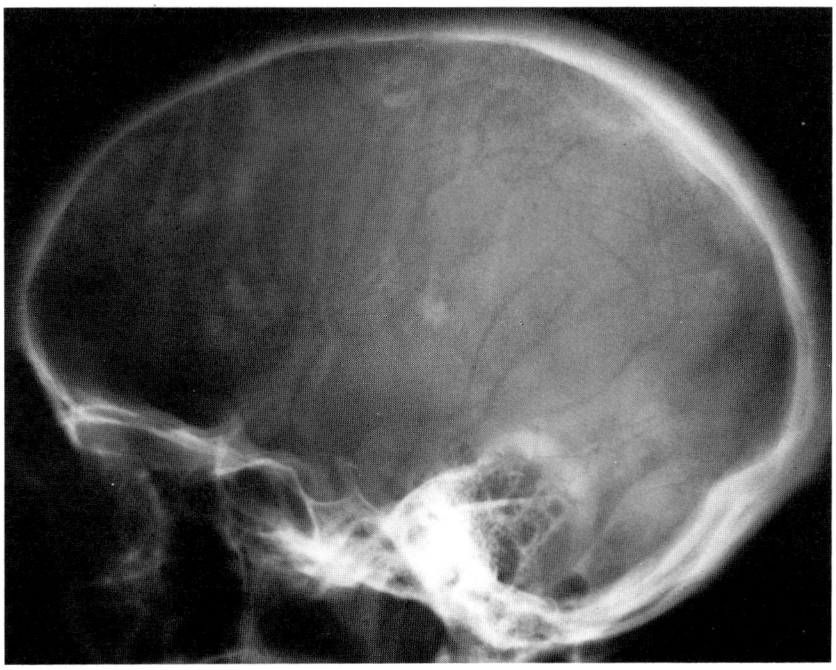

Abb. 8.1 **Artefakte.** Dichte Zöpfchenreihen im Afro-Stil täuschen disseminierte intrakraniale Verkalkungen vor.

Tabelle 8.1 Physiologische intrakraniale Verkalkungen

Zirbeldrüse
Habenula
Plexus choroideus
Dura (Falx, Tentorium)
Ligamenta (petroclinoidea und interclinoidea)
Hypophyse
A. carotis interna (Sinus-cavernosus-Abschnitt)
Basalganglien und Nucleus dentatus

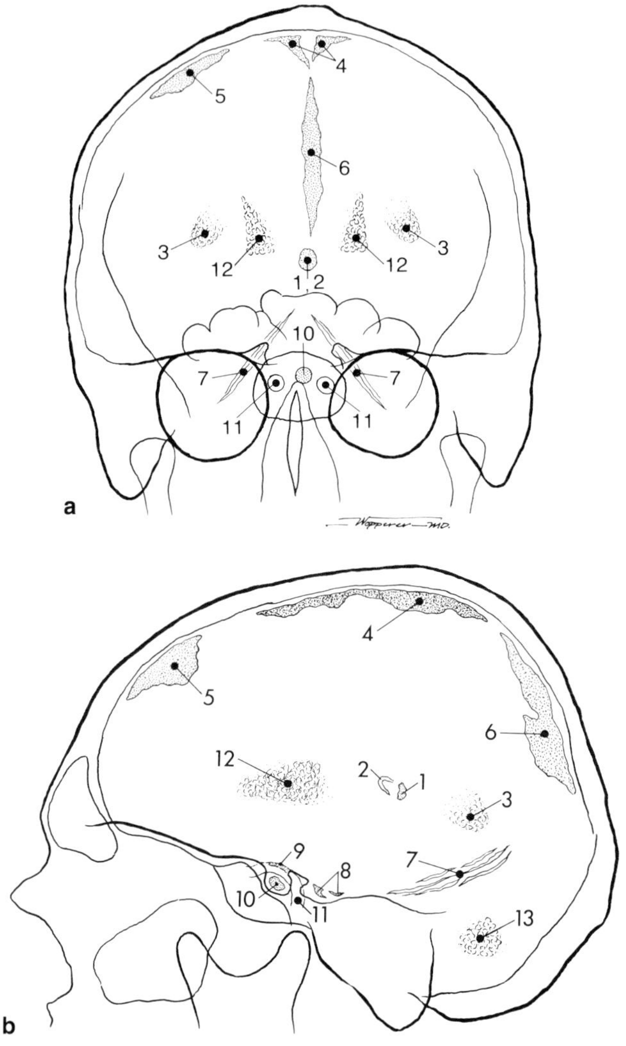

Abb. 8.**2** **Physiologische intrakraniale Verkalkungen** in **a** a.-p. und **b** seitlicher Projektion. 1. Corpus pineale, 2. Habenula, 3. Plexus choroideus, 4. Falx um den Sinus sagittalis, 5. Dura, 6. Falx (freier Rand), 7. Tentorium, 8. Lig. petroclinoideum, 9. Lig. interclinoideum, 10. Hypophyse, 11. A. carotis interna (Sinus-cavernosus-Abschnitt), 12. Basalganglien, 13. Nuclei dentati.

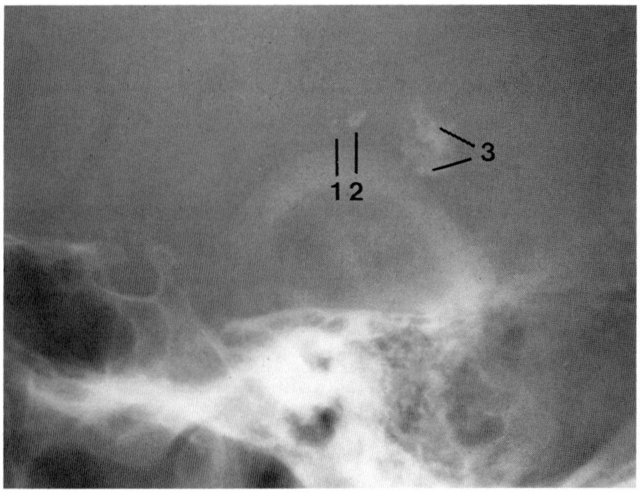

Abb. 8.**3** **Physiologische intrakraniale Verkalkungen.** Von vorn nach hinten: 1. C-förmige Habenula, 2. Corpus pineale, 3. die beiden sich überlagernden Plexus choroidei projizieren sich knapp über das Ohr.

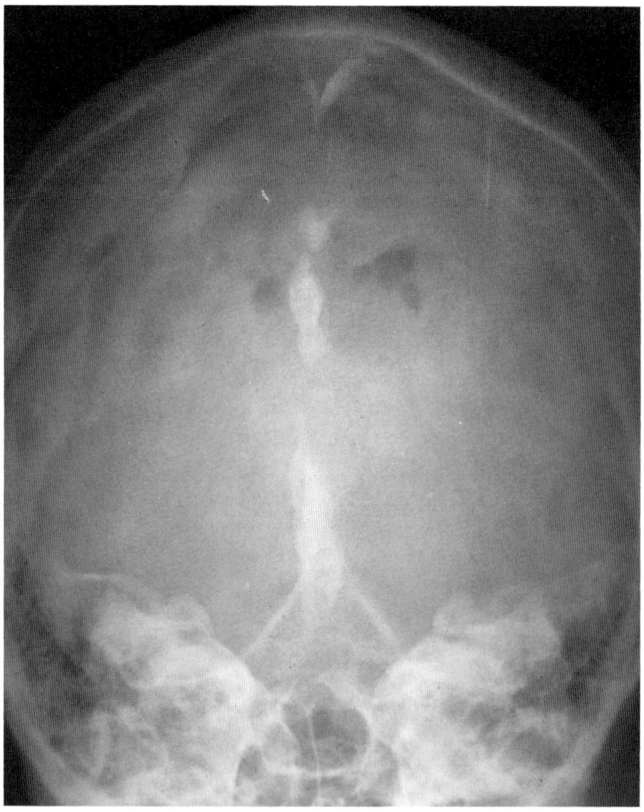

Abb. 8.**4** **Physiologische intrakraniale Verkalkungen.** Ausgedehnte Verkalkungen der Falx (in der Mittellinie und V-förmig um den Sinus sagittalis) und des Tentoriums (zeltartig oberhalb des Foramen magnum). Nebenbei sind auch kleine parasagittale Aufhellungen zu beobachten, die Pacchioni-Granulationen repräsentieren.

Areal von 1 cm Durchmesser oder mehr ein. Ausgedehnte Plexusverkalkungen kann man bei Neurofibromatose finden.

Verkalkungen von *Dura, Falx* und/oder *Tentorium* kommen in etwa 10% der Fälle vor und bieten jeweils ein ganz charakteristisches Bild (Abb. 8.**4**). Eine Duraverkalkung um den Sinus sagittalis zeigt sich in den a.-p. Projektionen am Scheitel in V-Form. Verkalkungen in dieser Gegend können mitunter von verkalkten Pacchioni-Granulationen stammen. Falxverkalkungen liegen normalerweise vorn und zeigen sich als lineare Streifen oder Lamellen in einem oder beiden Blättern der Falx.

Verkalkungen am freien Rand des Tentoriums haben in der a.-p. Projektion verkehrte V-Form. Das Ausmaß der Verkalkungen in Dura, Falx und Tentorium ist klinisch gewöhnlich ohne Bedeutung, besonders wenn die Verkalkung mehr oder weniger diffus ist. Falx- und Duraverkalkungen wurden in zwei Drittel der Fälle von Basalzell-Nävussyndrom (Gorlin) gefunden, und über ausgedehnte Duraverkalkungen wurde bei Pseudoxanthoma elasticum berichtet.

Verkalkungen der *Ligg. petroclinoidea und interclinoidea* (Diaphragma sellae) sind bei älteren Menschen häufig. Die erstgenannten liegen zwischen der Spitze des Dorsum sellae und der Spitze des Felsenbeins, die letztgenannten können eine interklinoidale Brückenbildung („Sellabrücke") zur Folge haben.

Hypophysenverkalkungen sind im Röntgenbild selten erkennbar, im Gegensatz zu histologischen Untersuchungen. Auf Schädelaufnahmen können sie sich als Kalkuli darstellen.

Arteriosklerotische Verkalkungen der A. carotis interna sieht man meist in der Passage durch den Sinus cavernosus. Ihr Ausmaß kann von einer kleinen Platte bis zur vollständigen Darstellung des Karotissiphons reichen (Abb. 8.**5**). In der Seitenansicht projizieren sich diese Verkalkungen auf die Sella turcica; in der a.-p. Projektion können dagegen ringförmige Verkalkungen beiderseits der Sella sichtbar werden.

Verkalkungen der *Basalganglien* finden sich bei einer Reihe von Erkrankungen (s. „pathologische Verkalkungen"), werden aber meist als Zufallsbefund bei gesunden Erwachsenen entdeckt und sind klinisch belanglos. Ihr Ausmaß geht von punktförmigen Verkalkungen bis zu Konglomeratverschattungen in charakteristischen Lokalisationen: In der a.-p. Ansicht liegen sie symmetrisch parasagittal, in der Seitenansicht können sie im leichten Bogen grob parallel zur Sutura squamosa verlaufen. Man darf aber eine Sklerose entlang der Sutura squamosa, die sich in der Seitenansicht gelegentlich als dichtes Band präsentiert (Abb. 8.**26 b**, S. 132), nicht mit Basalganglienverkalkungen verwechseln.

Verkalkungen im *Nucleus dentatus* des Kleinhirns sind nicht so häufig wie in den Basalganglien, finden sich aber bei den gleichen Voraussetzungen. Auf der seitlichen Schädelaufnahme werden diese Verkalkungen oft von den lufthaltigen Mastoidzellen verdeckt; am besten sind sie auf der Okzipitalaufnahme (nach Towne) als symmetrische halbmondförmige Verschattungen zu sehen.

Pathologische Verkalkungen

Die pathologischen intrakranialen Verkalkungen kann man in lokalisierte und disseminierte unterteilen. Lokalisierte Verkalkungen liefern oft einen Hinweis auf einen bestimmten Krankheitsprozeß, wenn sowohl Lokalisation als auch Form der Verkalkung berücksichtigt werden. Disseminierte intrazerebrale Verkalkungen sind praktisch auf eine Vielzahl von Infektionsprozessen und auf die tuberöse Sklerose beschränkt. Die pathologischen intrakranialen Verkalkungen werden in Abb. 8.**6** zusammengefaßt.

Den größten Anteil an den lokalisierten intrazerebralen Verkalkungen haben *intrakraniale Tumoren.* Ihre Differentialdiagnose wird in Tab. 8.**2** behandelt.

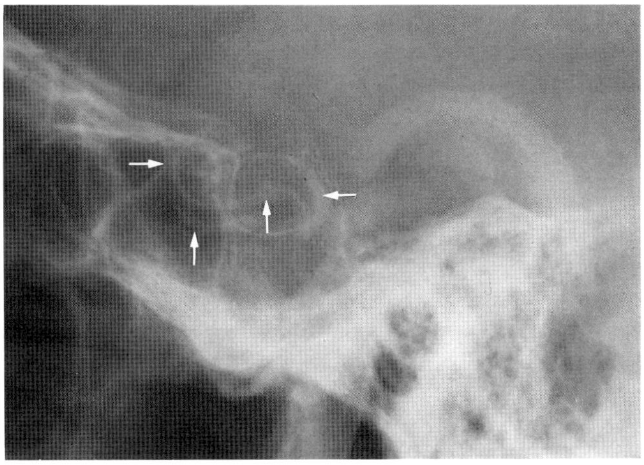

Abb. 8.**5** **Verkalkungen der A. carotis interna.** Beide vollständig verkalkten Karotissyphone (Pfeile) überlagern die Sella turcica.

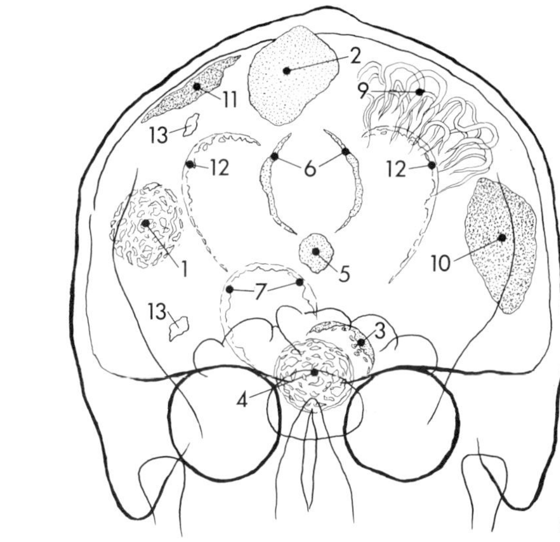

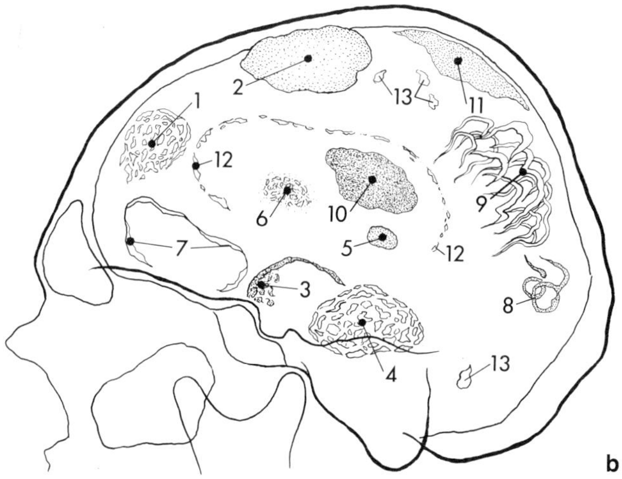

Abb. 8.**6 a, b** **Pathologische intrakraniale Verkalkungen** in a.-p. und seitlicher Projektion. 1. Gliom, 2. Meningeom, 3. Kraniopharyngeom, 4. Chordom, 5. Pinealom (Teratom), 6. Corpus-callosum-Lipom, 7. Aneurysma, 8. arteriovenöse Malformation, 9. Sturge-Weber-Syndrom, 10. alte intrazerebrale Blutung („Hirnstein") oder Granulom, 11. altes subdurales oder epidurales Hämatom, 12. Zytomegalie oder angeborene Toxoplasmose, 13. tuberöse Sklerose.

Tabelle 8.2 Hirntumoren

Tumor	Bevorzugte Lokalisation	Verkalkungen	Kommentar
Gliom: **Astrozytom**		10% 6% (Grad 1: 25%, 2: 10%, 3: 5%, 4: 2%	50% aller Hirntumoren sind Gliome, vier Fünftel davon Astrozytome und Oligodendrogliome. Gliome finden sich in allen Altersstufen. Gliomverkalkungen reichen von ein paar undeutlichen Tüpfeln und/oder unregelmäßigen linearen Streifen bis zum dichten, verkalkten Knoten. Das *Medulloblastom,* ein weiteres Gliom, verkalkt selten und findet sich meist bei Kindern.
Oligodendrogliom (Abb. 8.7)	Vordere Teile der Hirnhemisphären	50%	
Ependymom (Abb. 8.8)	Ventrikel	15%	
Plexuspapillom	Ventrikel	25%	
Meningeom (Abb. 8.9)	Parasagittal, Schädelbasis, Falx, Tentorium	5% bis 15% (granulär, bogenförmig oder dicht nodulär: „Kalkkugel")	15% aller intrakranialen Tumoren. Vorwiegend im mittleren und höheren Alter, selten bei Kindern. M : F = 3 : 2. Begleitende und oft pathognomonische radiographische Zeichen in 50%: 1. lokale Hyperostose, 2. verstärkte Furchen der Meningealgefäße, 3. erweitertes Foramen spinosum.
Kraniopharyngeom (Abb. 8.10 a)	Supraselllär	75% (nodulär und/oder bogenförmig)	Gewöhnlich, aber nicht immer mit Sellaveränderungen verbunden. In der Mehrzahl bei Kindern und Jugendlichen.
Teratom (Abb. 8.10 b)	Mittellinie (Hälfte in der Zirbeldrüsengegend)	75% (kann Zähne usw. enthalten)	Gewöhnlich bei Kindern und Jugendlichen.
Dermoidzyste (zerebrale)	Mittellinie, meist hintere Schädelgrube	Fast immer	In der Mehrzahl bei Kindern und Jugendlichen. DD: Epidermoid („Cholesteatom"), das nicht immer in der Mittellinie liegt, in jedem Lebensalter vorkommt und entweder extradural (sehr verkalkt) oder intradural (gewöhnlich verkalkt) ist.
Pinealom	Zirbeldrüsenregion	50% (Zirbeldrüsenverkalkung von mehr als 1 cm Durchmesser)	Mehrheitlich in den beiden ersten Dekaden, ganz überwiegend beim männlichen Geschlecht.
Hypophysenadenom	Fossa hypophysialis	Selten (4%)	Verkalkungen kommen nur in großen, meist chromophoben, selten eosinophilen Adenomen vor, die immer mit Sellaveränderungen einhergehen.

Fortsetzung auf Seite 126

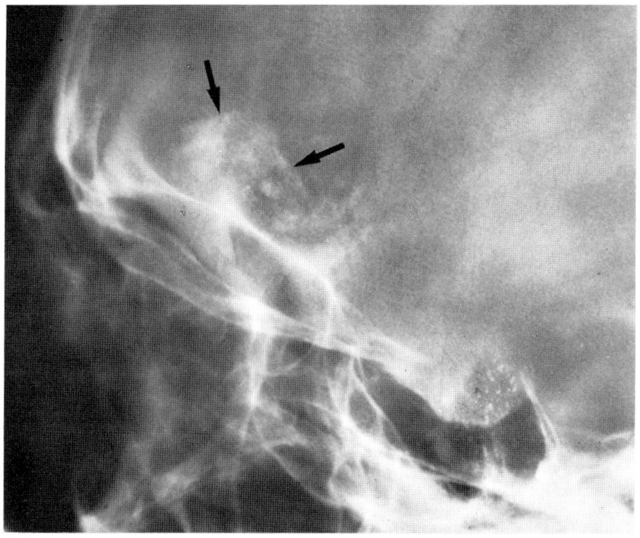

8.**7**

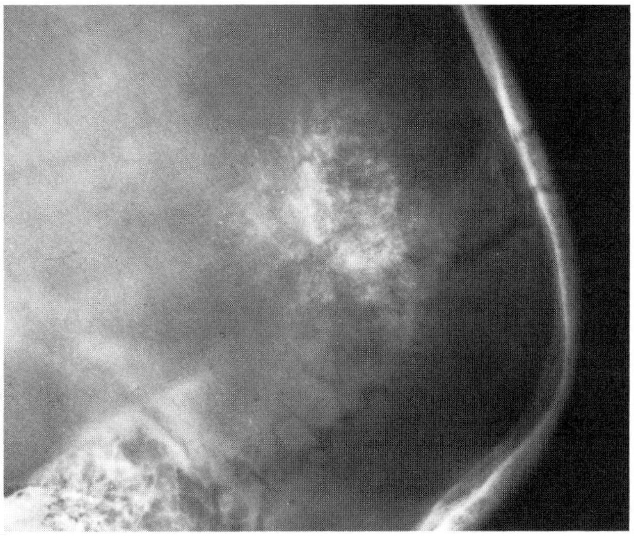

8.**8**

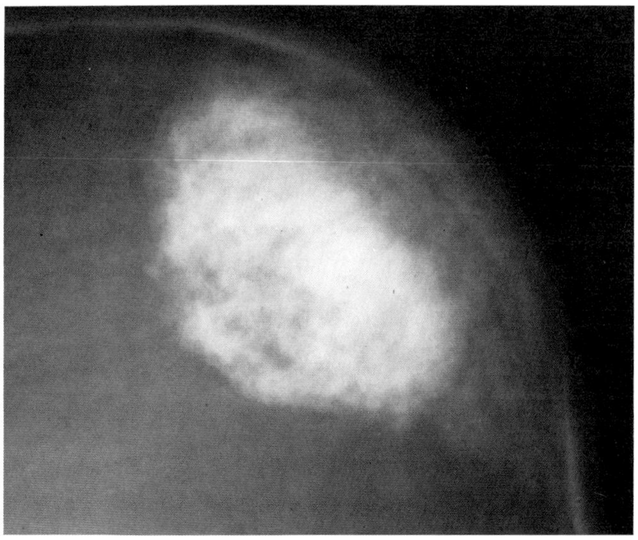

8.**9**

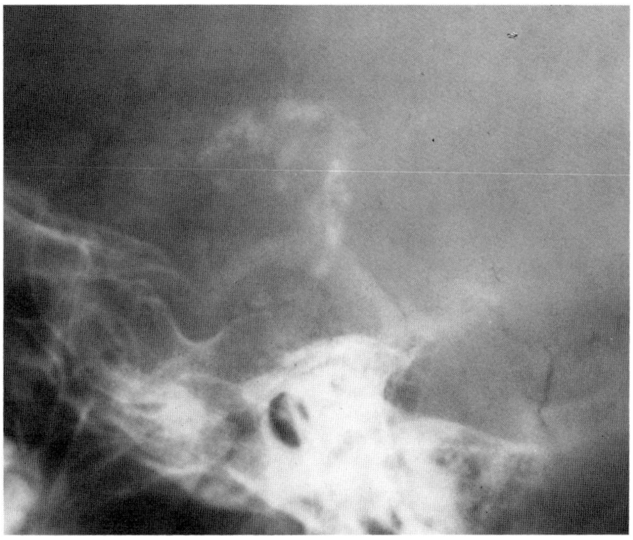

8.**10a**

Abb. 8.**7** **Oligodendrogliom.** Tumorverkalkung im Frontallappen, die sich knapp über den Keilbeinflügel projiziert (Pfeile).

Abb. 8.**8** **Ependymom.** Tumorverkalkung, die sich oberhalb der Lambdanaht projiziert.

Abb. 8.**9** **Meningeom.** Dichte Tumorverkalkung mit Verdickung der angrenzenden Tabula interna des Schädels.

Abb. 8.**10a** **Kraniopharyngeom.** Noduläre Tumorverkalkungen in halbkreisförmiger Konfiguration oberhalb der normal großen Sella. Obwohl Sellaveränderungen diesen Tumor meistens begleiten, ist eine normal große Sella wie in diesem Fall bei kleinen Kindern nicht ungewöhnlich. Man beachte die schlechte Abgrenzung des Dorsum sellae – eine Folge der Hirndrucksteigerung.

Abb. 8.**10b** **Pinealteratom.** Große verkalkte Masse in der Mittellinie.

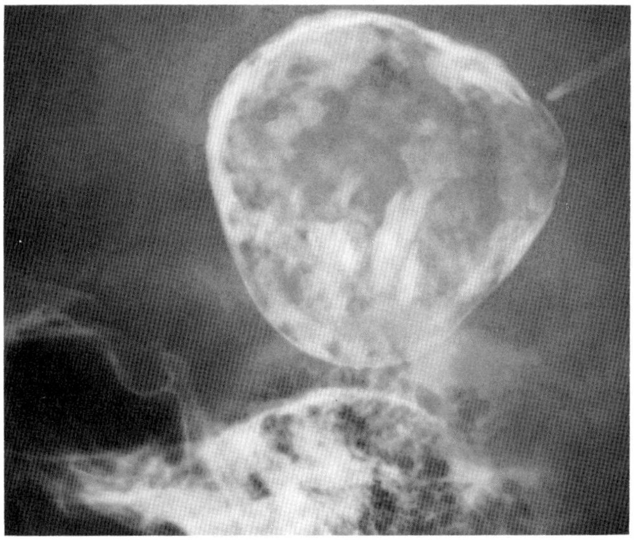

8.**10b**

Tabelle 8.2 Hirntumoren (Fortsetzung)

Tumor	Bevorzugte Lokalisation	Verkalkungen	Kommentar
Chordom (Abb. 8.11)	Schädelbasis (Klivus)	70% (retro-, para- oder suprasellär)	Vorwiegend im 4. und 5. Lebensjahrzehnt. Geht gewöhnlich mit Destruktion des Klivus einher. Ausdehnung zu Sella (Destruktion) und Nasopharynx (Weichteiltumor) möglich. Verkalkung gewöhnlich nicht im Vordergrund.
Enchondrom, Osteochondrom, Chondrosarkom	Dura, Schädelbasis	50%	Imitieren Meningeome und Chordome.
Osteom (Abb. 2.6, S. 16)	Schädeldach, Nebenhöhlen	Sehr dichte, homogene Verkalkung.	Wölbt sich von der Tabula externa oder interna des Schädeldaches vor; im letzteren Fall kann es ein Meningeom vortäuschen.
Lipom (Abb. 8.12)	Corpus callosum	Zwei bogenförmige, zur Mitte konkave Verkalkungen um das Gebiet des Corpus callosum herum. Ein Lipom gibt sich manchmal als strahlendurchlässiger Tumor zu erkennen.	Ein Corpus-callosum-Lipom wird meist als Zufallsbefund diagnostiziert, wenn es verkalkt ist.
Hippel-Lindau-Syndrom	Orbita (Retina) und Zerebellum	Selten	Autosomal erbliche Krankheit, bei der Hämangioblastome in den Kleinhirnhemisphären und der Retina bestehen, kombiniert mit Nierenzysten und Karzinomen. Auch Phäochromozytome und Polyzythämie können vorhanden sein.
Metastasen	Keine	Äußerst selten	(z. B. von osteogenem Sarkom, muzinösem Adenokarzinom des Kolons).
Andere Tumoren	Keine	Äußerst selten	(z. B. Angiom, Neurofibrom, Hamartom usw.).

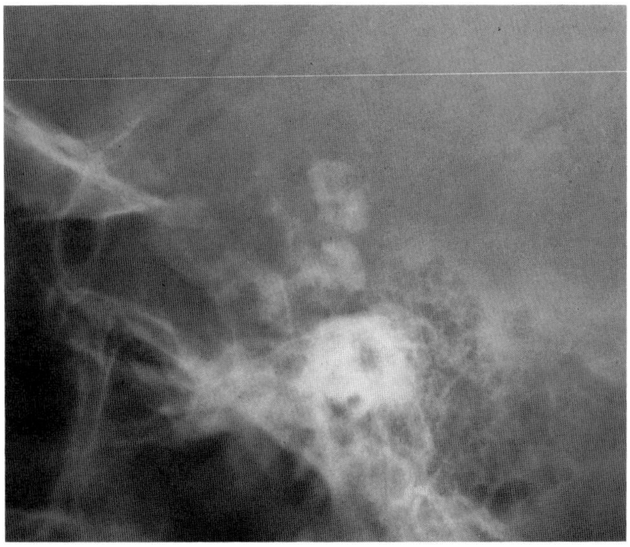

Abb. 8.**11** **Chordom.** Vorwiegend retroselläre Tumorverkalkungen und Destruktion des Klivus mit Sellaerweiterung.

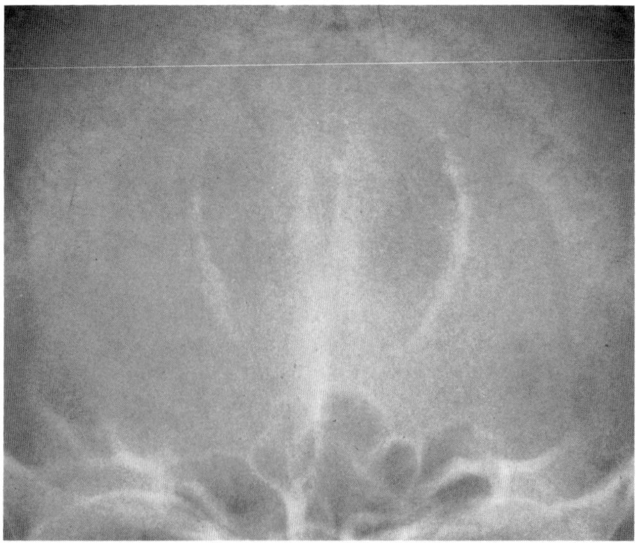

Abb. 8.**12** **Corpus-callosum-Lipom.** Die beiden bogenförmigen, zur Mittellinie konkaven Verkalkungen sind charakteristisch.

Zu den verkalkenden *vaskulären Läsionen* gehören 1. Aneurysmen, 2. arteriovenöse Malformationen und 3. alte Blutungen (intrazerebrale, subdurale).

Arterienaneurysmen kommen am häufigsten im Bereich des Circulus arteriosus (Willisi) vor und verkalken in weniger als 1% der Fälle. Charakteristisch sind ring- oder bogenförmige Verkalkungen. Es kann zu einer Arrosion des angrenzenden Knochens kommen. Ein verkalktes Aneurysma der V. cerebri magna (Galeni) ist selten; es ist gewöhnlich mit einem Stauungshydrozephalus vergesellschaftet.

In etwas weniger als 20% der *arteriovenösen Malformationen* sind Verkalkungen auf der Schädelaufnahme sichtbar. Multiple kleine peripher gelegene Ringschatten, kombiniert mit verstreuten Kalkfleckchen oder -streifen, sind fast immer pathognomonisch. Ein radiologischer Begleitbefund sind oft verstärkte Gefäßfurchen im Schädel. Doppeltkonturierte Verkalkungen („Schienenbild") in der hinteren Parietal- und/oder Okzipitalregion sind praktisch beweisend für das *Sturge-Weber-Syndrom* (Abb. 8.**13**). In diesen Fällen besteht fast ausnahmslos auf derselben Seite im Gesicht ein portweinfärbiger Naevus flammeus im Verteilungsgebiet des N. trigeminus. Auch geistige Minderentwicklung, Anfallsleiden und kontralaterale Hemiplegie können damit verbunden sein. Die Atrophie der ipsilateralen Hirnhemisphäre kann radiographisch als Hochstand der Schädelbasis und kompensatorische Vergrößerung der ispilateralen, vermehrt lufthaltigen Mastoidzellen nachweisbar sein.

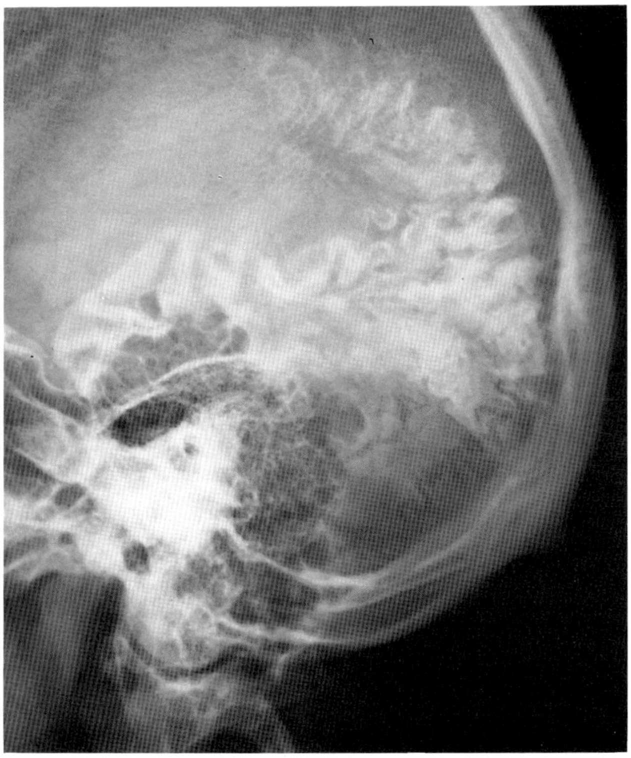

Abb. 8.**13** **Sturge-Weber-Syndrom.** Ausgedehnte zweispurige Verkalkungen („Schienenbild") in der hinteren Parietal- und Okzipitalregion, die sich in die Temporallappen erstrecken. Ipsilateral sind außerdem große lufthaltige Mastoidzellen vorhanden.

Verkalkungen in *intrakranialen Hämatomen* kommen vor. Aus einem *intrazerebralen Hämatom* traumatischen oder spontanen Ursprungs kann letzten Endes eine dichte noduläre oder amorphe Verkalkung werden („Hirnstein"). Auch Hirninfarkte können in seltenen Fällen verkalken. Nach *subduralen* und seltener *epiduralen Hämatomen* kann sich gelegentlich eine dünne Kalkschicht über den Hemisphären bilden. Das Ausmaß der Verkalkung variiert von einem kleinen Herd bis zu mächtigen Ablagerungen, die große Teile einer oder beider Hemisphären einhüllen.

Zahlreiche entzündliche Erkrankungen (Infektionen und Infestationen) können zu intrakranialen Verkalkungen führen. Befinden sie sich im Gehirn, so sind sie gewöhnlich disseminiert. Bei weitem die wichtigste in dieser Gruppe ist die angeborene *Zytomegalie* (Einschlußkörperchenkrankheit), wenn auch andere Virusenzephalitiden (z. B. Poliomyelitis, Herpes und Röteln) mit intrazerebralen Verkalkungen in ursächlichen Zusammenhang gebracht worden sind. Die Häufigkeit von Verkalkungen bei der Zytomegalie wird auf etwa 25% geschätzt. Die Verkalkungen finden sich in der Peripherie der oft erweiterten Seitenventrikel.

Verkalkungen als Folge einer *konnatalen Toxoplasmose* kommen bei etwa der Hälfte der Patienten vor und sind von zytomegaliebedingten praktisch nicht unterscheidbar (Abb. 8.**14**). Andere parasitäre Erkrankungen, die disseminierte intrazerebrale Verkalkungen hervorrufen können, sind Zystizerkose (verstreute noduläre Verkalkungen von 1–3 mm Durchmesser), Trichinose (punktförmige Verkalkungen von 1 mm oder weniger) und Paragonimiasis (punktförmig bis zystisch, oft in Haufen, Durchmesser bis zu 3–4 cm). In seltenen Fällen kann eine Echinokokkose eine oder mehrere größere intrakraniale Verkalkungen verursachen.

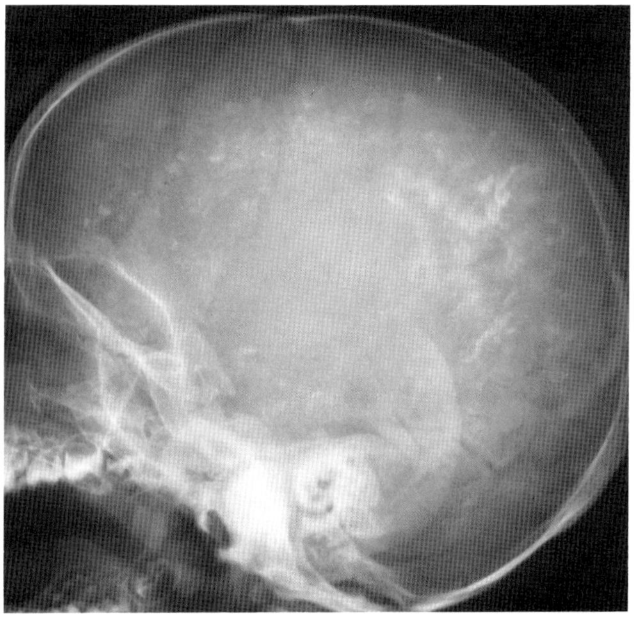

Abb. 8.**14** **Angeborene Toxoplasmose.** Verstreute Verkalkungen um die erweiterten Seitenventrikel mit charakteristischer Aussparung der subtentorialen Region.

Praktisch genommen ist die *Tuberkulose* die einzige bakterielle Infektion, die in der Differentialdiagnose intrakranialer Verkalkungen berücksichtigt werden muß. Sie kann mit einem solitären, seltener mit multiplen verkalkten intrazerebralen Knötchen in Erscheinung treten. Selten führt ein abgeheilter Hirnabszeß, ein syphilitisches Gumma oder ein durch eine Pilzinfektion (z. B. Kryptokokkose, Abb. 8.**15**) hervorgerufenes Granulom zu ähnlichen lokalen intrazerebralen Verkalkungen. Unregelmäßige Verkalkungen als Folge einer tuberkulösen Meningitis befinden sich in den subarachnoidalen Zisternen und projizieren sich radiographisch um und über die Sella. Eine durch Pilzkrankheiten (z. B. Kokzidioidomykose) ausgelöste basale Arachnoiditis kann ein ähnliches radiographisches Bild verursachen.

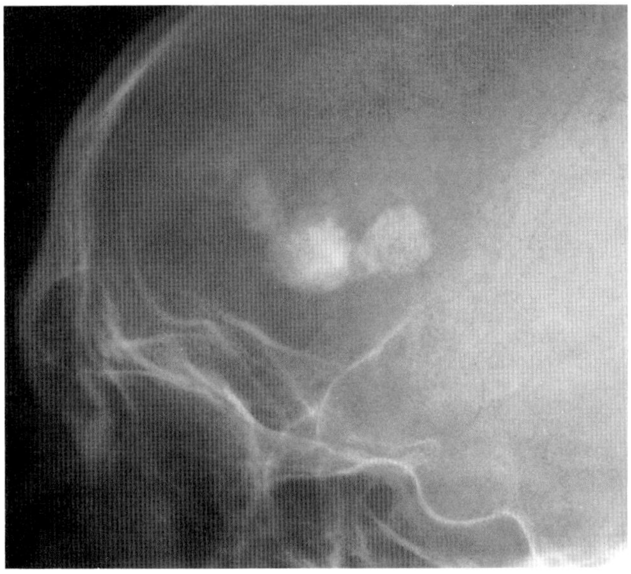

Abb. 8.**15** **Kryptokokkose.** Runde Verkalkungen in der Gegend des Frontallappens.

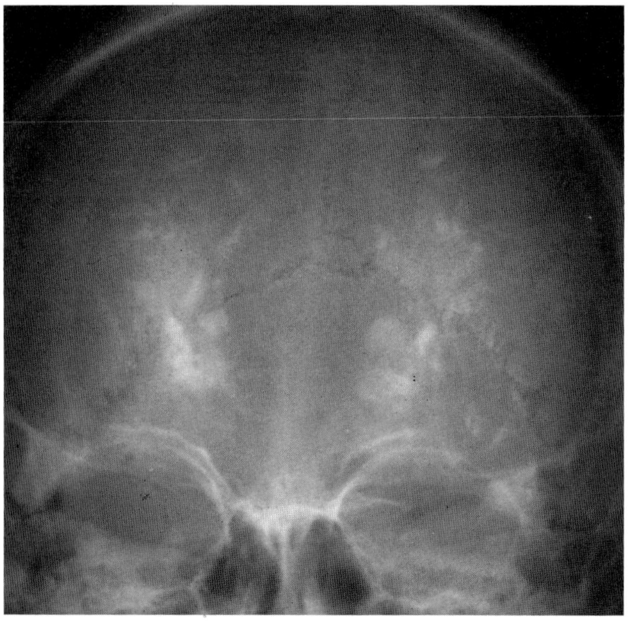

Abb. 8.**16** **Primärer Hypoparathyreoidismus.** Ausgedehnte Verkalkungen der Basalganglien. Es bestanden auch Verkalkungen der Nuclei dentati, die aber in dieser Projektion nicht beurteilbar sind.

Disseminierte intrazerebrale Verkalkungen findet man bei 50% der Patienten mit *tuberöser Sklerose.* Ihre Größe ist – im Gegensatz zur Toxoplasmose und Zytomegalie – viel variabler (Durchmesser u. U. mehr als 1 cm), sie haben keine paraventrikuläre Verteilung und können auch subtentoriell angetroffen werden. Auch in den Basalganglien und Nuclei dentati kommen Verkalkungen vor. Oft bestehen bei der tuberösen Sklerose lokalisierte Hyperostosen in kleinen Bezirken des Schädels, die tatsächlich mit intrazerebralen Verkalkungen verwechselt werden können. Selten entwickeln sich disseminierte zerebrale Verkalkungen nach *Bestrahlung* oder verschiedenen anderen Schädigungen des Gehirns, die zu Narbenbildung und Proliferation von Neurogliazellen führen *(Gliose).*

Wenn es sich bei Verkalkungen der *Basalganglien* und des *Nucleus dentatus* nicht um idiopathische handelt, scheint am häufigsten ein *spontan entstandener Hypoparathyreoidismus* die Ursache zu sein (Abb. 8.**16**); nach operativer Entfernung der Epithelkörperchen sieht man diese Verkalkungen dagegen selten. Die Verkalkungen bei *Pseudohypoparathyreoidismus* sind radiographisch davon nicht zu unterscheiden. Verkalkungen der Basalganglien und Nuclei dentati findet man eventuell auch bei Krankheiten, die mit disseminierten intrazerebralen Verkalkungen einhergehen (z. B. tuberöse Sklerose, Toxoplasmose), und selten bei einigen anderen Krankheiten wie Fahr-Syndrom (idiopathische familiäre zerebrovaskuläre Ferrokalzinose), Blei- und Kohlenmonoxidvergiftung, Geburtsanoxie und bestimmten angeborenen oder erworbenen neurologischen Störungen.

Gefäßzeichnung, Suturen und Frakturlinien

Für eine Vielzahl von markanten Aufhellungen im normalen Schädel sind *vaskuläre Gebilde* verantwortlich (Abb. 8.**17**). Mit Ausnahme der Emissarien, die die Venensysteme innerhalb und außerhalb des Schädels verbinden und Knochenkanäle bilden können, die nicht weiter als 2 mm sind, verursachen Gefäße nur in einer Tabula des Schädels Eindrücke. Die Aa. und Vv. meningeae und Sinus durae matris erzeugen Furchen in der Tabula interna, die eine ziemlich konstante Lage haben und daher relativ leicht zu erkennen sind. Die *Pacchioni-Granulationen,* Zotten der Arachnoidea, die in das Lumen der Hauptsinus und einmündenden Venen hineinragen, können die Tabula interna arrodieren und bis in die Diploe vordringen. Meist erzeugen sie unregelmäßige Defekte in der Parasagittalgegend und der Region des Confluens sinuum (Abb. 8.**4**).

Form, Größe und Zahl der Diploevenen sind dagegen sehr variabel. Außer Venen gibt es in der Diploe Blutseen, die als unregelmäßige ovale oder runde Aufhellungen von selten mehr als 2 cm Durchmesser in Erscheinung treten. Mitunter findet man größere, leicht expansive von der Diploe ausgehende Defekte, wenn eine Diploevene eine größere Ausbuchtung bildet (Abb. 8.**18**). Diploevenen können osteolytischen Läsionen ähnlich sehen. Der Nachweis einer unregelmäßigen, scharf begrenzten Kontur, die für Venenseen kennzeichnend ist, kann eine Hilfe für die Unterscheidung von osteolytischen Läsionen sein.

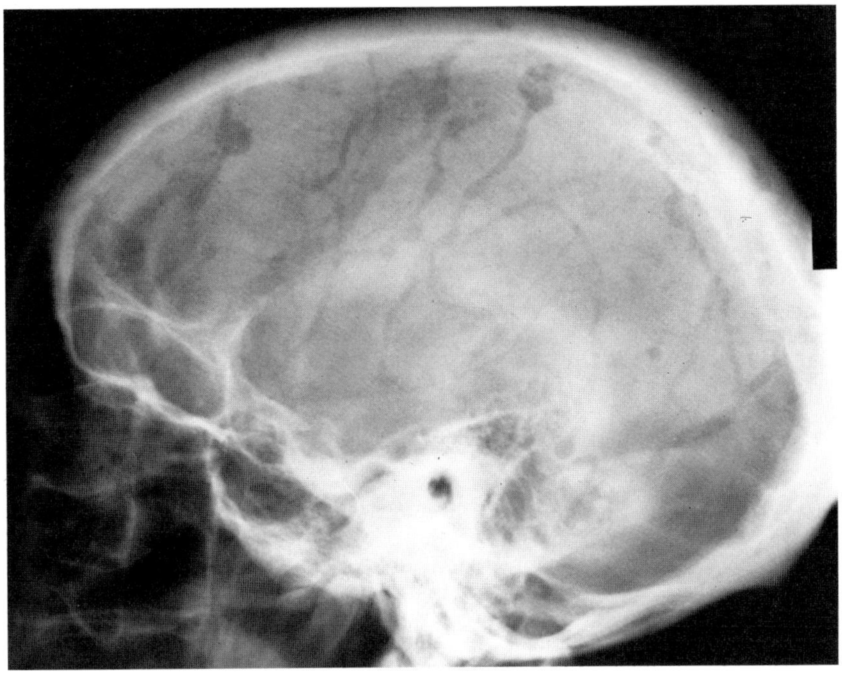

Abb. 8.**17** **Normale Gefäßzeichnung.** Das Röntgenbild des Schädels zeigt viele verschiedene markante Aufhellungen.

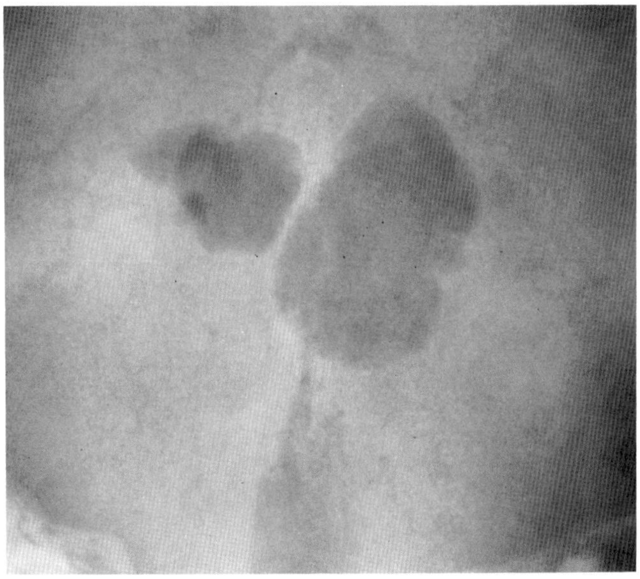

a

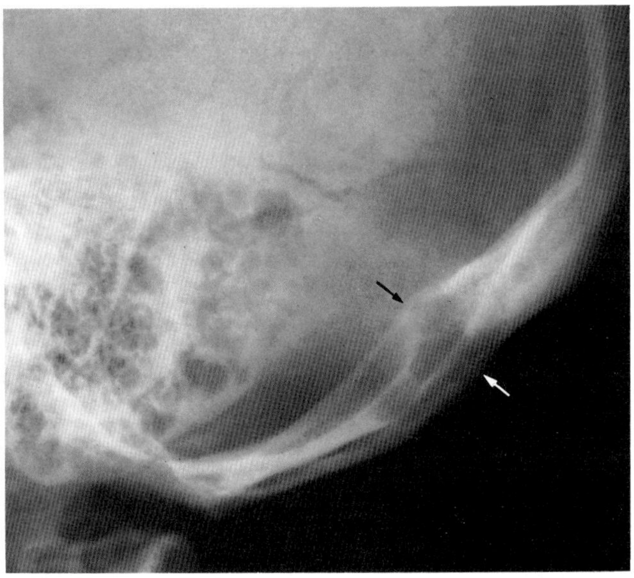

b

Abb. 8.**18 a, b** **Venenseen.** Zwei ungewöhnlich große, scharf begrenzte, unregelmäßige Aufhellungen im Hinterhauptsbein. Diese großen Ausbuchtungen der Diploevene sind leicht expansiv, wie das Seitenbild zeigt (Pfeile). Ein einzelner Defekt wäre von einem von der Diploe ausgehenden Epidermoid nicht unterscheidbar.

Furchen in der Tabula externa können von der *A. supraorbitalis* und dem mittleren Ast der *A. temporalis superficialis* stammen. Die erste befindet sich im Stirnbein über der Augenhöhle, die andere zieht vertikal über die Schläfenbeinschuppe und verliert sich im unteren Teil des Scheitelbeins (Abb. 8.**19**).

Gefäßfurchen müssen von frischen *Frakturen* unterschieden werden, die meist strahlendurchlässiger sind, weil sie durch die Tabula interna und externa hindurchgehen. Außerdem haben Frakturlinien sehr scharfe und deutliche Ränder (Abb. 8.**20**). Gelegentlich stellt sich eine Fraktur als scheinbar dichte Linie dar, wenn sich in der Projektion die Ränder überlappen. Das kommt am häufigsten bei Impressionsfrakturen vor. Auch *Suturen* können mit frischen Frakturen verwechselt werden, wenn die Zähnelung der Naht in der Tabula externa verdeckt ist und nur die Naht in der Tabula interna als relativ gerade Linie sichtbar bleibt. Nähte lassen sich jedoch von Frakturen aufgrund ihrer konstanten anatomischen Lage, ihrer geringeren Strahlendurchlässigkeit und der weniger scharf begrenzten Ränder unterscheiden. Eine traumatische Nahtsprengung (Diastase) sieht man mitunter bei Erwachsenen. Bei Kindern muß eine traumatische Nahtsprengung von einer durch erhöhten Schädelinnendruck bedingten unterschieden werden. Im letzten Fall findet man u. U. auch eine Arrosion am Dorsum sellae, eine

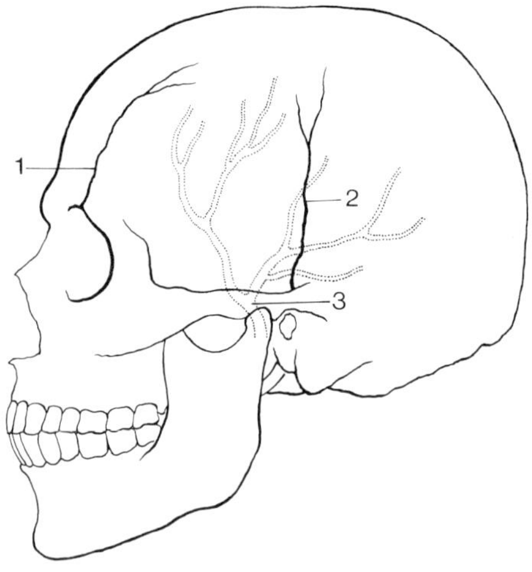

Abb. 8.**19** **Arterienfurchen** in der Tabula externa und interna. Sie haben eine konstante anatomische Position und dürfen nicht als Frakturlinien fehlgedeutet werden. 1. A. supraorbitalis (Tabula externa), 2. mittlerer Ast der A. superficialis temporalis (Tabula externa) und 3. A. meningea media (Tabula interna) (nach Schunk H., Marayama Y.: Acta Radiol. 54 [1960] 186).

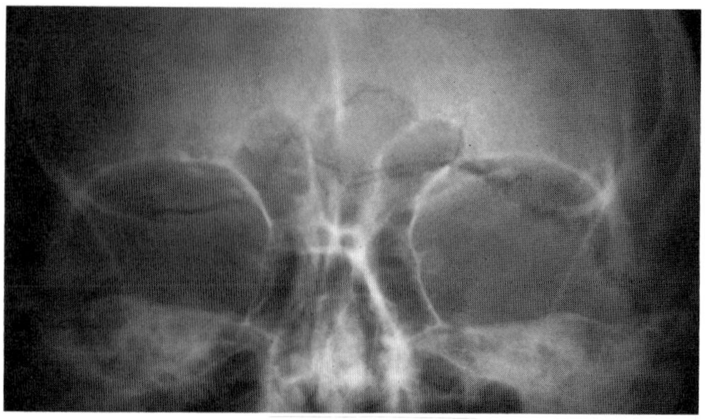

Abb. 8.**20** **Fraktur und Nahtsprengung.** Man beachte die scharfen und deutlichen Ränder der Frakturlinie, die sich in die rechte Orbita projiziert, und die traumatische Sprengung der linken Lambdanaht, wogegen die normale Lambdanaht, die sich in den Sinus frontalis projiziert, einen unscharfen Rand hat und kaum sichtbar ist.

imperfecta, Kretinismus (Hypothyreose), Dysostosis cleidocranialis, Progerie, Hypophosphatasie, Rachitis und vielen anderen beobachtet.

Die knöcherne Heilung von Schädelfrakturen ist im Vergleich zu Röhrenknochen langsam und mit Bildung von nur fibrösem Gewebe oft unvollständig. Solche alten Frakturen können als Aufhellungslinien persistieren, die oft schwer von Gefäßfurchen und Nähten zu unterscheiden sind.

Eine *lokale Verstärkung der Gefäßzeichnung* kann ein sehr wichtiger Befund für die Diagnostizierung eines Meningeoms sein, wenn daneben Verkalkungen oder Verstärkung der Impressiones digitatae und eine Verlagerung der Zirbeldrüse. Zuweilen persistiert eine normalerweise verstrichene Sutur (z. B. die Sutura metopica im Stirnbein oder die Sutura mendosa und die mediansagittale Naht im Hinterhauptbein); man darf sie nicht mit einer Frakturlinie verwechseln (Abb. 8.**21**).

Worm-Knöchelchen sind kleine Schaltknochen, die in einer Naht liegen, meist in der Lambdanaht (Abb. 8.**22**). Sie sind klinisch bedeutungslos und finden sich bei Gesunden. Allerdings wurde eine die Norm überschreitende Häufigkeit multipler Worm-Knöchelchen bei verschiedenen angeborenen Störungen wie Osteogenesis

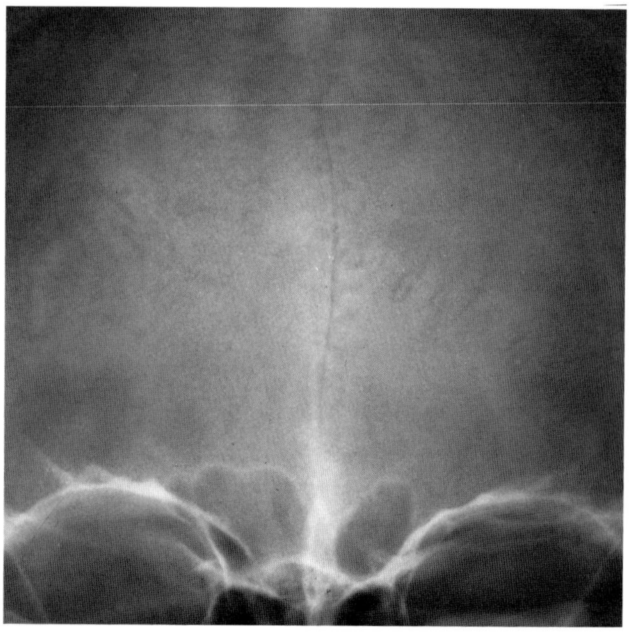

Abb. 8.**21** **Sutura metopica.** Diese Naht ist normalerweise verstrichen, kann aber gelegentlich persistieren und sich als unscharfe Aufhellungslinie in der Mitte des Stirnbeins zeigen; sie darf nicht mit einer Frakturlinie verwechselt werden.

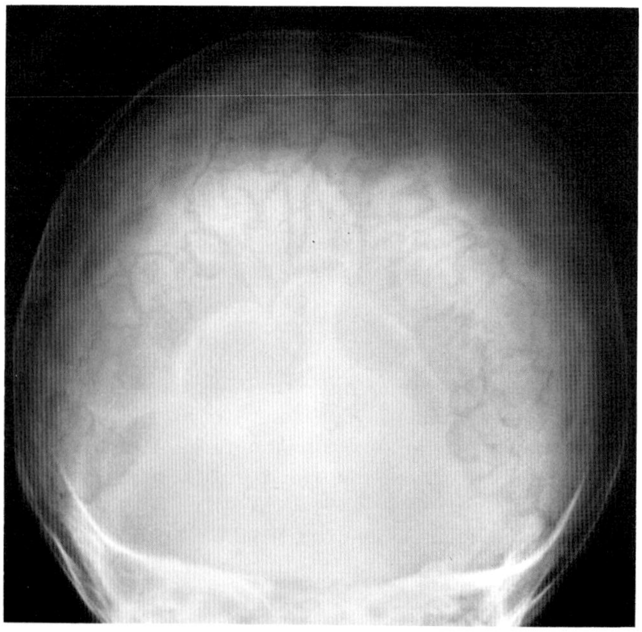

Abb. 8.**22** **Worm-Knöchelchen.** Zahlreiche kleine Knöchelchen in der Lambdanaht.

eine lokale Hyperostose bestehen. Relativ häufig ist eine verstärkte Gefäßzeichnung bei arteriovenösen Malformationen zu beobachten, die in fast 20% der Fälle verkalkt sind.

Sehr gefäßreiche primäre oder sekundäre Tumoren des Schädels können ebenfalls mit einer verstärkten Gefäßzeichnung einhergehen. Sie kann auch bei Morbus Paget oder fibröser Dysplasie zu beobachten sein, doch sind bei diesen Krankheiten die radiographischen Veränderungen gewöhnlich schon von sich aus pathognomonisch. Aufgrund der großen Variabilität der Gefäßzeichnung bei Gesunden ist es schwierig, eine generalisierte Verstärkung der Gefäßzeichnung zu erkennen; sie könnte aber ein Hinweis auf einen Kollateralkreislauf sein, wenn ein Verschluß größerer Arterien oder Venen besteht.

Osteosklerotische Veränderungen des Schädeldachs

Die sklerotischen Veränderungen des Schädeldachs werden für differentialdiagnostische Zwecke am besten in lokalisierte und diffuse eingeteilt.

Lokalisierte Sklerose (solitäre oder multiple osteoplastische Läsionen) des Schädeldachs

Wie bereits ausführlicher in Kap. 2 beschrieben (s. S. 14–23), umfaßt die Differentialdiagnose der solitären oder multiplen, lokalisierten sklerotischen Läsionen benigne Tumoren (z. B. *Osteom* – Abb. 2.**6**, S. 16, *Osteochondrom*), maligne Tumoren (z. B. *Osteosarkom, Metastasen;* Abb. 8.**23**), *chronische Osteomyelitis* (Abb. 8.**24**), avaskuläre *Nekrose* (besonders in Knochenlappen),

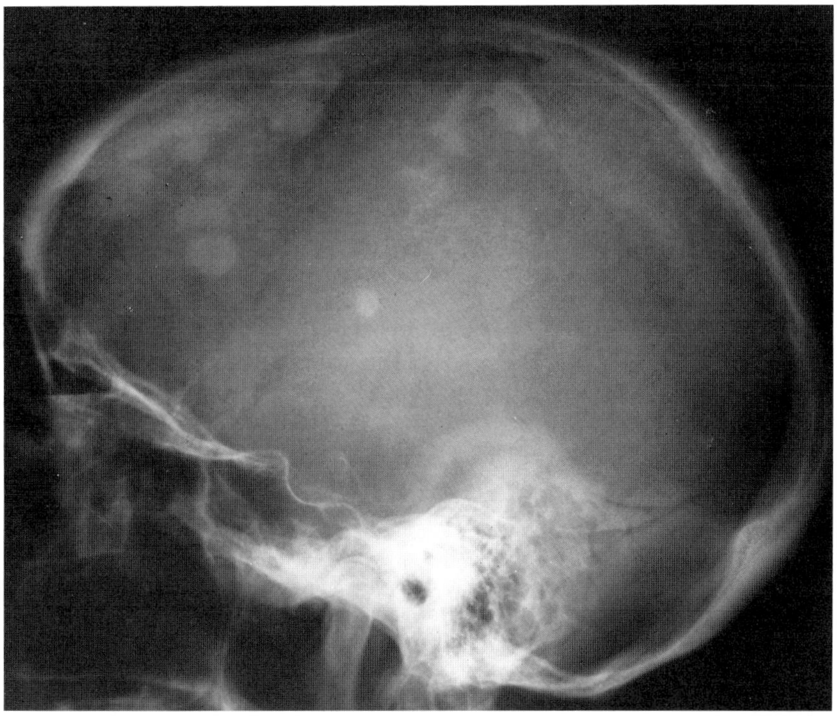

Abb. 8.**23** **Osteoplastische Metastasen** von einem Mammakarzinom. Runde Verdichtungen, die besonders gut im Stirnbereich zu sehen sind. Man beachte auch die normale Dicke des Schädels; dieser Befund trägt zur Unterscheidung von einem Morbus Paget bei. Nebenbei ist eine physiologische Verdünnung des Hinterhauptbeins zu beobachten, die in einer höheren Strahlendurchlässigkeit zum Ausdruck kommt.

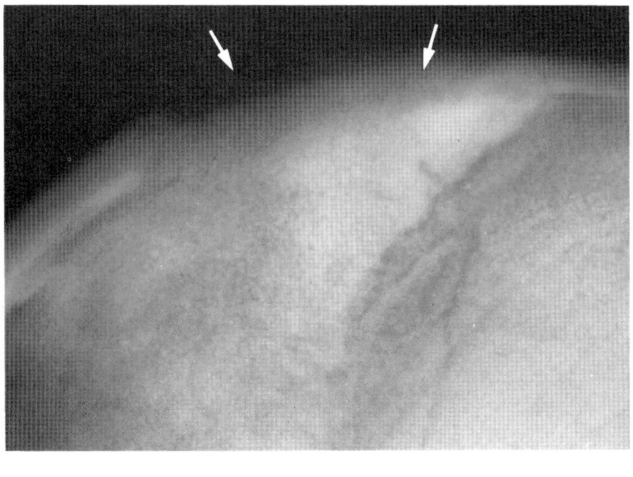

Abb. 8.**24** **Chronische Osteomyelitis.** Defekt im Stirnbein (Pfeile) mit angrenzender Sklerose.

Strahlenosteonekrose (Abb. 8.**25**), *fibröse Dysplasie, Neurofibromatose, Morbus Paget* („Watteschädel"), *Mastozytose* und *tuberöse Sklerose,* die oft mit disseminierten intrazerebralen Verkalkungen einhergeht. Die Bildung von bandförmigen Verdichtungen entlang der Nähte ist relativ häufig und ohne jede klinische Bedeutung. Eine derartige Sklerose an der Sutura squamosa darf auf dem Seitenbild nicht mit Verkalkungen in den Basalganglien verwechselt werden (Abb. 8.**26**).

Die *Hyperostosis frontalis interna* ist eine idiopathische unregelmäßige Verdickung der Tabula interna, hauptsächlich im Stirnbein (Abb. 8.**26**). Diese Veränderungen sind typischerweise bilateral symmetrisch und lassen die Mittellinie frei. Sie finden sich meist bei Frauen über 40 und nehmen sehr langsam im Laufe der Jahre zu.

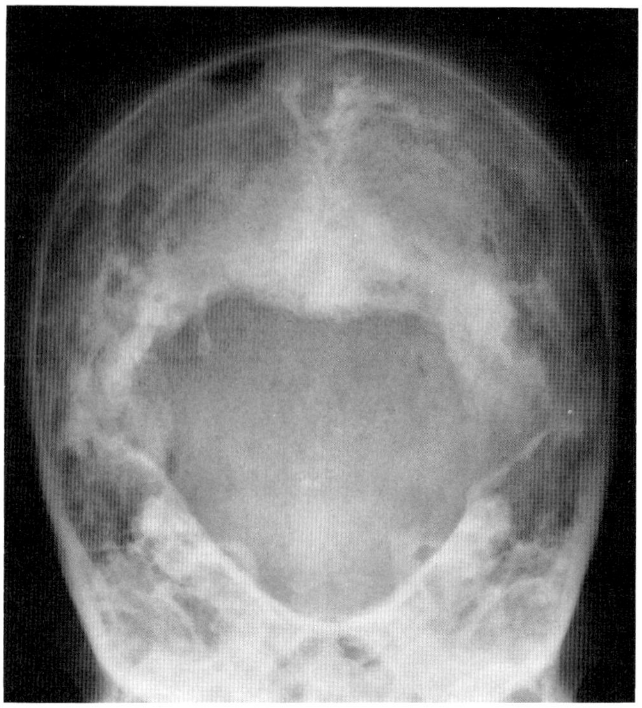

Abb. 8.25 **Strahlenosteonekrose.** Ausgedehnte gemischte lytische und sklerotische Knochenveränderungen in der Umgebung eines großen Operationsdefekts im Okziput.

a

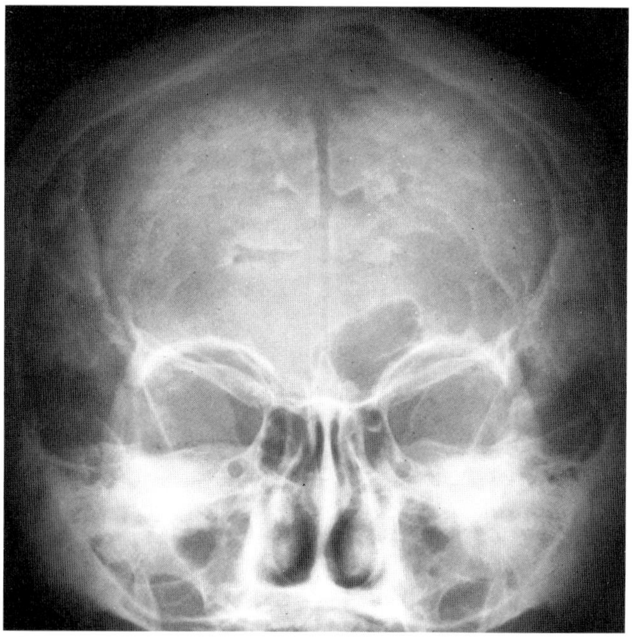

◀ Abb. 8.**26 a, b** **Hyperostosis frontalis interna.** Symmetrische Verdickung der Tabula interna, hauptsächlich im Stirnbein (Pfeile). Nebenbei ist auch ein breiter sklerotischer Streifen in der Gegend der Sutura squamosa auf dem Seitenbild zu sehen (Sternchen). ▼

b

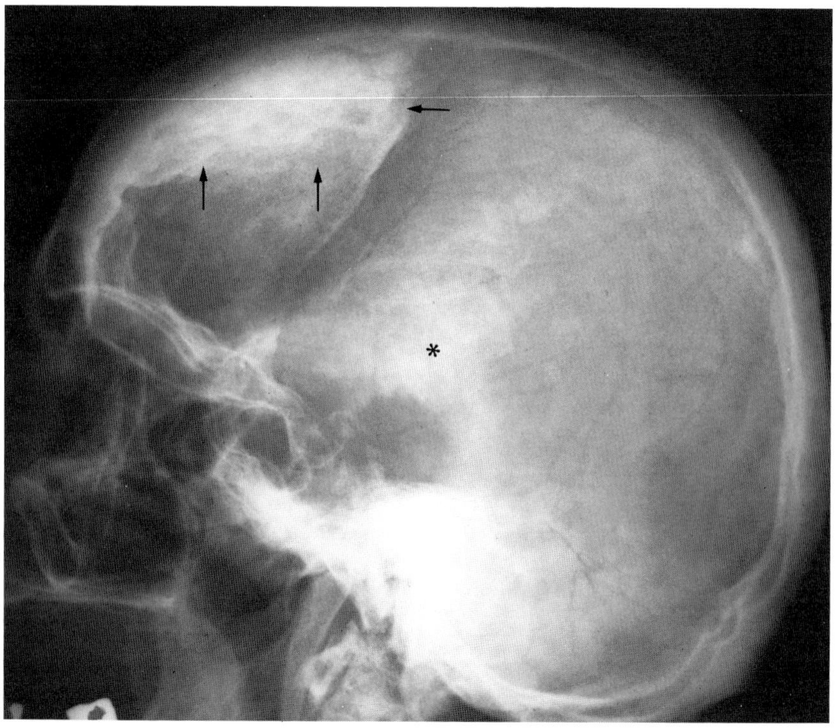

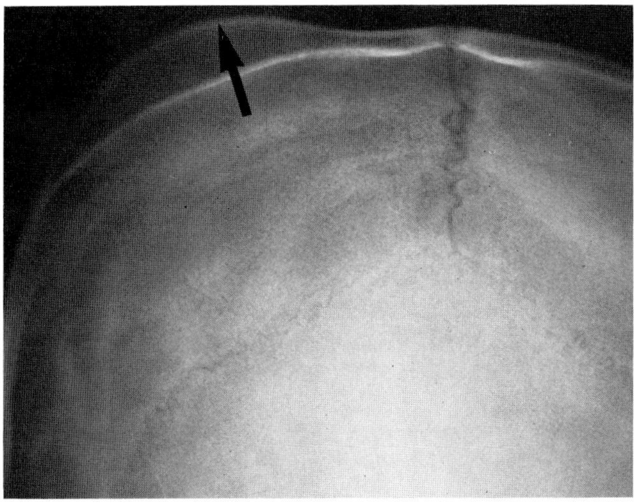

a

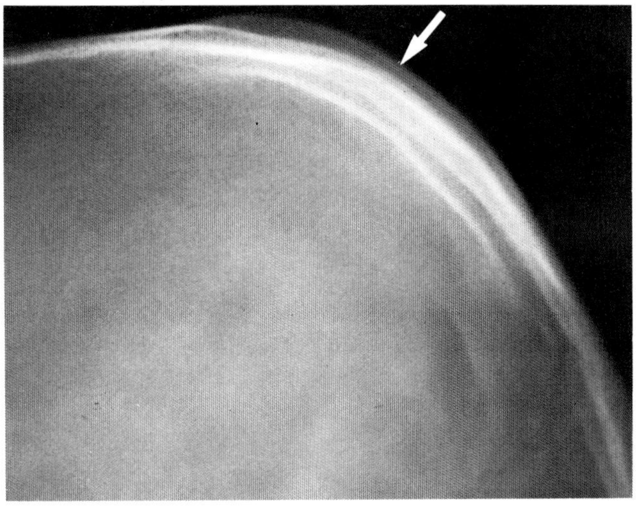

b

Abb. 8.**27** a, b **Kephalhämatom.** Durch die Verknöcherung des abgehobenen Periosts über dem Scheitelbein entsteht eine umschriebene Verdickung des Schädels.

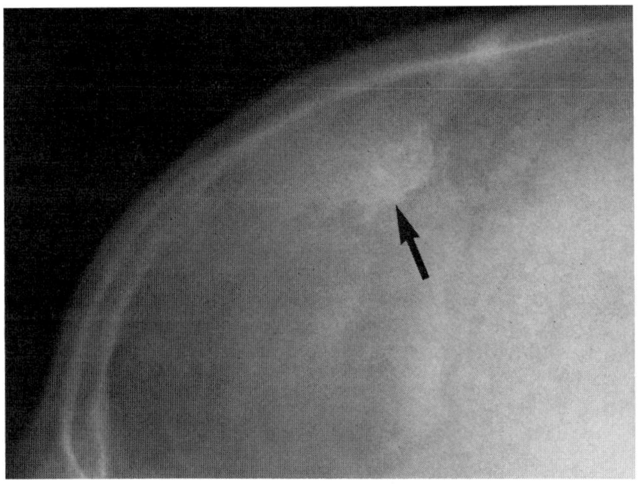

Abb. 8.**28** **Meningeom.** Umschriebene Verdickung der Tabula interna (Pfeil).

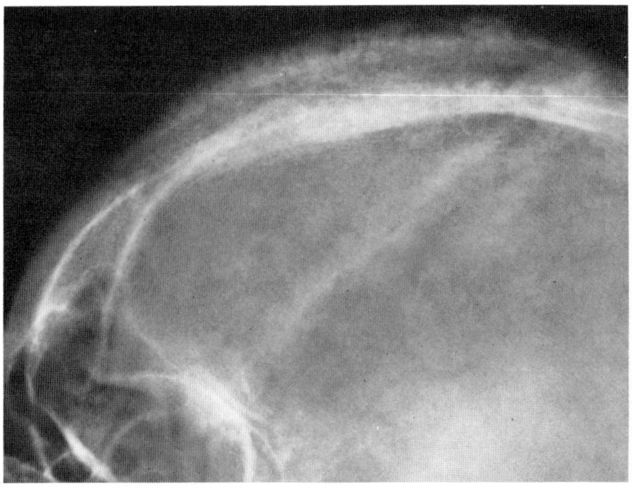

Abb. 8.**29** **Meningeom.** Umschriebene Verdickung beider Tabulae und der Diploe sowie strahlige Spikula.

Eine Verdickung der Tabula interna anderer Schädelknochen sowie eine mehr generalisierte Verdickung der Tabula interna, die sog. *Hyperostosis interna generalisata,* kommen selten vor.

Auch ein verknöchertes *Kephalhämatom* oder *Subduralhämatom* kann sich als umschriebene Verdichtung, die der Tabula externa bzw. interna anliegt, darstellen (Abb. 8.**27**).

In die Schädelkapsel einwachsende *Meningeome* können als umschriebene Verdickung der Tabula interna in Erscheinung treten (meist in der Parasagittalregion oder am Keilbeinrand); sie können fortschreiten, bis sie die ganze Dicke des Schädels einnehmen (Abb. 8.**28**). Wenn der Tumor nach außen vordringt, sind u. U. *strahlige Spikula* zu beobachten (Abb. 8.**29**).

Eine lokalisierte osteoplastische Läsion mit strahligen Spikula sieht man außer bei Meningeomen eventuell auch bei *Osteosarkomen, osteoplastischen Metastasen* (z. B. von Neuroblastomen) und *Hämangiomen* (Abb. 8.**30**);

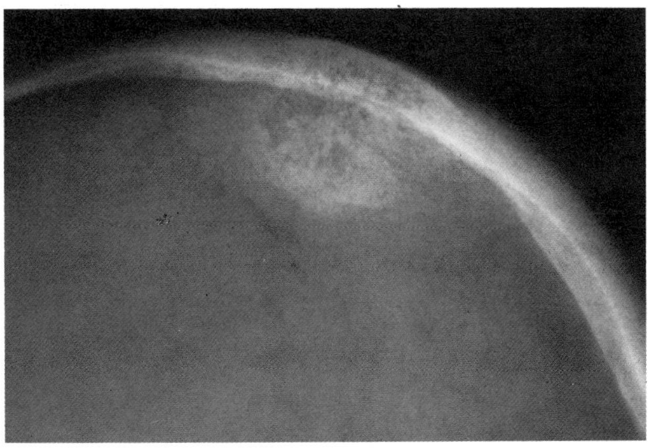

Abb. 8.**30** **Hämangiom.** Leicht expansive Läsion mit Randsklerose und charakteristischen strahlenförmigen Knochenstacheln innerhalb der Läsion.

diffuse strahlige Spikula am Schädeldach – ausgenommen am Hinterhauptbein unterhalb der Protuberantia occipitalis interna – kommen bei schweren Anämien vor, besonders bei *Thalassämie* und in geringerem Grad bei *Sichelzellenanämie*.

Diffuse Sklerose des Schädeldachs

Eine diffuse Erhöhung der Knochendichte des Kraniums kann auf eine abnorme osteoplastische Reaktion in der Diploe – beispielsweise ausgelöst durch *osteoplastische Metastasen* oder *Myelofibrose* – zurückzuführen sein. Das Verschwinden des Diploeraums durch Sklerose sowie die Verdickung der Kalvaria sind ein Markenzeichen der *Osteopetrosis* (Abb. 8.**31**) und vieler anderer *anlagebedingter Krankheiten* wie *Pyknodysostose, Van-Buchem-Syndrom (generalisierte kortikale Hyperostose)* (Abb. 8.**32**), *Camurati-Engelmann-Syndrom (progressive diaphysäre Dysplasie), Osteopathia striata* (Abb. 8.**33**), *Melorheostose* und *Hyperphosphatasie,* die bereits in Kap. 2 (S. 24–31) besprochen worden sind. Bei diesen Krankheiten wird die diffuse Sklerose der Kalvaria in der Regel auch von einer Osteosklerose in anderen Knochen begleitet. Ähnlich ist der radiologische Befund bei Kindern mit *D-Hypervitaminose, idiopathischer Hyperkalzämie, Hypoparathyreoidismus* und *Pseudohypoparathyreoidismus*.

Eine vermehrte Dichte des Schädeldachs kann jedoch auch auf eine ungewöhnliche Dicke der Kalvaria zurückzuführen sein. Eine große Variabilität der Schädeldicke liegt im Bereich der Norm. Ist ein Schädel sehr dicht, weil die Tabula externa und interna sowie die Diploe besonders stark sind, und stellt dies einen isolierten Befund dar, so ist es klinisch belanglos und kann als *idiopathisch* bezeichnet werden.

Eine Verdickung des Schädels wurde bei *chronischer intrakranieller Drucksteigerung* beobachtet. Im Kindesalter kann sowohl eine *Hirnatrophie* als auch die erfolgreiche *Behebung einer intrakraniellen Drucksteigerung* (z. B. nach chirurgischer Entlastung eines Hydrozephalus) zur generalisierten Kalvariaverdickung führen.

Bei der *Akromegalie* finden sich neben einer Verdikkung der Kalvaria, besonders der Tabula interna, eine weite Stirnhöhle, eine sehr starke Pneumatisation der Mastoide, eine vorspringende Protuberantia occipitalis externa und eine vergrößerte Sella turcica (Abb. 8.**34**).

Bei der *fibrösen Dysplasie* kann eine ausgedehnte Sklerose der Kalvaria vorkommen, die aber gewöhnlich nicht gleichmäßig ist. Sie beruht im allgemeinen auf einer Expansion der Tabula externa, während die Tabula interna meist nicht betroffen ist. Es können auch unregelmäßige Aufhellungen vorhanden sein (Abb. 8.**35**). Eine Sklerose der Schädelbasis und/oder der Nasennebenhöhlen bei fibröser Dysplasie geht gewöhnlich mit einer Beteiligung des Schädeldachs einher.

Beim *Morbus Paget* sind in der Phase der kombinierten destruierenden und sklerotischen Veränderungen die Tabula interna und externa verdickt, die Diploe ist deutlich verbreitert und enthält unregelmäßige Sklerosebe-

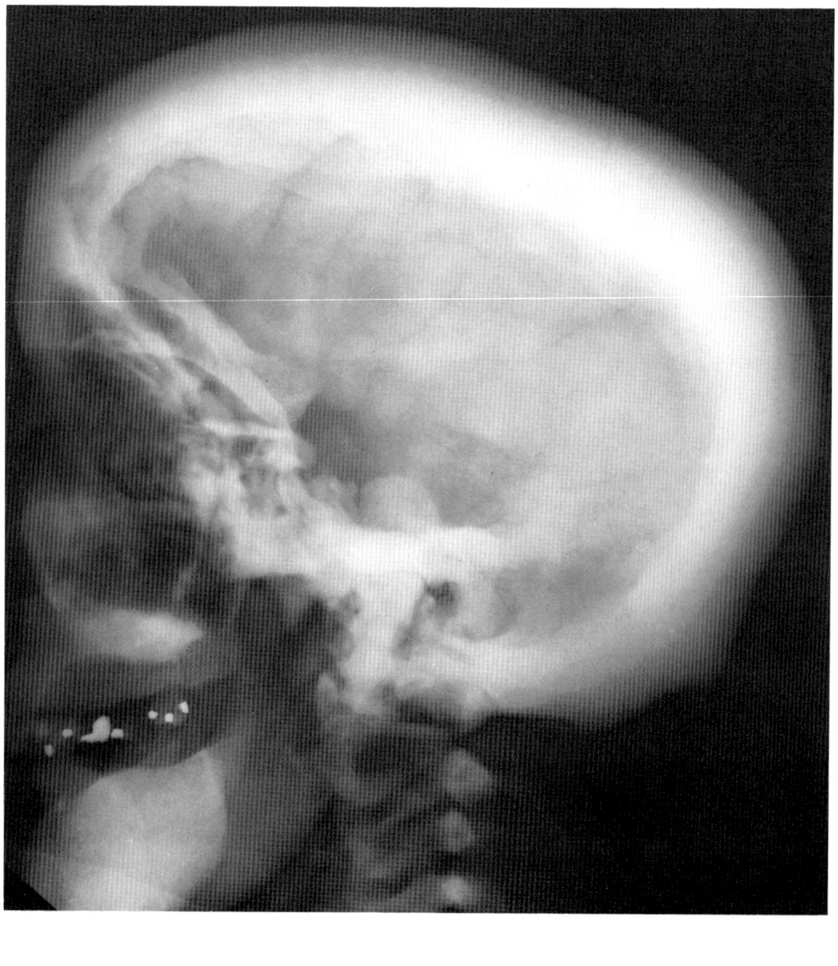

Abb. 8.**31** **Osteopetrosis.** Ausgedehnte Sklerose des Schädels mit vollständiger Obliteration des Diploeraums und ausgeprägter Verdickung der Kalvaria. Man beachte auch die Sklerose und Verdickung des Gesichtsschädels und besonders der Mandibula.

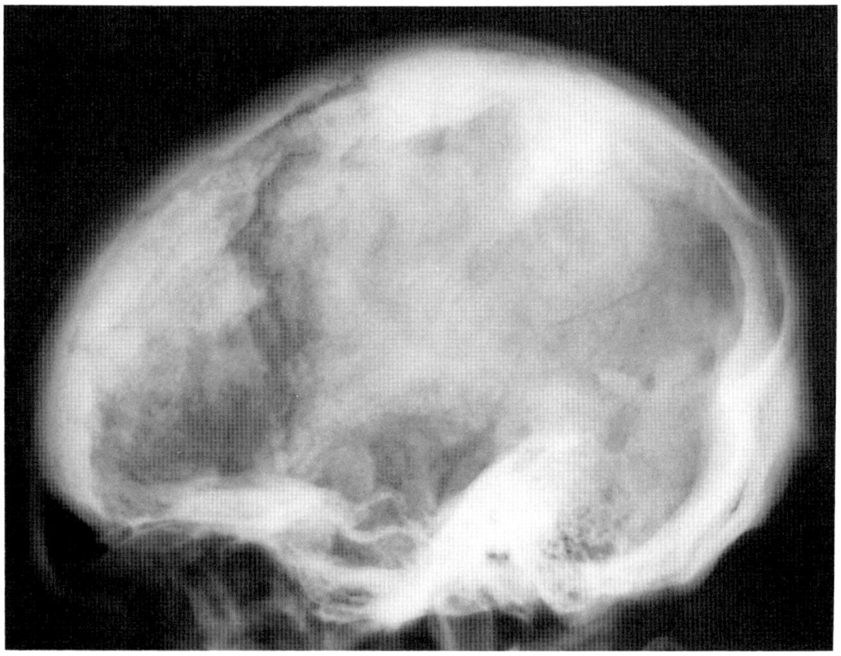

Abb. 8.**32** **Van-Buchem-Syndrom (generalisierte kortikale Hyperostose).** Augenfällige ausgedehnte Hyperostose des gesamten Schädels.

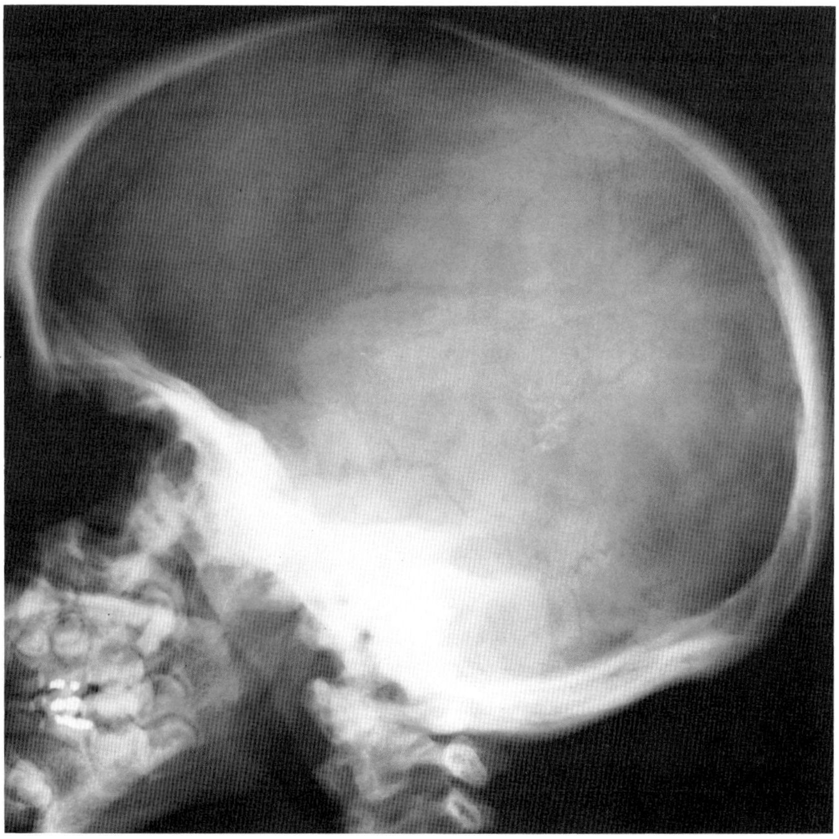

Abb. 8.**33** **Osteopathia striata.** Makrozephalie und Schädelsklerose begleiten gelegentlich die für die Krankheit typischen Veränderungen in den tubulären und platten Knochen und können ein gesondertes Syndrom repräsentieren.

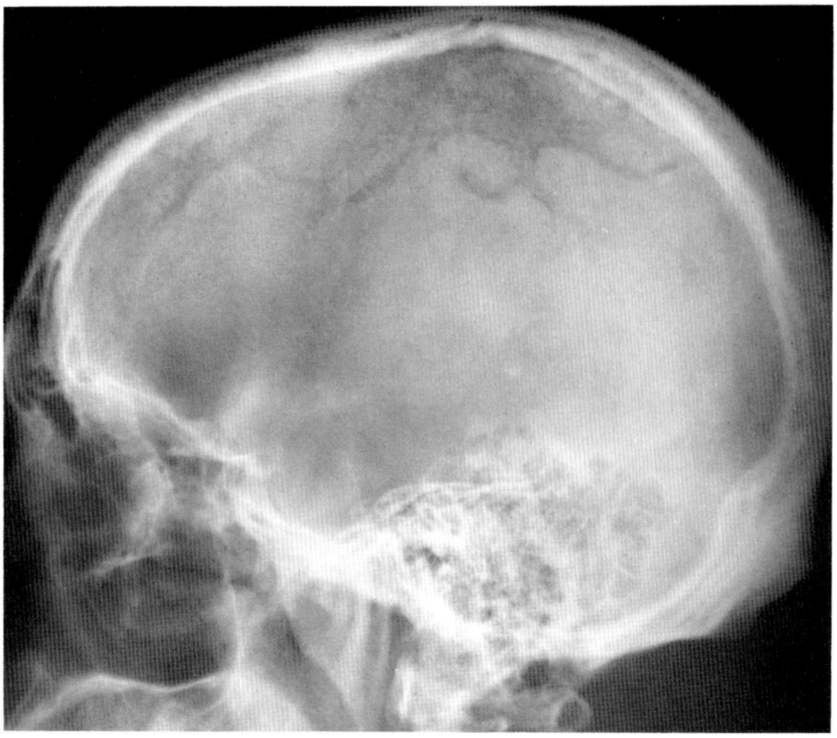

Abb. 8.**34** **Akromegalie.** Schädelverdikkung, besonders der Tabula interna, betonte Protuberantia occipitalis externa, exzessive Pneumatisation der Warzenfortsätze, erweiterte Sella mit gerade gerichtetem Dorsum und große Mandibula (hier nicht gezeigt) sind charakteristisch. Die Stirnhöhlen sehen in diesem Fall normal aus, sind aber bei dieser Erkrankung gewöhnlich erweitert.

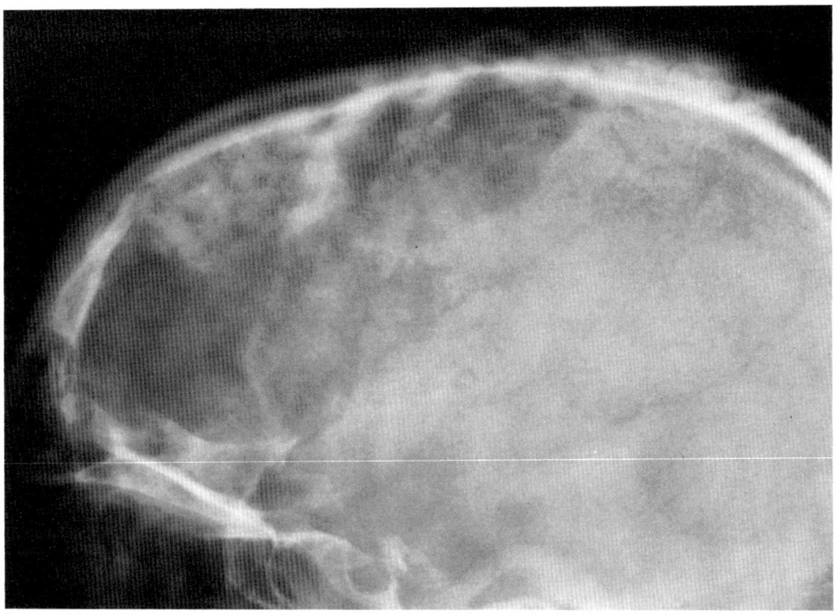

Abb. 8.**35** **Fibröse Dysplasie.** Gemischte lytische und sklerotische Läsionen in der Frontoparietalregion. Die Störung betrifft die Tabula externa, die an der höchsten Stelle des Schädeldachs unterbrochen und vorgewölbt erscheint, während die Tabula interna im ganzen Schädel intakt bleibt.

zirke („Watteschädel“, Abb. 8.**36**). In der sklerotischen Phase kann sich eine gleichmäßige Verdickung der Kalvaria finden, bei der die Tabulae und die Diploe nicht mehr voneinander abgrenzbar sind. Auch die Felsenbeinpyramiden und Nasennebenhöhlen sind oft mitbeteiligt.

Die Schädelveränderungen bei *konnatalen hämolytischen Anämien* (z. B. *Thalassämie, Sichelzellenanämie*), weniger oft bei *erworbenen Anämien* (z. B. *Eisenmangelanämie*) und *zyanotischen angeborenen Herzfehlern,* sind durch die Hyperplasie des erythropoetischen Knochenmarks bedingt, die eine Verbreiterung des Diploeraums verursacht; dadurch wird die Tabula externa nach außen gedrängt und verdünnt, es kann das Bild eines „Bürstenschädels“ entstehen (Abb. 8.**37**). Oft sind die verdickte Diploe und die Tabula externa nicht mehr zu differenzieren, die Tabula interna bleibt dagegen meist klar abgrenzbar. Charakteristisch ist das Freibleiben des Os occipitale unterhalb der Protuberantia occipitalis interna,

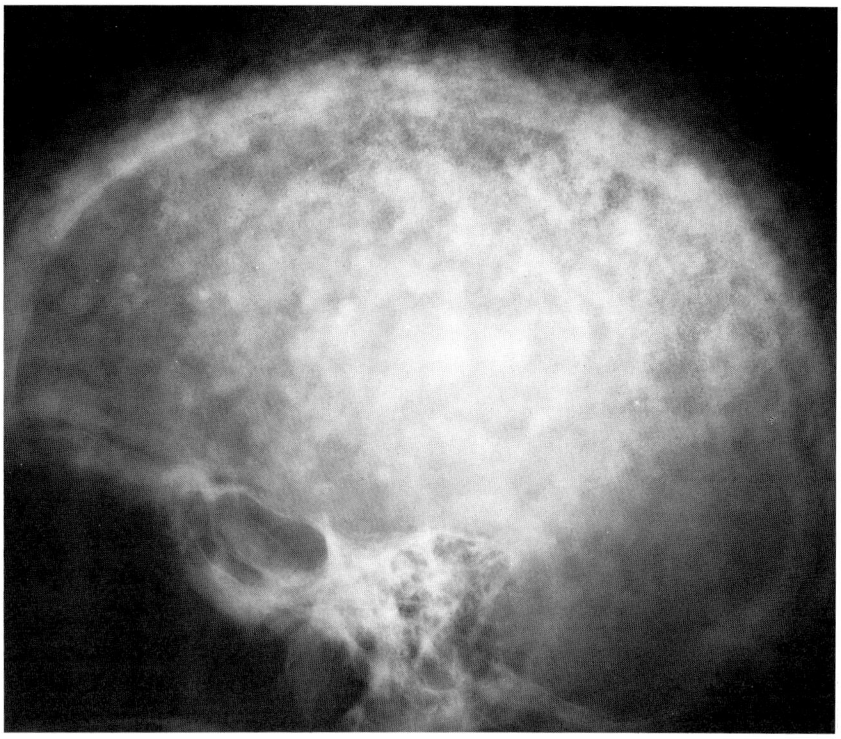

Abb. 8.**36** **Morbus Paget.** Pathognomonisch sind die Verdickung der Tabula externa und interna, die Verbreiterung der Diploe, der Verlust der gegenseitigen Abgrenzbarkeit von Tabulae und Diploe und unregelmäßige Sklerosebezirke („Watteschädel").

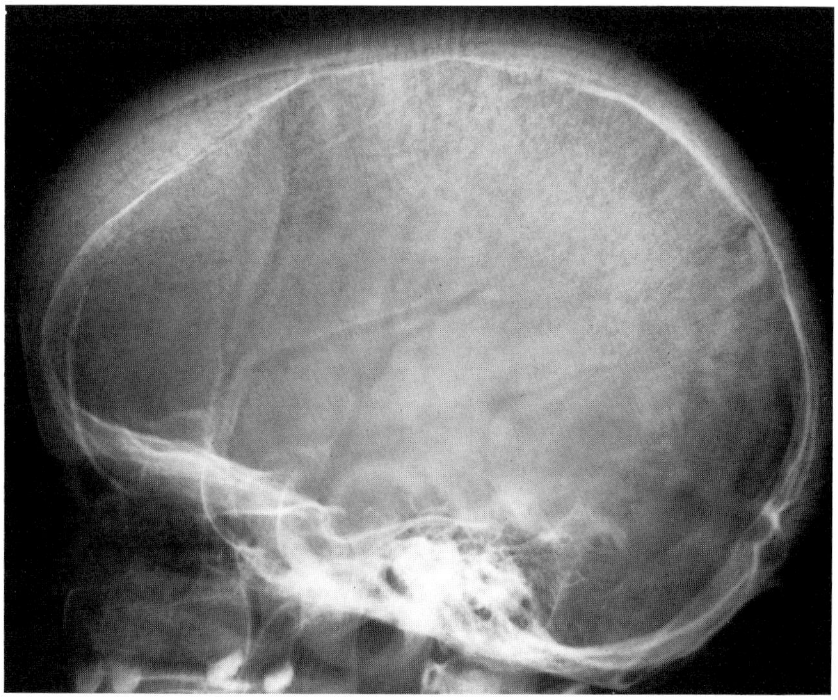

Abb. 8.**37** **Thalassämie.** Kennzeichnend ist eine Verbreiterung der Diploe und Verdünnung der Tabula externa mit bürstenartiger Zeichnung, wobei das Hinterhauptsbein unterhalb der Protuberantia occipitalis interna ausgespart bleibt. Zugleich besteht auch eine mangelhafte Pneumatisation der Nebenhöhlen.

weil sich dort kein Knochenmark mehr befindet. Ausgenommen bei der Thalassämie, bei der sich eine mangelhafte Pneumatisation der Nebenhöhlen finden kann, sind die Nasennebenhöhlen nicht betroffen.

Bei *Hyperparathyreoidismus* ist eine Verdickung der Kalvaria mit granulärer Deossifikation („Salz-und-Pfeffer-Schädel") und Verlust der scharfen Begrenzung der Tabula externa und interna zu beobachten. Gelegentlich sieht man auch kleine, zystenartige Läsionen (Abb. 8.**38**). Ein „salz-und-pfefferartiges" Bild des Schädels findet sich mitunter als Normvariante, häufiger aber im Rahmen einer Osteoporose jeglicher Ätiologie. In diesen Fällen bleiben allerdings die Tabula externa und interna scharf begrenzt (Abb. 8.**39**).

Bei einer *Phenytoin-Langzeittherapie* kann ebenfalls eine diffuse Kalvariaverdickung auftreten, abgesehen von radiographischen Zeichen einer Rachitis bzw. Osteomalazie. Bei *Fluorose* (infolge chronischer Fluorvergiftung

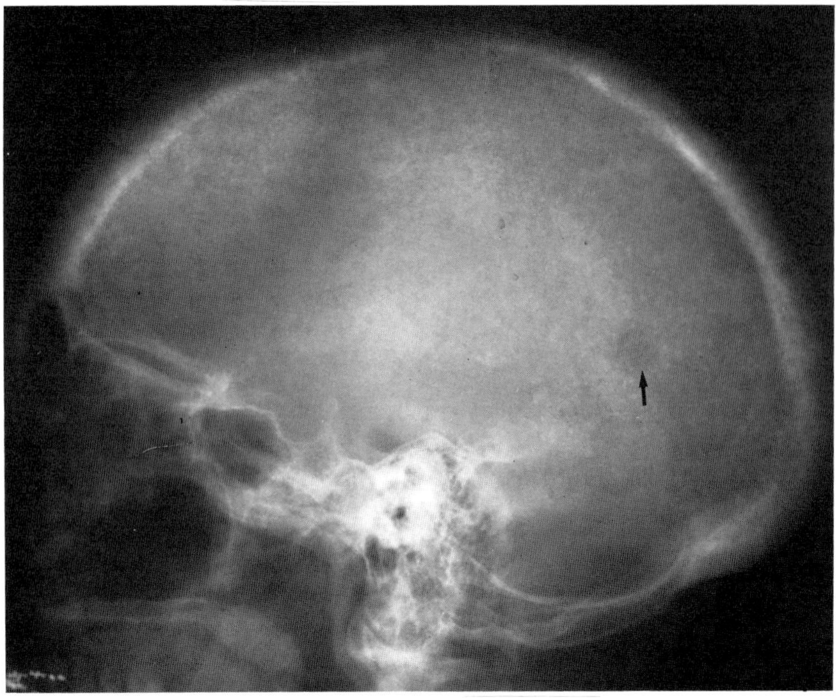

Abb. 8.**38** **Primärer Hyperparathyreoidismus.** Verdickung der Kalvaria mit granulärer Deossifikation („Salz-und-Pfeffer-Schädel") und Verlust der scharfen Begrenzung der Tabulae. In der hinteren Parietalregion ist ein kleiner zystenartiger brauner Tumor erkennbar (Pfeil).

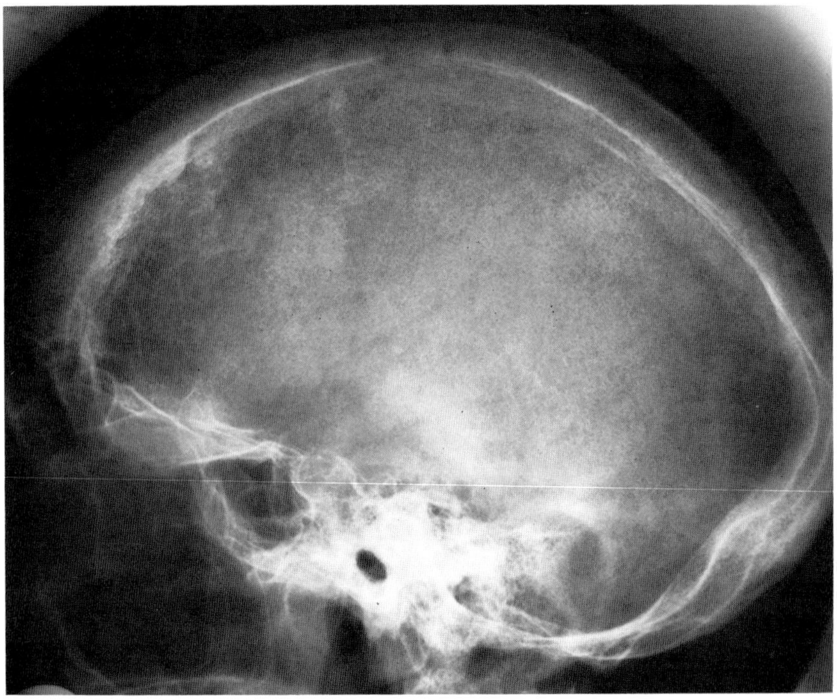

Abb. 8.**39** **Senile Osteoporose.** Granuläre Deossifikation des Schädels wie beim Hyperparathyreoidismus in Abb. 8.**38**. Im Gegensatz dazu bleiben aber die beiden Tabulae scharf begrenzt und sind als deutliche dünne Linien sichtbar.

oder als Reaktion auf eine Osteoporosetherapie mit Fluor) kommt eine Kalvariasklerose vor, ist aber nicht so hervorstechend wie im Achsenskelett. Schließlich kann auch eine adäquate *Hyperparathyreoidismus- und Rachitistherapie* eine generalisierte Sklerose des Schädels auslösen. Ebenso verursachen eine *D-Hypervitaminose* und eine *idiopathische Hyperkalzämie* in seltenen Fällen eine diffuse Osteosklerose bei Kindern, die auch den Schädel betreffen kann.

Solitäre oder multiple Knochendefekte im Schädel

Wenn im Schädel ein Knochendefekt diagnostiziert wird, eignen sich Tangentialaufnahmen für die Bestimmung, ob die Arrosion durch einen extra- oder intrakranialen raumfordernden Prozeß verursacht wird oder innerhalb des Knochens entstanden ist. Ist die Verdünnung im Schädel durch den Druck eines anliegenden gutartigen Prozesses bedingt, dann sieht der Defekt bogenförmig und meist glatt aus, und die Verdünnung nimmt verlaufend von der Peripherie zur Mitte der Läsion zu. Eine Arrosion an der Tabula externa zeigt einen Prozeß in der Kopfschwarte an, eine Arrosion an der Tabula interna ist dagegen Ausdruck einer intrakranialen pathologischen Veränderung. Expansive Prozesse, die in der Diploe entstehen, verlagern schließlich sowohl die Tabula interna als auch externa (Abb. 8.**40**).

Extrakraniale Läsionen, die das Schädeldach oder die Schädelbasis arrodieren, sind relativ selten und entweder neoplastischer oder entzündlicher Genese. Sie gehen fast ausnahmslos mit einer Weichteilschwellung oder -veränderung einher, die klinisch und radiographisch diagnostiziert werden kann. Karzinome des Nasopharynx und der Keilbeinhöhle sowie Glomus-jugulare-Tumoren können in die Schädelbasis einwachsen, während Hautkarzinome (Ulcus rodens) in das Schädeldach eindringen können. Druckdefekte an der Tabula externa des Schädels stammen eventuell von Epidermoidzysten.

Läsionen, die von Meningen und Gehirn ausgehen, zerstören zuerst die Tabula interna. Neben primären und sekundären intrakranialen Neoplasmen handelt es sich dabei häufig um Subduralhämatome und Abszesse, Gefäßveränderungen und -anomalien (arteriovenöse Malformationen und Aneurysmen) und zystische Läsionen (porenzephale Zysten und Meningozelen). Eine Differentialdiagnose von intrakranialen, Knochendestruktionen hervorrufenden Läsionen ist selten anhand der Nativaufnahmen möglich, wenn nicht andere charakteristische Merkmale (z. B. Verkalkungen oder Lokalisation) vorhanden sind.

Gelegentlich findet man im Kranium einen strahlendichten Herd innerhalb einer osteolytischen Läsion, einen sogenannten „Knopfsequester" (Abb. 8.**41**).

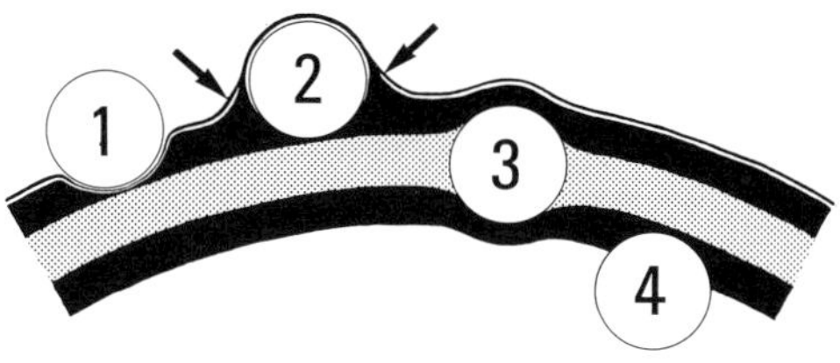

Abb. 8.**40** **Nichtdestruktive expansive Läsionen,** die vom Schädeldach oder seiner unmittelbaren Umgebung ausgehen. (Solide schwarze Bänder: Tabula externa bzw. interna, punktierter Streifen: Diploe, schwarze Linie: Periost.) 1. Ursprung der Läsion von der Kopfschwarte außerhalb des Periosts. Es entsteht ein Defekt an der Außenseite der Tabula externa. 2. Ursprung der Läsion unterhalb des Periosts. Es entsteht ein Defekt an der Außenseite der Tabula externa wie bei 1, aber zusätzlich kommt es zu einer Knochenneubildung durch das angehobene Periost. Diese ist gewöhnlich am stärksten im Randbereich, wo der neue Knochen Dreieckform annimmt (Pfeile). 3. Ursprung der Läsion von der Diploe. Es kommt zu einer symmetrischen Arrosion und Expansion beider Tabulae. 4. Ursprung der Läsion von den Meningen oder dem Gehirn. Es entsteht ein Defekt an der dem Gehirn zugewandten Seite der Tabula interna.

Knopfsequester werden bei eosinophilen Granulomen, Metastasen (besonders von Mammakarzinomen), Epidermoiden, Osteomyelitis (einschließlich tuberkulöser und syphilitischer), Strahlennekrose, einer avaskulären Nekrose unterliegenden Knochenlappen sowie bei Bohrlöchern beobachtet. Ein Knopfsequester kann auch von einem strahlentransparenten Gefäßkanal, der eine Schlinge um ein Zentrum von normalem Knochen bildet, imitiert werden.

„Krapfenläsionen" sind kleine Aufhellungen im Schädelknochen, die von einem unterschiedlich dicken sklerotischen Rand umgeben sind (Abb. 8.**42**). Oft enthalten sie eine zentrale Sklerose, die einen Knopfsequester vortäuscht. Sie werden meist zufällig auf Routineschädelaufnahmen entdeckt und haben keine klinische Bedeutung.

Eine Vielzahl von Läsionen geht vom Schädel selbst aus und verursacht solitäre oder multiple Knochendefekte. Die Differentialdiagnose der lytischen Schädelläsionen wird in Tab. 8.**3** zusammengefaßt.

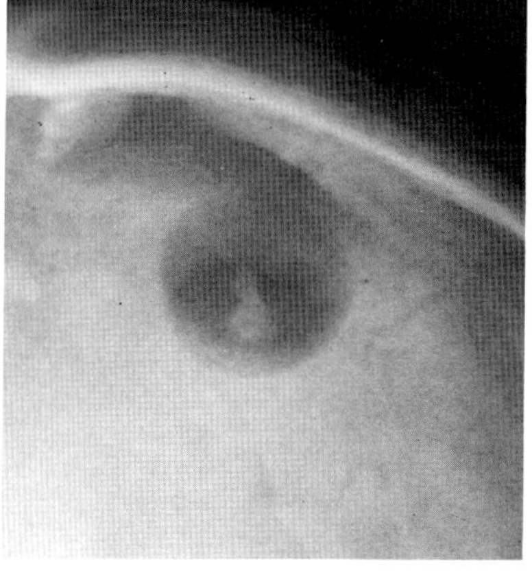

Abb. 8.**41** **Knopfsequester.** Strahlendichter Herd innerhalb einer lytischen Schädelläsion.

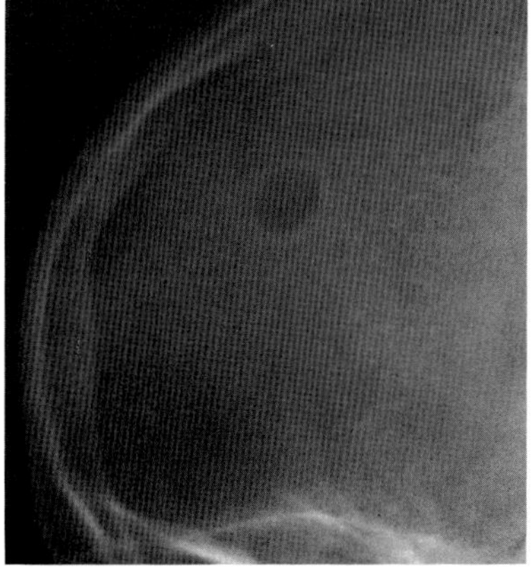

Abb. 8.**42** **„Krapfen"-Läsion.** Kleiner, runder lytischer Defekt, umgeben von einem sklerotischen Rand.

Tabelle 8.3 Solitäre oder multiple Knochendefekte im Schädeldach

Krankheit oder Normvariante	Radiographischer Befund	Kommentar
Pacchioni-Granulationen (Abb. 8.4, S. 122)	Unregelmäßige, glatte Arrosionen in der Tabula interna, die gewöhnlich in der Parasagittalgegend bis zu 3 cm von der Mittellinie entfernt gelegen sind.	Pacchioni-Granulationen sind Ausstülpungen aus dem Subarachnoidalraum, die durch die Dura mater treten und in das Lumen der Hauptblutleiter und der angrenzenden venösen Blutseen hineinragen. Sie können durch die Tabula interna in den Diploeraum penetrieren.
Gefäßzeichnung (Abb. 8.17, 8.18, S. 129)	Diploevenen und -blutseen können unregelmäßige, scharf begrenzte ovale oder runde Aufhellungen bilden, die selten größer als 2 cm sind.	Andere vaskuläre Gebilde können kanalartige Aufhellungen im Schädel verursachen und werden auf Seite 128–131 besprochen.
Foramina parietalia (Abb. 8.43)	Glattrandige, symmetrische, parasagittale Defekte von bis zu 3 cm Durchmesser in der hinteren Parasagittalgegend.	Normvariante: Öffnungen, durch die Emissarien ziehen.
Scheitelbeinverdünnung (Abb. 8.44)	Symmetrische, halbmondförmige Verdünnung des oberen Teils der Parietalia.	Normvariante bei älteren Männern. Die Verdünnung betrifft die Tabula externa.
Lückenschädel (Abb. 8.45)	Multiple, durch Verdünnung der Kalvaria bedingte Aufhellungen bei Neugeborenen und Säuglingen, die das Bild von überbetonten Impressiones digitatae erzeugen.	Gewöhnlich mit anderen Mißbildungen wie Meningozelen des Schädels oder der Wirbelsäule, Hydrozephalus (z. B. bei Aquäduktstenose) oder Arnold-Chiari-Malformation verbunden.
Meningozele, Meningoenzephalozele (Abb. 8.46)	Runder bis ovaler Defekt in der Mittellinie mit glatten und oft etwas sklerotischen Rändern. Die Größe des Defekts ist sehr variabel. Es ist sowohl die Tabula interna als auch externa betroffen. Häufigste Lokalisation im Os frontale und Os occipitale.	Angeborener Defekt mit hernienartiger Vorwölbung der Meningen und eventuell auch des Gehirns. Mit *Cranium bifidum* oder *Kranioschisis* bezeichnet man einen angeborenen medianen Defekt ohne Hernienbildung.
Epidermoid (Abb. 8.47)	Solitäre lytische und oft expansive Läsion von bis zu 5 cm Durchmesser. Ihre Ränder sind immer gut begrenzt und können mehrbogig und sklerotisch sein. In seltenen Fällen findet sich ein Knopfsequester.	Benigner Tumor, der entweder durch traumatische Implantation oder konnatalen Einschluß von Epidermiselementen entsteht. Das Aussehen ist recht unterschiedlich, abhängig vom Ausgangspunkt (z. B. Kopfschwarte, Diploe oder Dura; s. Abb. 8.**40**, S. 139).
Dermoid	Kleiner, strahlentransparenter Defekt ohne sklerotischen Rand, der gewöhnlich in der Mittellinie liegt.	Benigne zystische Läsion, die durch konnatalen Einschluß von Elementen aller dermalen Schichten entsteht.
Arachnoidalzyste	Glattrandiger Defekt, oft mit einem dünnen sklerotischen Saum.	Gewöhnlich angeboren, selten traumatischen oder entzündlichen Ursprungs. Der örtliche Druck verursacht eine Verdünnung und Vorwölbung des betroffenen Schädelknochens (s. auch posttraumatische [leptomeningeale] Zyste, S. 144).

Fortsetzung auf Seite 142

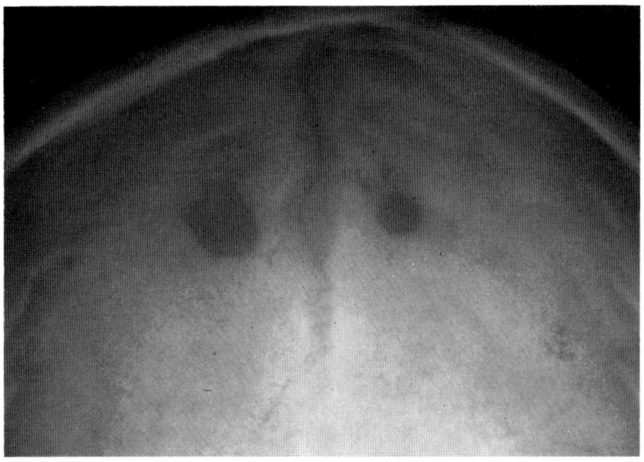

Abb. 8.**43** **Foramina parietalia.** Zwei symmetrische parasagittale Defekte an charakteristischer Stelle.

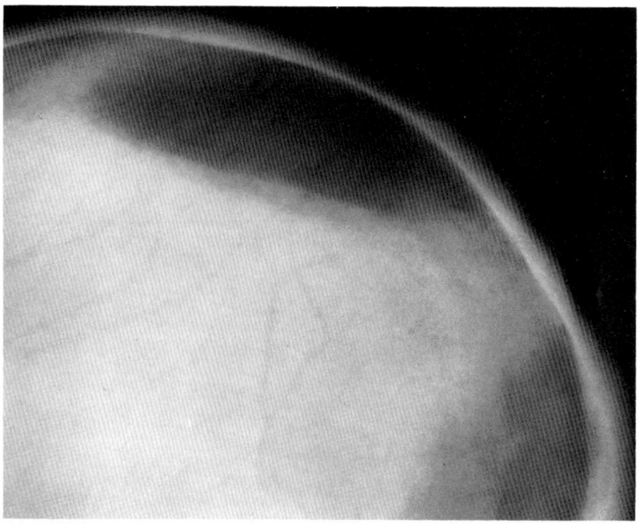

Abb. 8.**44** **Verdünnung des Scheitelbeins.** Längliche Aufhellung im Scheitelbein, die symmetrisch ist und in erster Linie auf einer Verdünnung der Tabula externa beruht.

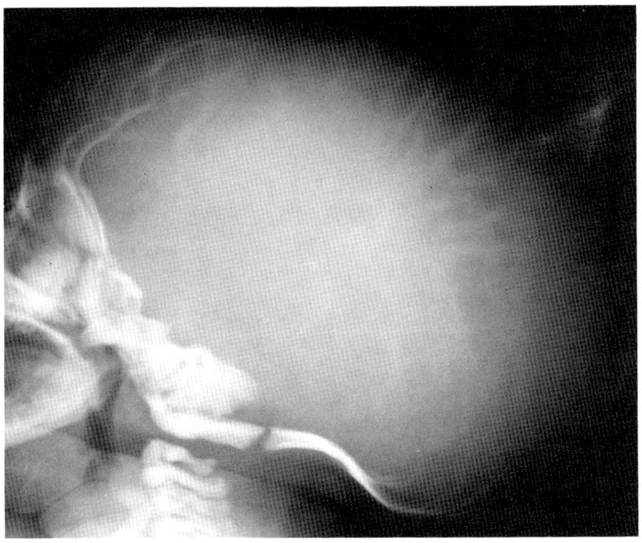

Abb. 8.**45** **Lückenschädel.** Das Bild von überbetonten Impressiones digitatae wird durch multiple Verdünnungsbezirke in der Kalvaria hervorgerufen.

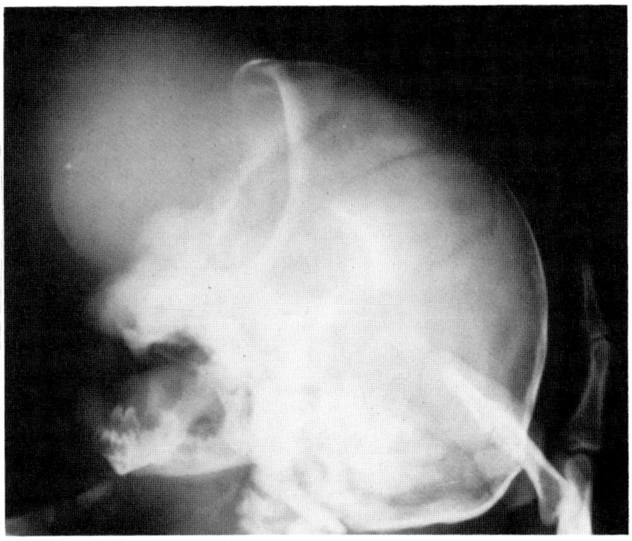

Abb. 8.**46** **Meningoenzephalozele.** Runder Defekt in der Mittellinie des Stirnbeins; die Meningoenzephalozele ist als weichteildichte Verschattung sichtbar.

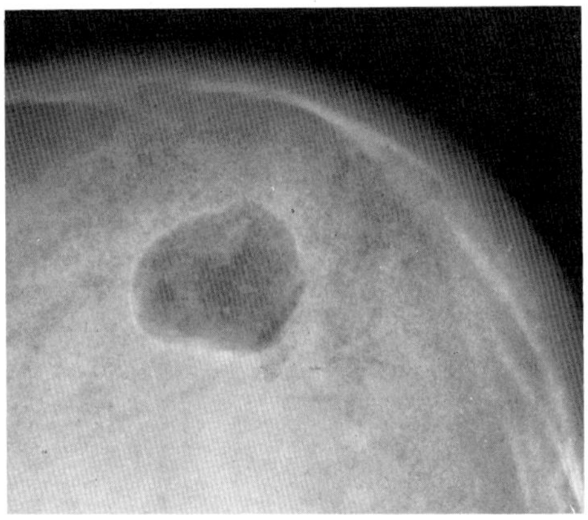

a

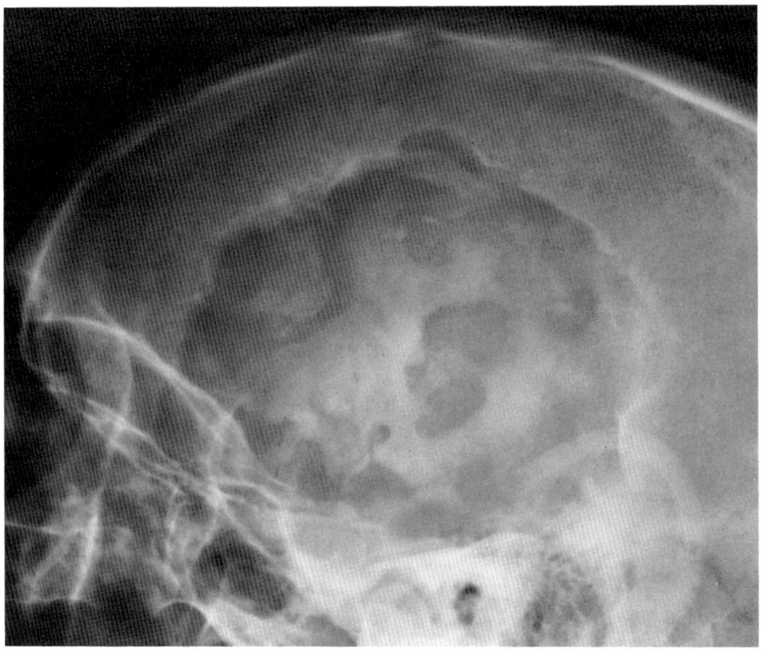

b

Abb. 8.**47** **Epidermoide** (2 Fälle). **a** Relativ kleine lytische Läsion mit etwas sklerotischen Rändern. **b** Großer Defekt mit mehrbogigen Rändern, der unregelmäßige Knochenfragmente enthält.

Tabelle 8.3 Solitäre oder multiple Knochendefekte im Schädeldach (Fortsetzung)

Krankheit	Radiographischer Befund	Kommentar
Primäre Knochentumoren (benigne und maligne)	Solitär, selten.	Gewöhnlich gemischt lytisch-sklerotisches oder vorwiegend sklerotisches Bild.
Metastasen (Abb. 8.48)	Gewöhnlich multipel; unregelmäßige, unscharf begrenzte Aufhellungen („Mottenfraßbild"); gelegentlich scharfrandige Defekte bei größeren Metastasen. Knopfsequester (Nidus von intaktem Knochen im Zentrum des lytischen Defekts) kommen vor, besonders bei Mammakarzinommetastasen.	Häufigste pathologisch-anatomische Grundlage der Defekte. Alle Primärtumoren, die lytische Knochenmetastasen setzen können, kommen in Betracht; meistens aber bei Mammakarzinom. DD: Gefäßfurchen, Pacchioni-Granulationen.
Lymphom, Leukämie, maligne Retikulose	Multiple, kleine Arrosionen, die konfluieren können.	
Multiples Myelom (Plasmozytom) (Abb. 8.49)	Kennzeichnend sind multiple (selten solitäre) scharf umschriebene („ausgestanzte") Läsionen. Können aber auch wie Metastasen aussehen.	Fast immer im Alter über 40 Jahren.
Histiozytose X (eosinophiles Granulom, Morbus Hand-Schüller-Christian) (Abb. 8.50 u. 8.51)	Solitär oder multipel. Ränder meist gut abgegrenzt, oft schräg, können sklerosieren. Knopfsequester kommen vor. Undulierender Rand, wenn mehrere Läsionen konfluieren („Landkartenschädel").	Gewöhnlich im Alter unter 40 Jahren.
Hämangiom (Abb. 8.30, S. 133)	Solitäre, leicht expansive Läsion mit oder ohne etwas verdichtete Ränder. Wenn strahlige ossäre Spikula innerhalb der Läsionen bestehen, ist dies praktisch pathognomonisch.	
Neurofibromatose (Abb. 8.52)	Lytische Defekte im Os occipitale und Os temporale kommen vor, sind aber selten.	Häufiger befällt die Neurofibromatose die Schädelbasis (Defekte im Keilbeinflügel und in der hinteren oberen Orbitawand sind charakteristischer).

Fortsetzung auf Seite 144

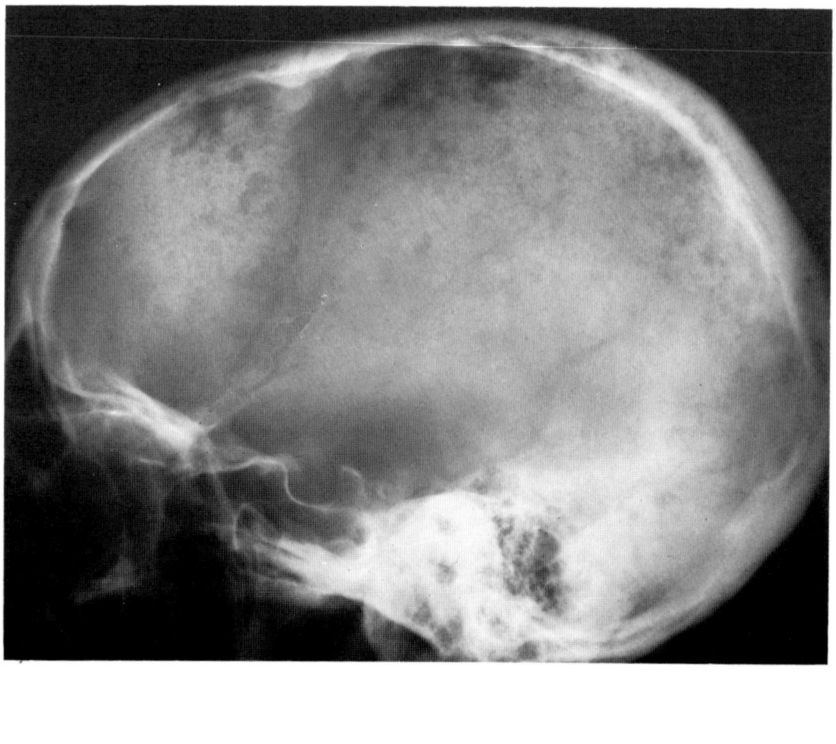

Abb. 8.**48** **Osteolytische Metastasen.** Multiple unregelmäßige, unscharf begrenzte und teilweise konfluierende Aufhellungen („Mottenfraßbild").

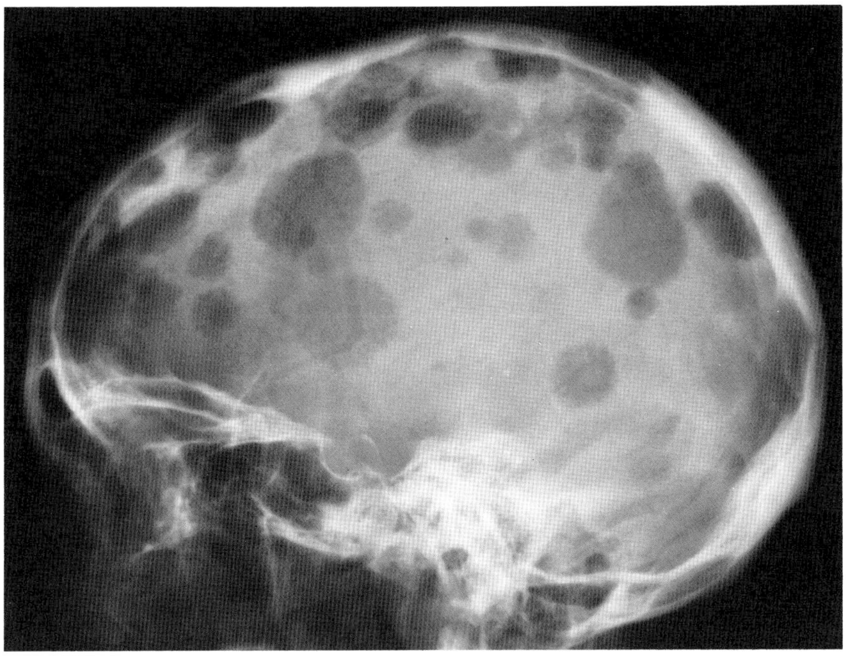

8.49

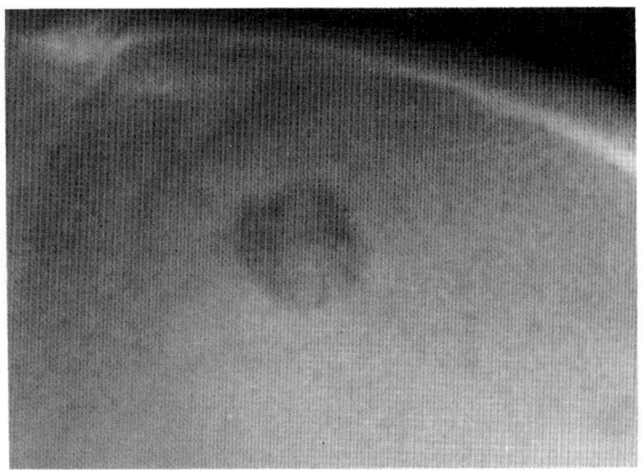

8.50

Abb. 8.49 **Multiples Myelom.** Typische multiple, scharf umschriebene („ausgestanzte") lytische Läsionen.

Abb. 8.50 **Histiozytose X** (eosinophiles Granulom). Solitäre, gut begrenzte lytische Läsion mit Knopfsequester (zentraler Nidus aus intaktem Knochen).

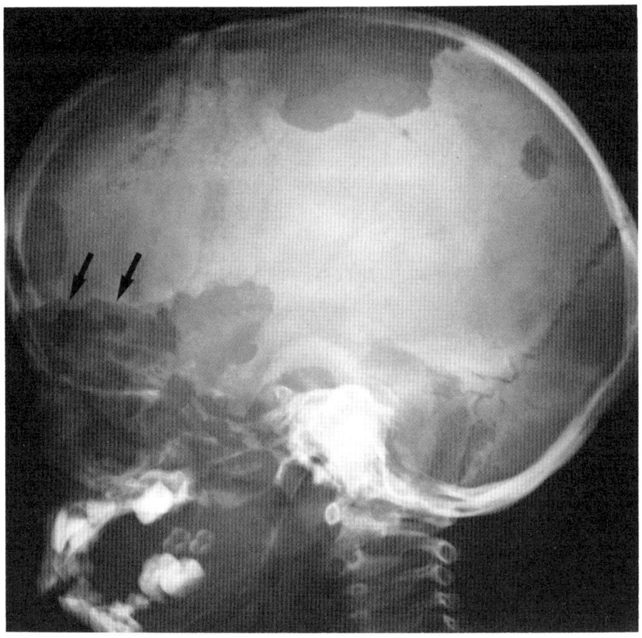

Abb. 8.51 **Histiozytose X** (Morbus Hand-Schüller-Christian). Destruktionsherde mit welligen, schrägen Rändern, die das Bild eines „Landkartenschädels" erzeugen. Der schräge Rand (Pfeile) zeigt an, daß Tabula externa und Tabula interna nicht im gleichen Ausmaß zerstört sind.

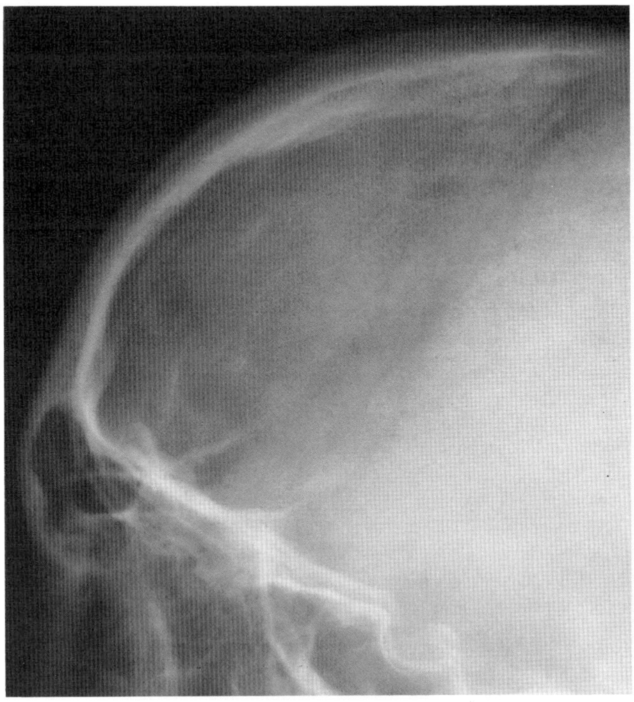

Abb. 8.52 **Neurofibromatose.** Vorwiegend lytischer Bezirk in der Frontoparietalregion; dies ist eine ungewöhnliche Lokalisation für diese Krankheit.

Tabelle 8.3 Solitäre oder multiple Knochendefekte im Schädeldach (Fortsetzung)

Krankheit	Radiographischer Befund	Kommentar
Fibröse Dysplasie (Abb. 8.53)	Einzeln oder multipel, aber selten rein lytisch.	Gewöhnlich gemischt lytisch-sklerotisches Bild im Schädeldach.
Morbus Paget (Abb. 8.54)	Osteoporosis circumscripta: destruktive Phase des Morbus Paget im Schädeldach. Destruktionsbezirk gut demarkiert, bilateral und primär die Tabula externa von mehr als einem Knochen der Kalvaria erfassend.	Im Alter über 40 Jahren. DD: Die physiologische symmetrische *Verdünnung* der *Squama occipitalis* ist ein häufiger Befund, der am besten im Seitenbild zu sehen ist.
Osteomyelitis (akute) (Abb. 8.55)	Unregelmäßige, unscharf begrenzte lytische Bezirke, die zusammenfließen können. Knopfsequester können vorkommen.	Meist Übergreifen einer Infektion in der Nachbarschaft der Kalvaria per continuitatem (z. B. von Nasennebenhöhlen, Mittelohr, Kopfschwarte) oder nach Fraktur. Eine hämatogene Aussaat in den Schädel ist selten.
Tuberkulose	Solitäre, runde, scharf begrenzte, rein lytische Läsion, die selten einen Sequester enthält.	
Syphilis	Multiple, unscharf begrenzte lytische Läsionen, die zusammenfließen und einen oder mehrere verstreute Sequester enthalten können.	
Pilzinfektionen	Solitär oder multipel, simulieren entweder Tuberkulose oder Metastasen.	
Sarkoidose	Solitäre oder multiple kleine, rein lytische Läsionen.	
Bohrlöcher, Kraniotomien	Ränder der Defekte anfangs schräg und glatt, können aber im Zuge der Knochenneubildung unregelmäßig werden.	Erweiterte *Foramina parietalia* (symmetrische parasagittale Defekte in der hinteren Parietalregion) müssen von Bohrlöchern unterschieden werden (Abb. 8.**43**, S. 140).
Posttraumatische (leptomeningeale) Zyste (Abb. 8.56)	Solitärer, oft großer Defekt mit mehrbogigem, schrägem Rand (Tabula interna stärker arrodiert als Tabula externa).	Entwickelt sich im Säuglings- und Kindesalter nach Schädelfraktur mit Beteiligung der Meningen. Kann bis ins Erwachsenenalter persistieren.
Fibrosierende Ostitis	Solitärer, unscharf begrenzter lytischer Defekt, oft mit etwas verdichtetem Rand, in der Tabula externa nach einer Fraktur. Eventuell mit Knopfsequester.	Entsteht durch Umwandlung eines Knochenfragments in fibröses Gewebe.
Strahlenosteonekrose	Verstreute kleine, unregelmäßige lytische Defekte, die ein Jahr oder später nach Bestrahlung auftreten. Knopfsequester kommen vor.	Typischer ist ein Bild von gemischten lytischen und sklerotischen Läsionen.
Braune Tumoren und hämorrhagische Zysten bei primärem Hyperparathyreoidismus (Abb. 8.38, S. 138)	Solitäre oder multiple unscharf begrenzte Läsion(en), umgeben von granulärer Demineralisation („Salz-und-Pfeffer-Schädel"). Nach der Behandlung (Entfernung des Epithelkörperchenadenoms) sind die Zysten aufgrund der Remineralisation des umgebenden Knochens oft besser demarkiert.	Nach Behandlung heilen braune Tumoren, indem sie sich mit Knochensubstanz füllen, und können schließlich als sklerotische Herde jahrelang persistieren.

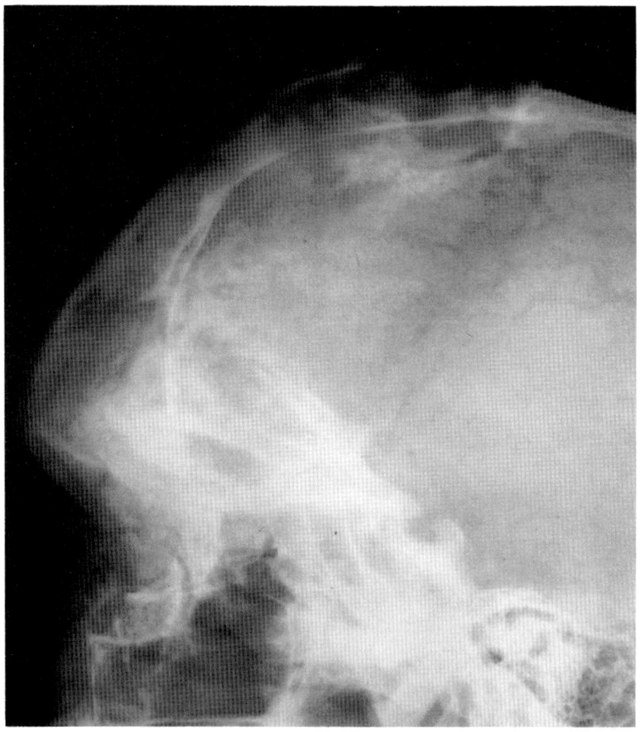

8.53

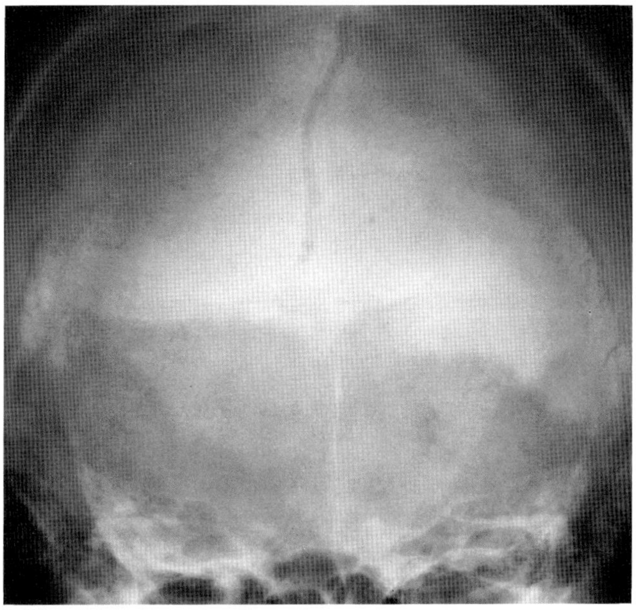

8.54 a

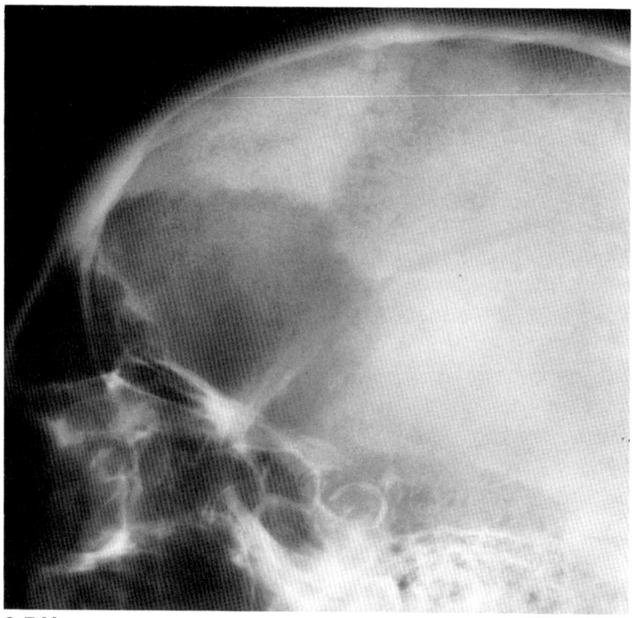

8.54 b

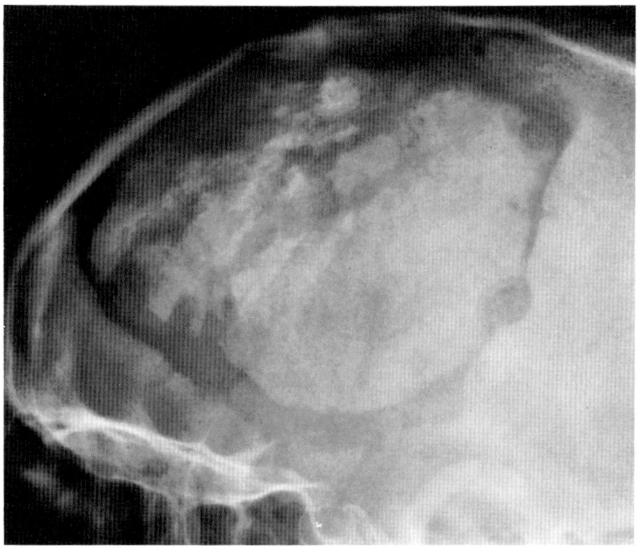

8.55

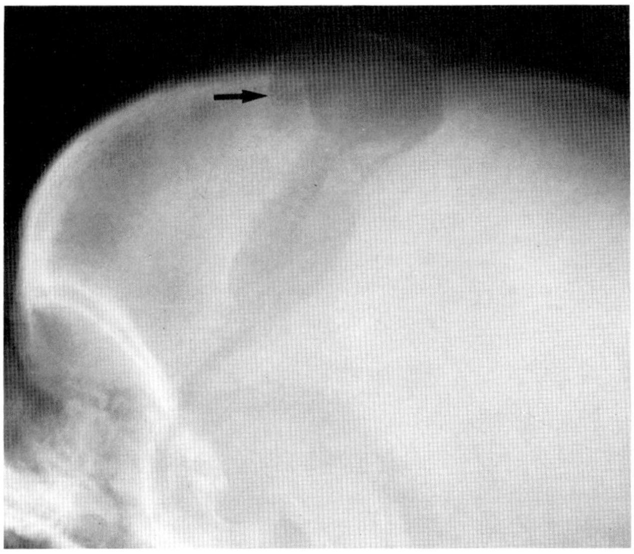

8.56

Abb. 8.**53** **Fibröse Dysplasie.** Ausgedehnte Sklerose der Schädelbasis und der Nasennebenhöhlen, begleitet von expansiven und vorwiegend lytischen Läsionen, die von der Tabula externa des Stirnbeins ausgehen, während die Tabula interna intakt aussieht.

Abb. 8.**54 a, b** **Morbus Paget.** Großer, gut demarkierter und etwas asymmetrischer Destruktionsbezirk im Stirnbein mit Ausdehnung in die Schläfenbeinschuppe (Osteoporosis circumscripta). Nebenbei besteht eine Verkalkung des Karotissiphons, die sich im Seitenbild in die Sella projiziert.

Abb. 8.**55** **Osteomyelitis in einem Knochenlappen.** Die Destruktion des anterosuperioren Teils des Knochenlappens ist deutlich, der posteroinferiore Teil ist dagegen nicht betroffen.

Abb. 8.**56** **Posttraumatische (leptomeningeale) Zyste.** Großer Defekt mit schrägem Rand (Pfeil) sechs Wochen nach Schädelfraktur unter der Geburt.

Veränderungen der Sella turcica

Größe und Konfiguration der normalen Sella turcica sind sehr variabel. Auf der seitlichen Schädelaufnahme liegt die größte a.-p. Weite der normalen Sella zwischen 4 und 16 mm (im Durchschnitt 10,5 mm) und die größte Tiefe (Diaphragma bis Sellaboden) zwischen 4 und 12 mm (im Durchschnitt 8,1 mm).

Eine *kleine Sella,* die auf einem Schädelröntgenbild als Zufallsbefund beobachtet wird, hat keine klinische Bedeutung und kann als Normvariante betrachtet werden. Eine kleine Sella wurde bei Hypopituitarismus und einigen angeborenen Syndromen und Anomalien beschrieben.

Die Sella kann eine abnorme Form aufweisen, ohne unbedingt erweitert zu sein. Ein *doppelter Sellaboden* in der Seitenansicht spricht für einen intrasellären Tumor mit asymmetrischer Ausdehnung (Abb. 8.**57**). Sowohl eine in normaler Weise geneigte Sella als auch ein darauf projiziertes Knochengebilde (z. B. von der Keilbeinhöhle oder vom Sulcus caroticus) können einen pathologischen doppelten Sellaboden vortäuschen und müssen daher von diesem unterschieden werden.

Als *J-förmige Sella* bezeichnet man eine elongierte Sella mit seichter vorderer Konvexität, verursacht durch den Sulcus chiasmatis. Häufiger wird das bei gesunden Kindern als bei Erwachsenen gesehen. Ein vergrößerter Sulcus chiasmatis ist bei einem Gliom des Chiasma opticum ein häufiger Befund (Abb. 8.**58**). Selten findet er sich bei Hypophysentumoren, die sich nach vorn ausdehnen, und bei suprasellären Tumoren. Bei Kindern kann er auch ein Hurler-Syndrom (eine Mukopolysaccharidose) und einen chronischen geringgradigen Hydrozephalus begleiten. Das *Dorsum sellae* zeigt eine Reihe von Normvarianten. In der Seitenansicht bestehen der vordere und der hintere Rand aus einer deutlichen Kortikalis, die einen Markraum von unterschiedlicher Dicke und Spongiosazeichnung begrenzt. Eine Pneumatisation des Dorsum sellae ergibt sich mitunter durch die Ausdehnung einer großen Keilbeinhöhle in das Dorsum. Bei chronischer Erhöhung des Schädelinnendrucks oder lange bestehender arterieller Hypertonie wird das gesamte Dorsum sellae unschärfer (Abb. 8.**10**), während bei Osteopenie die vordere Kortikalis des Dorsums kennzeichnenderweise intakt bleibt.

Zu einer Erweiterung der Sella turcica kommt es bei vielen intra- und parasellären raumfordernden Prozessen, die in Tab. 8.**4** zusammengefaßt werden.

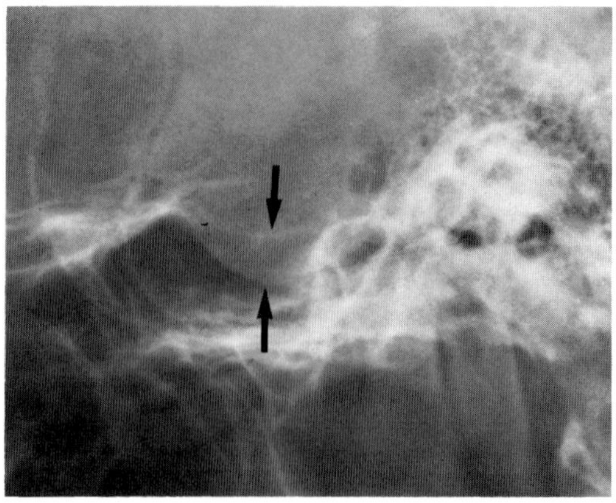

Abb. 8.**57** **Sella mit Doppelboden.** Das asymmetrische Wachstum eines eosinophilen Adenoms der Hypophyse führte zu diesem Bild (Pfeile).

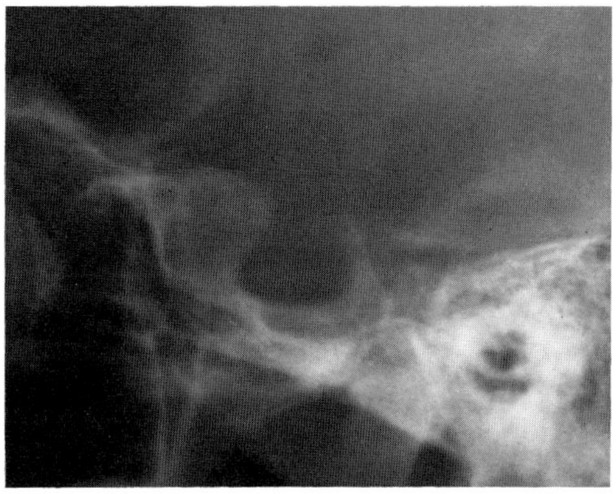

Abb. 8.**58** **J-förmige Sella.** Diese Konfiguration und Erweiterung der Sella wurde von einem Gliom des Chiasma opticum, das die vorderen Klinoidfortsätze unterhöhlt, verursacht. Man beachte auch die Geraderichtung und teilweise Zerstörung des Dorsums.

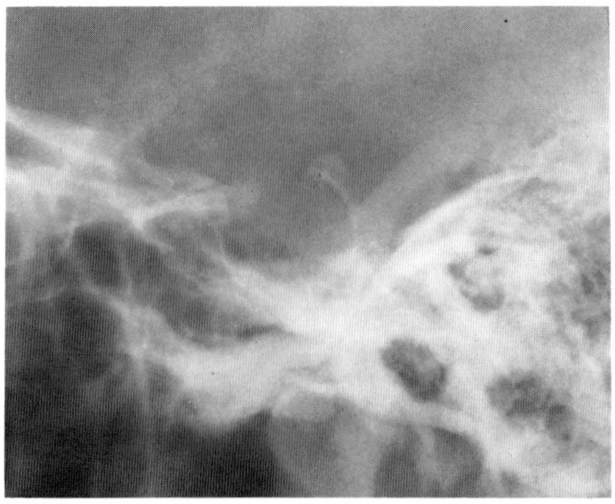

Abb. 8.**59** **Syndrom der leeren Sella.** Kennzeichnend ist eine leicht erweiterte und kugelförmig wirkende Sella mit intaktem und normal konfiguriertem Dorsum. Allerdings kann ein relativ kleines Hypophysenadenom mitunter identische radiographische Veränderungen erzeugen.

Tabelle 8.4 Erweiterte Sella turcica

Krankheit	Wichtige radiographische Zeichen	Kommentar
Syndrom der leeren Sella (Abb. 8.59)	Sella leicht erweitert und kugelförmig. Keine Arrosionen, Destruktionen oder Verlagerung des Dorsums nach hinten.	Wahrscheinlich Folge eines Entwicklungsdefekts im Diaphragma sellae, der den Prolaps einer kleinen flüssigkeitsgefüllten Arachnoideatasche in die Fossa hypophysialis gestattet. Erweiterung der Sella durch Pulsationen, die durch die Flüssigkeit übertragen werden. Nachweis mit CT.
Erhöhter Schädelinnendruck	Die Erweiterung beginnt mit der Arrosion der *vorderen* Kortikalis des Dorsums, schreitet zum Sellaboden fort und kann zur vollständigen Zerstörung des Dorsums führen. Die vorderen und hinteren Klinoidfortsätze können verdünnt oder arrodiert sein.	Bei chronischer Erhöhung des Schädelinnendrucks, verursacht durch intrakraniale raumfordernde Prozesse, Hirnödem, Liquorüberproduktion, Verlegung der Liquorabflußwege oder intrakraniale Venenthrombose.
Hypophysentumor (Abb. 8.60)	Ballonsella mit Unterhöhlung der vorderen Klinoidfortsätze, ungleichmäßiger Abwärtsverlagerung des Sellabodens (Bild des doppelten Bodens) und Rückwärtsbiegung bis vollständiger Zerstörung des Dorsums.	Chromophobe Adenome bewirken praktisch immer eine erhebliche Erweiterung der Sella. Eosinophile Adenome führen meist zu einer geringen Erweiterung der Sella und verursachen eine Akromegalie. Basophile Adenome (verursachen Cushing-Syndrom) und prolaktinsezernierende Mikroadenome (verursachen Amenorrhoe und Galaktorrhoe) führen im allgemeinen zu keinen Sellaveränderungen. Adenokarzinome sind selten und führen zu einer außerordentlich raschen Erweiterung der Sella.
Kraniopharyngeom (Abb. 8.61)	Charakteristisch ist eine elongierte Sella mit kurzem, gebogenem Dorsum, öfter aber sind die Sellaveränderungen von jenen bei Hypophysentumor nicht unterscheidbar.	Suprasellärer Tumor, der vorwiegend bei Kindern und jungen Erwachsenen gefunden wird. Verkalkt in 75% der Fälle, die Verkalkungshäufigkeit nimmt jedoch mit zunehmendem Alter ab. Ähnliche Sellaveränderungen bei anderen juxtasellären oder suprasellären Tumoren (Meningeome und weniger oft andere von den benachbarten Strukturen ausgehende benigne oder maligne Tumoren sowie Metastasen).

Fortsetzung auf Seite 148

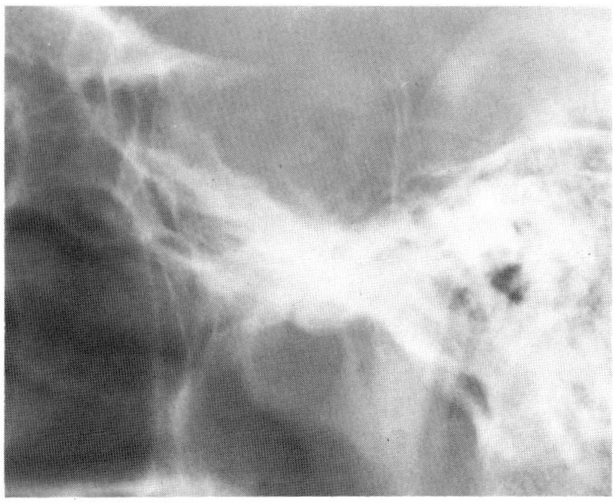

Abb. 8.**60** **Chromophobes Hypophysenadenom.** Erweiterte Sella mit Unterhöhlung der vorderen Klinoidfortsätze sowie Geraderichtung und Destruktion des Dorsums.

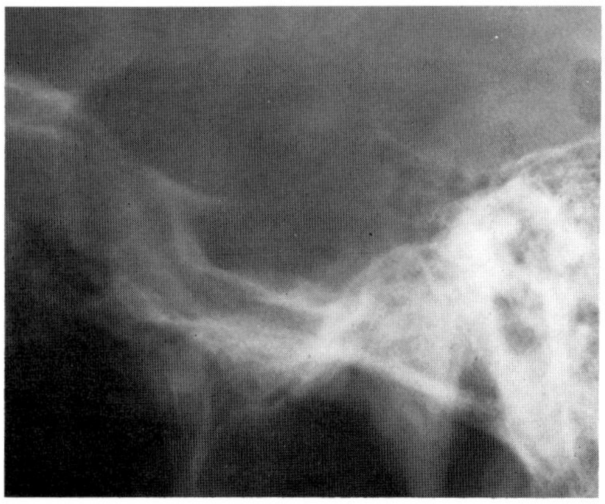

Abb. 8.**61** **Kraniopharyngeom.** Erweiterte, elongierte Sella mit vollständig zerstörtem Dorsum (s. auch Abb. 8.**10 a**, S. 125).

Tabelle 8.4 Erweiterte Sella turcica (Fortsetzung)

Krankheit	Wichtige radiographische Zeichen	Kommentar
Chordom (Abb. 8.11, S. 126)	Destruktion des Klivus mit sekundärer Invasion der Sella von hinten. Eine Tumorverkalkung besteht in 70% der Fälle.	Vorwiegend im 4. und 5. Lebensjahrzehnt.
Meningeom (sellär, parasellär, suprasellär)	Sellaerweiterung verbunden mit lokaler Destruktion oder Sklerose (z. B. Klinoidfortsätze, Dorsum sellae oder Seitenwand). Tumorverkalkung in 5–15% der Fälle.	Kann vom Diaphragma sellae oder der angrenzenden Schädelbasis ausgehen.
Metastasen (hämatogen)	Die Destruktion der Sella steht stärker im Vordergrund als die Erweiterung.	Selten.
Histiozytose X (Abb. 8.62)	Die Selladestruktion wird gewöhnlich von anderen lytischen Läsionen in der Schädelbasis begleitet.	Bei ausgedehnter Destruktion der Schädelbasis kann ein Diabetes insipidus vorhanden sein.
Aneurysma der A. carotis interna (im Bereich des Sinus cavernosus)	Sellaerweiterung ähnlich wie beim Hypophysentumor. Eventuell Unterhöhlung der vorderen Klinoidfortsätze und Arrosion des Dorsum sellae.	Eine Aneurysmaverkalkung an dieser Stelle ist häufiger als bei Aneurysmen im Circulus Willisi, die selten verkalken.
Keilbeinhöhlenkarzinom (Abb. 8.63)	Weichteildichte Verschattung in der Keilbeinhöhle mit beginnender Destruktion des Sellabodens.	Eine Sklerose des befallenen Gebiets ist gewöhnlich erst nach Behandlung zu beobachten.
Keilbeinhöhlenmukozele	Verschattung der Keilbeinhöhle und Destruktion des Sellabodens wie beim Keilbeinhöhlenkarzinom.	Im Gegensatz zu Keilbeinhöhlenkarzinomen, die man nur im höheren Alter antrifft, finden sich Mukozelen in allen Altersstufen.

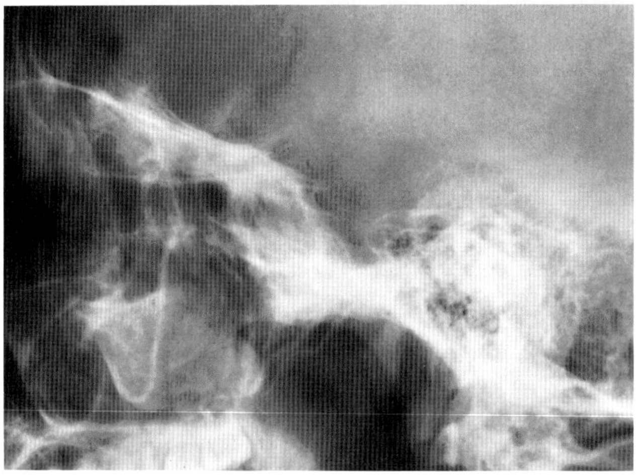

Abb. 8.**62** **Histiozytose X.** Die Destruktion der Sella wird von sklerotischen Läsionen in der Schädelbasis und im Gesichtsschädel begleitet.

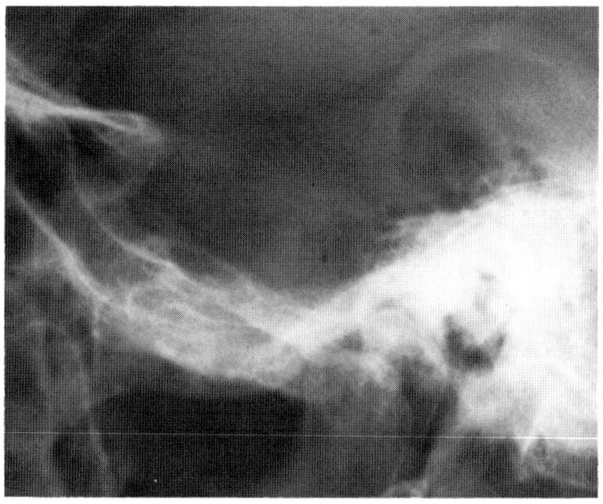

Abb. 8.**63** **Karzinom der Keilbeinhöhle.** Zur Zerstörung der Sella kam es durch direktes Einwachsen eines Keilbeinhöhlenkarzinoms; dieses wird oft als weichteildichte Verschattung in der Höhle sichtbar.

Basiläre Impression und Platybasie

Unter basilärer Impression (Invagination) versteht man eine Anhebung des Bodens der hinteren Schädelgrube mit Einstülpung der Ränder des Foramen magnum nach oben in den Schädel. Diese Veränderung ist auf Röntgenaufnahmen in a.-p. oder seitlicher Projektion leicht zu diagnostizieren (Abb. 8.**64**). Die basiläre Impression geht oft mit einer Platybasie (Abflachung der Schädelbasis) einher, bei der eine Vergrößerung des Basiswinkels besteht (Abb. 8.**65**). Basiläre Impression und Platybasie finden sich bei einer Vielzahl von angeborenen Anomalien (z. B. Osteogenesis imperfecta, Klippel-Feil-Deformität, Arnold-Chiari-Malformation und kleidokraniale Dysostose) sowie bei erworbenen Krankheiten, die zur Knochenerweichung führen. Morbus Paget (Abb. 8.**65 b**), Osteomalazie und Hyperparathyreoidismus sind die häufigsten Ursachen für diese Veränderungen beim Erwachsenen.

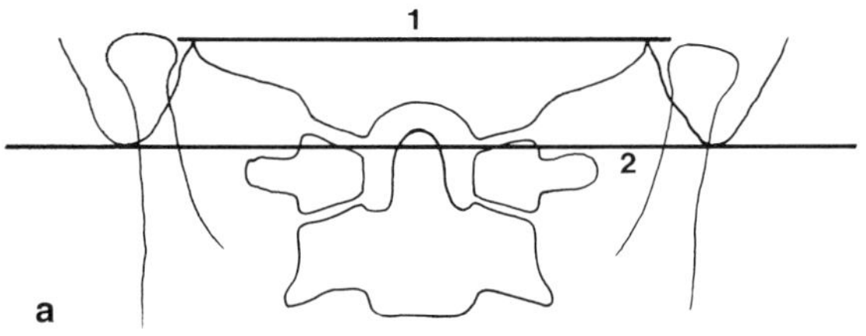

a

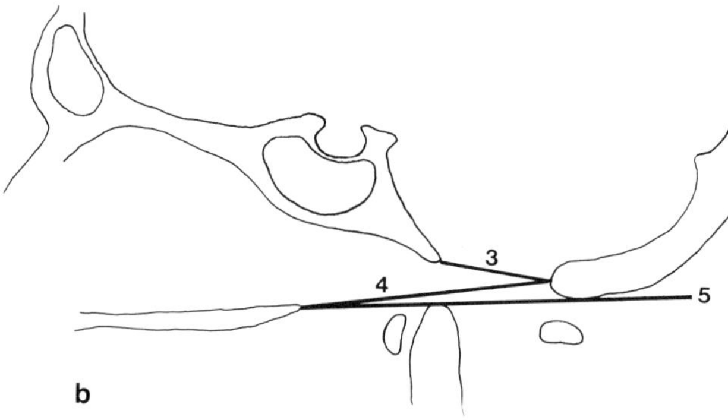

b

Abb. 8.**64** **Radiologische Beurteilung der basilären Impression a** in a.-p. und **b** seitlicher Projektion. 1. Biventer-Linie. Die Dens-Spitze liegt normalerweise unter dieser Linie. 2. Bimastoidlinie. Die Dens-Spitze projiziert sich normalerweise nicht mehr als 10 mm über diese Linie. 3. Foramen-magnum- oder McRae-Linie. Die Dens-Spitze projiziert sich normalerweise unter diese Linie. 4. Chamberlain- oder palatookzipitale Linie (vom harten Gaumen zum hinteren Rand des Foramen magnum). Die Dens-Spitze projiziert sich normalerweise nicht mehr als 3 mm über diese Linie. 5. McGregor-Linie (vom harten Gaumen zum kaudalsten Punkt des Hinterhauptsbeins). Die Dens-Spitze projiziert sich normalerweise nicht mehr als 5 mm über diese Linie.

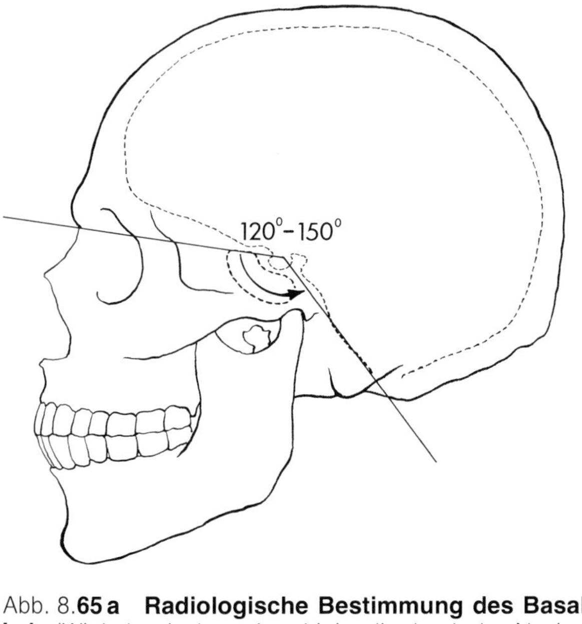

Abb. 8.**65 a** **Radiologische Bestimmung des Basalwinkels** (Winkel zwischen einer Linie, die durch das Nasion und das Dach der Keilbeinhöhle gezogen wird, und einer Linie, die parallel zum Abfall des Klivus verläuft oder durch das Tuberculum sellae und den vorderen Rand des Foramen magnum gezogen wird). Der normale Basalwinkel liegt zwischen 120 und 150 Grad (im Mittel 135 Grad). Ein Winkel über 150 Grad zeigt eine Platybasie an, ein Winkel unter 120 Grad dagegen eine Basiskyphose. Die Platybasie geht gewöhnlich mit einer basilären Impression einher und die Basiskyphose mit einer Prognathie.

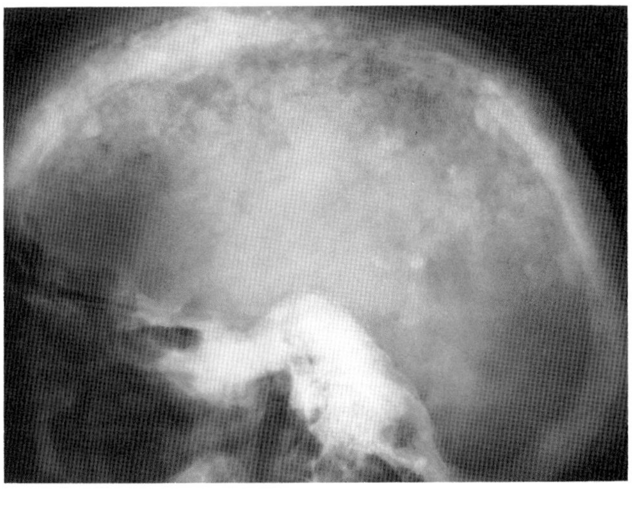

Abb. 8.**65 b** **Basiläre Impression und Platybasie bei Morbus Paget,** der sich in einer starken Sklerose der Schädelbasis manifestiert. Man beachte auch die für Morbus Paget charakteristischen Veränderungen im Schädeldach.

Sklerose der Schädelbasis

Die folgende Differentialdiagnose beschränkt sich auf jene Krankheiten, die entweder die Schädelbasis häufig befallen oder ausschließlich in dieser Region zu finden sind. Praktisch alle Krankheiten, die im übrigen Skelett mit osteoplastischen Läsionen oder diffuser Sklerose in Erscheinung treten, können auch die Schädelbasis befallen. Bei allen mit Osteosklerose einhergehenden anlagebedingten Krankheiten ist das besonders oft der Fall (Abb. 8.**66**). Bezüglich der vollständigen Differentialdiagnose wird auf Kap. 2, S. 13–31 verwiesen.

Meningeome können von verschiedenen Stellen an der Schädelbasis ausgehen, etwa der Lamina cribrosa, dem Planum sphenoidale, dem Tuberculum sellae, den Klinoidfortsätzen und dem Felsenbein. Sie verursachen eine umschriebene Verdickung und Sklerose des befallenen Knochens (Abb. 8.**67**). Begleitend können auch Arrosionen an benachbarten Knochenstrukturen vorkommen. Die Abgrenzung von einer lokalen fibrösen Dysplasie kann schwierig sein, doch können eine Tumorverkalkung und der Nachweis von Trabekeln in dem verdickten sklerotischen Knochen, die sich nur bei Meningeomen finden, zur Unterscheidung dieser beiden Krankheitsbilder beitragen.

Karzinome, die vom Ohr, der Keilbeinhöhle und dem Nasopharynx ausgehen und in die Schädelbasis vordringen, führen gewöhnlich zur Destruktion, *nach Radiotherapie* aber eventuell zur Sklerose. *Lymphoepitheliome* des Nasopharynx oder der Nasennebenhöhlen lösen gelegentlich noch vor der Einleitung einer Behandlung eine umschriebene sklerotische Reaktion im benachbarten Knochen aus.

Geringgradige und chronische Entzündungen in der Keilbeinhöhle und den Warzenfortsätzen verursachen lokale Sklerosierungen, kombiniert mit verminderter Pneumatisation des Gebiets. Ursache einer umschriebenen Sklerose im Mittelohr kann eine chronische Entzündung sein. Sklerotische Veränderungen bei *Otosklerose* sind nur mit linearer oder Computertomographie zu erkennen, nicht mit konventionellen Röntgenaufnahmen.

Durch *fibröse Dysplasie* verursachte sklerotische Veränderungen an der Schädelbasis können lokalisiert sein, öfter aber sind sie weiter ausgebreitet als bei einem Meningeom, und man findet u. U. Manifestationen der fibrösen Dysplasie an anderen Stellen im Schädel. Die Knochenveränderungen können rein sklerotisch oder eine Mischung von Verdichtungen und Aufhellungen sein. Der von fibröser Dysplasie befallene Knochen enthält keine Trabekel und erscheint für seine Dicke nicht sehr dicht (Abb. 8.**68**).

Ein *Morbus Paget* kann mit einer ausgedehnten Sklerose der Schädelbasis, meist verbunden mit einem Befall des Schädeldachs und/oder des Gesichtsschädels, in Erscheinung treten (Abb. 8.**69**). Einengungen von Foramina und Fissuren kommen vor und verursachen Nervenkompressionssymptome. Eine basiläre Impression ist bei einem Morbus Paget der Schädelbasis häufig zu beobachten (s. Abb. 8.**65 b**, S. 149).

Bei *Histiozytose X* werden sklerotische Veränderungen der Schädelbasis in der Regel von destruktiven Läsionen, besonders in der sellären und parasellären Region, begleitet (s. Abb. 8.**62**, S. 148).

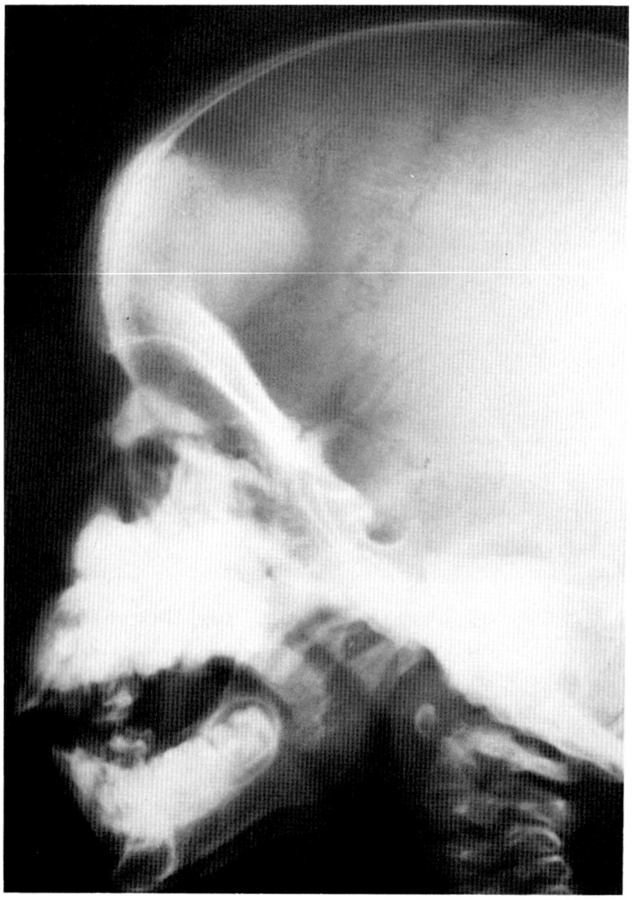

Abb. 8.**66** **Kraniometaphysäre Dysplasie.** Sklerose der Schädelbasis und des Gesichtsschädels mit Obliteration aller Nasennebenhöhlen. Mit Ausnahme einer umschriebenen dichten Sklerose im Stirnbein ist das Schädeldach nicht betroffen, was bei dieser Krankheit gewöhnlich der Fall ist.

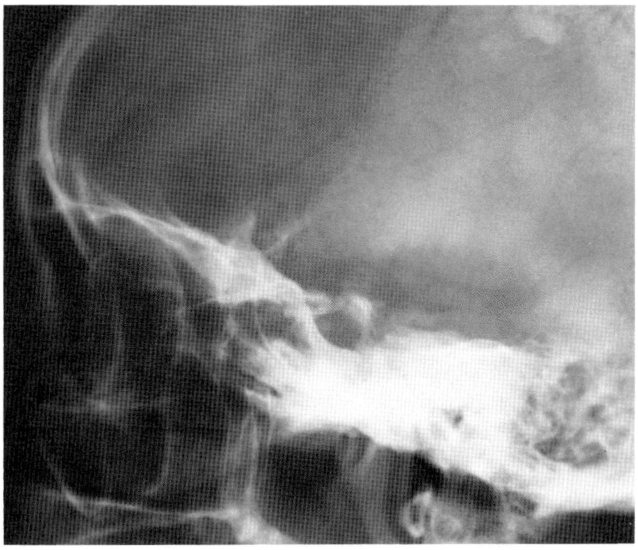

Abb. 8.**67** **Meningeom.** Die Sklerose und Verdickung der Schädelbasis war durch ein Keilbeinmeningeom verursacht.

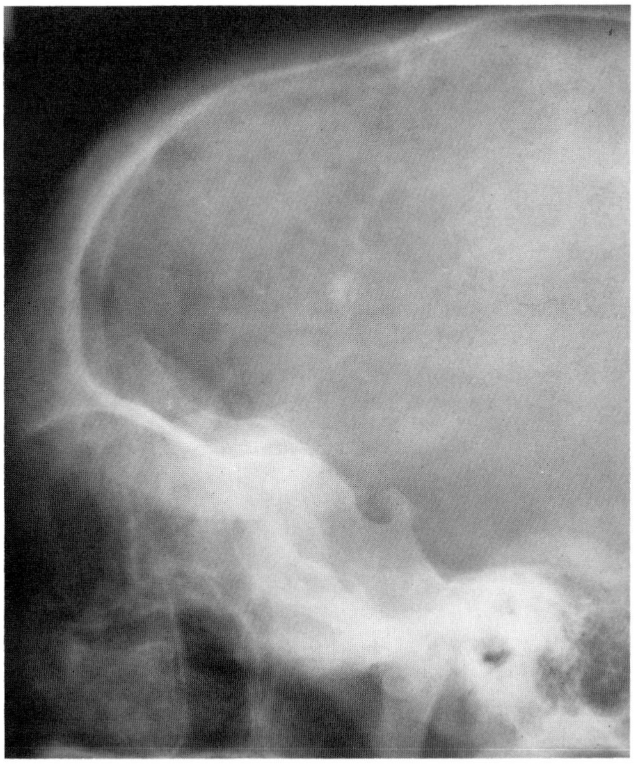

Abb. 8.**68** **Fibröse Dysplasie.** Ausgedehnte Sklerose und Verdickung der Schädelbasis, übergreifend auf das Stirnbein. Die Trabekelzeichnung ist in dem sklerotischen Gebiet bezeichnenderweise ausgelöscht.

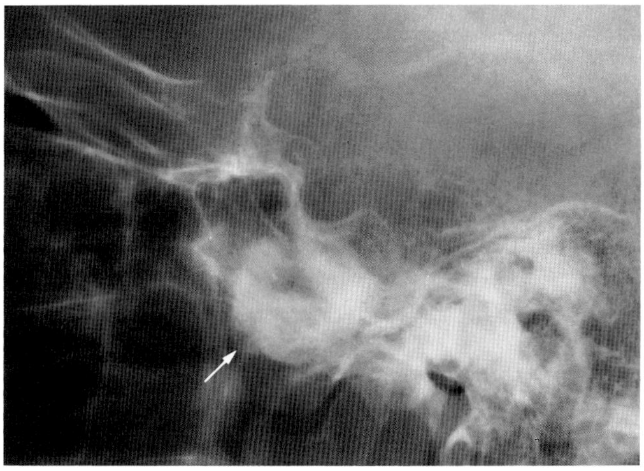

Abb. 8.**69** **Morbus Paget.** Befall der Schädelbasis einschließlich einer umschriebenen dichten Sklerose. ▶

Arrosion, Destruktion oder lytische Defekte in der Schädelbasis

Lytische Läsionen in der Schädelbasis können durch eine Reihe von Krankheiten bedingt sein, die sich oft aufgrund der Lage und des radiographischen Bildes voneinander unterscheiden lassen.

Bei der *Neurofibromatose* kann sich ein unilateraler Defekt im Keilbeinflügel mit Fehlen der Fissura orbitalis superior und Erweiterung der Orbita finden (Abb. 8.**70**). Die Krankheit kann auch bilateral auftreten und die Klinoidfortsätze sowie die Felsenbeinspitze arrodieren.

Das *Akustikusneurinom* ist der häufigste Tumor des Innenohrs; es findet sich meist im mittleren und höheren Alter. Radiographisch tritt der Tumor mit einer Arrosion und Erweiterung des inneren Gehörgangs oder einer Arrosion der Felsenbeinspitze in Erscheinung (Abb. 8.**71**). Ein Vergleich mit der gesunden Gegenseite erleichtert die Diagnose, doch muß man bedenken, daß eine vollständige Symmetrie zwischen den beiden Seiten nur bei etwa 50% der Gesunden zu beobachten ist. Die Länge des inneren Gehörgangs schwankt von Individuum zu Individuum beträchtlich (3 bis 16 mm; Durchschnitt 7 bis 9 mm). Konstanter ist der Durchmesser, der 5 mm nicht überschreiten sollte. Ein Durchmesser über 5 mm oder eine Seitendifferenz von mehr als 1 mm sollte Verdacht auf einen Tumor erwecken.

Eine Aufhellung, die sich in das Mittelohr oder das Antrum mastoideum projiziert, hat am häufigsten ein *Cholesteatom* zur Ursache (Abb. 8.**72**). Primäre Cholesteatome, hervorgerufen durch eine Entwicklungsstörung, sind selten. Sekundäre Cholesteatome als Folge von Ohrentzündungen sind ziemlich häufig. Ein operativer Defekt nach der Exzision eines Cholesteatoms ist mit konventioneller Radiographie meist unmöglich von einem Cholesteatom zu unterscheiden. Zuweilen kann eine große lufthaltige Zelle im Mastoid einen lytischen Defekt desselben vortäuschen und muß davon differenziert werden. Tab. 8.**5** bringt eine Zusammenfassung aller destruktiven Läsionen in Pyramide, Mittelohr und Antrum.

Glomustumoren sind örtlich invasive Chemodektome, die von den chemorezeptorischen Organen in der Fossa jugularis oder selten vom Hypotympanum des Mittelohrs ausgehen. Der Glomus-jugulare-Tumor arrodiert das Foramen jugulare und die innere Seite des Pyramidenmittelteils im Frühstadium, kann sich aber in einem späteren Stadium in das Mittelohr und die hintere Schädelgrube ausdehnen. Frauen werden dreimal so häufig befallen wie Männer.

Chordome gehen aus Resten der Chorda dorsalis, die sich im Klivus und in der ganzen Wirbelsäule befinden, hervor. Der Klivus ist der zweithäufigste Ursprungsort nach der Sakrokokzygealregion. Eine Destruktion von Klivus, Dorsum sellae und Felsenbeinpyramide ist praktisch pathognomonisch, wenn sie von einer dichten retrosellären Verkalkung, die sich in 70% der Fälle findet, begleitet wird (Abb. 8.**73**).

Meningeome und Gliome können in die Schädelbasis eindringen und eine lokale Knochendestruktion verursachen; Meningeome manifestieren sich allerdings häufiger mit einem Verdichtungsbezirk im Knochen.

Bei der Differentialdiagnose destruierender Veränderungen in der Schädelbasis müssen Karzinome des *Nasopharynx, der Nasennebenhöhlen* und der *Warzenfortsätze* sowie eine Anzahl *primärer* oder *metastatischer Knochentumoren* in Betracht gezogen werden.

a
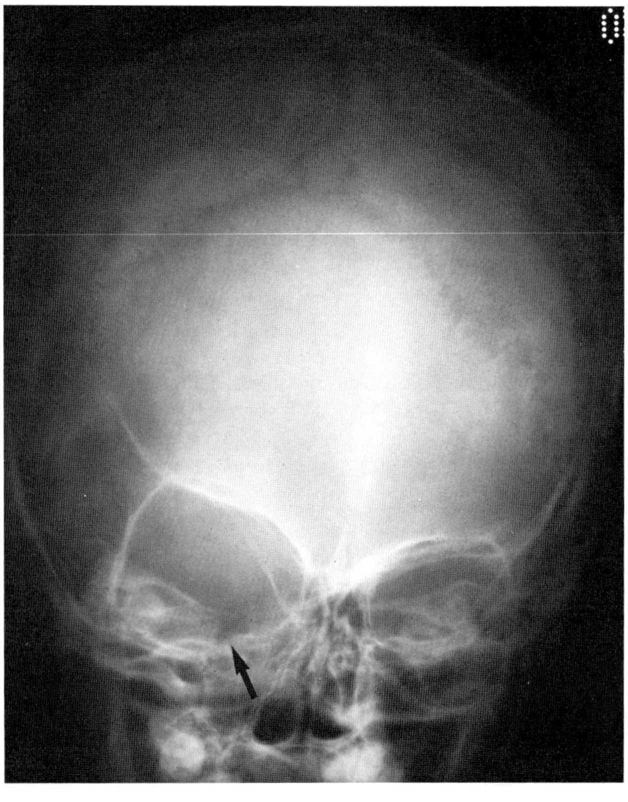

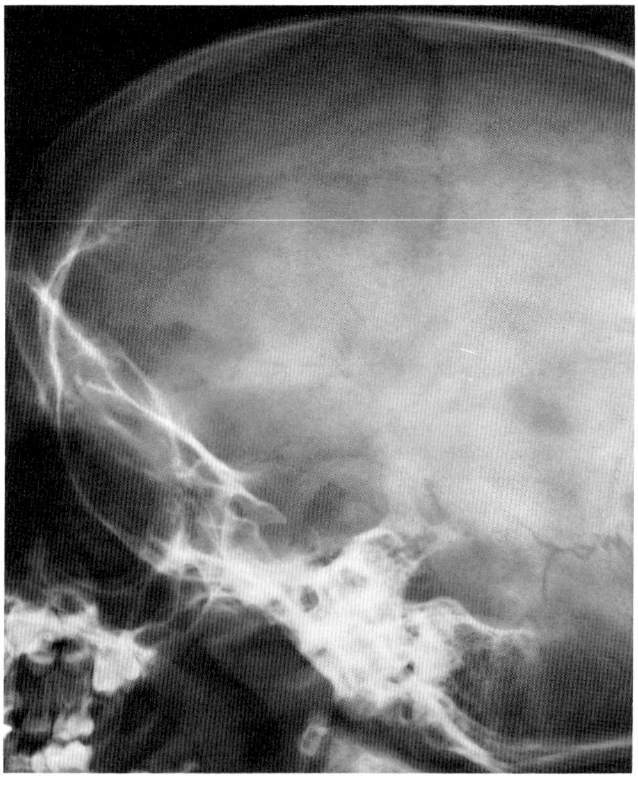
b

Abb. 8.**70 a, b** **Neurofibromatose.** Die Asymmetrie des Schädels mit Vergrößerung der rechten Orbita, das Fehlen der rechten Fissura orbitalis superior und die Arrosion der rechten Pyramidenspitze (Pfeil) sind charakteristisch.

Tabelle 8.5 Destruktive Läsionen in Felsenbeinpyramide, Mittelohr und Antrum

Felsenbeinpyramide

Neoplasma
- **Akustikusneurinom**
- **Meningeom**
- **Gliom**
- **Neurinom des N. trigeminus und N. facialis**
- **Chordom**
- **Glomus-jugulare-Tumor**
- **Epidermoid (Kleinhirnbrückenwinkelzisterne)**
- **Karzinom des Nasopharynx**
- **Parotistumoren**

Petrositis **(Gradenigo-Syndrom: Diplopie, periorbitale Schmerzen und Otorrhoe)**
Aneurysma **(z. B. im Canalis caroticus)**
Histiozytose X

Mittelohr, Antrum, Warzenfortsätze

Cholesteatom **(primäres und sekundäres)**
Neoplasma
- **Karzinom, primär oder metastatisch**
- **Sarkom**
- **Glomustumor**

Abszeß
Granulom
Operativer Defekt
Histiozytose X

Operationsdefekte können neoplastische Läsionen vortäuschen und sind u. U. von einem lokalen Tumorrezidiv mit einer einzigen Untersuchung unmöglich zu unterscheiden. In der Regel braucht man für die richtige Diagnose die entsprechende Anamnese und/oder Kontrolluntersuchungen (Abb. 8.**74**).

Die Histiozytose X kann verschiedene Krankheitsprozesse in der Schädelbasis imitieren und eine oder mehrere lytische Läsionen verursachen. Am häufigsten sind Sella turcica, Keilbeinflügel, Felsenbeinpyramiden und Mastoidzellen betroffen. Eine Selladestruktion ist nicht notwendigerweise mit einem Diabetes insipidus verbunden et vice versa. Im Mittelohr täuscht die Krankheit sowohl klinisch als auch radiographisch eine ein- oder doppelseitige Otitis media mit oder ohne Cholesteatome vor (Abb. 8.**74**).

Ein *Aneurysma der A. carotis interna* kann je nach seiner Lokalisation zu einer Arrosion des Dorsum sellae, der Felsenbeinpyramide, des Canalis caroticus und der Fissura orbitalis superior führen. Eine Arrosion der letztgenannten kann auch durch eine *Karotis-Sinus-cavernosus-Fistel* entstehen, die meist die Folge einer Schädelbasisfraktur ist.

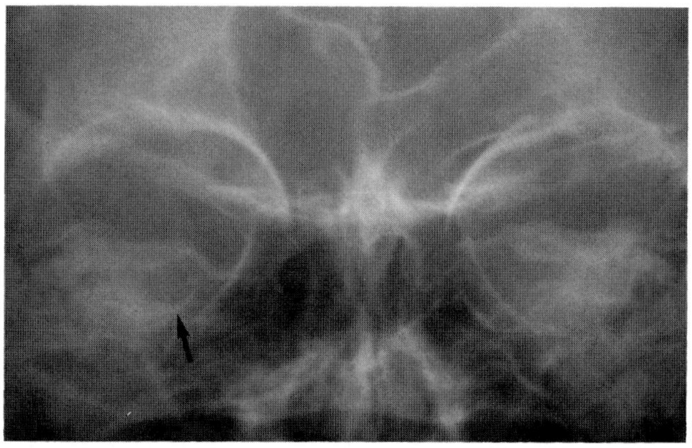
8.**71**

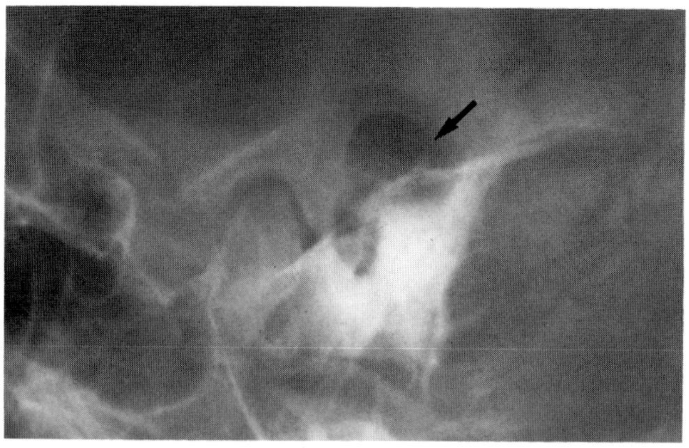
8.**72**

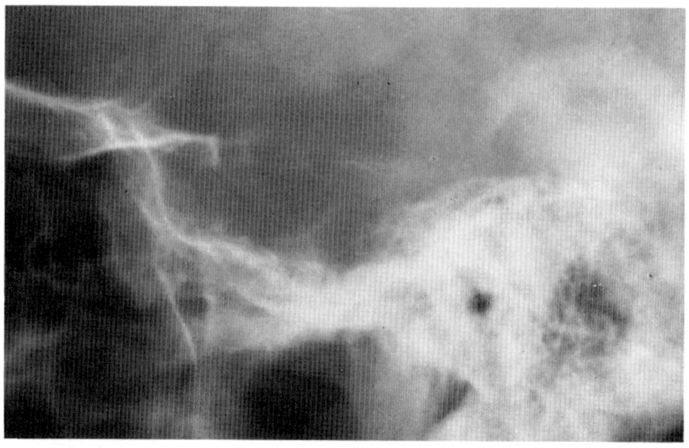
8.**73**

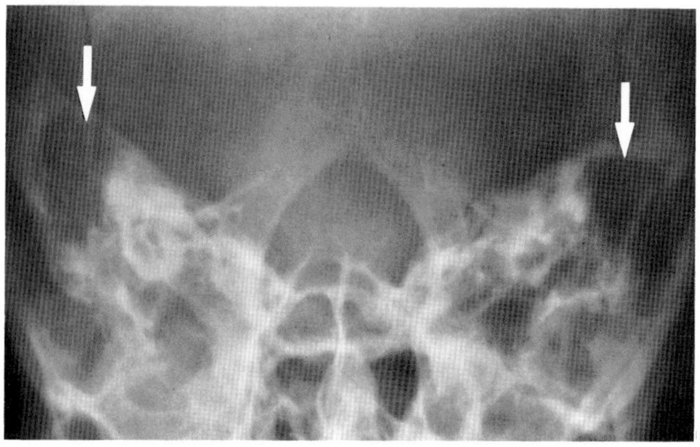
8.**74**

Abb. 8.**71** **Akustikusneurinom.** Lokale Arrosion und Erweiterung des rechten inneren Gehörgangs nahe der Pyramidenspitze (Pfeil).

Abb. 8.**72** **Cholesteatom.** Großer runder Defekt im Antrum mastoideum (Pfeil), daneben stärkere Sklerose des Warzenfortsatzes als Zeichen einer chronischen Mastoiditis (Schüller-Aufnahme).

Abb. 8.**73** **Chordom.** Destruktion von Klivus, Felsenbeinpyramiden und Sella (s. auch Abb. 8.**11**, S. 126).

Abb. 8.**74** **Histiozytose X.** Zwei große Destruktionsbezirke, die bilaterale Cholesteatome vortäuschen, in den Felsenbeinen (Pfeile). Auf der linken Seite war der Tumor einen Monat zuvor entfernt worden, und es verblieb ein operativer Defekt, der von der ursprünglichen Läsion unmöglich zu unterscheiden ist.

9 Orbita

Verkalkungen

Verkalkungen in den Weichteilen der Orbita sind nicht häufig, ihr radiologischer Nachweis hat jedoch oft klinische Bedeutung und kann für eine bestimmte Krankheit pathognomisch sein. Linsenverkalkungen, die sich als etwa 7 mm große kreisrunde Verdichtung in der p.-a. Projektion und als ovale Verdichtung im Seitenbild darstellen, kommen bei *Katarakten* vor.

Bei der *retrolentalen Fibroplasie* (Retinopathie bei Frühgeborenen, bei der Sauerstoff das primäre ätiologische Agens ist) finden sich Kalkfleckchen im Glaskörper, die im fortgeschritteneren Stadium mit Linsenverkalkungen kombiniert sein können (Abb. 9.**1**).

Feine Stippchen bis zu Konglomeratverkalkungen bei Kindern werden bei *Retinoblastomen* beobachtet, die in etwa 20% der Fälle bilateral auftreten. Verkalkungen können sich auch bei intraorbitalen *Meningeomen, Gliomen, Dermoiden, Angiomen, Aneurysmen, Hämatomen* und *arteriovenösen Malformationen* finden. Diese Verkalkungen bieten ein ähnliches Bild wie die früher beschriebenen intrakranialen Verkalkungen bei denselben Krankheiten (Kap. 8, S. 123–128). Über multiple Phlebolithen wurde bei *venösen Malformationen* und *kavernösen Hämangiomen* der Orbita berichtet. Beim *Morbus Hippel-Lindau* (retinale, intrakraniale und manchmal viszerale Angiomatose) können Verkalkungen vorkommen, wenn auch selten.

Bakterielle und *parasitäre Infektionen* führen in seltenen Fällen zu intraorbitalen Verkalkungen. *Mukozelen* des Sinus frontalis oder ethmoidalis können in die Orbita einbrechen. In 5% der Fälle kommt es zu einer starken Verkalkung der zystenartigen Mukozelenwand. Als *Phthisis bulbi* bezeichnet man eine Schrumpfung und Atrophie des Auges, gewöhnlich infolge einer schweren, langdauernden Augenkrankheit (z. B. Trauma mit intraokulärem Fremdkörper, Bulbusruptur und chronische Entzündung). Dabei sind Verkalkungen von Chorioidea, Glaskörper und Linse häufig. Bei Systemerkrankungen wie *Hyperkalzämie* (z. B. Hyperparathyreoidismus) und *Kollagenkrankheiten* können sich mitunter intraorbitale Verkalkungen finden.

Ein intraorbitaler *Fremdkörper* muß von einer pathologischen Verkalkung unterschieden werden, wenn beide gleiche Dichte haben. Der radiographische Nachweis auch der kleinsten intraorbitalen Luftmenge *(Orbitalemphysem)* nach einem Trauma ist praktisch beweisend für eine Fraktur einer angrenzenden Nasennebenhöhle; am häufigsten sieht man das nach einer Fraktur der Lamina papyracea des Sinus ethmoidalis (Abb. 9.**2**).

Arrosionen und Knochendefekte in der Orbita

Dermoide und *Epidermoide* sitzen am häufigsten im oberen seitlichen Teil der Augenhöhle nahe am vorderen Rand. Sie wachsen langsam und erzeugen einen glattrandigen Defekt, oft mit leicht verdichteten Rändern.

Tränendrüsentumoren sind gutartige gemischte Neubildungen, die die normalerweise seichte Fossa glandulae

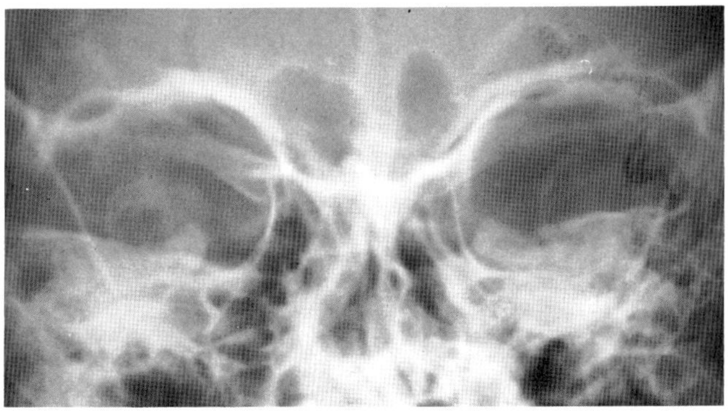

Abb. 9.**1** **Retrolentale Fibroplasie.** In diesem weit fortgeschrittenen Krankheitsstadium sind lentikuläre Verkalkungen in beiden Orbitae sichtbar.

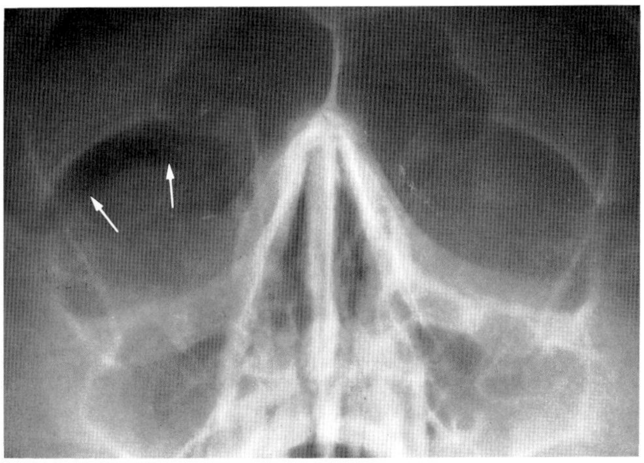

Abb. 9.**2** **Orbitalemphysem.** Sichelförmige Aufhellung (Pfeile) unter dem rechten Orbitadach nach Fraktur der Lamina papyracea des Sinus ethmoidalis, die auf dieser Aufnahme nicht zu erkennen ist.

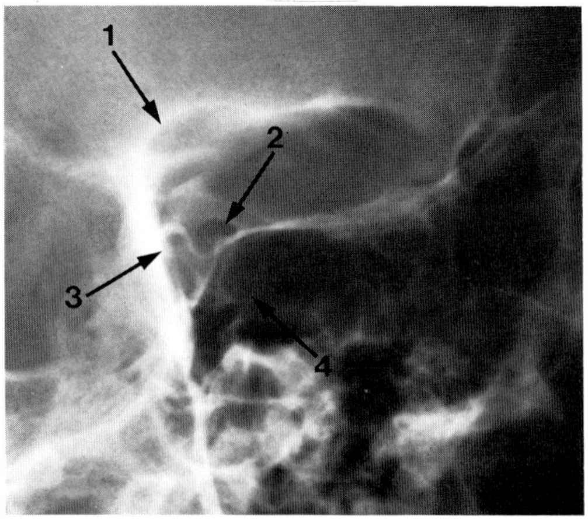

Abb. 9.**3** **Tränendrüsentumor.** Ovale Aufhellung mit relativ schlecht begrenztem unterem Rand lateral oben in der Augenhöhle, verursacht durch Vertiefung der an dieser Stelle befindlichen normalerweise seichten Fossa der Tränendrüse (Pfeil 1). Man beachte auch den ovalen Canalis opticus (Pfeil 2), den pneumatisierten vorderen Klinoidfortsatz, der sich lateral vom Optikuskanal projiziert (Pfeil 3), und den Karotikoklinoidalkanal, der sich auf dieser Standardaufnahme zur Darstellung des Canalis opticus unter diesen projiziert (Pfeil 4).

lacrimalis im superolateralen Quadranten der Orbita vertiefen (Abb. 9.**3**). Sie erzeugen keinen scharfrandigen Knochendefekt, wie er bei Dermoidtumoren an derselben Stelle beobachtet wird. Selten unterliegen Tränendrüsentumoren einer malignen Entartung und verursachen unregelmäßig begrenzte Defekte mit oder ohne diffuse Verdichtung des umgebenden Knochens.

Hämangiome und *Retinoblastome* bei Kindern und *Melanome* bei Erwachsenen sind relativ häufige primäre Orbitaltumoren, doch ist eine Zerstörung der Orbitawand ungewöhnlich.

Karzinome, die vom *Nasopharynx* und den *Nasennebenhöhlen* in die Orbita einwachsen, können unregelmäßige Knochendestruktionen verursachen. *Gliome* und *Meningeome* können ebenfalls lokale Destruktionen hervorrufen, wenn auch ein rein lytischer Prozeß in der Orbitawand bei einem Meningeom ungewöhnlich ist. Ein Gliom des N. opticus erzeugt eine umschriebene Erweiterung des Canalis opticus (Abb. 9.**4**). Es ist die häufigste Ursache einer konzentrischen Erweiterung des Canalis opticus.

Pseudotumoren der Orbita umfassen eine Reihe von chronischen entzündlichen Prozessen, die selten Veränderungen auf konventionellen Röntgenaufnahmen erzeugen. Ausnahmsweise kommt bei Läsionen im hinteren Teil der Augenhöhle eine Erweiterung der Fissura orbitalis superior oder des Canalis opticus vor.

Krankheiten, die mit Arrosion und Erweiterung des Canalis opticus oder der Fissura orbitalis superior einhergehen, sind in Tabelle 9.**1** zusammengefaßt.

Neben Neurinomen und Neurofibromen finden sich auch Gliome und Meningeome bei der *Neurofibromatose* (Abb. 9.**5**). Diese Krankheit kann mit einer unilateralen Orbitaerweiterung, großen Defekten in Orbitadach, -wänden und -boden sowie einer Erweiterung des Canalis opticus oder der Fissura orbitalis superior einhergehen.

Metastasen, Lymphome, multiple Myelome und *primäre Knochen- und Weichteiltumoren* können die Orbita befallen und in seltenen Fällen eine Destruktion verursachen. Sie müssen in der Differentialdiagnose einer Aufhellung in den Orbitaknochen berücksichtigt werden, aber ihr Erscheinungsbild ist nicht anders als an anderen Lokalisationen.

Eine *Sinusitis* kann sich von der Stirnhöhle, seltener von der Siebbein- und Kieferhöhle, in die Weichteile der Orbita ausbreiten. In solchen Fällen ist eine Destruktion des dazwischenliegenden Knochens häufig; dabei ist oft die Knochendichte an den Rändern etwas erhöht, was für die entzündliche Ätiologie der Läsion spricht. Ebenso kann eine *Mukozele* von einer benachbarten Nebenhöhle langsam in die Orbita eindringen und zu einem glattrandigen Knochendefekt führen (Abb. 9.**6**).

Die *Histiozytose X* verursacht unregelmäßig begrenzte Defekte in der Orbita. Bei der spontanen oder nach Therapie erfolgenden Heilung können die Ränder der Läsionen sklerotisch werden. Die Läsionen können recht unterschiedliche Größe erreichen und scheinen das Dach und die Seitenwand der Orbita zu bevorzugen.

Die Krankheiten, die eine mehr umschriebene Erweiterung des Canalis opticus und der Fissura orbitalis superior hervorrufen, werden in Tab. 9.**1** zusammengefaßt. Der *Canalis opticus* hat einen Durchmesser von 4 bis 6 mm und ein sehr variables radiographisches Erscheinungsbild. Bei Gesunden ist er gewöhnlich oval und selten wirklich kreisrund. Zu den Normvarianten gehören die Form einer „8“ oder eines „Schlüssellochs“; dieses ist eigentlich eine unvollständige „8“. Durch Pneumatisation der vorderen Klinoidfortsätze kann der Eindruck eines zweiten Kanals entstehen, der sich lateral vom richtigen Canalis opticus projiziert. Der Karotikoklinoidalkanal, der sich unterhalb des richtigen Canalis opticus projiziert, ist eine Entwicklungsanomalie, die sich bei etwa 35% der Schädel findet (Abb. 9.**3**).

Die *Fissura orbitalis superior* ist die größte Verbindung zwischen mittlerer Schädelgrube und Augenhöhle und hat die Form eines umgekehrten Kommas. Größen- und Formvarianten sind allerdings häufig, und eine Asymmetrie zwischen den beiden Orbitalfissuren findet sich in 9% der Fälle.

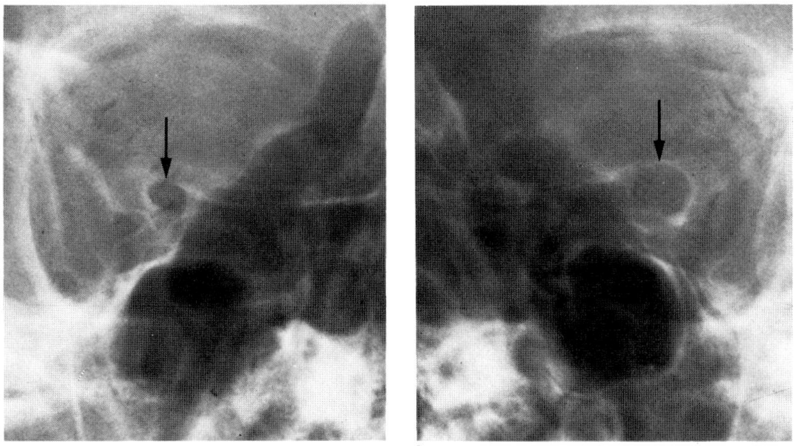

a b

Abb. 9.**4 a, b** **Gliom des N. opticus. b** zeigt eine konzentrische Erweiterung des linken Optikuskanals auf einen Durchmesser von 10 mm (Pfeil). **a** zeigt zum Vergleich den normalen rechten Optikuskanal (Pfeil).

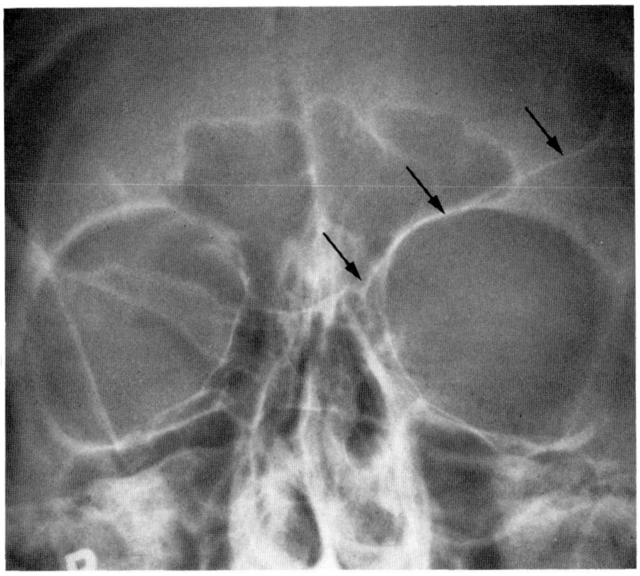

Abb. 9.**5** **Neurofibromatose.** Aplasie des linken großen Keilbeinflügels mit Fehlen der Fissura orbitalis superior und ausgeprägter Anhebung des Keilbeinrandes (Pfeile) in der erweiterten linken Orbita.

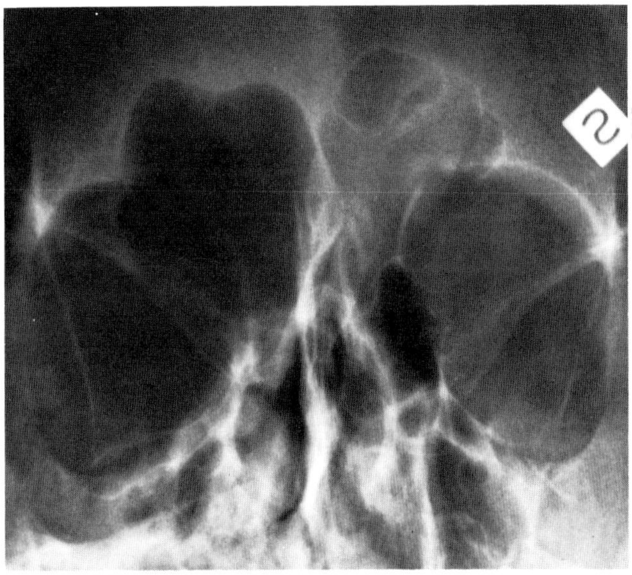

Abb. 9.**6** **Mukozele der Stirnhöhle, die in die rechte Orbita und die Siebbeinzellen eindringt.** Eine Mukozele der Stirnhöhle, die wegen der erheblichen, den Verlust des Luftgehalts überkompensierenden Wandverdünnung relativ strahlendurchlässig erscheint, hat das rechte Orbitadach und Siebbeinzellen zerstört.

Tabelle 9.1 Arrosion und Erweiterung des Canalis opticus und der Fissura orbitalis superior

Ursache	Canalis opticus	Fissura orbitalis superior
Intrakraniale Drucksteigerung	Selten; konzentrisch, bilateral.	Selten; bilaterale Arrosionen der Ränder der Fissurae orbitales superiores.
Gliom	Ein Gliom des N. opticus ist die häufigste Ursache einer konzentrischen Erweiterung.	–
Meningeom	Meningeom der Optikusnervenscheide. Selten. Erweiterung konzentrisch.	Selten. Bei Meningeomen, die von der mittleren Schädelgrube ausgehen.
Hypophysentumor, Kraniopharyngeom oder Chordom, die nach vorn wachsen	Ein- oder beidseitige Arrosionen, die an der Seitenwand beginnen.	Chromophobe Adenome sind die zweithäufigste Ursache einer Erweiterung der Fissura orbitalis superior.
Keilbeinhöhlenkarzinom	Destruktion des Canalis opticus (besonders der medialen Wand).	Selten.
Nach hinten wachsender intraorbitaler Tumor	Selten (z. B. Retinoblastom).	Selten.
Metastasen	Selten.	Selten.
Entzündliche Prozesse	Selten. Konzentrische Erweiterung durch Granulome (z. B. Sarkoid, Tuberkulose). Arrosion der medialen Wand durch Mukozele der Keilbeinhöhle.	Selten (z. B. Mukozele der Keilbeinhöhle).
Orbitapseudotumor	Selten.	Selten.
Aneurysma	A. ophthalmica: konzentrische Erweiterung. A. carotis interna (im Sinus-cavernosus-Abschnitt): Arrosion der Seitenwand.	Ein Aneurysma der A. carotis interna (im Sinus-cavernosus-Abschnitt) ist die häufigste Ursache einer Erweiterung der Fissura orbitalis superior.
Arteriovenöse Malformation	Konzentrische Erweiterung, wenn die A. ophthalmica betroffen ist.	Erweiterung der Fissura orbitalis superior, wenn die V. ophthalmica betroffen ist (z. B. Karotis-Sinus-cavernosus-Fistel).
Orbitavarize	–	Angeborene Dilatation von Orbitavenen, die gelegentlich eine Erweiterung der Fissura orbitalis superior verursachen kann.
Histiozytose X	Eine lokalisierte Destruktion des Canalis opticus ist selten.	Eine Beschränkung von Destruktionen auf die Fissura orbitalis superior ist ungewöhnlich.
Neurofibromatose	Konzentrische Erweiterung des Canalis opticus, meist verursacht durch ein Gliom des N. opticus, das mit der Krankheit verbunden ist.	Eine angeborene Erweiterung der Fissura orbitalis superior, die nicht mit einem Tumor in Zusammenhang steht, kommt vor (Orbitadysplasie). Neurofibrome und eine in die hintere Orbita vordringende Enzephalozele können mitunter die Fissura orbitalis superior erweitern, sind aber nicht immer mit einer Neurofibromatose verbunden.

Sklerose der Orbita

Eine Sklerose der Orbitawände muß von einer intraorbitalen Tumorbildung, die eine Zunahme der Weichteildichte verursacht, unterschieden werden. Außer den Orbitaknochen werden durch die höhere Weichteildichte auch normale strahlendurchlässige Zonen wie die Fissura orbitalis superior verschattet; durch eine Knochensklerose werden diese Zonen dagegen schärfer konturiert, und es kann sogar zu einer Einengung der Fissura orbitalis superior und des Canalis opticus kommen.

Von den Orbitawänden ausgehende *Meningeome* gehen meist mit einer umschriebenen Knochenverdikkung und -sklerose einher. Das gilt besonders für Meningeome des großen und des kleinen Keilbeinflügels, für die eine homogene Sklerose und Verdickung ganz charakteristisch ist („Méningiome en plaque"). Wenn diese Keilbeinmeningeome medial gelegen sind, kommt es zur Einengung der Fissura orbitalis superior und des Canalis opticus, die zur Kompression der entsprechenden Nerven führen kann (Abb. 9.**7**).

Eine chronische *Stirnhöhlenentzündung* kann zu einer dichten Sklerose des Orbitadachs mit unregelmäßigen, schlecht abgrenzbaren Rändern führen. In dem sklerotischen, verdickten Knochen können kleine osteolytische Bezirke bestehen. Auch eine *Keilbeinhöhlenentzündung* kann eine ostitische Reaktion hervorrufen und das Lumen des Canalis opticus reduzieren. In gleicher Weise kann auch die Fissura orbitalis superior durch eine unspezifische sklerosierende Ostitis verschmälert werden.

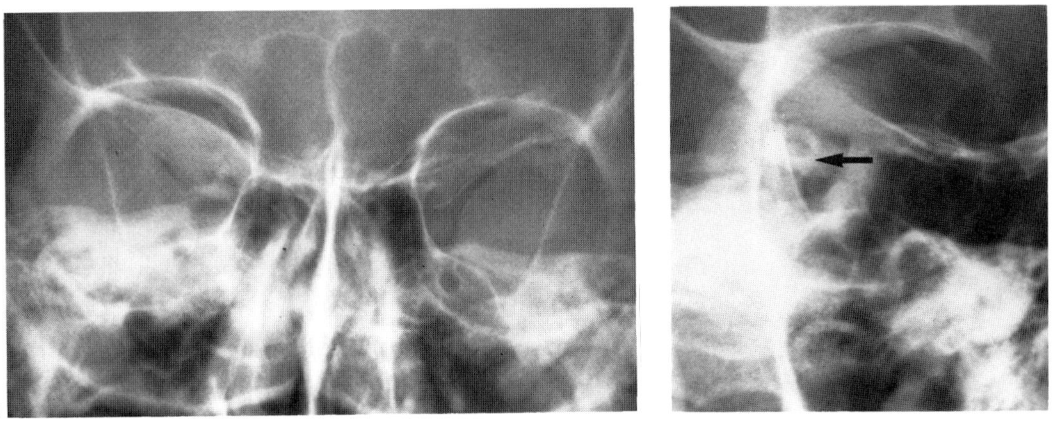

a b

Abb. 9.**7 a, b** **Meningeom.** Stärkere Sklerose des kleinen und großen rechten Keilbeinflügels mit deutlicher Einengung der rechten Fissura orbitalis superior und des rechten Canalis opticus (Pfeil in **b**).

Die *fibröse Dysplasie* befällt häufig den vorderen Teil der Schädelbasis (Abb. 9.**8**). Oft führt sie zu einer Verdickung und Sklerose in Dach und Hinterwand der Augenhöhle. Der Prozeß ist häufig beidseitig und ausgedehnt. Wenn er jedoch einseitig und mehr umschrieben ist, kann die Unterscheidung von einem Meningeom schwierig sein. Einen Anhaltspunkt dafür kann das Alter des Patienten bieten, weil die fibröse Dysplasie in der Regel vor dem 20. Lebensjahr entdeckt wird, während Meningeome gewöhnlich im mittleren und höheren Alter auftreten. Nervenkompressionssymptome sind bei fibröser Dysplasie selten, sogar wenn die Fissura orbitalis superior und der Canalis opticus eingeengt erscheinen.

Der *Morbus Paget* befällt die Orbita nur in seinem Spätstadium. Wie in anderen Regionen des Schädels sind die grobe Trabekelzeichnung und fleckige Sklerose im verdickten Knochen charakteristisch, und es kann auch zu einer Einengung von Nervenaustrittsstellen kommen.

Die *Osteopetrosis* befällt die Keilbeinflügel einschließlich der Fissura orbitalis superior und des Canalis opticus in einem frühen Stadium. Symptome, die auf Nervenkompression beruhen, sind oft die ersten Beschwerden dieser Patienten. In diesem Stadium ist das Ausmaß der Sklerose eindrucksvoller als die Knochenverdickung. Die radiographischen Veränderungen sind gewöhnlich beidseitig. Oft trägt die Familienanamnese zur Sicherung der Diagnose in diesem frühen Stadium bei. Im späten Kindes- und Jugendalter ist das Skelett meist schon ausgedehnt befallen.

Die *Histiozytose X* kann sich in der Orbita als diffuse Sklerose, die oft mit einigen lytischen Läsionen durchsetzt ist, präsentieren (Abb. 9.**9**). Die Krankheit kann auf angrenzende Knochen übergreifen, befällt aber typischerweise die Keilbeinflügel nicht. Eine Erweiterung der Orbitalfissur und des Optikuskanals ist außerordentlich selten.

Bei der *Dysplasia craniometaphysaria* ist eine Orbitasklerose oft mit einer Einengung des Optikuskanals ver-

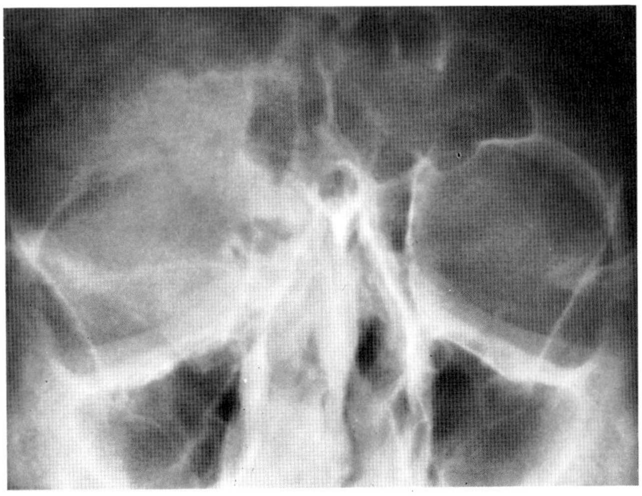

Abb. 9.**8** **Fibröse Dysplasie.** Sklerose und Verdickung des Dachs und der Hinterwand der rechten Orbita.

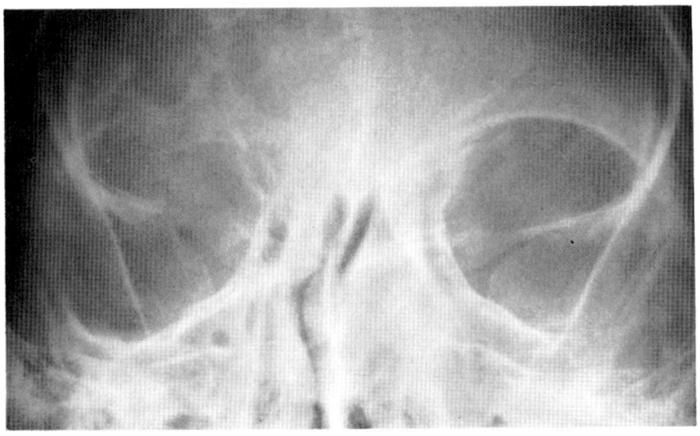

Abb. 9.**9** **Histiozytose X.** Augenfällige Sklerose und Destruktion des oberen medialen Wandabschnitts der rechten Orbita mit Beteiligung der angrenzenden Stirnhöhle und Siebbeinzellen.

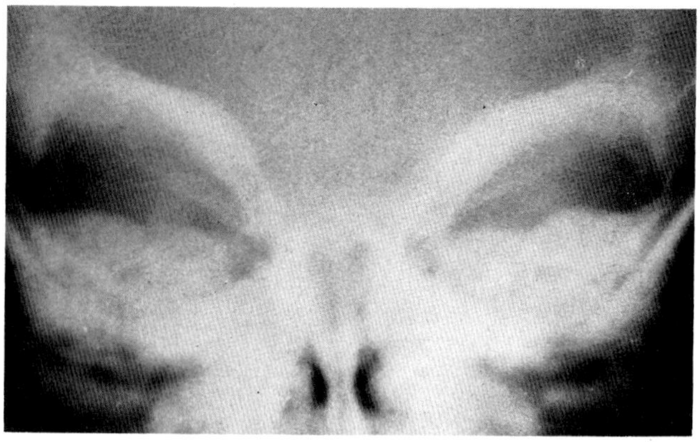

Abb. 9.**10** **Kraniometaphysäre Dysplasie.** Symmetrische Sklerose beider Orbitae, begleitet von sklerotischen Veränderungen in Schädelbasis und Gesichtsschädel.

bunden (Abb. 9.**10**). „Erlenmeyer-Kolben"-Deformierungen der Metaphysen der langen Röhrenknochen sind für diese Störung ebenfalls charakteristisch.

Eine Sklerose der Orbitawände kann durch viele andere Krankheiten bedingt sein, die bereits in Kap. 2, S. 13–31 besprochen worden sind. Ihr Auftreten in der Orbita ist jedoch nur zufällig, und ihr radiographisches Bild ist nicht anders als an anderen Stellen des Skeletts. Die Orbitaveränderungen können auch eine Manifestation eines mehr generalisierten Krankheitsprozesses sein, der leicht zu diagnostizieren ist, wenn alle Befunde berücksichtigt werden. Bezüglich der vollständigen Differentialdiagnose der sklerotischen Orbitaveränderungen wird der Leser daher aufgefordert, Kap. 2 zu konsultieren, das sich mit der Osteosklerose im allgemeinen befaßt.

10 Nasenhöhle und Nasennebenhöhlen

Die Nasennebenhöhlen bestehen aus Stirnhöhle, Keilbeinhöhle, Kieferhöhle und Siebbeinzellen. Sie kommunizieren mit der Nasenhöhle und sind mit einer Schleimhaut ausgekleidet, die in die Schleimhaut der Nasenhöhle übergeht. Dies sind zwei wichtige Faktoren für das Verständnis der Entwicklung und Ausbreitung jedes pathologischen Prozesses. Die Pneumatisation und Ausdehnung der Nebenhöhlen erfolgt während der beiden ersten Lebensjahrzehnte und erreicht ihr volles Ausmaß erst im frühen Erwachsenenalter.

Die Größe der Nasenhöhlen ist von Individuum zu Individuum und selbst zwischen der rechten und linken Seite desselben Individuums sehr variabel. Eine ein- oder beidseitige Hypoplasie ist nicht ungewöhnlich und hat keine klinische Bedeutung, abgesehen von einigen *angeborenen Syndromen,* bei denen sie ein Symptom in einem viel breiteren Spektrum röntgenologischer Anomalien darstellen können (z. B. Hypoplasie der Kieferhöhlen bei Dysostosis cleidocranialis). Vergrößerte Nasennebenhöhlen sind eine konstante Erscheinung bei der *Akromegalie,* aber bei isoliertem Vorkommen erfordern sie keine Beachtung.

Da die Nasennebenhöhlen luftgefüllte Hohlräume sind, lassen sich darin auftretende Weichteilveränderungen schon mit konventioneller Röntgentechnik gut demonstrieren. Die vollständige Verschattung eines Sinus kann mitunter schwieriger zu beurteilen sein als eine weniger starke Schleimhautverdickung, bei der noch der Luftkontrast erhalten ist. Als Faustregel gilt, daß die Kieferhöhlen normalerweise die gleiche Transparenz aufweisen sollten wie die Augenhöhlen in der okzipitonasalen Aufnahme. Eine Flüssigkeitsansammlung in einer Nebenhöhle ist mit einer Aufnahme im horizontalen Strahlengang leicht nachweisbar. In diesem Fall wird sich die Flüssigkeit im tiefsten Teil der Höhle ansammeln und eine scharfe Grenze zur darüberliegenden Luft bilden. Es sei daran erinnert, daß aber bei vertikalem Strahlengang jede Flüssigkeitsansammlung in einem Sinus eine diffuse Verminderung der Strahlendurchlässigkeit bewirkt, die von einer Schleimhautverdickung nicht zu unterscheiden ist.

Ein *Luft-Flüssigkeitsspiegel* in einem Sinus entsteht durch die Ansammlung von Blut, Eiter oder Schleimhautexsudat. Ein durch Blut bedingter Luft-Flüssigkeitsspiegel ist meist die Folge einer *Fraktur* (Abb. 10.**1**). Gelegentlich besteht der einzige röntgenologische Hinweis auf eine Nebenhöhlenfraktur in einer umschriebenen Weichteilschwellung, verursacht durch eine Blutung in der Mukosa oder Submukosa. Das ist besonders häufig bei *Blow-out-Frakturen der Orbita,* wo sie sich als kleine Weichteilvorwölbung am Kieferhöhlendach präsentiert (Abb. 10.**2**). Bei einer stärkeren Blutung kann die Strahlendurchlässigkeit der betroffenen Nebenhöhle vollständig verloren gehen. Eine Blutung innerhalb der Kieferhöhle muß von einem Weichteilhämatom in der darüberliegenden Wange unterschieden werden, da beide eine

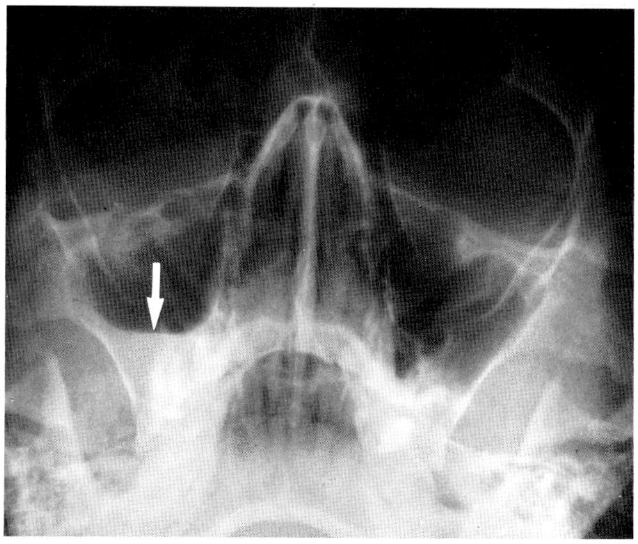

Abb. 10.**1** **Luft-Flüssigkeits(Blut-)spiegel nach Trauma.** Fraktur im rechten Kieferhöhlendach mit Blutung in die rechte Kieferhöhle, erkennbar an dem Luft-Flüssigkeitsspiegel (Pfeil).

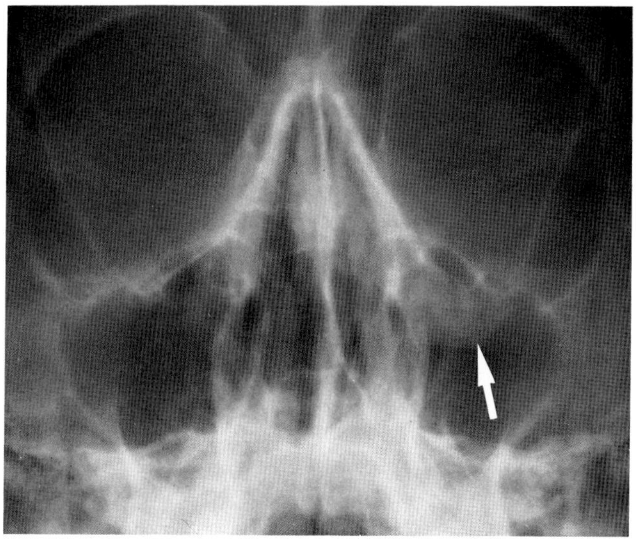

Abb. 10.**2** **Blow-out-Fraktur der linken Orbita.** Eine polypenartige weichteildichte Vorwölbung (Pfeil), die vom Dach der linken Kieferhöhle herabhängt, ist das einzige radiographische Zeichen dieser Fraktur.

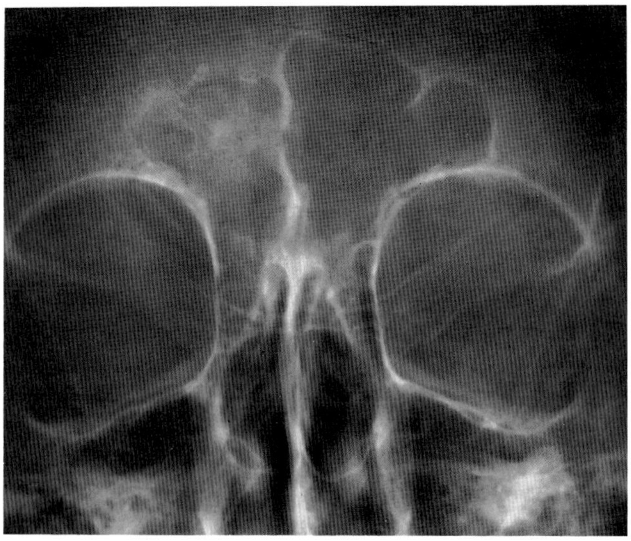

Abb. 10.**3** **Osteoplastische Metastasen** von einem Mammakarzinom. Die schlecht abgrenzbare Verdichtung in der rechten Stirnhöhle wird von osteoplastischen Knochenmetastasen verursacht und darf nicht fälschlich für eine Weichteilverdickung in diesem Sinus gehalten werden.

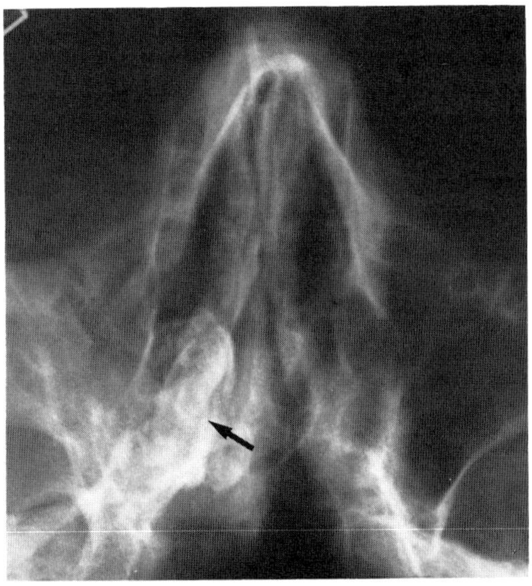

Abb. 10.**4** **Rhinolith.** Unregelmäßige sklerotische Verdichtung in der rechten Nasenhöhle (Pfeil).

diffuse Verschattung bewirken können. Mit der klinischen Untersuchung des Patienten und Röntgenaufnahmen in verschiedenen Projektionen läßt sich diese Unterscheidung treffen.

Frakturen der Nasennebenhöhlen können manchmal radiographisch nur durch den Nachweis eines Luftaustritts aus einer Nebenhöhle in ein Nachbargebiet diagnostiziert werden. Ein *Orbitalemphysem* wird bei Kiefer- und Siebbeinhöhlenfrakturen beobachtet (s. Abb. 9.**2**, S. 155). Luft in der Schädelhöhle *(Pneumozephalus)* kann von einer Fraktur der Stirnhöhle oder der Siebbeinzellen stammen.

Die *akute Sinusitis* ist die häufigste Ursache eines Luft-Flüssigkeitsspiegels in einer Nasennebenhöhle. Luft-Flüssigkeitsspiegel kommen bei allergischer Sinusitis zwar vor, sind aber bei infektionsbedingter Sinusitis häufiger. Diese ist oft auf einen einzigen Sinus beschränkt und wird durch eine Schleimhautverdickung parallel zu den Knochenwänden charakterisiert. Bei der allergischen Sinusitis sind gewöhnlich die Nase (Schwellung der Muscheln) und alle Nebenhöhlen diffus befallen. Hier bildet die verdickte Schleimhaut oft einen welligen Belag, und häufig sieht man Polypenbildungen.

Eine Weichteilverdickung oder Tumorbildung mit oder ohne Destruktion des angrenzenden Knochens kann sich noch bei vielen anderen Krankheiten finden, die in Tab. 10.**1** abgehandelt werden. Eine Asymmetrie zwischen den rechten und den linken Nebenhöhlen oder eine umschriebene Osteosklerose in einer Sinuswand kann ebenfalls eine einseitige Verminderung der Strahlendurchlässigkeit bewirken, die nicht mit einer Weichteilverdickung im Sinus verwechselt werden darf (Abb. 10.**3**). Mitunter entwickeln sich im Gesichtsschädel vom Knorpel oder Knochen ausgehende benigne und maligne Tumoren. Sie sehen aber nicht anders aus als an jedem anderen Ort; über ihre Differentialdiagnose wurde in Kap. 5, S. 59 berichtet. Ein *Rhinolith* in der Nasenhöhle darf nicht mit einem solchen Tumor verwechselt werden (Abb. 10.**4**).

Tabelle 10.1 Weichteilschwellung oder Tumor in Nasennebenhöhlen

Krankheit	Radiographisches Bild	Kommentar
Benigne Tumoren (Abb. 10.18, S. 167)	Variabel, vom örtlich begrenzten Weichteiltumor bis zur strahlendichten knöchernen Läsion (Osteom).	Mit Ausnahme der Osteome sind diese Tumoren sehr selten und umfassen *Lipome, Hämangiome, Dermoide* und *Chondrome.*
Karzinom (Abb. 10.5, 10.6)	Fast ausnahmslos mit Knochendestruktion einhergehender Weichteiltumor. In seltenen Fällen kann eine sklerotische Reaktion im infiltrierten Knochen auftreten.	Findet sich gewöhnlich nach dem 50. Lebensjahr. Plattenepithelkarzinom häufigster histologischer Typ.
Sarkom	Befund von Karzinom nicht unterscheidbar, außer bei Knochenneubildung (z. B. Osteosarkom).	Selten. Alle Altersstufen. *(Benigne mesenchymale Neubildungen* sind sogar noch seltener.)
Von außen in die Nebenhöhle eindringende Neubildung (Abb. 10.7)	Meist maligne, aber auch benigne (z. B. Chordom, Enchondrom, Hypophysenadenom in Keilbeinhöhle und juveniles Angiofibrom).	*Juveniles Angiofibrom:* Vom Nasopharynx männlicher Jugendlicher ausgehender gefäßreicher Tumor. Kann die Hinterwand der Kieferhöhlen vorwölben oder in die benachbarten Nebenhöhlen, Augenhöhlen und sogar in das Kranium einwachsen.

Fortsetzung auf Seite 164

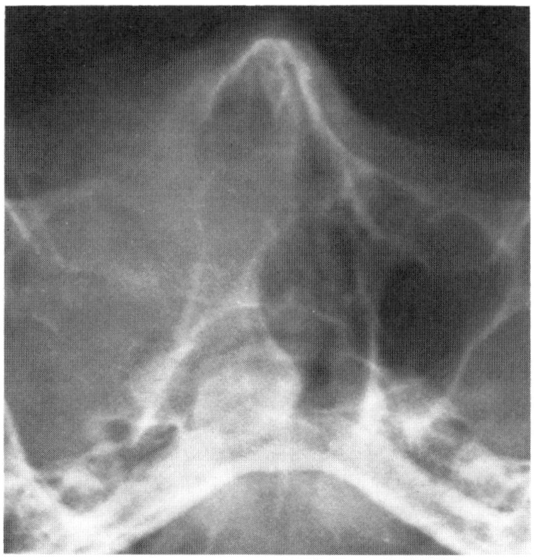

10.**5**

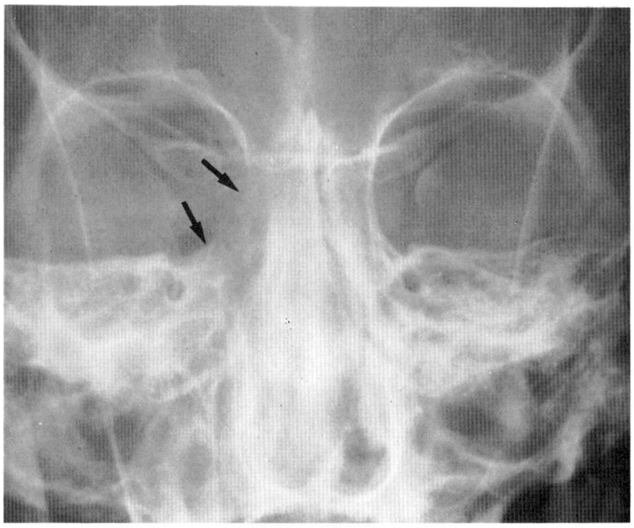

10.**6**

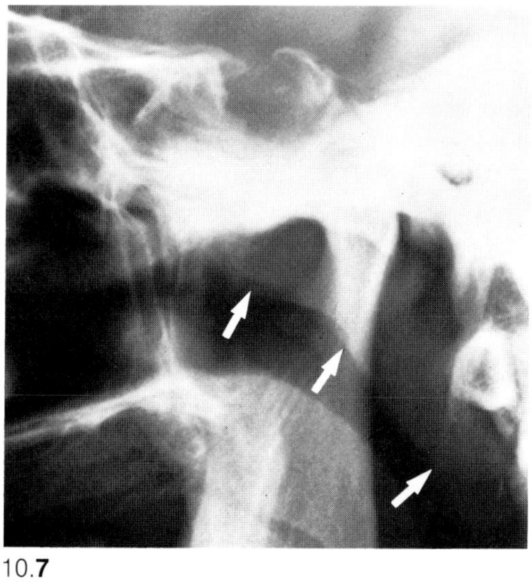

10.**7**

Abb. 10.**5** **Karzinom der rechten Kieferhöhle.** Großer Weichteiltumor mit ausgedehnter Destruktion der rechten Kieferhöhle.

Abb. 10.**6** **Karzinom der rechten Siebbeinzellen.** Verschattung der Siebbeinzellen und Destruktion der angrenzenden medialen Wand der rechten Orbita.

Abb. 10.**7** **Karzinom des Nasopharynx** mit Invasion der Keilbeinhöhle und der Fossa hypophysialis. Das Karzinom, das im Nasopharynx als Vergrößerung des Weichteilschattens (Pfeile) sichtbar wird, ist in die Keilbeinhöhle, die verschattet ist, eingedrungen und hat den Boden der Fossa hypophysialis zerstört.

Tabelle 10.1 Weichteilschwellung oder Tumor in Nasennebenhöhlen (Fortsetzung)

Krankheit	Radiographisches Bild	Kommentar
Odontogene Läsionen (Zysten, Tumoren)	Auf die Kieferhöhlenbasis beschränkt.	Differentialdiagnose s. Kap. 11, S. 169.
Lymphom (meist Non-Hodgkin) (Abb. 10.8)	Befall oft beidseitig mit Weichteilverdickung (gelegentlich polypös) und oft Knochenarrosionen.	Klinisch steht gewöhnlich die Lymphadenopathie im Vordergrund.
Wegener-Granulomatose (Abb. 10.9)	Ein- oder häufiger beidseitige Weichteilverdikkung, oft verbunden mit Arrosion und/oder Sklerose des benachbarten Knochens	Gewöhnlich verbunden mit pulmonalen, vaskulären und renalen Veränderungen. *Begrenzte Form der Wegener-Granulomatose:* beschränkt auf den Atmungstrakt einschließlich der Nasenhöhle und Nasennebenhöhlen und mit relativ guter Prognose.
Mittelliniengranulom	Ulzerierende granulomatöse Massen, die eine fortschreitende Destruktion von Nasennebenhöhlen, Nase sowie hartem und weichem Gaumen hervorrufen.	Der destruktive Prozeß kann die Haut durchbrechen und zu einer Verstümmelung des Gesichts führen. Ohne entsprechende Behandlung ist die Krankheit ausnahmslos letal. Gutes Ansprechen auf örtliche Hochdosis-Radiotherapie. Die Nebenhöhlenveränderungen sind von einer Wegener-Granulomatose radiographisch nicht unterscheidbar, doch kommt es weder zu einer Beteiligung der Lunge noch der Niere.
Fibröse Dysplasie (Abb. 10.10)	Vergrößerung und inhomogene Verschattung der betroffenen Nebenhöhlen. Verbunden mit vorwiegend sklerotischen Veränderungen der benachbarten Gesichtsknochen.	Ähnliche Veränderungen bei *ossifizierenden Fibromen,* die als lokalisierte Form der fibrösen Dysplasie im Gesichtsschädel angesehen werden können. Die „Leontiasis ossea" (Deformierung und bilaterale Verbreiterung des Gesichts) entsteht durch einen ausgedehnten Befall der Stirn- und Gesichtsknochen mit fibröser Dysplasie.
Neurofibromatose (Abb. 10.11)	Deformierte und vergrößerte Gesichtsknochen und Nebenhöhlen in Zusammenhang mit großen Weichteiltumoren (Neurofibromen), die die benachbarten Knochen arrodieren können.	Veränderungen in Hirnschädel und Orbita sind häufiger und charakteristischer.
Morbus Paget (Abb. 10.12)	Gelegentlich kommt es zur Verschattung von Nebenhöhlen, die aber ausschließlich durch Verdickung und Sklerose des Knochens ohne Weichteilbeteiligung bedingt ist.	Der Befall des Hirnschädels ist häufiger und charakteristischer.

Fortsetzung auf Seite 166

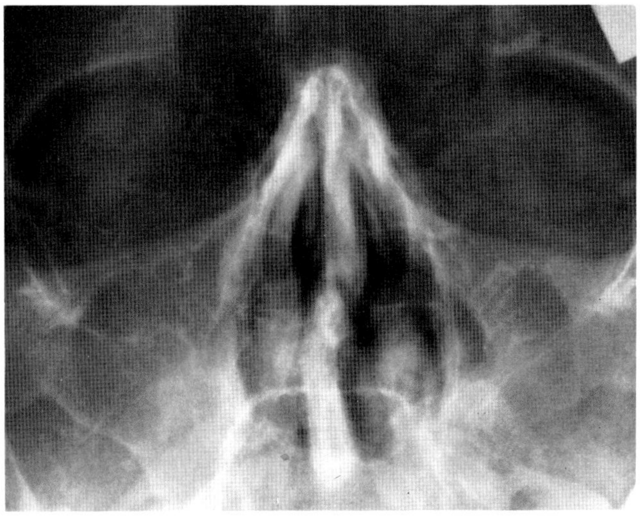

Abb. 10.**8** **Non-Hodgkin-Lymphom.** Vollständige Verschattung beider Kieferhöhlen durch Weichteiltumoren. Außerdem angedeutete Knochenarrosionen sowohl im linken Kieferhöhlendach, wo das Foramen infraorbitale nicht mehr abgrenzbar ist, als auch in der unteren Seitenwand der linken Kieferhöhle, die kaum erkennbar ist.

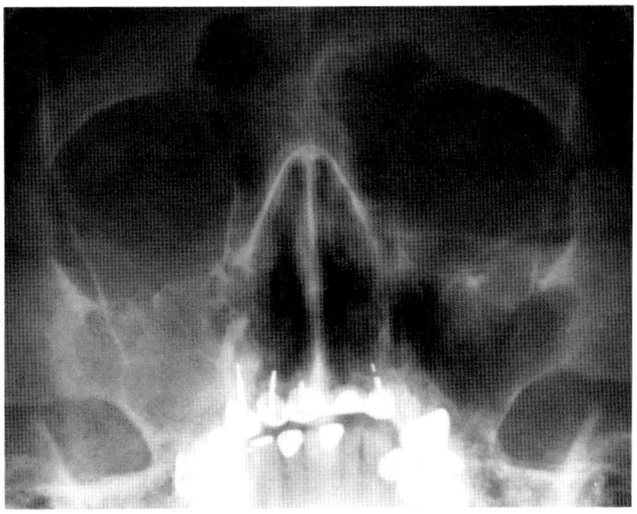

Abb. 10.**9** **Wegener-Granulomatose.** Vollständige Verschattung der rechten Kieferhöhle mit Destruktion ihrer oberen medialen Wand und einem Weichteiltumor, der in die angrenzende Orbita vordringt. Eine Weichteilverdickung einschließlich eines runden, granulomatösen Tumors ist auch in der linken Orbita vorhanden, deren Wände jedoch intakt erscheinen.

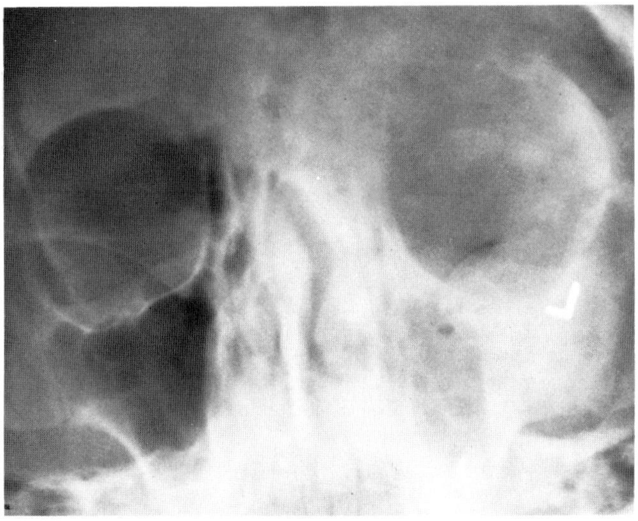

10.**10**

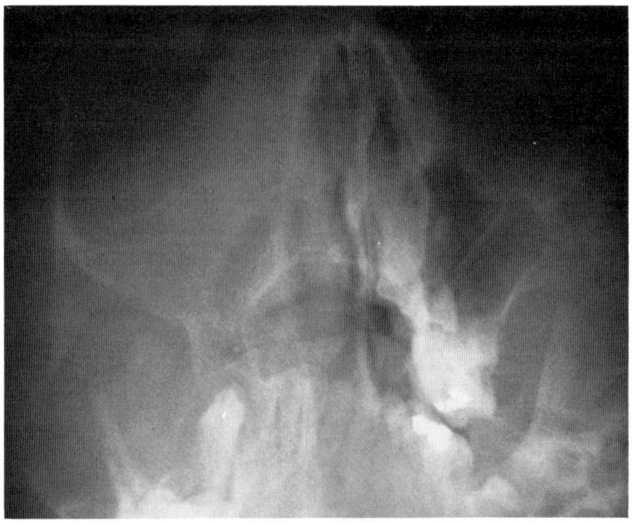

10.**11**

Abb. 10.**10** **Fibröse Dysplasie.** Vergrößerung der linken Gesichtshälfte und linken Augenhöhle durch vorwiegend sklerotische Veränderungen sowie inhomogene Verschattung der linken Kieferhöhle. Auch das Stirnbein ist befallen.

Abb. 10.**11** **Neurofibromatose.** Vergrößerung der rechten Gesichtshälfte in Zusammenhang mit riesigen weichteildichten Tumoren (Neurofibromen), die den angrenzenden Knochen arrodiert haben.

Abb. 10.**12** **Morbus Paget.** Verdickung und Sklerosierung des rechten Jochbeins und des anschließenden Teils des Oberkiefers, die zur vollständigen Verschattung der rechten Kieferhöhle führen. Man beachte auch die ausgedehnten sklerotischen Veränderungen links im Schädeldach.

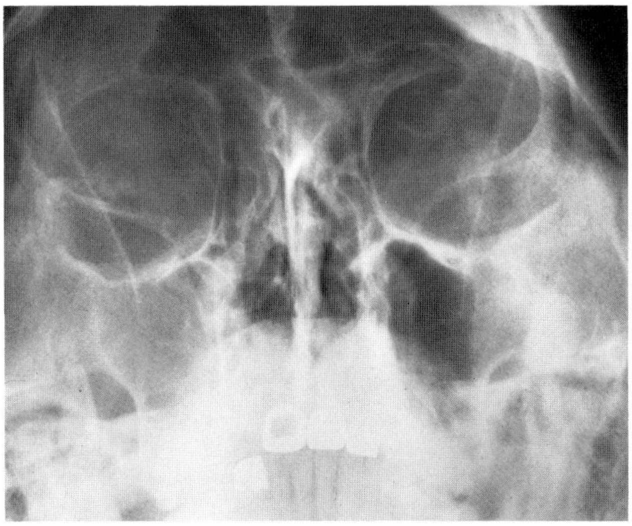

10.**12**

Tabelle 10.1 Weichteilschwellung oder Tumor in Nasennebenhöhlen (Fortsetzung)

Krankheit	Radiographisches Bild	Kommentar
Akute Sinusitis (Abb. 10.13, 10.14)	Luft-Flüssigkeitsspiegel, Weichteilschwellung und Polypen. Eine sekundäre Osteomyelitis im angrenzenden Knochen ist sehr selten.	Allergisch bedingt oder bei Infekten der oberen Luftwege (z. B. durch Streptokokken, Staphylokokken oder im Gefolge von Virusinfektionen). Eine Kieferhöhlenentzündung kann auch von den Zähnen ausgehen.
Chronische granulomatöse Sinusitis (Abb. 10.15)	Verbunden mit Erkrankungen der Nase und/oder der oberen Luftwege, die meist im Vordergrund stehen. Weichteilschwellung, polypenartige Veränderungen, Knochendestruktion und -sklerose in Nebenhöhlen.	*Bakteriell:* Tuberkulose, Syphilis, Lepra, Rotz *(Pseudomonas mallei),* Listeriose, Frambösie und *Rhinosklerom* (wahrscheinlich verursacht durch *Klebsiella rhinoscleromatis).* *Mykotisch:* Aspergillose, Aktinomykose, Blastomykose, Histoplasmose, Kokzidioidomykose, Kryptokokkose, Mukormykose, Sporotrichose, Rhinosporidiose. *Idiopathisch:* Sarkoidose, Erythema nodosum.
Polyp und Zyste (Abb. 10.16)	Glatte, sphärische oder kuppelförmige Verschattungen, deren konvexe Ränder sich in verschiedenen Projektionen etwas verändern, wenn nicht der Innendruck sehr hoch ist. Breitbasige, vom Boden der Nebenhöhle ausgehende Läsionen können mitunter einen Luft-Flüssigkeitsspiegel vortäuschen. Die Nebenhöhle ist gleichmäßig verschattet, wenn sie von der Läsion ganz ausgefüllt wird. Am häufigsten sind Boden und Seitenwand der Kieferhöhlen betroffen.	*„Polyp":* Entzündliche hypertrophische Schleimhautschwellung. *„Zyste":* 1. Abgekapseltes Exsudat, Eiter oder Blut. 2. Retentionszyste, die Schleim oder seröse Flüssigkeit enthält. 3. Postoperativ: Flimmerepithelzyste, die sich in der Kieferhöhle nach Caldwell-Luc-Operation entwickelt (Anlegung eines Fensters, das die Kieferhöhle mit dem unteren Nasengang verbindet).
Mukozele (Abb. 10.17)	Am häufigsten in der Stirnhöhle. Kann gelegentlich eine *erhöhte* Strahlendurchlässigkeit der betroffenen Nebenhöhlen verursachen, wenn die Verdünnung der umgebenden Knochen mehr ins Gewicht fällt als die Dichtezunahme durch den Flüssigkeitsgehalt. Arrodiert benachbarte Strukturen (s. Abb. 9.**6**, S. 157).	Entwickelt sich, wenn nach Abklingen einer Entzündung der Höhlenausgang verschlossen bleibt. Die retinierte keimfreie Flüssigkeit bewirkt durch Druckarrosion Knochenveränderungen. *Osteome,* die sich ebenfalls am häufigsten in der Stirnhöhle finden, haben eine viel größere Dichte als Mukozelen und dürfen nicht mit diesen verwechselt werden (Abb. 10.**18**).
Fraktur (Abb. 10.1, 10.2, S. 161)	Ein umschriebenes submuköses Hämatom kann einen Polypen vortäuschen (z. B. Blow-out-Fraktur: polypenähnliche Verschattung am Kieferhöhlendach). Es kann ein Luft-Flüssigkeits(Blut-)spiegel bestehen. Eine teilweise bis vollständige Nebenhöhlenverschattung kann sich bei einer frischen Fraktur oder als Folgezustand nach einer alten Fraktur finden.	Bei *Barotrauma* (z. B. bei Tauchern und Fliegern in Flugzeugen ohne Druckausgleich) können sich ähnliche Veränderungen finden. In diesem Fall wird die polypenartige Schleimhautschwellung bis vollständige Verschattung einer Nebenhöhle durch submuköse Blutung, Schleimhautverdickung und/oder Sekretaustritt verursacht.

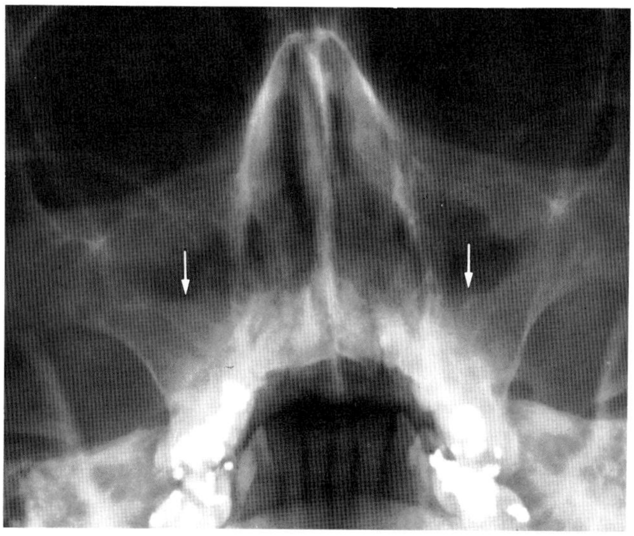

◄ Abb. 10.**13** **Akute Sinusitis.** Weichteilverdickung und Luft-Flüssigkeitsspiegel (Pfeile) in beiden Kieferhöhlen. Dieser Untersuchung ist ein Virusinfekt der oberen Luftwege vorangegangen.

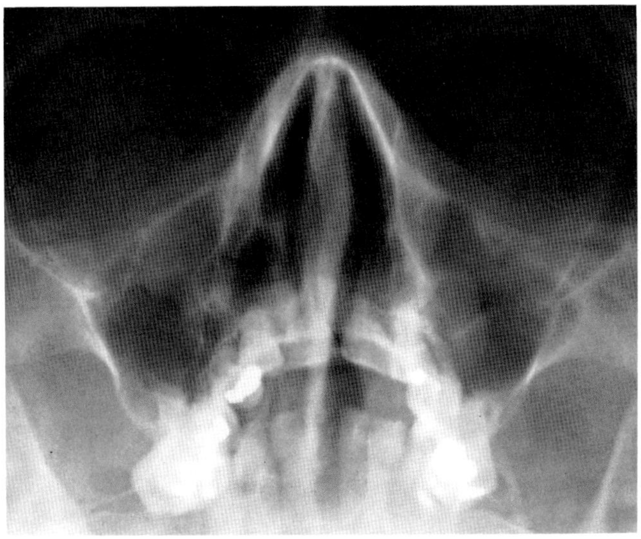

Abb. 10.**14** **Akute Sinusitis.** Polypenartige Weichteilverdickung in beiden Kieferhöhlen eines Patienten mit Allergieanamnese.

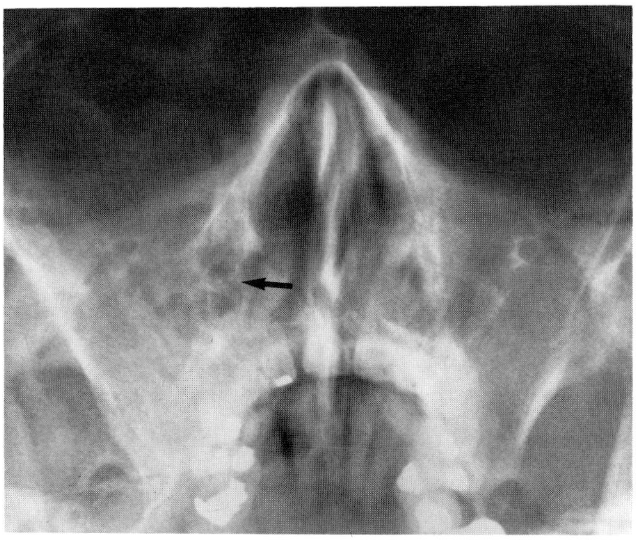

Abb. 10.**15** **Chronische granulomatöse Sinusitis.** Vollständige Verschattung beider Kieferhöhlen mit örtlicher Destruktion der medialen Wand auf der rechten Seite (Pfeil), verursacht durch Aspergillose.

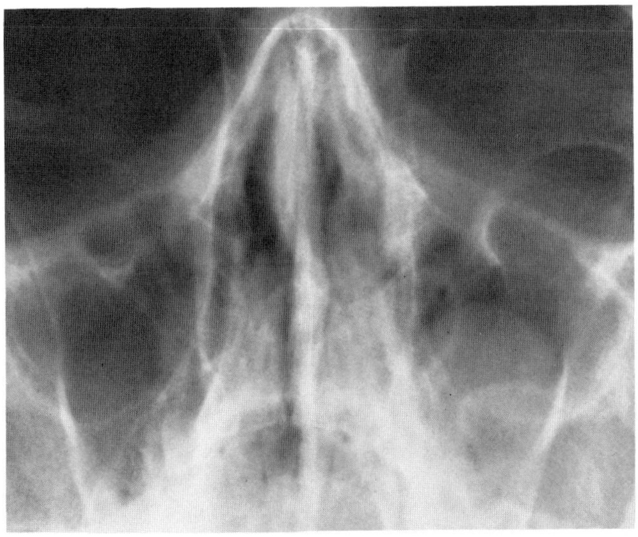

Abb. 10.**16** **Solitärer Polyp.** Große, runde weichteildichte Verschattung in der linken Kieferhöhle.

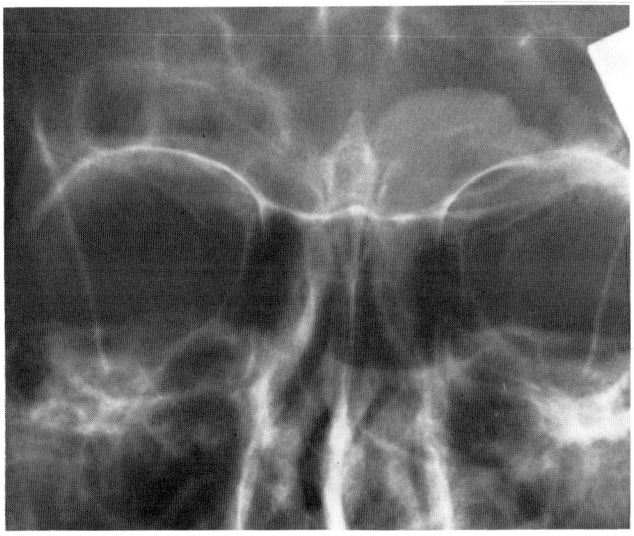

Abb. 10.**17** **Mukozele.** Weichteildichte Verschattung von etwas lobulärer Konfiguration in der linken Stirnhöhle.

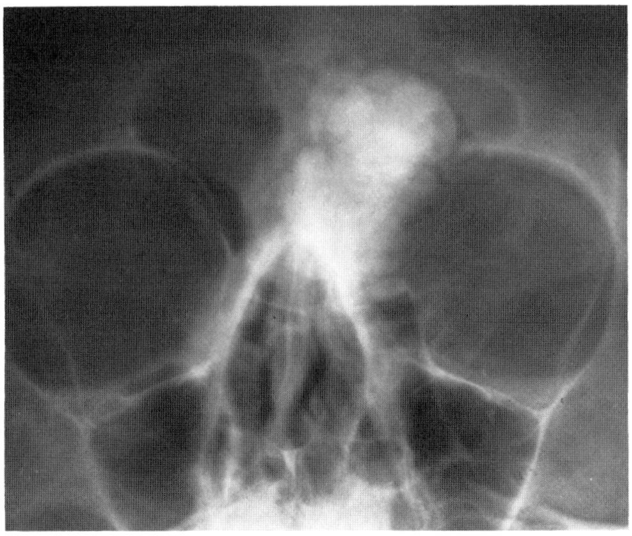

Abb. 10.**18** **Osteom.** Sehr dichte, strukturlose, gelappte ▶ Läsion in der linken Stirnhöhle und den Siebbeinzellen.

11 Kiefer und Zähne

Verkalkungen in den Weichteilen um die Kieferknochen können dieselben Ursachen haben wie Verkalkungen an anderen Stellen des Körpers. Sie sind gewöhnlich arteriosklerotischen Ursprungs oder stammen von verkalkten Lymphknoten als Folge von granulomatösen Prozessen. Diese Veränderungen müssen jedoch von *Speicheldrüsenverkalkungen* unterschieden werden, die meist durch Speichelsteine bedingt sind. Diese sind aufgrund ihres hohen Kalziumkarbonatgehalts in 80% der Fälle schattendicht und kommen am häufigsten in den submandibulären Drüsen, weniger oft in den Ohrspeicheldrüsen und praktisch nie in den Sublingualdrüsen vor. Ein Speichelstein hat meist ovale Form und relativ homogene Dichte (Abb. 11.**1**).

An einer *Dysfunktion des Kiefergelenks* können nicht weniger als 25% der erwachsenen Bevölkerung leiden; sie führt zu einer Vielzahl von klinischen Symptomen, von Kopfschmerzen bis zu myofaszialen Schmerzen. Dieses Krankheitsbild hat in den letzten Jahren zunehmende Beachtung erlangt und wird nun als temporomandibuläres Syndrom bezeichnet. Leider sind Nativröntgenaufnahmen zu seiner Beurteilung im allgemeinen wenig geeignet, weil die Störung in der überwiegenden Mehrzahl der Fälle mit einer pathologischen Veränderung des Diskus, der dieses Gelenk unterteilt, zusammenhängt; um sie richtig diagnostizieren zu können, braucht man daher die Arthrographie, Computertomographie oder Magnetresonanztomographie. In weit fortgeschrittenen Fällen sieht man eventuell mit konventioneller Aufnahmetechnik eine Abflachung oder Atrophie des Mandibulaköpfchens, eine Abflachung des Tuberculum articulare, Sklerose, Zysten und Spornbildungen um das Gelenk (Abb. 11.**2**).

Viele pathologische Veränderungen im Kiefer hängen mit den Zähnen zusammen. Im restlichen Teil des Kapitels liegt das Hauptgewicht auf der Differentialdiagnose dieser odontogenen Läsionen. Kurz besprochen werden die radiographischen Bilder nichtodontogener Läsionen, die mit odontogenen verwechselt werden können. Bezüglich der vollständigen Differentialdiagnose nichtodontogener Läsionen wird der Leser auf Kap. 1, 2 und 5 verwiesen.

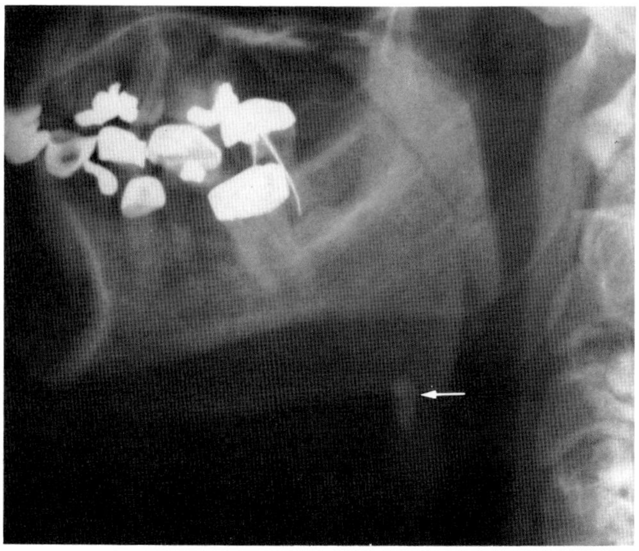

Abb. 11.**1** **Calculus in der Glandula submandibularis.** Ovale Weichteilverkalkung (Pfeil) unter dem rechten Kieferwinkel.

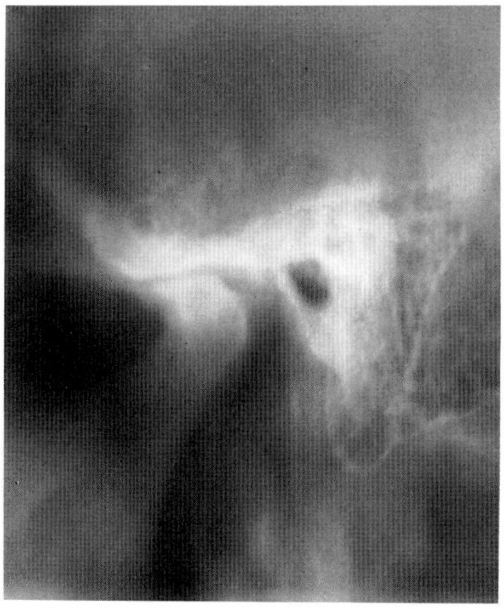

Abb. 11.**2** **Fortgeschrittene degenerative Veränderungen im Kiefergelenk (Tomographie).** Anteriorer Sporn und degenerative Zyste im deformierten, sklerotischen Köpfchen des Processus condylaris. Außerdem beträchtliche Abflachung des vor der Fossa mandibularis gelegenen Tuberculum articulare mit erheblicher Sklerose dieser beiden Gelenkteile.

Parodontale Erkrankungen

Das Parodontium stellt den Zahnhalteapparat dar, der aus Gingiva, Periodontium (Desmodontium, Wurzelhaut), Alveolenknochen und Zement besteht (Abb. 11.**3**). Röntgenologisch ist das Zement, das die Zahnwurzel überzieht, nicht vom Dentin zu unterscheiden. Das Periodontium, das sich radiographisch als Aufhellungslinie von weniger als 1 mm Breite darstellt, trennt die in ihrem Fach eingebettete Zahnwurzel vom Alveolenknochen des Kiefers. Dieser wird durch eine dünne Kortikalislinie, die Lamina dura, vom Periodontium abgegrenzt. Aufgrund dieser Verhältnisse wird klar, daß sich eine parodontale Erkrankung röntgenologisch mit einem Verlust der Lamina dura, einer Verbreiterung des Periodontiums oder mit beidem manifestieren kann. Diese feinen Veränderungen können jedoch mit konventioneller Aufnahmetechnik nicht erfaßt werden und erfordern für die richtige Beurteilung spezielle Zahnfilme mit hoher Auflösung. Bei sehr starker Knochenresorption rund um eine Zahnwurzel spricht man oft von einem „schwimmenden" oder „schwebenden" Zahn.

Eine *Resorption der Lamina dura* ist bei primärem und sekundärem *Hyperparathyreoidismus* häufig. Dabei besteht gewöhnlich keine merkliche Verbreiterung des Periodontalspalts. Nach entsprechender Behandlung erscheint die Lamina dura wieder. Ein generalisierter Schwund der Lamina dura kann auch bei einer *Osteoporose* jeglicher Ätiologie vorkommen (z. B. senile Osteoporose, Steroidtherapie, Cushing-Syndrom), aber in diesen Fällen sind oft noch Reste der Lamina zu erkennen, falls nicht die Osteoporose so weit fortgeschritten ist, daß die richtige Diagnose leicht anhand anderer radiographischer Zeichen gestellt werden kann. Sowohl bei der *Parodontose* (nichtentzündlich, degenerativ) als auch bei der *Parodontitis* (entzündlich) erfolgt die Resorption des Knochens einschließlich der Lamina dura charakteristischerweise um den Hals und den proximalen Teil der Zahnwurzel, während die Lamina dura um die Spitze intakt bleibt. Wenn der Prozeß zu einem *Parodontalabszeß* fortschreitet, kann es zu einer Resorption der ganzen Lamina dura, kombiniert mit einer Verbreiterung des Periodontalspalts, kommen.

Wenn radiographisch keine Lamina dura sichtbar ist, so beruht das nicht immer nur auf ihrer Resorption, sondern kann auch durch eine erhöhte Dichte des angrenzenden spongiösen Knochens bedingt sein, wie man es beispielsweise bei der *sklerosierenden Osteomyelitis* sieht. Das bei *Morbus Paget* (Abb. 11.**4**), *fibröser Dysplasie* und *Osteomalazie* beobachtete Fehlen der Lamina dura ist gewöhnlich das Ergebnis von sowohl Knochenresorption als auch -sklerose.

Die Breite eines normalen Periodontalspalts auf dem Röntgenbild beträgt weniger als 1 mm. Eine generalisierte *Verbreiterung des Periodontalspalts* bei intakter Lamina dura ist typisch für Sklerodermie, findet sich aber u. U. auch bei Patienten mit *habituellem forciertem Aufeinanderpressen der Zähne.* Die häufigste Ursache einer örtlichen Verbreiterung des Periodontalspalts in Verbindung mit einer Resorption der Lamina dura ist eine schwere Entzündung wie etwa ein *Parodontalabszeß*. Eine sehr ausgedehnte Knochenresorption um einen oder mehrere Zähne erzeugt radiographisch den Eindruck eines „schwimmenden Zahns". Außer beim Parodontalabszeß findet sich dieser Befund häufig bei der *Histiozytose X,* kann aber auch bei jeder anderen Erkrankung anzutreffen sein, die eine große lytische Läsion erzeugt, wie *Ameloblastom, Lymphom, Leukämie, multiples Myelom* und *Metastasen.*

Umschriebene lytische Läsionen odontogenen Ur-

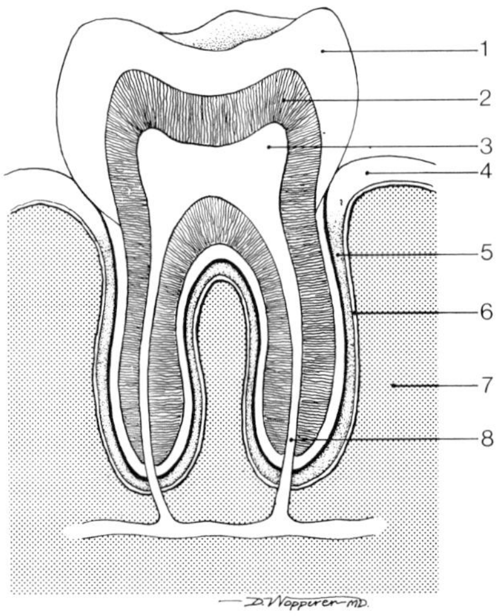

Abb. 11.**3** **Anatomie eines normalen Mahlzahns.** 1. Zahnschmelz, 2. Dentin, 3. Pulpa, 4. Gingiva, 5. Periodontium, 6. Lamina dura, 7. Alveolenknochen, 8. Wurzelkanal.

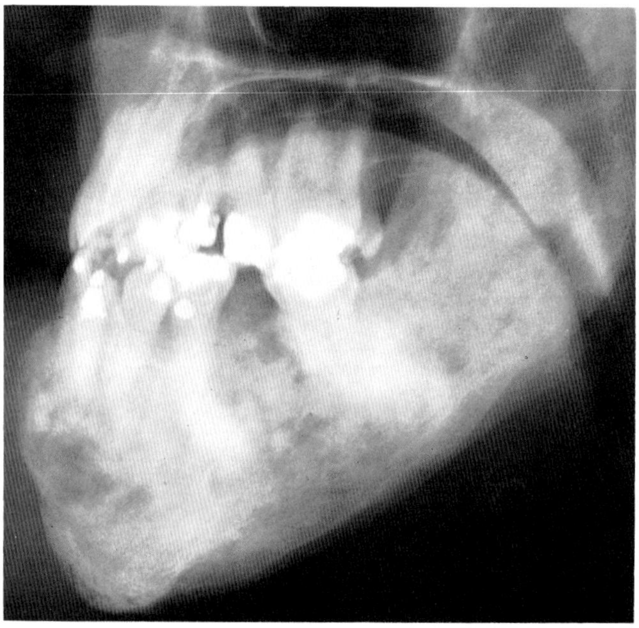

Abb. 11.**4** **Morbus Paget.** Die Verdickung und Sklerose der Mandibula führte zu einem sichtbaren Schwund der Lamina dura rund um die Zähne.

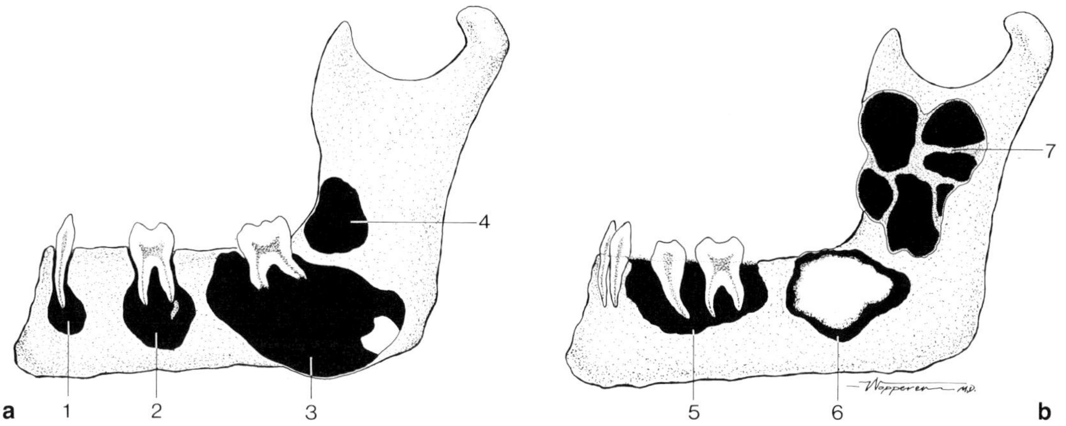

Abb. 11.**5 a, b** **Lytische Läsionen in der Mandibula.** 1. Zahngranulom, 2. Parodontale Zyste (enthält gelegentlich kleinen Wurzelrest), 3. follikuläre Zyste, 4. Primordialzyste, 5. „schwebender Zahn" (z. B. Histiozytose X), 6. Odontom, 7. Ameloblastom.

sprungs können einen entzündlichen, zystischen oder neoplastischen Prozeß repräsentieren oder eventuell eine Entwicklungsanomalie sein. Die häufigsten lytischen Läsionen im Unterkiefer sind in Abb. 11.**5** schematisch dargestellt, ihre ausführlichere Differentialdiagnose wird in Tab. 11.**1** besprochen.

Nur einige wenige *lokalisierte sklerotische Läsionen* kommen ausschließlich im Kiefer vor.

Odontome bestehen aus einer unregelmäßigen schattengebenden Masse aus verschiedenen dentalen Geweben wie Email, Dentin und Zement, umgeben von einer Aufhellungslinie oder einem Aufhellungsstreifen, entsprechend der fibrösen Kapsel. Gelegentlich finden sich in der Mittellinie des Gaumens oder entlang der lingualen Fläche der Mandibula (in erster Linie in der Kaninus-Prämolar-Region) bilateral symmetrische sklerotische knöcherne Protuberanzen, die man *Torus palatinus* bzw. *mandibularis* nennt. Das sind benigne statische Wulstbildungen ohne klinische Bedeutung. Sie müssen von *Osteomen* unterschieden werden, vorgewölbten Tumoren, die aus abnorm dichtem, im Periost gebildeten Knochen bestehen und am häufigsten in den Schädel- und Gesichtsknochen auftreten.

Tabelle 11.1 Differentialdiagnose lytischer Läsionen im Kiefer

Läsion	Radiographisches Bild	Kommentar
Parodontalabszeß	Umschriebener, schlecht bis gut abgegrenzter Defekt in der Umgebung eines Zahns.	Die *Parodontitis* ist die Ausbreitung einer Gingivitis auf die darunterliegenden parodontalen Gewebe. Ein Abszeß entwickelt sich gewöhnlich in einer parodontalen Tasche, die teilweise oder vollständig okkludiert ist, oder entsteht gelegentlich durch einen im Parodontium steckenden Fremdkörper.
Periapikaler Abszeß	Umschriebener, schlecht bis gut abgegrenzter Defekt um die Wurzelspitze.	Entsteht durch Fortschreiten einer Pulpitis. Im akuten Stadium ist der Zahn sehr stark schmerzend und klopfempfindlich. Im chronischen Stadium können sich gelegentlich ableitende Fisteln zur Mundhöhle, Kieferhöhle oder sogar zur Hautoberfläche entwickeln.
Periapikales Granulom (Wurzelspitzengranulom)	Runde oder ovale, ziemlich gut umschriebene Aufhellung von selten mehr als 1 cm Durchmesser. Kann sich schließlich in eine parodontale Zyste umwandeln.	Bildet sich als reparativer Prozeß nach dem Rückgang eines periapikalen Abszesses.

Fortsetzung auf Seite 172

Tabelle 11.1 Differentialdiagnose lytischer Läsionen im Kiefer (Fortsetzung)

Läsion	Radiographisches Bild	Kommentar
Parodontale Zyste (dentale, radikuläre oder apikale Zyste) (Abb. 11.6)	Scharf begrenzte Aufhellung mit dünnem sklerotischem Rand und einer Größe von einigen Millimetern bis zu mehreren Zentimetern. Selten finden sich Reste einer Milchzahnwurzel innerhalb der Läsion. Wenn sich die Zyste vergrößert, kann es zur Knochenauftreibung kommen.	Häufigste Kieferzyste. Mit Epithel ausgekleidetes Säckchen, das meist an der Wurzelspitze sitzt. Erworben und wahrscheinlich entzündlichen Ursprungs (s. periapikales Granulom). *Residualzyste:* Zyste, die nach Entfernung des Zahns, von dem sie ausgegangen ist, zurückbleibt. Gelegentlich infiziert, besonders wenn die Zahnwurzel retiniert ist (residuale Infektion). *Multiple Zysten:* Selten. Bei ausgedehnter Karies oder als Entwicklungsanomalie (z. B. *Gorlin-Goltz-Syndrom:* zusammen mit nävusähnlichen Basalzellkarzinomen, zweigeteilten Rippen, Hand- und Wirbelsäulenanomalien, Weichteilverkalkungen usw.).
Follikuläre Zyste (Abb. 11.7)	Scharf begrenzte ovale oder runde Aufhellung von wechselnder Größe von 1 cm bis zum großen, expansiven Defekt, der sowohl Corpus als auch Ramus mandibulae betrifft. Typischerweise enthält die Zyste die *Krone eines nicht durchgebrochenen Zahns.*	Geht vom Follikel eines nicht durchgebrochenen Zahns aus und findet sich gewöhnlich bei jungen Menschen. Zysten, die schließlich durch einen späten Zahndurchbruch zerstört wurden, hat man als *„Eruptionszysten"* bezeichnet.
Primordialzyste (Abb. 11.8)	Röntgenologisch nur Vermutungsdiagnose möglich, wenn die Zyste weder in Kontakt mit einem Zahn ist noch irgendeinen Zahnteil enthält. Meist hinter dem dritten Molaren im Angulus oder Ramus mandibulae gelegen.	Entwickelt sich aus dem embryonalen Zahnsäckchen, bevor sich noch verkalkte Strukturen gebildet haben. *Keratozysten* sind Primordial- und Follikelzysten, deren Plattenepithelauskleidung eine Hyperkeratose aufweist. Diese Zysten neigen sehr zum Rezidivieren.
Fissurenzyste	Am häufigsten in der Mittellinie der Mandibula oder Maxilla gelegen (z. B. Canalis-incisivus-Zyste oder Nasopalatinalzyste), seltener lateral (z. B. globulomaxillare Zyste zwischen lateralem Schneidezahn und Eckzahn).	Geht von den Epithelresten einer existierenden Fissur oder Sutur aus (Orte embryonaler Spaltenfusionen).
Solitäre Knochenzyste der Mandibula (traumatische Zyste) (Abb. 11.9)	Im allgemeinen relativ schlecht begrenzte, unregelmäßige Aufhellung von wechselnder Größe, meist im Corpus mandibulae gelegen. Größere Zysten haben typischerweise einen in Wellen verlaufenden Oberrand, der um die Zahnwurzeln herum, die weder auseinandergedrängt noch gelockert sind, zu undulieren scheint.	Meist bei jüngeren Menschen. Oft Trauma in der Vorgeschichte („traumatische" oder „hämorrhagische" Zyste). Kann sich spontan zurückbilden.
Ameloblastom (Adamantinom) (Abb. 11.10)	Unilokuläres oder häufiger multilokuläres, zystisches (blasenartiges) Aussehen, oft mit grobtrabekulären Strukturen, die die Zystenhohlräume teilweise ausfüllen. Die Größe schwankt von 1 cm bis zu riesigen Tumoren, die eine Ausbuchtung der Kortikalis mit Deformation des Gesichts verursachen. In seltenen Fällen imitiert ein kleiner Tumor eine einfache Zyste.	Häufigster Tumor der Mandibula, der in jedem Alter auftreten kann, aber gewöhnlich nach dem 30. Lebensjahr diagnostiziert wird. Eine örtliche Invasion in die Umgebung und sogar Fernmetastasen kommen vor. *Adenoameloblastom* (Abb. 11.**11**) und *ameloblastisches Fibrom* sind seltene Tumoren, die in den beiden ersten Lebensjahrzehnten vorkommen. Sie sind klinisch weniger aggressiv als Ameloblastome. Sie können Anhäufungen von Verkalkungen und retinierte Zähne enthalten.
Verkalkender epithelialer odontogener Tumor (Pindborg-Tumor) (Abb. 11.12)	Ähnlich wie Ameloblastom, aber dichter, wenn die typische Wabenzeichnung innerhalb der Läsion vorhanden ist.	Klinisches Verhalten wie Ameloblastom: örtlich invasives Wachstum und Tendenz zum Rezidivieren.

Fortsetzung auf Seite 174

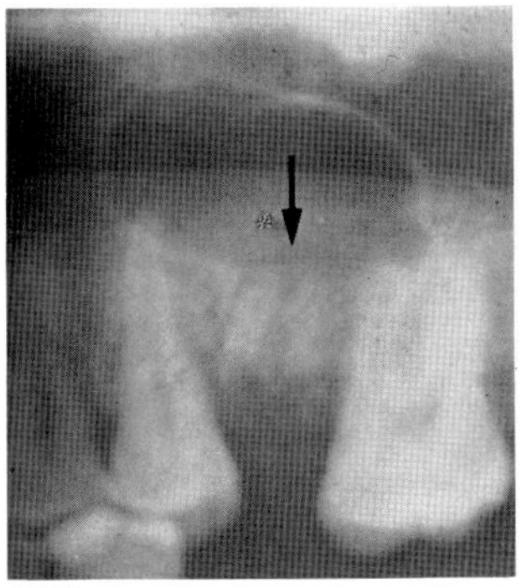
11.6

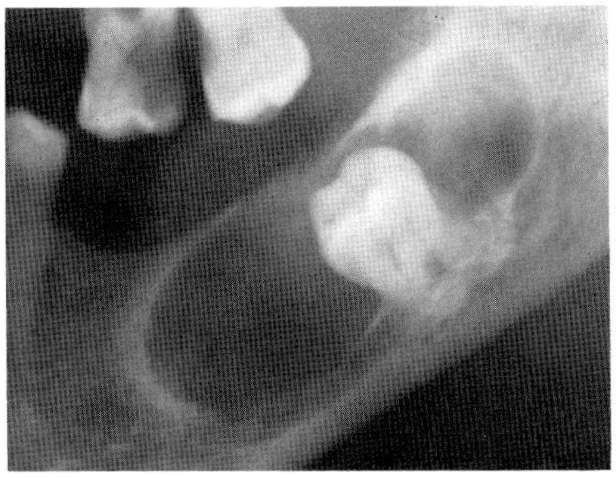
11.7

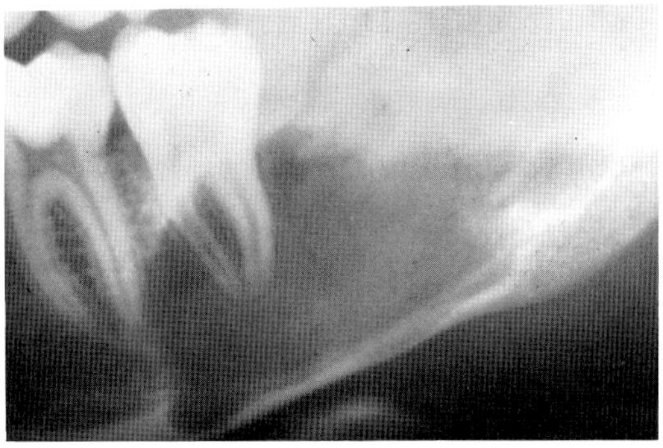
11.8

Abb. 11.**6** **Parodontale Zyste.** Lytische Läsion mit dünnem sklerotischem Rand an den Wurzelspitzen eines abgebrochenen Prämolaren (Pfeil).

Abb. 11.**7** **Follikuläre Zyste.** Scharf begrenzte, die Krone eines Molaren enthaltende lytische Läsion links im Corpus mandibulae.

Abb. 11.**8** **Primordialzyste.** Scharf begrenzte zystische Läsion im linken Kieferwinkel.

Abb. 11.**9** **Solitäre (traumatische) Unterkieferzyste.** Eine schlecht abgrenzbare Aufhellung mit gewellten Rändern, die große Teile des rechten Corpus mandibulae einnimmt, dehnt sich nach oben zwischen die Zahnwurzeln aus.

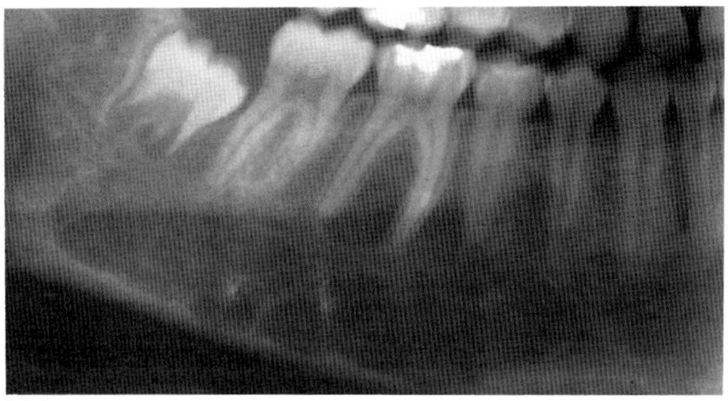
11.9

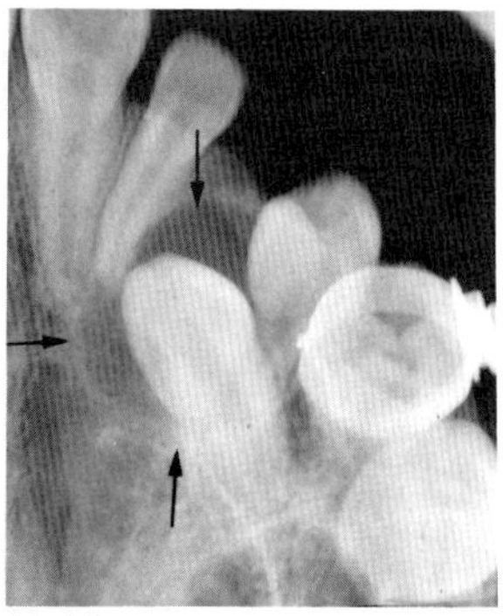
11.11

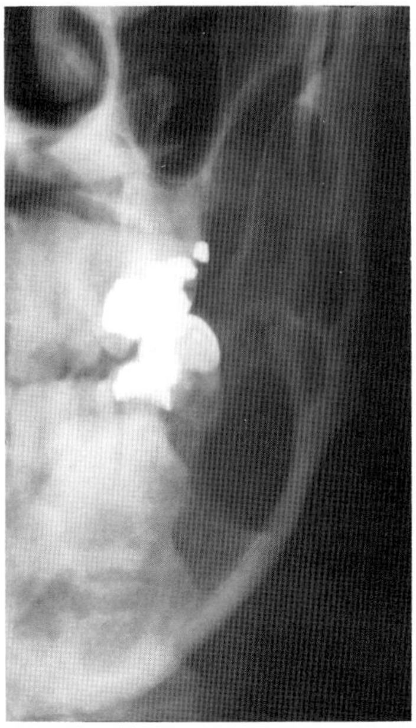
11.**10a**

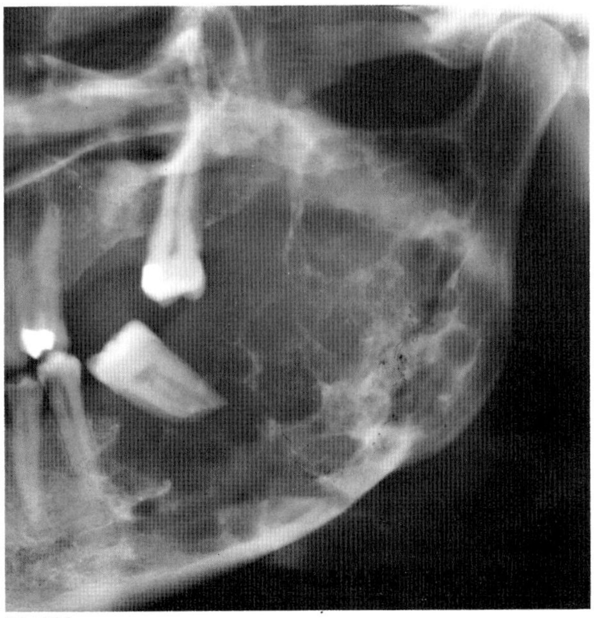
11.**10b**

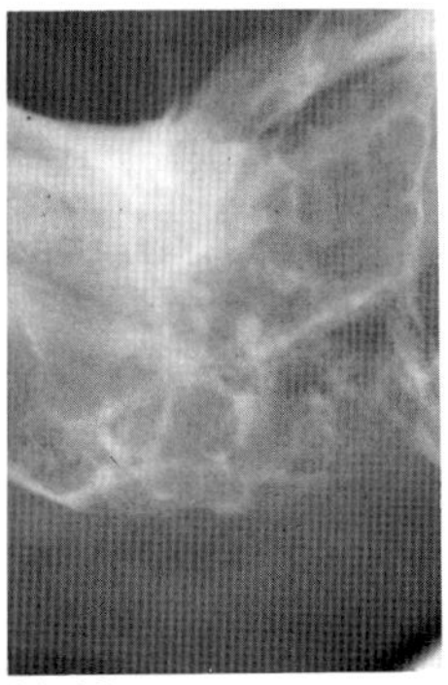
11.**12**

Abb. 11.**10** **Ameloblastom** (2 Fälle). **a** Multilokuläre zystische und etwas expansive, mit Verdünnung der Kortikalis einhergehende Läsion im Bereich des linken Ramus und eines Teils des anschließenden Corpus mandibulae.
b eine aggressivere Läsion mit seifenblasenartigem Aussehen in ähnlicher Lokalisation hat eine Destruktion der Kortikalis und eine Resorption der Wurzeln eines Molaren, auf den sie übergreift, verursacht.

Abb. 11.**11** **Adenoameloblastom.** Charakteristisch ist eine zystische Läsion (Pfeile) in Verbindung mit einem nicht durchgebrochenen Zahn.

Abb. 11.**12** **Verkalkender epithelialer odontogener Tumor (Pindborg).** Lytische Läsion von wabenartigem Aussehen mit kleinen Verkalkungen.

Tabelle 11.1 Differentialdiagnose lytischer Läsionen im Kiefer (Fortsetzung)

Läsion	Radiographisches Bild	Kommentar
Odontom (Abb. 11.13–11.17)	Gut umschriebene Läsion, die verschiedene zahnbildende Gewebe in wechselnder Menge enthält; diese treten meist als schattengebende Substanz in Erscheinung.	Odontome stellen Fehlentwicklungen der zahnbildenden Gewebe dar und sollten eher den Hamartomen als den echten Neoplasmen zugerechnet werden. Histologisch unterscheidet man ameloblastische (Abb. 11.**13**), komplexe (Abb. 11.**14**) und zusammengesetzte Odontome (Abb. 11.**15**), Dentinom (Abb. 11.**16**), odontogenes Fibromyxom (Abb. 11.**17**) und Zementom.
Stafne-Mandibuladefekt (Abb. 11.18)	Runde, zystenartige, vor dem Kieferwinkel liegende Läsion mit dichtem sklerotischem Rand. Eventuell Kontinuitätsunterbrechung des Unterrands.	Durch eine akzessorische Speicheldrüse bedingter Entwicklungsdefekt in der Mandibula. Nachweis mittels Sialographie. Zufallsbefund bei Routineröntgenaufnahmen von Zähnen oder Mandibula.
Nichtodontogener benigner Tumor	So wie die entsprechenden Tumoren an anderen Stellen (s. Kap. 5, S. 59).	Selten. Aneurysmatische Knochenzyste, Riesenzelltumor, Hämangiom, Neurofibrom usw.
Nichtodontogener primär maligner Tumor	So wie die entsprechenden Tumoren an anderen Stellen (s. Kap. 5, S. 59).	Äußerst selten, Fibrosarkom, Osteosarkom, Chondrosarkom, multiples Myelom usw.
Metastasen	So wie an anderen Stellen (s. Kap. 1, S. 3 und Kap. 5, S. 59).	Hämatogen oder per continuitatem von malignen Prozessen der Mund- oder Nasenhöhle, Speicheldrüsen oder Haut.
Fibröse Dysplasie (Abb. 11.19)	Expansive, lytische bis sklerotische, ziemlich gut umschriebene einseitige Läsion. Die polyostische Form ist weniger häufig.	Eine „Leontiasis ossea“ (Deformierung und beidseitige Vergrößerung des Gesichts) ist durch ausgedehnte Veränderungen einer fibrösen Dysplasie bedingt. Ähnliche Veränderungen, aber meist ohne sklerotische Komponente, können sich bei *Neurofibromatose* finden (Abb. 11.**20**).
Morbus Paget (Abb. 11.4, S. 170)	Es kommt die lytische, die gemischte und die sklerotische Phase der Erkrankung vor. Schwund der Lamina dura im befallenen Knochen. Eine starke Vergrößerung des Unterkiefers ist in der gemischten und sklerotischen Phase häufig.	Selten im Alter unter 40 Jahren.
Cherubismus (hereditäre fibröse Dysplasie des Unterkiefers)	Symmetrische Vergrößerung der Mandibula (besonders in der Kieferwinkelregion) durch fibröse und zystische Veränderungen. Geht mit Zahnanomalien einher (Agenesie, Retention, Verlagerung). Gelegentlich sind auch die Tubera maxillae befallen.	Histologisch von der fibrösen Dysplasie nicht unterscheidbar, aber mit eindeutig familiärem Auftreten und ohne Manifestation außerhalb der Kiefer. Entwickelt sich bereits im Alter von einem Jahr und bildet sich nach der Pubertät zurück.
Histiozytose X (eosinophiles Granulom) (Abb. 11.21)	Typisch ist eine lytische Läsion mit „frei im Raum schwebendem Zahn.“	
Hyperparathyreoidismus	Generalisierter Schwund der Lamina dura ohne Verbreiterung des Periodontalspalts. Braune Tumoren (oft multiple) können als zystische Läsionen nachweisbar sein.	

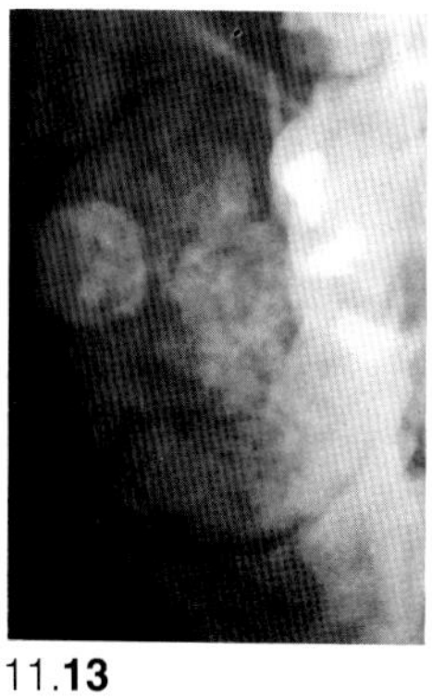

11.**13**

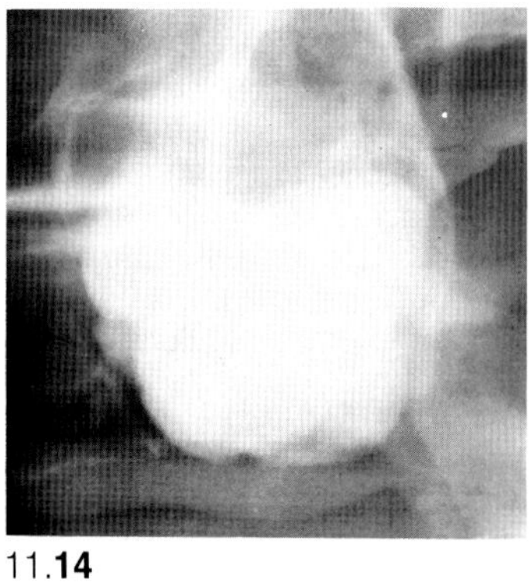

11.**14**

Abb. 11.**13** **Ameloblastisches Odontom.** Gut umschriebene zystische Läsion, die die Krone eines Molaren und amorphes schattengebendes Material enthält.

Abb. 11.**14** **Komplexes Odontom.** Auffällige zystische Läsion, die eine sehr dichte, homogene Masse mit etwas unregelmäßiger Kontur enthält.

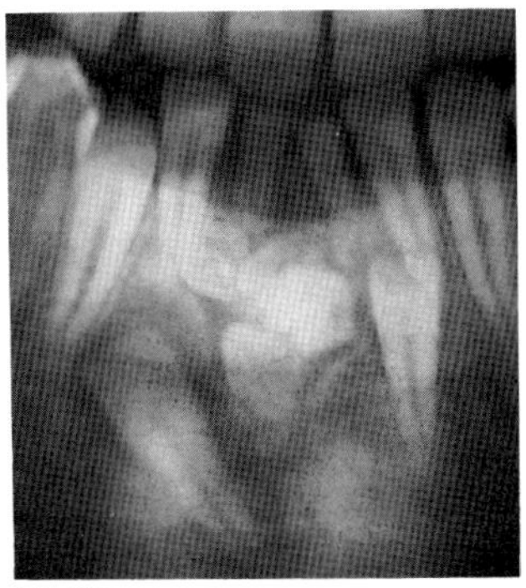
11.15

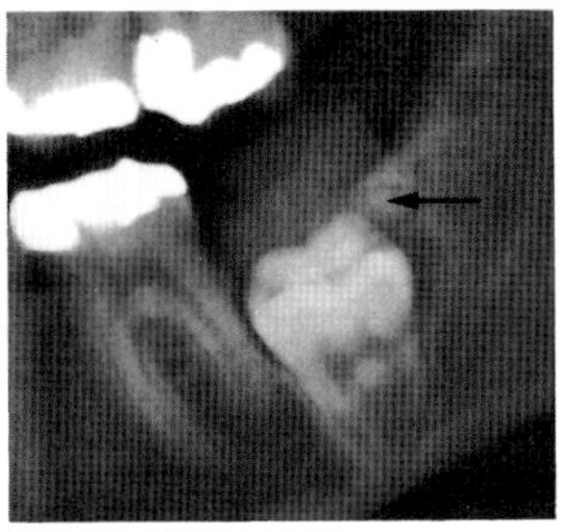
11.16

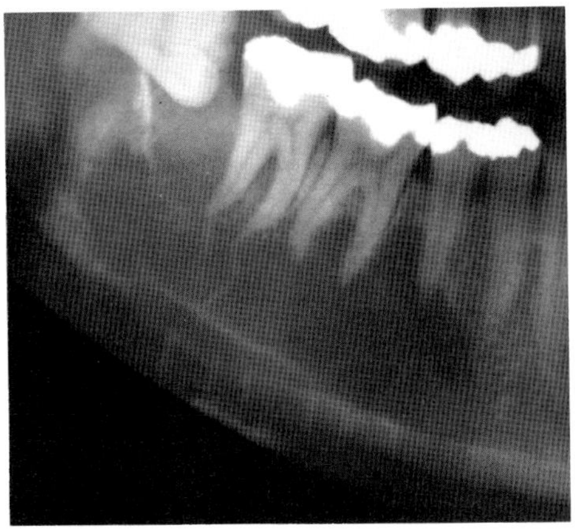
11.17

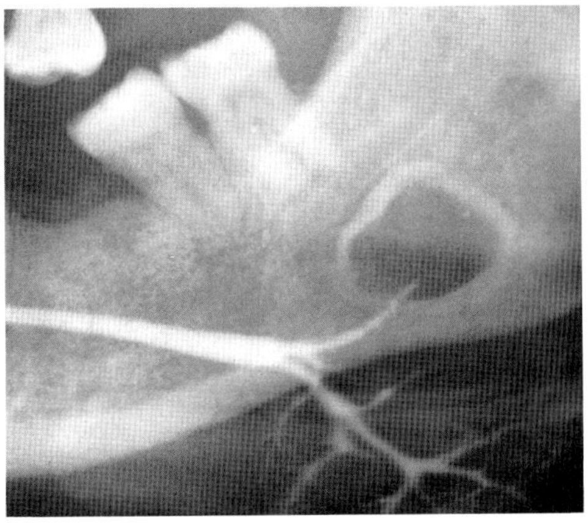
11.18

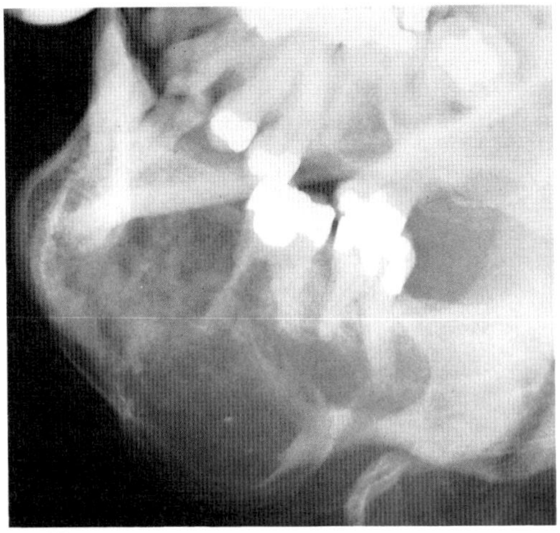
11.19

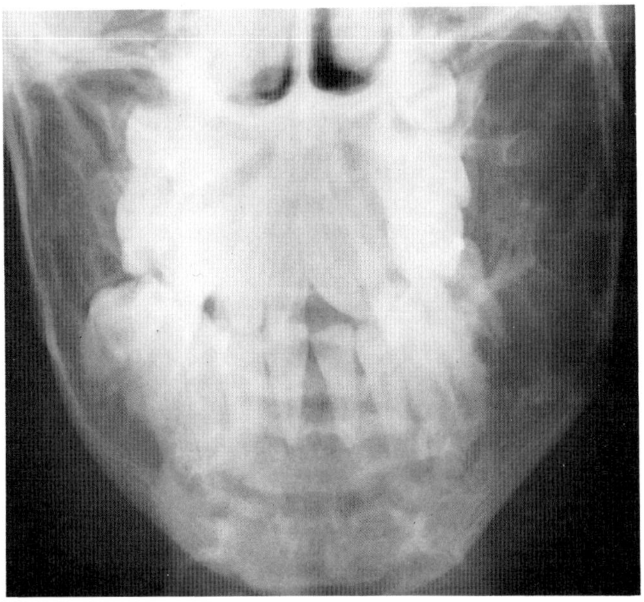
11.20

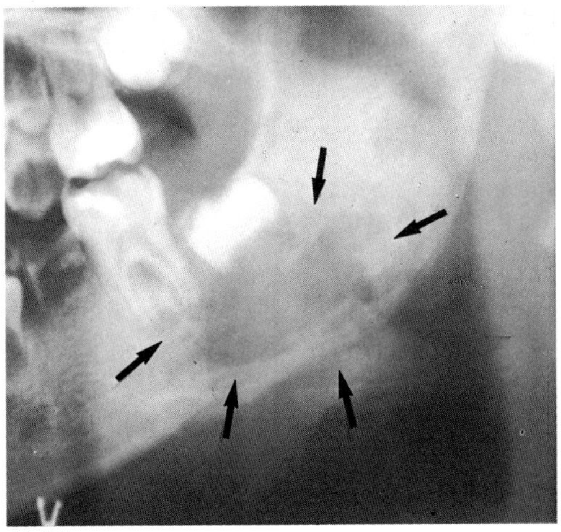
11.21

Abb. 11.**15** **Zusammengesetztes Odontom.** Läsion, die mehrere verkümmerte und mißgestaltete Zähne enthält.

Abb. 11.**16** **Dentinom.** Eine schattengebende Läsion (Pfeil) projiziert sich in typischer Weise oben über die Krone eines nicht durchgebrochenen Molaren.

Abb. 11.**17** **Fibromyxom.** Schlecht abgrenzbare Aufhellung im Corpus mandibulae, die sich nach oben zwischen die Zahnwurzeln ausdehnt und die untere Kortikalis arrodiert. Die Läsion wird von einigen sehr zarten Septen durchzogen, von denen einige über die arrodierte untere Kortikalis hinauszureichen scheinen, so daß das Bild senkrecht abstehender periostaler Auflagerungen entsteht.

Abb. 11.**18** **Stafne-Mandibuladefekt.** Der runde, zystenähnliche Defekt mit dichtem sklerotischem Rand, der vor dem Kieferwinkel liegt, wird durch eine akzessorische Speicheldrüse verursacht. Die Sialographie demonstriert den akzessorischen Ausführungsgang für diesen Bereich.

Abb. 11.**19** **Fibröse Dysplasie.** Expansive, gemischt lytisch-sklerotische Läsion rechts im Corpus mandibulae.

Abb. 11.**20** **Neurofibromatose.** Multiple, schlecht begrenzte lytische Bezirke im grotesk, aber etwas asymmetrisch vergrößerten Unterkiefer.

Abb. 11.**21** **Histiozytose X** (eosinophiles Granulom). Lytische Läsion links in der Mandibula um den letzten Molaren, der frei im Raum zu schweben scheint.

12 Wirbelsäule und Becken

Wirbelsäule

Entwicklung, Struktur und Funktion der Wirbelsäule sind komplex. Dementsprechend ist in verschiedenen Abschnitten der Wirbelsäule eine große Zahl von primären oder sekundären Veränderungen zu beobachten. Intraspinale Läsionen verursachen u. U. keine Veränderung auf Nativaufnahmen trotz schweren klinischen Symptomen. In solchen Fällen empfiehlt sich die MRT. Um alle verfügbaren Informationen auf Nativaufnahmen zu erfassen, sollte man die Betrachtung in systematischer Weise vornehmen und auf eine Reihe von verschiedenen Zeichen achten.

Zur *Ausrichtung der Wirbelreihe* in der normalen Wirbelsäule gehört eine nach vorn offene Krümmung (Kyphose) im thorakalen Abschnitt und eine dorsal konkave Krümmung (Lordose) im zervikalen und lumbalen Abschnitt. Ein *Verlust der normalen Krümmung* oder eine Streckung der Wirbelsäule, oft eine Folge von Muskelspasmen variabler Ätiologie, ist auf Aufnahmen, die auf dem Bucky-Tisch gemacht werden, u. U. schwer zu beurteilen. Besser erkennt man das wahre Ausmaß der a.-p. Krümmungen sowie eventuelle seitliche Verbiegungen *(Skoliose)* auf Aufnahmen im Stehen, falls diese Position nicht wegen eines frischen Wirbeltraumas kontraindiziert ist. Ebenso kann man das Gleiten eines Wirbelkörpers auf dem nächsten *nach vorn (Spondylolisthesis)* oder *nach hinten* oft besser beurteilen, wenn man Aufnahmen im Stehen bei Beugung und Streckung macht.

Eine Reihe von angeborenen oder erworbenen Krankheiten führt entweder zu allgemeinen oder zu lokalen Veränderungen der *Größe, Form, Struktur* und/oder *Dichte* der Wirbelkörper und der benachbarten Zwischenwirbelräume. An diesen Veränderungen kann der Wirbelbogen beteiligt sein. Nativaufnahmen zeigen die Bandscheiben nicht. Zur Beurteilung einer Bandscheibendegeneration, -protrusion oder eines -prolapses sollte die MRT herangezogen werden.

Facettengelenke sind auf Nativaufnahmen sichtbar, zur genauen Beurteilung von Facettengelenkveränderungen und entsprechenden Auswirkungen auf Nervenwurzelkanäle oder Rückenmarkkanal ist eine CT-Untersuchung mit hoher Auflösung erforderlich.

Tab. 12.**1** und 12.**2** sind Listen von einigen röntgenologischen Kardinalsymptomen von Wirbelsäulen- bzw. Beckenkrankheiten. Sie mögen als Anhaltspunkt für die Differentialdiagnose dienen.

Die *Verbindung von Okziput und Wirbelsäule* ist aufgrund der Entwicklung ein besonderes Gebiet, in dem eine Reihe von angeborenen Anomalien vorkommt. Diese und einige erworbene Veränderungen der oberen Halswirbelsäule weisen radiographische Eigentümlichkeiten auf, die man sonst nirgends in der Wirbelsäule sieht. Sie werden in Tab. 12.**3** besprochen. Tab. 12.**4** bringt eine Liste von örtlichen Läsionen der Wirbelsäule und ihre radiographischen Kriterien. Tumoren des Beckens werden zusammen mit Wirbeltumoren in Tab. 12.**5** abgehandelt. Eine eingehendere Besprechung von Tumoren der Knochen einschließlich der Wirbel- und Beckenknochen findet sich in Kapitel 5.

Becken

Kreuz- und Steißbein sind ein integrierender Bestandteil des Beckens, wenn sie auch ihrem Wesen nach zur Wirbelsäule gehören. Lokalisierte Veränderungen des Kreuzbeins, Steißbeins und des restlichen Beckengürtels werden daher hier gemeinsam besprochen. Lokalisierte Prozesse in den Beckenknochen unterscheiden sich radiographisch nicht von gleichartigen Läsionen in irgendeinem anderen platten Knochen. Eine abnorme *Größe und Form des Beckens* kann für manche angeborenen Syndrome typisch sein.

Ein Befall der *Sakroiliakalgelenke* kann große differentialdiagnostische Bedeutung haben. Frühveränderungen in den Sakroiliakalgelenken sind unter Umständen schwer erkennbar, besonders bei jungen Patienten, deren Sakroiliakalgelenke nicht vollständig verknöchert sind. Computertomogramme und MR-Tomogramme sind für den Nachweis subtiler Veränderungen von Nutzen. Die Beteiligung der Sakroiliakalgelenke bei Arthritiden wurde bereits in Kap. 6 besprochen und wird in Tab. 12.**2** nur kurz zusammengefaßt. In Tab. 12.**6** werden lokalisierte Läsionen, die gewöhnlich nur das Becken befallen, aufgeführt.

Krankheiten, die sowohl Wirbelsäule als auch Becken befallen

Eine abnorme Form und Größe des Beckens kann für manche angeborenen Syndrome typisch sein. Diese treten oft auch mit Wirbelsäulenveränderungen in Erscheinung. Viele der seltenen angeborenen Syndrome wurden nicht mit aufgenommen. In Fällen von seltenen angeborenen Osteochondrodysplasien sollte der Leser die Literatur der pädiatrischen Knochenradiologie zu Rate ziehen. Tab. 12.**7** bringt einige angeborene und erworbene Krankheiten mit radiographischen Zeichen sowohl im Becken als auch in der Wirbelsäule.

Tabelle 12.1 Einige für die Wirbelsäule charakteristische radiographische Veränderungen und ihre Differentialdiagnose

Radiographischer Befund	Liste der Ursachen
Kyphose, Skoliose oder Kyphoskoliose 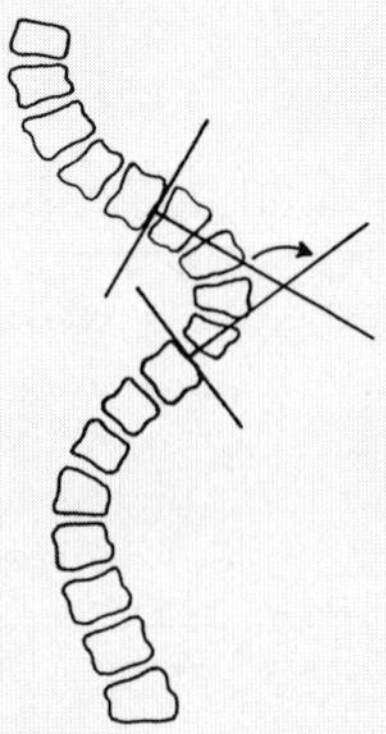	Krankhafte Veränderung der Brustwand (angeborene oder postoperative Rippenveränderung) Chronische unilaterale Lungenkrankheit Angeborene Wirbelanomalie (z. B. Wirbelverschmelzung, Wirbelhypoplasie oder Halbwirbel, Dysraphie, Rhachischisis) Angeborene Syndrome (Achondroplasie, Kretinismus, Mukopolysaccharidose, Neurofibromatose, Osteogenesis imperfecta usw.) Traumatische oder pathologische Fraktur, Luxation Idiopathisch oder haltungsbedingt Infektion (Spondylitis, Tbc) Neoplastisch (metastatisch, multiples Myelom, Primärtumor) Neuromuskuläre Störungen Osteoidosteom der Wirbelsäule Osteoporose (meist senile oder postklimakterische) Morbus Paget Rheumatoide Spondylitis oder Spondylitis ankylosans Morbus Scheuermann (Adoleszentenkyphose) Neurotrophische Wirbelsäulenveränderungen (Charcot-Wirbelsäule) Spasmen als Folge einer abdominalen oder retroperitonealen Erkrankung
Atlantoaxiale Subluxation (>3 mm) 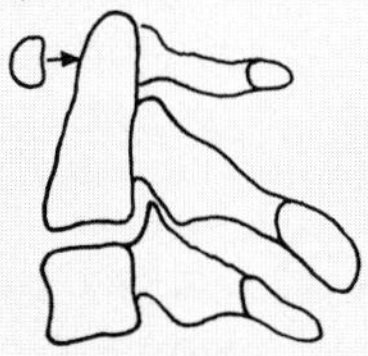	Spondylitis ankylosans und psoriatica Angeborene zervikobasilare Anomalie Down-Syndrom Morquio-Syndrom Pseudogicht Retropharyngealabszeß beim Kind Rheumatoide Arthritis (häufig, s. Kap. 6) Trauma (Fraktur oder Bänderriß)
Größerer Durchmesser eines oder mehrerer Wirbel 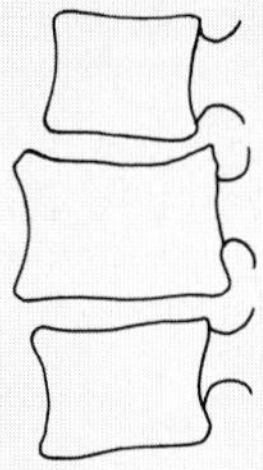	Akromegalie Benigner Knochentumor (Hämangiom, Riesenzelltumor, aneurysmatische Knochenzyste, Osteoblastom) Schmetterlingswirbel Kompressionsfraktur Fibröse Dysplasie Morbus Paget (Sklerose, Rahmenwirbel) Morbus Scheuermann (vergrößerter sagittaler Durchmesser); häufig (Degenerative Bänderverknöcherung)
Größere Höhe eines oder mehrerer Wirbel 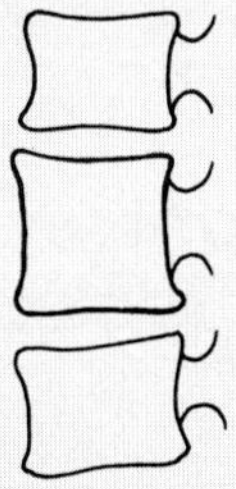	Arachnodaktylie Kompensatorisches Wachstum (bei fehlender Gewichtsbelastung) Angeborener Blockwirbel
Bikonkave Wirbelkörper 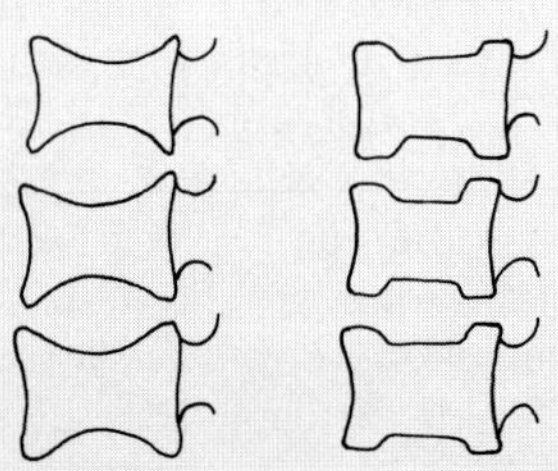 **„Fischwirbel" Stufenförmige Endplatteneindellung**	Morbus Gaucher (Fischwirbel) Hereditäre Sphärozytose (Fischwirbel) Homozystinurie (Fischwirbel) Osteopenie (Fischwirbel); häufig Renale Osteodystrophie (Fischwirbel) Sichelzellenanämie (stufenförmige zentrale Eindellung der Endplatte oder Fischwirbel) Thalassaemia major (Fischwirbel); selten

Fortsetzung auf Seite 179

Tabelle 12.1 Einige für die Wirbelsäule charakteristische radiographische Veränderungen und ihre Differentialdiagnose (Fortsetzung)

Radiographischer Befund	Liste der Ursachen
Kastenwirbel 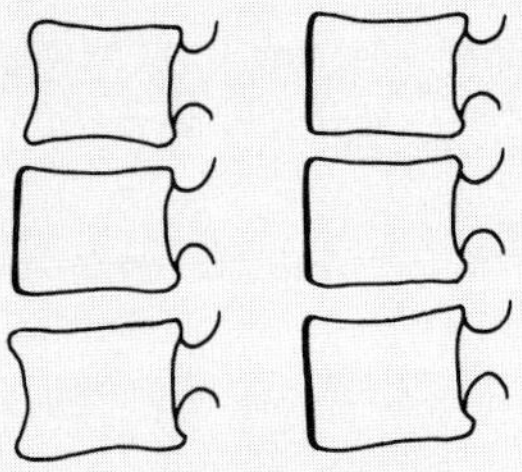	Spondylitis ankylosans (häufig) Morbus Paget Arthritis psoriatica Reiter-Syndrom Rheumatoide Arthritis
Erhöhte Dichte eines oder mehrerer Wirbel 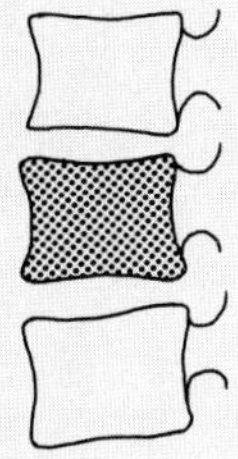 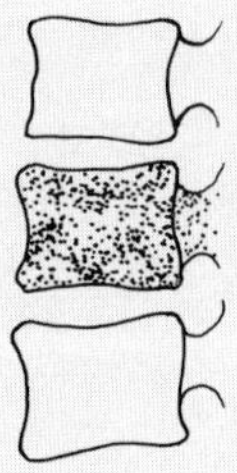	*Homogen dicht oder „Elfenbeinwirbel"* Fluorose Lymphom (speziell Hodgkin) Myelosklerose Osteoplastische Metastasen Osteopetrosis Morbus Paget *Sklerotisch oder fleckig, nichthomogen* Alle oben genannten, plus Knocheninsel Fraktur (Kompressions- oder in Heilung begriffene Fraktur) Hämangiom Idiopathische Hyperkalzämie Bandscheibenerkrankung Mastozytose Idiopathische, von der Bandscheibe unabhängige Sklerose Osteoblastom Osteomyelitis Renale Osteodystrophie Strahlentherapie Sarkoidose Sarkom (Osteosarkom, Chondrosarkom, Ewing-Sarkom) Sichelzellenanämie Tuberöse Sklerose
Zusammenbruch oder Abflachung eines oder mehrerer Wirbel 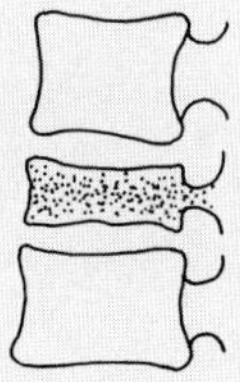	Avaskuläre Nekrose (Kümmell-Verneuil-Syndrom) Angeborene Platyspondylie-Syndrome (z. B. Achondroplasie, Mukopolysaccharidose, Osteogenesis imperfecta) Eosinophiles Granulom Fraktur (traumatisch oder pathologisch); häufig Hämangiom Hyperparathyreoidismus Lymphom Metastase (Befall des Bogenfußes häufig) Myelom, Plasmozytom (Befall des Bogenfußes selten) Osteomalazie Osteomyelitis Osteoporose Morbus Paget Morbus Scheuermann
Anteriore Einbuchtung eines oder mehrerer Wirbelkörper 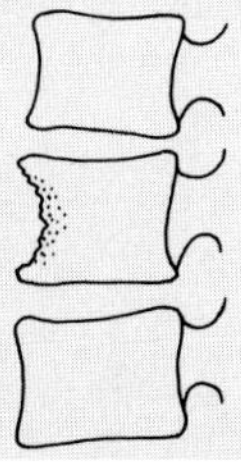	Aortenaneurysma Entzündliche Lymphadenopathie Lymphom Lymphknotenmetastasen Tuberkulose (Spondylitis anterior)

Fortsetzung auf Seite 180

Tabelle 12.1 Einige für die Wirbelsäule charakteristische radiographische Veränderungen und ihre Differentialdiagnose (Fortsetzung)

Radiographischer Befund	Liste der Ursachen
Posteriore Einbuchtung eines oder mehrerer Wirbelkörper 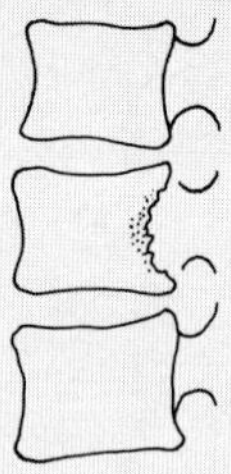	Achondroplasie Akromegalie Angeborene Syndrome (Arachnodaktylie, Mukopolysaccharidose usw.) Intraspinale Drucksteigerung Neurofibromatose Syringomyelie Tumor im Wirbelkanal
Erweitertes Foramen intervertebrale 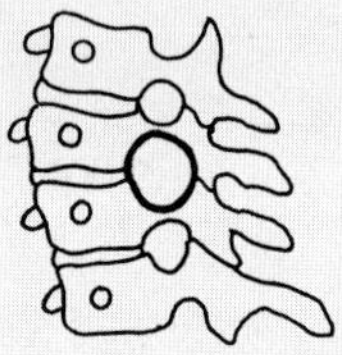	Angeborenes Fehlen des Bogenfußes Laterale Meningozele Neurofibrom, Neurinom (häufig) Selten Tumor (Chordom, Dermoid, Lipom, Lymphom, Meningeom, Neuroblastom) Vertebralarterienaneurysma oder -schlängelung
Arrosion oder Destruktion des Bogenfußes 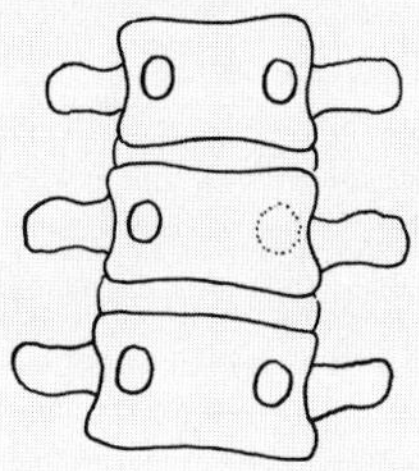	Benigner Knochentumor (aneurysmatische Knochenzyste, Riesenzelltumor, Hämangioperizytom) Angeborenes Fehlen Eosinophiles Granulom Granulomatöse Erkrankung (Tuberkulose, Fungus) Intraspinales Neoplasma oder Zyste (Neurofibrom, Meningeom) Metastase (häufig) Multiples Myelom (selten) Syringomyelie
Örtliche Vergrößerung des Abstands zwischen den Bogenfüßen 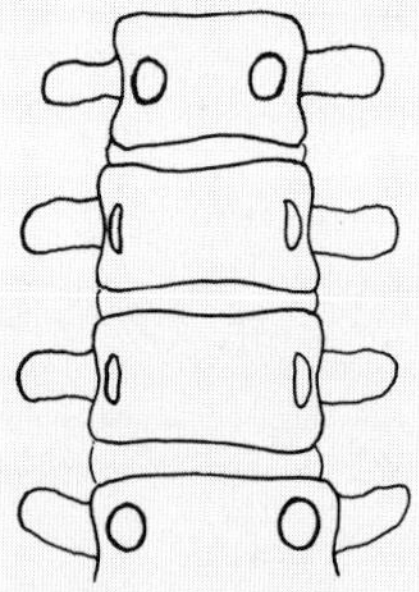	Myeloschisis Intrathekale Tumoren (z. B. Ependymom) Myelozele oder Meningomyelozele Wirbelrotation bei Skoliose (scheinbar größerer Abstand) Hurler-Syndrom Morquio-Syndrom
Verkalkung einer oder mehrerer Bandscheiben (Anulus fibrosus oder Nucleus pulposus oder beide) 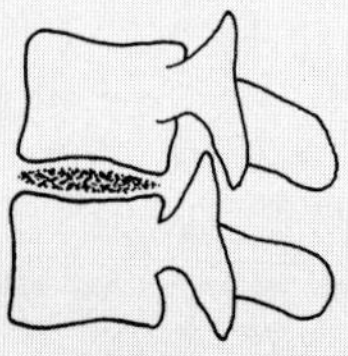	Akromegalie Spondylitis ankylosans Bandscheibendegeneration Hämochromatose Hyperparathyreoidismus D-Hypervitaminose Idiopathisch Ochronose Poliomyelitis Pseudogicht Spinale Ankylose aus beliebigem Grund (angeboren, DISH, chirurgisch) Transitorische Verkalkung (bei Kindern)

Fortsetzung auf Seite 181

Tabelle 12.1 Einige für die Wirbelsäule charakteristische radiographische Veränderungen und ihre Differentialdiagnose (Fortsetzung)

Radiographischer Befund	Liste der Ursachen
Osteophyten an Wirbelkörpern 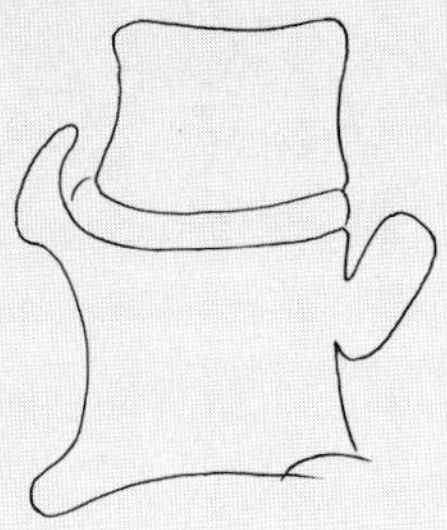	Akromegalie Spondylitis ankylosans DISH Fluorose Hypoparathyreoidismus Neuropathisch bedingte Wirbelsäulenveränderungen Ochronose Spondylitis bei Rheumavarianten (besonders Psoriasis) Spondylosis deformans (häufig) Sternokostoklavikuläre Hyperostose Trauma

Tabelle 12.2 Einige für das Becken charakteristische radiographische Veränderungen und ihre Differentialdiagnose

Radiographischer Befund	Liste der Ursachen
Abnorme Größe oder Form des Beckens 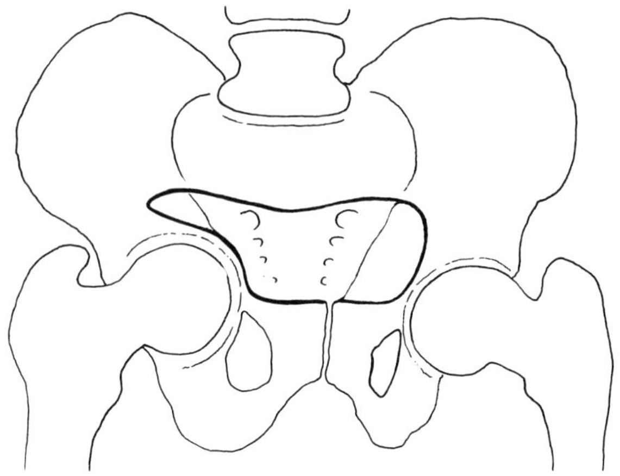	Erworbene Knochenerweichung (z. B. Morbus Paget, Osteomalazie) Angeborene Syndrome (z. B. Achondroplasie, Down-Syndrom, Mukopolysaccharidose, hereditäre Onychoosteodysplasie) Posttraumatisch Rheumatoide Arthritis
Protrusio acetabuli 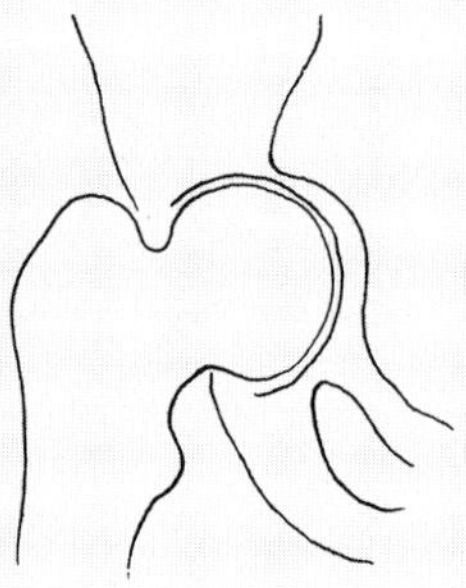	Erworbene Knochenerweichung (Osteomalazie oder Rachitis, Hyperparathyreoidismus, Morbus Paget, Bestrahlung) Angeboren oder idiopathisch (Coxa vara mit Retroversion des Schenkelhalses, Otto-Becken) Degenerative Gelenkerkrankung, primär oder sekundär (einschließlich Hämophilie, Pseudogicht, Hämochromatose, Ochronose) Infektionsbedingte Arthritis Osteogenesis imperfecta Traumatisch (mediale Hüftgelenkluxation) Rheumatoide Arthritis Varianten rheumatischer Krankheiten (besonders Spondylitis ankylosans)
Verbreiterung der Schambeinfuge 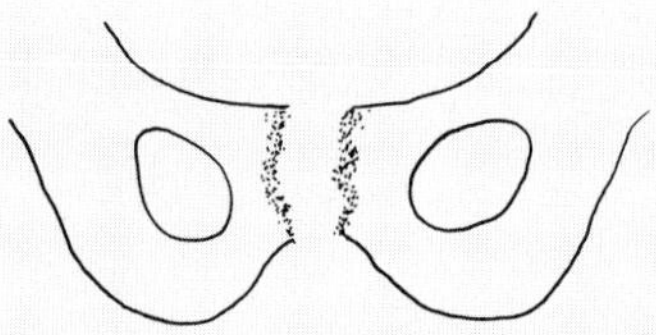	Spondylitis ankylosans Angeboren (Blasenekstrophie, Epispadie, Hypospadie, Analatresie, Zwetschgenbauchsyndrom, kleidokraniale Dysostose, Schambeindysplasie, spondyloepiphysäre Dysplasie) Hyperparathyreoidismus Massive Osteolyse Neurogene Osteolyse (Paraplegie) Ostitis pubis und andere Infektionen (pyogen, tuberkulös, luetisch) Gravidität (häufig) Osteonekrose des Schambeins Rheumatoide Arthritis Traumatische Dislokation Tumordestruktion
Verknöcherung der Schambeinfuge 	Spondylitis ankylosans Fluorose Hyperparathyreoidismus (geheilt) Idiopathisch Abgeheilte Infektion Ochronose Arthrosis deformans Posttraumatisch Nach Strahlentherapie Rheumatoide Arthritis Operative Vereinigung

Fortsetzung auf Seite 183

Tabelle 12.2 Einige für das Becken charakteristische radiographische Veränderungen und ihre Differentialdiagnose (Fortsetzung)

Radiographischer Befund	Liste der Ursachen	Übliche Erscheinungsform
Erkrankungen des Sakroiliakalgelenks (Arrosion, Verbreiterung, Sklerose und/oder Ankylose) 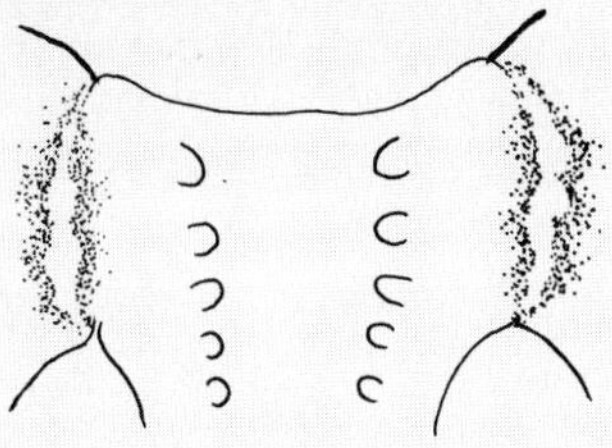 **a) Arrosion, Verbreiterung** 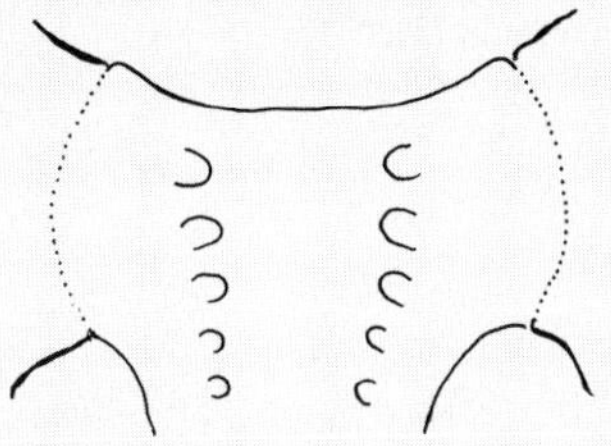 **b) Ankylose**	Agenesie (kaudale Dysplasie)	Bilateral symmetrisch
	Spondylitis ankylosans	Bilateral symmetrisch
	Morbus Crohn	Bilateral symmetrisch
	Arthritis enteropathica	Bilateral symmetrisch
	Familiäres Mittelmeerfieber	Bilateral asymmetrisch
	Gicht	Bilateral asymmetrisch
	Hyperparathyreoidismus	Bilateral symmetrisch
	Infektion (pyogen oder tuberkulös)	Unilateral
	Multizentrische Retikulohistiozytose	Bilateral symmetrisch
	Destruktion durch Neoplasma (primäres, metastatisches)	Unilateral
	Ostitis condensans ilii	Bilateral symmetrisch
	Arthrosis deformans	Bilateral asymmetrisch
	Paraplegie	Unilateral
	Arthritis psoriatica	Bilateral asymmetrisch
	Reiter-Syndrom	Bilateral asymmetrisch
	Rezidivierende Polychondritis	Bilateral asymmetrisch
	Rheumatoide Arthritis	Bilateral asymmetrisch
	Sacroiliitis circumscripta	Unilateral

Tabelle 12.3 Differentialdiagnose zervikobasilärer Veränderungen (Okziput, C1, C2)

Veränderung	Radiographischer Befund	Kommentar
Anomalien des Os occipitale:		
Manifestationen eines Okzipitalwirbels 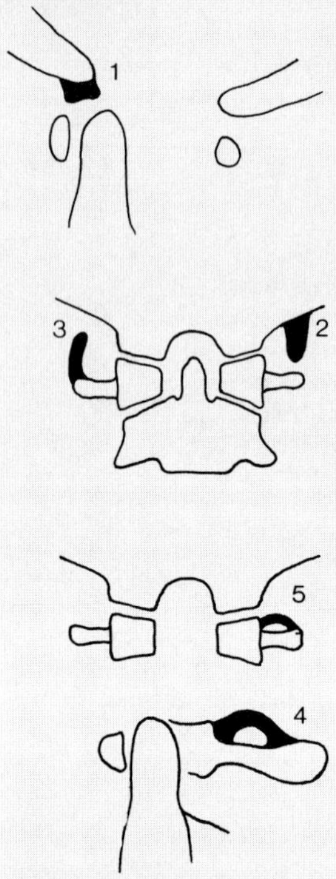	Kann in verschiedenen Formen und Kombinationen auftreten:	
	Dritter Kondylus (1): Knochenfortsatz am Vorderrand des Foramen magnum in der Mittellinie. Zwischen dem dritten Kondylus und dem Dens kann ein Gelenk bestehen. Ansicht von der Seite.	Relativ selten (weniger als 1%). Schränkt eventuell die Beweglichkeit des Atlantookzipitalgelenks ein.
	Processus basilaris: Bilaterale, oft asymmetrische kleine Höcker am Vorderrand des Foramen magnum. Oft zu klein, um beachtet zu werden.	Häufig vorhanden (12%). An sich ohne klinische Bedeutung.
	Processus paracondyloideus (2) und Processus epitransversarius (3). Knochenfortsätze lateral von den Okzipitalkondylen. Paracondyleus heißt ein Fortsatz, der mit dem Os occipitale verbunden ist, epitransversarius einer, der mit dem Querfortsatz des Atlas verbunden ist. Am besten zu sehen auf a.-p. und Stenvers Aufnahmen.	Relativ selten (weniger als 1%). Kann eine spezielle Form der atlantookzipitalen Verschmelzung verursachen.
	Als *Ponticulus posterior* (4) oder *lateralis* (5) bezeichnet man knöcherne Ringbildungen im Bogen bzw. Querfortsatz des Atlas. Der Ponticulus posterior ist in der Seitenansicht zu sehen, der Ponticulus lateralis kann dagegen in der a.-p. Projektion sichtbar sein.	Der Ponticulus posterior (Kimmerle-Anomalie) findet sich in etwa 3% der Fälle. Diese Brücken haben keine klinische Bedeutung.
Basiläre Impression 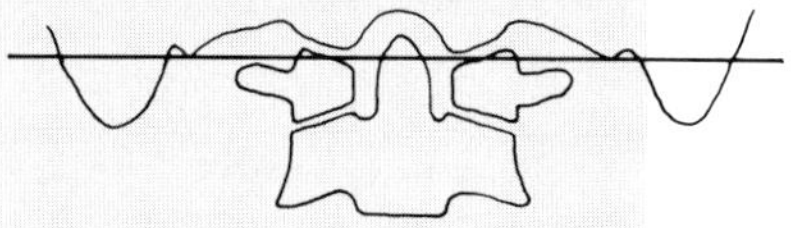	Die *anteriore* basiläre Impression ist das Ergebnis von Platybasie und kurzem Klivus, wie das seitliche Schädelbild zeigt.	Die Häufigkeit der primären basilären Impression beträgt etwa 1%. Platybasie: Der Winkel zwischen dem Klivus und der Verbindungslinie zwischen Nasion und oberer Begrenzung der Keilbeinhöhle ist größer als 150 Grad. Bezüglich der Messung der basilären Impression s. Kap. 8. S. 149.
	Die *mediale* basiläre Impression ist das Ergebnis der Elevation des hypoplastischen Os occipitale und seiner Kondylen. Sie kann unilateral sein und mit einer Schiefhaltung des Kopfes einhergehen. Der Dens wird als Bezugspunkt benützt.	Die anteriore basiläre Impression kann auf seitlichen Schädelaufnahmen ausgemessen werden. Die mediale basiläre Impression kann nur in der a.-p. Projektion (Biventer-Linie) verläßlich ausgemessen werden.
Hypoplasie der Okzipitalkondylen 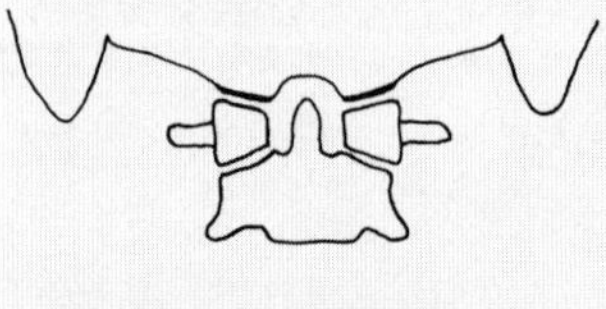	Eine Hypoplasie des Condylus occipitalis ohne basiläre Impression hat eine relativ hohe Position von Atlas und Axis zur Folge. Der Dens reicht selten in das Foramen magnum. Die Biventer-Linie ist der Schlüssel zur Erkennung dieser Anomalie.	Gewöhnlich symptomlos, kann aber Symptome verursachen, wenn die Größe des Foramen magnum dabei verändert ist. Es kann auch die Beweglichkeit des Atlantookzipitalgelenks eingeschränkt sein (funktionelle Atlantookzipitalfusion). Eine Elevation des Dens kann bei schwerer rheumatoider Arthritis vorkommen.
Anomalien von Atlas und Axis:		
Atlantookzipitale Fusion (Atlasassimilation) 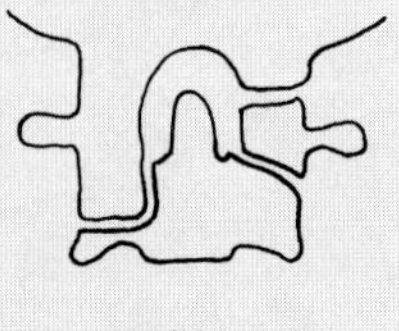	Der Atlas ist entweder vollständig oder teilweise mit dem Os occipitale verschmolzen. Bei einseitiger Verschmelzung kann ein Schiefhals resultieren.	Häufigkeit etwa 0,25%. Oft verbunden mit anderen Anomalien wie Klippel-Feil-Syndrom, Spina bifida des Atlas oder basiläre Impression. Die klinische Bedeutung ist meist von den Begleitanomalien abhängig. Kann eine atlantoaxiale Subluxation bedingen (in 50% der Fälle).

Fortsetzung auf Seite 185

Tabelle 12.3 Differentialdiagnose zervikobasilärer Veränderungen (Okziput, C1, C2) (Fortsetzung)

Veränderung	Radiographischer Befund	Kommentar
Anomalien des Atlasbogens 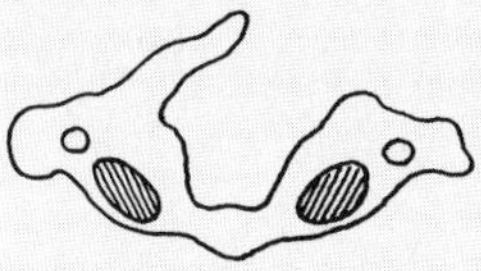	Der dorsale Bogen kann vollständig fehlen oder variable Defekte oder Spalten aufweisen, am häufigsten in der dorsalen Mittellinie.	Eine dorsale Spalte im Atlasbogen findet sich bei 4% der Bevölkerung. Bogendefekte sind klinisch symptomlos.
Verschmelzung oder Malsegmentation von Atlas und Axis 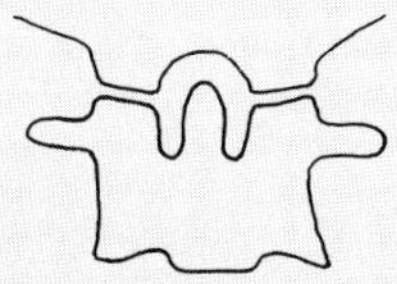	Die Massae laterales des ersten und der Körper des zweiten Halswirbels bilden auf der a.-p. Aufnahme einen schmetterlingsförmigen Komplex. Dens und vorderer Axisbogen können hypoplastisch sein oder ganz fehlen. Es können verschiedene partielle Verwachsungen der beiden Knochen als Zeichen der abnormen Segmentation bestehen.	Diese Anomalien können symptomlos bleiben oder eine herabgesetzte Mobilität der kraniovertebralen Verbindung verursachen.
Os odontoideum (selbständiger, hypoplastischer Dens) (Abb. 12.1, 12.2) 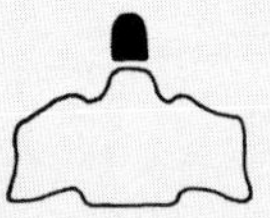	Der Dens des Axis ist hypoplastisch und wird als Höcker an der Stelle des normalen Dens sichtbar. Das rundliche Os odontoideum liegt entweder an der Stelle des normalen Dens oder höher und weiter vorn, eventuell verschmolzen mit dem Klivus. Der dorsale Axisbogen fehlt oft. Der Atlas ist meist nach ventral subluxiert.	Im Falle einer *Pseudarthrose nach Densfraktur* sind Form und Größe des Dens normal. Ein kleiner Knochenkern an der V-förmigen Spitze des Dens wird *Ossiculum terminale Bergmann* genannt. Es ist klinisch belanglos, weil es nicht mit einer atlantoaxialen Subluxation verbunden ist.
Frakturen:		
Jefferson-Fraktur 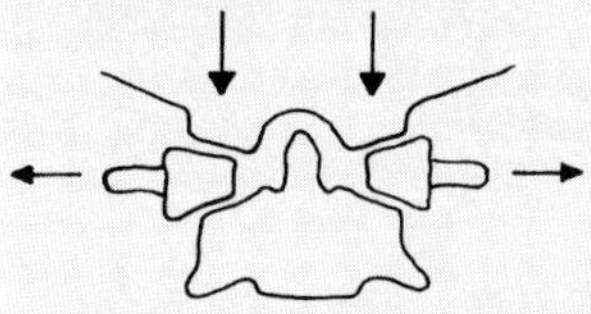	In der a.-p. Projektion sind eine oder beide Massae laterales des Atlas nach lateral verschoben. Oft sieht man medial der Massa lateralis ein kleines Fragment, das einen Ausriß am Ansatz des Lig. transversum repräsentiert.	Entsteht durch axiale Gewalteinwirkung. Die Frakturlinien verlaufen posterior oder anterior der Massa lateralis im Atlasbogen.

Fortsetzung auf Seite 186

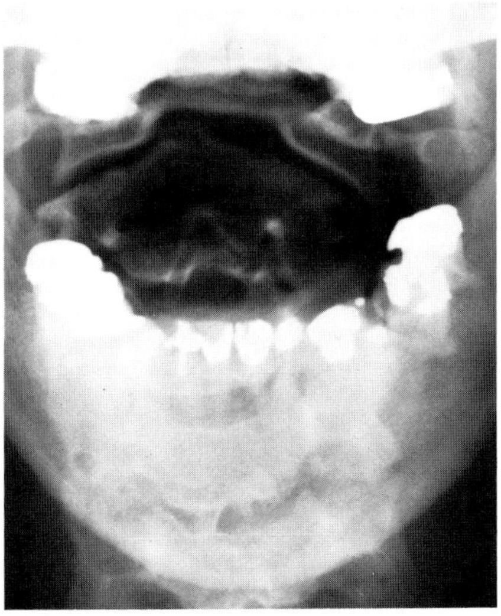

12.1 **a**

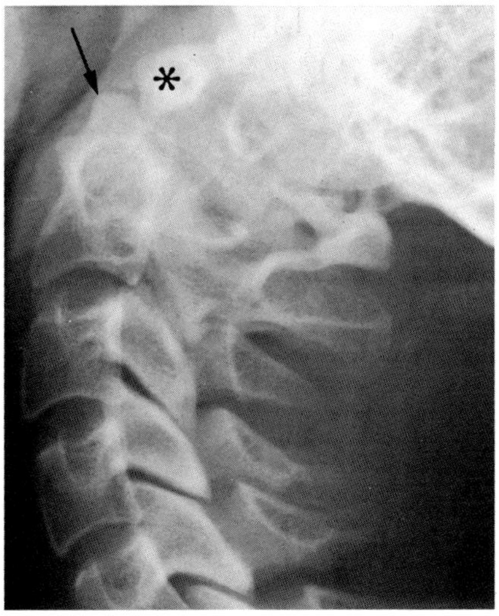

12.1 **b**

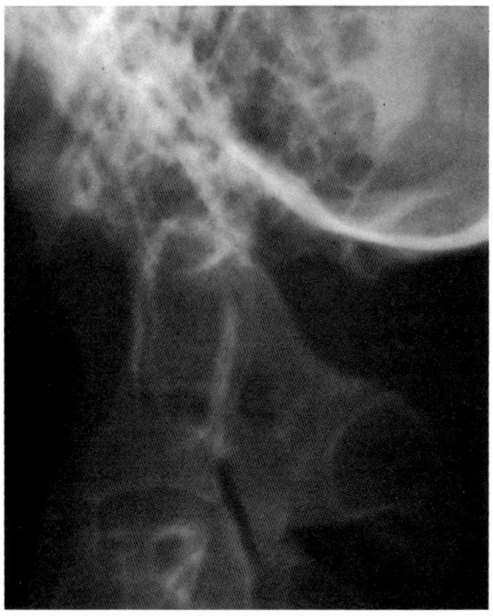

12.2

Abb. 12.1 **Hypoplastischer Dens** (Pfeil) in **a** a.-p. und **b** seitlicher Projektion. Der Atlas (*) ist nach dorsal verschoben.

Abb. 12.2 Hypoplastischer Dens. Verschmelzung von C2 und C3 sowie Ventralverschiebung des Atlas. Der dorsale Bogen des Atlas fehlt **(Klippel-Feil-Anomalie, Typ I).**

Tabelle 12.3 Differentialdiagnose zervikobasilärer Veränderungen (Okziput, C1, C2) (Fortsetzung)

Veränderung	Radiographischer Befund	Kommentar
Fraktur des Atlasbogens (Abb. 12.3) 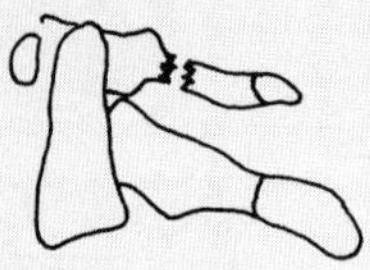	Eine unilaterale Fraktur wird oft nur in der Schrägaufnahme sichtbar, eine bilaterale ist im Seitenbild zu erkennen. Bei einer *Hyperflexionsfraktur* ist das hintere Bogenfragment geknickt und/oder nach unten disloziert. Bei *Hyperextensionsfrakturen* zeigt das hintere Atlasfragment nach oben.	Ungefähr 0,1% der Untersuchten hat eine laterale Spalte im Atlasbogen, die von einer Fraktur unterschieden werden muß. Frakturen des vorderen Bogens sind selten, außer bei kombinierten Frakturen der Okzipitovertebralregion.
Fraktur des Dens (Abb. 12.4) 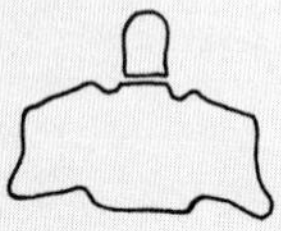	Hyperflexionsfrakturen des Dens sind oft mit einer anterioren Subluxation des Atlas und einer Fraktur des hinteren Atlasbogens kombiniert. Bei typischen Hyperextensionsfrakturen sind Dens und Atlas nach dorsal verschoben, und der frakturierte hintere Bogen des Axis ist disloziert.	Über 10% der Halswirbelsäulenfrakturen beinhalten eine Densfraktur. Eine isolierte Densfraktur ohne Dislokation wird u. U. erst entdeckt, wenn die Resorption an den Bruchrändern deutlich wird.
Fraktur des Axisbogens (Henkerfraktur) (Abb. 12.5) 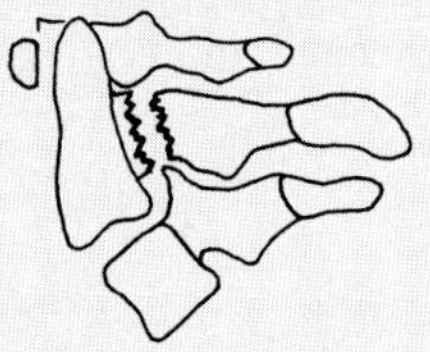	Frakturlinie nahe am Wirbelkörper im Bogenfuß, anteriore Subluxation des Wirbelkörpers von C2 (traumatische Spondylolisthesis des Axis).	

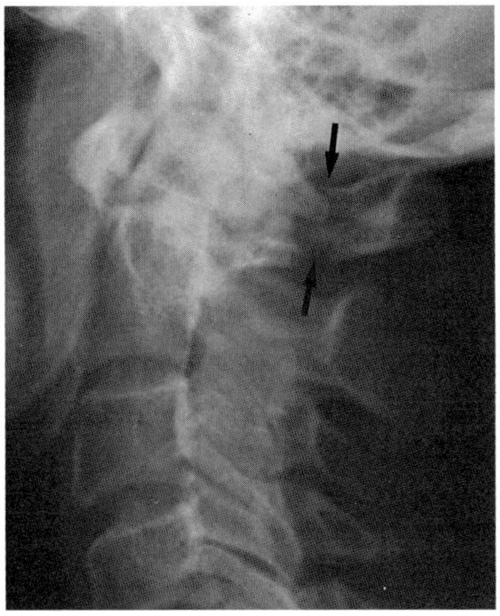

12.3

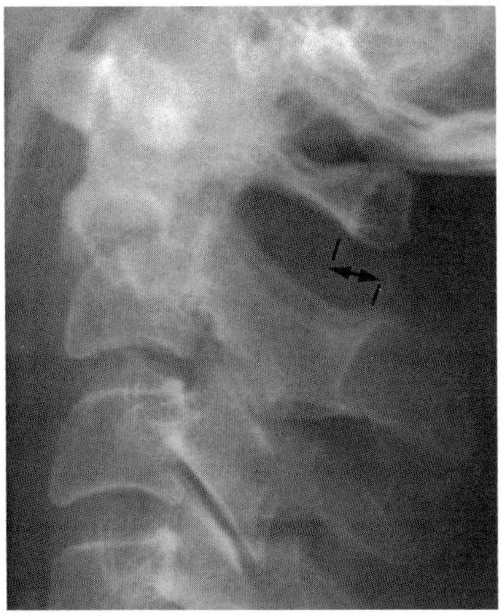

12.4

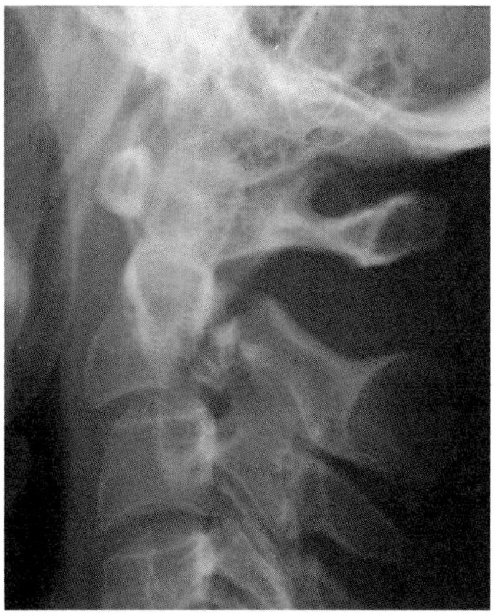

12.5

Abb. 12.3 **Hyperextensionsfraktur** des Atlasbogens (Pfeile). Das dorsale Atlasfragment weist in typischer Weise nach oben.

Abb. 12.4 **Densfraktur** mit ventraler Subluxation von Atlas und Dens.

Abb. 12.5 **„Henkerfraktur"** des Axisbogens mit ventraler Subluxation des Axiskörpers.

Tabelle 12.4 Differentialdiagnose lokalisierter Läsionen der Wirbelsäule

Veränderung	Radiographischer Befund	Kommentar
Anomalien der Wirbelsäule unterhalb des Axis:		
Blockwirbel (Verschmelzung von zwei oder mehreren Wirbelkörpern) (Abb. 12.**6**, 12.**7**; **s. Abb.** 12.**8**–12.**10 zum Vergleich)**	Es gibt verschiedene Grade der Blockbildung, von der isolierten Hypoplasie der Bandscheibe bis zur vollständigen Verschmelzung der Wirbelkörper und sogar der -bögen. Kennzeichnend für einen *angeborenen* Blockwirbel sind ein verkleinerter Wirbeldurchmesser im Bereich einer Segmentationsstörung, eine konkave Vorderseite des Blockwirbels und/oder Verschmelzung der Wirbelbögen. Eine anteriore Blockbildung mehrerer Wirbelkörper, eine sog. partielle Blockwirbelbildung, führt durch das asymmetrische Wachstum zur Kyphose.	Am häufigsten bei C2–3. Recht ähnliche Wirbelsäulenveränderungen können durch Infektionsprozesse in den Wirbeln, rheumatoide Spondylitis und operative Fusion zustande kommen. Mehrere andere Erkrankungen können gelegentlich zur Blockwirbelbildung führen, z. B. Wirbelhämangiom, fibröse Dysplasie, Morbus Paget, Fraktur, Chondrosarkom und andere Primärtumoren, Achondroplasie, Wirbelkanalverengung. Multiple anteriore Blockbildungen können sekundär bei Morbus Scheuermann und seniler Kyphose auftreten.
	Klippel-Feil-Anomalie: Typ I: Kurzhals mit Blockwirbeln, vertebrobasiläre Anomalien (einschließlich basilärer Impression), Skoliose, Sprengel-Deformität usw. Typ II: Segmentationsanomalien von nur einem oder zwei Halswirbelpaaren. Typ III: thorakale oder lumbale Anomalien zugleich mit Typ I oder II.	Klinik: kurzer Hals, tiefstehende Nackenhaargrenze und Bewegungseinschränkung des Halses. Typ I ist am häufigsten, Typ II ist selten. Zu den Wirbelanomalien kommen auch häufig Anomalien des Urogenitaltrakts, Taubheit und abnorme Synkinese. Mehrere andere Skelett-, kardiovasuläre und neurologische Störungen kommen vor.
Spondylolisthesis (Abb. 12.**17**–12.**19, S. 192 u. 193)**	Vorwärtsgleiten eines Wirbelkörpers auf dem darunterliegenden Nachbarwirbel, wobei die dorsalen Abschnitte zurückbleiben; es ist meist durch bilaterale Defekte in der interartikulären Portion des Wirbelbogens, eine sog. *Spondylolyse,* bedingt. Diese ist auf Schrägaufnahmen am besten nachweisbar. Die häufigsten Orte einer Spondylolyse sind L5 und L4, selten höhere Lendenwirbel oder C6. Ein Wirbelgleiten kommt auch als Folge einer angeborenen Elongation der posterioren Elemente ohne Fraktur vor (interartikuläre Dysplasie). Eine Spondylolyse existiert oft ohne Spondylolisthesis. Selten befindet sich eine Wirbelbogenspalte retrosomatisch (im Bogenfuß) oder retroisthmisch (in der Lamina). Eine in a.-p. Röntgenbildern der Lendenwirbelsäule beobachtete isolierte Lateraldeviation und Rotation eines Dornfortsatzes ist mit einer Längendifferenz der interartikulären Portionen verbunden. Der Dornfortsatz weicht zur intakten Seite oder zur Seite des geringeren Defekts ab. Eine unilaterale Spondylolyse kann eine Hypertrophie und Sklerose des kontralateralen Bogenfußes hervorrufen (s. Abb. 12.**39 b**, S. 203). Oft ist ein nach dorsal keilförmiger, etwas hypoplastischer L5 vorhanden.	Eine *Spondylolyse* ist eventuell ein angeborener Knochenbildungsdefekt, eher aber traumatischer Herkunft – Folge einer frischen Fraktur oder einer Ermüdungsfraktur. Sie wird bei 5% der weißen Bevölkerung beobachtet. Wenn die Zwischenwirbelgelenke eine Deformierung oder Fehlstellung aufweisen und mehr sagittal als frontal ausgerichtet sind, gleitet der ganze Wirbel einschließlich der dorsalen Portion vorwärts. Das führt zu einer Dislokation, einer sog. *Pseudospondylolisthesis* oder degenerativen Spondylolisthesis mit intaktem Wirbelbogen. Ein wesentlicher Befund ist eine hypertrophische Arthrose der Zwischenwirbelgelenke. Eine Spondylolisthesis muß von einer traumatischen Ventralluxation des Wirbels ohne Fraktur unterschieden werden. Auf exakt eingestellten Seitenaufnahmen der Lendenwirbelsäule kann ein scheinbarer Defekt der interartikulären Portion von L2 oder L3 wie eine Spondylolyse aussehen. Dies ist ein Artefakt durch Überlagerung (Pseudospondylolisis); echte Defekte liegen etwas weiter unten im Zwischengelenkteil.

Fortsetzung auf Seite 190

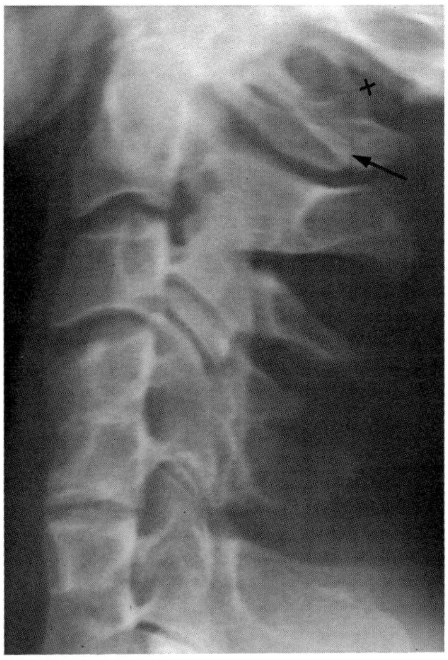

12.6

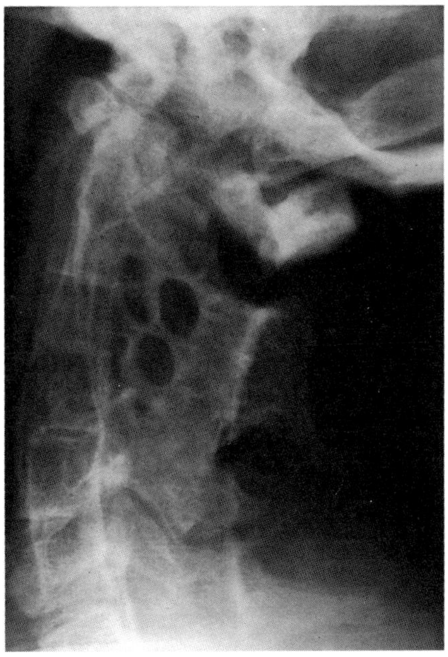

12.7

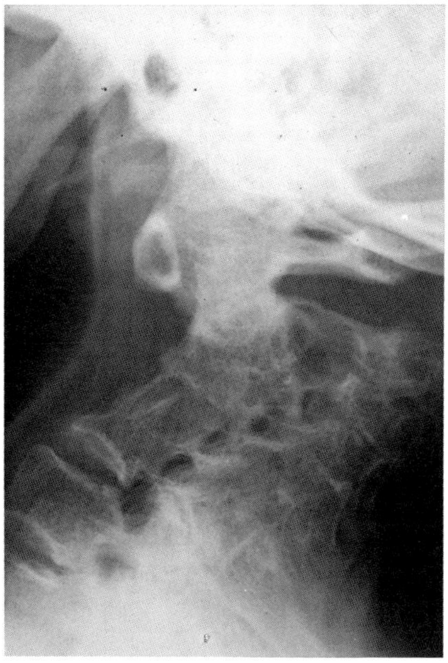

12.8

Abb. 12.**6** **Angeborene Blockwirbel** C4–5, C6–7, Th1–2 (nicht im Bild), verbunden mit Ponticulus posterior (Foramen arcuale) (*) und einem Defekt im dorsalen Atlasbogen (Pfeil). (Klippel-Feil-Anomalie, Typ III).

Abb. 12.**7** **Schwere Segmentationsanomalien** des vertebrobasilären Übergangs und Blockbildung in der Halswirbelsäule (Klippel-Feil-Anomalie, Typ I).

Abb. 12.**8** Eine **Spondylitis tuberculosa** der Halswirbelsäule hat zu multiplen Blockwirbeln geführt, die Ähnlichkeit mit einer Klippel-Feil-Anomalie haben.

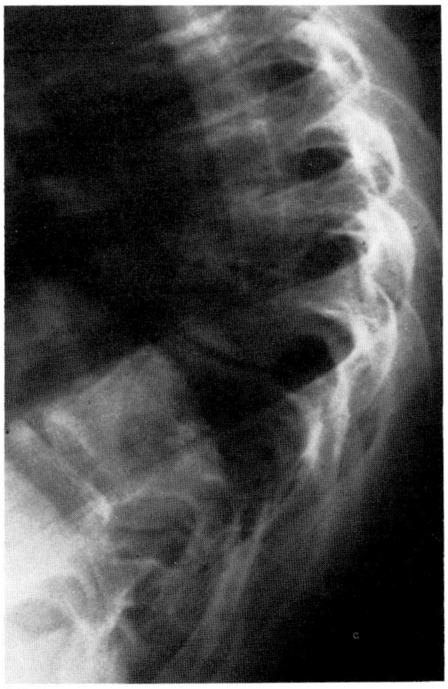

12.9

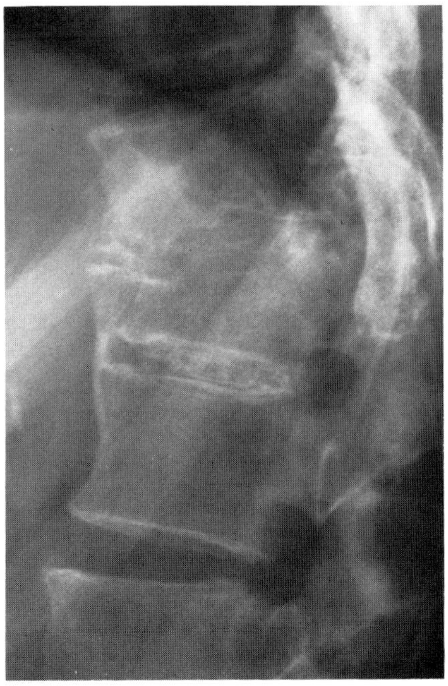

12.10

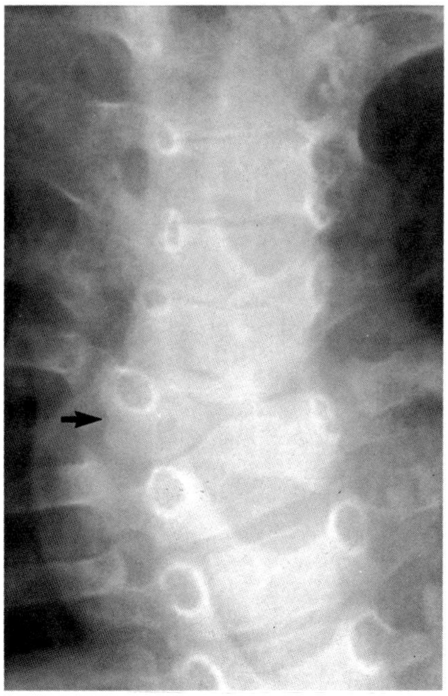

12.11

Abb. 12.**9** **Tuberkulöser Blockwirbel** (Th10–11) mit Gibbus.

Abb. 12.**10** **Posttraumatischer Block,** Th11, Th12 und teilweise L1.

Abb. 12.**11** **Seitlicher Halbwirbel mit Skoliose** (Pfeil).

Tabelle 12.4 Differentialdiagnose lokalisierter Läsionen der Wirbelsäule (Fortsetzung)

Veränderung	Radiographischer Befund	Kommentar
Dysraphie (Spina bifida und verwandte Wirbeldefekte in der dorsalen Mittellinie) (Abb. 12.15)	Gelegentlich bleibt einer der dorsalen Wirbelbögen permanent offen. Meist sieht man das bei S1 oder L5, es kann aber in jeder Region vorkommen. Die Spalte ist eventuell nur 1–2 mm breit und vertikal oder schräg gerichtet. Ein solcher Defekt wird *Spina bifida occulta* genannt, wenn er mit keinen anderen Deformierungen verbunden ist. Wenn die Defekte multipel sind oder mit einer Erweiterung des Wirbelkanals einhergehen (breiter Interpedikulärabstand oder dorsale Einbuchtung des Wirbelkörpers), beruhen sie wahrscheinlich auf einer schweren Veränderung, etwa einer *Meningozele,* einer *lipomatösen* Infiltration des Duralsacks oder einer *Myeloschisis.* In etwas mehr als der Hälfte der Fälle von *Myeloschisis* zieht ein Knochensporn, der auf Nativaufnahmen sichtbar ist, über die Medianebene, meist in der unteren Thorakal- oder oberen Lumbalregion. Wenn er nicht verknöchert ist, zeigen Nativaufnahmen der Wirbelsäule nur die Spina bifida.	Bei Myeloschisis können leichte neurologische Ausfälle wie Gangstörungen, beeinträchtigte Sphinkterkontrolle sowie Fußdeformitäten vorkommen. Syringomyelie, Meningomyelozele oder ein *intraspinaler Tumor* können ebenfalls einen breiten interpedikulären Abstand verursachen. Eine dorsale Einbuchtung kann auch bei *Neurofibromatose, Achondroplasie, intraspinaler Drucksteigerung* und *Tumoren* des Wirbelkanals vorkommen.
Rhachischisis (Defekt aller Gewebeschichten vom Knochen bis zur Rückenhaut, gewöhnlich mit Beteiligung des Rückenmarks und der Meningen, wie bei der Meningomyelozele) (Abb. 12.16)	Gewöhnlich in der unteren Lumbal- und der Sakralregion. Die Röntgenbilder zeigen eine weite Öffnung der Wirbelbögen mit auseinanderweichenden Bogenfüßen und einem Weichteilsack. Dieser enthält entweder die Hüllen des Neuralsystems (Meningozele) oder häufiger Neuralgewebe samt den Hüllen (Meningomyelozele).	Häufig in Verbindung mit Hydrozephalus, neurogener Blase, Hüftluxation, Klumpfuß und anderen durch die neurologischen Störungen bedingten Leiden. Eine Aufhellungszone an der Dorsalseite des Kreuzbeins, die Fossa cribrosa, die oft in Höhe von S1 oder S2 auf Seitenbildern der Lumbosakralwirbelsäule sichtbar ist, muß von einer intrasakralen Meningozele unterschieden werden.
Wirbelhypoplasie und -asymmetrie (Abb. 12.11, S. 189, Abb. 12.12)	Bezüglich der fokalen Hypoplasie eines Wirbelelements oder eines Teils davon gibt es ein breites Spektrum von Anomalien. Hypoplastische Veränderungen können sich in mehr als einer Höhe finden. Ein *lateraler Halbwirbel* hat eine Skoliose zur Folge, ein *dorsaler Halbwirbel* eine Kyphose oder einen Gibbus. Ein dorsaler Halbwirbel ist meist gegen die benachbarten Wirbelkörper um etwa 3 mm nach dorsal verschoben. Hypoplasie oder Fehlen eines Pedikulus oder einer Lamina kann ebenfalls eine Skoliose bedingen.	Ein Halbwirbel kann eine Einengung des Wirbelkanals verursachen. Im Unterschied zu *Frakturen* werden Halbwirbel von einem Kortikalisrand begrenzt. Das Fehlen eines Bogenfußes (gewöhnlich in der HWS) kann einen *raumfordernden Prozeß im Intervertebralkanal* oder eine *Destruktion des Bogenfußes durch Metastasen* vortäuschen. Ein Halbwirbel oder „Schmetterlingswirbel" der Thorakal- oder unteren Zervikalregion kann Teil einer Anomalie des Canalis neurentericus sein (Fistel, Sinus oder Enterozyste) oder seltener mit Lungen- oder Herzanomalien einhergehen. Schwere Formen der Sakrumhypoplasie können mit größeren Anomalien des Gastrointestinal- und Urogenitaltrakts verbunden sein. Eine mit einer Erweiterung des Foramen intervertebrale einhergehende Verschmälerung des Wirbelbogens beruht gewöhnlich auf einem *Neurinom* oder *Neurofibrom* (Abb. 12.**13**, 12.**14**).

Fortsetzung auf Seite 192

Abb. 12.**15 a** **Spina bifida occulta** von L5. **b** Multiple Spalten in den dorsalen Wirbelbögen (Pfeile) und Erweiterung des Wirbelkanals durch eine **Meningozele.** ▶

Abb. 12.**16** **Meningozele.** Die Defekte in den Wirbelbögen sind groß und betreffen drei Lumbal- und alle Sakralsegmente.

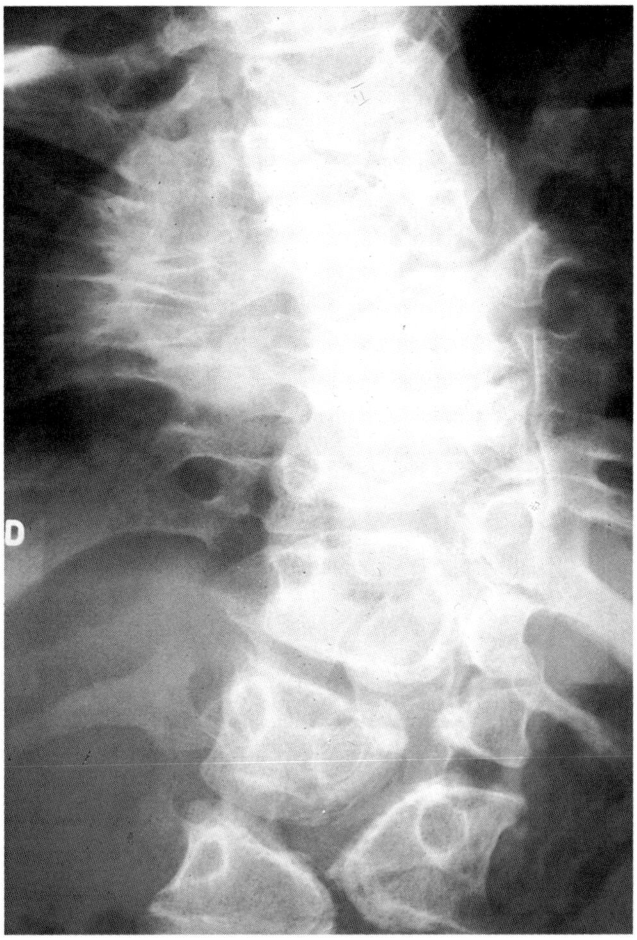

2.**12**

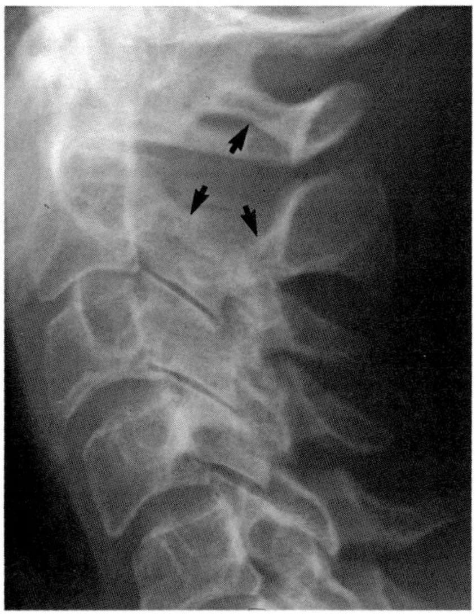

12.**13**

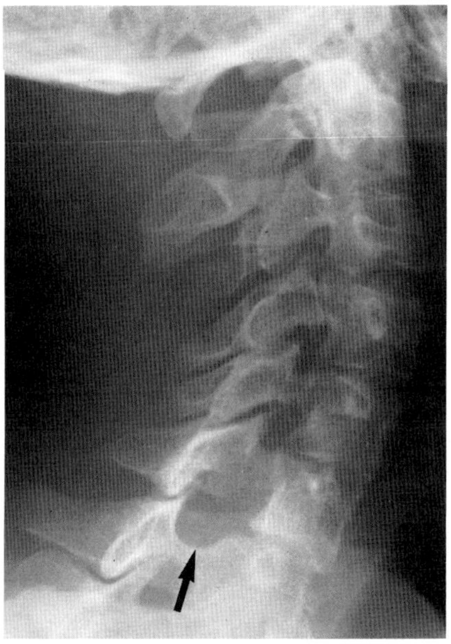

12.**14**

Abb. 12.**12** **Multiple Segmentationsanomalien** im Bereich der ganzen Wirbelsäule. Es ist kein einziger normaler Wirbelkörper vorhanden. Ein Begleitbefund sind Rippenverschmelzungen.

Abb. 12.**13** Verschmälerung und Arrosion des Axis- und Atlasbogens durch ein **Neurinom** (Pfeile).

Abb. 12.**14** **Neurofibrom.** Das Foramen intervertebrale C6–C7 ist erweitert (Pfeil). Eine dorsale Spalte im Atlasbogen ist als Zufallsbefund zu beobachten.

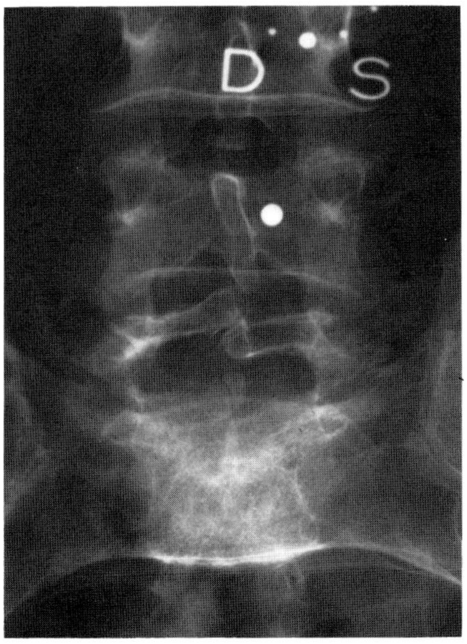

12.**15a**

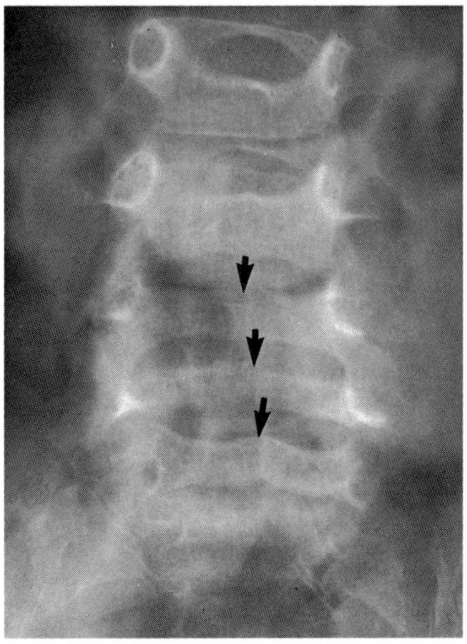

12.**15b**

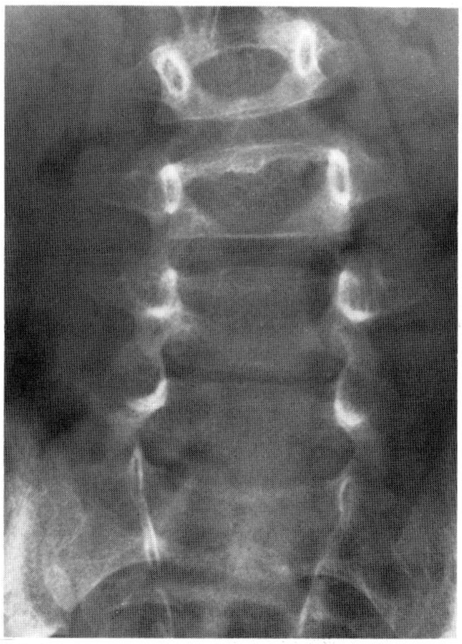

12.**16**

Tabelle 12.4 Differentialdiagnose lokalisierter Läsionen der Wirbelsäule (Fortsetzung)

Krankheit	Radiographischer Befund	Kommentar
Einengung des Wirbelkanals (Spinalstenose) (Abb. 12.20, 12.21) *Fortsetzung auf Seite 194*	Der verringerte Durchmesser des Wirbelkanals ist durch kurze, plumpe Bogenfüße und vergrößerte Zwischenwirbelgelenke bedingt. (Eine Einengung in der Höhe von C1 beruht auf kraniovertebralen Anomalien, basilärer Impression, Manifestationen von Okzipitalwirbeln und atlantoaxialer Subluxation.) Der normale Sagittaldurchmesser des mittleren Hals- und des Lendenwirbelkanals beträgt 15 mm oder mehr; Werte unter 13 mm zeigen eine Verengung an. Eine *angeborene Wirbelkanalverengung* kann sich in der Lenden-, seltener in der Halswirbelsäule finden. Die Foramina intervertebralia haben die Konfiguration einer 8, und die lumbale Lordose ist verstärkt. Bei der *erworbenen* lumbalen und/oder zervikalen Verengung sind die Veränderungen auf normalen Röntgenaufnahmen weniger ins Auge fallend. Die Bogenfüße sind eher kurz und die Laminae konvergent, die Foramina intervertebralia sind in der a.-p. Richtung mäßig verengt und in axialer Richtung elongiert. Nativaufnahmen können bei jüngeren Patienten irreführend sein. Bei älteren Patienten wird das Bild von spondylarthrotischen Veränderungen überlagert.	Die häufigste Ursache einer angeborenen Einengung des Wirbelkanals ist die *Achondroplasie*. Die abnorme enchondrale Knochenbildung und der vorzeitige Schluß der knorpeligen Synchondrosen führt zu breiten, gedrungenen Wirbeln mit konkaver Dorsalfläche und vorspringenden Bandscheiben. Die erworbene Einengung ist nicht mit Wirbelmißbildungen verbunden und bleibt symptomlos, bis degenerative Veränderungen in der Wirbelsäule Symptome einer neurogenen Klaudikation oder Myelopathie auslösen. Mit Ausnahme der hohen zervikalen Verengung ist eine *lokalisierte Wirbelkanalverengung* gewöhnlich erworben, betrifft meist das mittlere Zervikal- oder untere Lumbalsegment und geht mit spondylotischen oder spondylarthrotischen Veränderungen einher. Eine *Einengung des lateralen Rezessus* kann in einem Kanal mit normalem Sagittaldurchmesser vorkommen. Eine Wirbelkanalverengung ist auf Nativaufnahmen nicht ausreichend zu beurteilen. Für die Bewertung sollten CT, MRT oder Myelographie herangezogen werden.

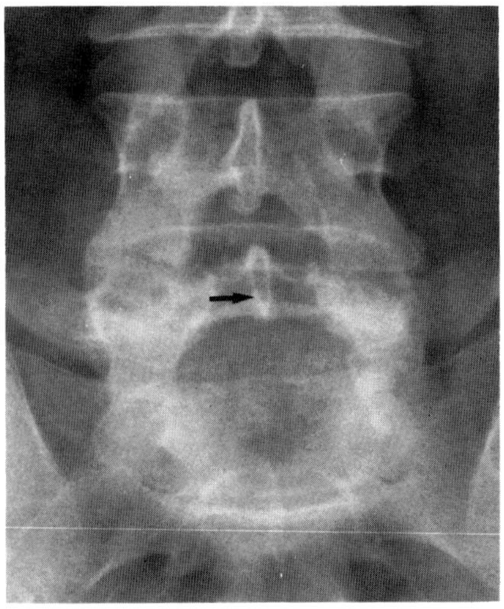
a

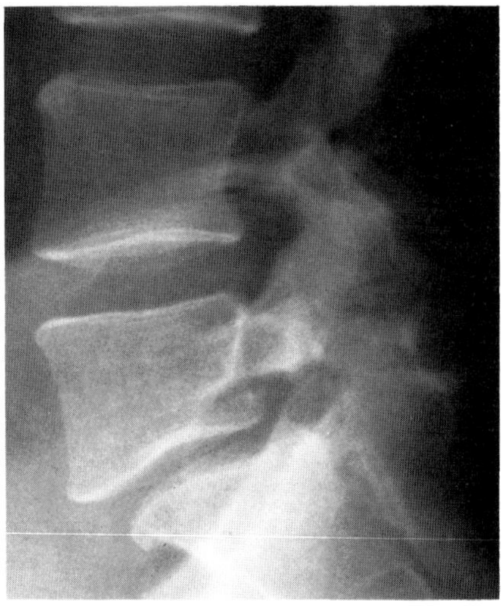
b

Abb. 12.**17 a, b** **Spondylolisthesis.** Der Dornfortsatz weicht leicht nach links ab **a** (Pfeil) und zeigt damit eine Verkürzung der linken interartikulären Portion an. Das Seitenbild **b** zeigt eine Dislokation des typisch keilförmigen L5 nach vorn.

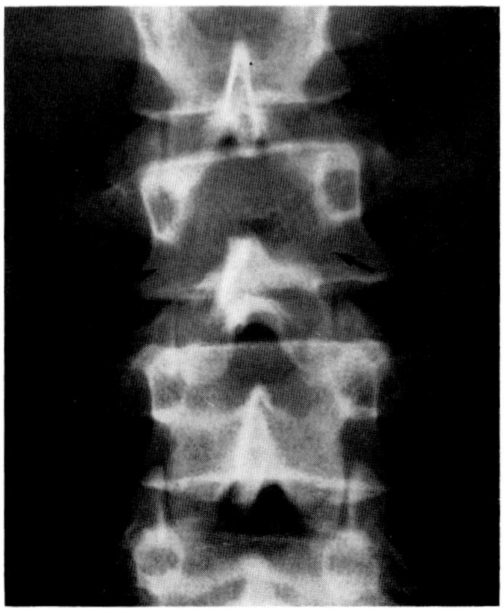
a

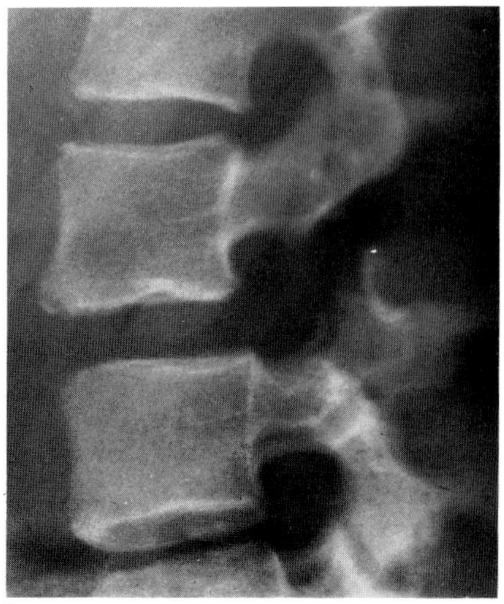
b

Abb. 12.**18 a, b** **Spondylolyse mit minimaler Spondylolisthesis** von L3. Die bilateralen Defekte in der interartikulären Portion sind sowohl im a.-p. **a** als auch im Seitenbild **b** gut zu sehen.

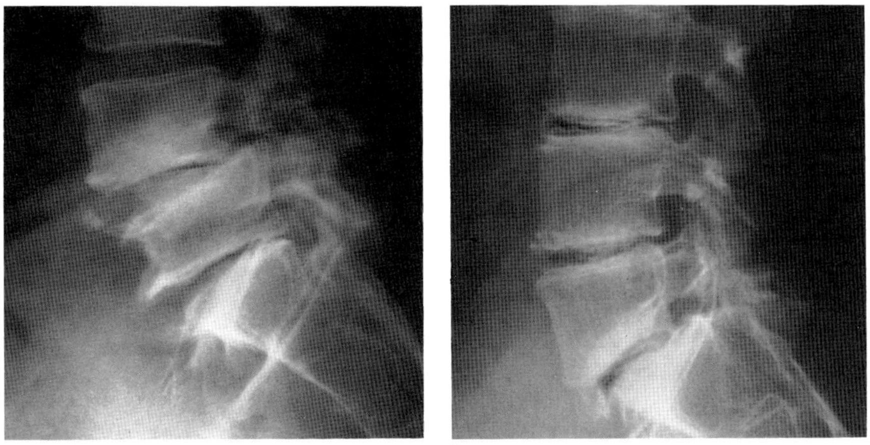

a b

Abb. 12.**19 a, b** **Spondylolisthesis. a** Vorwärtsgleiten von L4 mit Bandscheibendegeneration und Osteophyten sowohl im Zwischenraum von L4–L5 als auch L5–S1. **b** Spondylolisthesis von L5 bei einem Patienten mit multiplen degenerierten, verkalkten Bandscheiben infolge Ochronose.

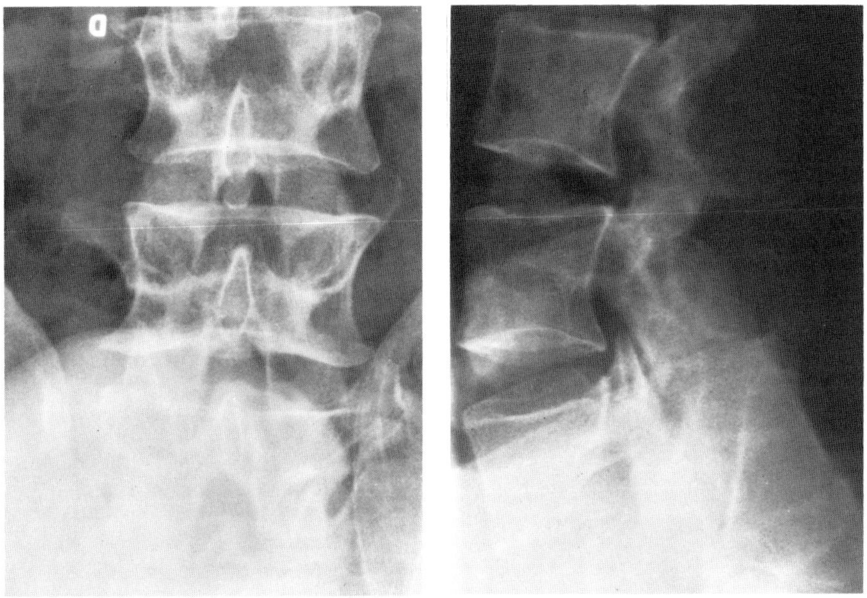

a b

Abb. 12.**20 a, b** **Einengung des Wirbelkanals bei Achondroplasie. a** Das a.-p. Bild zeigt die seitliche Einengung des Wirbelkanals in L4 und L5. Auch das hypoplastische Sakrum ist auffällig. **b** Das Seitenbild eines anderen Patienten zeigt den kleinen Sagittaldurchmesser des Wirbelkanals und eine dorsale Einbuchtung der Wirbelkörper.

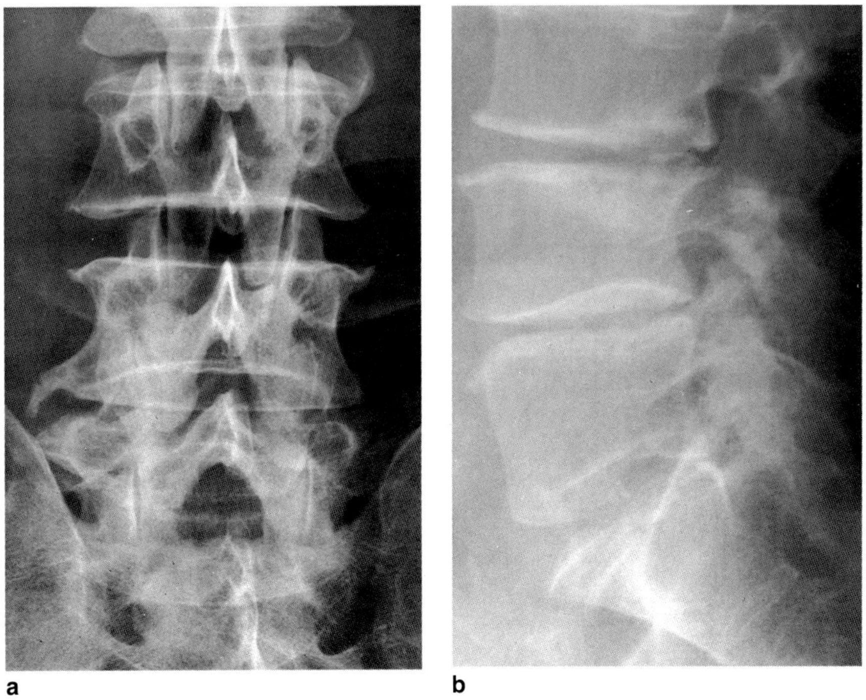

a b

Abb. 12.**21 a, b** **Erworbene Einengung des Wirbelkanals. a** Die Laminae sind konvergent und die Gelenkfortsätze sind hypertrophisch und zeigen überlagernde spondylarthrotische Veränderungen. **b** Kurze Bogenfüße und verringerter sagittaler Durchmesser des Wirbelkanals, verbunden mit einer Verschmälerung der Zwischenwirbelräume L3–4 und L4–5.

Tabelle 12.4 Differentialdiagnose lokalisierter Läsionen der Wirbelsäule (Fortsetzung)

Veränderung	Radiographischer Befund	Kommentar
Entzündungen		
Spondylitis purulenta (Abb. 12.22–12.24)	Die radiographischen Veränderungen folgen einem bestimmten Verlaufsmuster. Es kann aber Wochen oder Monate dauern, bis sie sichtbar werden, abhängig von der Aggressivität des Prozesses. 1. Verschmälerung des Zwischenwirbelraumes. 2. Die angrenzenden Endplatten sind nicht mehr so scharf wie normal. 3. Stellenweise Demineralisation der Kortikalis. 4. Destruktion des Wirbelkörpers, eventuell Zusammenbruch. 5. Sklerotische Knochenneubildung, manchmal spontane Verschmelzung. Der Prozeß betrifft häufiger die beiden vorderen Drittel des Wirbelkörpers als den hinteren Teil. Die Veränderungen sind meist in einem Zwischenwirbelraum und den beiden benachbarten Wirbelkörpern zu beobachten. Eine Destruktion nur einer Endplatte ist sehr selten. Prozesse in mehreren Höhen kommen in 20% der Fälle vor, ebenso Weichteilabszesse.	Unter diesen Begriff fallen zwei eigenständige Krankheitsbilder: 1. *Infektionsbedingte Diszitis;* kommt bei Kindern und Jugendlichen vor, die vaskularisierte Bandscheiben besitzen. 2. *Hämatogene Osteomyelitis der Wirbelkörper* bei Erwachsenen; Beginn unter der Wirbelendplatte und sekundäre Mitbeteiligung der Bandscheibe, weil diese gefäßlos ist. Bei Erwachsenen ist eine Primärinfektion der Bandscheibe durch Operation, Punktion oder Trauma möglich. Der Erreger ist in etwa 90% der Fälle *Staphylococcus aureus.* Eine Vorgeschichte über eine kurz zurückliegende primäre Infektion, Operation oder Instrumentation im Urogenitaltrakt ist häufig. Bei Drogenabhängigen findet sich eine größere Häufigkeit gramnegativer Infektionen und zervikaler Prozesse, die sonst selten sind.
Wirbeltuberkulose (Abb. 12.25)	Charakteristische Befunde: Befall der thorakolumbalen oder mittleren thorakalen Wirbelsäule, Osteoporose, im Verhältnis zum Ausmaß der Knochendestruktion großer paravertebraler Abszeß, Verschmälerung eines oder mehrerer Zwischenwirbelräume nach Arrosion der Endplatten, anteriore Höhenabnahme der angrenzenden Wirbel. Eine reaktive Sklerose ist nicht die Regel. Selten liegt der Primärherd in einem Bogenfuß. Röntgenzeichen, die für eine Wirbeltuberkulose sprechen, sind: Befall von drei oder mehr Wirbelkörpern, eventuell mit dazwischenliegenden gesunden Wirbeln, große oder verkalkte paraspinale Verdichtung sowie der seltene Befall der Wirbelbögen.	Entsteht durch hämatogene Aussaat von einer primären Lungentuberkulose. Häufig bestehen neurologische Symptome infolge der extraduralen Rückenmarkskompression durch einen paravertebralen Abszeß, sogar bevor ein Gibbus auftritt. Die Unterscheidung einer Wirbeltuberkulose von einer Wirbelosteomyelitis durch pyogene Erreger ist oft unmöglich. Eine subligamentäre Ausbreitung einer Wirbeltuberkulose mit anterioren Unregelmäßigkeiten kann ein ähnliches Bild wie ein *Lymphom* erzeugen. Wenn nur ein Wirbel befallen ist, sieht die Veränderung wie eine *Metastase* aus. Eine *Brucellose* der Wirbelsäule ist selten. Ihr röntgenologisches Erscheinungsbild ist von der Wirbeltuberkulose unterscheidbar (periostale Auflagerungen).
Pilzerkrankungen **Aktinomykose** **Kokzidioidomykose** **Blastomykose** **Kryptokokkose** **Aspergillose**	Alle imitieren eine Wirbeltuberkulose, und die Diagnose ist von Biopsie und Kultur der Erreger abhängig. Ein Befall des hinteren Wirbelbogens und der Rippen ist häufig bei Aktinomykose, Kokzidioidomykose, Blastomykose und Kryptokokkose. Das Fehlen eines Wirbelzusammenbruchs und die Aussparung der Bandscheibe ist typisch für Aktinomykose und Kokzidioidomykose. Eine Aspergillose ist praktisch von einer Wirbeltuberkulose nicht unterscheidbar.	Alle sind selten. Eine vom Retropharyngealraum übergreifende Aktinomykose führt zu einem Befall der Halswirbelsäule. Fistelgänge finden sich oft bei Aktinomykose, Kokzidioidomykose und Blastomykose.

Fortsetzung auf Seite 196

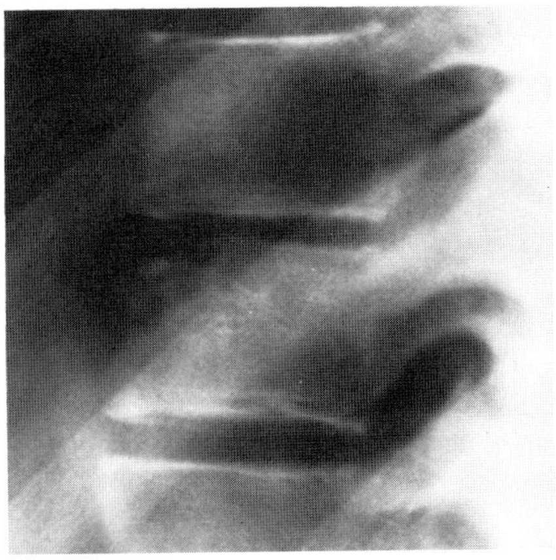

12.**22a**

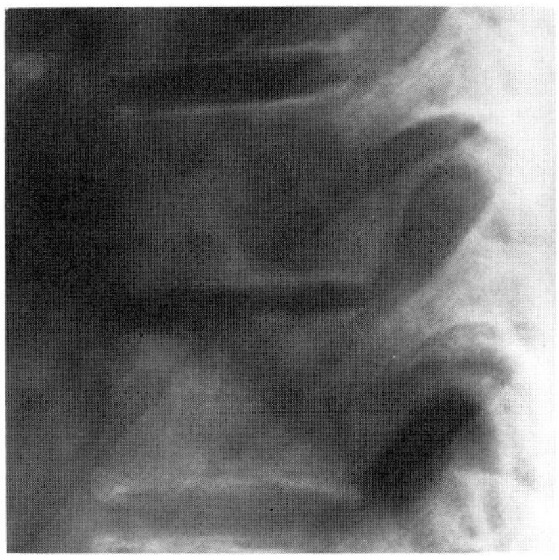

12.**22b**

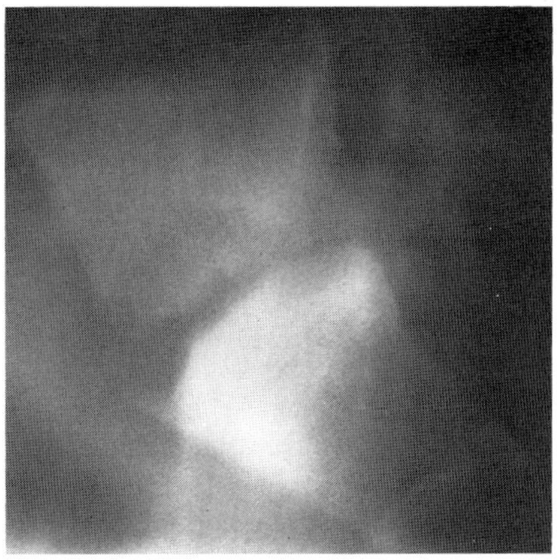

12.**23**

Abb. 12.**22a, b** **Spondylitis purulenta. a** Verschmälerung des Zwischenwirbelraums, Destruktion des vorderen Teils zweier benachbarter Wirbelkörper, vor allem des unteren. **b** Drei Monate später ist eine Neubildung von dichtem Knochen als Zeichen der Heilung zu beobachten.

Abb. 12.**23** **Spondylitis purulenta** im L5–S1-Raum. Das Tomogramm zeigt eine Verschmälerung des Bandscheibenraums, einen Schwund der Endplatten, Demineralisationsbezirke und Sklerose.

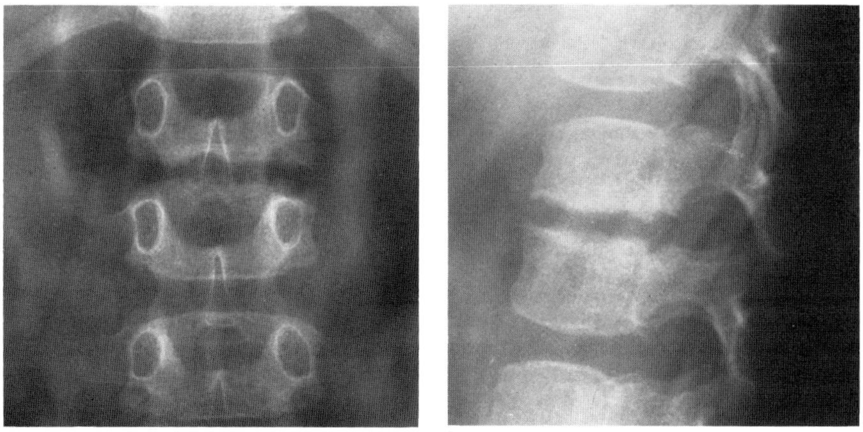

a **b**

Abb. 12.**24a, b** **Infektionsbedingte Diszitis beim Kind.** Verschmälerung des Zwischenwirbelraums mit Arrosion und Sklerose der angrenzenden Endplatten.

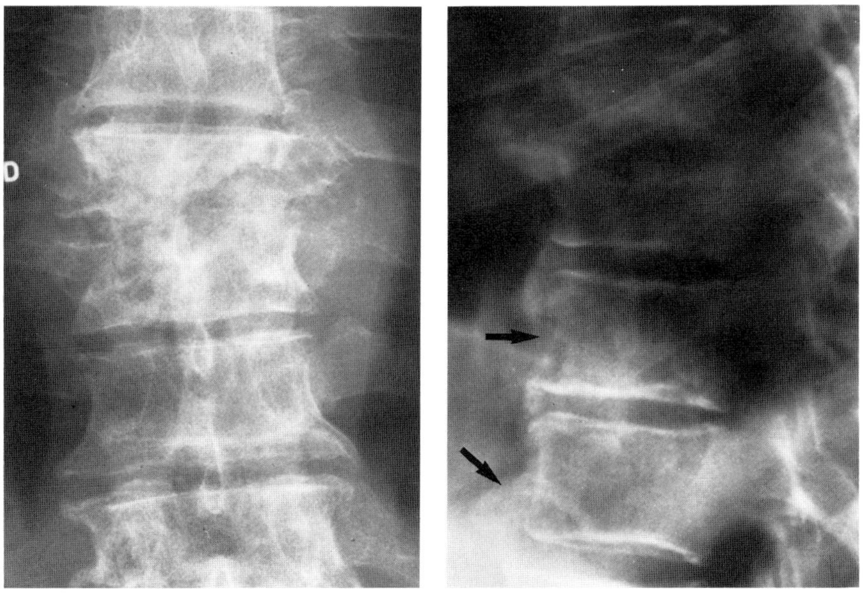

a **b**

Abb. 12.**25a, b** **Wirbeltuberkulose.** Im a.-p. Bild ist ein paravertebraler Abszeß nachweisbar. Ausgedehnte Zerstörung zweier benachbarter Wirbelkörper mit umgebender Sklerose. In den beiden unteren Wirbelkörpern sind ventral Defekte sichtbar (Pfeile).

Tabelle 12.4 Differentialdiagnose lokalisierter Läsionen der Wirbelsäule (Fortsetzung)

Veränderung	Radiographischer Befund	Kommentar
Frakturen des Wirbelkörpers (Abb. 12.26, 12.27)	Eine Splitterfraktur („Tränentropfen") des vorderen *unteren* Wirbelrands entsteht durch eine Extensionsverletzung, eine Splitterfraktur des vorderen *oberen* Rands durch eine Flexionsverletzung. Bei Kompressionsfrakturen der Endplatte (Hyperflexionsverletzungen) bleibt die Höhe des Wirbelkörpers dorsal normal, während sie ventral abnimmt. Bei Brust- und Lendenwirbeln kann dabei auch die Dichte oder der Durchmesser zunehmen, und der vordere Rand kann Unregelmäßigkeiten aufweisen. Bei frischen Frakturen kann eine Verbreiterung des Intervertebralgelenkspalts bestehen. Eine Kompression des hinteren unteren Wirbelkörperrands ist wahrscheinlich durch eine Extensionsverletzung bedingt. Das intervertebrale Vakuumphänomen ist Zeichen eines ischämischen Wirbelzusammenbruchs (wahrscheinlich identisch mit der sog. posttraumatischen Spondylopathie Kümmell-Verneuil).	Wenn eine Wirbeldislokation zu beobachten ist, besteht wahrscheinlich eine vertikale Fraktur des Wirbelkörpers, die am besten auf Frontalaufnahmen zu sehen ist. Eine transversale Dislokation von mehr als 3 mm entspricht einer Verletzung der dorsalen Bandelemente. In der Halswirbelsäule ist der vordere Rand eventuell nicht stark deformiert, und die Dichte des Wirbelkörpers kann radiographisch unverändert bleiben. Wenn ein Halswirbel vorn um 3 mm niedriger ist als hinten, so liegt eine Kompressionsfraktur vor. In der Brust- und Lendenwirbelsäule haben diese Meßwerte keine Gültigkeit, weil viele Erkrankungen Keilwirbel oder eingesunkene Wirbel verursachen. Kompressionsfrakturen sind in der unteren Hals- und unteren Brustwirbelsäule häufig.
Frakturen des Bogenfußes, Wirbelbogens oder des Gelenkfortsatzes (Abb. 12.28)	Können im Seitenbild wie eine einfache Dislokation aussehen. Bogenfußfrakturen sind u. U. in der Frontalansicht besser zu erkennen.	Frakturen der Halswirbelsäule betreffen am häufigsten den Wirbelbogen. Besonders bruchanfällig ist der Gelenkfortsatz.
Neuropathische Wirbelsäulenveränderungen (Abb. 12.29)	Neuropathische Veränderungen sind gewöhnlich auf einen bis drei aufeinanderfolgende Wirbelkörper beschränkt. Typisch sind Sklerose oder Destruktion im Verein mit Fragmentation und Richtungsabweichungen.	Das Fortschreiten der röntgenologischen Veränderungen erfolgt relativ rasch, und die Osteophytenbildung ist florid; sie betrifft auch die dorsalen Elemente, anders als bei infektionsbedingter Spondylitis. Im Unterschied zu Metastasen sind die Zwischenwirbelräume beteiligt.
Morbus Scheuermann (Adoleszentenkyphose) (Abb. 12.30, 12.31, S. 198)	Gewöhnlich sind die Brustwirbel (Th4–Th12) befallen. Zum radiographischen Befund gehören: 1. Leichte Keilform der Wirbelkörper (Kyphose), eventuell mit Verschmälerung des vorderen Zwischenwirbelraums. 2. Unregelmäßige, aber scharf demarkierte Endplatten. 3. Vergrößerter Sagittaldurchmesser der betroffenen Wirbelkörper. 4. Schmorl-Knötchen. 5. Kompensatorisches Wachstum eines Nachbarwirbels in Richtung auf ein Schmorl-Knötchen. 6. Selten Ermüdungsbruch des Dornfortsatzes.	Häufigste Wirbelsäulenerkrankung von Jugendlichen und jungen Erwachsenen. Sie gilt als avaskuläre Nekrose der Wirbelendplatte. Kann schmerzhaft oder symptomlos sein. Nur wenn mindestens 3 Wirbelkörper befallen sind, ist die Diagnose zulässig. Randleistenablösungen werden u. U. fälschlich einem frischen Trauma zugeschrieben. Schmorl-Knötchen gehen fast immer mit einer Bandscheibendegeneration einher (Dehydratation im MRT).
Bandscheibendegeneration (Abb. 12.31–12.33, S. 198–199)	Der Zwischenwirbelraum ist schmäler als normal. Später können die angrenzenden Endplatten sklerosieren, und es entwickeln sich Osteophyten. Ein Gasstreifen im Zwischenwirbelraum zeigt eine Bandscheibendegeneration an. Diese kann zu einer herabgesetzten oder gesteigerten Motilität der Nachbarwirbel führen. Ein „Ischiashaken" ist ein sekundärer Osteophyt, der dorsal vorragt und auf eine alte Bandscheibenhernie hinweist. Eine Bandscheibendegeneration im Verein mit einer lumbalen Hyperlordose prädisponiert zur Nearthrosenbildung zwischen Dornfortsätzen *(Baastrup-Syndrom)*.	Meist zwischen L4/5 und L5/S1. Eine Osteophytenbildung um einen nichtverschmälerten Zwischenwirbelraum wird *Spondylosis anterior* genannt. Typisch für die *senile Kyphose* sind kleine Osteophyten im Bereich der gesamten Brustwirbelsäule, verbunden mit verstärkter Kyphose und Osteoporose. Die vorderen Abschnitte der Bandscheiben sind verschmälert. Gelegentlich kann es sogar zur Verschmelzung der Wirbelkörper kommen. Bandscheibenverkalkungen sind bei Spondylose der Brustwirbelsäule häufig. Multiple Bandscheibendegenerationen, verbunden mit Bandscheibenverkalkungen, sind charakteristisch für *Ochronose*.
DISH (diffuse idiopathische Skeletthyperostose, Hyperostosis ankylosans, Forestier-Krankheit) (Abb. 12.34, S. 199)	Gußartige Verkalkung und Verknöcherung entlang der anterolateralen Seiten von vier oder mehr aufeinanderfolgenden Wirbelkörpern. Die Höhe der Bandscheiben in dem betroffenen Segment ist erhalten, und Manifestationen an den Zwischenwirbel- und Sakroiliakalgelenken fehlen. Befällt am häufigsten die Brust- und Lendenwirbelsäule.	Zusätzlich können sich Knochenproliferationen an Ansatzstellen von Sehnen und Bändern, Verkalkung der Ligg. iliolumbalia und sacrotuberalia und sogar anderer Bänder sowie paraartikuläre Osteophyten finden. Die Ätiologie ist unbekannt, doch begleitet die Krankheit oft Arthropathien, seronegativen Diabetes und andere Leiden. Die einzige konstante Gemeinsamkeit ist ein höheres Lebensalter, im allgemeinen über 50.

Fortsetzung auf Seite 200

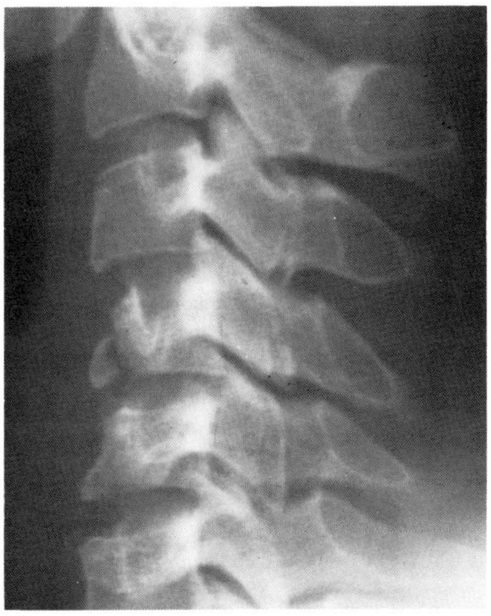

12.**26**

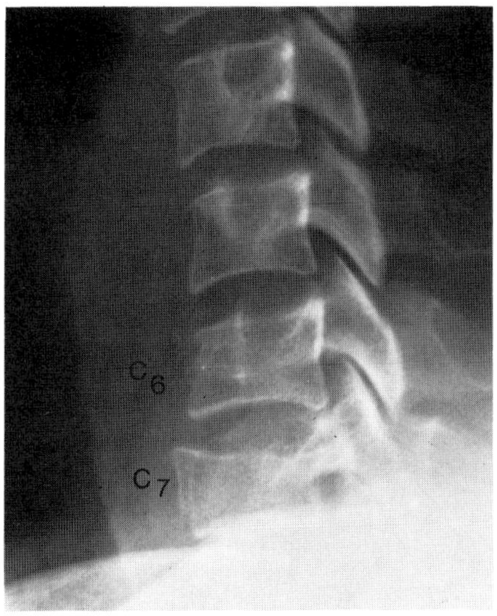

12.**27**

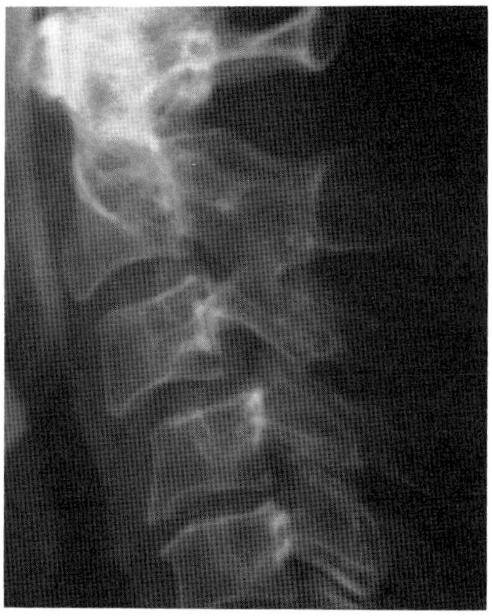

12.**28**

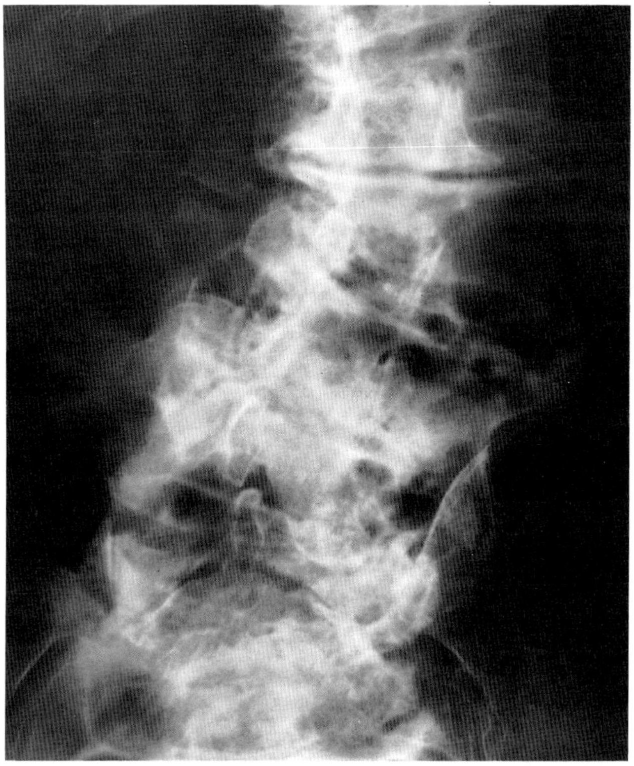

12.**29**

Abb. 12.**26** **„Tränentropfenfraktur“** des vorderen Unterrandes von C4 infolge einer Extensionsverletzung. C4 ist geringfügig nach dorsal verschoben. Die prävertebrale Weichteilzone ist verdickt.

Abb. 12.**27** **Kompressionsfrakturen** der vorderen Oberränder von C6 und C7. Die Wirbelkörperhöhe von C6 ist vorn verringert, C7 hat dagegen eine Splitterfraktur. Auch eine Verdickung der prävertebralen Weichteilzone ist zu beobachten.

Abb. 12.**28** **Fraktur** durch den Wirbelbogen von C3 mit Dislokation des Wirbelkörpers nach vorn.

Abb. 12.**29** **Neuropathische** Veränderungen der Wirbelsäule. Sklerose, Destruktion, Fragmentation und Richtungsabweichung, ferner Spondylose.

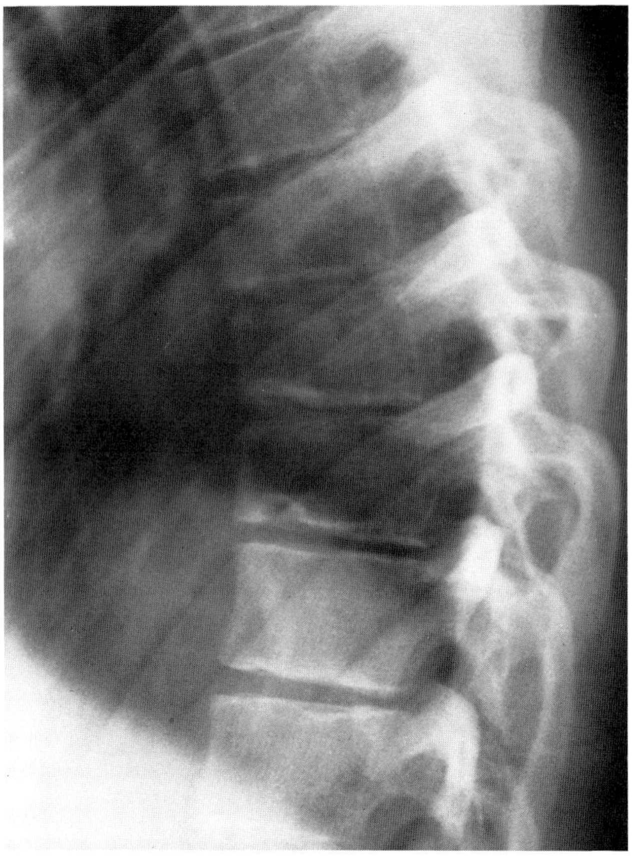

a

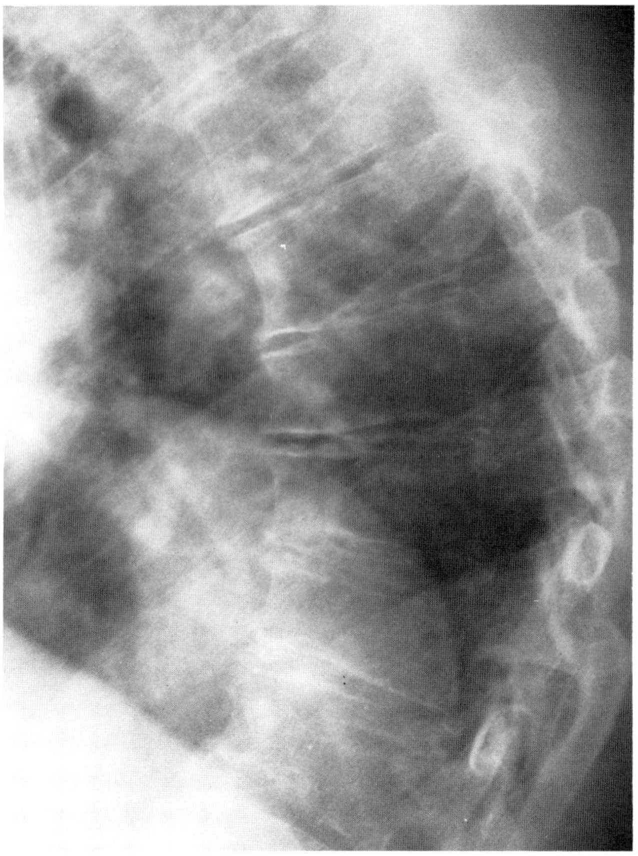

b

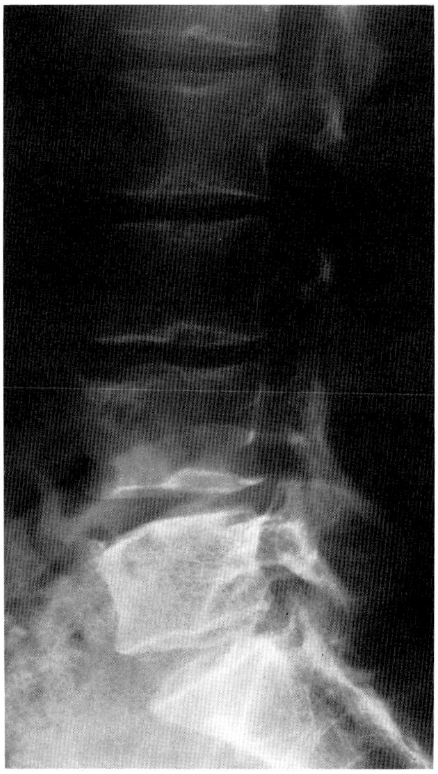

c

Abb. 12.**30 a–c** **Morbus Scheuermann.** Unregelmäßige Endplatten, vergrößerter Sagittaldurchmesser der Wirbelkörper und Schmorl-Knötchen. **a** Alter 18 Jahre. **b** Alter 41 Jahre. Verstärkte Kyphose durch die Keilform der Brustwirbelkörper. **c** Veränderungen in der Lendenwirbelsäule. Mehrere Endplatten enthalten Schmorl-Knötchen. Die Randleistenablösungen in den oberen vorderen Ecken von L4 und L5 täuschen Frakturen vor.

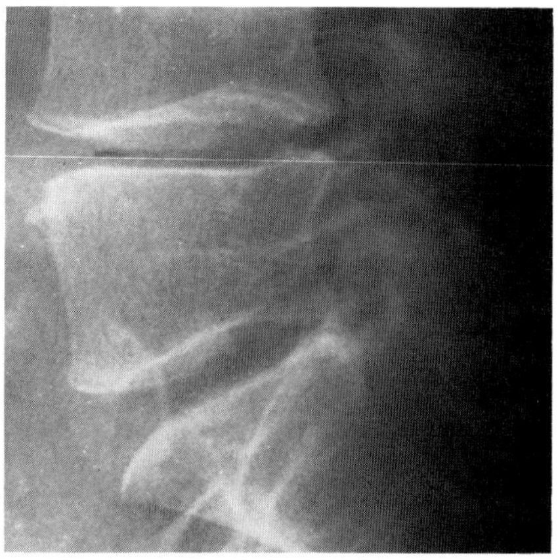

Abb. 12.**31** **Bandscheibendegeneration** zwischen L4/5. Der Zwischenwirbelraum ist niedrig und enthält Gas.

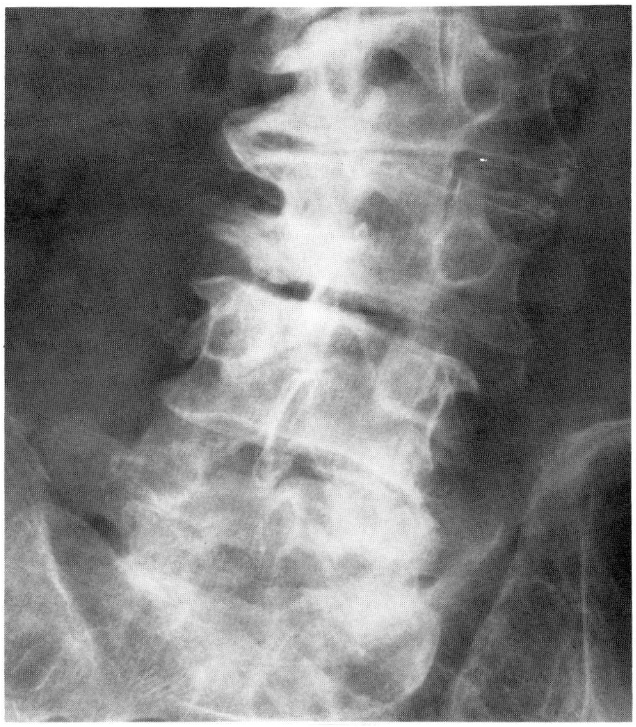

a

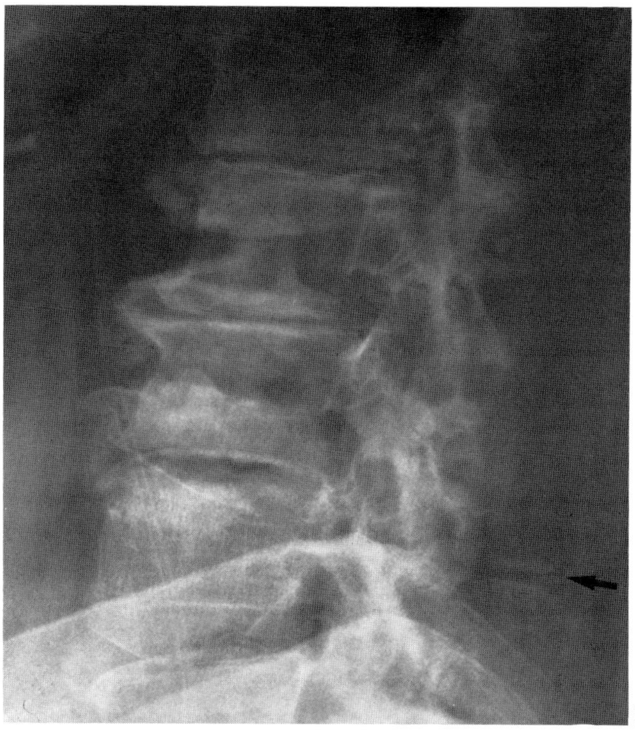

b

Abb. 12.**32 a, b** **Multiple Bandscheibendegeneration** mit Skoliose und ausgedehnten Osteophyten. Im Seitenbild erscheinen die Osteophyten als sklerotische, die Wirbelkörper überlagernde Linien. Die Sklerose in den benachbarten Dornfortsätzen (Pfeil) weist auf ein Baastrup-Syndrom im Anfangsstadium hin.

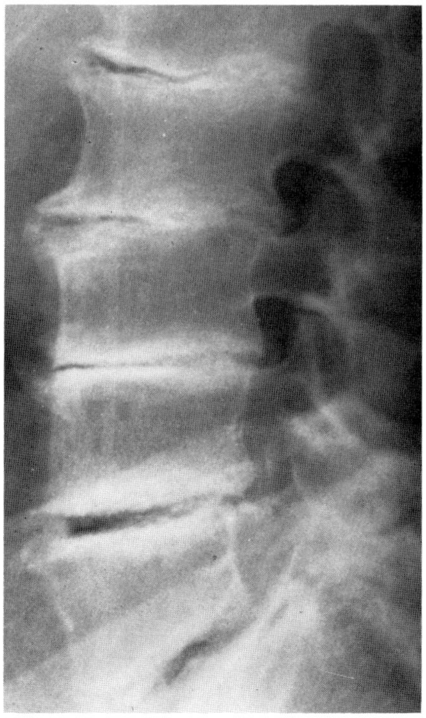

12.**33**

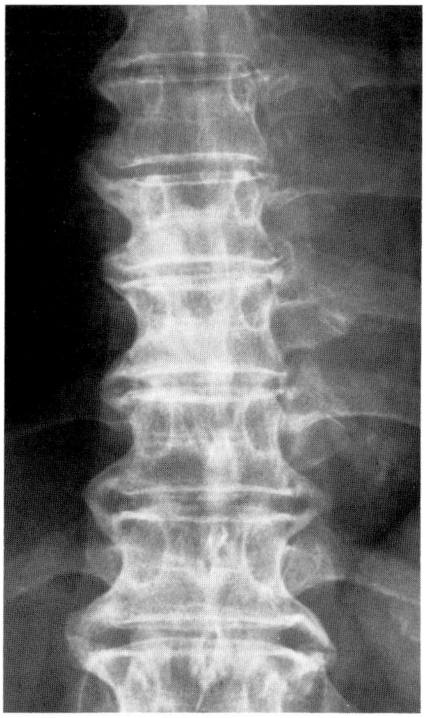

12.**34 a**

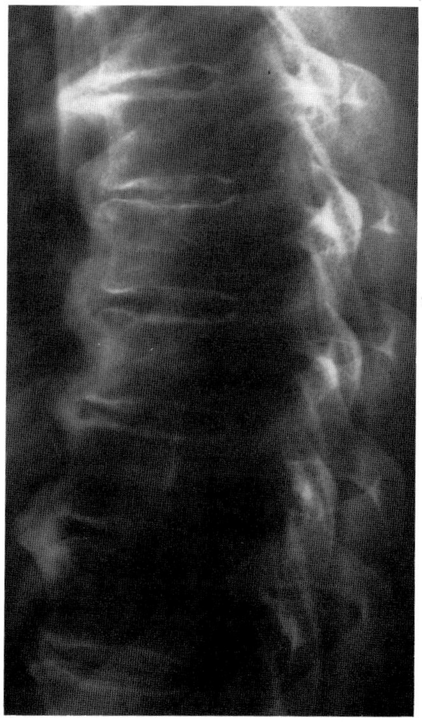

12.**34 b**

Abb. 12.**33** Multiple Bandscheibendegeneration und Verkalkungen in Zwischenwirbelräumen infolge **Ochronose.**

Abb. 12.**34 a, b** **DISH.** Ausgedehnte ankylosierende Osteophyten und Bandscheibenverkalkungen, aber keine Verschmälerung der Zwischenwirbelräume.

Tabelle 12.4 Differentialdiagnose lokalisierter Läsionen der Wirbelsäule (Fortsetzung)

Veränderung	Radiographischer Befund	Kommentar
Nichtdiskogene Sklerose (Abb. 12.35)	Homogene Verdichtungen in großen Segmenten eines oder zweier Wirbelkörper. Sie schließen gewöhnlich unmittelbar an die Kortikalis oder Endplatte an, und der Zwischenwirbelraum ist nicht verschmälert.	Asymptomatische, lokalisierte, stabile, benigne, nichtneoplastische Form der Wirbelkörperosteosklerose unbekannter Ätiologie. Sie muß von einer *Knocheninsel* oder sekundären Sklerose infolge Bandscheibendegeneration abgegrenzt werden *(diskogene Sklerose)*.
Morbus Paget (Abb. 12.36, 12.37)	Sowohl Wirbelkörper als auch -bogen sind vergrößert, da sie von verdickter Kortikalis gesäumt sind („Rahmenwirbel"); grobe Trabekel. Andere Erscheinungsformen sind ein elfenbeinartiges Aussehen oder eine gerade Vorderkante (Kastenform). Pathologische Frakturen können vorkommen. Die Veränderungen können einen oder mehrere Wirbel betreffen.	Der Befall von Wirbelbögen und Dornfortsätzen hilft, einen Morbus Paget von Karzinommetastasen zu unterscheiden. Bei Wirbelhämangiomen gehört eine Kortikalisverdickung nicht zum Bild. Die Kastenform der Vorderkante hilft, einen Morbus Paget von osteoplastischen Metastasen und Morbus Hodgkin zu unterscheiden.

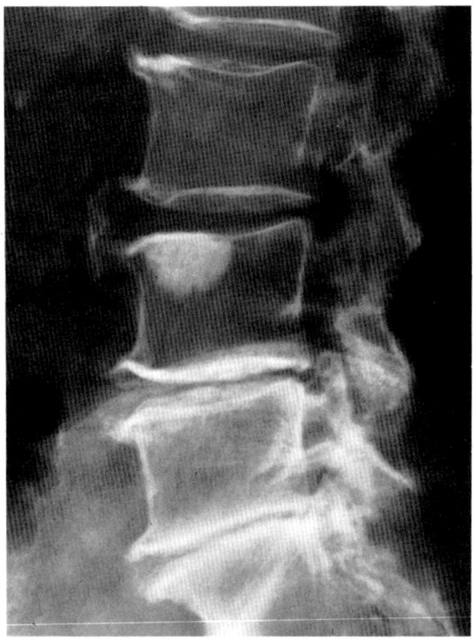

Abb. 12.**35** **Nichtdiskogene Sklerose.** Homogene, mit der oberen Endplatte von L4 in Verbindung stehende Verdichtung ohne weitere pathologische Veränderungen. Außerdem sind zwei Bandscheibendegenerationen (L4 und L5) zu sehen.

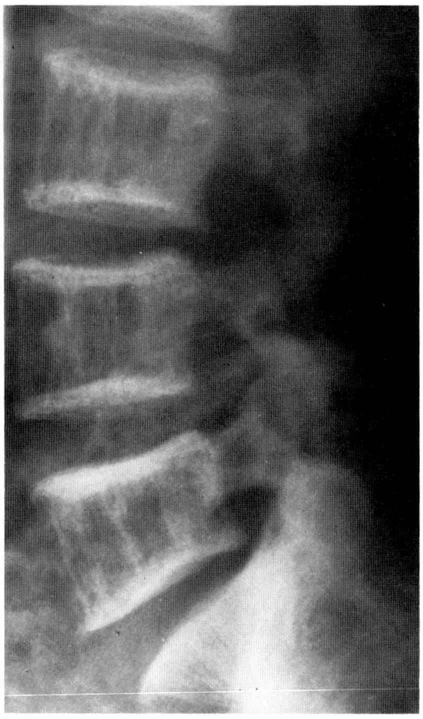

Abb. 12.**36** **Morbus Paget.** Die kastenförmigen Wirbelkörper bieten das Bild von „Rahmenwirbeln" und haben eine grobe Trabekelzeichnung. Auch die Wirbelbogen sind an dem Prozeß beteiligt.

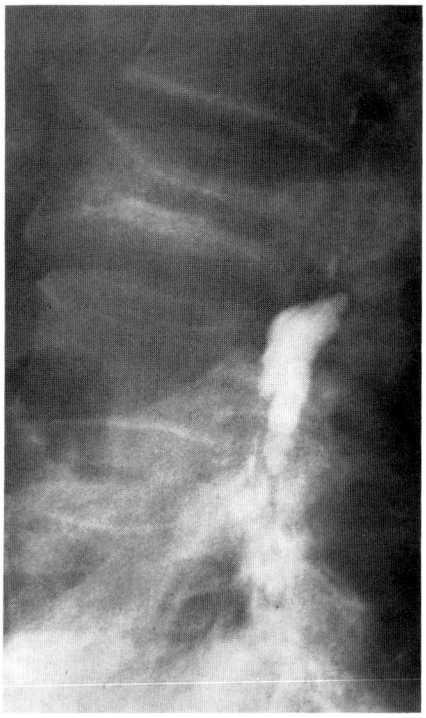

Abb. 12.**37** **Morbus Paget.** Vergrößerter Durchmesser eines teilweise zusammengebrochenen Wirbelkörpers.

Tabelle 12.5 Differentialdiagnose von Knochentumoren der Wirbelsäule und des Beckens

Veränderung	Radiographischer Befund	Kommentar
Benigne Knochentumoren		
Aneurysmatische Knochenzyste	Von einer dünnen Knochenschale bedeckte lytische expansive Läsion. Befällt hauptsächlich die dorsalen Elemente und eventuell den Körper des Wirbels. Kann den Zwischenwirbelraum überschreiten und Nachbarwirbel befallen, was man bei anderen Tumoren mit Ausnahme des Chordoms nicht oft sieht.	Etwa 20% der aneurysmatischen Knochenzysten treten in der Wirbelsäule auf, weitere 15% bis 20% im Becken. Selten nach dem 25. Lebensjahr. Zweithäufigster benigner Tumor der Wirbelsäule.
Hämangiom (Abb. 12.38)	Wirbelläsionen in der Thorakal- und Lumbalregion mit betonten oder verdickten vertikalen Trabekeln werden allgemein Hämangiome genannt, aber einige repräsentieren vielleicht nur Teleangiektasien oder Varikositäten von Knochenvenen. Ein echtes Hämangiom kann auch als expansive Läsion oder Aufhellung im Wirbelkörper in Erscheinung treten.	Etwa 15% der echten Hämangiome treten in der Wirbelsäule auf. Kleine Hämangiome sind in der Wirbelsäule sehr häufig (Häufigkeit über 10%), aber im Röntgenbild nicht sichtbar.

Fortsetzung auf Seite 202

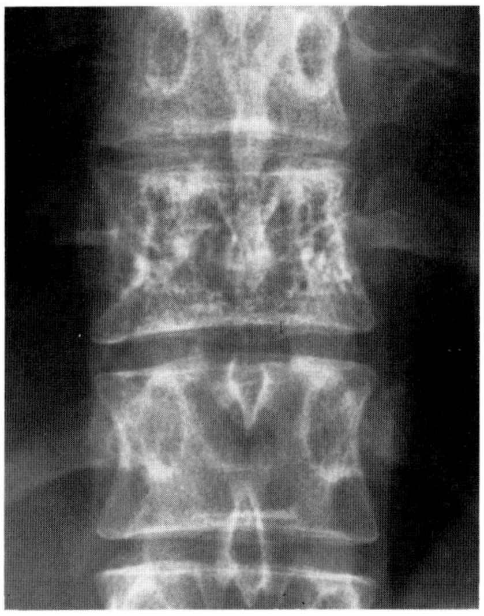

Abb. 12.**38** **Hämangiom** von Th11.

Tabelle 12.5 Differentialdiagnose von Knochentumoren der Wirbelsäule und des Beckens (Fortsetzung)

Veränderung	Radiographischer Befund	Kommentar
Osteoidosteom und Osteoblastom (Abb. 12.39, 12.40)	Sitzt fast immer in den dorsalen Elementen und zeigt das Bild eines „dichten Bogenfußes". Läsionen unter 1,5 cm Durchmesser nennt man Osteoidosteome, solche über 1,5 cm Osteoblastome. Bei größeren Tumoren kommt es oft zur Auftreibung des Knochens. Eine Skoliose ist häufig, der Tumor befindet sich meist am Scheitelpunkt der Konkavität. Ein Osteoblastom kann sich auch als lytische Läsion präsentieren, mitunter mit sklerotischem Rand, der für die Differenzierung von einer aneurysmatischen Knochenzyste verwertbar ist.	Fast 40% der Osteoblastome und 5% der Osteoidosteome treten in der Wirbelsäule auf, selten im Becken. Über 15% der benignen Wirbelsäulentumoren gehören dieser Kategorie an. Eine unilaterale Spondylolyse oder Hypoplasie der dorsalen Elemente kann eine umschriebene Hypertrophie und Sklerose im kontralateralen Bogenfuß und der interartikulären Portion (Abb. 12.**39 b**) auslösen, die ein Osteoidosteom imitiert.
Riesenzelltumor	Aufhellung mit gut begrenzten Rändern ohne Sklerose des angrenzenden Knochens. Im Sakrum und Becken expansiv. Überschreitet selten das Sakroiliakalgelenk.	Über 10% der Riesenzelltumoren kommen in der Wirbelsäule vor, meist im Sakrum. Häufigster benigner Tumor der Wirbelsäule. Fast ebenso oft ist das Becken befallen.
Andere Wirbelläsionen		
Eosinophiles Granulom (Abb. 12.41)	Auf die destruktive Phase mit fleckigen Aufhellungen in Wirbelmitte folgt der Zusammenbruch des Wirbels, und es bleibt eine Vertebra plana zurück. Die Zwischenwirbelräume bleiben erhalten.	Die Mehrzahl der eosinophilen Granulome kommt bei Kindern unter 10 Jahren vor. Häufiger im Becken (oberhalb des Azetabulums) als in der Wirbelsäule. Typisch ist eine reaktive Sklerose entlang dem Rand einer Destruktion im Becken.
Maligne Knochentumoren		
Chordom (s. Abb. 5.42)	Lytische, expansive Läsion im Kreuzbein, Steißbein oder seltener C2 oder sonstwo in der HWS, in etwa 30% der Fälle mit getüpfelten Verkalkungen. Kann auf benachbarte Wirbel und Weichteile übergreifen.	Etwa 50% treten in der Sakrokokzygealregion auf, wo sie charakteristischerweise von einem *prä*sakralen Weichteiltumor begleitet werden, 30% im Klivus und die restlichen 20% in der Zervikal- oder Lumbalregion.
Sakrokokzygealteratom	Weichteiltumor in der Sakrokokzygealregion mit unregelmäßiger Verkalkung oder Verknöcherung.	Teratome bestehen aus einer Mischung verschiedener Gewebe und enthalten oft Knochen und Knorpel. Weniger als 40% sind bösartig und treten als große Weichteiltumoren in Erscheinung.
Fibrosarkom (Abb. 12.43)	Das Fibrosarkom des Markraums ist häufiger und erscheint als schlecht begrenzter oder sogar wie ausradiert aussehender Osteolysebezirk. Das periostale Fibrosarkom verursacht eine Arrosion der Kortikalis und eine minimale periostale Reaktion.	Fibrosarkome treten relativ oft im Becken und Kreuzbein auf, selten in der oberen Wirbelsäule. Das *maligne fibröse Histiozytom* kann identisch aussehen.
Osteosarkom	Siehe Tab. 5.**3, S. 71.**	**Selten in der Wirbelsäule, relativ häufig im Becken.**
Plasmozytom	Lytische, oft expansive Läsion des Wirbelkörpers oder Beckenknochens. Ein sklerotischer Rand ist selten.	Vorläufer des multiplen Myeloms.

Fortsetzung auf Seite 204

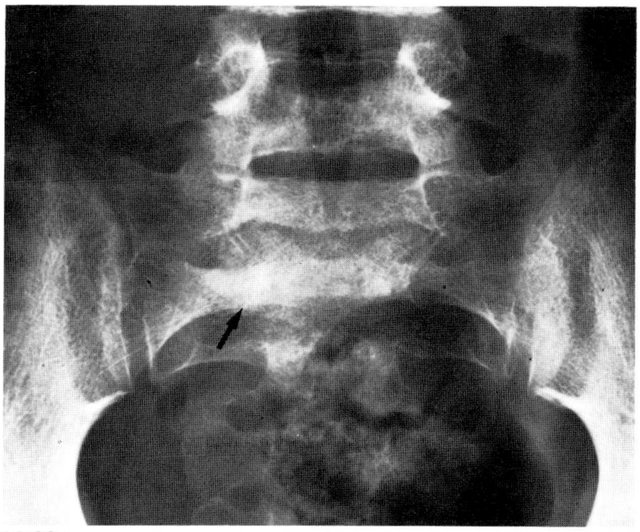

12.**39a**

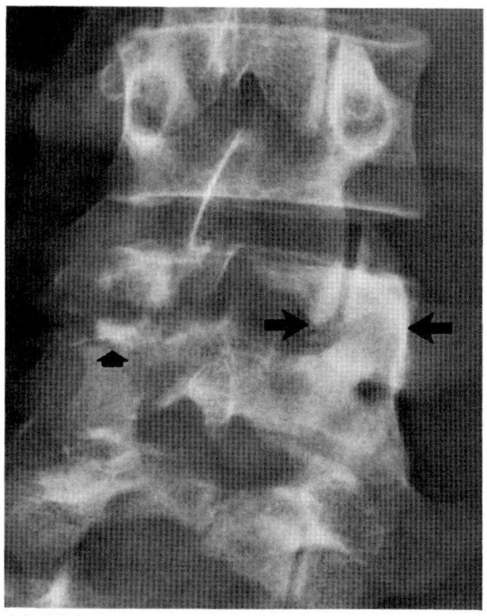

12.**39b**

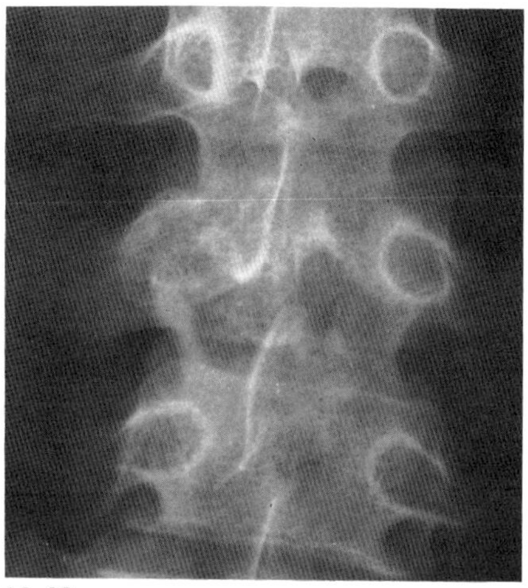

12.**40**

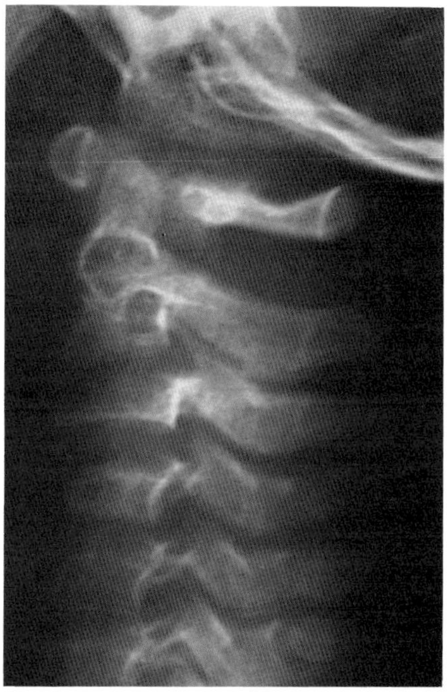

12.**41**

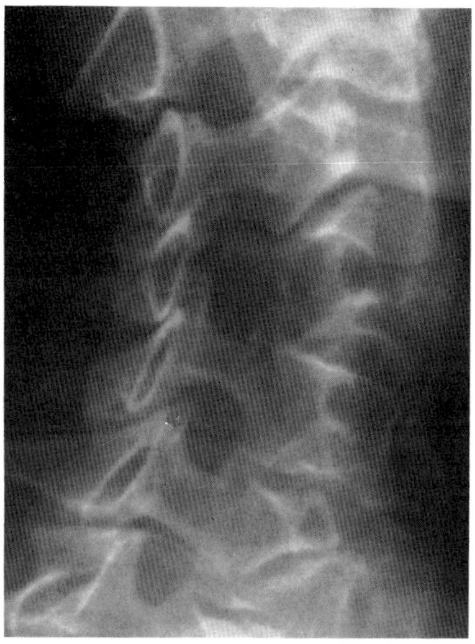

12.**42**

Abb. 12.**39a** **Osteoidosteom** des Kreuzbeins, das sich als sklerotischer Bezirk darstellt (Pfeil).

Abb. 12.**39b** **Unilaterale Spondylolyse mit Sklerose des kontralateralen Bogenfußes.** Die Spondylolyse der rechten interartikulären Portion (kurzer Pfeil) von L4 geht mit einer Hypertrophie und Sklerose des linken Bogenfußes (Pfeile) im selben Wirbel einher.

Abb. 12.**40** **Osteoblastom.** Expansive lytische Läsion umgeben von etwas Sklerose, die auch den Bogenfuß von L3 in Mitleidenschaft zieht.

Abb. 12.**41** **Eosinophiles Granulom.** Kollaps des Wirbelkörpers von C3.

Abb. 12.**42** **Chordom.** Expansive Läsion mit Destruktion von C4 und Erweiterung der Foramina intervertebralia.

Abb. 12.**43** **Fibrosarkom.** Die Tomographie läßt eine schlecht begrenzte Destruktion im Azetabulum und Schenkelhals erkennen (Pfeile).

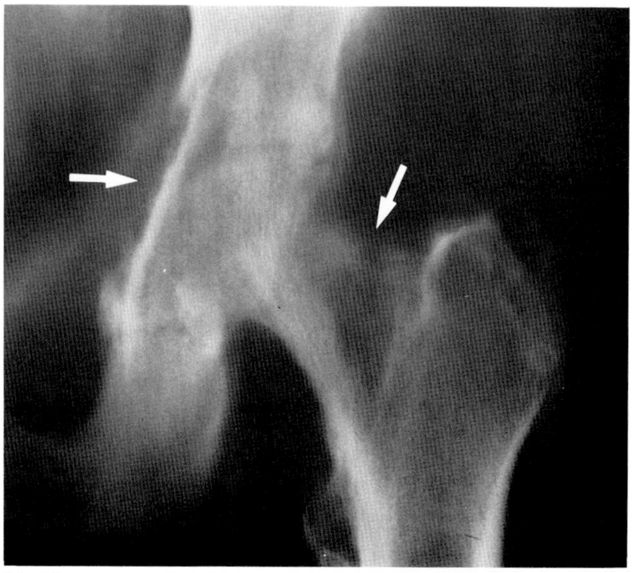

12.**43**

Tabelle 12.5 Differentialdiagnose von Knochentumoren der Wirbelsäule und des Beckens (Fortsetzung)

Veränderung	Radiographischer Befund	Kommentar
Ewing-Sarkom (Abb. 12.44, 12.45)	Die Läsion in der Wirbelsäule ist entweder sklerotisch oder lytisch und kann einem Osteosarkom ähneln. Häufig wird sie von einem großen paraspinalen Weichteiltumor begleitet.	Ein primäres Ewing-Sarkom in der Wirbelsäule ist selten, im Kreuzbein aber relativ häufig. Das Becken ist die zweithäufigste Lokalisation. Ein metastatischer Befall der Wirbelsäule kommt oft vor.
Lymphome (Abb. 12.46–12.48)	Das Lymphom der Wirbelsäule ist in der Mehrzahl der Fälle osteolytisch, Osteosklerose und periostale Reaktionen kommen aber vor. Beim Morbus Hodgkin sind manchmal Randarrosionen an den Wirbelkörpern durch Lymphknoten zu beobachten. Ein sklerotischer Wirbel vom „Elfenbeintyp" ist beim Hodgkin-Lymphom häufiger als beim Non-Hodgkin-Lymphom.	Manifestationen außerhalb der Lymphknoten einschließlich eines Wirbel- und Beckenbefalls sind bei Non-Hodgkin-Lymphomen häufiger als bei Morbus Hodgkin.
Chondrosarkom (Abb. 12.49, 12.50)	Siehe Tab. 5.**3**, S. 72	Häufigste Lokalisation im Becken.

Fortsetzung auf Seite 206

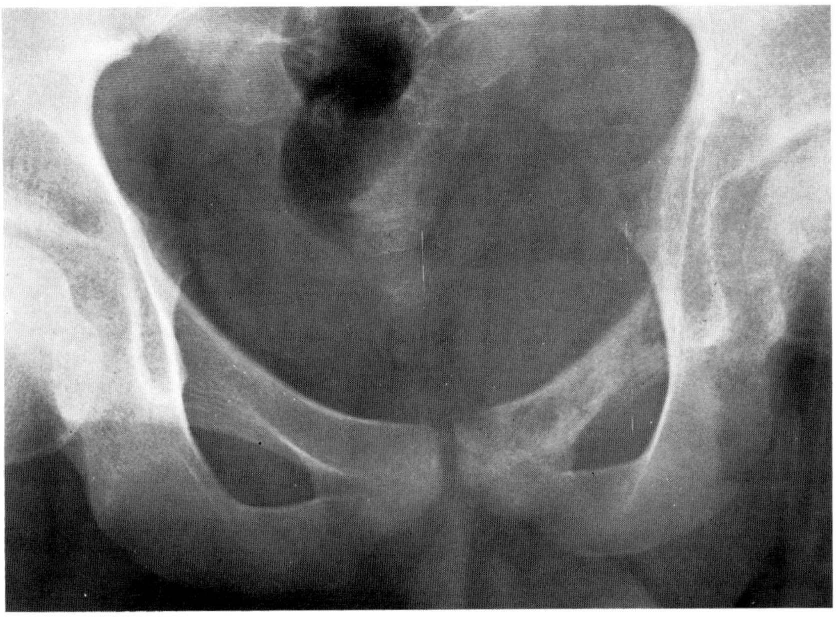

Abb. 12.**44** **Ewing-Sarkom.** Verwaschene Strukturauslöschung im linken Azetabulum, Sitz- und Schambein. Im Schambein ist eine lamelläre periostale Reaktion zu beobachten.

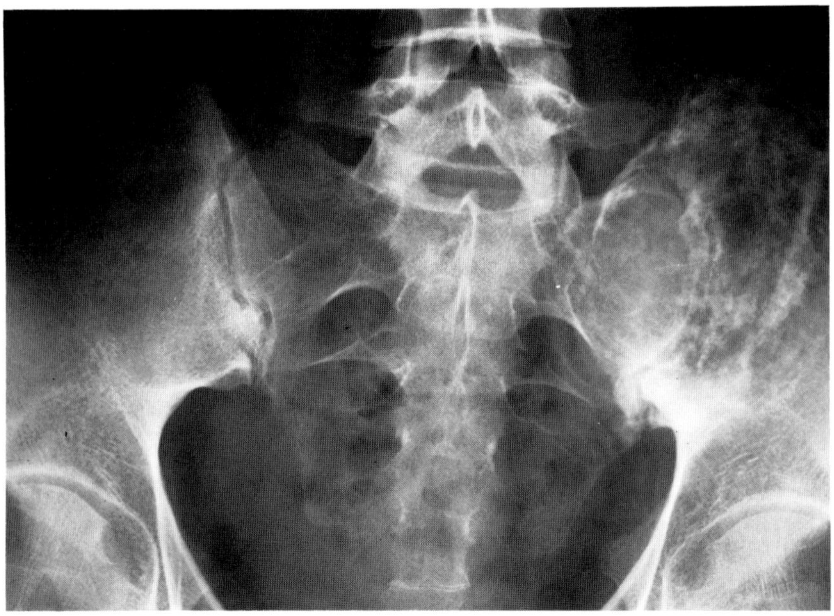

Abb. 12.**45** Gemischte lytisch-sklerotische Destruktion im linken Darm- und Kreuzbein durch einen Tumor, der die histologischen Merkmale eines **Ewing-Sarkoms** aufweist.

Abb. 12.**46** **Gemischte lytisch-sklerotische Destruktion** ▶ im Bereich des linken Schambeins durch ein Non-Hodgkin-Lymphom des Knochens.

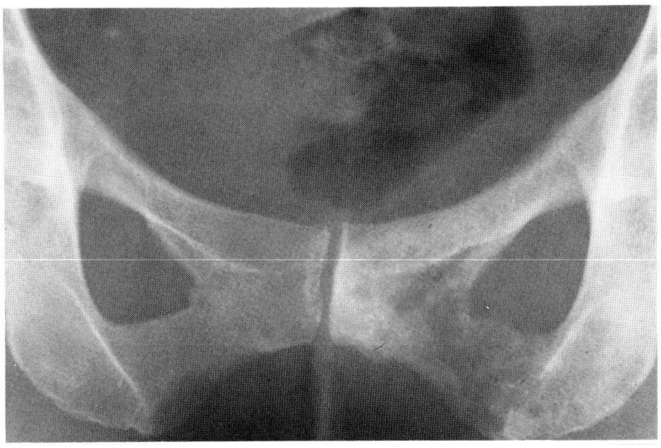

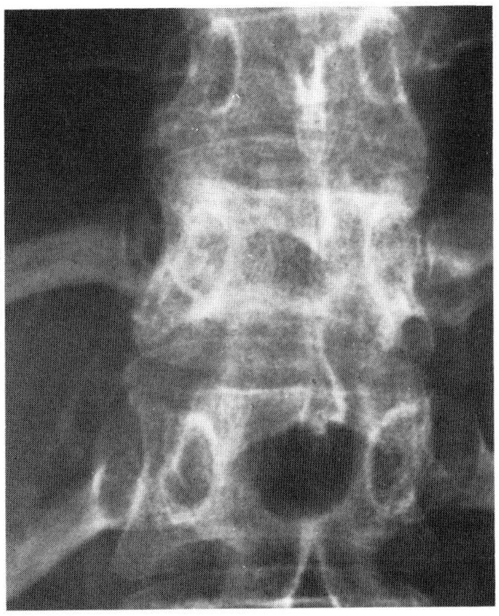

12.**47a**

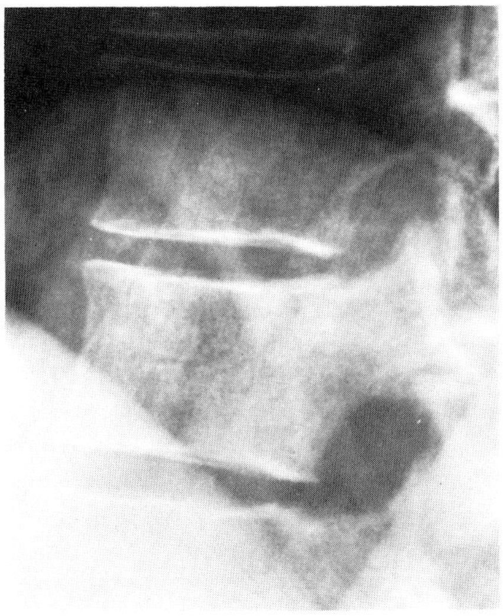

12.**47b**

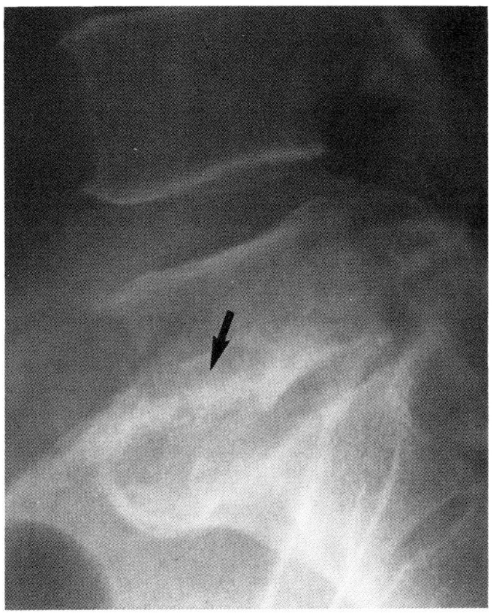

12.**48**

Abb. 12.**47a, b** **Non-Hodgkin-Lymphom** von Th11, das eine vorwiegend sklerotische Destruktion des Wirbelkörpers und Bogenfußes verursacht.

Abb. 12.**48** **Non-Hodgkin-Lymphom,** das die untere Endplatte von L5 und dessen Randsporn arrodiert (Pfeil).

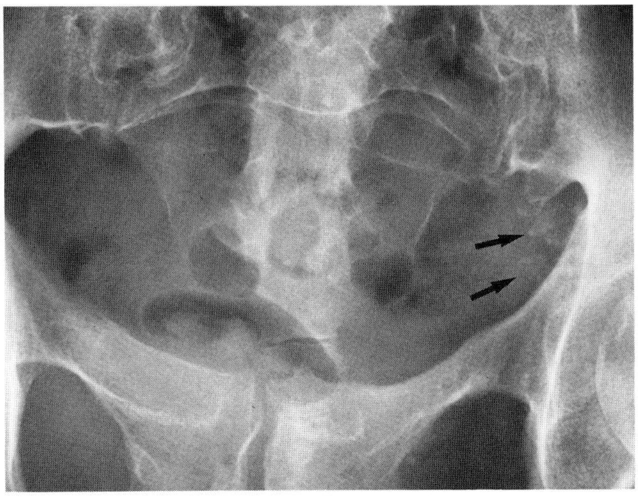

Abb. 12.**49** **Chondrosarkom** des Beckens, das von einer präexistenten Exostose an der Unterseite des Darmbeins ausgegangen ist. Typische Tumorverkalkungen sind in der Nähe der Exostosenspitze zu sehen (Pfeile).

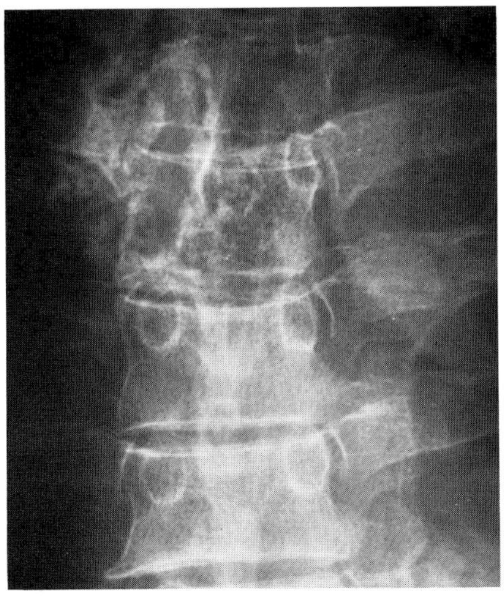

Abb. 12.**50** **Chondrosarkom** der Brustwirbelsäule im Bereich von zwei benachbarten Wirbeln, erkennbar als osteolytische Läsion mit sklerotischen Rändern und Tumorverkalkung.

Tabelle 12.5 Differentialdiagnose von Knochentumoren der Wirbelsäule und des Beckens (Fortsetzung)

Veränderung	Radiographischer Befund	Kommentar
Hämangioperizytom	Osteolytische, schlecht begrenzte Läsion. Kann einen ganzen Wirbel oder einen Teil davon befallen.	Nicht ausreichend geklärtes, seltenes vaskuläres Neoplasma, das bei Menschen im mittleren Alter meist in Wirbelsäule oder Becken beobachtet wird. Die Unterscheidung von malignen fibrösen Tumoren oder Metastasen ist schwierig.
Metastase (Abb. 12.51)	Kennzeichnend ist eine lytische, gemischte oder sklerotische Destruktion des Wirbelkörpers und Bogenfußes (s. Kap. 5, S. 76).	Maligne Primärtumoren sind im Vergleich zu den sehr häufigen Metastasen selten. Wenn mehrere Wirbel befallen sind, spricht dies für Metastasen oder multiples Myelom.
Multiples Myelom	Die häufigsten Erscheinungsformen sind eine Verminderung der Knochendichte und Betonung der Trabekelzeichnung in der Wirbelsäule und diffuse osteolytische Läsionen im Becken. (Hinsichtlich anderer Merkmale s. Kap. 5, S. 76.)	Die Aussparung der Bogenfüße bei osteolytischer Destruktion von Wirbelkörpern unterscheidet das multiple Myelom von typischen osteolytischen Metastasen.

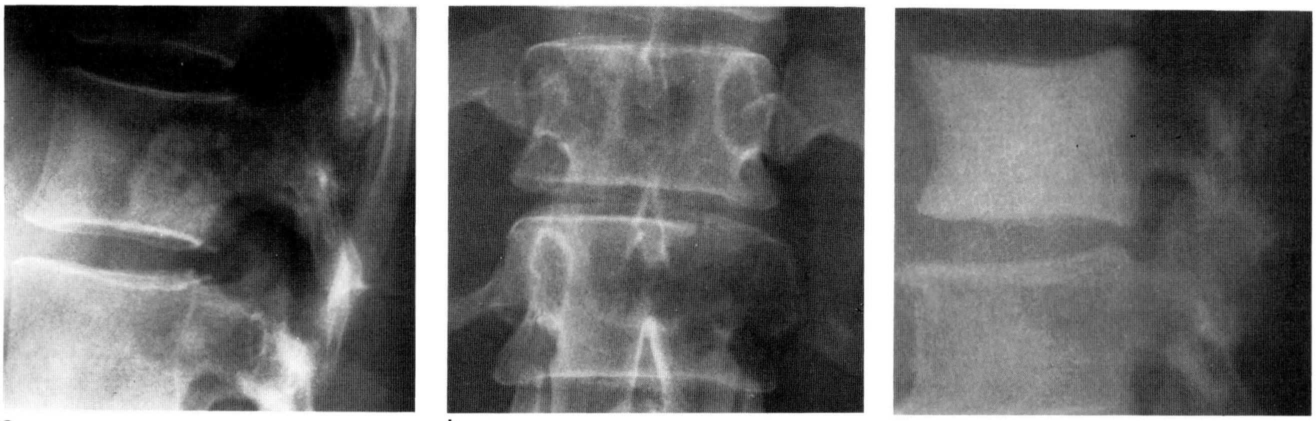

a b c

Abb. 12.51 **a–c Wirbelsäulenmetastasen. a** Osteosklerotische Metastasen von einem **Mammakarzinom** sowohl im Wirbelkörper als auch im Bogenfuß. **b** Osteolytische Metastase von einem **Nierenadenokarzinom** mit Destruktion des Bogenfußes. **c** „Elfenbeinwirbel" durch ein metastasierendes **Prostatakarzinom,** das atypischerweise nur den Wirbelkörper befallen hat.

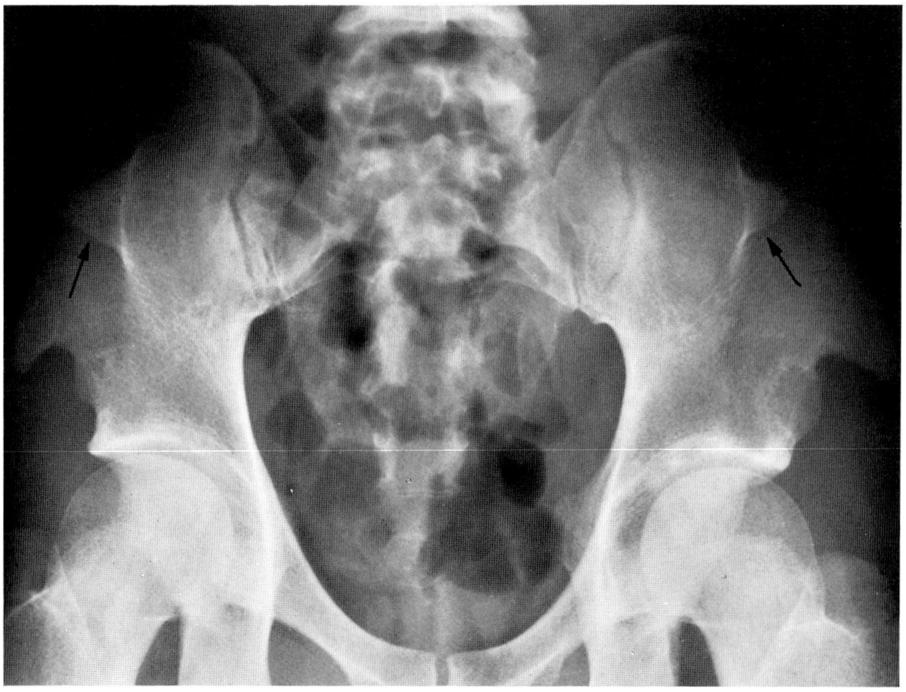

Abb. 12.**52** Beckenhörner (Pfeile) ohne Begleitanomalien **(Fong-Krankheit).**

Tabelle 12.6 Differentialdiagnose lokalisierter Läsionen des Beckens

Veränderung	Radiographischer Befund	Kommentar
Kaudale Hypoplasie	Fehlen oder Hypoplasie der Sakralsegmente und Sakroiliakalgelenke. Hypoplasie und Deformierung der Beckenknochen.	Oft beim Kind einer Diabetikerin. Verbunden mit urogenitalen, gastrointestinalen und neuralen Anomalien. Eine Verbreiterung der Schambeinfuge und andere Anomalien gehen oft mit Urogenitalanomalien einher.
Dysostosis cleidocranialis	Die konstantesten Röntgensymptome finden sich in Schädel, Schlüsselbein und Becken. Breite Symphyse, Ossifikationshemmung in Sitz- und Schambein, Hypoplasie der Darmbeinschaufeln und des Kreuzbeins.	Kongenitale Dysostose mit Störung der endesmalen Knochenbildung, die zur Entwicklung eines großen Schädels mit relativ kleinem Gesichtsschädel, Schmalbrüstigkeit und nach vorn fallenden Schultern führt. Hypoplastische Veränderungen in den Gesichtsknochen und Schlüsselbeinen. Die Wirbelsäule kann Fusionsdefekte aufweisen.
Osteoonychodysplasia hereditaria (Abb. 12.52)	Kennzeichnend sind osteokartilaginäre Exostosen, die dorsal von den Darmbeinschaufeln abstehen (Beckenhörner). Die Patella kann eine Subluxation, Hypoplasie oder Aplasie aufweisen. Auch das Radiusköpfchen kann hypoplastisch sein.	Autosomal-dominant vererbte Störung der ektodermalen und mesodermalen Gewebe, die sich hauptsächlich mit dysplastischen Veränderungen in Nägeln, Becken, Knien und Ellenbogen manifestiert. Beckenhörner ohne Begleitanomalien werden als *Fong-Krankheit* bezeichnet.
Mongolismus (Trisomie G 21–22, Down-Syndrom)	Weit ausladende Beckenschaufeln, Abflachung des Azetabulumdachs und Verjüngung des Sitzbeins sind typische Röntgenzeichen. Häufig besteht eine atlantoaxiale Subluxation.	Die schräggestellte Lidachse und das charakteristische Gesicht ist schon bei Geburt erkennbar. Beim *Trisomie-17-18-Syndrom* hat das Becken eine „antimongoloide" Konfiguration.
Morbus Paget (Abb. 12.53)	Charakteristisch sind die Kortikalisverdickung, besonders am Beckeneingang, die Vergrößerung von Scham- und Sitzbein und die grobe Trabekelzeichnung.	Das Becken ist häufig beteiligt und zeigt meist gemischte lytisch-sklerotische Veränderungen.

Fortsetzung auf Seite 208

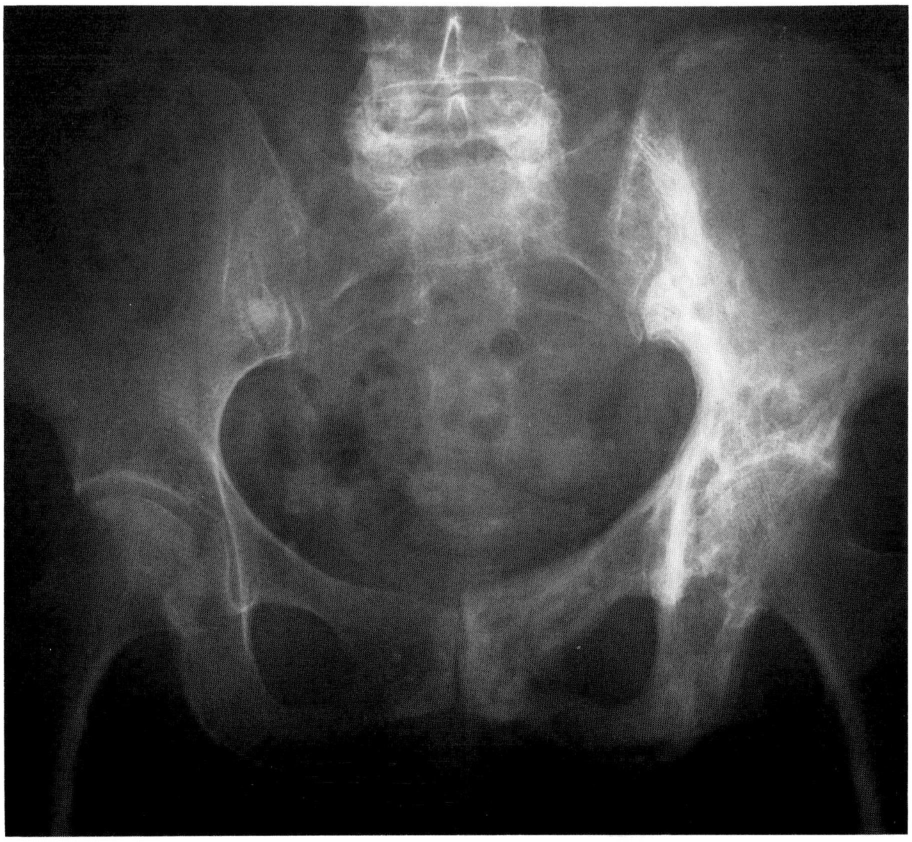

Abb. 12.**53** **Morbus Paget** in den linken Beckenknochen. Vergrößerung des Scham- und Sitzbeins und grobe Trabekelzeichnung.

Tabelle 12.6 Differentialdiagnose lokalisierter Läsionen des Beckens (Fortsetzung)

Veränderung	Radiographischer Befund	Kommentar
Ostitis condensans ilii (Hyperostosis triangularis ilii) (Abb. 12.54)	Bilaterale Sklerose der Darmbeine mit normalen Sakroiliakalgelenken. Die dreieckförmige Sklerose ist auf den Bereich vor dem Sakroiliakalgelenk in Höhe seiner unteren zwei Drittel beschränkt.	Häufig bei Frauen im gebärfähigen Alter. Die bilaterale Dreieckform unterscheidet diese Erkrankung von unilateralen Sklerosen wie bei Knocheninsel, osteoplastischen Metastasen, Sakroiliitis circumscripta oder Morbus Paget.
Sacroiliitis circumscripta (Abb. 12.55)	Zirkulärer oder polyzyklischer, gut abgegrenzter Sklerosebezirk an *beiden* Seiten des Sakroiliakalgelenks mit minimaler Arrosion der Gelenkflächen.	Seltene Entzündung unbekannter Ätiologie. Unterscheidung von Ostitis condensans ilii (Sakrum nicht beteiligt), Kapselverkalkungen am Sakroiliakalgelenk (Gelenkflächen unversehrt), *eitriger oder tuberkulöser Sakroiliitis (Abb. 12.***56***)* erforderlich.
Osteochondrosis sacri	Sklerotische Fragmentation der lateralen Sakralapophysen mit normaler iliakaler Gelenkkontur.	Seltene aseptische Nekrose der Sakralapophysen. Kommt im Alter von 16–20 Jahren vor. Unterscheidet sich durch das Fehlen von Arrosionen von der juvenilen Spondylitis ankylosans und der bakteriellen Entzündung. Selten kommt es zu einer Destruktion des Sakroiliakalgelenkknorpels bei *rezidivierender Polychondritis.*
Osteolyse-Syndrome	Regionaler Knochenschwund um das Sakroiliakalgelenk (oder woanders).	Sehr seltene Zustände, die mit einer Angiomatose oder Lymphangiomatose des Knochens beim Kind in Verbindung stehen können *(massive Osteolyse Gorham-Stout)* oder mit einer Osteolyse nach Paraplegie.
Osteonecrosis pubis	Arrosion und/oder Sklerose in der Region der unteren und/oder mittleren Portion der Schambeinfuge (Ansatz der Mm. gracilis, adductor longus und adductor brevis).	Schmerzhafte Knochenreaktion ähnlich wie Ermüdungsfrakturen. Findet sich meist bei jungen Sportlern mit Schmerzen in der Schambeingegend.
Ostitis pubis (Abb. 12.57)	Demineralisation, Arrosion und Sklerose in der Gegend der Symphysis pubica. Bei der Heilung kann sich eine Knochenbrücke über die Symphyse bilden.	Bakterielle oder aseptische Entzündung der Schambeinsynchondrose. Tritt gewöhnlich 4 bis 12 Wochen nach Prostatektomie oder anderen urogenitalen Operationen auf. Häufigere Ursachen einer Verbreiterung und/oder Arrosion der Symphyse sind *Gravidität, Spondylitis ankylosans* und andere *Arthritiden.*

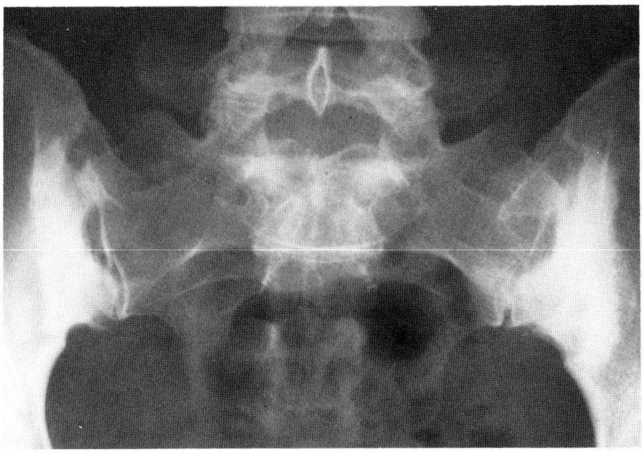

Abb. 12.**54** **Ostitis condensans ilii.** Dreieckförmige Sklerose in beiden Darmbeinen, normale Sakroiliakalgelenke.

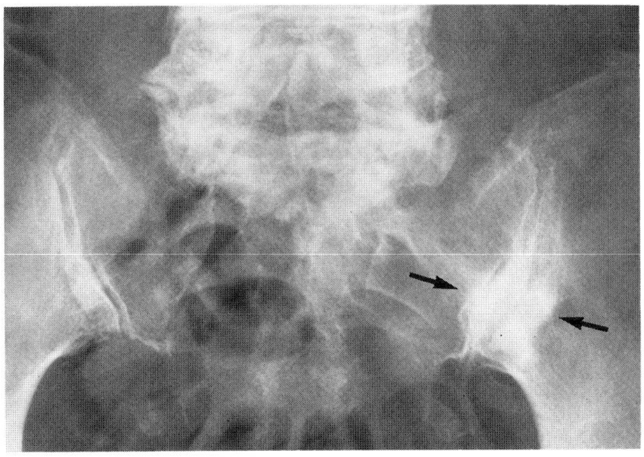

Abb. 12.**55** **Sakroiliitis circumscripta.** Polyzyklisch begrenzte Sklerose auf beiden Seiten des Sakroiliakalgelenks. Die Tomographie deckte eine minimale Arrosion auf.

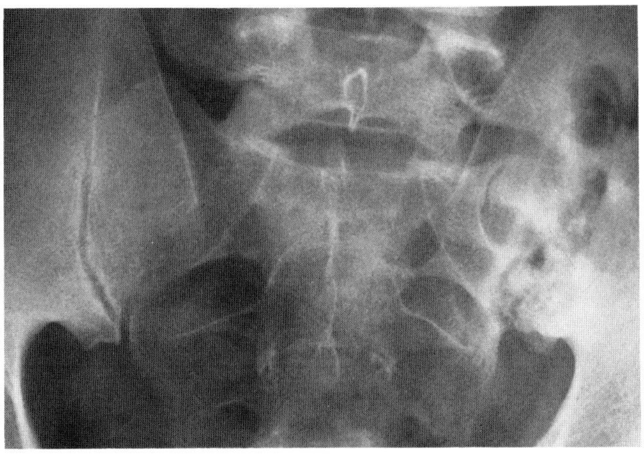

Abb. 12.**56** **Tuberkulöse Sakroiliitis** mit tiefer, umschriebener Knochendestruktion, umgebender Sklerose und Weichteilverkalkungen.

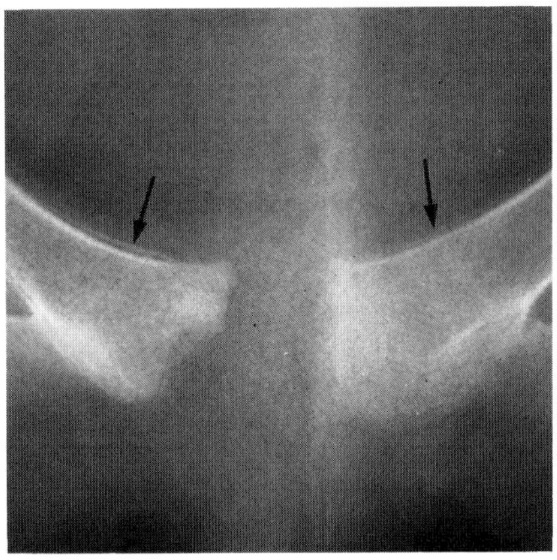

Abb. 12.**57** **Ostitis pubis (aseptische).** Verbreiterung der Symphyse, Knochenarrosion und periostale Reaktion am Beckenrand (Pfeile).

Tabelle 12.7 Differentialdiagnose von Erkrankungen mit generalisierter Beteiligung der Wirbelsäule und des Beckens

Krankheit	Radiographischer Befund	Kommentar
Achondroplasie (Abb. 12.58)	Die Wirbelsäule weist bei der Geburt flache Wirbelkörper auf, die Zwischenwirbelräume sind höher als normal. Der Wirbelkanal ist eng. Es kann eine Hypoplasie der oberen Lendenwirbel mit Kyphose, teilweiser Schnabelbildung und dorsaler Einbuchtung von Lendenwirbelkörpern bestehen. Das Becken ist aufgrund der kurzen Darmbeine und des schmalen Kreuzbeins kleiner als normal. Es gibt auch leichtere Formen (s. auch Einengung des Wirbelkanals).	Dominant vererbte Knochendysplasie mit Defekt in der enchondralen Knochenbildung.
Hurler-Syndrom (Mukopolysaccharidose I) (Gargoylismus) (Abb. 12.59, 12.60)	Die Wirbelkörper sind oval und vorn unten schnabelförmig. In der oberen Lendenwirbelregion kann ein hypoplastischer „Segelwirbel" vorhanden sein, der eine anguläre Kyphose verursacht.	Autosomal-rezessive Krankheit mit Zwergwuchs, Retardation und groben Gesichtszügen. Im Harn wird Heparansulfat und Dermatansulfat ausgeschieden. Knochenveränderungen zeigen sich nach dem 2. Lebensjahr. Die Wirbelveränderungen lassen eventuell einen intraspinalen Tumor vermuten.
Hunter-Syndrom (Mukopolysaccharidose II)	Hypoplasie der Bogenfüße und Vergrößerung des interpedikulären Abstands mit dorsaler Einbuchtung eventuell vorhanden.	Der schnabelförmige Vorsprung unten an den ovalen Wirbelkörpern unterscheidet diese Krankheit vom Morquio-Syndrom. Das Hunter-Syndrom ist radiologisch ähnlich wie das Hurler-Syndrom, schreitet aber langsamer fort.
Morquio-Syndrom (Mukopolysaccharidose IV) Abb. 12.61)	Durchweg Vertebrae planae mit Schnabelbildung in der Mitte der Vorderseite im Gegensatz zum Hurler-Syndrom, bei dem der Schnabel vorn unten sitzt. Weiter finden sich in der Wirbelsäule eine Hypoplasie des Dens mit atlantoaxialer Instabilität, eine dorsolumbale Rotationskyphoskoliose und ein vergrößerter interpedikulärer Abstand sowie ein kleines Sakrum mit engem, ovalem Beckeneingang und weiten Azetabula.	Manifestiert sich klinisch während des zweiten Lebensjahrs. Im Harn wird Keratosulfat ausgeschieden. Der Rumpf ist kurz, die Extremitäten sind dagegen relativ normal. Geistig sind die Kinder gewöhnlich nicht zurückgeblieben, doch sind multiple Extremitätendeformierungen und Hühnerbrust zu beobachten. Die *Dysplasia spondyloepiphysaria congenita* kann vom Morquio-Syndrom aufgrund des Fehlens einer Hornhauttrübung und Mukopolysaccharidurie sowie anhand von Manifestationen, die schon bei der Geburt vorhanden sind, unterschieden werden, wenn sich auch die Wirbelsäulenveränderungen bei beiden Krankheiten gleichen.
Progerie	Die Wirbelkörper behalten ihre infantile zentrale Einkerbung. Eine bilaterale Coxa valga ist konstant vorhanden.	Seltenes Leiden unbekannter Ätiologie, das durch Zwergwuchs und vorzeitige Vergreisung gekennzeichnet ist. Schnabelartige Nase, fliehendes Kinn und Glatzenbildung sind typisch.
Arachnodaktylie (Marfan-Syndrom)	Die Lendenwirbel können abnorm hoch sein, das Darmbein ist u. U. vertikal mit weiter Beckenhöhle. Eine Erweiterung des Wirbelkanals und eine dorsale Einbuchtung der Wirbelkörper wurden beobachtet. Eine Skoliose ist häufig.	Autosomal-dominant vererbte Wachstumsstörung, die darauf beruht, daß kein normales Kollagen gebildet werden kann. Kennzeichnend sind lange, schlanke Metatarsalia, Metakarpalia und Phalangen.
Homozystinurie	Die Abflachung und Bikonkavität der osteoporotischen Wirbelkörper ist ein Unterscheidungsmerkmal gegenüber dem Marfan-Syndrom.	Etwas heterogene Krankheit mit rezessivem Mendel-Erbgang; gewöhnlich besteht ein Mangel an dem Enzym Zystathionin-β-Synthetase. Bei einem Drittel der Kranken bestehen ähnliche Veränderungen wie beim Marfan-Syndrom.

Fortsetzung auf Seite 212

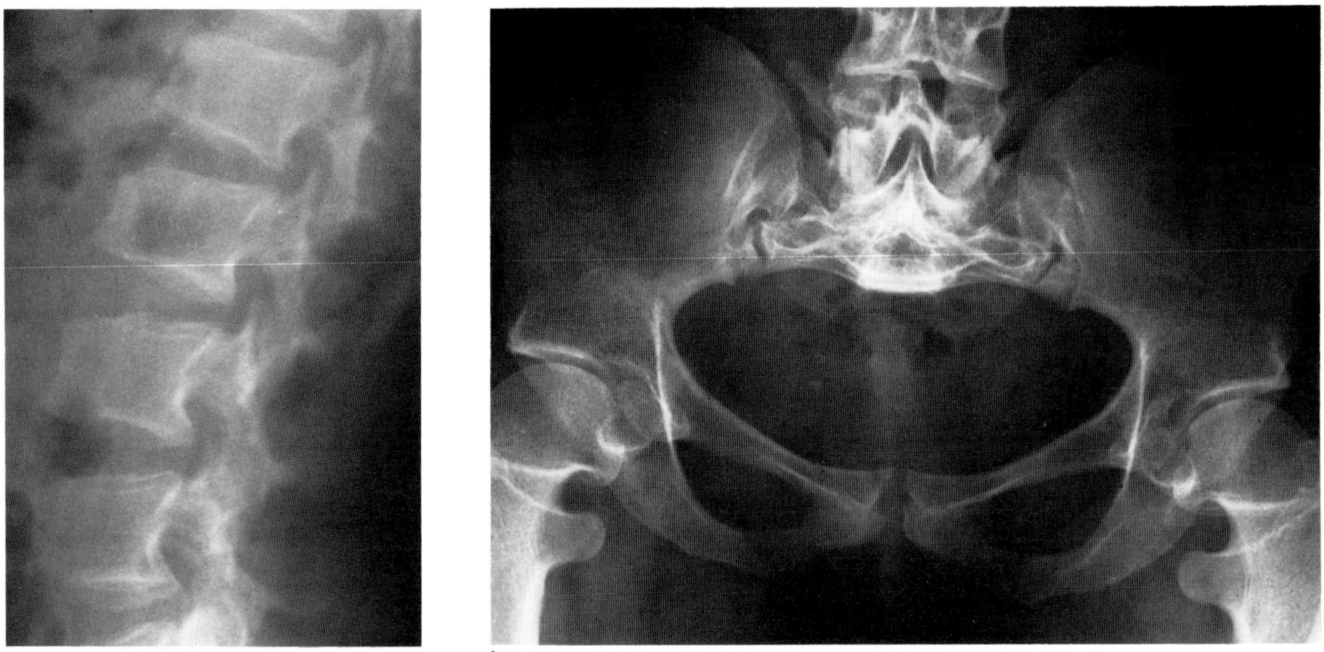

a b

Abb. 12.**58 a, b** **Achondroplasie. a** Abnorme Wirbelkörper mit teilweiser Schnabelbildung und dorsaler Exkavation. **b** Hypoplastisches Kreuzbein, abnorme Form des Beckens und der Hüftgelenke.

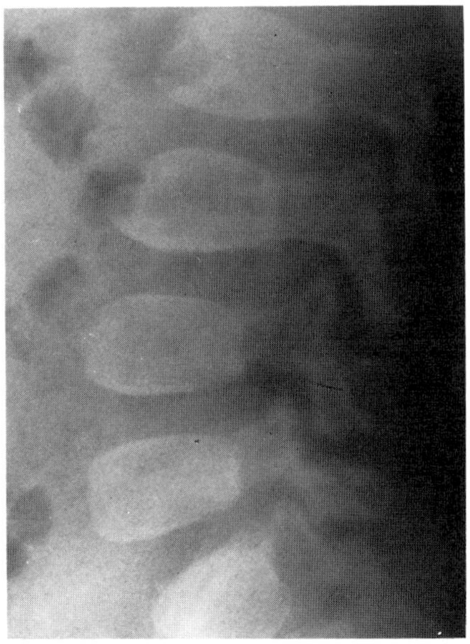

Abb. 12.**59** **Hurler-Syndrom.** Ovale Wirbelkörper mit Schnabelbildung vorn unten.

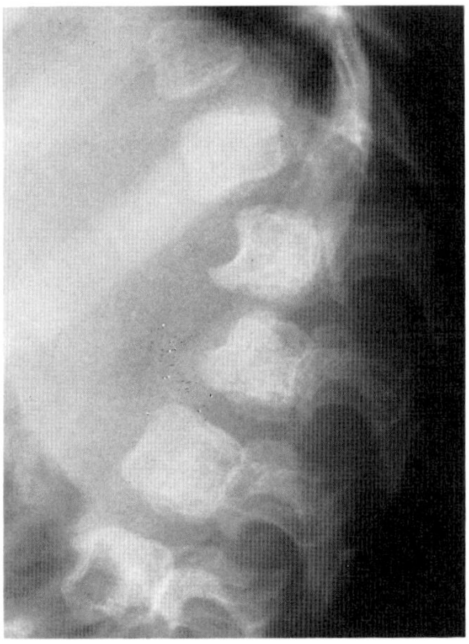

Abb. 12.**60** **Hurler-Syndrom.** Hypoplastischer Wirbel mit typischer Schnabelbildung unten, sowie Kyphose.

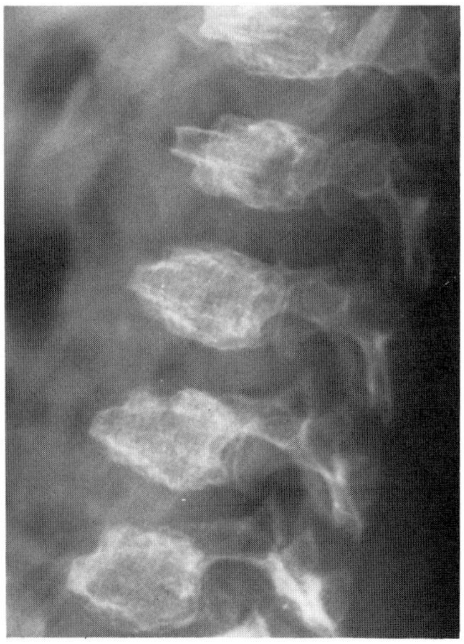

Abb. 12.**61** **Morquio-Syndrom.** Durchgehend flache Wirbel mit Schnabelbildung in der Mitte der Vorderseite.

Tabelle 12.7 Differentialdiagnose von Erkrankungen mit generalisierter Beteiligung der Wirbelsäule und des Beckens (Fortsetzung)

Krankheit	Radiographischer Befund	Kommentar
Neurofibromatose (von Recklinghausen) (Abb. 12.62)	In der Wirbelsäule finden sich multiple radiographische Zeichen, meist Kyphoskoliose mit dysplastischen Wirbelkörpern, Arrosion der Foramina intervertebralia durch „hantelförmige" Neurofibrome und dorsale Einbuchtung der Wirbelkörper mit oder ohne Meningozele. Es sind noch mehrere andere Anomalien der Wirbelsäule oder des Beckens zu beobachten, die aber nicht bezeichnend für diese Krankheit sind.	Hereditäre Störung der mesodermalen und neuroektodermalen Gewebe. Kennzeichnend sind Neurofibrome, glattrandige Café-au-lait-Flecke auf der Haut und Knochendeformierungen.
Osteogenesis imperfecta (Abb. 12.63)	Die Wirbelkörper sind osteoporotisch und haben eine uneinheitliche bikonkave Konfiguration. Skoliose und Protrusio acetabuli sind häufig.	Autosomal-dominant vererbte Bindegewebsstörung. Die kongenitale Form ist schon bei der Geburt vorhanden, die Tarda-Form kann sich in der Pubertät oder im Erwachsenenalter manifestieren. Kennzeichnend sind Osteoporose, multiple Frakturen, Verbiegung der langen Röhrenknochen und blaue Skleren.
Sichelzellenanämie (Abb. 12.64)	Die Wirbelsäule ist schon bei jungen Erwachsenen vermehrt strahlendurchlässig. Die Trabekelzeichnung ist grob und bewirkt eine stellenweise erhöhte und stellenweise verminderte Knochendichte. Die Wirbelkörper sind oft bikonkav. Typisch ist eine tassenförmige Einsenkung in den oberen und unteren Endplatten im Bereich ihrer mittleren Dreifünftel, die sich in mehreren Wirbelkörpern findet. Bei Kindern kann die Einkerbung an der Wirbelvorderkante überbetont sein.	Bei dieser erblichen Krankheit nehmen die Erythrozyten bei vermindertem Sauerstoffpartialdruck eine sichelförmige Konfiguration an. Es liegt ein genetisch determiniertes anomales Hämoglobin (HbS) vor. Die Symptomatik der Sichelzellenkrankheit ist durch die Anämie bedingt, d. h. durch den rapiden Zerfall abnormer Erythrozyten.

Fortsetzung auf Seite 214

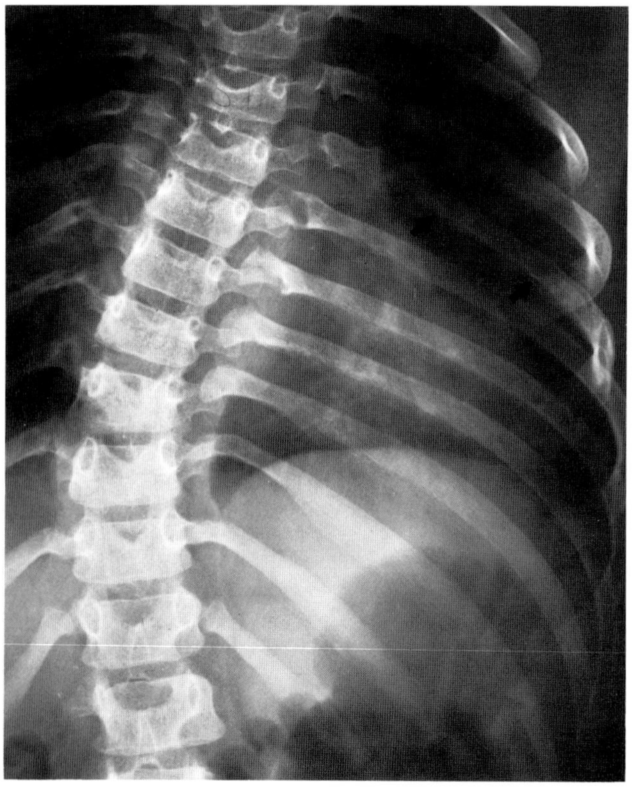
a

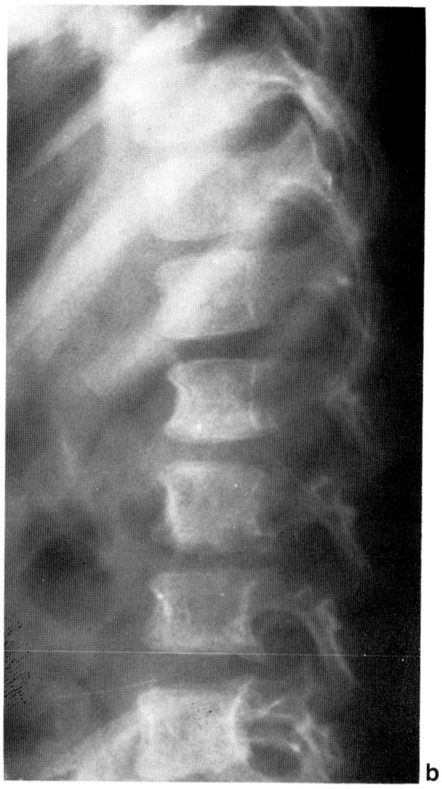
b

Abb. 12.**62** **Neurofibromatose. a** A.-p. Projektion: Skoliose und Rippenveränderungen (Pfeile). **b** Seitliche Projektion: Dorsale Einbuchtung der Wirbelkörper. Leichte Erweiterung der Foramina intervertebralia in der Thorakolumbalregion.

Abb. 12.**62 c** Die Schrägaufnahme von der Halswirbelsäule ▶ zeigt dyplastische Halswirbel mit Skoliose und weiten Foramina intervertebralia.

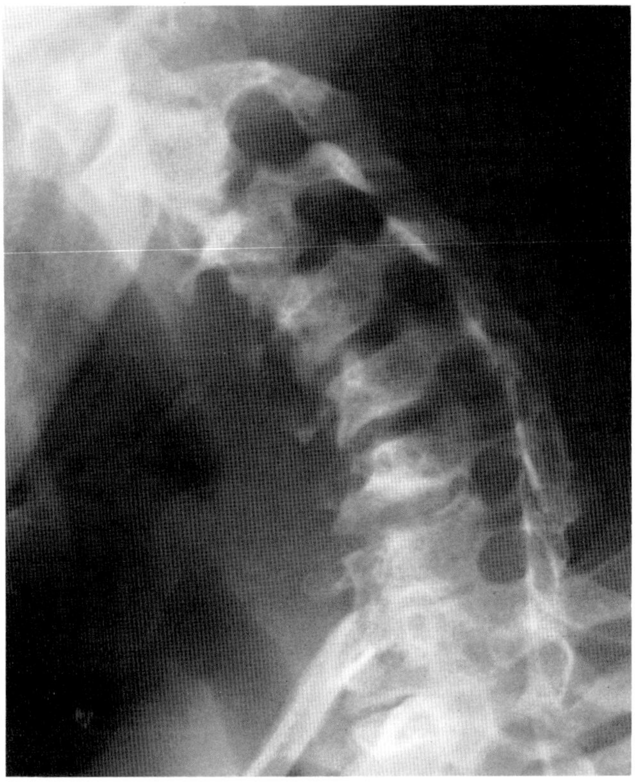

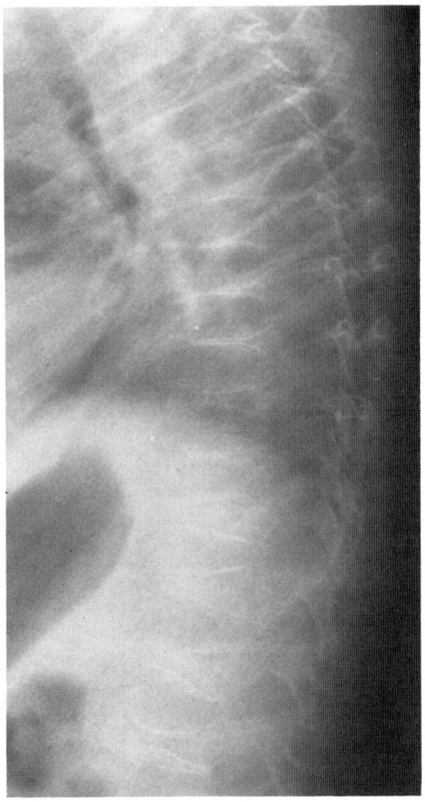

12.**63**

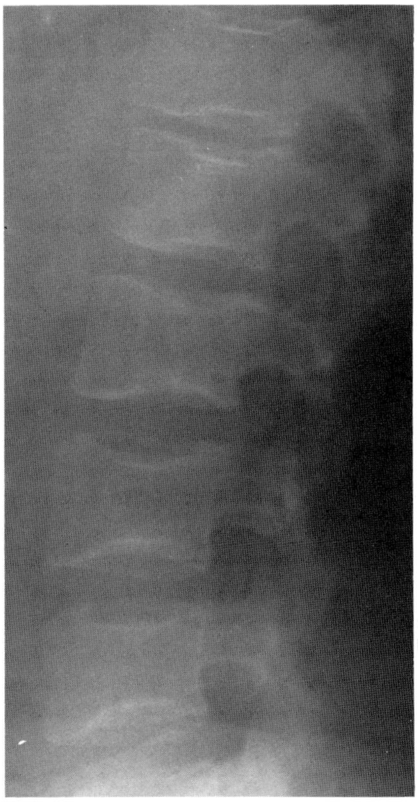

12.**64**

Abb. 12.**63** **Osteogenesis imperfecta.** Vermehrte Strahlendurchlässigkeit der Wirbelsäule, bikonkave Lendenwirbelkörper.

Abb. 12.**64** **Sichelzellenanämie.** Die tassenförmige Einsenkung im Mittelteil der Endplatten ist in der Thorakolumbalregion am deutlichsten.

Tabelle 12.7 Differentialdiagnose von Erkrankungen mit generalisierter Beteiligung der Wirbelsäule und des Beckens (Fortsetzung)

Krankheit	Radiographischer Befund	Kommentar
Thalassämie	Eine Bikonkavität der Wirbelkörper gehört *nicht* zum Bild der Thalassämie, aber es kann eine Dichteverminderung und grobe Trabekelzeichnung in Wirbelsäule und Becken zu beobachten sein.	Heterogene Gruppe mikrozytärer Anämien, die auf einer Synthesehemmung einer oder mehrerer Hämoglobinpolypeptidketten beruhen. Bei Heterozygoten sind die Symptome leicht. Die radiographischen Veränderungen in den Knochen sind durch die Hyperplasie des erythropoetischen Knochenmarks bedingt.
Kretinismus (angeborene Hypothyreose)	Kyphose, flache Wirbelkörper und Verbreiterung der Zwischenwirbelräume. Ein oberer Lendenwirbel kann eine Keil- oder Hakenform aufweisen (Segelwirbel).	Die Veränderungen sind bei der Geburt noch nicht vorhanden. Segelwirbel kommen auch bei Achondroplasie, Hurler-Syndrom und Morquio-Syndrom vor.
Osteopetrosis Albers-Schönberg (Marmorknochenkrankheit) (Abb. 12.65)	Alle Knochen können betroffen sein – es geht der Unterschied zwischen Kortikalis und Spongiosa verloren. Wirbel und Becken können gleichmäßig dicht sein, oder die Wirbel können das Bild eines „Knochens-im-Knochen" zeigen. Durch die Verdichtung der Endplatten können „Sandwich"-Wirbel entstehen. Ähnliche alternierende Streifen kommen auch im Becken vor.	Erblich bedingte Hemmung des Umbaus der primären Spongiosa. Die *kongenitale Form* wird autosomal-rezessiv vererbt und ist bei der Geburt manifest. Die *Tarda-Form* wird dominant vererbt, ist klinisch gutartig und in 50% der Fälle asymptomatisch. Eine Anämie ist ein häufiges klinisches Symptom. Eine ziemlich ähnliche Osteosklerose, aber ohne „Knochen-im-Knochen" und ohne Anämie, wird bei der seltenen hereditären *Pyknodysostose* beobachtet. Bei der *Osteopoikilie* kommen die sklerotischen Flecke eher in der Umgebung des Azetabulums vor, aber nicht in der Wirbelsäule; bei der *Osteopathia striata* können sowohl Becken als auch Wirbelsäule befallen sein.
Osteomyelofibrose (Myelosklerose) (Abb. 12.66)	Bei 50% der Fälle besteht eine Osteosklerose in wechselndem Ausmaß. Wirbelsäule und Becken sind oft beteiligt. Die Knochenverdichtung kann in trabekulärer oder „Milchglas"-Form auftreten und fleckförmig angeordnet sein.	Fortschreitende Fibrose des Knochenmarks mit leukämoidem Blutbild (Splenomegalie) und Osteosklerose, gewöhnlich nach dem 50. Lebensjahr. Der Erkrankung geht oft eine *Polycythaemia vera* voran.
Mastozytose (Urticaria pigmentosa) (Abb. 12.67)	Wirbelsäule und Becken sind häufig befallen und zeigen eine Mischung von (diffuser oder trabekulärer) Sklerose und Osteoporose des spongiösen Knochens.	Übermäßige Vermehrung der Mastzellen in der Haut, die zur Bildung von nabelartig eingedellten Papeln führt. Oft besteht eine Anämie. Der Befall des Knochenmarks hat eine Sklerose zur Folge.

Fortsetzung auf Seite 216

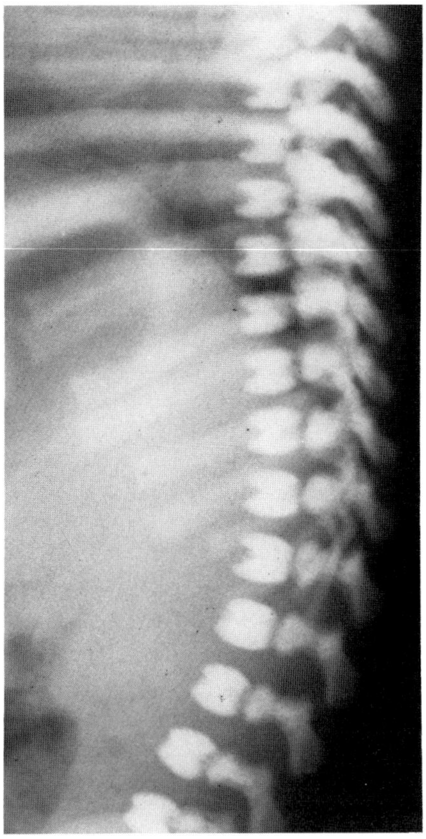
a

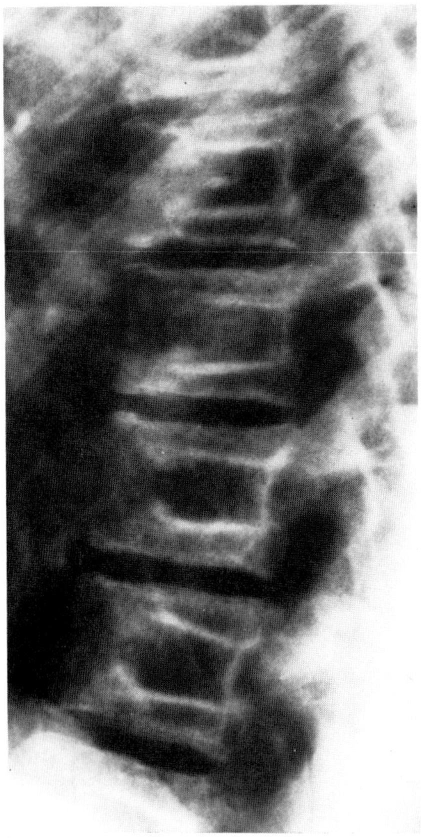
b

Abb. 12.**65 a, b** **Osteopetrosis.**
a Gleichmäßig dichte Wirbel und Rippen bei einem Kind. **b** „Sandwich"-Wirbel, erhöhte Dichte der Endplatten.

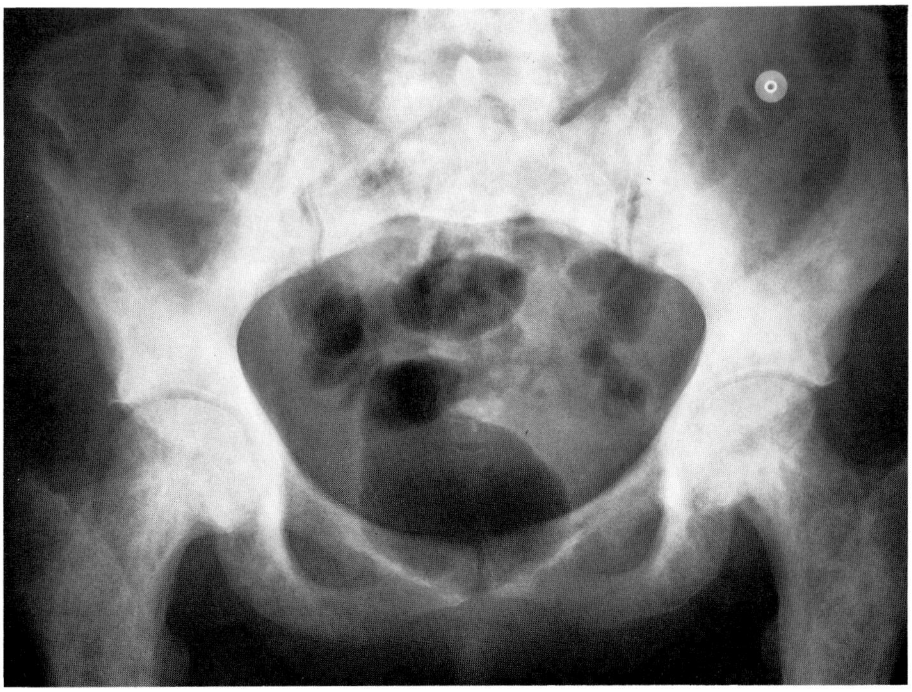
12.**66**

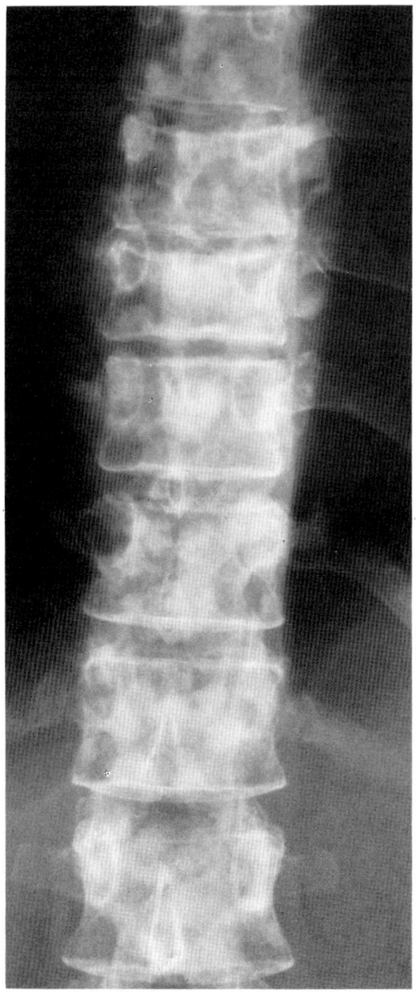
12.**67**

Abb. 12.**66** **Osteomyelofibrose.** Fleckförmige Sklerose im Becken, in der unteren Lendenwirbelsäule und den oberen Femurabschnitten. Das gleiche Bild können ausgedehnte osteosklerotische Metastasen erzeugen (z. B. von einem Prostatakarzinom).

Abb. 12.**67** **Mastozytose.** Die Wirbelkörper weisen eine fleckige Sklerose auf.

Tabelle 12.7 Differentialdiagnose von Erkrankungen mit generalisierter Beteiligung der Wirbelsäule und des Beckens (Fortsetzung)

Krankheit	Radiographischer Befund	Kommentar
Tuberöse Sklerose (Abb. 12.68)	Osteosklerose in unregelmäßigen Flecken ohne Knochenvergrößerung oder Vergröberung der Trabekelzeichnung. Die Läsionen im Darmbein sind zentral gelegen; Becken und Lendenwirbelsäule sind in 40% der Fälle beteiligt.	Familiärer Defekt der ektodermalen Entwicklung. Adenoma sebaceum im Gesicht, Epilepsie, Intelligenzdefekt, Nierenhamartome und kleine verstreute intrakraniale Verkalkungen sind häufig.
D-Hypervitaminose	Dichte Endplatten und subkortikale Aufhellung in den Wirbelkörpern.	Überdosierung von Vitamin D. Metastatische Verkalkungen sind häufig (Kap. 7, S. 111). Die *idiopathische Hyperkalzämie* in chronischer Form kann ebenfalls eine periphere kortikale Sklerose der Wirbelkörper verursachen.
Fluorose (Abb. 12.69)	Verdickung der Trabekelzeichnung in Wirbelkörpern und Becken (auch Rippen und Schlüsselbeinen) mit nachfolgender dichter, gleichmäßiger, symmetrischer Sklerose. Typische große, sklerotische Osteophyten. Die Knochen können verbreitert sein. Eine Verkalkung der iliolumbalen und sakralen Bänder ist häufig.	Übermäßige Zufuhr von Fluorid, das die normale Knochenresorption hemmt.

Fortsetzung auf Seite 217

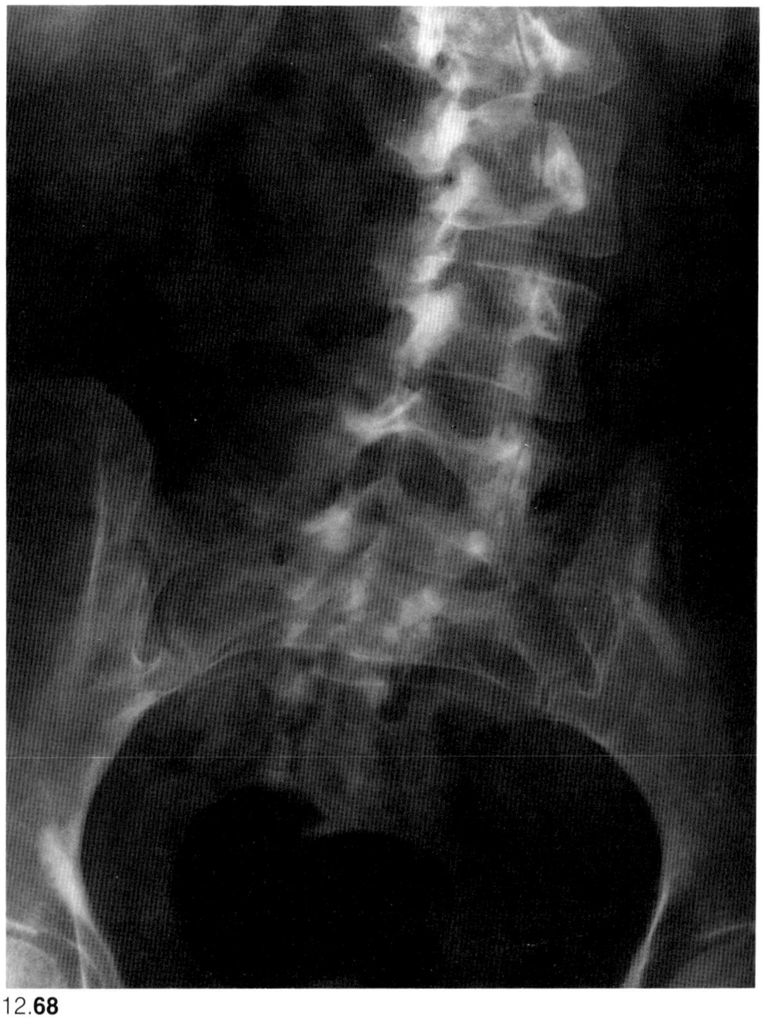

12.**68**

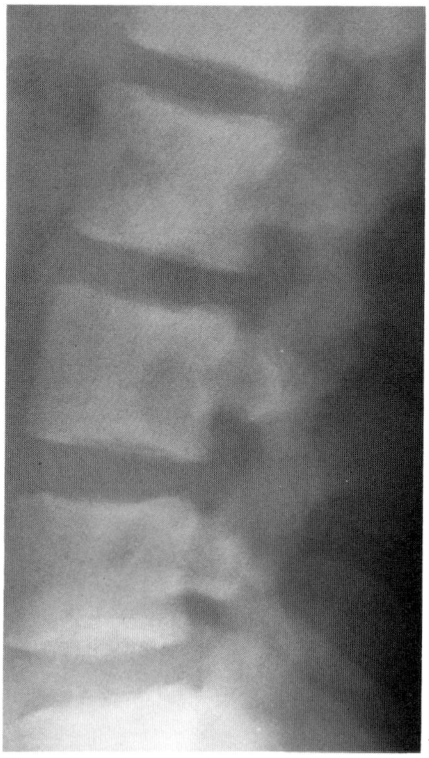

12.**69**

Abb. 12.**68** **Tuberöse Sklerose.** Unregelmäßige Skleroseflecken um Beckeneingang, Sakroiliakalgelenke und in Sakrum und Lendenwirbelsäule. Eine Skoliose ist in diesem Fall ein Begleitbefund.

Abb. 12.**69** **Fluorose.** Dichte, gleichmäßige Sklerose der Lendenwirbelsäule.

Tabelle 12.7 Differentialdiagnose von Erkrankungen mit generalisierter Beteiligung der Wirbelsäule und des Beckens (Fortsetzung)

Krankheit	Radiographischer Befund	Kommentar
Hyperparathyreoidismus (primär oder sekundär) (Abb. 12.70) *Fortsetzung auf Seite 218*	Anfangs kommt es zur Abnahme der Knochendichte sowie zur subperiostalen und endostalen Knochenresorption. Die Resorption ist besonders in Symphyse, Sitzbein und Sakroiliakalgelenken ausgeprägt. Expandierende Knochenherde kommen im Becken vor. Es sind braune Tumoren oder echte Zysten. In der Folge kommt es zu Beckenfrakturen und -deformierungen. Es kann sich eine generalisierte Sklerose der Wirbelkörper oder eine bandförmige Sklerose anschließend an die Endplatten finden.	Eine „bandförmige Sklerose" der Wirbelsäule ist beim sekundären Hyperparathyreoidismus (renale Osteodystrophie) häufiger als beim primären. Eine Zyste heilt nach Parathyreoidektomie nicht ab, aber ein brauner Tumor wird durch dichten Knochen ersetzt, der als dichter Herd jahrelang persistieren kann.

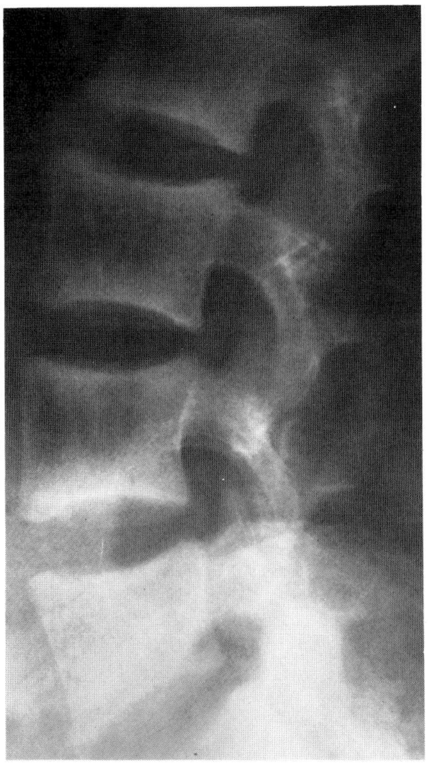
a

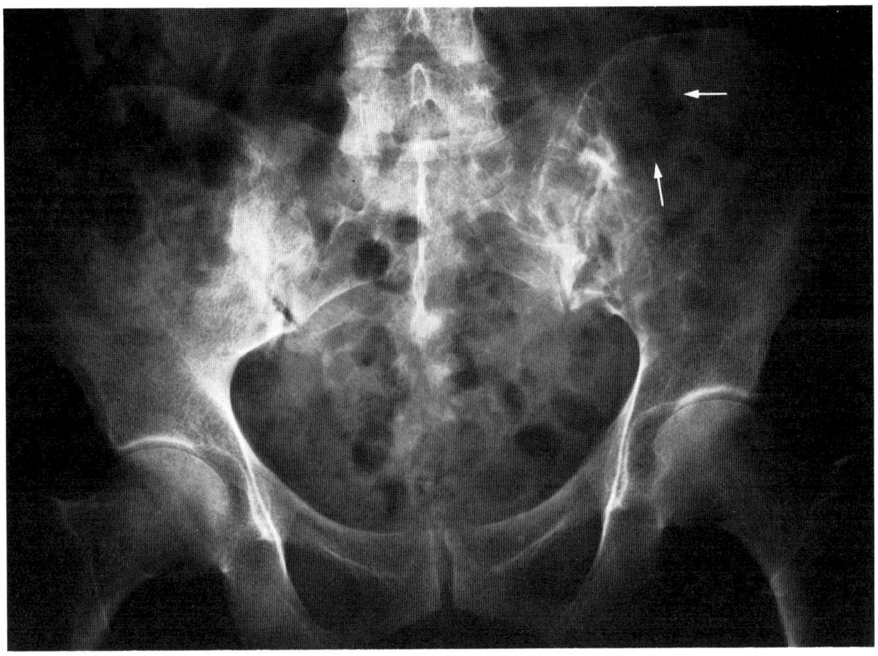
b

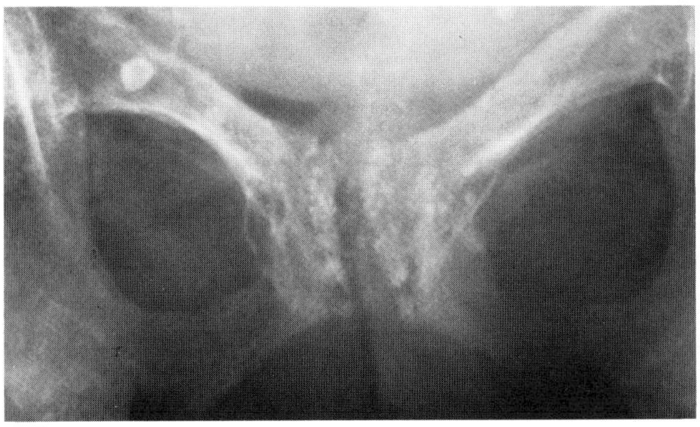
c

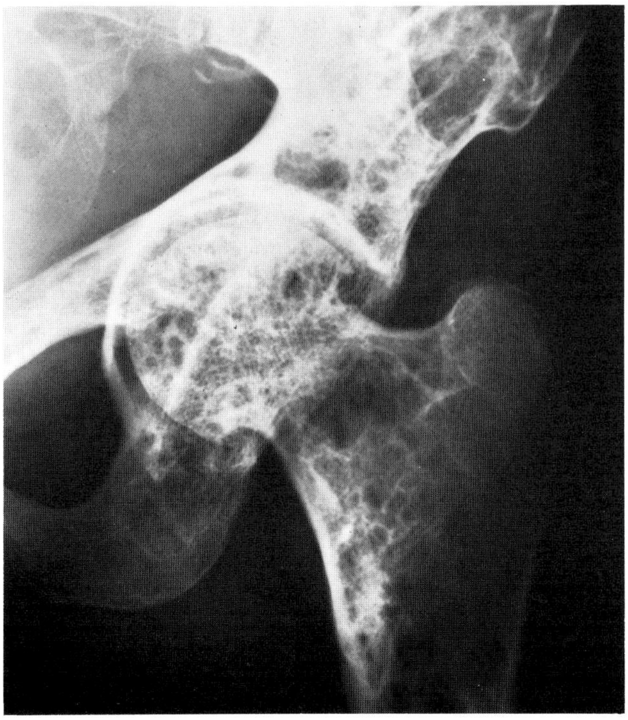
d

Abb. 12.**70 a–d Hyperparathyreoidismus. a** Bandförmige Sklerose anschließend an die Wirbelendplatten bei renaler Osteodystrophie. **b** Große, gekammerte zystische Läsion im linken Darmbein (Pfeile) bei primärem Hyperparathyreoidismus. **c** Arrosion und Sklerose an der Symphyse (primärer Hyperparathyreoidismus). **d** Protrusio acetabuli und ausgedehnte zystische Läsionen im Becken und Femur. Primärer Hyperparathyreoidismus.

Tabelle 12.7 Differentialdiagnose von Erkrankungen mit generalisierter Beteiligung der Wirbelsäule und des Beckens (Fortsetzung)

Krankheit	Radiographischer Befund	Kommentar
Arthritiden und andere Gelenkerkrankungen mit Beteiligung von Wirbelsäule und Becken (Abb. 12.**71**–12.**74)**	Bezüglich der allgemeinen radiographischen Befunde und differentialdiagnostischen Aspekte s. Tab. 6.**2**, S. 88.	

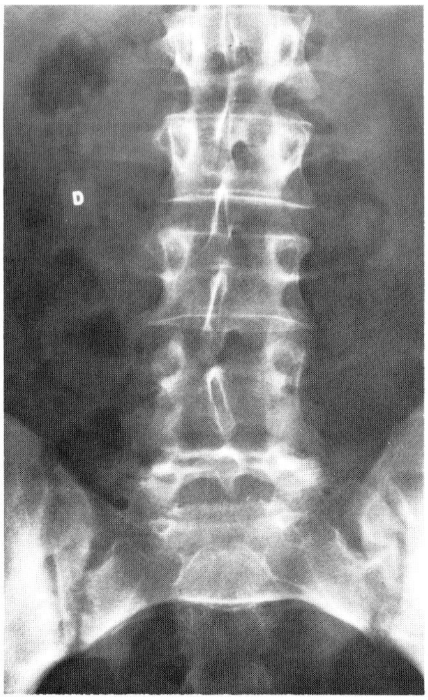

12.**71**

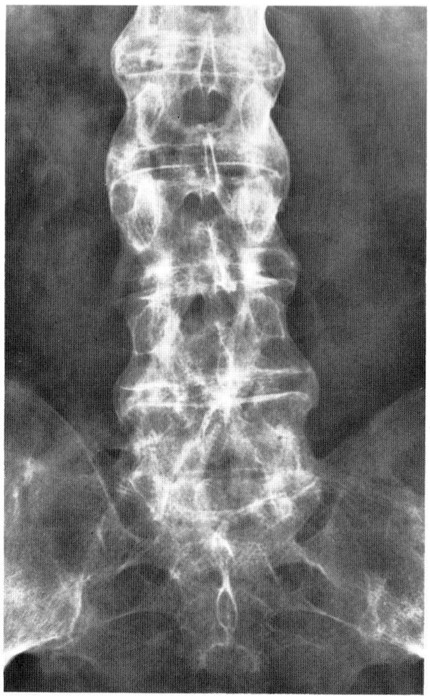

12.**72a**

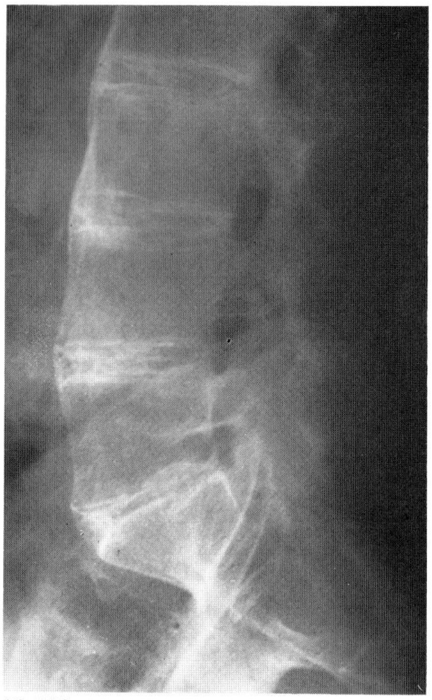

12.**72b**

Abb. 12.**71** **Spondylitis ankylosans.** Arrosion und Sklerose beider Sakroiliakalgelenke. Verschmälerung und Arrosion der Zwischenwirbelgelenke, keine erkennbaren Syndesmophyten.

Abb. 12.**72a, b** **Fortgeschrittene Spondylitis ankylosans.** „Bambusstab"-Wirbelsäule mit Syndesmophyten, Kastenform der Wirbelkörper, Ankylose der Sakroiliakal- und Zwischenwirbelgelenke und Verschmälerung der Bandscheibenräume mit Kalkeinlagerungen.

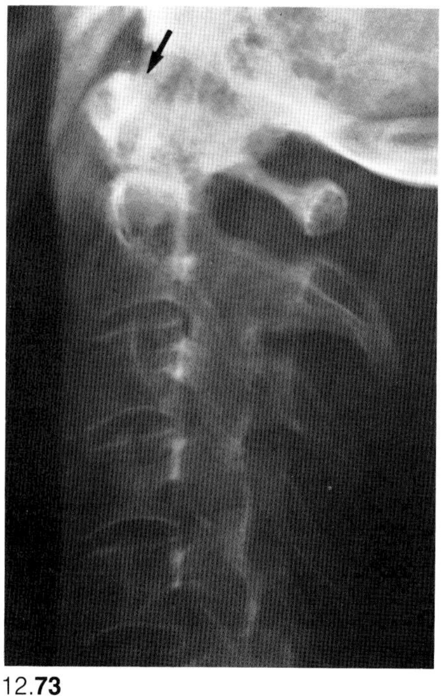

12.**73**

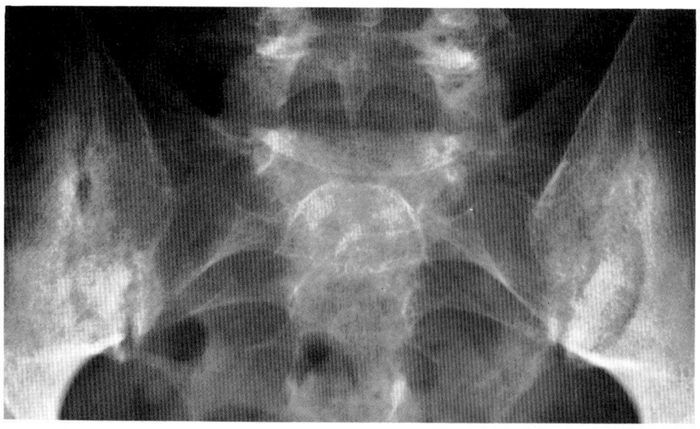

12.**74**

Abb. 12.**73** **Spondylitis ankylosans.** Ankylose der Zwischenwirbelgelenke, Kastenform der Wirbelkörper und Subluxation des Atlantoaxialgelenks (Pfeil).

Abb. 12.**74** **Arthritis psoriatica.** Bilaterale, asymmetrische Arrosion und Sklerose der Sakroiliakalgelenke.

13 Schlüsselbeine, Rippen, Brustbein

Da Schlüsselbeine, Rippen und Brustbein gewöhnlich auf denselben Routineaufnahmen sichtbar sind, werden sie im gleichen Kapitel behandelt, obwohl das Schlüsselbein anatomisch ein Teil der oberen Extremität ist. Viele der radiographischen Zeichen werden als Zufallsbefund auf Thoraxaufnahmen entdeckt. Auf diesen Hartstrahlaufnahmen kommen Knochendetails in Rippen und Brustbein schlecht zur Darstellung. Wenn örtliche Schmerzen, ein vorangegangenes Trauma oder eine tastbare Veränderung vorliegen, macht man Spezialaufnahmen mit weniger kV und besserem Kontrast. Der Rippenknorpel wird nur sichtbar, wenn eine Verkalkung stattgefunden hat. Solche Knorpelverkalkungen finden sich häufiger bei Frauen und liegen meist zentral, während bei Männern periphere Verkalkungen vorwiegen.

Rippenanomalien

Rippendeformierungen kommen bei 2,8% der Bevölkerung vor. Die sog. *Halsrippe* kann eine überzählige Rippe sein, die vom *untersten Zervikalsegment abgeht.* Eine asymmetrisch entwickelte *hypoplastische erste Brustrippe kann eine Halsrippe vortäuschen.* Eine echte Halsrippe ist gewöhnlich ein asymptomatischer Zufallsbefund. Mitunter kann sie die A. subclavia oder den Plexus brachialis komprimieren. Relativ häufige Varianten sind angeborene *zweigeteilte, sporntragende, verbreiterte* oder *verschmolzene* Rippen (Abb. 13.**1**). Das kann eine Manifestation des seltenen *Basalzellnävus-Syndroms (Gorlin-Syndrom)* sein, das aus einer Kombination von multiplen Basalzellepitheliomen, odontogenen Zysten, Brachydaktylie, Rippenanomalien, Skoliose mit Wirbelanomalien, starker Verkalkung der Falx cerebri und multiplen verkalkten Mesenterialzysten besteht.

Dünne oder kleine Rippen

Eine *Hypoplasie* oder *Aplasie* einer Rippe ist relativ häufig an Th_1 oder Th_{12}. Elf Rippenpaare finden sich beim weiblichen Geschlecht öfter als beim männlichen und sind bei Mongoloiden häufig *(Down-Syndrom).*

Eine *regenerierte Rippe* nach Resektion ist gewöhnlich dünner, kürzer und nicht so glatt begrenzt wie die ursprüngliche. Bei *Neurofibromatose* können die Rippen infolge Hypoplasie dünn sein. Interkostale Neurofibrome verursachen Usuren am oberen und unteren Rand („bandförmige" Rippe, Abb. 13.**2**). Dünnere oder „bandförmige" Rippen findet man eventuell bei *Hyperparathyreoidismus* infolge subperiostaler Knochenresorption, *Osteogenesis imperfecta, schwerer Osteoporose,* lange bestehender *Paraplegie* (Poliomyelitis), *rheumatoider Arthritis, Sklerodermie, Trisomie-12-15-* und *Trisomie-17-18-Syndromen* sowie bei einer Reihe von seltenen *Osteochondrodysplasien.*

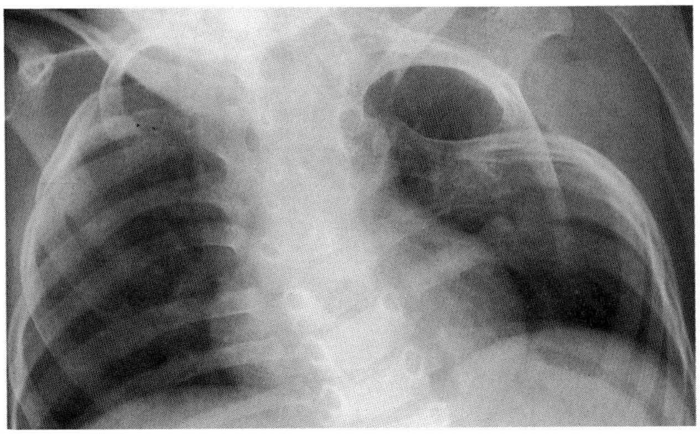

Abb. 13.1 **Bilaterale Rippenverschmelzungen** und Wirbelanomalien verursachen eine schwere Thoraxdeformierung.

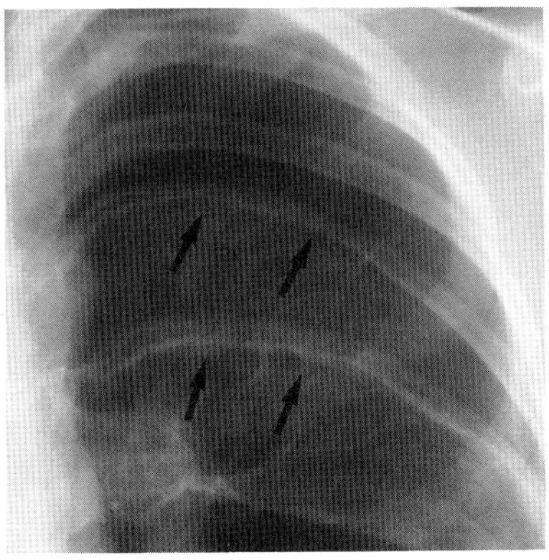

Abb. 13.2 **Neurofibromatose.** Usuren am Unterrand der hypoplastischen 5. und 6. linken Rippe (Pfeile). Sie wurden durch interkostale Neurinome verursacht.

Breite Rippen

Bei mehreren angeborenen Leiden kommt es zu Rippendeformierungen als Ausdruck der generalisierten Knochenbeteiligung.

Bei der *Achondroplasie* (Abb. 13.**3**) sind die Rippen *breit,* deutlich *verkürzt* und reichen nicht in normaler Weise um den Thorax herum. Bei den *Mukopolysaccharidosen* ist eine Rippenverbreiterung häufig (Abb. 13.**4**). Beim Typ IV *(Morquio-Syndrom)* kann der dorsale Abschnitt der Rippen dünner sein (Abb. 13.**5**). Ähnliche Rippenveränderungen wie bei den Mukopolysaccharidosen bestehen auch bei verschiedenen *Mukolipidosen* (Gruppe angeborener Störungen mit Speicherung von bestimmten Gangliosiden in den Lysosomen und ähnlichen klinischen und radiologischen Befunden wie bei Mukopolysaccharidosen). Eine fleckige Osteoporose, Metastasen täuschend ähnlich, kombiniert mit Rippenverbreiterung, kann sich bei *Morbus Gaucher* und *Niemann-Pick* finden. Außerdem kann eine Rippenverbreiterung bei mehreren seltenen Osteochondrodysplasien zum Bild gehören.

Bei der *Osteopetrosis* (Albers-Schönberg) sind Rippen und Schlüsselbeine gleichmäßig dicht (Abb. 12.**65**, S. 215). Die sternalen Enden können verbreitert sein. Ursache einer gleichmäßigen Verdichtung der Rippen sind häufig osteoplastische Metastasen, Osteomyelofibrose oder Hodgkin-Lymphom (s. Kap. 2).

Charakteristische Rippenveränderungen bei *Thalassämie* (Abb. 1.**5**, S. 7) sind knollige Auftreibungen im vorderen Bereich und eine vergröberte Trabekelzeichnung. Eine grobe Trabekelzeichnung mit Verbreiterung der Kortikalis kann auch bei *Sichelzellenanämie* und *Polyzythämie* zu beobachten sein.

Becherform und Verbreiterung der sternalen Rippenenden sind kennzeichnend für Rachitis (Abb. 13.**6**). Vorgewölbte, etwas verbreiterte kostochondrale Verbindungen sieht man auch bei *Skorbut.* Bei der *Hyperostosis corticalis infantilis Caffey* finden sich periostale Verdikkungen und subperiostale Auflagerungen am häufigsten in Schlüsselbeinen und Rippen. Die Erkrankung geht mit Fieber, Weichteilschwellung und allgemeinen Symptomen einer Entzündung einher. Eine periostale Knochenneubildung an Rippen kommt auch bei *Leukämie* vor, besonders im Kindesalter.

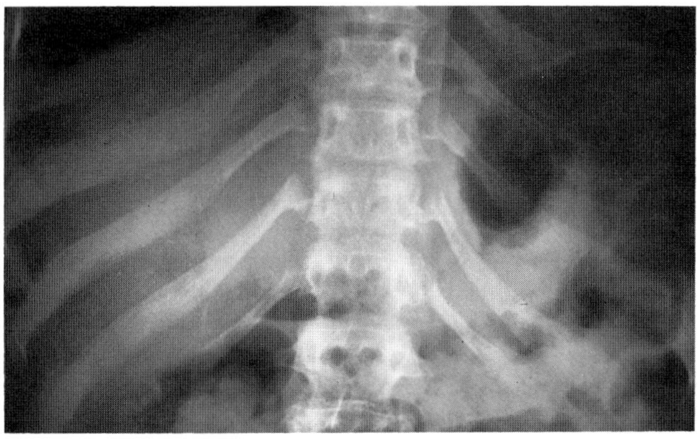

Abb. 13.**3** **Achondroplasie.** Die Rippen sind breit und kurz.

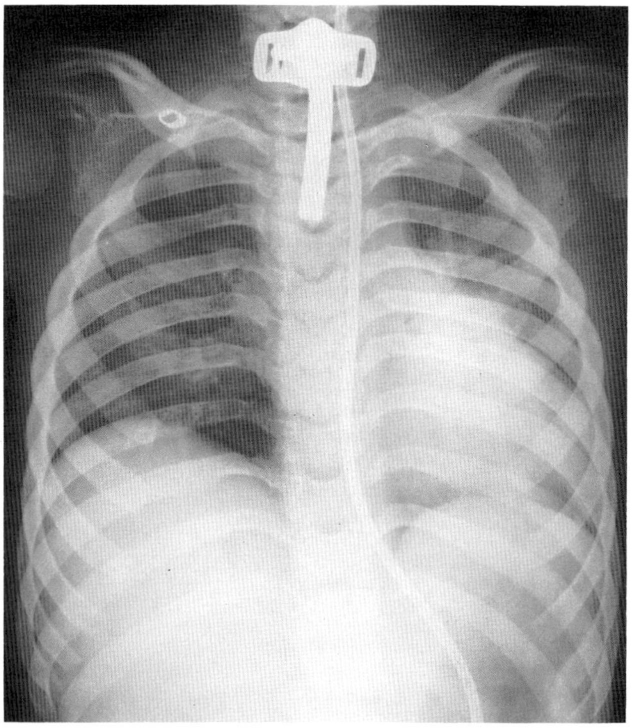

Abb. 13.**4** **Hurler-Syndrom.** Die Rippen sind abnorm breit. Die Schultergelenkpfanne und Humerusepiphyse sind ebenfalls abnorm.

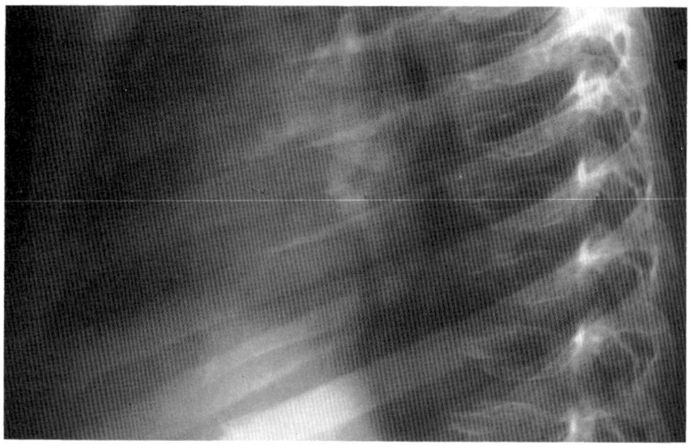

Abb. 13.**5** **Morquio-Syndrom.** Charakteristische Wirbelkörper, die Rippen sind lateral und ventral breit.

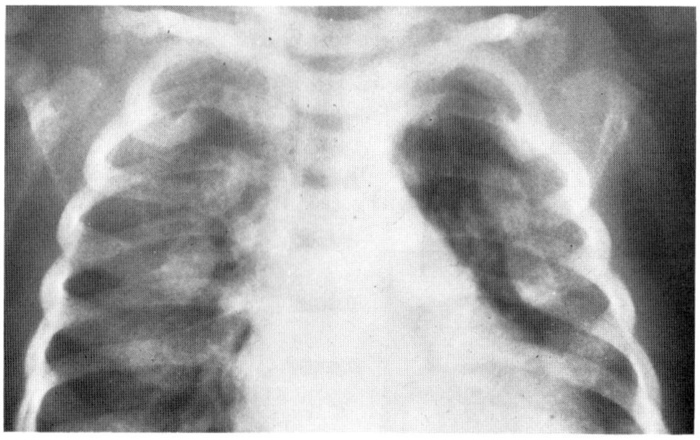

Abb. 13.**6** **Rachitis.** Breite sternale Rippenenden, „rachitischer Rosenkranz".

Lokalisierte Rippenveränderungen

Umschriebene Auftreibungen der Rippen sind meist die Folge fibrozystischer Prozesse, z. B. *fibröse Dysplasien* (Abb. 13.**7**), *Knochenzyste* (Abb. 13.**8**) oder *nichtossifizierendes Fibrom* (s. Kap. 5). Eine Auftreibung kann auch durch ein *Enchondrom* (Abb. 13.**9**), *Osteochondrom* (Exostose; Abb. 13.**10**), *raumfordernde Metastasen* (Abb. 13.**11**), *Myelom* (Abb. 13.**12**) und andere neoplastische Prozesse bedingt sein, ebenso durch einen braunen Tumor bei *Hyperparathyreoidismus,* ein *eosinophiles Granulom,* eine *Fraktur* mit überschießender Kallusbildung und *Osteomyelitis* (s. Kap. 5). Eine Knorpelschwellung beim *Tietze-Syndrom* kann gelegentlich eine Auftreibung des vorderen Rippenendes verursachen, aber gewöhnlich bestehen dabei keine Knochenveränderungen. Lange (>6 cm) solitäre Auftreibungen beobachtet man bei sarkomatösen Tumoren *(Osteosarkom, Chondrosarkom, Ewing-Sarkom), fibröser Dysplasie, Metastasen* und *Plasmozytom* oder *Myelom,* aber selten bei anderen Knochentumoren oder bei *Morbus Paget.*

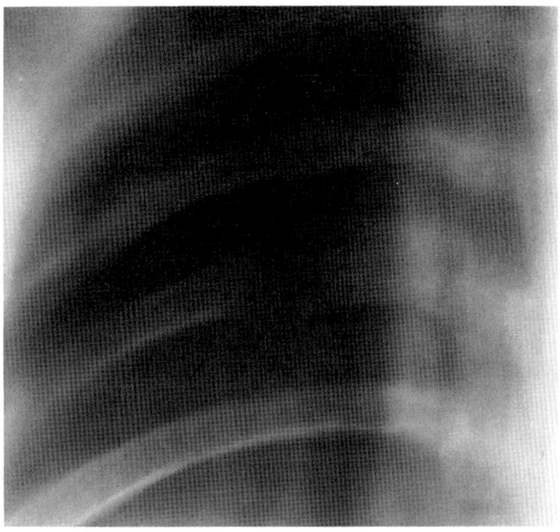

Abb. 13.**7** **Fibröse Dysplasie** einer Rippe, die als lokale Expansion im dorsalen Teil der Rippe sichtbar wird.

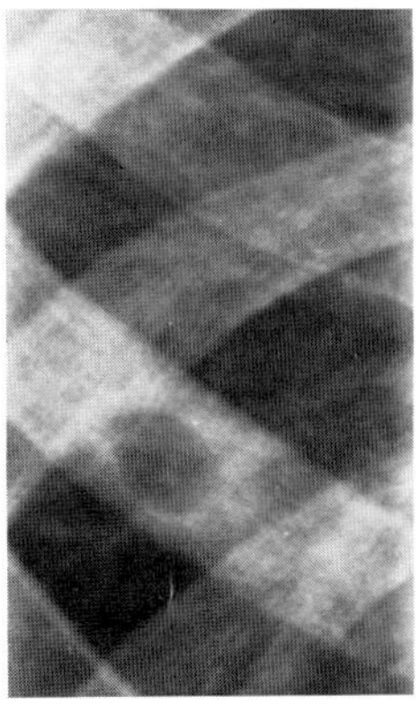

13.**8**

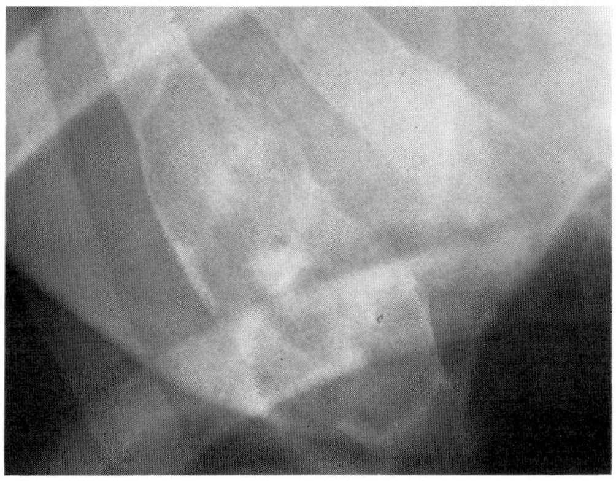

13.**9**

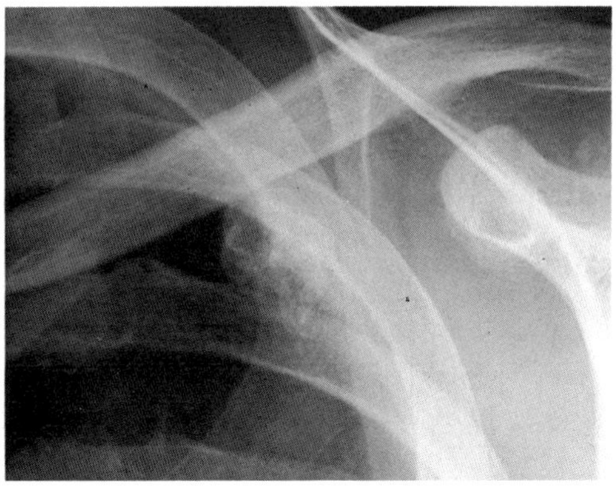

13.**10**

Abb. 13.**8** **Kleine unilokuläre Knochenzyste in einer Rippe.** Ein eosinophiles Granulom oder Osteoidosteom könnte ähnlich aussehen.

Abb. 13.**9** **Enchondrom.** Expansive Läsion mit milchglasartigem Erscheinungsbild. Eine fibröse Dysplasie könnte ähnlich aussehen.

Abb. 13.**10** **Osteochondrom** einer Rippe.

Abb. 13.**11** **Expansive sklerotische Rippenmetastase** von einem Prostatakarzinom.

Abb. 13.**12** **Multiples Myelom,** das mit einer lytischen Rippenläsion in Erscheinung tritt.

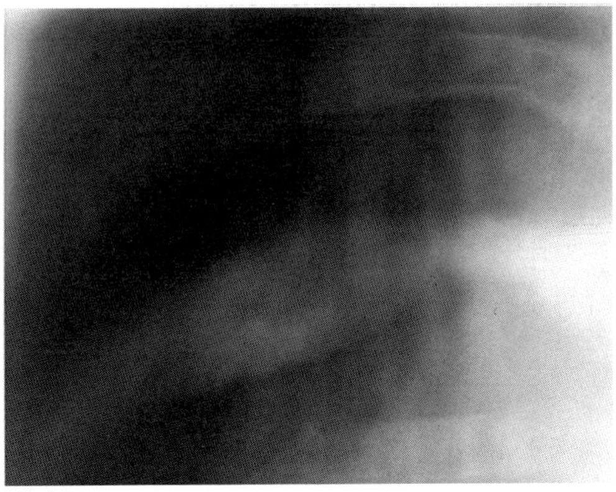

13.**11**

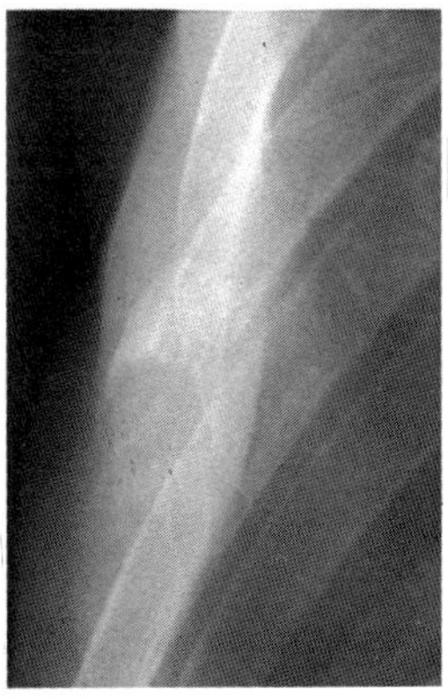

13.**12**

Rippenkerben

Rippeneinkerbungen (umschriebene Rippenusuren) gelten als charakteristisch für die *Aortenisthmusstenose (Coarctatio aortae).* Sie werden in 80% der Fälle beobachtet und betreffen die 3. bis 9. Rippe (Abb. 13.**13**). Die Kerben befinden sich gewöhnlich am Unterrand der Rippen, außer wenn die geschlängelten Interkostalarterien so weit sind, daß sie die Oberseite der Nachbarrippe arrodieren. Durch eine Isthmusstenose bedingte Rippenusuren erscheinen gewöhnlich nach dem 6.–12. Lebensjahr. Unilaterale rechtsseitige Usuren zeigen eine Stenose proximal der linken A. subclavia an, und linksseitige Usuren weisen auf einen anomalen Abgang der rechten A. subclavia hin (Abgang unterhalb der Stenose). Im folgenden werden einige andere Krankheiten, die Rippenkerben verursachen können, angeführt:

- *Verschluß der Aorta abdominalis (Thrombose),*
- Verschluß der A. subclavia *(Blalock-Taussig-Verfahren, Takayasu-Arteriitis, Arteriosclerosis obliterans),*
- pulmonale Oligämie *(Fallot-Tetralogie, Fehlen der Pulmonalarterie* oder *Pulmonalatresie* oder *-stenose, Pseudotruncus arteriosus, Ebstein-Anomalie, Lungenemphysem),*
- pulmonale oder interkostale *arteriovenöse Malformation,*
- *Verschluß der V. cava superior* oder der *V. subclavia,*
- *Neurofibromatose* oder interkostales Neurinom (Abb. 13.**2**, S. 219),
- periostale Unregelmäßigkeiten, die Rippenkerben vortäuschen, kommen bei *Hyperparathyreoidismus, tuberöser Sklerose, Thalassämie, Kollagenkrankheiten* und manchmal aus unbekannten Gründen vor (idiopathische Kerben).

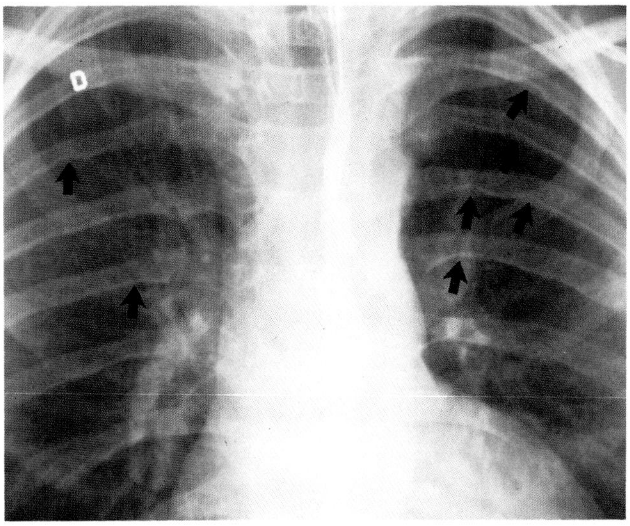

Abb. 13.**13** **Aortenisthmusstenose** bei einem 6jährigen Kind. Multiple Rippenusuren (Pfeile) und abnorme Konfiguration des linken Herzrands.

Schlüsselbeinveränderungen

Das Schlüsselbein wird von drei separaten Ossifikationszentren gebildet. Fehlt eines oder mehrere, so kommt es zur Hypoplasie oder Aplasie des Schlüsselbeins. Dies ist ein charakteristischer Befund bei der *Dysostosis cleidocranialis* (Hypoplasie oder Fehlen der Klavikeln, gestörte Ossifikation der Kalvaria, Spina bifida, Hypoplasie der Beckenknochen mit Auseinanderweichen der Symphyse). U. U. hat der Thorax konische Form, und die Rippen sind kurz, aber im übrigen normal (Abb. 13.**14**). Ferner kommt eine Hypoplasie des Schlüsselbeins bei der *fokalen dermalen Hypoplasie* vor *(Goltz-Syndrom),* zu dem neben der Hypoplasie der Schlüsselbeine und Rippen Syndaktylie, Zahnanomalien und Hautatrophie oder -pigmentierungen gehören. Kennzeichnend für das *Holt-Oram-Syndrom* sind ein fingerartiger oder fehlender Daumen und Schulteranomalien einschließlich einer Hypoplasie der Schlüsselbeine. Eine Verkürzung und Verdickung der Schlüsselbeine ist eine Manifestation des *Hurler-Syndroms* (Abb. 13.**15**), typischer dafür ist eine Hypoplasie von L2 und eine Schnabelbildung am unteren Vorderrand eines oder mehrerer Wirbelkörper (s. Kap. 12, Tab. 12.**7**). Bei *Progerie* können sich dünne Schlüssel-

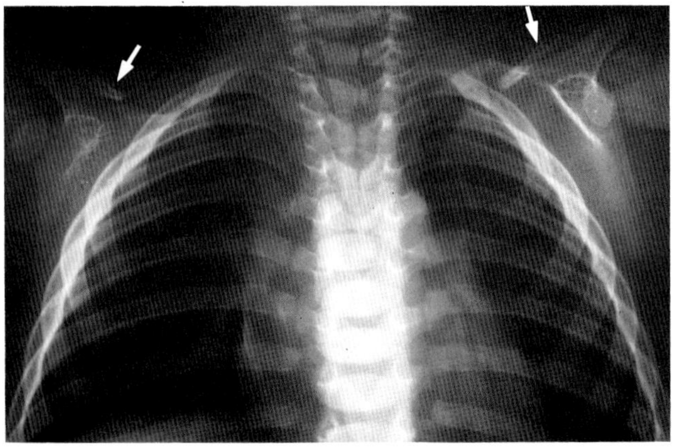

Abb. 13.**14** **Dysplasia cleidocranialis.** Schwere Hypoplasie der Schlüsselbeine (Pfeile), multiple Spinae bifidae, konischer Thorax mit relativ kurzen Rippen (lange knorpelige Segmente), relativ kleine Schulterblätter.

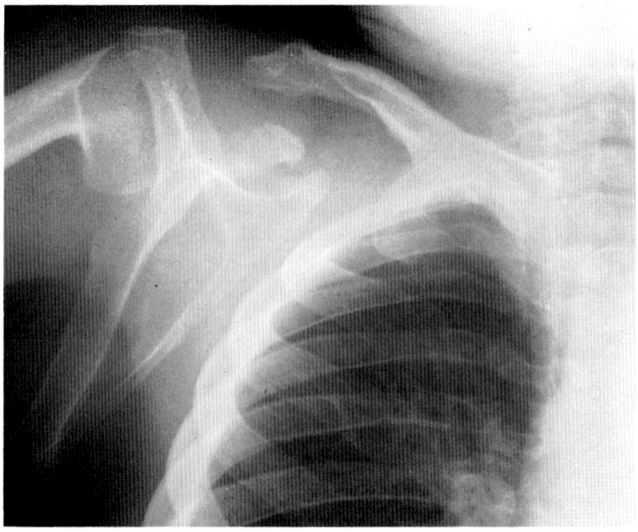

Abb. 13.**15** **Hurler-Syndrom.** Das Schlüsselbein ist kurz und dick, die Rippen sind breit, und es besteht eine Deformierung des Schulterblatts und der Humerusepiphyse.

beine und Rippen finden. Bei *Trisomie 13/18* ist eine konische Verjüngung der distalen Schlüsselbeinportion eine der multiplen Anomalien. Eine einseitige Unterentwicklung des Schlüsselbeins oder anderer Schulterknochen kann die Folge einer Schädigung des Plexus brachialis unter der Geburt sein (Abb. 13.**16**).

Die häufigsten Ursachen umschriebener *intraossärer Läsionen* des Schlüsselbeins sind Osteomyelitis (Abb. 13.**17**) und Trauma. Es gibt auch noch andere Möglichkeiten, und die Liste für die Differentialdiagnose einer solchen Veränderung ist im wesentlichen die gleiche wie bei einer umschriebenen Rippenläsion (s. S. 221).

Zur *Arrosion* und *Destruktion* des äußeren Schlüsselbeinendes führen am häufigsten *rheumatoide Arthritis* (s. Kap. 6), *Hyperparathyreoidismus* (Abb. 13.**18**; s. Kap. 1), *Myelom* (Abb. 13.**19**) und *Rachitis*. Zu den weiteren Krankheiten, die als Ursache von Knochenarrosionen oder Defekten im lateralen Schlüsselbeinende berücksichtigt werden müssen, gehören *Sklerodermie* und *Gicht* (intra- oder periartikuläre Kalkablagerungen kommen bei beiden vor), *Lipoid-Dermatoarthritis* (Retikulohistiozytom) sowie eine Anzahl von anderen Erkrankungen, die in seltenen Fällen umschriebene Rippen- und Schlüsselbeinveränderungen hervorrufen, etwa *posttraumatische Osteolyse, Metastasen, Ewing-Sarkom, Amyloidose, Osteomalazie, Progerie, Pyknodysostose, massive Osteolyse (Gorham-Stout)* und *neurogene Osteolyse.*

Arrosive Veränderungen am medialen Schlüsselbeinende und Sternoklavikulargelenk sind meist auf eine *rheumatoide* oder seltener auf eine *eitrige Arthritis* zurückzuführen. Eine Kerbe am Ansatz des Lig. costoclaviculare (Unterseite) oder des M. sternocleidomastoideus (Oberseite) muß von einer entzündlichen Läsion unterschieden werden.

Chronische Osteomyelitis (Abb. 13.**17**) und *Morbus Paget* können zu einer ausgedehnten *Sklerose* des Schlüsselbeins führen. Eine ausgedehnte Sklerose und sogar Verschmelzung der Schlüsselbeine mit dem Brustbein kommt bei der seltenen schmerzhaften *sternokostoklavikularen Hyperostose* vor, die wie eine sklerosierende Osteomyelitis Garré aussehen kann (s. S. 78). Eine schmerzhafte Sklerose des Schlüsselbeins kann auch durch ein *Osteoidosteom* bedingt sein. Die *Ostitis condensans claviculae* kann zu einer oft mit Schmerzen verbundenen Sklerose des sternalen Schlüsselbeinendes führen. Die *avaskuläre Nekrose (Morbus Friedrich)* befällt nur die kaudale Hälfte des sternalen Schlüsselbeinendes. Bei kleinen Kindern kommt der Mittelteil des Schlüsselbeins

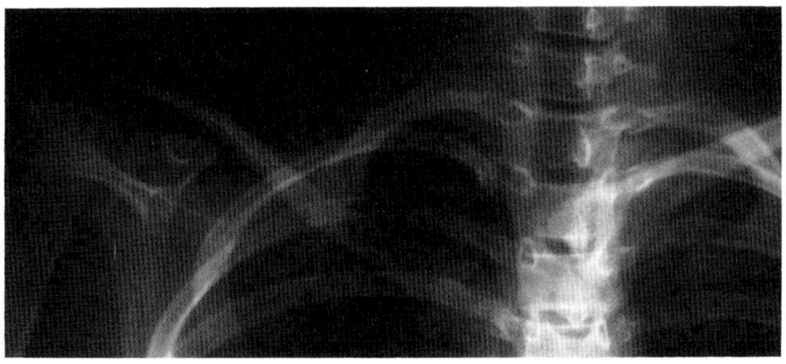

Abb. 13.**16** **Geburtstrauma des Plexus brachialis.** Unilateral rechts dünneres Schlüsselbein und kleine Schulterknochen, die Struktur der Knochen ist aber normal. Außerdem besteht eine heilende Fraktur der rechten ersten Rippe, und das sternale Ende des linken Schlüsselbeins ist nach oben disloziert.

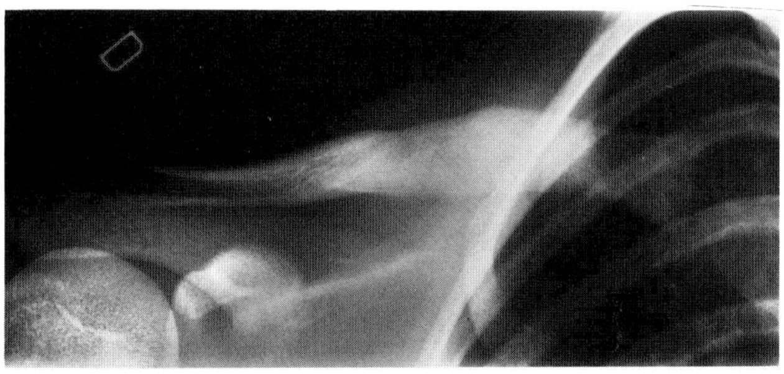

Abb. 13.**17** **Chronische Osteomyelitis** des rechten Schlüsselbeins. Eine Destruktion ist nicht zu sehen, aber es besteht eine langsam fortschreitende Sklerose und Verdikkung des Knochens.

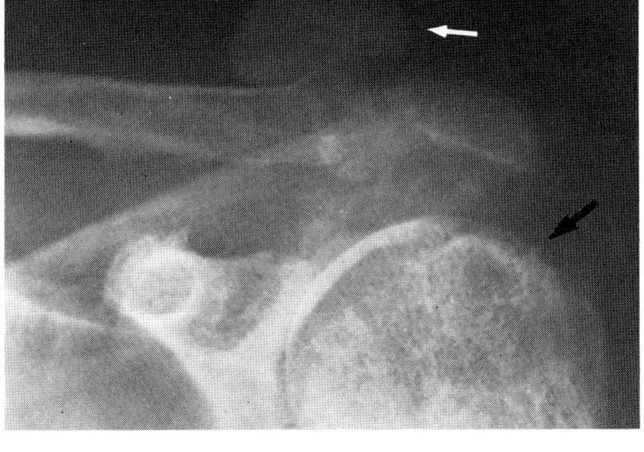

Abb. 13.**18** **Sekundärer Hyperparathyreoidismus** (renale Osteodystrophie). Arrosion am distalen Schlüsselbeinende und endostale Verdünnung der Kortikalis. Außerdem Weichteilverkalkungen (Pfeile).

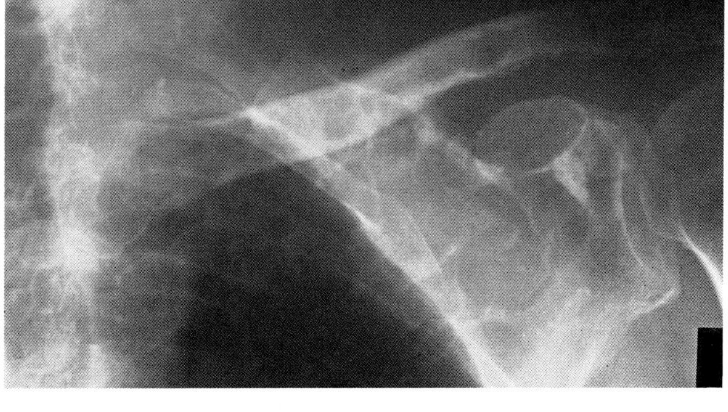

Abb. 13.**19** **Multiples Myelom.** Multiple osteolytische Läsionen im distalen Schlüsselbein und im Schulterblatt, im Humeruskopf und in den Rippen.

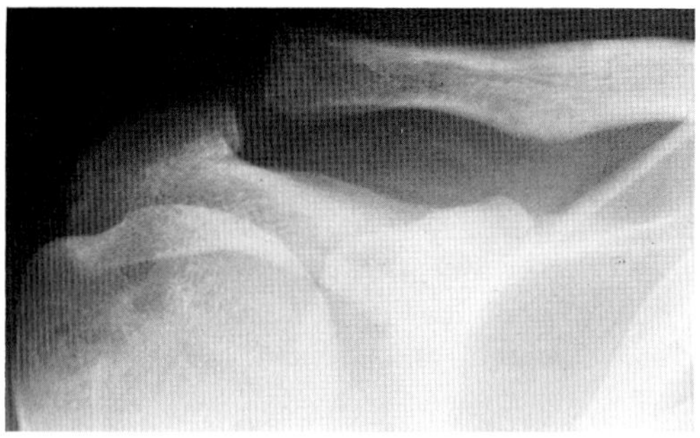

Abb. 13.**20** **Subluxation** des Akromioklavikulargelenks; Aufnahme im Stehen.

infolge der normalen Krümmung u. U. längsgetroffen zur Ansicht, wodurch ein sklerosierender Prozeß oder eine geheilte Fraktur vorgetäuscht werden kann.

Eine *Luxation* oder *Subluxation des Akromioklavikulargelenks* (Abb. 13.**20**) bewirkt auf Aufnahmen im Stehen meist eine Verlagerung des Akromions nach lateral unten. Eine *Luxation des Sternoklavikulargelenks* (Abb. 13.**16**) ist gewöhnlich auf ein Trauma zurückzuführen, kommt aber auch nach radikaler Ausräumung der Halslymphknoten (neck dissection) häufig vor.

Brustbeinveränderungen

Auf seitlichen Routineaufnahmen ist das Sternum sichtbar, auf a.-p. oder schrägen Aufnahmen kommt es aber gewöhnlich nicht gut zur Darstellung. Oft ist eine Tomographie in Bauchlage erforderlich. Verschmelzungsanomalien der Sternalsegmente (Abb. 13.**21**) sind häufig und werden manchmal in Verbindung mit anderen Anomalien einschließlich angeborener Herzfehler beobachtet.

Die häufigste Anomalie ist die *Verknöcherung* der *manubriosternalen Synchondrose,* mit oder ohne Synchondrose zwischen erstem und zweitem Segment des Corpus sterni. Eine Verknöcherung der manubriosternalen Synchondrose ist eventuell auch das Endergebnis von *Spondylitis ankylosans, rheumatoider Arthritis, Arthritis psoriatica, Reiter-Syndrom, enteropathischer Arthritis, geheiltem Hyperparathyreoidismus, degenerativer Gelenkerkrankung, Trauma* oder *Operation, Eiterung, Fluorose* oder – selten – *rezidivierender Polychondritis.* Dieselben Umstände können zur Arrosion und Sklerose der sternalen Synchondrose führen (Abb. 13.**22**). Es ist jedoch zu beachten, daß einige Unregelmäßigkeiten an den Gelenkflächen eine normale Erscheinung sind.

Ein Defekt im Corpus sterni kann Ausdruck einer Fusionsanomalie sein, wenn die Lücke glatte Kortikalisränder besitzt. Sklerose und Unschärfe der Ränder eines Brustbeindefekts weisen auf *Osteomyelitis* (eitrig oder tuberkulös) oder Destruktion durch *Metastasen* hin. Entzündliche Läsionen haben eher sklerotische Ränder (Abb. 13.**23**), während Metastasen (Abb. 13.**24**) und Primärtumoren (Abb. 13.**25**, 13.**26**) ein Bild wie in jedem anderen platten Knochen bieten.

Der Schwertfortsatz ist oft strahlendurchlässig oder enthält nur etwas verkalkten Knorpel statt Knochen. Er ist daher meist nicht gut sichtbar.

Eine zu tiefe Einsenkung des Brustbeins, eine sog. *Trichterbrust (Pectus excavatum),* ist meist idiopathisch und mit keinen anderen Anomalien, sondern nur mit einem asthenischen Habitus verbunden. Es gibt zwei Haupttypen der Trichterbrust: 1. tiefe Eindellung des mittleren und distalen Brustbeinabschnitts, während das Manubrium an normaler Stelle liegt; und 2. breite, flache

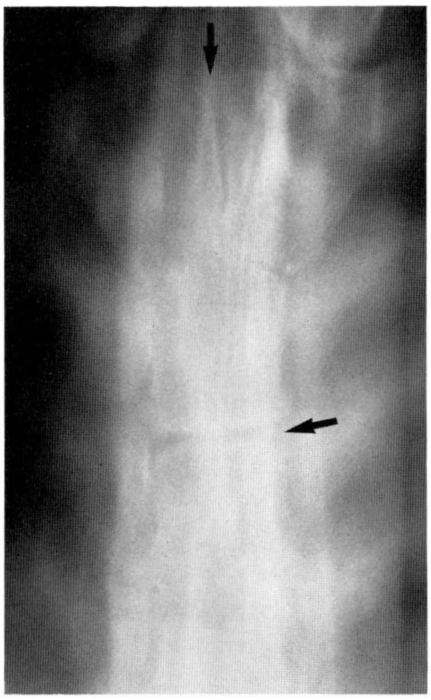

Abb. 13.**21** **Segmentationsanomalien** des Brustbeins. Vertikale Spaltbildung in der Mitte des Manubriums und horizontale Spaltbildung zwischen erstem und zweitem Korpussegment (Pfeile).

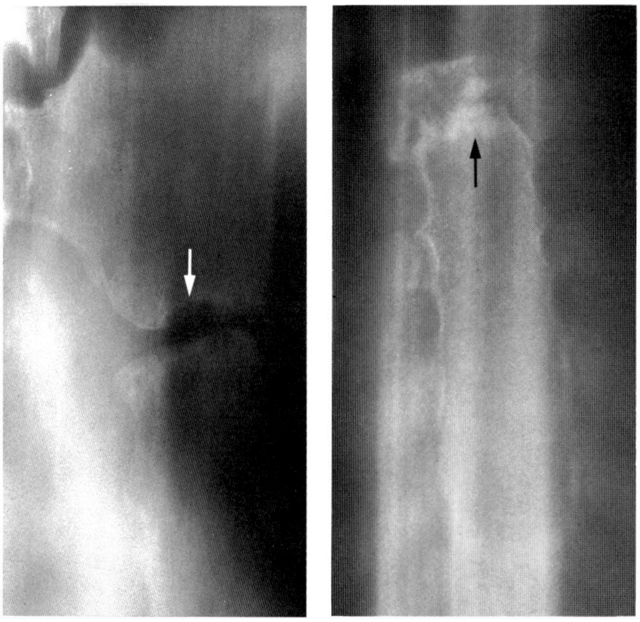

a b

Abb. 13.**22 a, b** **Arthritis psoriatica** mit vorwiegend arrosiven **a** und sklerotischen Veränderungen **b** in der manubriosternalen Synchondrose (Pfeile). Identische Veränderungen kommen bei Spondylitis ankylosans und in seltenen Fällen bei rheumatoider Arthritis vor.

Deformierung, an der auch das Manubrium beteiligt sein kann. Der zweite Typ kann die Herzfunktion beeinträchtigen. Bei beiden Formen kann eine Verlagerung oder Vergrößerung des Herzschattens in Frontalansicht zu beobachten sein. Zugleich mit der Trichterbrust können sich *angeborene Herzfehler, Homozystinurie, Marfan-Syndrom* (Abb. 13.**27**), *Klick-Syndrom, angeborene Tibiaverkrümmung, idiopathischer Mitralklappenprolaps, Ehlers-Danlos-Syndrom* und *Osteogenesis imperfecta* finden. Dabei kann auch eine sternomanubriale Protrusion vorhanden sein. Deformierungen können auch traumatisch bedingt sein (Abb. 13.**28**).

Die *Hühnerbrust (Kielbrust, Pectus carinatum)* oder ein zu starkes Hervortreten des Brustbeins ist seltener als

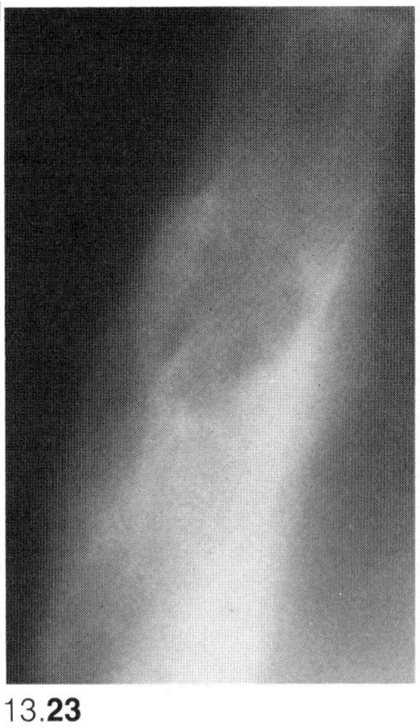

13.**23**

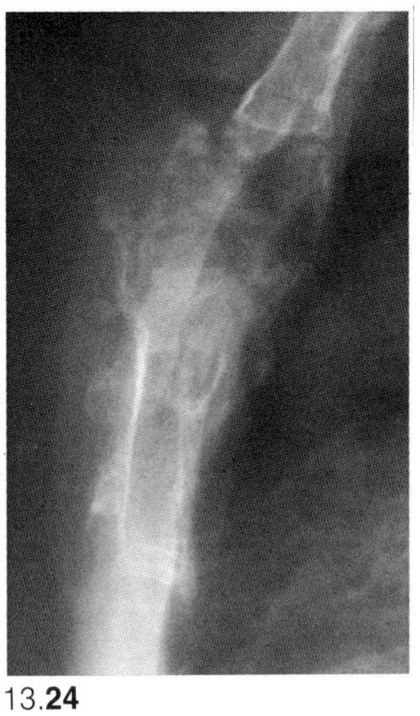

13.**24**

Abb. 13.**23** **Tuberkulose des Brustbeins (geheilt).** Leicht expansive, osteolytische, von Sklerose umgebene Läsion.

Abb. 13.**24** **Metastase eines Adenokarzinoms der Niere.** Expansive osteolytische Läsion oben im Corpus sterni.

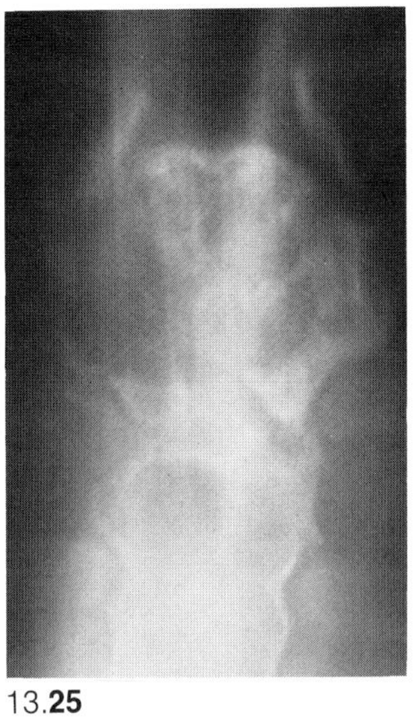

13.**25**

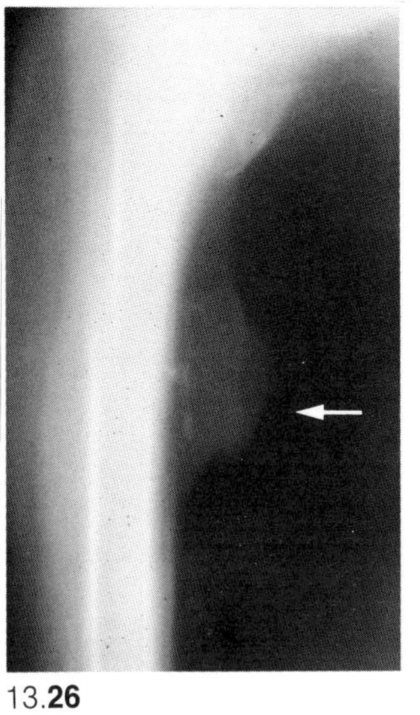

13.**26**

Abb. 13.**25** **Non-Hodgkin-Lymphom.** Vorwiegend osteolytische, unscharf begrenzte Destruktion im Manubrium mit Beteiligung der manubriosternalen Synchondrose.

Abb. 13.**26** **Benignes Osteochondrom** des Brustbeins. Gegen das Mediastinum vorspringender Weichteiltumor (Pfeil). Der Befund ist radiographisch unspezifisch.

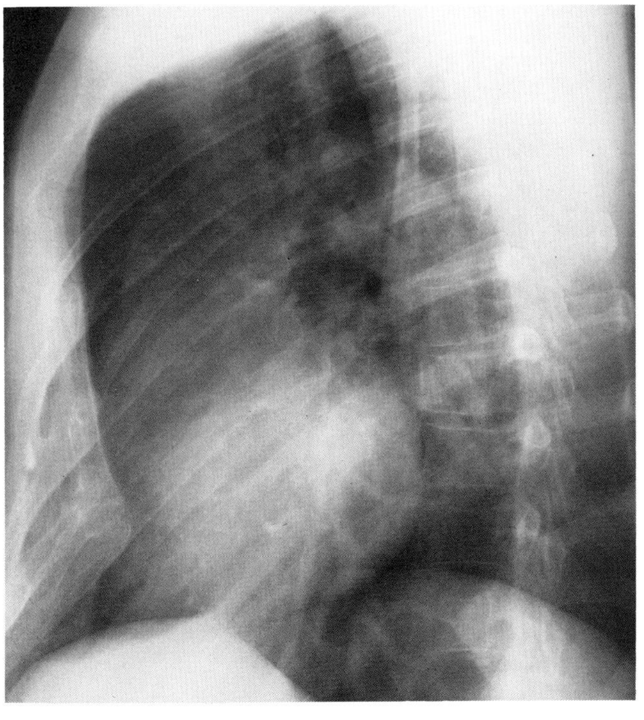

Abb. 13.**27** **Trichterbrust** bei Marfan-Syndrom. Es besteht auch ein Aneurysma der Aorta ascendens.

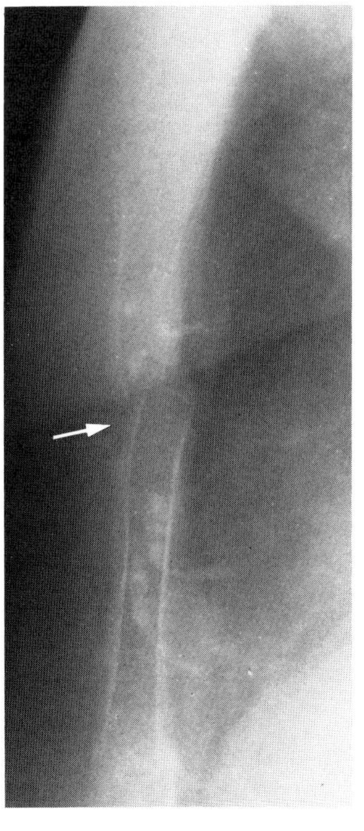

Abb. 13.**28** **Fraktur** des Corpus sterni (Pfeil).

die Trichterbrust. Diese Anomalie kann mit *angeborenen Herzfehlern, Mukopolysaccharidose IV (Morquio-Syndrom), Noonan-Syndrom* (Turner-Phänotyp mit normalem Karyotyp) und *Dysplasia spondyloepiphysaria congenita* vergesellschaftet sein.

Eine *Brustbeinspalte* ist gewöhnlich klinisch auffällig. Sie kann sich im oberen oder unteren Teil befinden oder durchgehend sein. Untere und komplette Sternumspalten gehen oft mit anderen Anomalien einher (Defekte in der vorderen Bauchwand, im Zwerchfell, Perikard und Herzen).

14 Extremitäten

Deformierungen der langen Röhrenknochen werden entweder durch ein abnormes oder asymmetrisches Wachstum verursacht, sind Folgen von Frakturen oder stehen mit einer Erkrankung, die eine Knochenerweichung verursacht, in Zusammenhang. Im letzten Fall sind die das Körpergewicht tragenden unteren Extremitäten in der Regel stärker betroffen als die oberen. Die Differentialdiagnose der Deformierungen langer Röhrenknochen wird in Tab. 14.**1** besprochen.

Normalerweise sind die Enden der langen Röhrenknochen breiter als die Diaphysen, und das Kaliber des Schafts nimmt fortschreitend konzentrisch vom Ende zur Knochenmitte ab. Eine Reihe von Krankheiten, die das Knochenwachstum beeinflussen, kann zu einer Verformung der langen Röhrenknochen führen; das Ergebnis ist gewöhnlich noch beim Erwachsenen sichtbar. Weniger oft entwickelt sich eine Verformung der langen Röhrenknochen erst im Erwachsenenalter. Solche Veränderungen stehen entweder mit einer periostalen Knochenneubildung (z. B. bei *Morbus Paget* oder abgeheilten *Frakturen* und *Infekten*) oder mit raumfordernden nichtdestruktiven Tumorbildungen im Knocheninnern in Zusammenhang. Eine Verbreiterung oder Ausbauchung der Metaphysen kann mit einer *Verdickung* des Schafts verbunden sein oder isoliert auftreten. Eine solche Ausbauchung der Metaphyse hat oft die Form eines „Erlenmeyer-Kolbens", man spricht dann von einer *„Erlenmeyer-Kolben"-Deformität* (Abb. 14.**1**). Zu den Krankheiten, die durch „Erlenmeyer-Kolben"-Deformitäten gekennzeichnet sind, gehören Morbus Gaucher, Morbus Niemann-Pick, Thalassämie, kraniometaphysäre Dysplasie, Pyle-Syndrom, Enchondromatose, hereditäre multiple Exostosen, Osteogenesis imperfecta, Osteopetrosis und Bleivergiftung. Diese Störungen wie auch alle anderen Krankheiten mit einer generalisierteren Diametaphysenverbreiterung werden in Tab. 14.**2** behandelt.

Das Gegenteil der Schaftverdickung („underconstriction, undertubulation") ist die *Verdünnung* („overconstriction, overtubulation"), bei der das Schaftkaliber vom Ende zur Knochenmitte sehr stark konzentrisch abnimmt. Sie ist gewöhnlich die Folge einer chronischen Krankheit des wachsenden Knochens. Nur selten wird sie im Erwachsenenalter durch starke periostale Resorption der Kortikalis erworben; eine abnorme Resorption der Kortikalis beim Erwachsenen findet ja vorwiegend an der endostalen Seite statt und führt daher nicht zum Dünnerwerden des Knochenschafts. Gegenstand der Tab. 14.**3** ist die Differentialdiagnose von Verdünnungen langer Röhrenknochen.

Quere Aufhellungs- und *Verdichtungsstreifen* oder *-linien* in den Metaphysen finden sich in wachsenden Knochen häufig und sind nicht unbedingt Zeichen eines pathologischen Prozesses. Sie können bis ins Erwachsenenalter persistieren. Die Differentialdiagnose der Aufhellungs- und Verdichtungsquerstreifen wird in Tab. 14.**4** bzw. 14.**5** zusammengefaßt.

Lange Röhrenknochen setzen ihr Längenwachstum bis zum Schluß der Epiphysenfugen fort. Eine *generalisierte Verlängerung* oder *ein übermäßiges Wachstum* langer Knochen ist ungewöhnlich. In der Regel ist die Ursache eines übermäßigen Wachstums bei normalem Länge-Dicke-Verhältnis ein *Gigantismus* hypothalamischer oder hypophysärer Genese. Eine Verlängerung von Knochen mit dünnen Diametaphysen wird bei *Marfan-Syndrom* und *Homozystinurie* beobachtet. Die Knochendicke unterliegt großen individuellen Schwankungen, und es ist u. U. schwer abzuschätzen, ob sonst normal aussehende Knochen aus konstitutionellen Gründen oder wegen einer bestimmten Krankheit dünn sind. Wenn dabei eine Deformierung besteht wie bei der *Neurofibromatose,* sind in der Regel noch andere klinische oder radiographische Zeichen vorhanden, die für eine spezielle Diagnose sprechen. Häufiger als eine Verlängerung wird eine *generalisierte* oder *örtliche Verkürzung* eines Röhrenknochens vorkommen, weil eine Reihe von angeborenen oder erworbenen Krankheiten oder ihre Behandlung zu einer Störung des Knochenwachstums führt.

In Tab. 14.**6** werden einige Bedingungen, unter denen es zur generalisierten oder lokalen Verkürzung, Hypoplasie oder Deformierung der langen Extremitätenknochen

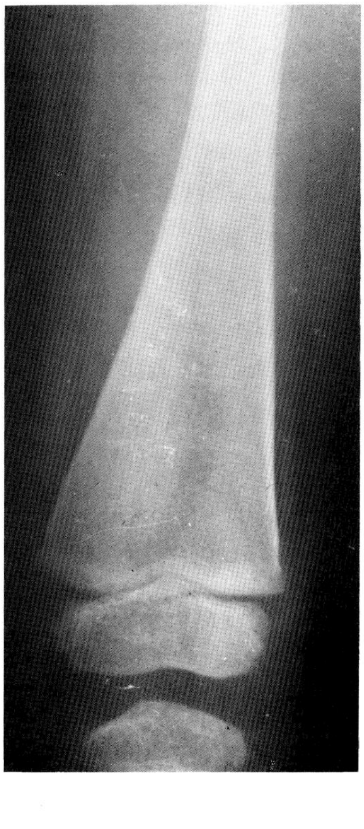

Abb. 14.**1** **„Erlenmeyer-Kolben"-Deformität.** Die verbreiterte distale Tibiametaphyse nimmt die Form eines Erlenmeyer-Kolbens an (Pyle-Syndrom).

kommt, angeführt. Die Mehrzahl der angeborenen Knochendysplasien wird dabei nicht erwähnt, weil ihre Differentialdiagnose eher Aussicht auf Erfolg bietet, wenn sie sich auf das Erscheinungsbild der Hände und Füße (Kap. 15, S. 267) und der Wirbelsäule stützt (Kap. 12, S. 177).

Die Metaphysen der langen Röhrenknochen, besonders in der Knie-, Hüft- und Schultergegend, sind bevorzugte Lokalisationen einiger maligner Knochentumoren. Auch benigne Knochentumoren und tumorartige Prozesse sind in den Extremitäten häufig. Die allgemeine Beschreibung dieser Erkrankungen in Kap. 5 (s. S. 59) basiert auf ihrem Erscheinungsbild in typischen Lokalisationen und wird hier nicht wiederholt. Ebenso wurden entzündliche Knochenerkrankungen wie Knocheninfekte, Arthritis (Tab. 6.**2**, S. 88) und begleitende Verkalkungen (Tab. 7.**1**, S. 108) schon früher in systematischer Form dargestellt. Der wichtigste Ort einer Fragmentation oder Deformation aus traumatischen, entzündlichen, vaskulären, metabolischen oder unbekannten Gründen ist der Femurkopf. In Tab. 14.**10**–14.**12** werden daher die Ursachen von Veränderungen des oberen Femurs aufgezeigt, wenn auch einige Überschneidungen mit anderen Kapiteln unvermeidlich sind. Viele der Veränderungen und Krankheiten, die als typisch für den Femurkopf vorgestellt werden, kommen auch in anderen Gelenken vor, besonders in der Schulter.

Stellung der gelenkbildenden Extremitätenknochen zueinander

Eine abnorme Stellung der gelenkbildenden Teile zueinander kann das einzige Anzeichen eines Traumas sein, z. B. bei einer Luxation ohne Fraktur. Eine Verschiebung kann auch das Ergebnis eines örtlichen Krankheitsprozesses sein, wie man es in charakteristischer Weise im Kniegelenk sieht. Da die Stellung der Achsen meßbar ist, kann sie ein objektiver Ausgangspunkt für das differentialdiagnostische Vorgehen sein, wenn sie auch oft ein sekundäres Phänomen darstellt.

Für die entsprechende Beurteilung von Röntgenbildern der Extremitäten und den richtigen Gebrauch der Tab. 14.**7**–14.**13** ist die Kenntnis bestimmter wichtiger Tatsachen über die Stellung der gelenkbildenden Teile und die Definition der Terminologie notwendig; sie werden hier kurz geschildert.

Fehlstellungen im *Schultergelenk* (Tab. 14.**7**) sind wegen des sehr großen normalen Bewegungsumfangs schwer zu beurteilen. Schulterluxationen sind am besten in der axillaren Projektion zu erkennen. Bei der *vorderen Luxation* ist der Humeruskopf nach medial unten verlagert (es überlagert die Skapula, Abb. 14.**2**). Ein als *Hill-Sachs-Deformität* bezeichneter Defekt (Abb. 14.**3**), eine Kompressionsfraktur des Humeruskopfs, ist am besten zu sehen, wenn der Arm abduziert und um 60 Grad einwärts rotiert wird. Eine Fraktur des vorderen unteren Randes der Schultergelenkpfanne, die sogenannte *Bankart-Läsion,* ist weniger häufig zu beobachten. Die *hintere Luxation* des Humeruskopfs ist nicht so häufig wie die vordere. Sie ist auf einer Routineaufnahme schwer zu erkennen. Das einzige Zeichen einer Veränderung ist u. U. ein abnormes Aussehen des Humeruskopfs aufgrund der Rotation. In der axillaren Aufnahme projiziert sich der Humeruskopf auf das Akromion und artikuliert nicht mit der Gelenkpfanne. Es kann eine Kompressionsfraktur des Humeruskopfs bestehen. Die *Fraktur des Tuberculum minus* geht so häufig mit einer hinteren Luxation einher, daß ihre Entdeckung auf einer Routineaufnahme der Schulter eine Aufnahme in axillarer Projektion erforderlich macht, damit die tatsächliche Stel-

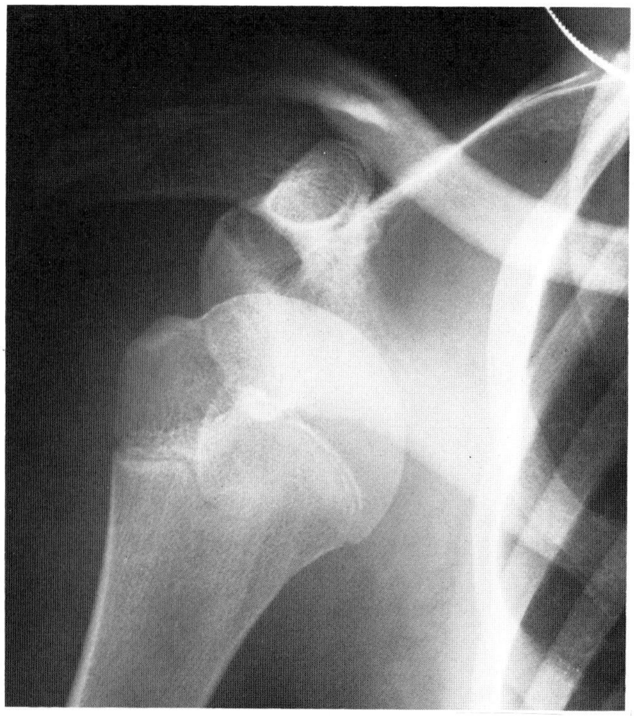

Abb. 14.**2** **Vordere Luxation des Humeruskopfs** mit charakteristischer Verlagerung nach medial unten.

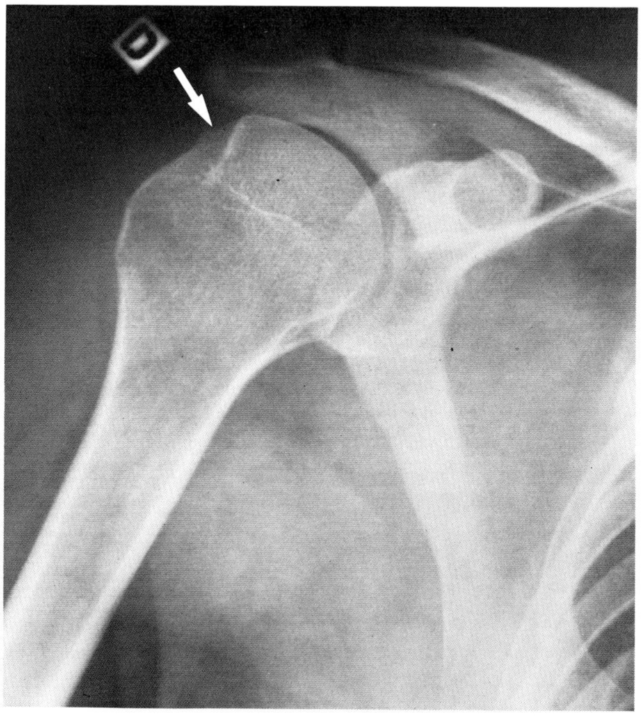

Abb. 14.**3** **Kompressionsfraktur des Humeruskopfs** nach Luxation (Hill-Sachs-Defekt, Pfeil).

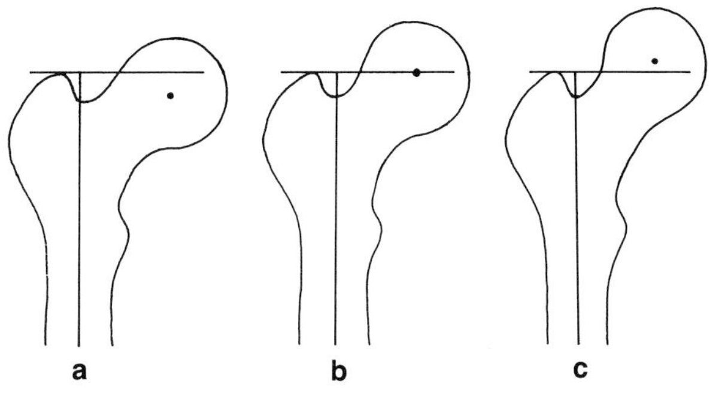

Abb. 14.**4 a–c** **Beurteilung des Schenkelhalswinkels.** ▶ **a** Coxa vara, **b** normal, **c** Coxa valga.

lung bestimmt werden kann. Wenn der Patient imstande ist, den Humerus nach außen zu drehen, ist eine hintere Luxation auszuschließen. Eine *Dislokation nach unten* in Richtung Axilla ist selten und kann mit einer Fraktur des Tuberculum majus verbunden sein.

Normalerweise bildet der *Unterarm* mit dem Oberarm einen nach außen offenen Winkel von etwa 170 Grad. Mediale Deviation *(Cubitus varus)* und laterale Deviation *(Cubitus valgus)* des Unterarms können die Folge von *Trauma, Bindegewebsschwäche, Infektionen, neurotrophischen Störungen* und *Turner-Syndrom* sein.

Die häufigste Fehlstellung im *Hüftgelenk* (Tab. 14.**12**) ist ein abnormer Winkel zwischen Femurschaft und Femurhals. Normalerweise beträgt dieser Winkel beim Erwachsenen zwischen 120 und 130 Grad. Bei Kindern vor der Pubertät beobachtet man Werte zwischen 130 und 140 Grad. Ist der Winkel beim Erwachsenen größer als 130 Grad, so spricht man von *Valgusstellung (Coxa valga);* ist er kleiner als 120 Grad, von *Varusstellung (Coxa vara).* Valgusdeformitäten stehen oft in Zusammenhang mit angeborenen Defekten, während Varusdeformitäten die Folge einer Knochenerweichung sein können, etwa bei Osteomalazie oder Morbus Paget. Abb. 14.**4** zeigt eine einfache Methode zur Bestimmung einer Varus- oder Valgusstellung. In bezug auf eine Linie, die tangential zu den distalen Femurkondylen gezogen wird, verläuft die Schenkelhalsachse beim Erwachsenen normalerweise in einem Winkel von 10–15 Grad schräg nach vorn (Antetorsion). Dieser Winkel beträgt beim Säugling nicht weniger als 35 Grad und wird gegen das Erwachsenenalter zu kleiner. Ohne Einwärtsrotation der unteren Extremitäten (annähernd 20 Grad) ist der Schenkelhalswinkel auf a.-p. Hüftaufnahmen nicht exakt meßbar. Abb. 14.**5** zeigt verschiedene Hilfslinien zur Bestimmung der angeborenen Hüftluxation beim Neugeborenen.

Wenn die Tibia nach außen abknickt, stehen die distalen Oberschenkelenden zu nahe beisammen und bilden *X-Beine (Genu valgum).* Das Gegenteil, ein Auseinanderweichen der distalen Oberschenkelenden, nennt man *O-Beine (Genu varum).* Diese Abweichungen bedingen eine zu starke Belastung des Knies und führen zu degenerativen Veränderungen. Eine Verschiebung des distalen Femurendes nach medial wird als *Genu laxum* bezeichnet. Abb. 14.**6** zeigt eine Messung, die zur Bestimmung der Patellalage im Seitenbild bei einer Flexion von 20–70 Grad gemacht wird. Das Verhältnis der maximalen Patellalänge zum Abstand zwischen distaler Patellaspitze und Tuberositas tibiae beträgt normalerweise zwischen 0,8 und 1,2. Eine *Patella alta* (Patellahochstand) kann sich bei *rezidivierender Subluxation, Chondromalazie der Patella, Riß des Lig. patellae, Osteomyelitis* des Femurs, *Poliomyelitis, avaskulärer Nekrose der Tuberositas tibiae (Osgood-Schlatter-Syndrom)* oder des unteren Ossifikationszentrums der Patella *(Sinding-Larsen-Johansson-Syndrom)* und *infantiler Zerebralparese* finden. Eine *Patella profunda* (Patellatiefstand) kann angeboren sein wie bei *Achondroplasie* oder durch einen *Quadrizepssehnenriß* oder die chirurgische *Verlagerung*

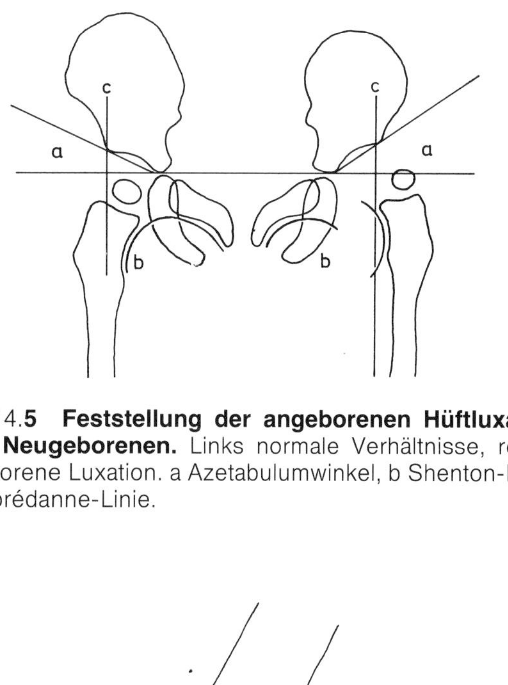

Abb. 14.**5** **Feststellung der angeborenen Hüftluxation beim Neugeborenen.** Links normale Verhältnisse, rechts angeborene Luxation. a Azetabulumwinkel, b Shenton-Linie, c Ombrédanne-Linie.

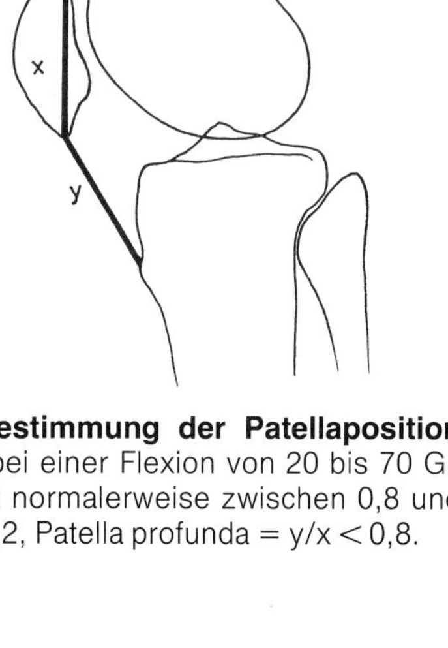

Abb. 14.**6** **Bestimmung der Patellaposition.** Die Messungen sind bei einer Flexion von 20 bis 70 Grad durchzuführen. y/x ist normalerweise zwischen 0,8 und 1,2. Patella alta = y/x > 1,2, Patella profunda = y/x < 0,8.

der *Tuberositas tibiae* bedingt sein. Sie kann auch Folge einer *juvenilen rheumatoiden Arthritis* oder einer Quadrizepsparese bei *Poliomyelitis* sein. Häufiger und wichtig sind *Fehlbewegungen der Patella,* z. B. seitliche Verschiebung und Kippung. Sie lassen sich am besten mit Computertomogrammen oder MR-Tomogrammen bei einer Flexion unter 30° nachweisen, da Nativaufnahmen unergiebig sind.

Die Patella kann fehlen oder hypoplastisch sein. Die Ursache ist meist eine *hereditäre Onychoosteodysplasie* (Nagel-Patella-Syndrom) (Abb. 14.**7**), die durch Iliakalhörner und verschiedene andere Anomalien gekennzeichnet ist. Über eine Patellahypoplasie wird gelegentlich bei *Akrozephalosyndaktylie* berichtet und über eine Patellaaplasie bei *Vogelkopfzwergwuchs, Neurofibromatose* und *Poplitea-Pterygium-Syndrom.*

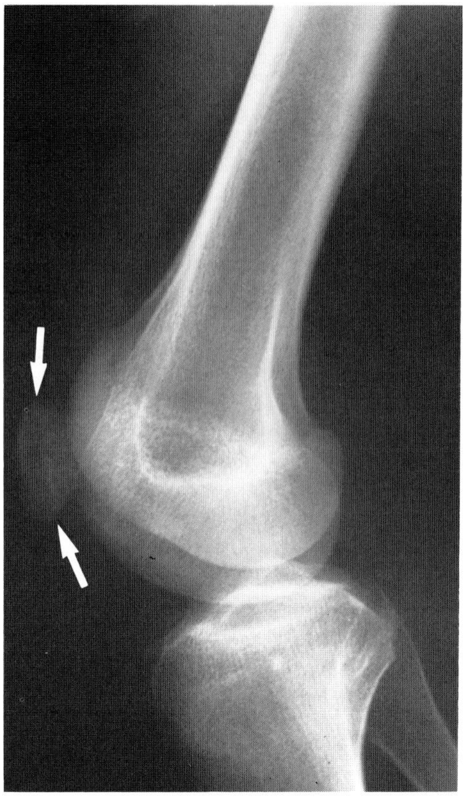

Abb. 14.**7** **Hereditäre Onychoosteodysplasie.** Hypoplastische Patella (Pfeile). ▶

Tabelle 14.1 Verbiegung oder Deformierung langer Röhrenknochen

Krankheit	Radiographischer Befund	Kommentar
Angeborene Verbiegung	O-Beine: Die proximalen zwei Drittel der Schienbeine und/oder die distalen Segmente der Oberschenkel sind nach außen und meist etwas nach vorn gebogen. Es kann auch eine Spornbildung an der medialen Seite des proximalen Tibiaschafts oder der dorsalen Seite des distalen Femurschafts bestehen.	Die idiopathische O-Beinstellung des Säuglingsalters verschwindet spontan nach 2–3 Jahren. Auch bei verschiedenen Formen des Zwergwuchses finden sich Gliederverbiegungen zum Zeitpunkt der Geburt (z. B. *Achondroplasie* sowie *kamptomeler* [d. h. mit krummen Gliedern] *und thanatophorer* Zwergwuchs).
Osteodysplasie (Melnick-Needles-Syndrom)	Charakteristisch ist eine seitliche Verbiegung der Tibia. Auch eine Sklerose der Schädelbasis und Mastoide, hohe Wirbel, bandförmige Rippen und Auftreibung der Metaphysen kurzer und langer Knochen können nachweisbar sein.	Findet sich nur bei weiblichen Individuen mit kleinem Gesicht, großen Ohren, Exophthalmus, Mikrognathie, Zahnstellungsanomalien und kurzen Oberarmen.
Hyperostosis corticalis infantilis (Caffey-Syndrom)	Gelegentlich gehören zu den Folgezuständen der Krankheit im Erwachsenenalter Verbiegungen der Extremitäten, Mandibulaasymmetrie und Knochenbrücken zwischen benachbarten Knochen.	Die Krankheit zeigt sich bei Säuglingen unter fünf Monaten. In der Regel gehen die klinischen und radiographischen Erscheinungen langsam im Laufe von einigen Monaten bis zu einigen Jahren zurück.
Osteogenesis imperfecta (Abb. 14.8)	Kennzeichnend sind Verbiegungen der schlanken, dünnen und osteoporotischen langen Röhrenknochen mit Neigung zu Frakturen.	Erbliche Minderwertigkeit des Bindegewebes.
Hypophosphatasie	Sowohl für die schwerste Form (die bei Säuglingen beobachtet wird) als auch für die mildeste Form (die bei Erwachsenen vorkommt) sind Verkrümmungen und eine erhöhte Brüchigkeit der Knochen charakteristisch. Im Säuglingsalter hat die Krankheit Ähnlichkeit mit Rachitis (Becherform und Ausfransung der Metaphysen), während beim Erwachsenen die langen Röhrenknochen verkürzt sind und oft eine Verdickung der Kortikalis und Pseudofrakturen aufweisen.	Die Hypophosphatasie ist eine genetisch determinierte metaphysäre Dysplasie mit der Unfähigkeit, eine primäre Spongiosa zu bilden. Kennzeichnend ist ein niedriger Serumspiegel der alkalischen Phosphatase.

Fortsetzung auf Seite 231

Tabelle 14.1 Verbiegung oder Deformierung langer Röhrenknochen (Fortsetzung)

Krankheit	Radiographischer Befund	Kommentar
Madelung-Deformität (Dyschondrosteose) (Abb. 14.56, S. 255)	Die Speiche ist verkrümmt und kurz, und ihre distale Gelenkfläche ist nach ulnar und volar geneigt. Die Elle ist distal deformiert und nach dorsal subluxiert. Die Handwurzelknochen sind zwischen der deformierten Speiche und Elle eingezwängt und nehmen dreieckige Konfiguration an, mit dem Lunatum an der Spitze. Kann mit Verkürzung und Verkrümmung des Schienbeins, Verkürzung des Wadenbeins und Valgusstellung des Knies verbunden sein.	Seltene hereditäre mesomele Knochendysplasie mit Gynäkotropie. Der Prozeß beginnt meist in der Jugend mit einem vorzeitigen Schluß der distalen Radiusepiphysenfuge an der medialen Seite, wodurch es zu einem asymmetrischen Wachstum kommt. In der Mehrzahl der Fälle sind die Patienten kleinwüchsig und die Deformierungen sind bilateral.
Blount-Syndrom (Tibia vara) (Abb. 14.72, S. 263)	Der mediale Tibiakondylus ist vergrößert und deformiert; vom medialen Teil der Metaphyse geht ein unregelmäßiger, schnabelartiger Fortsatz ab, der dorsal medial vorspringt. Auch die mediale Seite der proximalen Tibiaepiphyse kann deformiert sein.	Osteochondrose der medialen Tibiametaphyse, die zu O-Beinen führt. Es wird ein infantiler Typ (meist bilateral) von einem adoleszenten Typ (meist unilateral) unterschieden.
Weismann-Netter-Syndrom (Abb. 14.9)	Bilaterale, symmetrische Vorwärtskrümmung von Tibia und Fibula, die „Säbelschienbeine" erzeugt.	Angeborene nichtprogrediente Veränderung, die auch im höheren Alter beobachtet wurde.
Enchondromatose (Ollier-Syndrom) (Abb. 15.47, S. 292)	Deformierung und Verkürzung von Röhrenknochen, die runde, oft expansive Läsionen oder säulenförmige Aufhellungsstreifen enthalten. Enchondrome können punktförmige oder getüpfelte Verkalkungen enthalten. Die Krankheit kann relativ lokalisiert, unilateral oder generalisiert auftreten.	Die Krankheit wird gewöhnlich im ersten Lebensjahrzehnt diagnostiziert. Sie kann mit multiplen Hämangiomen, die Phlebolithe enthalten, einhergehen *(Mafucci-Syndrom)*.

Fortsetzung auf Seite 232

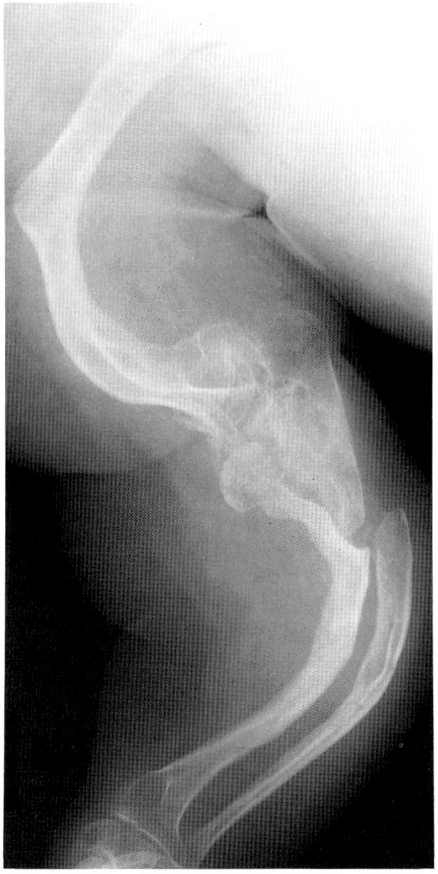

14.8

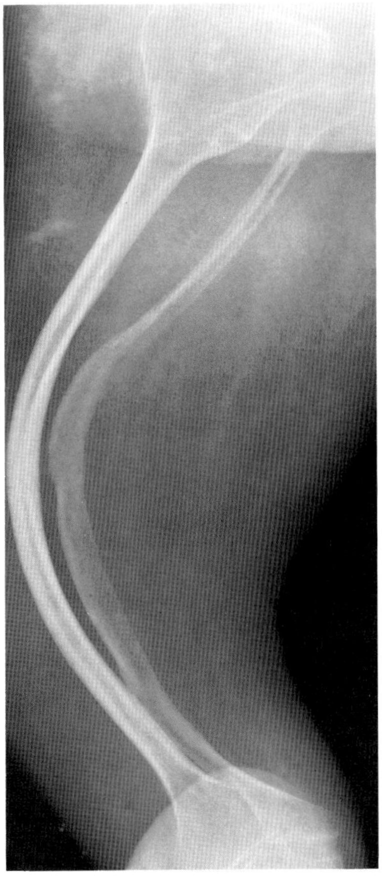

14.8b

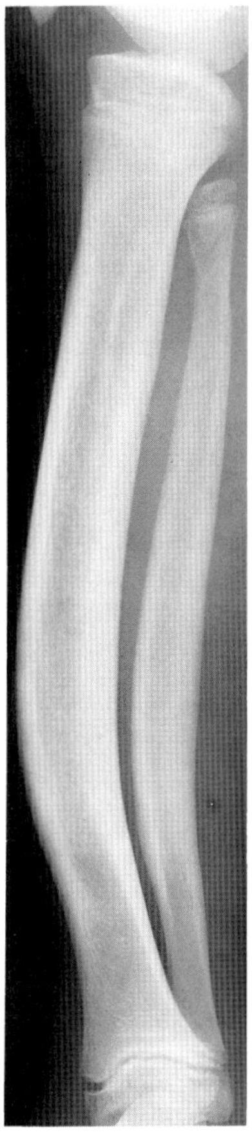

14.9

Abb. 14.**8 a, b** **Osteogenesis imperfecta. a** Obere Extremität, **b** untere Extremität. Verbiegungen der schlanken, dünnen und osteoporotischen langen Röhrenknochen, verbunden mit Frakturen, Pseudarthrose (proximale Ulna) und Metaphysenverdickung.

Abb. 14.**9** **Weismann-Netter-Syndrom.** Die Vorwärtskrümmung von Tibia und Fibula erzeugt „Säbelbeine".

Tabelle 14.1 Verbiegung oder Deformierung langer Röhrenknochen (Fortsetzung)

Krankheit	Radiographischer Befund	Kommentar
Osteomyelitis (Abb. 14.10)	Ein deformierter oder verkrümmter sklerotischer Röhrenknochen kann das Ergebnis einer schweren Osteomyelitis sein, besonders im Bein. Durch Vorwärtskrümmung und Kortikalisverdickung der Tibia entsteht das Bild eines „Säbelschienbeins“, das als typische Spätfolge der angeborenen und erworbenen *Syphilis* und der *Frambösie* beobachtet wird. Verbiegungen, die auf die distale Tibiahälfte beschränkt sind und mit umschriebener Kortikalisverdikkung und soliden periostalen Auflagerungen einhergehen, können sich beim *Tropengeschwür* finden.	Ein Knochenbefall durch *Echinokokkus* ist selten. Neben Wirbelsäule, Becken und Kreuzbein können die langen Röhrenknochen von multilokulären Zysten befallen werden, die gelegentlich eine Knochendeformierung bewirken.
Biegungsfraktur	Anteroposteriore oder laterale Verbiegung von Radius, Ulna oder Fibula. Wird eventuell von einer Fraktur des Nachbarknochens (z. B. Radius oder Tibia) begleitet.	Gewöhnlich bei jüngeren Kindern.
Fraktur (geheilte)	Häufige Ursache einer Knochendeformierung; gewöhnlich verbunden mit örtlicher stärkerer Sklerose.	Es können alle Altersstufen betroffen sein. O-Beine im Säuglingsalter sind gelegentlich Folge eines Traumas.
Paralyse während des Wachstums	Verkrümmte lange Röhrenknochen mit verringertem Schaftdurchmesser, bedingt durch die Verkleinerung der Markhöhle, während die Breite der Kortikalis relativ wenig beeinflußt ist.	Bei lange bestehenden paralytischen und pseudoparalytischen Zuständen wie alter *Poliomyelitis, Muskeldystrophie* und *juveniler, rheumatoider Arthritis.*
Osteomalazie (Abb. 14.11)	Verbiegungen kommen vor, außer in Becken, Wirbelsäule und Brustkorb besonders in den unteren Extremitäten. Die Kortikalis ist wie bei Osteoporose verschmälert, aber anhand der Knochendeformierungen, Pseudofrakturen und der Unschärfe des inneren Kortikalisrands und der Trabekel kann man die Osteomalazie von der Osteoporose unterscheiden.	Verkrümmungen sind auch eine bekannte Erscheinung bei *Rachitis* jeder Ätiologie.
Hyperparathyreoidismus	Im fortgeschrittenen Stadium kommen Knochendeformierungen wie bei Osteomalazie vor.	Bei der *renalen Osteodystrophie* (sekundärer Hyperparathyreoidismus) können die Knochendeformierungen sowohl die Folge einer Osteomalazie als auch eines Hyperparathyreoidismus sein.
Morbus Paget (Abb. 14.12)	In den unteren Extremitäten, die von der kombinierten (lytisch-sklerotischen) Phase der Erkrankung betroffen sind, kommen oft Knochendeformierungen vor. Sie führen zu der charakteristischen „hirtenstabförmigen“ Verkrümmung des oberen Femurs und einer Verbiegung der Tibia nach vorn. In diesem Stadium sind die befallenen Röhrenknochen verbreitert, und sowohl die Kortikalis als auch die desorganisiert wirkenden Trabekel sind verdickt.	Häufige Ursache von Knochendeformierungen im Alter. Bei der *hereditären Hyperphosphatasie* („juveniler Morbus Paget“), die bei Kindern auftritt, sind Verbiegungen und Verdickungen der langen Röhrenknochen in den oberen und unteren Extremitäten eine typische Erscheinung.
Fibröse Dysplasie (Abb. 14.13)	Es kommen starke Deformierungen der langen Röhrenknochen vor, besonders bei der polyostischen Form, bei der die Knochenbeteiligung allgemein ausgedehnter ist. Es können eine „hirtenstabförmige“ Verkrümmung (oberer Femur), Kortikalisverdickung, Knochenverdickung und akzentuierte oder abnorme Trabekelzeichnung bestehen, ähnlich wie bei Morbus Paget. Das Auftreten von strahlendurchlässigen oder zystenartigen Läsionen oder ein „milchglasartiges“ Aussehen des befallenen Knochens und der Nachweis von Pseudarthrosen sind für die Unterscheidung der fibrösen Dysplasie vom Morbus Paget verwertbar.	Im Gegensatz zum Morbus Paget wird die fibröse Dysplasie in der Regel bei Kindern und jungen Erwachsenen festgestellt. Bei der polyostischen Form *(Albright-Syndrom)* können Hautpigmentierungen (Café-au-lait-Flecke mit unregelmäßiger Kontur) und sexuelle Frühreife bei Mädchen vorhanden sein.
Neurofibromatose (von Recklinghausen) (Abb. 14.14)	Übermäßiges Wachstum der langen Röhrenknochen kann zu verbogenen, schlanken Formen führen. Bei diesem Erscheinungsbild sind Pseudarthrosen (besonders der Tibia) häufig. Verkrümmte lange Röhrenknochen können gelegentlich auch eine Kortikalisverdickung und erhöhte Dichte aufweisen.	Hereditäre Krankheit, die oft mit Hautneurofibromen und glattrandigen Café-au-lait-Flekken einhergeht. Die *angeborene Pseudarthrose* der Speiche und Elle kann ebenfalls mit einer Verbiegung verbunden sein, hat aber mit der Neurofibromatose nichts zu tun.

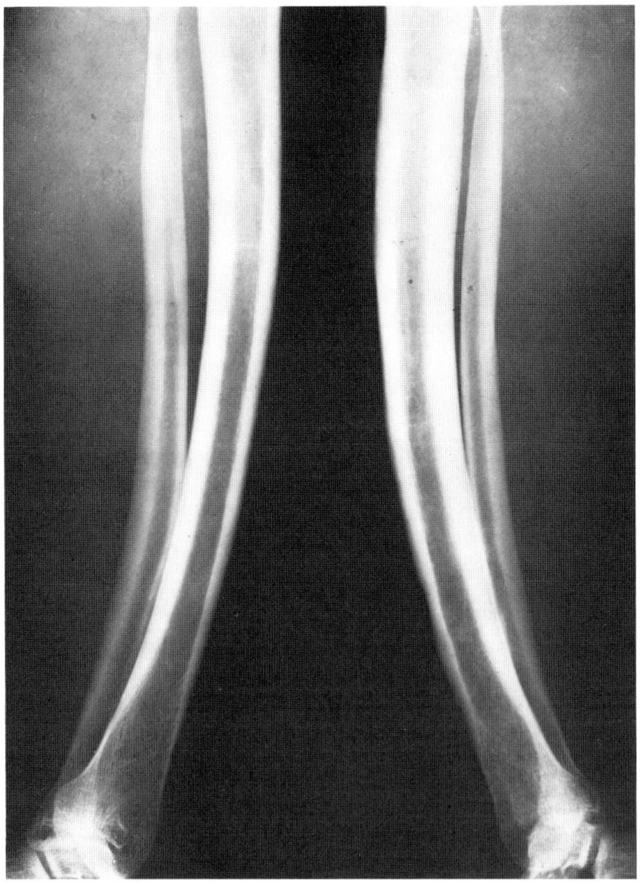

14.10

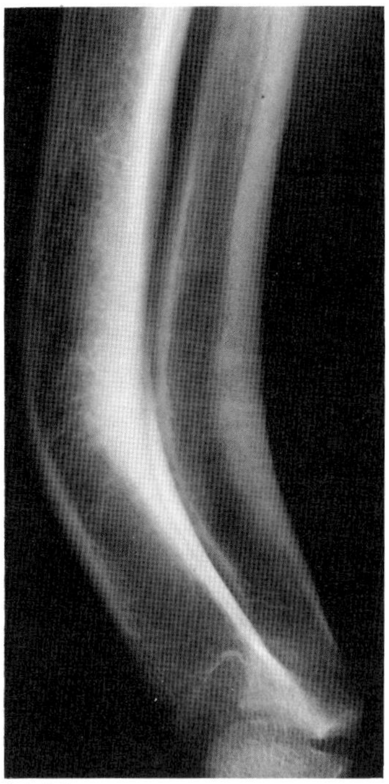

14.11

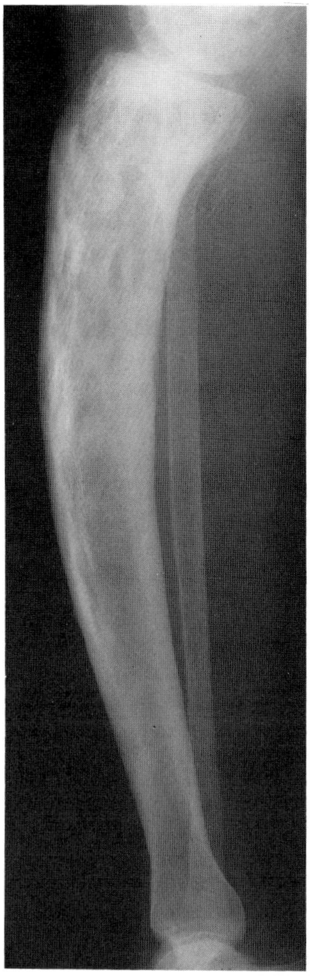

14.12

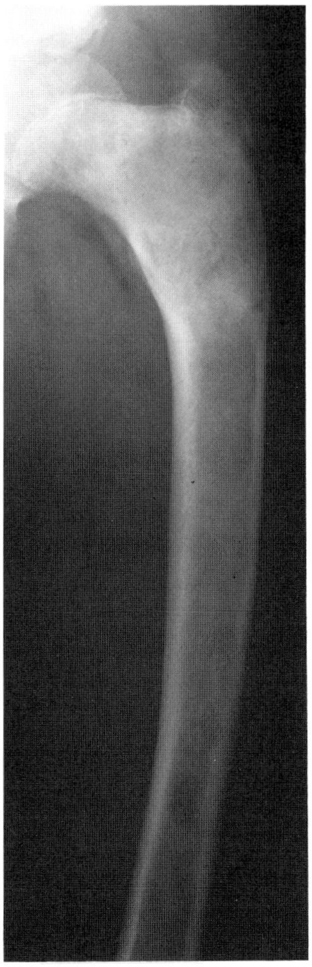

14.13

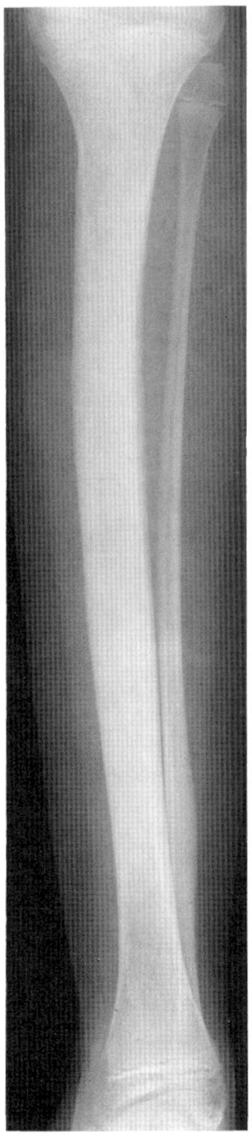

14.14

Abb. 14.**10** **Osteomyelitis (Frambösie).** Durch die Kortikalisverdickung und die symmetrische Krümmung nach vorn entsteht beiderseits das Bild des „Säbelschienbeins" als Folge der Erkrankung.

Abb. 14.**11** **Geheilte Rachitis.** Als Spätfolge einer schweren Rachitis finden sich bei diesem Erwachsenen symmetrische Verbiegungen beider Beine; sie umfassen eine Anterior- und Lateralkrümmung von Tibia und Fibula und eine Lateralkrümmung des Femurs.

Abb. 14.**12** **Morbus Paget.** Die Tibia ist nach vorn gebogen, dabei stark verdickt, sklerotisch und in den proximalen zwei Dritteln unregelmäßig trabekuliert.

Abb. 14.**13** **Fibröse Dysplasie.** „Hirtenstabförmige" Deformität des Femurs, der in seiner proximalen Hälfte verdickt ist. Neben sklerotischen Veränderungen und ovalen Aufhellungen ist auch das charakteristische „milchglasartige" Aussehen zu beobachten.

Abb. 14.**14** **Neurofibromatose.** Lange, schlanke Tibia und Fibula mit verdickter Kortikalis und leichter Verbiegung nach medial.

Tabelle 14.2 Breite Diametaphysen

Krankheit	Radiographischer Befund	Kommentar
Gallengangatresie	Schaftverdickung und „Erlenmeyer-Kolben"-Deformitäten, kombiniert mit Zeichen von Osteoporose und Rachitis.	Angeborene Mißbildung, die zu einem zunehmenden Stauungsikterus führt. Tod meist innerhalb von 2 Jahren, wenn keine chirurgische Korrektur erfolgt.
Rubeolenembryopathie	Schaftverdickung der langen Röhrenknochen mit alternierenden longitudinalen Aufhellungs- und Verdichtungsstreifen („Selleriestengel-Bild") und unregelmäßigen Metaphysen mit Aufhellungsbändern.	Die Knochenveränderungen bilden sich bei Kindern mit normalem Wachstum zurück, können aber bei Kindern, die nicht gedeihen, bestehen bleiben.
Hyperostosis corticalis infantilis (Caffey-Syndrom) (Abb. 14.15)	Kennzeichnend sind periostale Knochenneubildung, Kortikalisverdickung und Knochenverbreiterung, in erster Linie von Mandibula, Skapula, Klavikula, Rippen und Ulna.	Die Krankheit entwickelt sich in den ersten fünf Lebensmonaten. Plötzlich auftretendes Fieber, Reizbarkeit und schmerzhafte Weichteilschwellung über den befallenen Knochen sind charakteristisch. Die radiographischen Veränderungen neigen zu spontaner Rückbildung innerhalb eines Jahres.
Progressive diaphysäre Dysplasie (Camurati-Engelmann-Syndrom) (Abb. 14.16)	Symmetrischer Befall der langen Röhrenknochen mit Verbreiterung und Kortikalisverdikkung im mittleren Schaftbereich, die eine Spindelform des Knochens bewirken.	Seltene hereditäre Krankheit, die mit fortschreitender Kortikalisverdickung im Mittelteil des Schafts und neuromuskulärer Dystrophie verbunden ist. Wird gewöhnlich zwischen dem 4. und 12. Jahr diagnostiziert. Sie verursacht einen breitbeinigen, watschelnden Gang.
Mukopolysaccharidose (Abb. 14.17, Abb. 14.61, S. 257)	Häufig findet man verdickte breite Schäfte, oft mit unregelmäßigen welligen Konturen. Beim Morquio-Syndrom kann eine Verplumpung der Metaphysen zu beobachten sein, während eine konische Verjüngung der kleinen Röhrenknochen für ein Hurler-Syndrom spricht.	Die klinischen und radiographischen Befunde sind bei den verschiedenen Mukopolysaccharidosen und *Mukolipidosen* gleichartig. Charakteristisch sind ein großer, dolichozephaler Schädel mit J-förmiger Sella turcica, ovale oder hakenförmige Wirbelkörper mit Gibbusbildung in der Thorakolumbalregion und eine Unterentwicklung der Supraazetabularregion, die eine Ausweitung des Azetabulumdachs und Coxa-vara-Deformitäten mit Verbreiterung der Schenkelhälse zur Folge hat.
Metatropischer Zwergwuchs	Die langen Röhrenknochen sind verkürzt und haben „Hantelform", bedingt durch die starke Auftreibung der Metaphysen an beiden Enden.	Mikromeler Zwergwuchs; Rumpf bei der Geburt normal, dann fortschreitende Kyphoskoliose, schließlich Ähnlichkeit mit Morquio-Syndrom. Eine Verplumpung der Metaphysen bei sehr kurzen Gliedmaßen ist auch beim *thanatophoren Zwergwuchs* zu beobachten, dieser führt jedoch zur Totgeburt oder zum Tod in der Neugeborenenperiode.
Dysplasia spondyloepiphysaria congenita oder tarda (Abb. 14.18)	Verkürzte Gliedmaßen mit stark aufgetriebenen Metaphysen, die fragmentiert und sehr unregelmäßig sind.	Die Tarda-Form wird auch *Pseudoachondroplasie* genannt.
Osteogenesis imperfecta (Abb. 14.19; Abb. 14.8, S. 231; Abb. 14.31, S. 241)	Die Metaphysen der langen Röhrenknochen sind oft stark verbreitert und können unregelmäßige Verkalkungen enthalten, während der Schaft *verschmälert* ist und schwere Verkrümmungen sowie multiple (geheilte) Frakturen aufweisen kann. Immer besteht eine Osteopenie.	Die radiographischen Veränderungen sind bei der angeborenen Form der Osteogenesis imperfecta schwerer als bei der Spätform.
Homozystinurie	Verplumpte Metaphysen und Epiphysen, gewöhnlich schwere Osteopenie, deutlich sichtbare Wachstumslinien. Zusätzlich können ähnliche Veränderungen wie bei Marfan-Syndrom (z. B. Arachnodaktylie) vorhanden sein.	Angeborene Störung des Methioninstoffwechsels.
Pyle-Syndrom (familiäre metaphysäre Dysplasie) (Abb. 14.20)	Kennzeichnend sind „Erlenmeyer-Kolben"-Deformität oder paddelförmige Verbreiterung der Metaphyse und, in geringerem Grad, Schaftverdickung der langen Röhrenknochen, verbunden mit Kortikalisverdünnung und Osteoporose. Begleitend eventuell Rippenverdickung und symmetrische Vergrößerung der proximalen Portionen der Schlüsselbeine.	Seltene Erbkrankheit, die von der kraniometaphysären Dysplasie aufgrund des Fehlens von Schädelveränderungen unterschieden werden kann.

Fortsetzung auf Seite 236

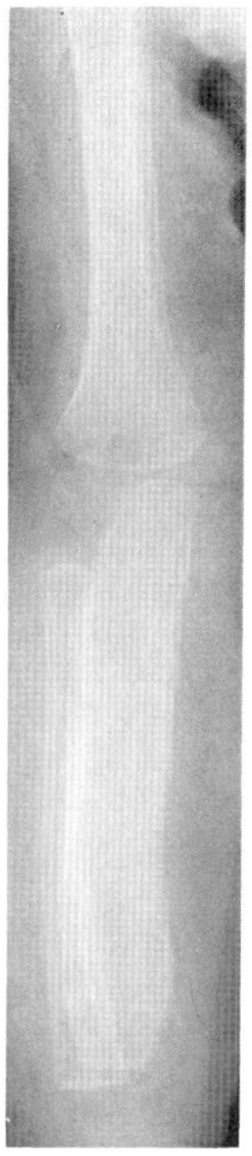

14.15

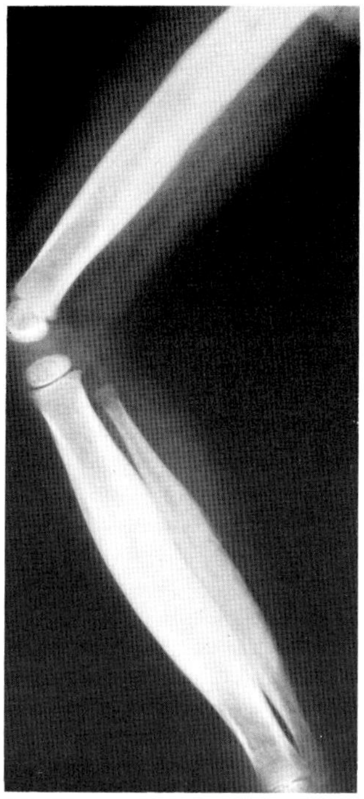

14.16

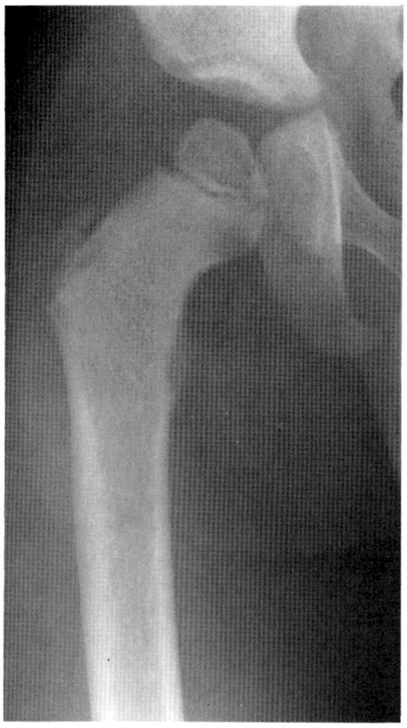

14.17

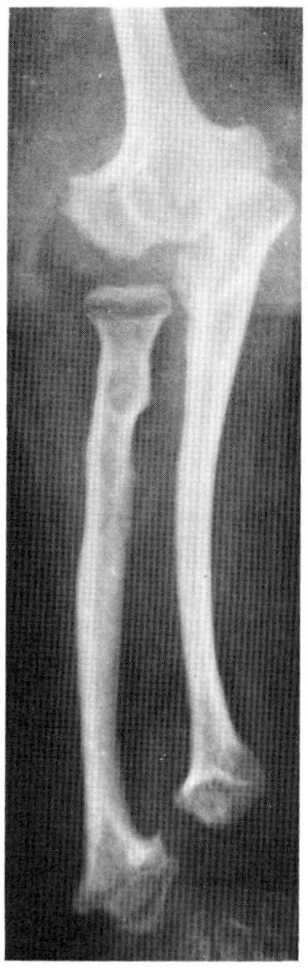

14.18

Abb. 14.**15** **Hyperostosis corticalis infantilis.** Bis zur Kortikalisverdickung fortschreitende periostale Auflagerungen an den Diaphysen der langen Röhrenknochen der oberen Extremität haben eine beträchtliche Verbreiterung besonders der Ulna zur Folge.

Abb. 14.**16** **Progressive diaphysäre Dysplasie.** Die spindelförmige Verbreiterung und die Sklerose der Diaphysen der langen Röhrenknochen sind charakteristisch.

Abb. 14.**17** **Mukopolysaccharidose (Morquio).** Der verbreiterte Schenkelhals und die mit einer Ausweitung des Azetabulumdachs in Zusammenhang stehende Coxa-valga-Deformität sind charakteristisch.

Abb. 14.**18** **Dysplasia spondyloepiphysaria tarda (Pseudoachondroplasie).** Auftreibung der Metaphysen und unregelmäßige Epiphysen.

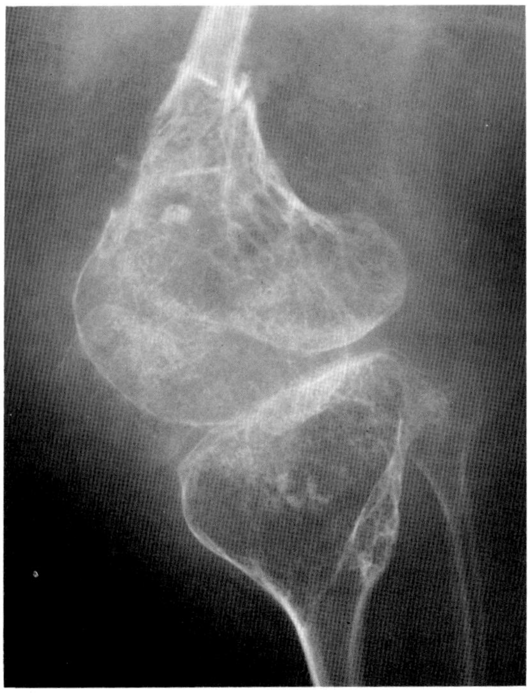

Abb. 14.**19** **Osteogenesis imperfecta.** An die stark verbreiterten Metaphysen, die kleine Verkalkungen enthalten, schließen sehr dünne Schäfte an. Eine schwere Osteopenie und eine Fraktur im distalen Femur sind ebenfalls vorhanden.

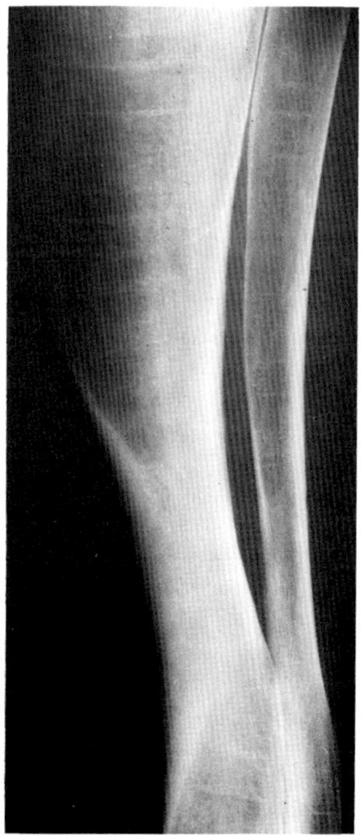

Abb. 14.**20** **Pyle-Syndrom.** Erhebliche Verbreiterung sowohl des proximalen als auch des distalen Endes der Tibia und in geringem Ausmaß der Fibula, verbunden mit leichter Verbiegung der Schaftmittelteile.

Tabelle 14.2 Breite Diametaphysen (Fortsetzung)

Krankheit	Radiographischer Befund	Kommentar
Kraniometaphysäre Dysplasie (Abb. 14.21)	Charakteristische Schaftverdickung und „Erlenmeyer-Kolben"-Deformitäten, die meist im distalen Bereich von Femur, Radius und Ulna am ausgeprägtesten sind. Eventuell verbunden mit Osteoporose. Am Schädel u. U. Sklerose der Basis und der Kalvaria, fehlende Pneumatisation der Nasennebenhöhlen und Mastoide sowie Verdickung und Sklerose der Mandibula.	Seltene angeborene und familiäre Knochendysplasie. Zu den klinischen Zeichen gehören Hypertelorismus, breite, platte Nase und Dentitionsdefekte.
Hereditäre multiple Exostosen (diaphysäre Aklasie) (Abb. 14.22)	Charakteristisch sind die Verdickung und oft Verbiegung der langen Röhrenknochen der oberen und unteren Extremitäten in Verbindung mit multiplen Osteochondromen in den Metaphysenregionen, aber meist Aussparung des Ellbogens. Oft Verkürzung der Ulna und Fibula. Die Verkürzung der Ulna kann eine angeborene Luxation des Radiusköpfchens, falsche Artikulation zwischen distaler Ulna und Radius und Ulnardeviation der Handwurzel nach sich ziehen.	Die hereditäre Krankheit wird gewöhnlich im ersten Lebensjahrzehnt diagnostiziert. Eine Umwandlung in ein Chondrosarkom kommt in etwa 5% der Fälle vor, doch wurden auch höhere Quoten der malignen Degeneration beschrieben.
Enchondromatose (Morbus Ollier) (Abb. 14.23, Abb. 14.47, S. 251)	Häufig Schaftverdickung, Deformierung und Verkürzung der befallenen Knochen. Es können longitudinale Aufhellungsstreifen, durchsetzt mit normal bis verdichtet aussehenden Streifen, von der Metaphyse in den Schaft ziehen, oder es sind vermehrt strahlendurchlässige Auftreibungen mit oder ohne getüpfelte Verkalkungen zu beobachten. Die Metaphysen sind zumeist am schwersten betroffen und weisen oft „Erlenmeyer-Kolben"-Deformitäten auf.	Die generalisierte Form der Krankheit wird gewöhnlich im ersten Lebensjahrzehnt entdeckt. Die Krankheit kann auch unilateral sein oder mit nur wenigen, in charakteristischer Weise in Gelenknähe gelegenen Enchondromen in Erscheinung treten. Eine maligne Entartung bei dieser nichterblichen Krankheit findet sich in 5–25% der Fälle.
Knochenzysten und benigne Tumoren	Ursache einer umschriebenen, meist nahe am Ende gelegenen Auftreibung langer Röhrenknochen kann eine Vielzahl von benignen raumfordernden Prozessen sein.	Zur weiteren Differenzierung s. Kap. 5, S. 59.
Chronische Osteomyelitis (Abb. 14.24)	Typisch ist eine starke Verdickung des betroffenen Bezirks mit verstreuten strahlendurchlässigen Destruktionsherden, solider periostaler Knochenneubildung und Sklerose.	Bei der chronischen *sklerosierenden Osteomyelitis (Garré)* ist eventuell eine diffuse gleichmäßige Sklerose des befallenen Knochens zu beobachten (Abb. 14.**25**).
Geheilte Fraktur	Lokalisierte bis generalisierte Verdickung des Schafts, oft verbunden mit Deformierung des Knochens. Durch Abhebung einer soliden periostalen Auflagerung kann anfangs in der Heilungsphase eine doppelte Kortikalis oder sogar das Bild eines „Knochens-im-Knochen" vorgetäuscht werden, besonders bei Säuglingen und Kindern; das verschwindet aber im Zuge der Wiederherstellung der Knochenform. Die Kortikalis kann durch die periostale Knochenneubildung verdickt werden, kann sich aber in einem späteren Stadium normalisieren oder sogar verschmälern. Eine Verletzung der Metaphyse kann eine „Erlenmeyer-Kolben"-Deformität zur Folge haben.	Häufige Ursache einer umschriebenen Schaftverdickung und Deformierung eines langen Röhrenknochens.
Thalassämie	Kennzeichnend sind eine Verdünnung der Kortikalis und eine gleichförmige netzartige bis zystische Trabekelzeichnung in den verdickten Diametaphysen mit „Erlenmeyer-Kolben"-Deformitäten, besonders bei jungen Patienten.	Gruppe verschiedener hereditärer, hypochromer mikrozytärer Anämien, die durch die Synthese abnormer Hämoglobinpolypeptidketten verursacht werden. Gewöhnlich bei „mediterranen" Menschen und ihren Nachkommen. Die Knochenveränderungen sind die Folge der Hyperplasie des erythropoetischen Knochenmarks; sie sind bei der Thalassaemia major am ausgeprägtesten. Anfangs können alle Knochen befallen sein. Mit der Umwandlung des roten Knochenmarks in den Röhrenknochen in gelbes Mark können sich die Läsionen im späteren Leben an diesen Orten zurückbilden.

Fortsetzung auf Seite 238

14.**15**

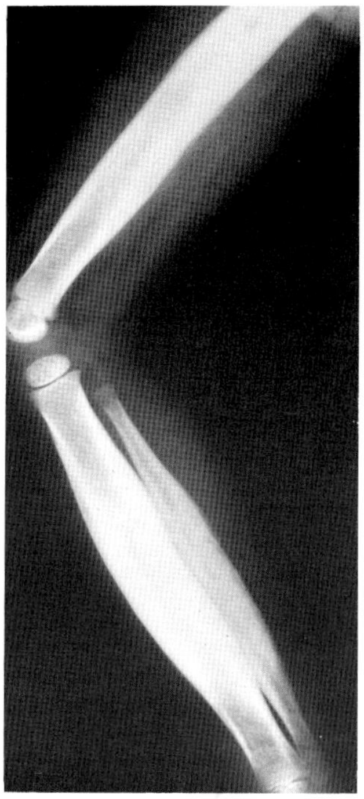

14.**16**

Abb. 14.**15** **Hyperostosis corticalis infantilis.** Bis zur Kortikalisverdickung fortschreitende periostale Auflagerungen an den Diaphysen der langen Röhrenknochen der oberen Extremität haben eine beträchtliche Verbreiterung besonders der Ulna zur Folge.

Abb. 14.**16** **Progressive diaphysäre Dysplasie.** Die spindelförmige Verbreiterung und die Sklerose der Diaphysen der langen Röhrenknochen sind charakteristisch.

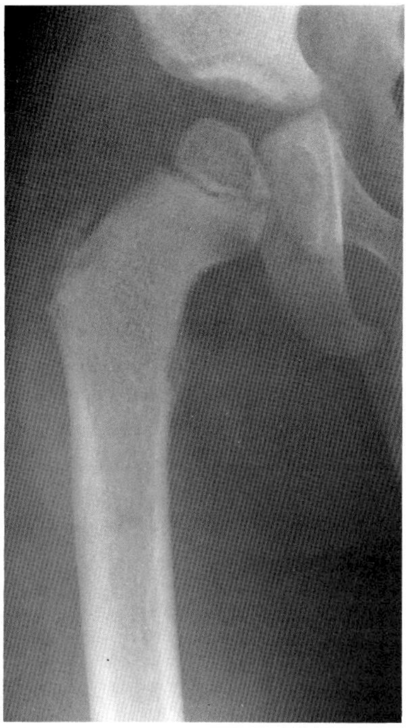

14.**17**

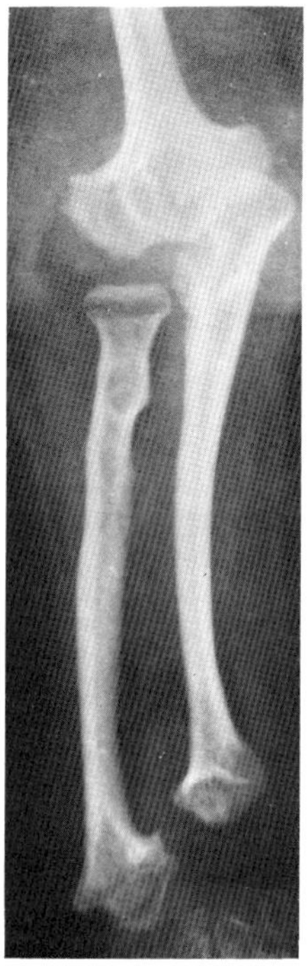

14.**18**

Abb. 14.**17** **Mukopolysaccharidose (Morquio).** Der verbreiterte Schenkelhals und die mit einer Ausweitung des Azetabulumdachs in Zusammenhang stehende Coxa-valga-Deformität sind charakteristisch.

Abb. 14.**18** **Dysplasia spondyloepiphysaria tarda (Pseudoachondroplasie).** Auftreibung der Metaphysen und unregelmäßige Epiphysen.

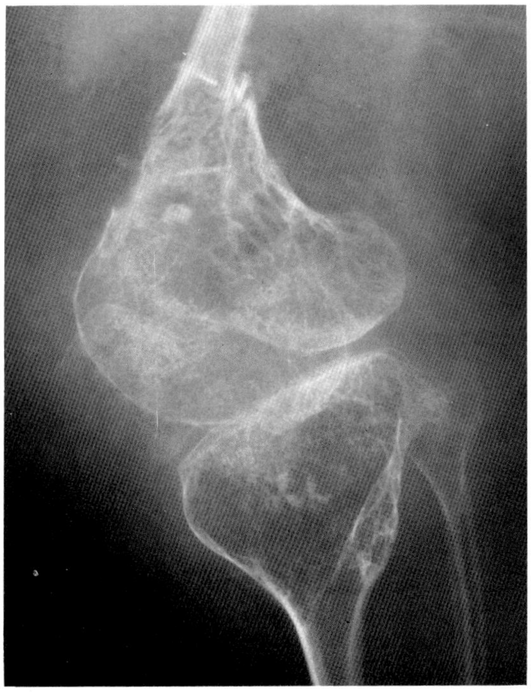

Abb. 14.**19** **Osteogenesis imperfecta.** An die stark verbreiterten Metaphysen, die kleine Verkalkungen enthalten, schließen sehr dünne Schäfte an. Eine schwere Osteopenie und eine Fraktur im distalen Femur sind ebenfalls vorhanden.

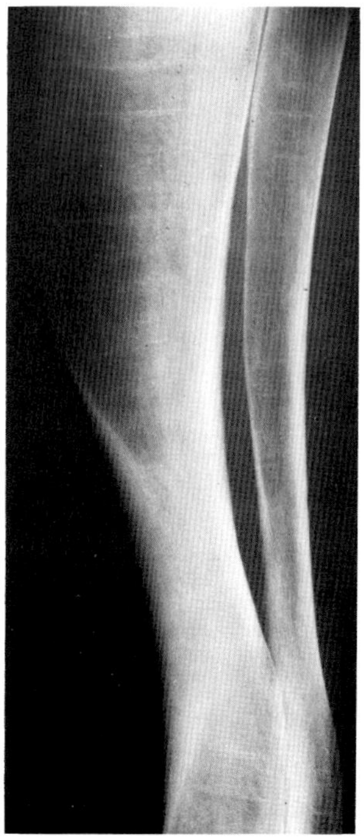

Abb. 14.**20** **Pyle-Syndrom.** Erhebliche Verbreiterung sowohl des proximalen als auch des distalen Endes der Tibia und in geringem Ausmaß der Fibula, verbunden mit leichter Verbiegung der Schaftmittelteile.

Tabelle 14.2 Breite Diametaphysen (Fortsetzung)

Krankheit	Radiographischer Befund	Kommentar
Kraniometaphysäre Dysplasie (Abb. 14.21)	Charakteristische Schaftverdickung und „Erlenmeyer-Kolben"-Deformitäten, die meist im distalen Bereich von Femur, Radius und Ulna am ausgeprägtesten sind. Eventuell verbunden mit Osteoporose. Am Schädel u. U. Sklerose der Basis und der Kalvaria, fehlende Pneumatisation der Nasennebenhöhlen und Mastoide sowie Verdickung und Sklerose der Mandibula.	Seltene angeborene und familiäre Knochendysplasie. Zu den klinischen Zeichen gehören Hypertelorismus, breite, platte Nase und Dentitionsdefekte.
Hereditäre multiple Exostosen (diaphysäre Aklasie) (Abb. 14.22)	Charakteristisch sind die Verdickung und oft Verbiegung der langen Röhrenknochen der oberen und unteren Extremitäten in Verbindung mit multiplen Osteochondromen in den Metaphysenregionen, aber meist Aussparung des Ellbogens. Oft Verkürzung der Ulna und Fibula. Die Verkürzung der Ulna kann eine angeborene Luxation des Radiusköpfchens, falsche Artikulation zwischen distaler Ulna und Radius und Ulnardeviation der Handwurzel nach sich ziehen.	Die hereditäre Krankheit wird gewöhnlich im ersten Lebensjahrzehnt diagnostiziert. Eine Umwandlung in ein Chondrosarkom kommt in etwa 5% der Fälle vor, doch wurden auch höhere Quoten der malignen Degeneration beschrieben.
Enchondromatose (Morbus Ollier) (Abb. 14.23, Abb. 14.47, S. 251)	Häufig Schaftverdickung, Deformierung und Verkürzung der befallenen Knochen. Es können longitudinale Aufhellungsstreifen, durchsetzt mit normal bis verdichtet aussehenden Streifen, von der Metaphyse in den Schaft ziehen, oder es sind vermehrt strahlendurchlässige Auftreibungen mit oder ohne getüpfelte Verkalkungen zu beobachten. Die Metaphysen sind zumeist am schwersten betroffen und weisen oft „Erlenmeyer-Kolben"-Deformitäten auf.	Die generalisierte Form der Krankheit wird gewöhnlich im ersten Lebensjahrzehnt entdeckt. Die Krankheit kann auch unilateral sein oder mit nur wenigen, in charakteristischer Weise in Gelenknähe gelegenen Enchondromen in Erscheinung treten. Eine maligne Entartung bei dieser nichterblichen Krankheit findet sich in 5–25% der Fälle.
Knochenzysten und benigne Tumoren	Ursache einer umschriebenen, meist nahe am Ende gelegenen Auftreibung langer Röhrenknochen kann eine Vielzahl von benignen raumfordernden Prozessen sein.	Zur weiteren Differenzierung s. Kap. 5, S. 59.
Chronische Osteomyelitis (Abb. 14.24)	Typisch ist eine starke Verdickung des betroffenen Bezirks mit verstreuten strahlendurchlässigen Destruktionsherden, solider periostaler Knochenneubildung und Sklerose.	Bei der chronischen *sklerosierenden Osteomyelitis (Garré)* ist eventuell eine diffuse gleichmäßige Sklerose des befallenen Knochens zu beobachten (Abb. 14.**25**).
Geheilte Fraktur	Lokalisierte bis generalisierte Verdickung des Schafts, oft verbunden mit Deformierung des Knochens. Durch Abhebung einer soliden periostalen Auflagerung kann anfangs in der Heilungsphase eine doppelte Kortikalis oder sogar das Bild eines „Knochens-im-Knochen" vorgetäuscht werden, besonders bei Säuglingen und Kindern; das verschwindet aber im Zuge der Wiederherstellung der Knochenform. Die Kortikalis kann durch die periostale Knochenneubildung verdickt werden, kann sich aber in einem späteren Stadium normalisieren oder sogar verschmälern. Eine Verletzung der Metaphyse kann eine „Erlenmeyer-Kolben"-Deformität zur Folge haben.	Häufige Ursache einer umschriebenen Schaftverdickung und Deformierung eines langen Röhrenknochens.
Thalassämie	Kennzeichnend sind eine Verdünnung der Kortikalis und eine gleichförmige netzartige bis zystische Trabekelzeichnung in den verdickten Diametaphysen mit „Erlenmeyer-Kolben"-Deformitäten, besonders bei jungen Patienten.	Gruppe verschiedener hereditärer, hypochromer mikrozytärer Anämien, die durch die Synthese abnormer Hämoglobinpolypeptidketten verursacht werden. Gewöhnlich bei „mediterranen" Menschen und ihren Nachkommen. Die Knochenveränderungen sind die Folge der Hyperplasie des erythropoetischen Knochenmarks; sie sind bei der Thalassaemia major am ausgeprägtesten. Anfangs können alle Knochen befallen sein. Mit der Umwandlung des roten Knochenmarks in den Röhrenknochen in gelbes Mark können sich die Läsionen im späteren Leben an diesen Orten zurückbilden.

Fortsetzung auf Seite 238

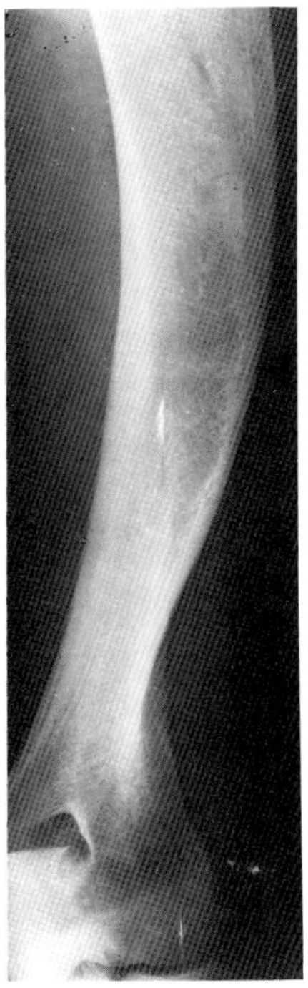

14.**21 a**

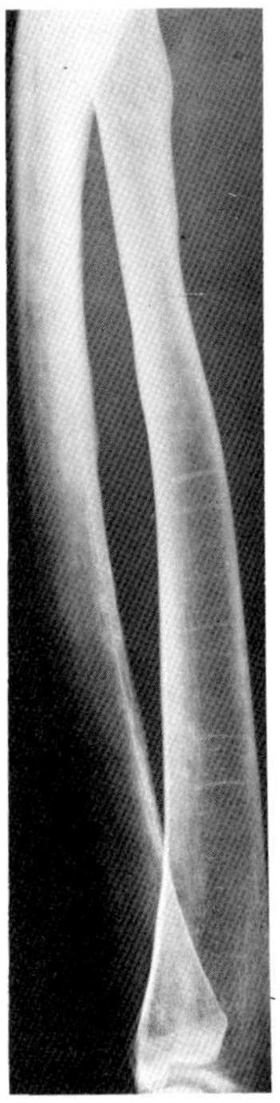

14.**21 b**

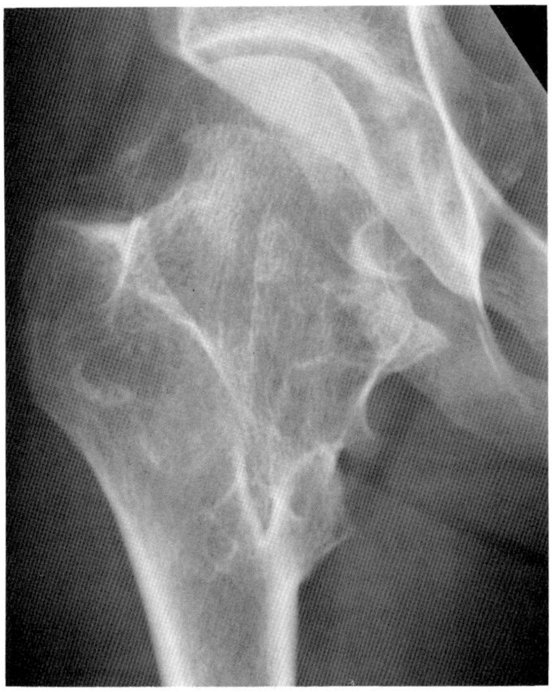

14.**22**

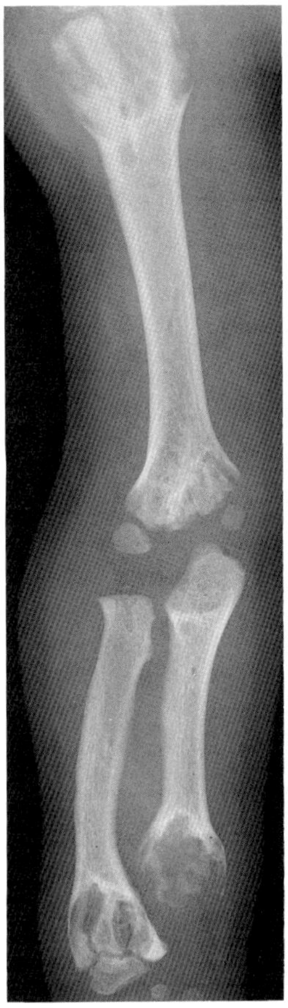

14.**23**

Abb. 14.**21 a, b** **Kraniometaphysäre Dysplasie. a** Humerus, **b** Radius und Ulna. Verdickte Schäfte mit allmählichem Übergang in verbreiterte Metaphysen.

Abb. 14.**22** **Hereditäre multiple Exostosen.** Die Verbreiterung des Schenkelhalses durch mehrere Osteochondrome ist charakteristisch.

Abb. 14.**23** **Enchondromatose.** Die Verdickung der verkürzten und etwas verbogenen langen Röhrenknochen und die verbreiterten, longitudinale Verkalkungsstreifen enthaltenden Metaphysen sind charakteristisch.

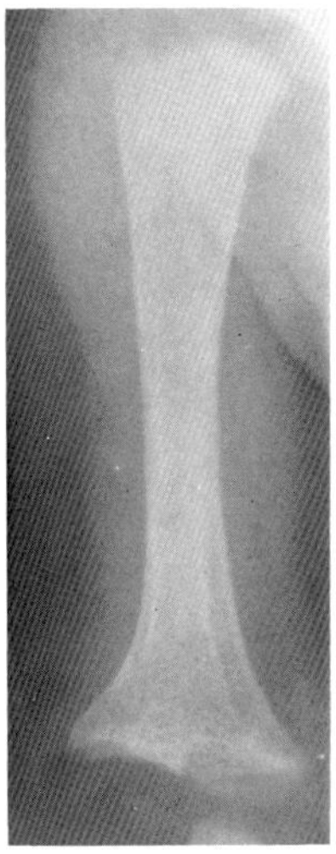

14.**24**

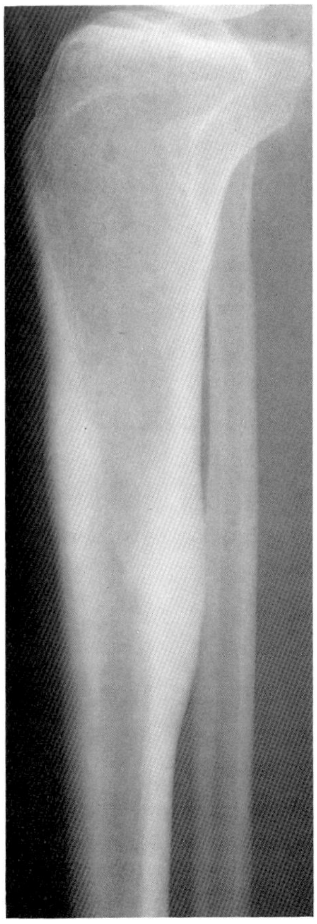

14.**25**

Abb. 14.**24** **Angeborene Syphilis.** Die Verbreiterung des Humerusschafts und die Auftreibung der Metaphysen sind durch periostale Knochenneubildung bedingt. In der distalen Metaphyse findet sich außerdem eine Destruktion.

Abb. 14.**25** **Sklerosierende Osteomyelitis Garré.** Um die Zirkumferenz gehende umschriebene Kortikalisverdickung und Verbreiterung des proximalen Tibiaschafts.

Tabelle 14.2 Breite Diametaphysen (Fortsetzung)

Krankheit	Radiographischer Befund	Kommentar
Sichelzellenanämie	Kortikalisverdünnung und Vergröberung der Trabekelzeichnung infolge Knochenmarkhyperplasie kommen vor, sind aber weniger ausgeprägt als bei der Thalassämie. Die Veränderungen in den langen Röhrenknochen sind durch Osteomyelitis und/oder Infarkte bedingt und umfassen destruierende Veränderungen und Knochenneubildung, die eine unregelmäßige Auftreibung der Diametaphysen bewirken kann. Kortikalisinfarkte können zur Verdickung oder „Spaltung der Kortikalis" führen. Durch Schichtung des neugebildeten Knochens an der Innenseite der Kortikalis kann das Bild eines „Knochens-im-Knochen" entstehen.	Die Sichelzellenanämie ist eine hereditäre Krankheit, die fast ausschließlich auf Neger beschränkt ist und durch ein anomales Hämoglobin – HbS – verursacht wird, bei dem in der Position 6 der β-Globinkette Glutaminsäure durch Valin substituiert wird.
Morbus Gaucher (Abb. 14.**26)**	Die unteren Extremitäten sind öfter betroffen. Kennzeichnend ist die Kombination von avaskulärer Nekrose des Femurkopfs und „Erlenmeyer-Kolben"-Deformität am distalen Femurende. Eventuell örtliche Auftreibung im Schaft der langen Röhrenknochen. Folge der Knochenresorption und -reparation können eine generalisierte Osteopenie, Metastasen vortäuschende lytische Läsionen von wechselnder Größe und fleckförmige Sklerosebezirke sein. Desgleichen kann eine Verdünnung der Kortikalis mit eingebuchtetem innerem Rand oder eine Verdickung und „Spaltung" der Kortikalis bestehen. Eine Innenschicht von neugebildetem Knochen kann das Bild eines „Knochens im Knochen" erzeugen. Es können solide oder grobmaschige periostale Auflagerungen vorkommen, wahrscheinlich als Infarktfolge.	Hereditäre Stoffwechselstörung, die durch die Speicherung von Zerebrosiden in den retikuloendothelialen Zellen charakterisiert ist; diese führt zur Hepatosplenomegalie. Kein Geschlecht bevorzugt. Der häufigste „adulte" Typ kommt bei Aschkenasim-(mittel- und osteuropäischen)Juden vor; dabei erscheinen die ersten Manifestationen im Kindesalter und schreiten im zweiten und dritten Lebensjahrzehnt fort. Der akute Typ des Morbus Gaucher ist eine seltene, letale neurodegenerative Erkrankung ohne ethnische Prädilektion, die gewöhnlich bald nach der Geburt manifest wird und eine durchschnittliche Überlebenszeit von einem Jahr hat.
Morbus Niemann-Pick	Typisch ist eine Verdickung der Diametaphysen und Osteopenie mit Verschmälerung der Kortikalis und Vergröberung der Trabekelzeichnung. Meist Coxa valga. Eine „Erlenmeyer-Kolben"-Deformität am distalen Femurende kann einen Morbus Gaucher imitieren.	Hereditäre Stoffwechselstörung, die durch Speicherung von Phospholipiden (Sphingomyeline) in den retikuloendothelialen Zellen gekennzeichnet ist. Radiographisch läßt sich der Morbus Niemann-Pick vom Morbus Gaucher dadurch unterscheiden, daß sowohl avaskuläre Epiphysennekrosen als auch scharf umschriebene Aufhellungen üblicherweise fehlen.

Fortsetzung auf Seite 239

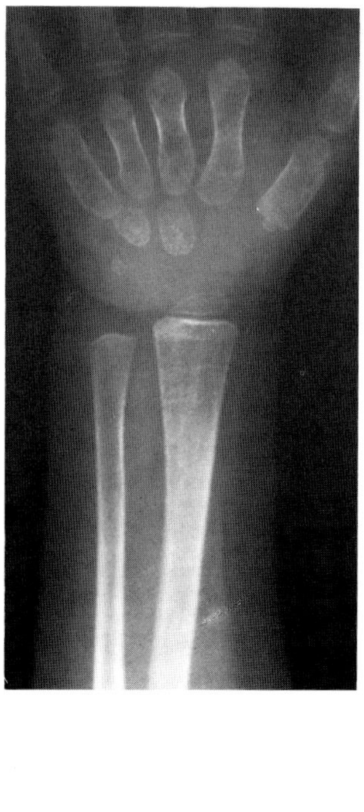

Abb. 14.**26 Morbus Gaucher.** Die Auftreibung der distalen Radiusmetaphyse führt zu einer „Erlenmeyer-Kolben"-Deformität. Es besteht auch eine Osteopenie.

Tabelle 14.2 Breite Diametaphysen (Fortsetzung)

Krankheit	Radiographischer Befund	Kommentar
Histiozytose X	Durch einen expansiven lytischen Herd und periostale Knochenneubildung kann eine unregelmäßige lokalisierte Auftreibung in einem langen Röhrenknochen entstehen.	Die Knochenmanifestationen können monostisch oder disseminiert auftreten.
Fibröse Dysplasie (Abb. 14.27)	Es kann eine lokalisierte Verdickung durch eine expansive Läsion, gewöhnlich an der Metaphyse, oder eine Auftreibung des ganzen Schafts vorkommen. Die Läsionen können strahlendurchlässig, trabekulär oder „milchglasartig" aussehen und gelegentlich dichte lineare oder unregelmäßige Verkalkungen enthalten. Die Kortikalis ist intakt und eventuell verdickt, aber gewöhnlich ohne periostale Knochenneubildung, außer es wäre zu einer Fraktur oder Pseudofraktur gekommen. Es können starke Deformierungen und Pseudarthrosen zu beobachten sein.	Die fibröse Dysplasie kann monostisch, monomel oder polyostisch auftreten. Im letzten Fall ist sie oft unilateral und geht in etwa einem Drittel der Fälle mit unregelmäßig begrenzten Café-au-lait-Flecken einher. Eventuell begleitende endokrine Störungen wie sexuelle Frühreife (fast ausschließlich bei Mädchen), Hyperthyreose, Akromegalie, Cushing-Syndrom, Gynäkomastie und Nebenschilddrüsenvergrößerung.
Morbus Paget	Erhebliche Verdickung des befallenen Knochens mit Kortikalisverdickung und grober, desorganisiert wirkender Trabekelzeichnung. Kann mit Verbiegungen, pathologischen Frakturen oder Pseudofrakturen einhergehen.	Die langen Röhrenknochen sind am häufigsten in der kombinierten (lytisch-sklerotischen) Phase beteiligt. Eine umschriebene Auftreibung kann gelegentlich auch in der viel weniger häufigen lytischen Phase zu beobachten sein.
Osteopetrosis (Abb. 14.28)	Neben einer starken, gleichmäßigen und symmetrischen Zunahme der Knochendichte sind gewöhnlich „Erlenmeyer-Kolben"-Deformitäten und Verbreiterungen der proximalen und distalen Diaphysen vorhanden. Mitunter finden sich abwechselnd dichte Querbänder und Aufhellungslinien in den verbreiterten Diametaphysen.	Die *Pyknodysostose*, eine seltene hereditäre Störung, ist ebenfalls durch eine generalisierte Osteosklerose gekennzeichnet, kann aber von der Osteopetrosis anhand des Fehlens der „Erlenmeyer-Kolben"-Deformitäten und des „Knochen-im-Knochen"-Bilds sowie aufgrund der Mandibulahypoplasie unterschieden werden.

Fortsetzung auf Seite 240

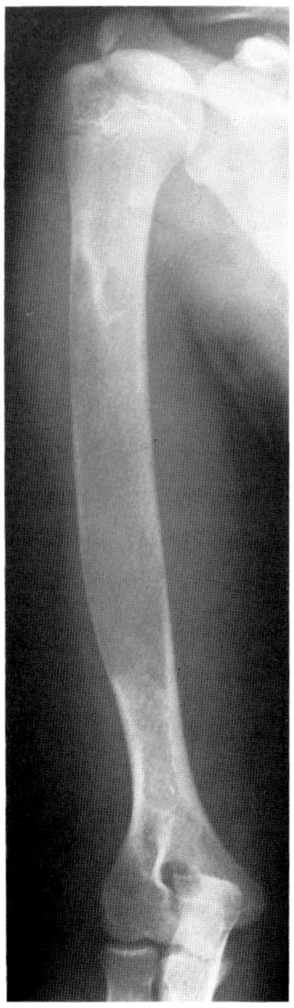

14.**27**

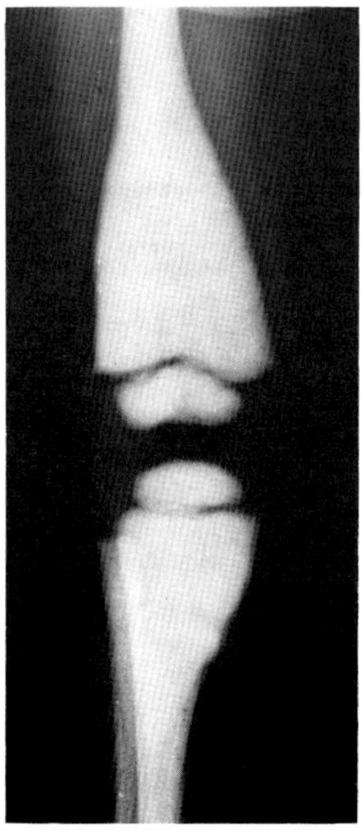

14.**28**

Abb. 14.**27** **Fibröse Dysplasie.** Verbreiterung des Humerusschafts, dabei Verdünnung der Kortikalis und „milchglasartiges" Aussehen des Knochens.

Abb. 14.**28** **Osteopetrosis.** Aufgetriebene Metaphysen, verbunden mit gleichmäßiger dichter Osteosklerose.

Tabelle 14.2 Breite Diametaphysen (Fortsetzung)

Krankheit	Radiographischer Befund	Kommentar
Hypophosphatasie	Kennzeichnend für die Hypophosphatasie bei Erwachsenen sind „Erlenmeyer-Kolben"-Deformität und Kortikalisverdickung der langen Röhrenknochen, oft mit multiplen Frakturen oder Pseudofrakturen und Verbiegungen (besonders der Femora).	Die Knochenveränderungen der Hypophosphatasie im Säuglings- und Kindesalter sind schwerer und ähnlich wie bei Rachitis.
Rachitis (aller Ätiologien) (Abb. 14.29; Abb. 14.58, S. 255)	Für das floride Krankheitsstadium sind unregelmäßige „ausgefranste" Metaphysen, die mit fortschreitender Krankheit ausgeweitet und becherförmig werden, charakteristisch. Bei der Ausheilung können „Erlenmeyer-Kolben"-Deformitäten und Schaftverdickung zu beobachten sein.	Die Befunde bei Vitamin-D-Mangel-Rachitis und Vitamin-D-resistenter (z. B. renaler) Rachitis sind gleichartig.
Skorbut (in Abheilung)	Breite Diametaphysen mit Kortikalisverdickung, die jahrelang persistieren können, sind Folgezustände nach subperiostalen Hämorrhagien, die verkalken und später verknöchern.	Zu den akuten Veränderungen bei Skorbut s. Abb. 1.**3**, S. 5.
Bleivergiftung (Abb. 14.30)	Neben den metaphysären Verdichtungsstreifen können „Erlenmeyer-Kolben"-Deformitäten und im fortgeschritteneren Stadium Schaftverdickungen vorkommen.	Die Mortalität der chronischen Bleivergiftung bei Kindern unter 2 Jahren kann bis zu 25% betragen.
Idiopathische Hyperkalzämie	Sklerose (besonders in den Metaphysen) und „Erlenmeyer-Kolben"-Deformitäten im distalen Abschnitt der Oberschenkelknochen.	Klinisch können Nierenverkalkungen, die eventuell zur Niereninsuffizienz führen, im Vordergrund stehen. Eine *Vitamin-D*-Hypervitaminose kann ein gleichartiges radiographisches und klinisches Bild erzeugen.

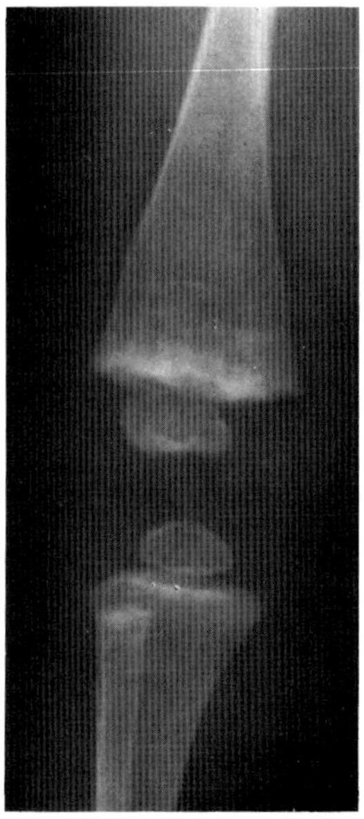

Abb. 14.**29** **Rachitis.** Aufgetriebene Metaphysen mit unregelmäßigen, sklerotischen Enden, im distalen Femur am besten sichtbar, findet man im Ausheilungsstadium der Krankheit.

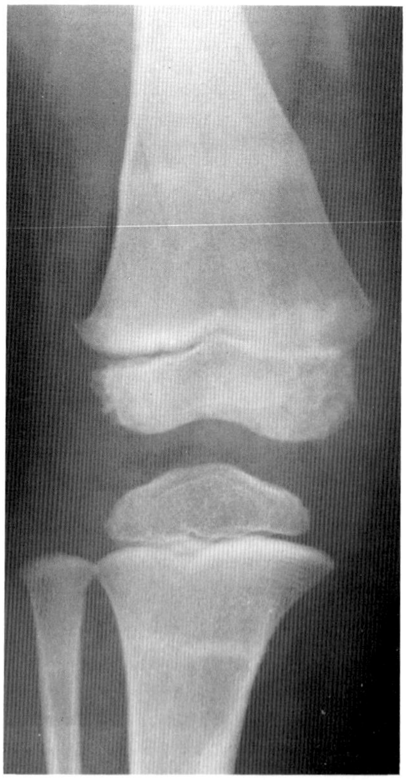

Abb. 14.**30** **Bleivergiftung.** Auftreibung der Metaphysen, verbunden mit dichten Querstreifen in der Metaphyse.

Tabelle 14.3 Schmale Diametaphysen

Krankheit	Radiographischer Befund	Kommentar
Hypopituitarismus	Proportionierter Zwergwuchs, oft mit sehr dünnen Röhrenknochen und verzögertem Schluß der Epiphysenfugen.	Zugleich können Hypogonadismus und andere endokrine Störungen bestehen.
Kenny-Caffey-Syndrom (Markraumeinengung der Röhrenknochen)	Röhrenknochen mit Schaftverdünnung, symmetrischer endostaler Verdickung und eingeengtem Markraum. Eventuell Sklerose der Kalvaria und Coxa valga.	Proportionierter Zwergwuchs. Tetanie im frühen Säuglingsalter durch Hypokalzämie.
Progerie	Außerordentlich dünne Schäfte der langen Röhrenknochen und generalisierte Osteoporose. Begleitmerkmale sind eine dünne Kalvaria mit Bildung von Worm-Knöchelchen, kleiner Gesichtsschädel und kleiner Unterkiefer, fortschreitende Resorption der Endphalangenköpfchen, Schlüsselbeine und gelegentlich der Rippen, Coxa valga, hervortretende Knie und Vergrößerung des Caput radii und Capitulum humeri.	Die Progerie ist durch Zwergwuchs, Herzvergrößerung infolge Hypertonie, Koronararterienerkrankung und vorzeitiges Altern gekennzeichnet. Sie führt in der Regel im zweiten Dezennium zum Tod. Krankheitsbeginn am Ende des ersten Lebensjahrs.
Osteogenesis imperfecta (Abb. 14.31)	Die langen Röhrenknochen sind schlank und dünn. Verbiegungen und Deformierungen durch Frakturen sind häufig. Typisch ist eine Osteoporose mit Verschmälerung der Kortikalis.	Das Leitmerkmal der Krankheit ist die große Frakturanfälligkeit schon bei ganz geringfügigen Traumen. Oft sind blaue Skleren und ein weißer Ring um die Hornhaut („Saturn-Ring") vorhanden.

Fortsetzung auf Seite 242

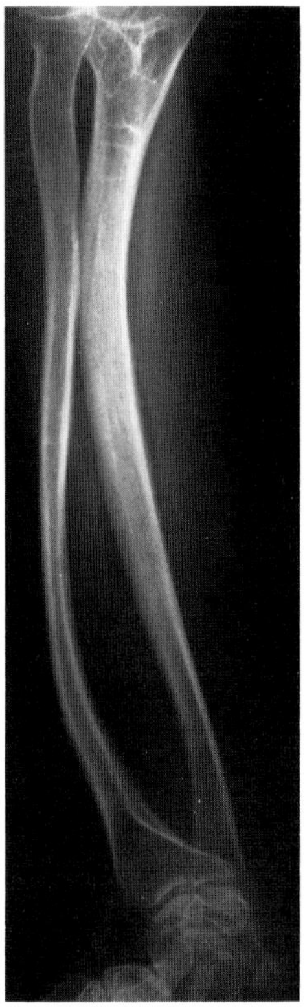

Abb. 14.**31** **Osteogenesis imperfecta.** Die Schaftverdünnung und Verbiegung ist beim Radius besonders stark, bei der Ulna in geringerem Grad ausgeprägt. Nur mäßige Osteoporose.

Tabelle 14.3 Schmale Diametaphysen (Fortsetzung)

Krankheit	Radiographischer Befund	Kommentar
Marfan-Syndrom	Verlängerung und Verdünnung aller Röhrenknochen, am ausgeprägtesten aber in den Händen und Füßen (Arachnodaktylie). Der Kalkgehalt der Knochen ist normal. Skoliose und Thoraxdeformierungen sind häufig. Die Lendenwirbel können abnorm hoch sein und eine dorsale Einbuchtung aufweisen.	Autosomal-dominant vererbte Wachstumsstörung, die auf dem Unvermögen, normales Kollagen zu bilden, beruht. Die Patienten sind hochwüchsig, die Körpergröße liegt meist über 180 cm. Die Bänderschlaffheit hat eine Überstreckbarkeit der Gelenke mit rezidivierenden Dislokationen zur Folge. Eine bilaterale Linsensubluxation kommt in über 50% der Fälle vor. Die ernsteste Komplikation ist ein Aortenaneurysma oder eine Aortendissektion.
Homozystinurie	Marfan-ähnliche Symptome einschließlich schlanker Schäfte der Röhrenknochen. Im Gegensatz zum Marfan-Syndrom besteht eine Verplumpung der Metaphysen und Epiphysen der langen Röhrenknochen sowie gewöhnlich eine Osteopenie, die eine Bikonkavität oder Kompressionsfrakturen der Wirbelkörper zur Folge hat.	Angeborene Stoffwechselstörung, die einen hohen Homozystinserumspiegel und eine Homozystinurie bedingt.
Neurofibromatose (Abb. 14.32)	Eventuell extrem schlanke Schäfte, meist verbunden mit Verbiegungen. Örtliche Knochenvergrößerung und Pseudarthrosen sind weitere charakteristische Erscheinungen der Neurofibromatose, während eine Verkürzung langer Röhrenknochen selten ist. Mitunter beobachtet man subperiostale Hämatome, Kortikalisverdickung und intraossäre Neurofibrome, die sich als expansive zystenartige Läsionen zeigen.	Bei etwa 50% der Patienten besteht eine Knochenbeteiligung, die minimal bis ausgedehnt und generalisiert sein kann.
Epidermolysis bullosa	Schaftverdünnung der langen Röhrenknochen, mitunter verbunden mit Flexionskontrakturen und Subluxationen. Auch eine Resorption der Endphalangen kommt vor.	Seltene hereditäre Krankheit, die durch spontane oder nach geringfügigem Trauma auftretende Blasenbildung gekennzeichnet ist. Durch Beugekontrakturen und Membranbildungen zwischen den Fingern kann eine klauenartige Hand entstehen. Bei der Heilung von Läsionen der Ösophagusschleimhaut können sich stenosierende Membranen entwikkeln.
Inaktivitätsatrophie	Leitmerkmal der Inaktivitätsatrophie ist eine Osteoporose mit Verschmälerung der Kortikalis und Reduktion der Trabekelstärke und -anzahl in der Spongiosa. Bei Kindern ist damit gewöhnlich eine konzentrische Verdünnung des Schafts verbunden, bei Erwachsenen selten.	Findet sich nach langdauernder Inaktivität des betreffenden Skelettabschnitts. Kann lokalisiert oder generalisiert sein.
Juvenile rheumatoide Arthritis	Neben den typischeren arthritischen Veränderungen ist eventuell eine Schaftverdünnung der langen Röhrenknochen mit enger Markhöhle und Osteopenie zu beobachten. Besonders an befallenen großen Gelenken findet man vergrößerte Epiphysen, die ballonförmig wirken.	Näheres in Kap. 6 (S. 83).
Paralyse (Säuglings- und Kindesalter) (Abb. 14.33)	Beim wachsenden Knochen hat eine Paralyse gewöhnlich eine Verdünnung des Schafts auf Kosten der Markhöhle zur Folge, während die Kortikalis relativ unbeeinflußt bleibt.	Z. B. bei *Poliomyelitis, Geburtslähmungen, angeborenen Rückenmark- und Gehirnmißbildungen.*
Muskeldystrophie (Abb. 14.34)	Schaftverdünnung der Diaphysen wie bei Paralyse (verengte Markhöhle mit relativ wenig betroffener Kortikalis). Bei diesen Krankheiten sind oft die atrophischen, durch dickere Fettschichten voneinander getrennten Muskelbündel und die Hypertrophie des subkutanen Fetts radiographisch erkennbar.	Z. B. *Arthrogryposis multiplex congenita, Myatonia congenita (Oppenheim-Syndrom), infantile Muskelatrophie (Werdnig-Hoffmann-Syndrom)* und andere.

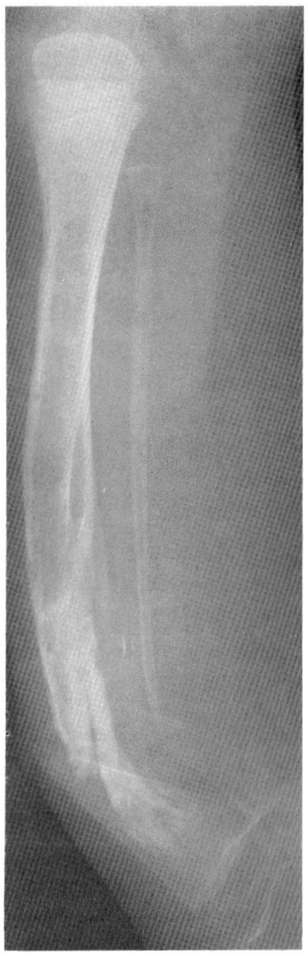

14.**32**

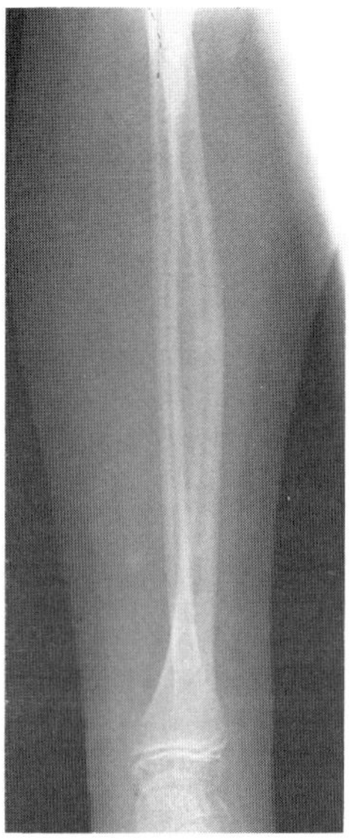

14.**33**

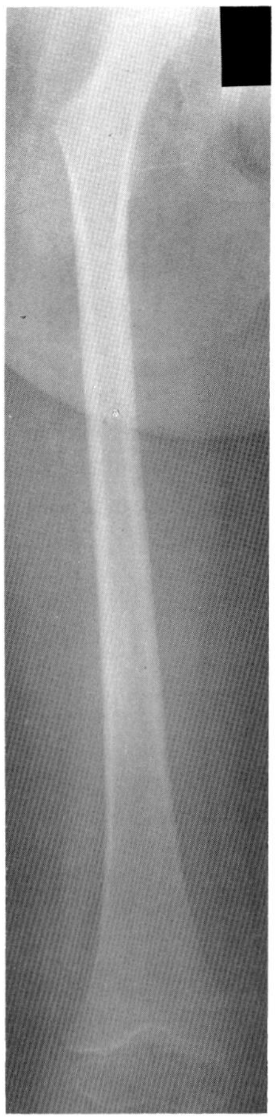

14.**34a**

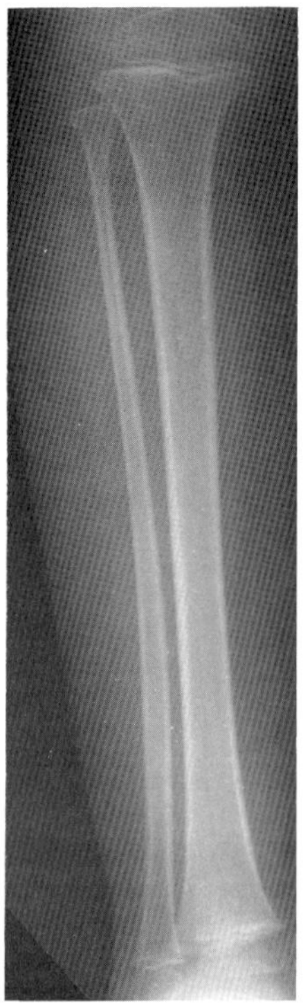

14.**34b**

Abb. 14.**32** **Neurofibromatose.** Ein sehr schlanker Fibulaschaft ist bei dieser Krankheit in der Regel vorhanden. Eine Osteopenie mit chronischen Frakturen in der distalen Tibia und Fibula, die zu Knochendeformationen und Pseudarthrosen führen, ist ebenfalls ganz charakteristisch.

Abb. 14.**33** **Poliomyelitis.** Die Schäfte von Radius und Ulna sind auf Kosten des Marks sehr verdünnt, während die Kortikalis verhältnismäßig wenig betroffen ist.

Abb. 14.**34a, b** **Muskeldystrophie (Werdnig-Hoffmann).** **a** Femur, **b** Tibia und Fibula. Dünne Schäfte, Coxa valga. Es sind atrophische Muskeln, zwischen denen dicke Fettgewebschichten liegen, und eine Hypertrophie des Subkutanfetts zu erkennen.

Tabelle 14.4 Quere Aufhellungsstreifen in den Metaphysen

Krankheit	Radiographischer Befund	Kommentar
Normvariante bei Neugeborenen	Ein gestreiftes Aussehen der Metaphysen ist nicht ungewöhnlich.	Findet sich bei offensichtlich gesunden Säuglingen.
Osteogenesis imperfecta	Die Strahlendurchlässigkeit der Metaphysen ist Teil der generalisierten Osteopenie. Typisch sind schlanke lange Röhrenknochen mit dünner Kortikalis und Verbiegungen.	Eine sekundäre Verkürzung und Verdickung langer Röhrenknochen kann nach Frakturen mit „teleskopartig“ ineinandergeschobenen Fragmenten und anschließender überschießender Kallusbildung vorkommen.
Leukämie (Abb. 14.35)	Transversale Aufhellungsstreifen sind gewöhnlich die früheste radiographische Manifestation bei der Leukämie des Kindesalters, bei Erwachsenen sind sie dagegen ungewöhnlich. In fortgeschritteneren Fällen findet man verstreute lytische und seltener sklerotische Bezirke sowie periostale Reaktionen.	Eine Knochenbeteiligung kommt bei Leukämie in über 50% der Fälle im Kindesalter und bei bis zu 10% der Erwachsenen vor.
Metastasen (besonders von Neuroblastomen)	Quere Aufhellungsstreifen und andere Befunde, die nicht von Leukämie unterscheidbar sind.	Etwa 80% der Neuroblastome findet man bei Kindern unter 2½ Jahren. Der Nachweis von Vanillinmandelsäure und Vanilphenyläthylamin im Harn ist diagnostisch beweisend.
Juvenile rheumatoide Arthritis	Osteopenie mit queren Aufhellungsbändern. Im Gegensatz zur rheumatoiden Arthritis des Erwachsenen sind Periostitis und Ankylosenbildung häufig, und sowohl Gelenkspaltverschmälerung als auch Arrosionen sind Spätmanifestationen.	Tritt gewöhnlich bei über 10 Jahre alten Kindern auf. Gynäkotropie.
Pränatale Infekte (z. B. Rubeolen, Zytomegalie)	Nach der Neugeborenenperiode können sich quere Aufhellungsstreifen in den Metaphysen entwickeln. Die Metaphysen sind unregelmäßig, aber nicht becherförmig. In den Diaphysen der langen Röhrenknochen sind oft abwechselnd verdichtete und aufgehellte Längsstreifen und eine grobe Trabekulierung zu beobachten.	Aufhellungsstreifen in den Metaphysen können auch bei anderen schweren pränatalen und postnatalen Infekten und Allgemeinerkrankungen zu sehen sein.
Osteoporose bei Neugeborenen und im Kindesalter	Eine Osteoporose beliebiger Ätiologie, die sich in utero, im Säuglings- und frühen Kindesalter entwickelt, ist in den Metaphysen am ausgeprägtesten und kann ein gestreiftes Aussehen annehmen.	Z. B. bei neuromuskulären Krankheiten und Paralyse, juveniler rheumatoider Arthritis und Unterernährung.
Skorbut	Typisch ist ein Aufhellungsstreifen (Trümmerfeldzone) unterhalb der verbreiterten und verdichtet wirkenden provisorischen Verkalkungszone in den Metaphysen.	Die radiographischen Zeichen des Skorbuts wurden in Kap. 1 (Abb. 1.**3**, S. 5) zusammengefaßt.
Cushing-Syndrom	Seltene Ursache streifiger metaphysärer Aufhellungen als Teil einer generalisierten Osteoporose im wachsenden Knochen.	Entsteht durch abnorm hohen (exogenen oder endogenen) Steroidblutspiegel. Eine endogene Überproduktion von Steroiden bei Kindern hat in über der Hälfte der Fälle ein *Nebennierenkarzinom* zur Ursache.

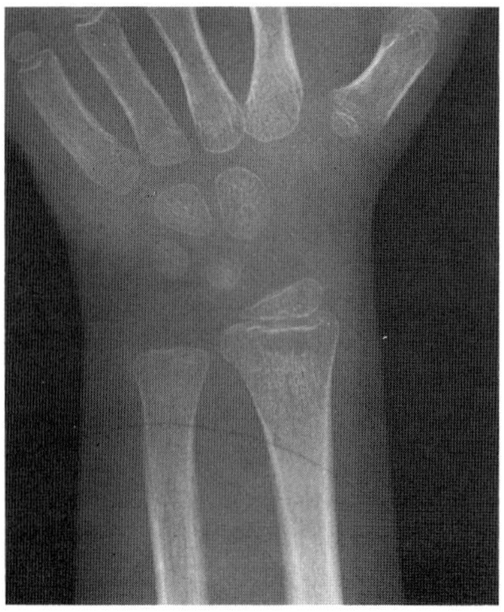

Abb. 14.**35** **Leukämie im Kindesalter.** Quere Aufhellungsstreifen in den Metaphysen von Radius und Ulna.

Tabelle 14.5 Quere Verdichtungsstreifen oder -linien in den Metaphysen

Krankheit	Radiographischer Befund	Kommentar
Normvariante bei Kleinkindern	Relativ dichte Metaphysenenden langer Röhrenknochen, entsprechend der Kortikalisdichte desselben Knochens, sind häufig vorhanden.	Bei aktiven, unter vier Jahre alten Kindern.
Wachstumslinien (Abb. 14.36)	Einzelne oder multiple, feine, parallel zu den Metaphysen verlaufende Querlinien. Sie können persistieren und noch bei Erwachsenen erkennbar bleiben.	Normaler Befund, kann aber mit Unterernährung oder schwerer Krankheit während des Wachstums in Zusammenhang stehen. Bei Bestehen einer Osteopenie treten sie besonders hervor.
Osteopetrosis (Abb. 14.37)	Es kommen multiple transversale oder longitudinale metaphysäre Streifungen vor. Im fortgeschritteneren Stadium kann das Bild des „Knochens-im-Knochen" entstehen. Geht häufig mit „Erlenmeyer-Kolben"-Deformitäten einher.	Hereditäre, durch symmetrische generalisierte Zunahme der Knochendichte und Schaftverdickung gekennzeichnete Störung.
Kretinismus (Hypothyreose)	Charakteristisch sind dichte Querstreifen in den Metaphysen, zusammen mit verkürzten, schlanken Schäften, endostaler Verdickung und unregelmäßigen, fragmentierten Epiphysen.	Ein prägendes Merkmal dieser Krankheit ist das verspätete Auftreten der Knochenkerne in den Epiphysen und der verzögerte Schluß aller Epiphysenfugen (Knochenalter jünger als Lebensalter).
Hypoparathyreoidismus und Pseudohypoparathyreoidismus	Sklerotische Querbänder in den Metaphysen langer Röhrenknochen. Eine leichte, generalisierte Zunahme der Knochendichte, Ossifikation von Sehnen und Bänderinsertionen, die Exostosen vortäuschen, und subkutane Verkalkungen sind ebenfalls oft vorhanden.	Zu weiteren Begleitbefunden kann eine Randsklerose der Darmbeinkämme und Wirbelkörper gehören. Im Schädel sind Kalvariaverdikkung, Basalganglienverkalkungen und Dentitionsdefekte charakteristisch. Bei Pseudohypoparathyreoidismus finden sich auch kurze Metakarpalia und Metatarsalia.
Metaphysäre Chondrodysplasie (Abb. 14.38)	Becherform und ungleichmäßige Mineralisation der Metaphysen, die sich in Form von unregelmäßigen Verdichtungsbändern mit Aufhellungsstreifen zeigen kann. Diaphysen und Epiphysen sind normal, doch kann die Verknöcherung der Epiphysen verzögert sein.	Mehrere verschiedene und wahrscheinlich nicht miteinander verwandte kartilaginäre Dysplasien werden in diesem seltenen Krankheitsbild zusammengefaßt (z. B. Typ Schmid, Typ Jansen und Typ McKusick). Die metaphysären Veränderungen können Ähnlichkeit mit Rachitis haben, aber im Gegensatz zu dieser sind die Epiphysen normal.

Fortsetzung auf Seite 246

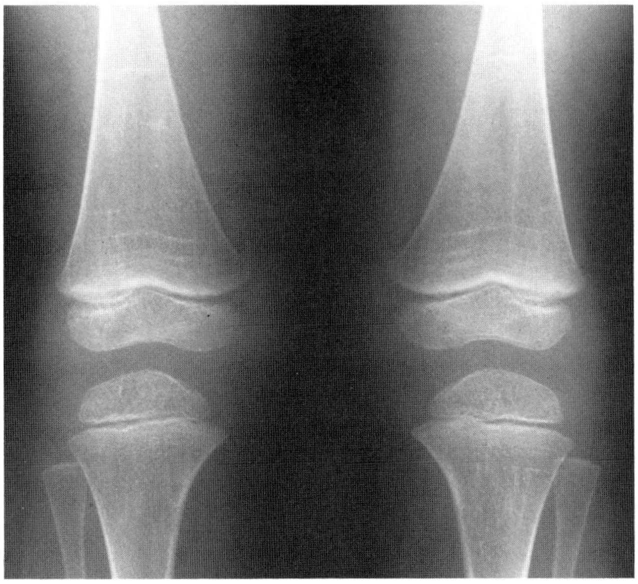

14.36

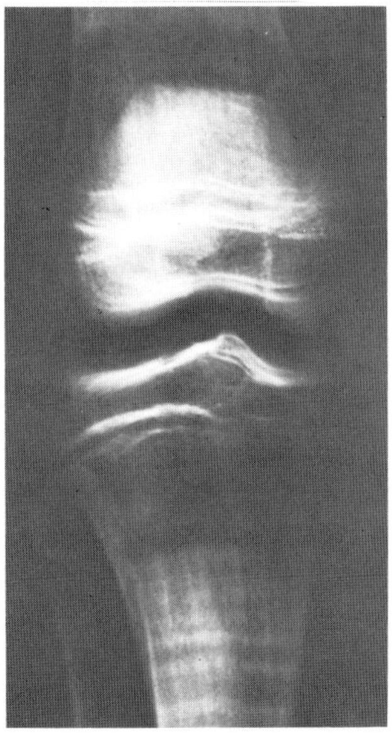

14.37

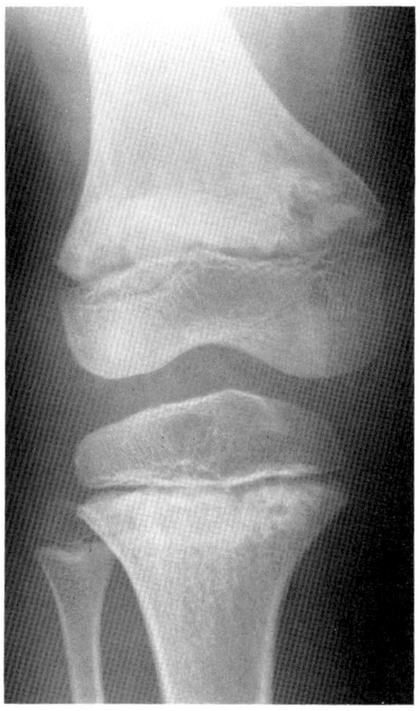

14.38

Abb. 14.**36** **Wachstumslinien.** Beiderseits mehrere feine, symmetrische Querlinien im distalen Femurbereich. Auch eine Osteopenie ist zu beobachten, die in diesem Fall durch Homozystinurie bedingt ist.

Abb. 14.**37** **Osteopetrosis.** Multiple breite Querstreifungen im verdickten distalen Femur- und proximalen Tibiaabschnitt, die beide „Erlenmeyer-Kolben"-Deformitäten aufweisen.

Abb. 14.**38** **Metaphysäre Chondrodysplasie (McKusick).** Unregelmäßige sklerotische und verbreiterte Metaphysen.

Tabelle 14.5 Quere Verdichtungsstreifen oder -linien in den Metaphysen (Fortsetzung)

Krankheit	Radiographischer Befund	Kommentar
Idiopathische Hyperkalzämie (Abb. 14.39)	Dichte metaphysäre Streifen sind für die schwere, chronische Form kennzeichnend, oft in Verbindung mit Kortikalisverdickung und generell erhöhter Knochendichte.	Die schwere, chronische Form der idiopathischen Hyperkalzämie geht mit der Trias Azotämie, geistiger und körperlicher Retardation und Osteosklerose einher. Durch die Sklerose des Orbitarands und des Keilbeins kann das auffallende Bild einer „Brille" entstehen. Die idiopathische Hyperkalzämie kann auf einer Überempfindlichkeit gegen Vitamin D oder einer angeborenen Störung des Cholesterinmetabolismus beruhen. Eine *D-Hypervitaminose* kann identische Befunde erzeugen.
Angeborene Syphilis (Abb. 14.40)	Eine Querstreifung der Metaphysen (Verdichtungs- und Aufhellungsbänder) kann das erste Zeichen sein. In fortgeschritteneren Fällen sieht man eventuell destruktive Veränderungen in den Metaphysen, die ganz charakteristisch an der medialen Seite der proximalen Tibiametaphyse lokalisiert sind (Wimberger-Zeichen).	Eine Querstreifung der Metaphysen im Säuglingsalter ist nicht für Syphilis beweisend und kann auch bei anderen schweren Erkrankungen während der Fetalperiode (z. B. *Toxoplasmose, Rubeolen* und *Zytomegalie*) sowie bei Wismutverabreichung an die Mutter während der Schwangerschaft beobachtet werden.
Erythroblastosis fetalis	Es können Querbänder in den Metaphysen und eine diffuse Sklerose der Diaphysen vorhanden sein.	Konnatale hämolytische Anämie infolge Rh-Faktor-Inkompatibilität.
Thalassämie Sichelzellenanämie	Querstreifen in den Metaphysen können vorkommen.	Zu den typischeren Veränderungen der Thalassämie gehören die Auftreibung der Metaphysen („Erlenmeyer-Kolben"-Deformitäten), Verdünnung der Kortikalis und akzentuierte Trabekelzeichnung. Bei der Sichelzellenanämie beruhen die Knochenveränderungen auf Infarkten und Osteomyelitis und führen zum Bild des „Knochens-im-Knochen", der „Kortikalisspaltung" und zur periostalen Knochenneubildung.
Strahlenostitis	Im wachsenden Knochen kann sich ein dichtes metaphysäres Band als Manifestation der Reparation entwickeln.	Strahleninduzierte Veränderungen in den wachsenden Metaphysen umfassen Unregelmäßigkeiten, Ausfransung und Sklerose und können oberflächliche Ähnlichkeit mit Rachitis haben.
Abgeheilte metaphysäre Aufhellungsstreifen verschiedener Ätiologien (z. B. behandelte Rachitis, renale Osteodystrophie, Skorbut und Leukämie) (Abb. 14.41)	Die ursprüngliche Erkrankung verursacht Aufhellungsstreifen in den Metaphysen, die unter geeigneter Behandlung dicht werden können.	Gelegentlich können alternierende Aufhellungs- und Verdichtungsstreifen in den Metaphysen bei Leukämien des Kindesalters schon vor der Behandlung zu beobachten sein.
Ermüdungsfrakturen (Abb. 14.42)	Bandförmige fokale Sklerose am Ende von Röhrenknochen (z. B. Schenkelhals und Tibiaplateau).	Treten klinisch mit aktivitätsabhängigen Schmerzen, die bei Ruhe schwinden, in Erscheinung.
Bleivergiftung (Abb. 14.43)	Metaphysäre Verdichtungsstreifen, die dichter als die Kortikalis desselben Knochens sind, im wachsenden Skelett. Durch die Störung der normalen Ausformung kann es zu einer Auftreibung der betroffenen Metaphyse kommen („Erlenmeyer-Kolben"-Deformität). Eine Verbreiterung der Schädelnähte und im Gastrointestinaltrakt nachweisbare Bleipartikel stützen die Diagnose.	Knochenveränderungen werden etwa drei Monate nach Eintreten einer chronischen Bleivergiftung radiographisch sichtbar. *Wismut-, Phosphor-* und *Quecksilbervergiftung* sowie *Vitamin-D-Intoxikation* können ebenfalls einen oder mehrere Verdichtungsstreifen in den Metaphysen, ähnlich wie bei Bleivergiftung, verursachen. Mitunter beobachtet man bei einem offensichtlich gesunden Kind unter 4 Jahren dichte Metaphysen.
Medikamenten- oder Hormontherapie	Seltene Ursache transversaler Verdichtungsstreifen.	Z. B. bei hohen Dosen von Steroiden, Parathormon, Methotrexat und anderen Pharmaka.

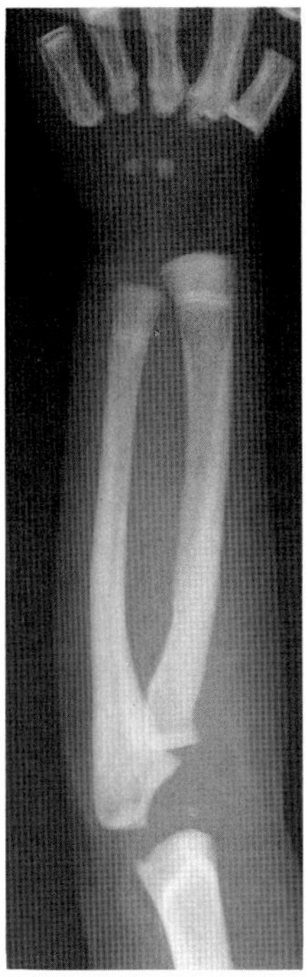

14.39

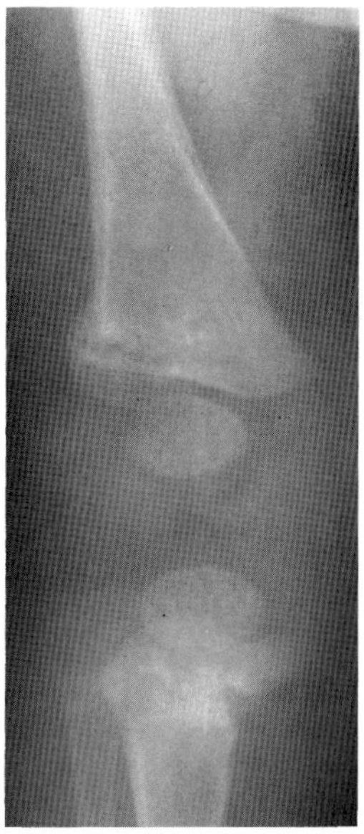

14.40

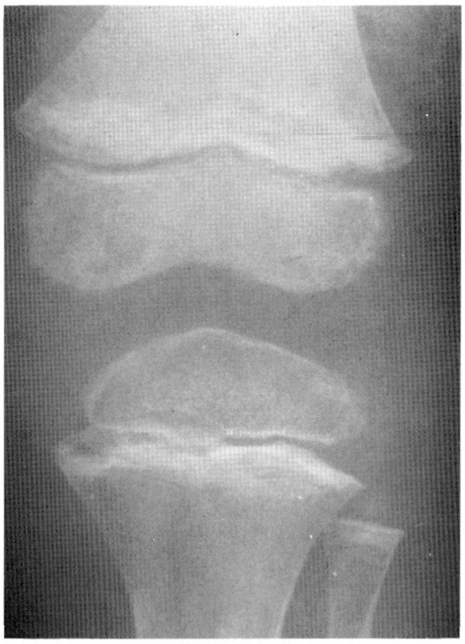

14.41

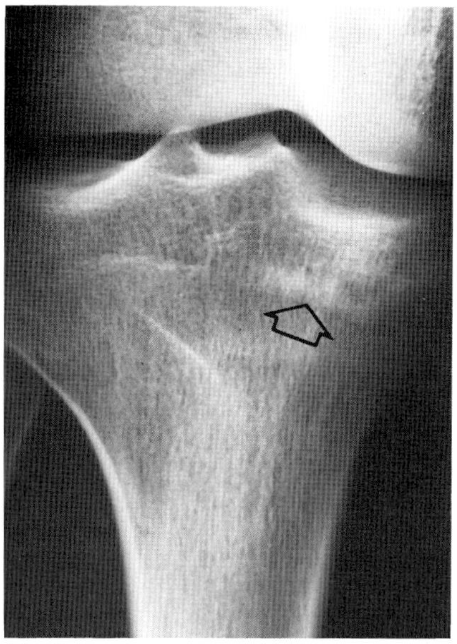

14.42

Abb. 14.**39** **Idiopathische Hyperkalzämie.** Metaphysäre Querbänder im distalen Bereich von Radius und Ulna. Auch eine Kortikalisverdickung und eine starke generalisierte Osteosklerose sind vorhanden.

Abb. 14.**40** **Angeborene Syphilis.** Unregelmäßige Querstreifung der Metaphysen zusammen mit destruktiven metaphysären Läsionen.

Abb. 14.**41** **Leukämie.** Sklerotische Bänder in den Metaphysen sind bei diesem Kind schon vor der Einleitung einer geeigneten Behandlung zu sehen.

Abb. 14.**42** **Ermüdungsfraktur.** Bandförmige fokale Sklerose (Pfeil) in der proximalen Tibia.

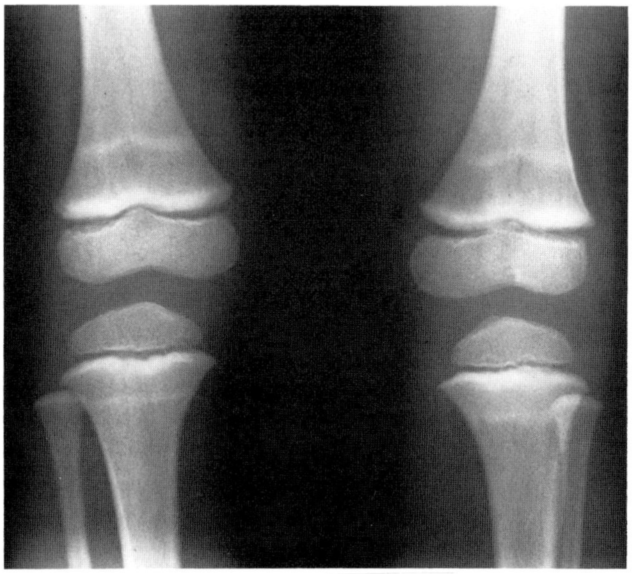

Abb. 14.**43** **Bleivergiftung.** Dichte, symmetrische Streifen in den Metaphysen sowohl im distalen Femur- als auch im proximalen Tibiaabschnitt. ▶

Tabelle 14.6 Kurze Extremitätenknochen

Abnormer Befund	Übliche Ursachen	Kommentar
Symmetrisch kurze Gliedmaßen (Abb. 14.44)	*Achondroplasie* (am häufigsten). Andere *Syndrome von Zwergwuchs mit kurzen Extremitäten.* Syndrome mit *Wachstumsstörungen des Knochens.*	Für die Differentialdiagnose ist eine Analyse der verschiedenen Knochenabschnitte und eventueller Begleitbefunde erforderlich.
Lokalisierte Knochenverkürzung (als Folge einer Schädigung eines wachsenden Knochens)	*Osteomyelitis*	Durch Epiphysenschädigung kommt es zu einer Verkürzung, und es kann eine Deformierung der Metaphyse mit dem Bild einer „Kugel auf ihrem Träger" entstehen.
	Trauma	Die Verkürzung ist durch eine Stauchungsfraktur oder Epiphysenschädigung eines wachsenden Knochens bedingt.
	Skorbut	Bei schwerem Skorbut kann eine Fraktur durch eine vermehrt strahlendurchlässige „Trümmerfeldzone" zum vorzeitigen Schluß der Epiphysenfuge führen.
	A-Hypervitaminose	Kann in seltenen Fällen asymmetrische Verkürzungen infolge vorzeitiger Verschmelzung der Ossifikationszentren verursachen. Aufgetriebene Metaphysen.
	Rachitis (aller Ätiologien)	Eine infantile oder juvenile Rachitis kann nach der Abheilung eine Verkürzung und Deformierung langer Röhrenknochen hinterlassen.
	Enchondromatose (Ollier-Syndrom)	Rundliche expansive Aufhellungen in den Metaphysen, verbunden mit Deformierungen und Knochenverkürzung.
	Strahlentherapie	Bei ausreichender Dosierung kann das Knochenwachstum bei Säuglingen und Kindern zum Stillstand kommen. Schwerwiegendere Folgen betreffen eher Wirbelsäule und Becken – die Veränderungen imitieren eine Achondroplasie oder Osteochondrodystrophie.
	Knocheninfarkte (z. B. bei Sichelzellenanämie)	Die Mehrzahl der Infarkte tritt beim HbSS-Genotyp auf; sie liegen zwischen Schaft und Metaphyse des Femurs, in der proximalen Tibia und im distalen Humerus. Das radiographische Bild ist nicht unterscheidbar von einer Osteomyelitis, die hinzukommen kann.
	Neoplasma	Ein Knochentumor wie das *Ewing-Sarkom* kann in die epiphysäre Wachstumszone einwachsen.

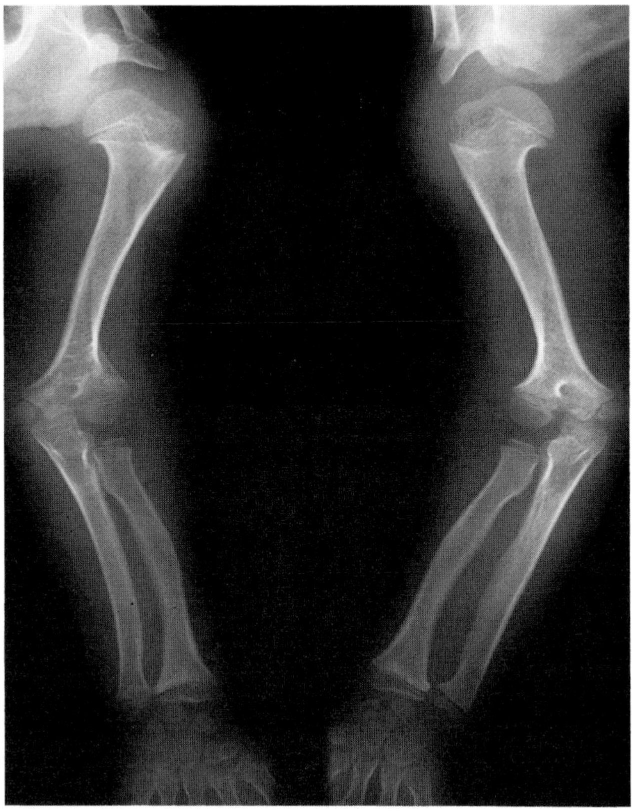

Abb. 14.**44** **Achondroplasie.** Bilateral kurze, deformierte obere Extremitäten.

Tabelle 14.7 Abnorme Skapula

Abnormer Befund	Übliche Ursachen	Kommentar
Hypoplasie	*Achondroplasie*	Eine Hypoplasie des Schulterblatts kann zum Bild mehrerer Knochendysplasien gehören, doch sind andere radiographische Merkmale aussagekräftiger.
	Nagel-Patella-Syndrom	Kann mit Hypoplasie der Skapula und Verdickung des Gelenkpfannenrandes einhergehen.
Malposition (Abb. 14.45, 14.46)	*Sprengel-Deformität*	Hochstand der Skapula, die mit der Halswirbelsäule durch ein *Os omovertebrale* verbunden ist. Das Schulterblatt kann hypoplastisch sein.
	Plexus-brachialis-Schädigung	Es können eine Flügelstellung des Schulterblatts, Subluxation des Humerus nach unten und verschiedene sekundäre Deformierungen vorkommen. Das radiographische Bild hängt vom Ort und der Zahl der betroffenen Nervenwurzeln ab.
Deformation (Abb. 14.47, 14.48)	*Glenohumerale Dysplasie*	1. Deformation oder Fehlen des Gelenkpfannenrandes. 2. Abflachung des Humeruskopfes. Eine Deformierung des Humeruskopfes ist auffälliger als eine Deformierung der Skapula. Hurler-Syndrom: s. Abb. 13.**15**, S. 222.
	Arthritis *Syringomyelie*	Eine schwere Deformation dieser Gebilde kann bei mehreren *Arthritiden* und bei *Syringomyelie* (neurotrophische Gelenkveränderung) zu beobachten sein, doch sind die Veränderungen im Humeruskopf charakteristischer (s. Tab. 14.**8**, S. 252).
	Benigne Knochentumoren	Ein *Osteochondrom* oder *Enchondrom* kann eine Deformierung verursachen. (Destruktionen in der Skapula sind wahrscheinlich durch *eosinophiles Granulom, Metastase, Ewing-Sarkom* oder *Osteomyelitis* bedingt, sie sind aber selten.)
	Fraktur	

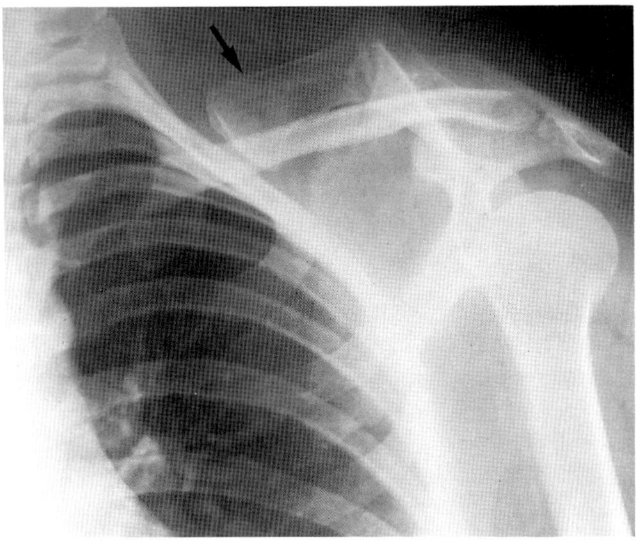

Abb. 14.**45** **Sprengel-Deformität.** Links ist ein anomales Os omovertebrale (Pfeil) mit dem Schulterblatt verbunden. Dieses ist hochstehend und hypoplastisch.

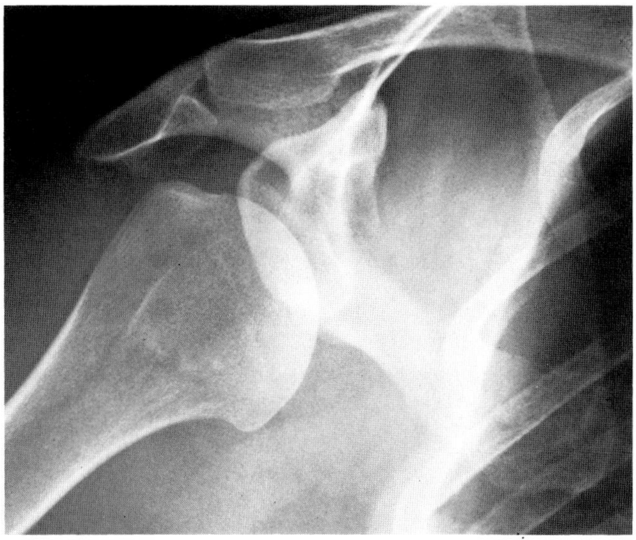

Abb. 14.**46** **Plexus-brachialis-Schädigung (5. Zervikalwurzel).** Flügelstellung des Schulterblatts und Tiefstand des Schultergelenks infolge posttraumatischer Paralyse des M. rhomboideus.

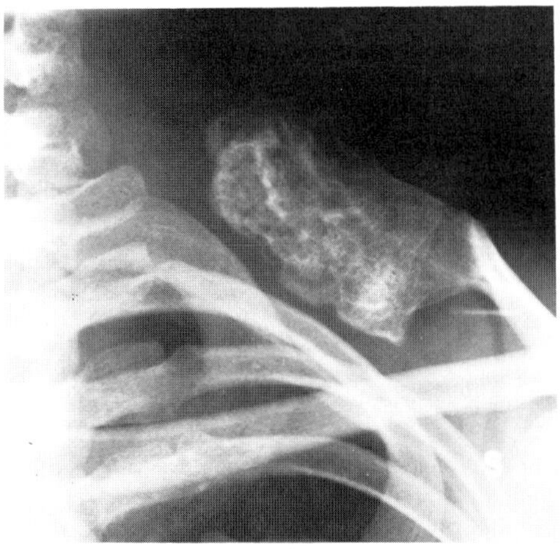

Abb. 14.**47** **Osteochondrom** des Schulterblatts; das Erscheinungsbild hat einige Ähnlichkeit mit einer Sprengel-Deformität (Abb. 14.**45**).

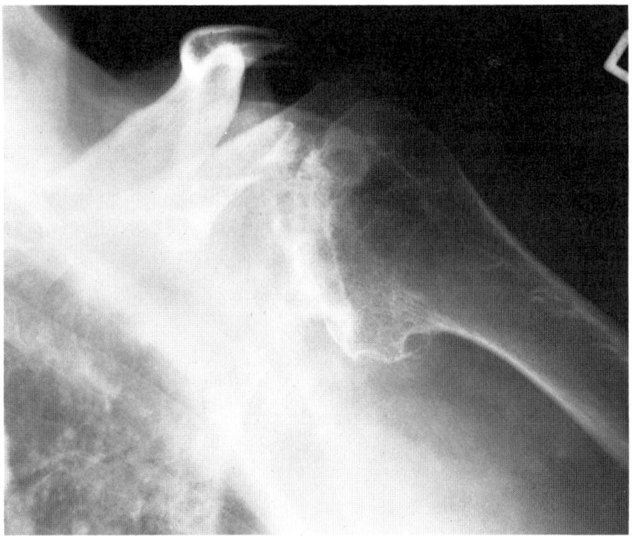

Abb. 14.**48** **Glenohumerale Dysplasie** mit Fehlen des Gelenkpfannenrandes und Abplattung des Humeruskopfs. Ferner sekundäre Arthrose.

Tabelle 14.8 Deformation des Humeruskopfs

Ätiologie	Abnormer Befund	Kommentar
Angeboren (Abb. 14.48, S. 251)	*Glenohumerale Dysplasie*	Gewöhnlich bilateral und symptomlos.
Traumatisch	*Fraktur des Tuberculum majus*	Eine Fraktur des Tuberculum majus mit Dislokation ist eine klar erkennbare Ursache eines furchenförmigen Defekts. Eine *Fraktur des Tuberculum minus* geht gewöhnlich mit einer Dorsalluxation des Humeruskopfs einher.
	Wiederholte Luxation (Hill-Sachs-Deformität)	Unregelmäßigkeit und/oder verdichteter Knochenbezirk am *hinteren oberen* Rand der Gelenkfläche, die am besten bei Abduktion und Einwärtsrotation des Humerus zu sehen sind. Es handelt sich um eine durch (wiederholte) anteriore Luxationen hervorgerufene Kompressionsfraktur.
Arthritis/Arthrose (Abb. 14.49)	*Rotatorenmanschettenruptur*	Eine Subluxation des Humerus nach oben zeigt eine Ruptur der Rotatorenmanschette (Sehne des M. supraspinatus) an. Durch einen langdauernden Hochstand kann die Innenfläche des Akromions usuriert werden.
	Periarthrosis humeroscapularis	Es kann ein kleiner Substanzdefekt an der Oberseite des Tuberculum majus auftreten. Kennzeichnend sind eine Tendinitis mit Verkalkung, periostale Verkalkungen der Bänderansätze und degenerative Zysten an der Basis des Tuberculum majus.
	Rheumatoide Arthritis *Spondylitis ankylosans*	Arrosionen und Gruben erscheinen zuerst in der *Nähe des Gelenkkapselansatzes.* Oft verbunden mit Arrosion im distalen Schlüsselbein- und unteren Akromionbereich, Subluxation des Humerus nach oben, subchondralen Zysten und Erweiterung der Bursa subdeltoidea.
	Gicht	Die Lochdefekte haben sklerotische Ränder. Im übrigen wie rheumatoide Arthritis, außer es sind verkalkte Tophi vorhanden.
	Multizentrische Retikulohistiozytose	Arrosionen ähnlich wie bei rheumatoider Arthritis, verbunden mit Hautxanthomen.
	Infektionsbedingte Arthritis	Kann rheumatoide Arthritis imitieren, doch treten die Veränderungen viel schneller auf.
Tumor	*Synovitis pigmentosa villonodularis*	Arrosionen nahe am Gelenkkapselansatz wie bei rheumatoider Arthritis, aber keine Osteoporose oder Verschmälerung des Gelenkspalts. Verkalkt niemals, kann aber Hämosiderin enthalten und dicht erscheinen.
Vaskulär (Abb. 14.50)	*Avaskuläre Nekrose* (häufigste Ursachen: Sichelzellenkrankheit, Steroidtherapie; s. auch Hüfte, S. 256).	In der Mitte der Gelenkfläche beginnend, schreiten Kortikalisbrüche, Rarefizierung und Sklerose fort, bis der Humeruskopf abgeflacht und deformiert ist. Die Gelenkpfanne ist intakt, was für eine primär epiphysäre Störung spricht.
	Hämophilie	Imitiert Hill-Sachs-Deformität, doch kommen Aufhellungen bzw. Defekte auch in der Gelenkpfanne vor.
Neurotrophisch (Abb. 14.51, 14.52)	*Syringomyelie*	Eine Fragmentation der Gelenkfläche ohne reaktive Veränderungen und intraartikulär verstreute Knochenfragmente sind ein typischer Befund beim Charcot-Gelenk. Knochenfragmente können an Einrissen der chronisch überdehnten Gelenkkapsel zur Humerusmitte wandern.

Abb. 14.**49** **Rotatorenmanschettenriß.** Verschmälerung des Abstands zwischen Humeruskopf und Akromion mit Usur der benachbarten Knochenflächen. Daneben finden sich arthrotische Sporne und eine Zyste (Geode) in der Gelenkpfanne.

Abb. 14.**50 a, b** **Verlauf einer avaskulären Nekrose** des Humeruskopfs infolge Steroidtherapie. **a** Subchondrale Knochenresorption und kleine Einbrüche der Gelenkfläche (Pfeile). **b** Sklerose des Humeruskopfs mit deutlicher Frakturlinie. Abflachung der Gelenkfläche.

Abb. 14.**51** **Syringomyelie.** Der Humeruskopf ist deformiert und nach unten subluxiert. In diesem Fall ist keine eindeutige Knochenfragmentation sichtbar.

Abb. 14.**52** **Syringomyelie.** Der ganze Humeruskopf ist zerstört. In der Gelenkskapsel befinden sich Knochenfragmente.

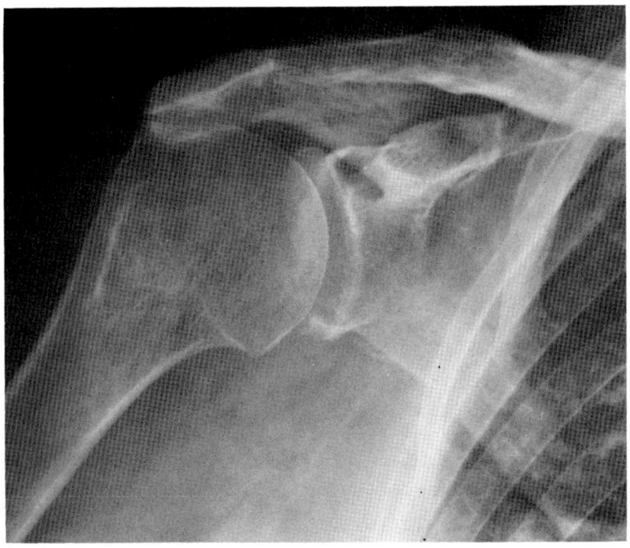

14.**49**

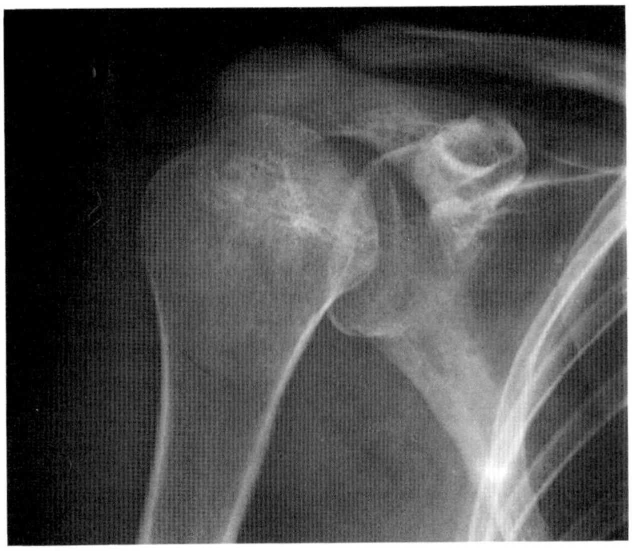

14.**50 a**

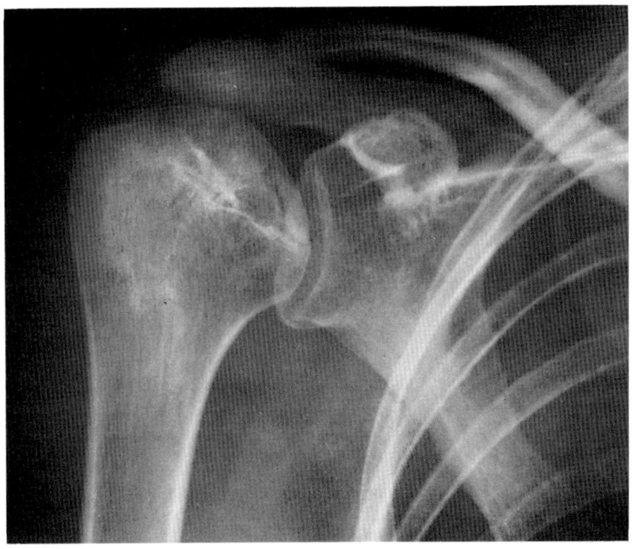

14.**50 b**

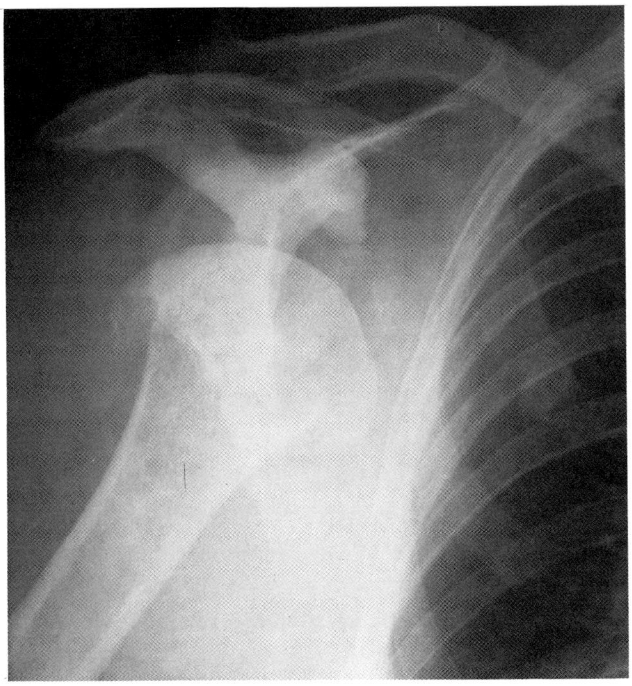

14.**51**

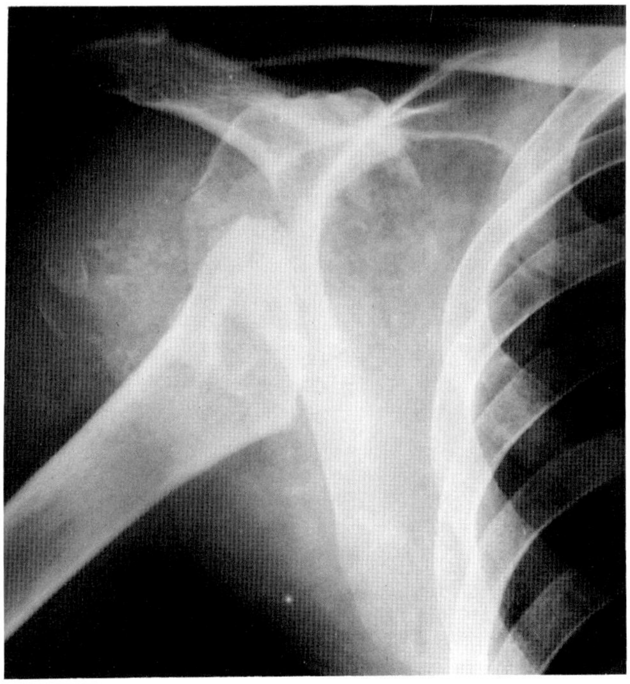

14.**52**

Tabelle 14.9 Unterarmdeformation

Deformation	Übliche Ursachen	Kommentar
Proximale radioulnare Luxation	Traumatische *Chassaignac-Subluxation („Kindermädchenellbogen“*, kommt bei Kindern unter 6 Jahren vor).	Das Caput radii sollte direkt mit dem Capitulum humeri in Kontakt stehen, unabhängig davon, welche Position der Ellbogen einnimmt. Ein „Kindermädchenellbogen“ kommt gewöhnlich dadurch zustande, daß das Kind am Arm hochgerissen wird. Die Luxation ist eventuell partiell und radiologisch nicht erkennbar.
	Traumatische Luxation des Radiuskopfes ohne Fraktur (kommt bei Kindern über 6 Jahren vor).	
(Abb. 14.53**)**	Ulnafraktur mit Luxation des Radiuskopfes, meist in anterolateraler Richtung *(Monteggia-Fraktur).*	Eine Ulnafraktur mit wesentlicher Verkürzung des Unterarms wird immer von einer Fraktur oder Luxation des Radius begleitet.
Deformation oder Hypoplasie von Radius oder Ulna (Abb. 14.54**)**	Syndrome mit Hypoplasie (s. Tab. 15.**1**, S. 272) oder Aplasie des Radius.	Eine Hypoplasie des Radiuskopfes prädisponiert zur Luxation.
	Enchondromatose (Ollier-Syndrom)	Ulnaverkürzung infolge von Enchondromen.
(Abb. 14.55**)**	*Hereditäre multiple Exostosen (diaphysäre Aklasie)*	Es besteht eine charakteristische *Verkürzung von Ulna* und Fibula. Die Ulnaverkürzung verursacht eine Krümmung des Radius und oft eine Luxation des Radiuskopfes.
	Osteogenesis imperfecta	Folge der Knochenverbiegung.
(Abb. 14.56**)**	*Madelung-Deformität*	Vorzeitiger Schluß des ulnarseitigen Teils der Radiusepiphysenfuge, wird in der Adoleszenz als charakteristische Deformität manifest: 1. Ulnar-Volar-Neigung der distalen Radiusgelenkfläche, 2. verkleinerter Karpalwinkel, 3. Subluxation der distalen Ulna nach dorsal. Kann als isolierte unilaterale oder als bilaterale Anomalie vorkommen.

Fortsetzung auf Seite 255

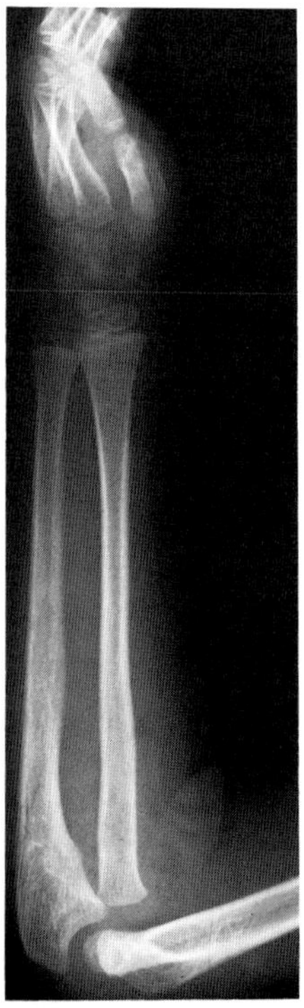

14.**53a**

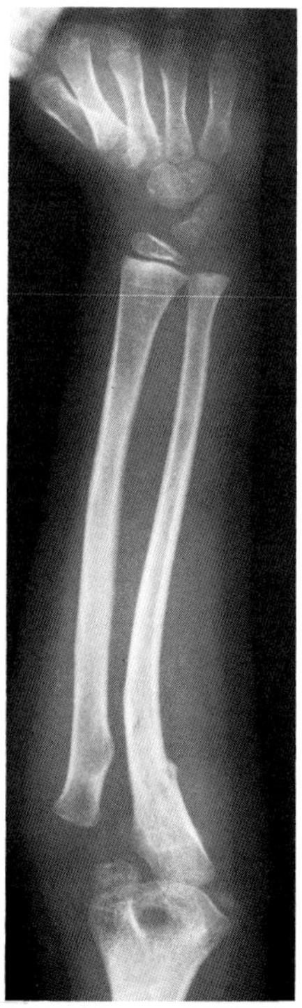

14.**53b**

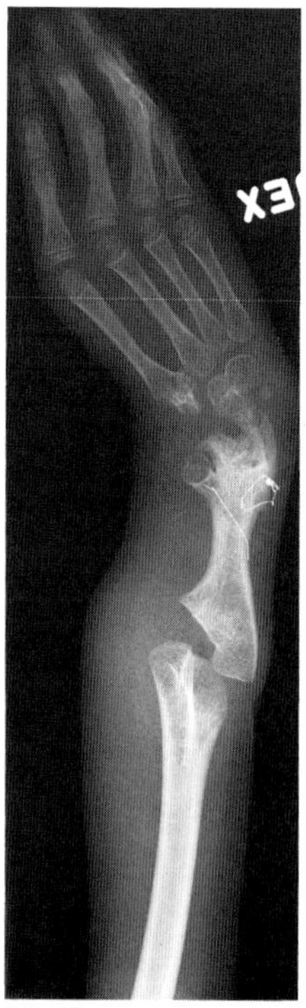

14.**54**

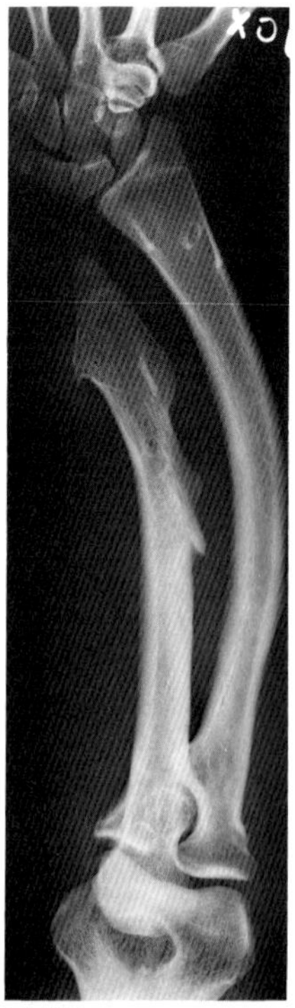

14.**55a**

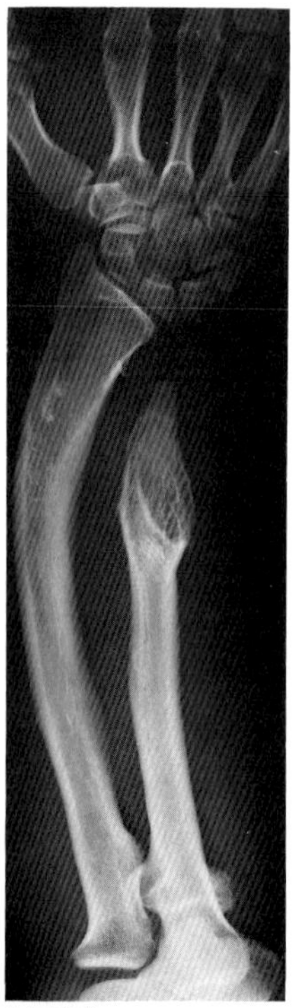

14.**55b**

Abb. 14.**53a, b** **Monteggia-Fraktur.** Ulnafraktur mit anterolateraler Luxation des Radius.

Abb. 14.**54** **Fanconi-Anämie.** Der Radius fehlt, die Ulna ist kurz und deformiert, die Karpalia sind verschmolzen, und das erste Metakarpale sowie der Daumen fehlen.

Abb. 14.**55a, b** **Hereditäre multiple Exostosen.** Verkürzung der Ulna, verbunden mit Exostosen. Verkrümmung des Radius, aber keine Luxation des Radiuskopfes.

Tabelle 14.9 **Unterarmdeformation** (Fortsetzung)

Deformation	Übliche Ursachen	Kommentar
		Wenn sie mit anderen Anomalien verbunden ist, etwa einer Verkürzung und Krümmung der Tibia, Verkürzung der Fibula und Valgusdeformität des Knies, spricht man von *Dyschondrosteose*. Durch ein Trauma im Jugendalter kann eine ähnliche Deformität im Handgelenk entstehen, die als *Pseudo-Madelung* bezeichnet wird. Eine ziemlich ähnliche Deformität kann bei der *Mukopolysaccharidose I (Hurler-Syndrom)* bestehen.
(Abb. 14.**57)**	Angeborene radioulnare Synostose	Seltene Anomalie, die aufgrund des fehlenden Muskelzugs zu einer relativen Hypoplasie der betroffenen Knochen führt.
	Isolierte Anomalie	Eine Hypoplasie oder Aplasie des Radius kann mit anderen Anomalien einschließlich des *Nagel-Patella-Syndroms* vergesellschaftet sein.
(Abb. 14.**58)**	Generalisierte Wachstumsstörung der Knochen.	Siehe Tab. 14.**1**, 14.**2** u. 14.**4**.

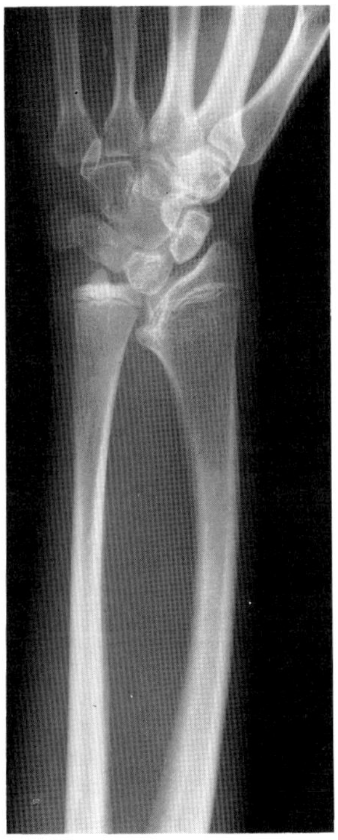
14.**56a**

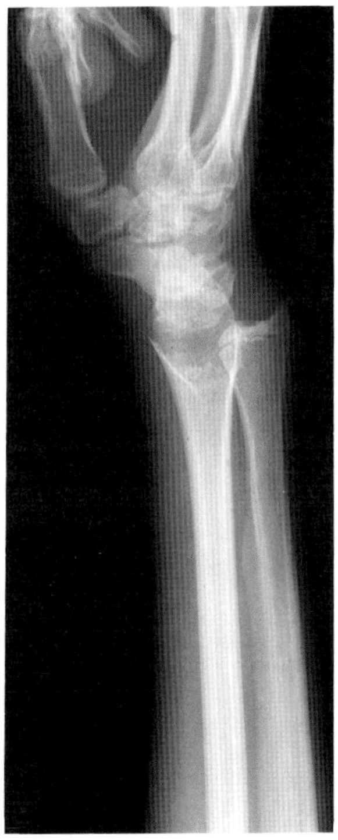
14.**56b**

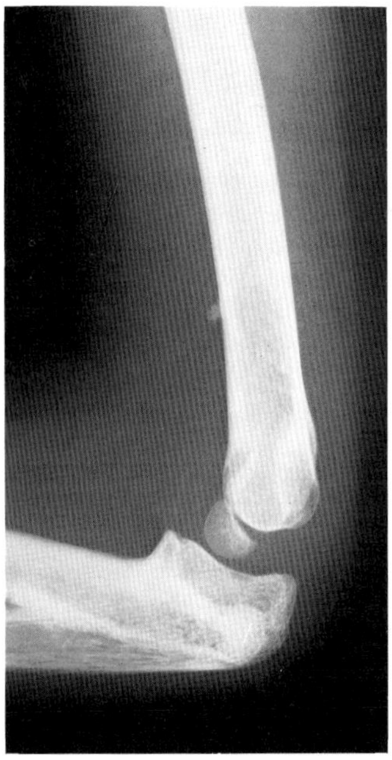
14.**57a**

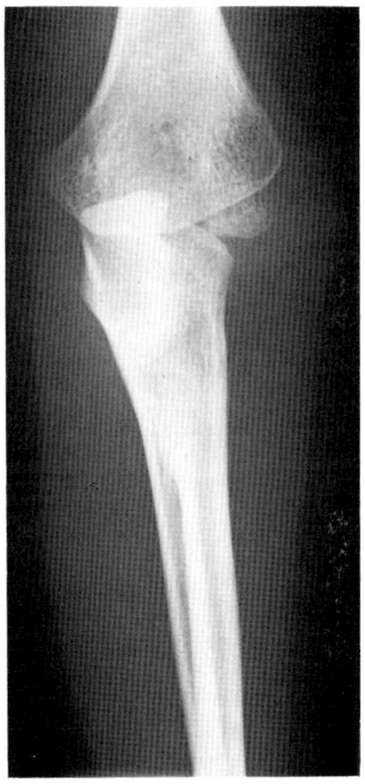
14.**57b**

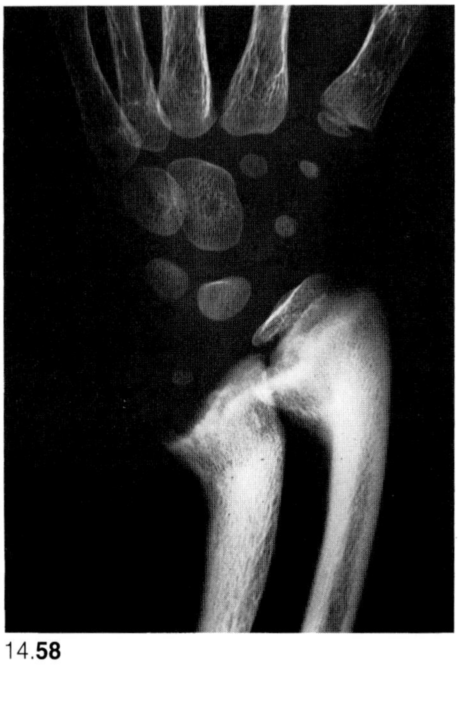
14.**58**

Abb. 14.**56a, b** **Madelung-Deformität.** Ulnar-Volar-Neigung der distalen Radiusgelenkfläche, verkleinerter (V-förmiger) Karpalwinkel und Subluxation der distalen Ulna nach dorsal.

Abb. 14.**57a, b** **Proximale radioulnare Synostose** bei einem 4jährigen Mädchen. Der Radiuskopf ist mit dem Olekranon zusammengewachsen. Die Schäfte von Radius und Ulna sind dünn.

Abb. 14.**58** Schwere Deformation, Sklerose und Ulnardeviation des distalen Teils von Radius und Ulna bei einem Kind mit **renaler Osteodystrophie (renale Rachitis).**

Tabelle 14.10 Pathologisch veränderte Femurepiphyse bei einem Kind oder Jugendlichen

Krankheit	Radiographischer Befund	Kommentar
(Legg-)Perthes-Syndrom (Osteochondrose der Femurepiphyse, avaskuläre Nekrose des Femurkopfs) (Abb. 14.59)	Veränderungen in der Reihenfolge des Auftretens: 1. leichte Verbreiterung des Gelenkspalts und Dislokation des Femurs nach lateral, der epiphysäre Knochenkern kann kleiner als auf der anderen Seite sein, 2. subchondrale Fraktur, subkortikale halbmondförmige Aufhellung, 3. Abflachung des Femurkopfs, 4. Sklerose der Epiphyse, 5. Aufhellungsherde in der Metaphyse, 6. Reossifikation und Wiederaufbau des Femurkopfs, der entweder wieder Kugelform annimmt oder deformiert bleibt.	Altersgipfel zwischen 4 und 8 Jahren. M : F = 4 : 1. In 10–15% der Fälle bilateral. Mit MRT ist es möglich, Existenz und Ausmaß des Prozesses der avaskulären Nekrose früher zu erkennen als mit Nativaufnahmen.
Angeborene Hüftluxation (Luxations-Perthes)	Eine unbehandelte Luxation führt zu Deformation und Dislokation des Femurkopfs und Coxa valga.	Eine avaskuläre Nekrose des Femurkopfs ist bei Kindern mit angeborener Hüftluxation ungewöhnlich häufig, entweder als Therapiefolge oder auf konstitutioneller Basis.
Hämophilie	Die Epiphysenveränderungen sind ähnlich wie bei der Perthes-Krankheit, es treten aber keine Metaphysenveränderungen auf.	Wahrscheinlich eine Folge der Druckerhöhung durch intraartikuläre Blutungen.
Infektionsbedingte Arthritis	Siehe Kap. 6, S. 83–106.	Ein erhöhter intraartikulärer Druck kann eine avaskuläre Nekrose des Femurkopfs verursachen.
Epiphysiolysis capitis femoris (Abb. 14.60)	Salter-Harris-Typ-1-Fraktur durch die proximale Epiphysenknorpelplatte. Die Richtung des Abgleitens hängt vom Winkel zwischen Femurschaft und Femurhals ab. Die häufigste Kombination ist ein Winkel von 140 Grad (Coxa valga) und ein Abgleiten in posteroinferiorer Richtung. Eine avaskuläre Nekrose der Epiphyse kann die Epiphysiolyse komplizieren (mit oder ohne operative Behandlung).	Tritt gewöhnlich zwischen dem 9. und 17. Lebensjahr auf, in 20–30% der Fälle bilateral. Ist entweder *idiopathisch* oder *sekundär* nach *Trauma, renaler Osteodystrophie* oder *Rachitis.* Seltene Ursachen: *Skorbut, Syphilis, metaphysäre Dysostose, Hyperparathyreoidismus, angeborene Coxa vara, Pseudohypoparathyreoidismus, Hämophilie* und *Morbus Gaucher.*
Osteochondritis dissecans (Osteochondrosis dissecans, segmentäre avaskuläre Nekrose)	Ein kleines, dichtes Knochensegment mit seinem Gelenkknorpel liegt in einem Grübchen der Gelenkfläche, demarkiert durch eine halbmondförmige Aufhellungszone. Das kommt gewöhnlich in der obersten (gewichtbelasteten) Region des Femurkopfs vor. Im späteren Alter kann eine sekundäre Arthrose auftreten.	Die MRT hilft, daß Ausmaß der Läsion und die Vitalität des Fragments zu bestimmen.
Chondrodysplasia punctata (Chondrodystrophia calcificans congenita, Conradi-Syndrom)	Multiple, diskrete punktförmige Kalkeinlagerungen in den Epiphysen der Hüft-, Knie-, Schulter- und Handgelenke, die im Alter von 3 Jahren verschwinden können.	Hinsichtlich anderer Anomalien bei diesem seltenen Krankheitsbild s. S. 272–273.
Dysplasia epiphysealis multiplex (Fairbank-Syndrom, Dystrophia osteochondralis polyepiphysaria)	Die epiphysären Knochenkerne in den Hüft-, Knie- und Sprunggelenken sind gesprenkelt und unregelmäßig.	Könnte eine Tarda-Form der Chondrodysplasia punctata sein, die sich meist zwischen dem 5. und 14. Lebensjahr manifestiert. Es kommt noch eine Anzahl von anderen Anomalien vor (s. S. 272). Selten.
Mukopolysaccharidose (besonders Morquio-Syndrom) (Abb. 14.61)	Defekte, unregelmäßige Ossifikation der Femurkopfepiphysen. Der Schenkelhals ist kurz und dick.	Typischer sind die Wirbelsäulenveränderungen (Tab. 12.**7**, S. 210).
Diastrophischer Zwergwuchs	Die Knochenenden sind verbreitert. Die Schenkelköpfe können größer sein als die Azetabula.	
Kretinismus (angeborene Hypothyreose) (Abb. 14.62)	Verzögerte und fleckige Ossifikation der Epiphysen, die inhomogen, getüpfelt oder fragmentiert sein können. Der Schenkelhals ist verkürzt, und es besteht eine Coxa vara.	
Rachitis (aller Ätiologien)	Unregelmäßigkeit der provisorischen Verkalkungszone und Verbreiterung der Epiphysenplatte.	Es kann eine residuale Deformation des Schenkelkopfs und anderer Epiphysen nach der Behandlung persistieren.

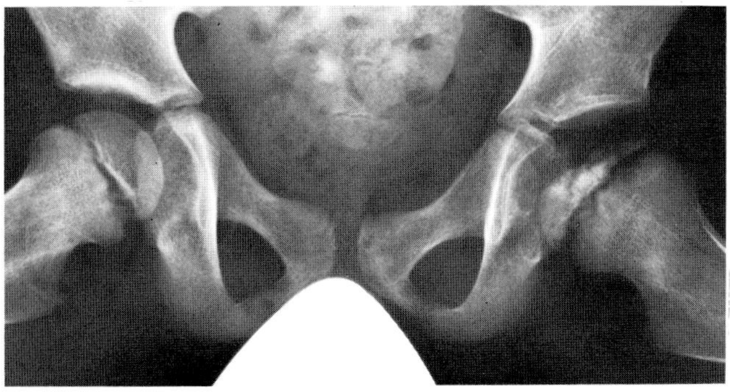

Abb. 14.**59** **Legg-Calve-Perthes-Syndrom,** linke Hüfte, 8 Jahre. Verbreiterung des Gelenkspalts; kleinere Femurepiphyse mit Abflachung, Fragmentation und Sklerose.

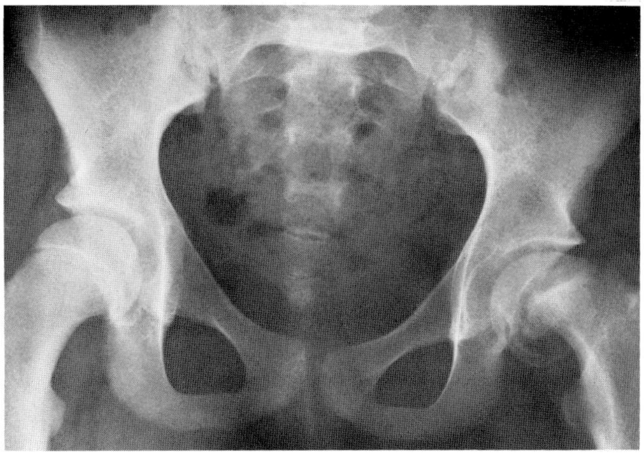

Abb. 14.**60** **Epiphysiolysis capitis femoris** links mit posteroinferiorem Abgleiten. Außerdem findet sich rechts eine Coxa valga.

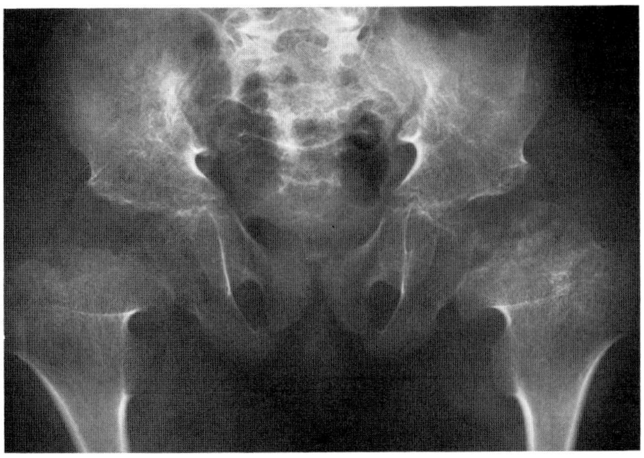

Abb. 14.**61** **Morquio-Syndrom.** 7 Jahre. Fragmentierte, unregelmäßige Schenkelkopfepiphysen mit kurzen, dicken Schenkelhälsen. Deformierte Azetabula.

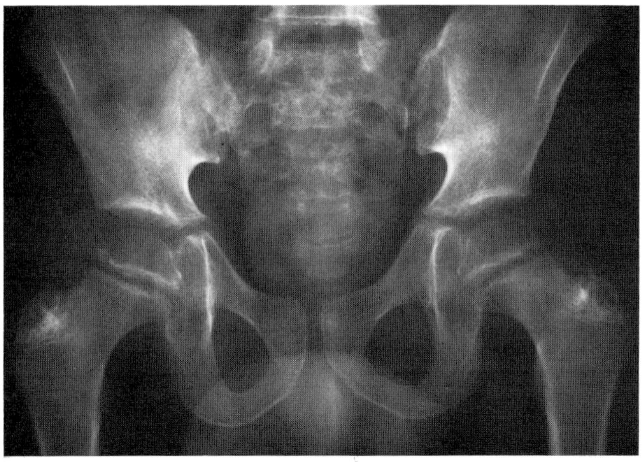

Abb. 14.**62** **Kretinismus.** 20 Jahre. Femurepiphysen etwas deformiert, Epiphysenfugen nicht geschlossen, allgemeine Verzögerung der Ossifikation. Die Schenkelhalswinkel sind in diesem Fall innerhalb normaler Grenzen.

Tabelle 14.11 Pathologisch veränderter Femurkopf beim Erwachsenen

Krankheit	Radiographischer Befund	Kommentar
Trauma	Fragmentierter oder unregelmäßiger Femurkopf nach intrakapsulärer Schenkelhalsfraktur, traumatischer Luxation des Schenkelkopfs oder chirurgischer Korrektur einer Epiphysiolyse des Femurkopfs.	Eine avaskuläre Nekrose ist die Folge, wenn die Blutzufuhr vom Schenkelhals oder Lig. teres unzureichend ist.
Sichelzellenkrankheit	Radiographische Zeichen einer avaskulären Nekrose des Femurkopfs bei bis zu 60% der Erkrankten.	Durch Sedimentierung von Sichelzellen kommt es zu einem funktionellen Gefäßverschluß.
Steroidtherapie **Morbus Cushing** **Atherosklerose** **Thromboembolische Erkrankung** **Pankreatitis** **Fettembolie (Alkoholismus)** **Kollagenkrankheit** **Knochennekrose bei Druckluftkrankheit (Caisson-Krankheit)** **Morbus Gaucher** **Gicht** **Strahlentherapie (Abb. 14.63)**	Zu den radiographischen Veränderungen einer avaskulären Nekrose des Femurkopfs gehören Kortikalisbrüche und Knochenrarefizierung, gefolgt von Sklerose, Abflachung und Deformation. Bei der avaskulären Nekrose des Erwachsenen kommt es zu keiner späteren Wiederherstellung der Form (vgl. Perthes). Die MRT ermöglicht eine Früherkennung der avaskulären Knochennekrose.	Der zugrundeliegende Mechanismus ist unklar und in den meisten Fällen wohl ähnlich. Beruht vielleicht auf mikroskopischen Emboli in Endarterien, steroidinduzierter Osteoporose mit Mikrofrakturen oder Kompression des Gefäßbetts durch Vermehrung der Fettzellmasse im Knochenmark. Über eine avaskuläre Femurkopfnekrose wurde auch *bei adultem Myxödem, Sarkoidose, Amyloidose, Histiozytose* und *Polyvinylpyrrolidintherapie* sowie in der *Schwangerschaft* berichtet.
Arthrosis deformans, primäre oder sekundäre	Siehe Kap. 6, S. 98	Häufigste Ursache einer Hüftgelenkveränderung im Alter.
Neurotrophische Arthropathie	Siehe Kap. 6, S. 102	

Tabelle 14.12 Abnormer Winkel des Schenkelhalses

Krankheit	Radiographischer Befund	Kommentar
Primäre angeborene Coxa vara	1. Verkleinerter Schenkelhalswinkel, 2. Epiphysenplatte fast vertikal, mit Fragmentation im unteren Teil der Metaphyse, 3. kurzer, dicker Schenkelhals, 4. eventuell Verzögerung der Ossifikation, Dysplasie des Azetabulums und andere Deformitäten.	Deformität, die manchmal mit einer Aplasie der Fibula vergesellschaftet ist.
Sekundäre angeborene Coxa vara (Abb. 14.64, 14.65)	Wie oben	In Verbindung mit verschiedenen *Osteochondrodysplasien.*
Osteogenesis imperfecta	Coxa vara mit verbogenen, sehr dünnen langen Röhrenknochen sowie Frakturen.	
Osteopetrosis	Coxa vara mit Marmorknochen. Frakturen sind häufig.	
Kretinismus (Abb. 14.66)	Coxa vara mit kurzem Schenkelhals.	
Rachitis, renale Osteodystrophie	Coxa vara, verbunden mit anderen für Hyperparathyreoidismus charakteristischen Zeichen (s. Kap. 12, S. 217).	Ursache der Deformierung sind Knochenerweichung und metaphysäre Störung.
Alter Legg-Perthes **Alte Femurkopfepiphysiolyse (Abb. 14.67)**	Unilaterale Coxa vara, verbunden mit Deformation des Femurkopfs.	
Fibröse Dysplasie (Abb. 14.13, S. 233)	Gewöhnlich ist der obere Femur beteiligt. Expansive, trabekulierte, strahlendurchlässige oder milchglasartige Läsion. Die „hirtenstabförmige“ Deformierung des proximalen Femurs kommt bei der polyostischen Form vor. Pathologische Frakturen können auftreten.	

Fortsetzung auf Seite 260

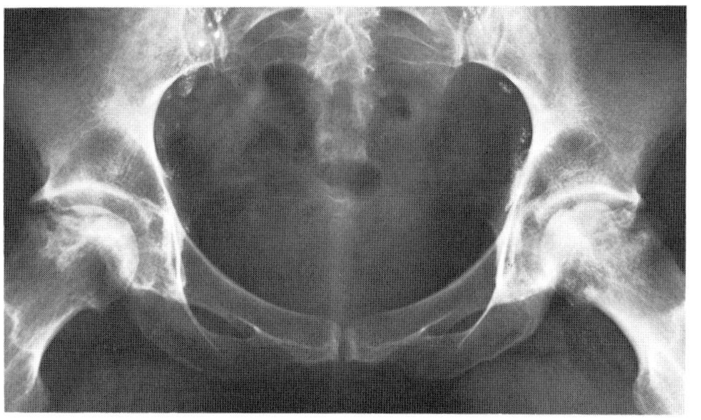

Abb. 14.**63** **Bilaterale avaskuläre Nekrose** des Schenkelkopfs nach Therapie eines Morbus Hodgkin. Subchondrale Demineralisation der Gelenkfläche, Abflachung, Fragmentation und Sklerose des Schenkelkopfs.

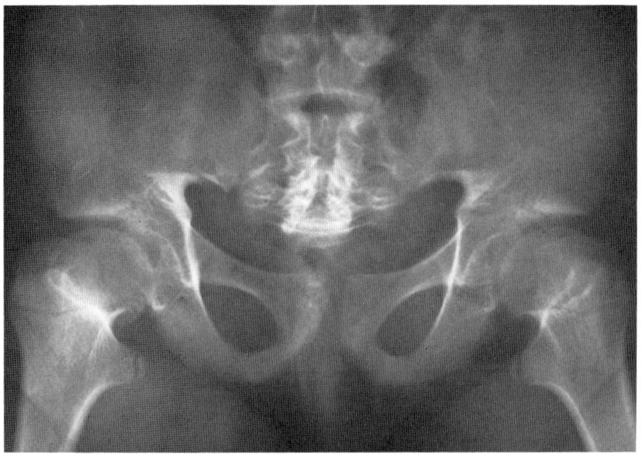

Abb. 14.**64** **Achondroplasie mit bilateraler Coxa vara,** kurzem dickem Schenkelhals und kleinem Sakrum.

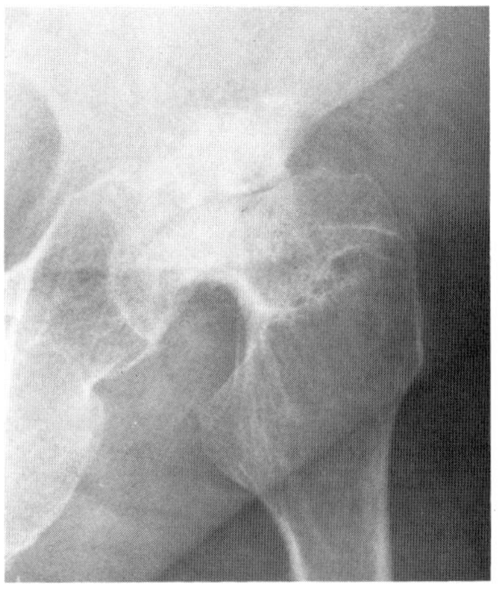

Abb. 14.**65** **Achondroplasie.** Coxa vara mit fast vollständiger Destruktion des Schenkelkopfs und hypoplastischem Azetabulum. Schwere sekundäre arthrotische Veränderungen. 38 Jahre.

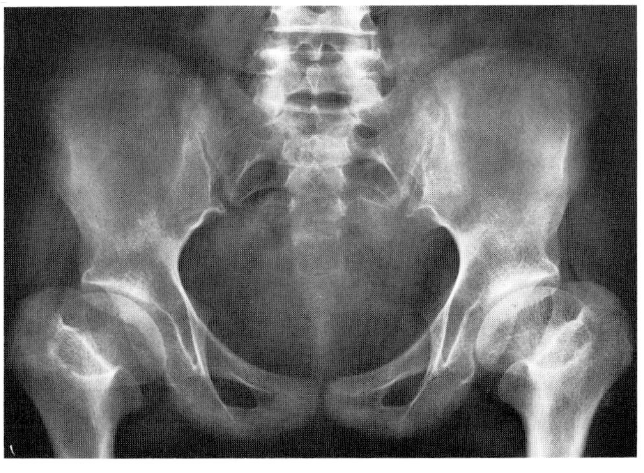

Abb. 14.**66** **Kretinismus mit bilateraler Coxa vara.** Die Darmbeinapophysen sind noch nicht mit dem Hauptknochen verschmolzen. 31 Jahre.

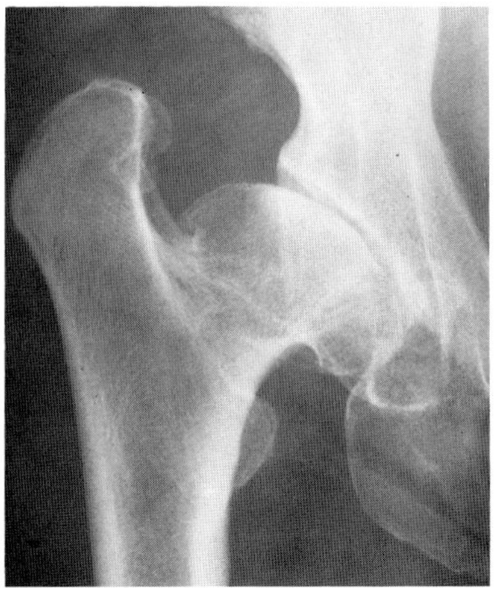

Abb. 14.**67** **Coxa vara nach Epiphysiolysis capitis femoris.** Das Ergebnis der Wachstumsstörung ist ein kurzer Schenkelhals. Sekundäre Arthrose. 51 Jahre.

Tabelle 14.12 Abnormer Winkel des Schenkelhalses (Fortsetzung)

Krankheit	Radiographischer Befund	Kommentar
Fehlstellung nach Fraktur **Osteomyelitis im Schenkelhals** **Morbus Paget**	Kann eine „hirtenstabförmige" Deformierung des oberen Femurabschnitts verursachen.	
Rheumatoide Arthritis	Gewöhnlich unilaterale Coxa valga. Durch einen großen Defekt an der Oberseite des Schenkelkopfs kann das Bild einer Coxa vara entstehen. Es kann eine Protrusio acetabuli vorhanden sein.	
Juvenile rheumatoide Arthritis (Abb. 14.68)	Bilaterale Coxa valga mit oder ohne Deformation des Femurkopfs. Es kann eine Protrusio acetabuli bestehen.	
Bilaterale paralytische Störungen (Meningomyeolozele, Muskeldystrophie, Poliomyelitis) (Abb. 14.69)	Bilaterale Coxa valga, oft einhergehend mit deutlicher Knochendemineralisierung oder -hypoplasie.	Ausfall der Muskelkraft. Bei unilateralen paralytischen Störungen kann die Coxa valga unilateral sein.
Seltene angeborene Syndrome oder idiopathisch (Abb. 14.70)	Bilaterale Coxa valga und oft krankheitstypischere radiographische Befunde.	Eine bilaterale Coxa valga ist ein konstanter Befund bei *Progerie.*
Angeborene Hüftluxation	Wenn keine Behandlung erfolgt, nimmt die Hüfte eine Coxa-valga-Konfiguration an.	

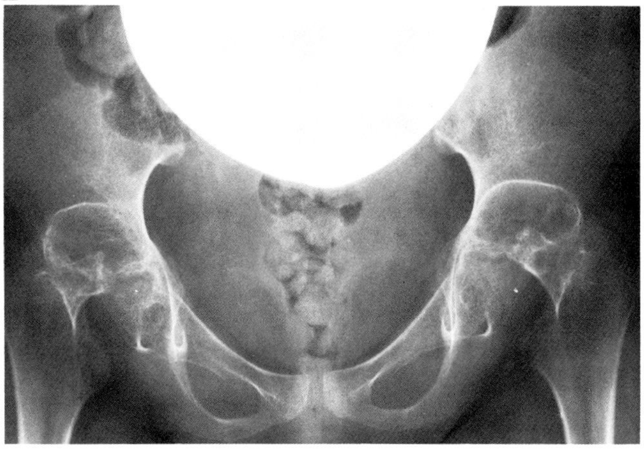

Abb. 14.**68** **Juvenile rheumatoide Arthritis.** 12 Jahre. Bilateral Destruktion von Schenkelkopf und Azetabulum, Coxa valga und Protrusio acetabuli.

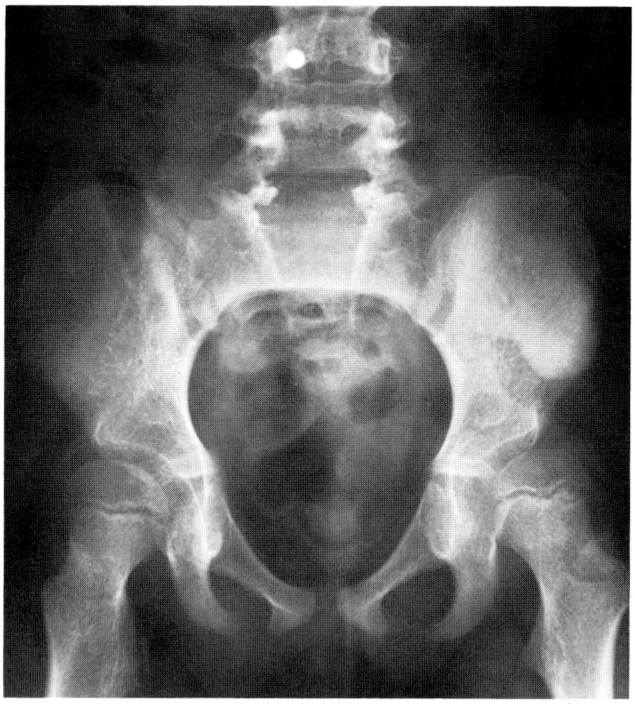

Abb. 14.**69** **Beiderseits Coxa valga** in einem Fall von ▶ Meningomyelozele.

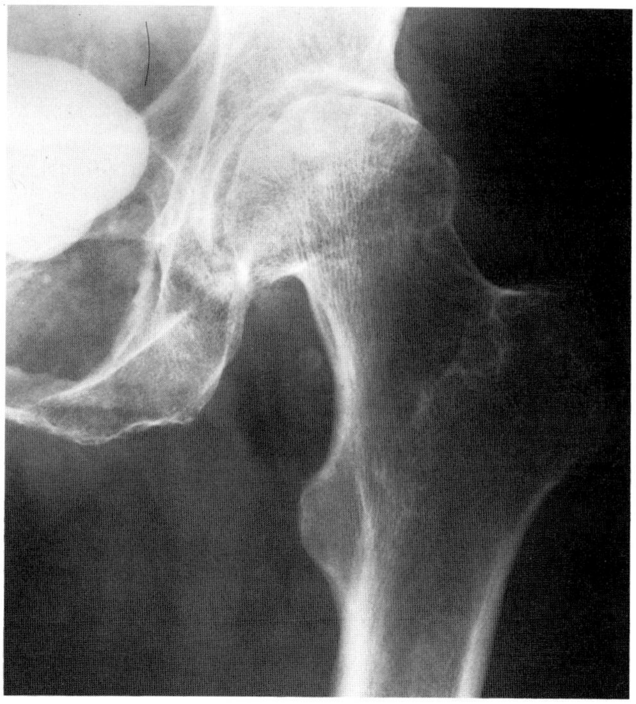

Abb. 14.**70** **Coxa valga** (war beiderseits vorhanden) in ▶ einem Fall von Akromegalie, ein Zufallsbefund. Außerdem arthrotische Veränderungen im Hüftgelenk.

Tabelle 14.13 Abnormer Winkel des Knies

Abnormer Befund	Übliche Ursachen	Kommentar
Genu varum (O-Beine) bilateral (Abb. 14.**71**–14.**73)**	Idiopathische oder physiologische *pränatale Verbiegung*	Keine eindeutige Pathologie. Kann sich ohne Behandlung normalisieren.
	Tibia vara (Blount-Syndrom)	Avaskuläre Nekrose medial in der Tibiametaphyse. Der infantile Typ ist gewöhnlich bilateral. Kann auch in der Adoleszenz auftreten und unilateral sein. Die Metaphyse ist medial unregelmäßig. Kennzeichnend ist ein schnabelartiger Vorsprung von der Metaphysenplatte, der nach medial und distal zeigt.
	Rachitis (aller Ursachen)	Verbiegung der Beine mit typischen rachitischen Veränderungen. Die Deformation kann nach der Behandlung der Krankheit bestehen bleiben.
(Abb. 14.**74)**	*Turner-Syndrom*	Das häufigste Skelettsymptom bei dieser Krankheit ist eine Depression des medialen Tibiaplateaus. Es können mediale Tibiaexostosen oder eine Größenzunahme der medialen Tibiakondylen bestehen.
	[Seltene Ursachen eines bilateralen Genu varum sind *kamptomeler Zwergwuchs, metaphysäre Dysplasie, Dyschondrosteose* und *spondyloepiphysäre Dysplasie.*]	

Fortsetzung auf Seite 264

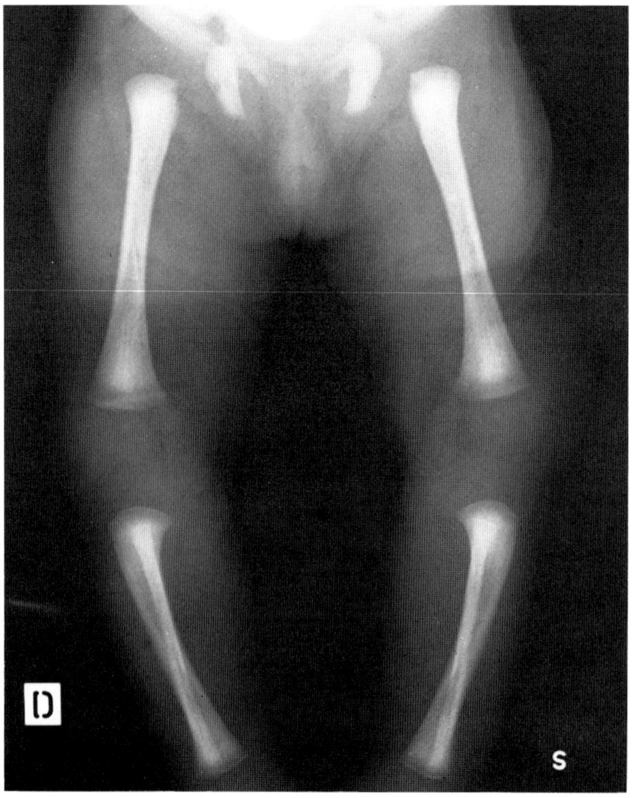

◀ Abb. 14.**71** **Pränatale Verbiegung der Knie** (physiologisch) in einem Fall von angeborener Hypothyreose. Verzögerte Ossifikation der Femurepiphysen.

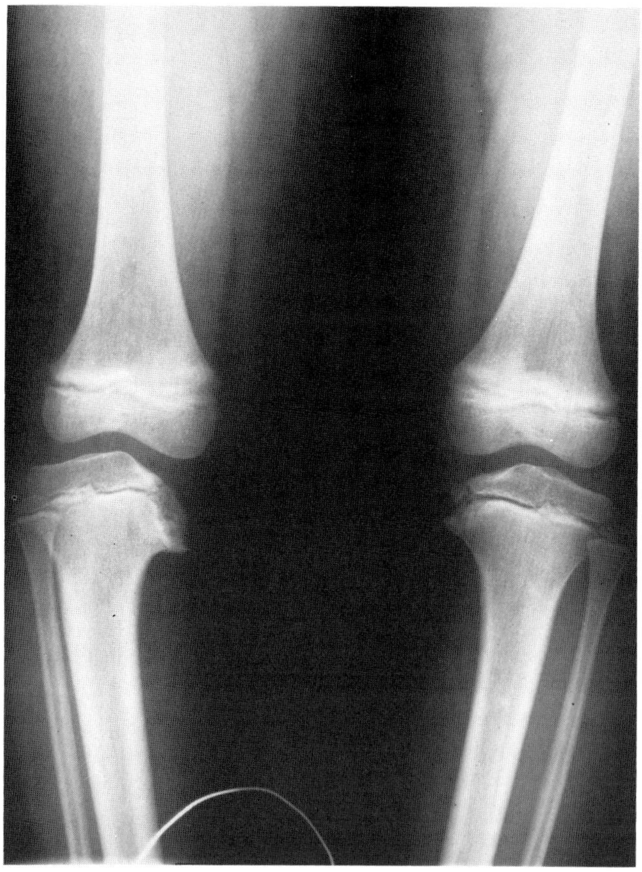

Abb. 14.**72** **Beiderseits Blount-Syndrom** (Tibia vara). 6 Jahre. Die Metaphyse beider Schienbeine ist medial unregelmäßig und weist einen typischen Schnabel auf.

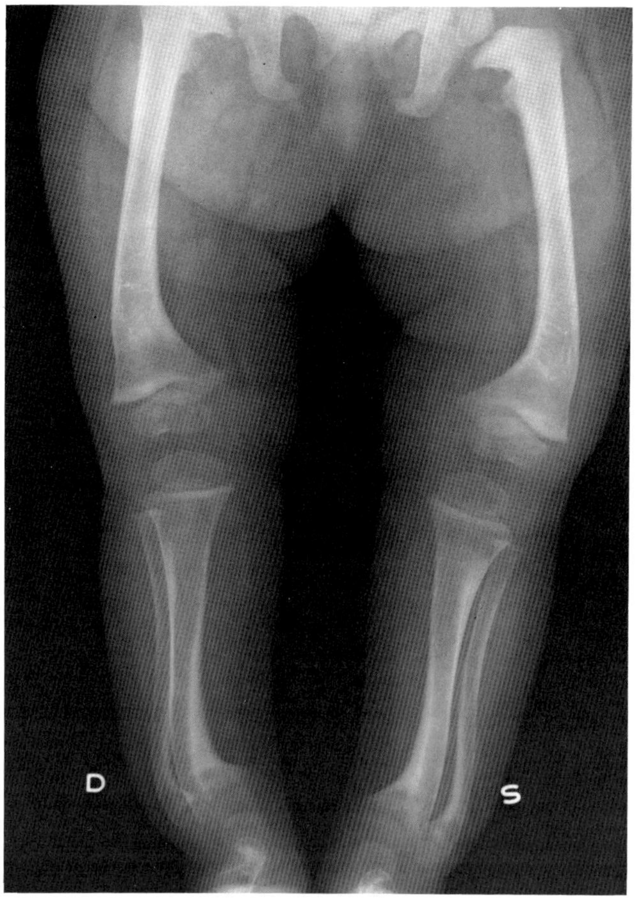

Abb. 14.**73** **Rachitis.** 2 Jahre. Durch die schwere Verkrümmung der distalen Femurabschnitte entstand eine Mischung von Genu valgum und Genu varum. Eine Verkrümmung und typische metaphysäre Veränderungen bestehen auch in der Knöchelgegend. Beiderseits Coxa vara.

Abb. 14.**74** **Turner-Syndrom.** 20 Jahre. Kennzeichnend ▶ sind die Depression des medialen Tibiaplateaus und die Exostosen an der medialen Seite der Tibia (und Fibula).

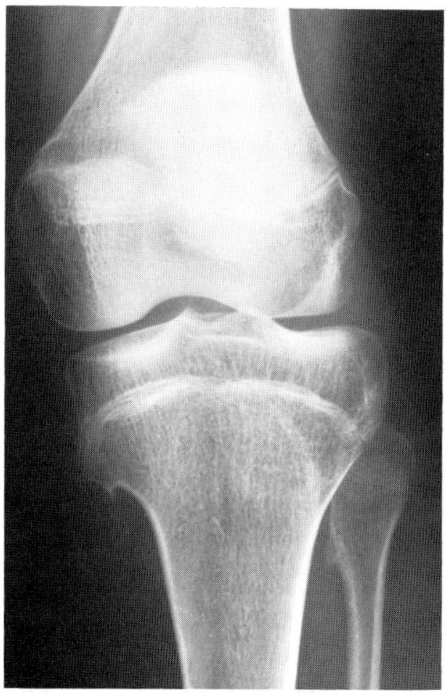

Tabelle 14.13 Abnormer Winkel des Knies (Fortsetzung)

Abnormer Befund	Übliche Ursachen	Kommentar
Genu varum, Genu laxum unilateral (Abb. 14.75–14.77)	*Trauma*	Fraktur des medialen Kondylus von Femur oder Tibia.
	Arthrose, primär oder sekundär	Die Arthrose des Knies betrifft vorwiegend den medialen Anteil und das patellofemorale Gelenk und führt zu einer Genu-varum-Deformität, oft verbunden mit einer Verschiebung des Femurs nach medial (Genu laxum).
	Dysplasia epiphysealis hemimelica (Trevor-Krankheit)	Seltene unilaterale Größenzunahme der Epiphyse, gewöhnlich im Knie oder Sprunggelenk. Ein solitäres Osteochondrom kann in seltenen Fällen einen ähnlichen Effekt haben. Wenn der Auswuchs lateral auftritt, ist das Endergebnis ein Genu varum, wenn er medial ist, entsteht ein Genu valgum.
Genu valgum (X-Beine) (Abb. 14.78)	*Physiologisch* oder bedingt durch regionale Muskelschwäche oder Verbiegung des Knochen.	Aufgrund des breiten Beckens ist ein gewisser Grad von Genu valgum bei Frauen physiologisch.
	Plattfüße	Eine Fehlstellung des Tarsus kann als sekundäres, kompensatorisches Phänomen ein Genu valgum verursachen.
	Rachitis	Als Folge einer Rachitis kann es anstatt zu O-Beinen zu X-Beinen kommen.
	Hereditäre Osteoonychodysplasie (Nagel-Patella-Syndrom)	Der laterale Femurkondylus ist klein und bewirkt ein Genu valgum sowie eine Subluxation der hypoplastischen Patella nach lateral.
	Dysplasia epiphysealis hemimelica (Trevor-Krankheit)	Siehe oben.
(Abb. 14.79)	*Juvenile rheumatoide Arthritis*	Ein asymmetrisches Wachstum der Epiphysen kann zu X-Beinen führen.
(Abb. 14.80)	*Sekundäre Arthrose,* die auf den lateralen Abschnitt des Kniegelenks beschränkt ist.	Zu den häufigsten Ursachen gehören die *Ruptur des lateralen Meniskus* und die *rheumatoide Arthritis.*

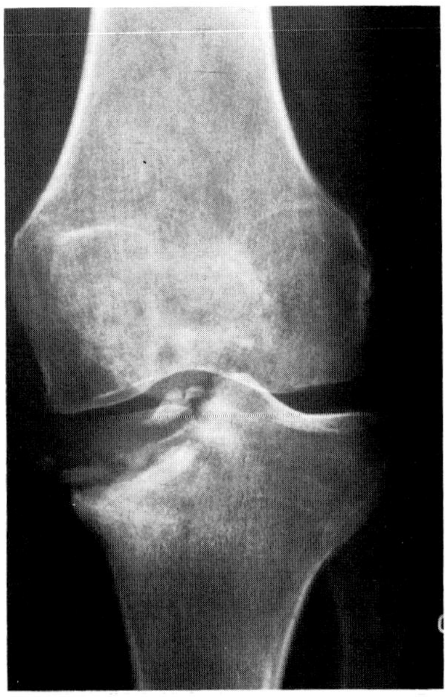

Abb. 14.**75** **Neurotrophische Arthropathie des Knies, Diabetes.** Depression des medialen Tibiaplateaus infolge Knochendestruktion. Leichte Genu-varum-Deformität.

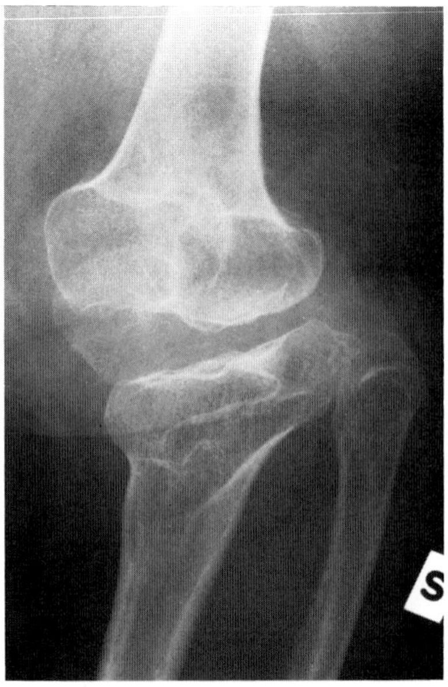

Abb. 14.**76** **Achondroplasie.** 38 Jahre. Starke Depression des medialen Tibiaplateaus und Verschiebung des Femurs nach medial (Genu laxum).

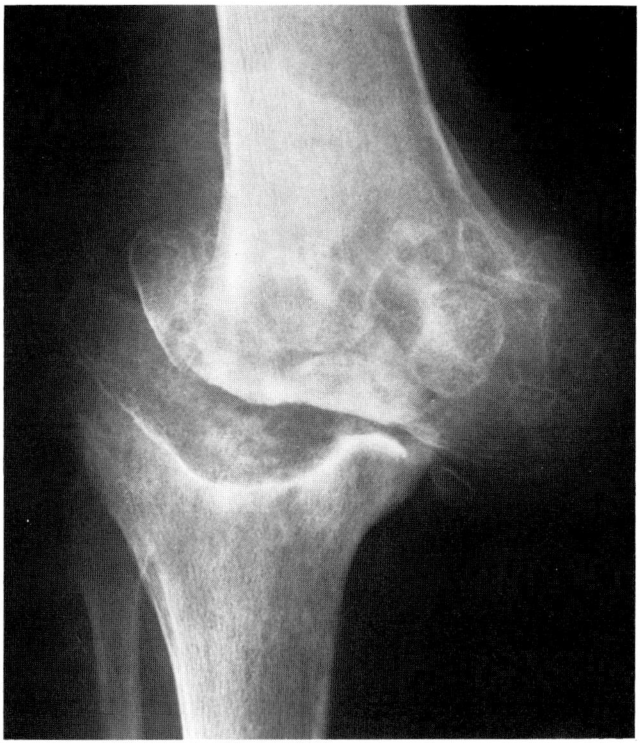

Abb. 14.**77** **Genu laxum bei schwer deformiertem, neurotrophisch geschädigtem Knie.** Verschiebung des deformierten distalen Femurs nach medial, Destruktion der proximalen Tibia und freie Gelenkkörper.

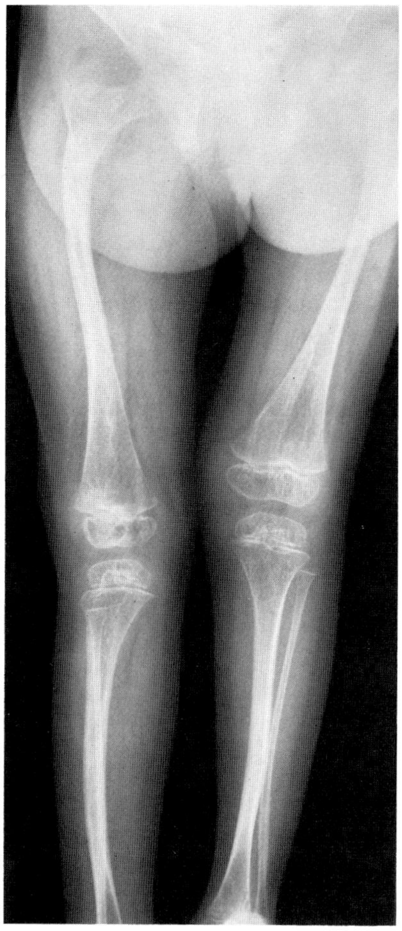

Abb. 14.**78** **Osteogenesis imperfecta.** Beiderseits Coxa vara, links Genu valgum. Die Knochen sind schlank und verbogen, die Metaphysen sind verbreitert („Erlenmeyer-Kolben"-Deformität).

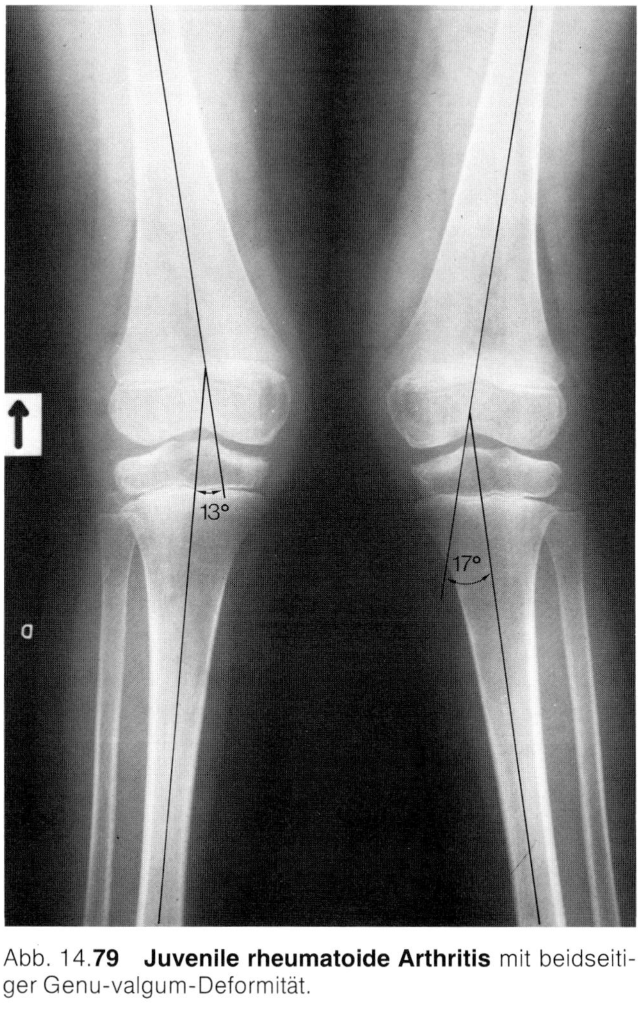

Abb. 14.**79** **Juvenile rheumatoide Arthritis** mit beidseitiger Genu-valgum-Deformität.

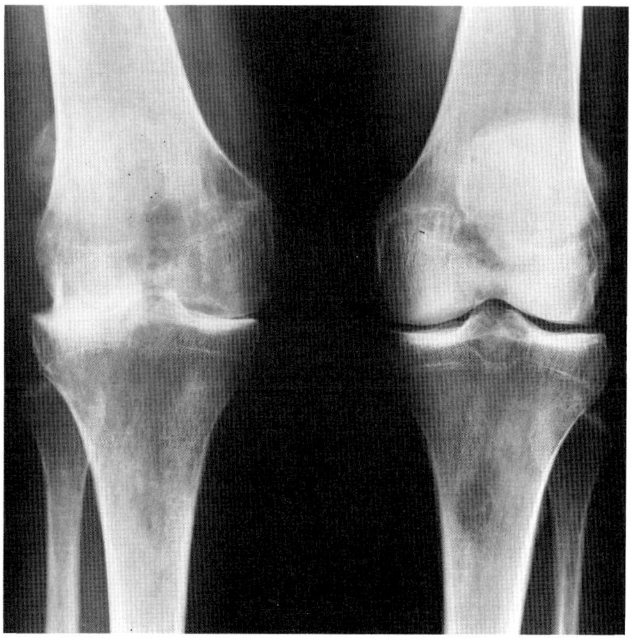

Abb. 14.**80** **Rheumatoide Arthritis** mit sekundärer Arthrose des rechten Knies. Der laterale Abschnitt des Gelenks ist stärker betroffen; das Ergebnis ist eine Genu-valgum-Deformität rechts.

15 Hände und Füße

Hände und Füße enthalten 106 Knochen, das ist mehr als die Hälfte aller Knochen (206) des ganzen Skeletts. In diesen Knochen spiegeln sich daher die normale Skelettentwicklung wie auch angeborene oder erworbene Krankheiten des peripheren Skeletts ziemlich genau wider. Kleinere Veränderungen sind an Händen und Füßen besser zu sehen als im zentraleren Skelett und bieten damit Frühsymptome für die Diagnose generalisierter arthritischer und metabolischer Erkrankungen.

Für die Beurteilung des Radiogramms von Hand und Handgelenk sind mehrere Messungen nützlich: 1. *Metakarpalzeichen:* Normalerweise verläuft eine an die Köpfchen des vierten und fünften Mittelhandknochens gelegte Tangente distal vom Köpfchen des dritten Mittelhandknochens. Ein positives Metakarpalzeichen liegt vor, wenn die Linie durch das Köpfchen des dritten Mittelhandknochens geht (Abb. 15.**1**). Ein positives Metakarpalzeichen kommt vor bei *Pseudo- und Pseudopseudohypoparathyreoidismus* (Abb. 15.**2** u. 15.**8**), *Gonadendysgenesie (Turner-Syndrom), Basalzellnävussyndrom, multipler epiphysärer Dysplasie, Wiedemann-Beckwith-Syndrom, juveniler rheumatoider Arthritis, Sichelzellenanämie mit Infarzierung, Trauma und Neugeborenenhyperthyreose.* 2. *Metakarpalindex:* Das Länge-Breite-Verhältnis in der Schaftmitte des zweiten bis fünften Metakarpalknochens schwankt von 5,4 bis 7,9. Bei *Arachnodaktylie (Marfan-Syndrom)* beträgt es mehr als 8 (Abb. 15.**3**). 3. *Karpalwinkel:* der Winkel zwischen zwei Linien – die erste tangential an den proximalen Flächen von Skaphoideum und Lunatum, die zweite tangential an den proximalen Rändern von Triquetrum und Lunatum (Abb. 15.**4**). Die Normalwerte bei der weißen Bevölkerung reichen von 120 bis 150 Grad. Bei einigen kongenitalen Syndromen kann dieser Winkel abnorm sein.

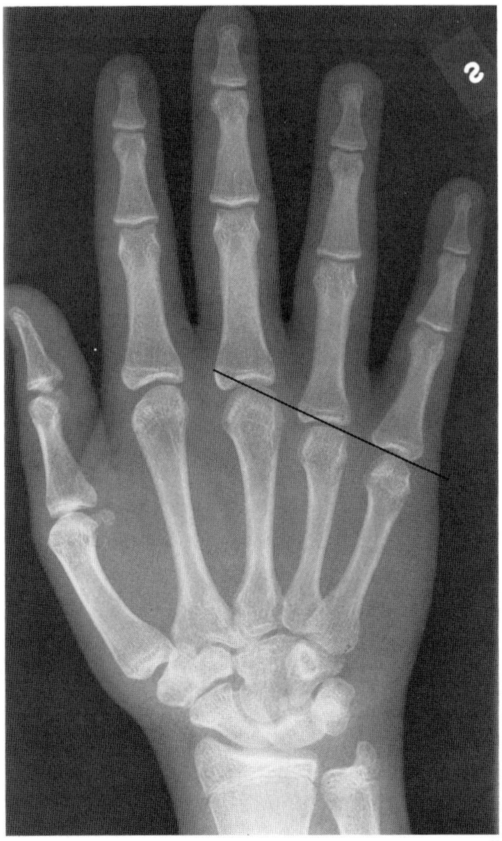

Abb. 15.**1** **Positives Metakarpalzeichen** bei Turner-Syndrom. Die Endphalangenköpfchen erscheinen trommelschlegelförmig.

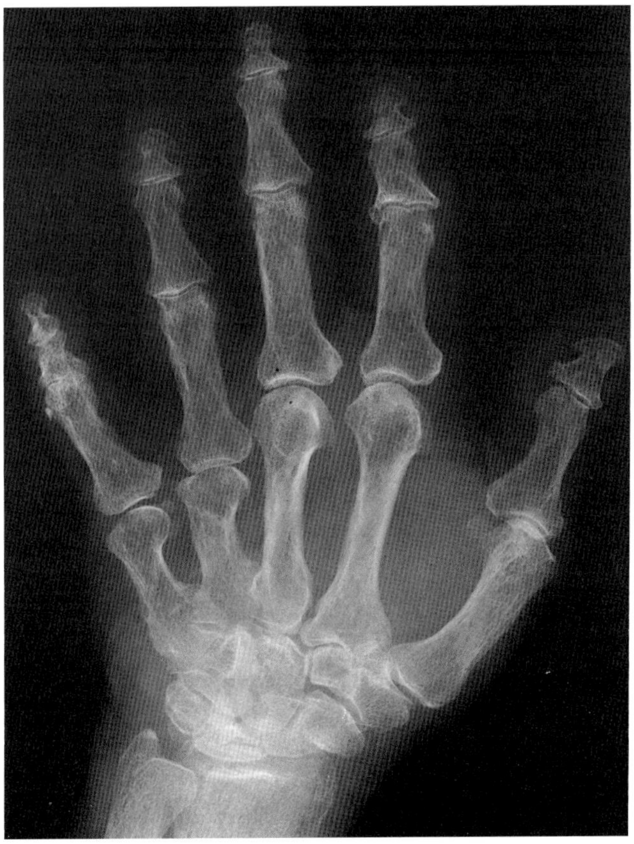

Abb. 15.**2** **Pseudopseudohypoparathyreoidismus.** Kurze Metakarpalia und Phalangen, mit hochpositivem Metakarpalzeichen infolge des sehr kurzen 4. und 5. Metakarpalknochens.

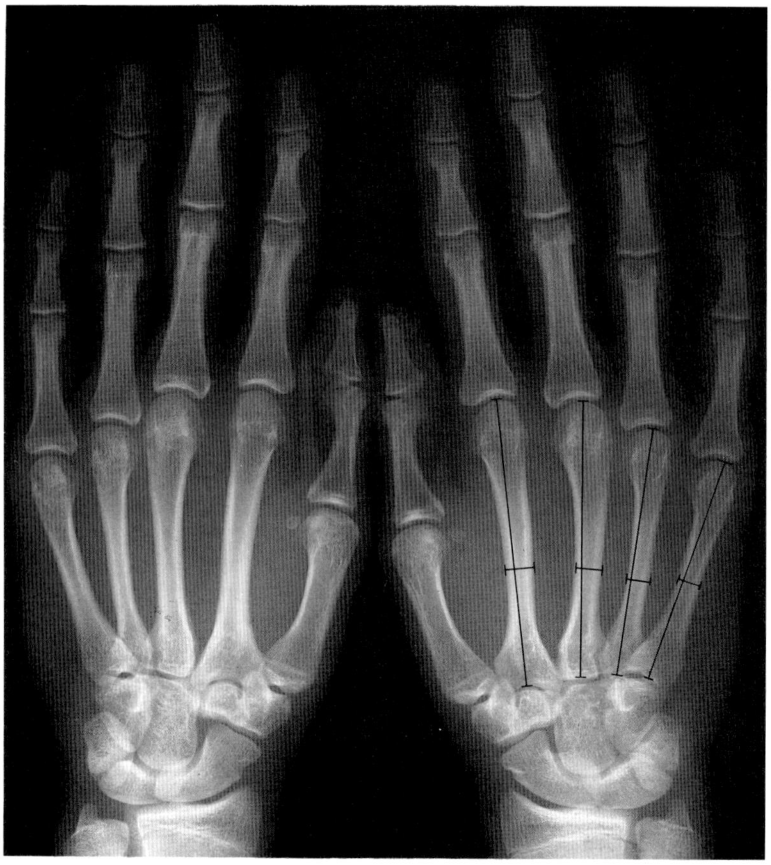

Abb. 15.3 **Metakarpalindex** über acht bei Arachnodaktylie.

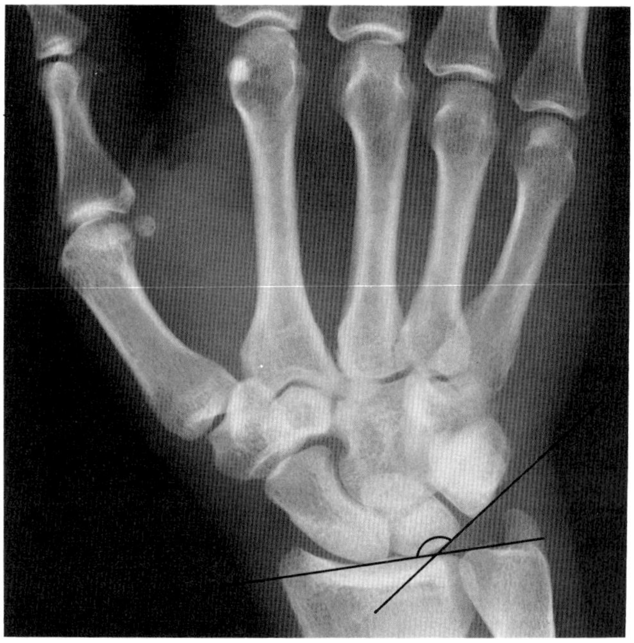

Abb. 15.4 **Normaler Karpalwinkel.**

Angeborene Anomalien

Viele Anomalien der Hände und Füße existieren isoliert und stehen in keinerlei Zusammenhang mit einem Syndrom. Aber wenn man solche Anomalien entdeckt, sollte man nach einer möglichen anlagebedingten Krankheit fahnden. Eine eingehende Besprechung der verschiedenen Knochendysplasien des Säuglingsalters würde den Rahmen dieses Buchs überschreiten. Da Röntgenbilder der Hand eine so wichtige Rolle in der Differentialdiagnose vieler anlagebedingter Krankheiten spielen, hielten wir es für geboten, eine kurze Zusammenfassung der Hand-, Handgelenk- und Fußanomalien und der begleitenden Krankheiten beizufügen (Tab. 15.**1** u. 15.**2**). Zum besseren Verständnis dieser Tabellen folgt eine Erklärung weniger geläufiger Ausdrücke*:

Brachydaktylie	=	Verkürzung einer oder mehrerer Phalangen (Abb. 15.**5** u. 15.**6**)
Brachymetakarpalie	=	Verkürzung eines oder mehrerer Mittelhandknochen (Abb. 15.**7**)
Kamptodaktylie	=	permanente Beugekontraktur eines oder mehrerer Finger (Abb. 15.**13** u. 15.**14**)
Klinodaktylie	=	Krümmung eines Fingers (meist des 5.) in mediolateraler Ebene (Abb. 15.**9** u. 15.**10**, S. 270)
diastrophisch	=	verdreht, verkrüppelt
Dysplasie	=	anlagebedingte Wachstumsstörung, Fehlentwicklung
Polydaktylie	=	überzählige Finger oder Zehen (Abb. 15.**11**, S. 271)
Symphalangismus	=	End-zu-End-Verschmelzung aufeinanderfolgender Phalangen (Fehlen des Gelenks)

* Einige andere in Tab. 15.**1** und 15.**2** erwähnte Erscheinungen werden noch in den Abb. 15.**12** bis 15.**15**, S. 271 und 274, illustriert

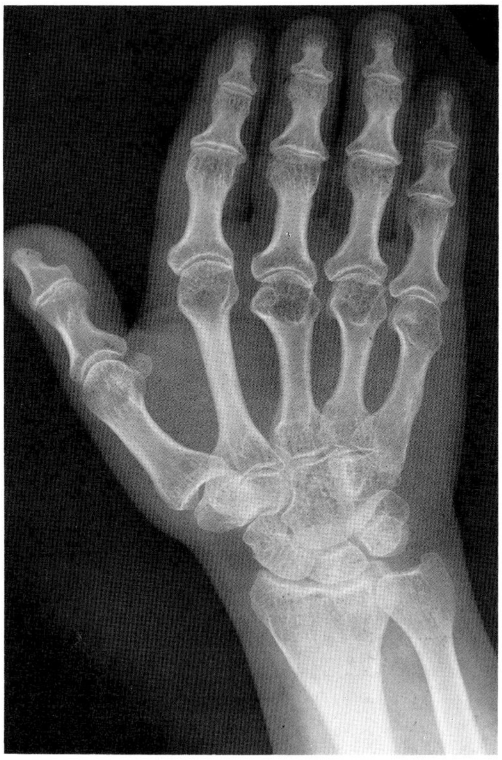

Abb. 15.**5** **Achondroplasie.** Kurze Mittelhand- und Fingerknochen mit breiten Epiphysen.

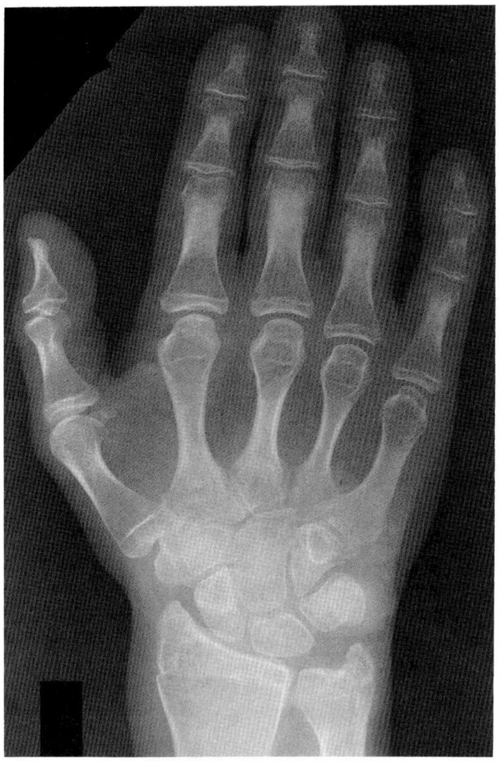

Abb. 15.**6** **Kretinismus.** Kurze Mittelhandknochen und etwas verkürzte Phalangen. Schluß der Epiphysenfugen im Alter von 26 Jahren.

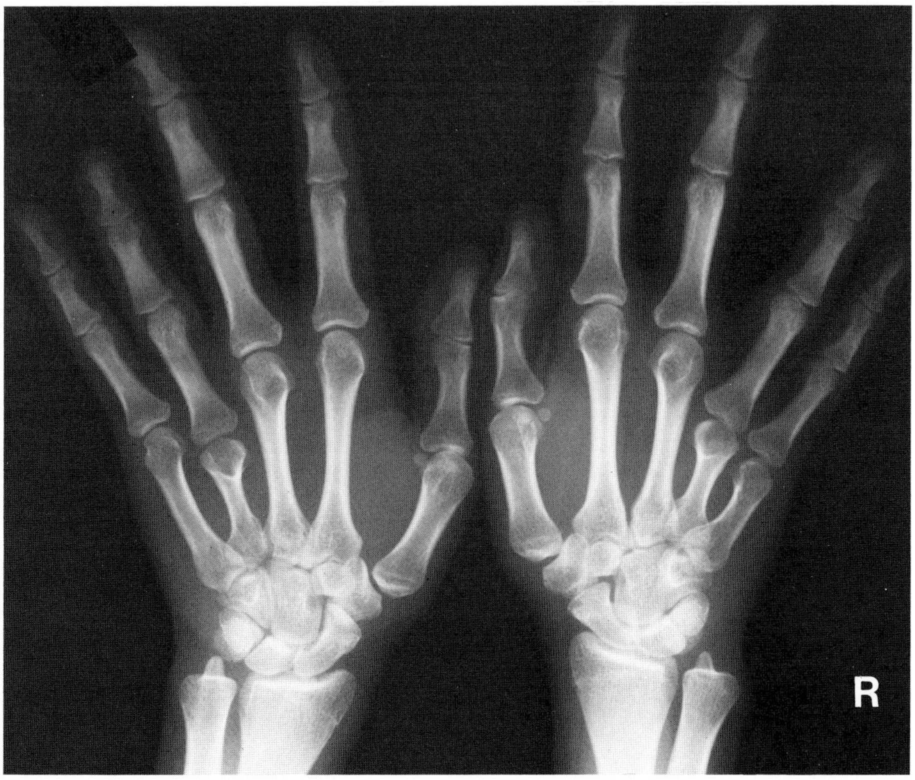

Abb. 15.**7** **Brachymetakarpalie.** Rechts kurzes 4. und 5. Metakarpale, links kurzes 4. Metakarpale. Zufallsbefund ohne konstitutionelle Anomalien.

Syndaktylie = Verwachsung der Weichteile oder Knochen nebeneinander liegender Finger oder Zehen (Abb. 15.**9**, S. 270)

Der Fuß kann ebensosehr wie die Hand nützliche Informationen für das Studium generalisierter angeborener Störungen liefern. Bei bestimmten Krankheiten sind die Röntgensymptome des Fußes sogar am bezeichnendsten. Zu vielen kongenitalen Syndromen gehört eine Fußanomalie, aber Tab. 15.**2** beschränkt sich auf jene Krankheiten, bei denen der Fußbefund ein wichtiger Teil des Syndroms, einzigartig oder ungewöhnlich ist.

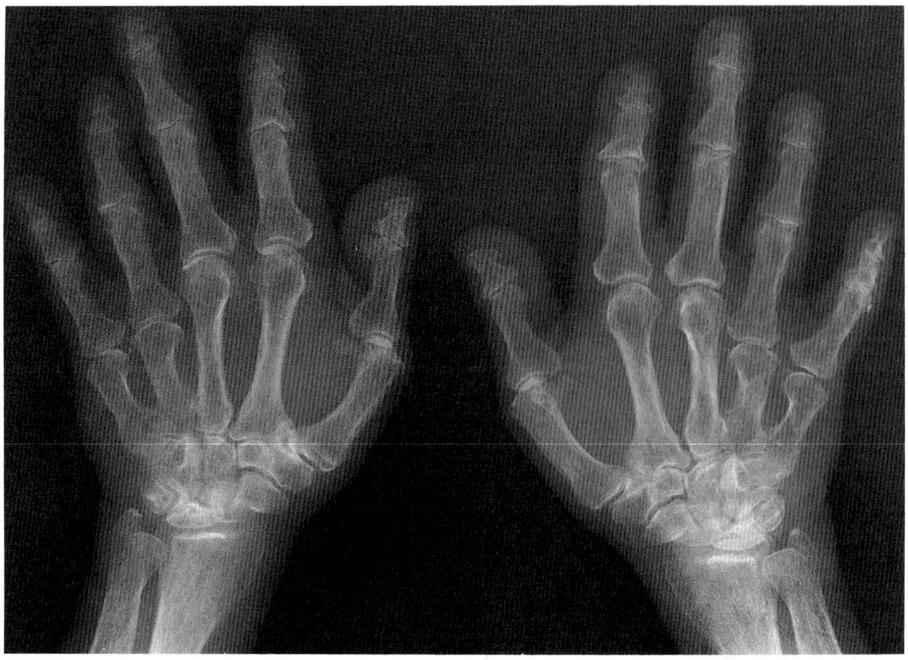

Abb. 15.**8** **Pseudohypoparathyreoidismus.** Kurze 4. und 5. Metakarpalia sowie kurze Endphalangen und abnorm geformte Karpalia.

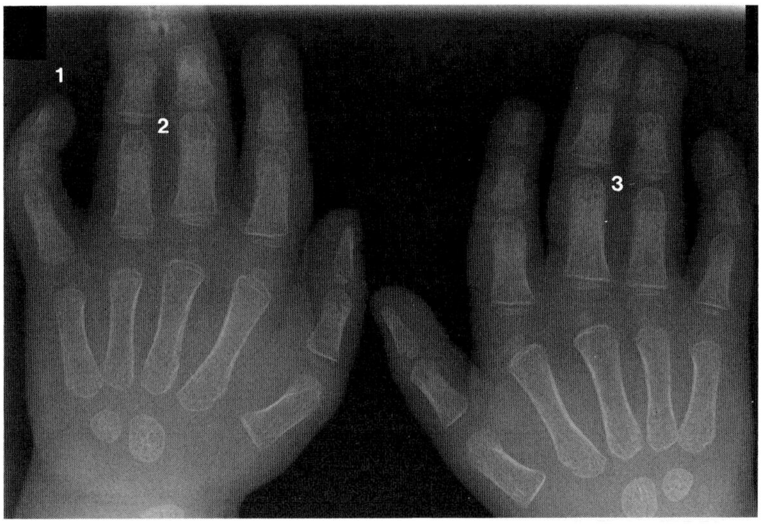

Abb. 15.**9** **Multiple Anomalien** an den Händen eines 2jährigen Kindes: 1. Klinodaktylie, 2. Syndaktylie mit knöcherner Verwachsung der Endphalangen des 3. und 4. Fingers, 3. Syndaktylie, bei der nur die Weichteile des 3. und 4. Fingers verwachsen sind.

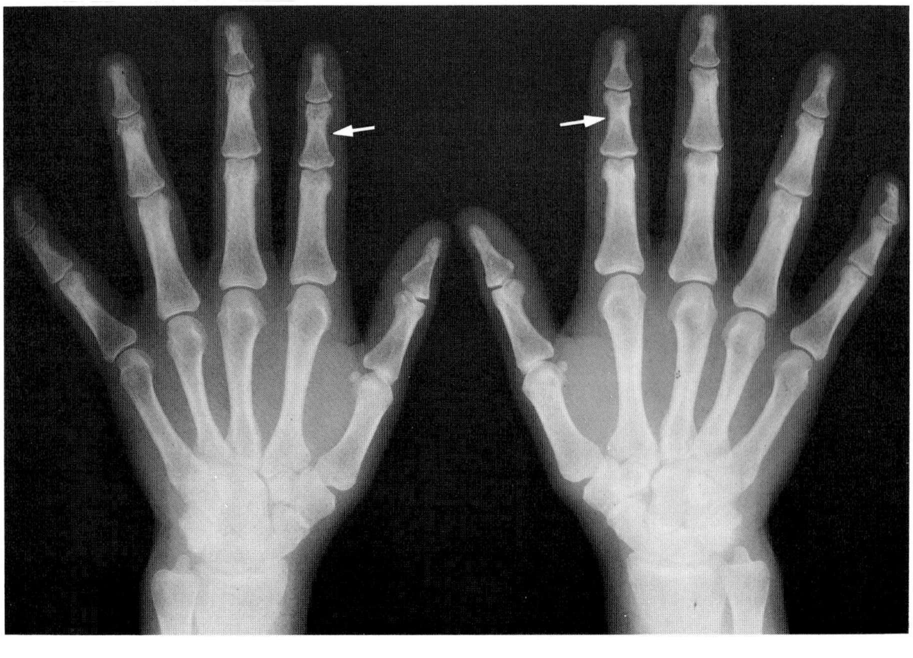

Abb. 15.**10** **Kirner-Deformierung** an den Endphalangen beider 5. Finger. Dabei kommt es distal zu einer Krümmung nach medial wie bei Klinodaktylie. Daneben liegt auch ein Hyperparathyreoidismus mit subperiostaler Tunnelierung und deutlicher Arrosion an der radialen Seite der Mittelphalanx (Pfeile) beider Zeigefinger vor.

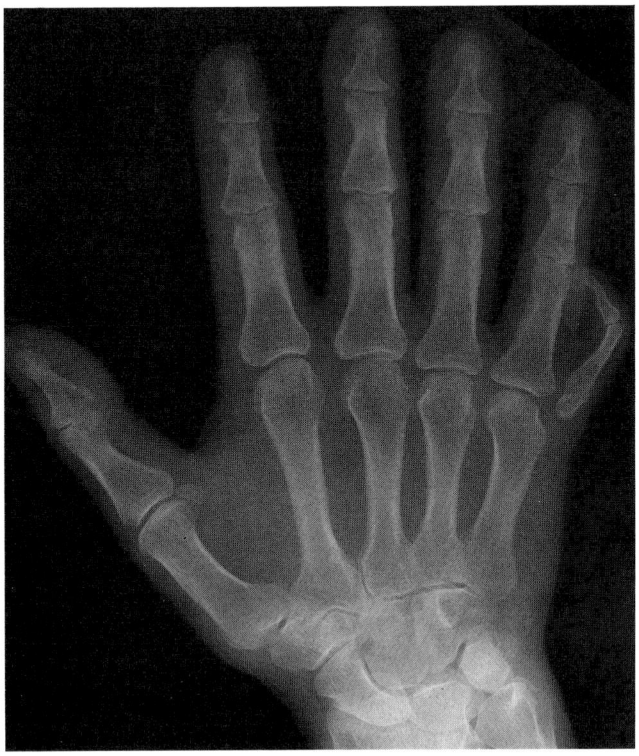

15.11

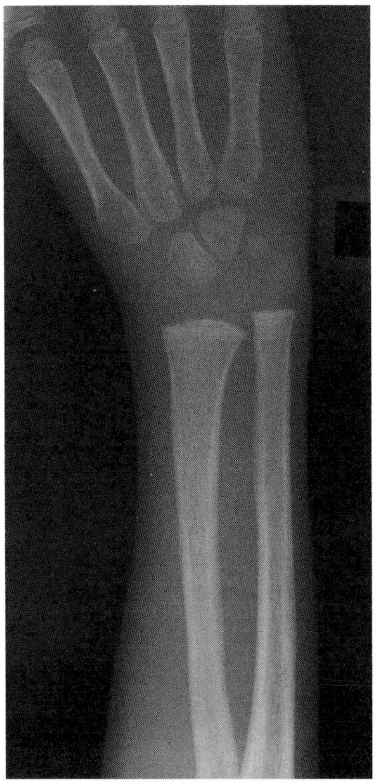

15.12

Abb. 15.**11** **Polydaktylie.** Überzähliger rudimentärer 6. Finger.

Abb. 15.**12** **Aplasie** des ersten Mittelhandknochens und Daumens. Ein Fall von **Fanconi-Anämie.**

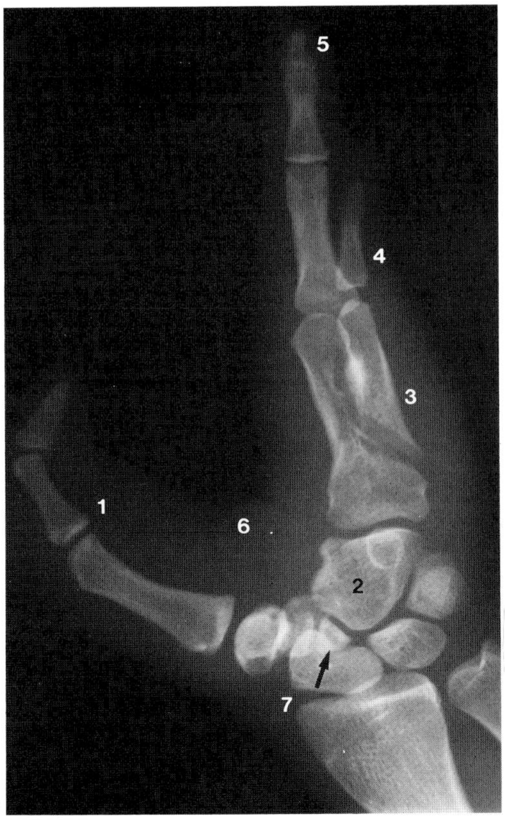

15.13

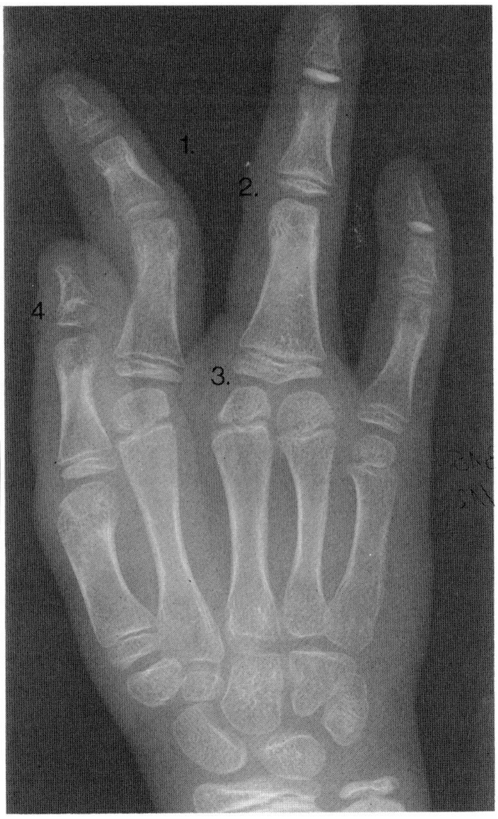

15.14

Abb. 15.**13** **Schwere Anomalien in einer Spalthand:** 1. Kamptodaktylie des Daumens, 2. abnorme Form des Kapitatums mit Verschmelzung von Kapitatum und Hamatum, 3. partielle Verschmelzung von zwei Mittelhandknochen mit Fraktur der Synostose, 4. hypoplastischer Finger mit nur einer Phalanx, 5. kurze Endphalanx, 6. Aplasie von zwei Mittelhandknochen und Fingern, 7. Os centrale (Pfeil).

Abb. 15.**14** **Anomalien an den Handknochen.** 1. Kamptodaktylie des Zeigefingers; 2. hypertropher Finger mit breiter Grundphalanx, die mit zwei nebeneinanderliegenden Mittelhandknochen artikuliert; 3. einer davon hat eine abnorme, zapfenförmige Epiphyse; 4. kurze Endphalanx des Daumens mit zapfenförmiger Epiphyse.

Tabelle 15.1 Hand- und Handwurzelanomalien und damit verbundene Dysplasien

(nach Kricun, M. E., J. Edeiken: The Hand and Wrist in Systemic Disease. Williams & Wilkins, Baltimore, Md 1973)

+ = häufiges Vorkommen
○ = gelegentliches Vorkommen

		Meist schon bei der Geburt sichtbare Syndrome																										
Anomalien		Achondroplasie	Akrozephalosyndaktylie (Apert-Syndrom)	Akrozephalopolysyndaktylie (Carpenter-Syndrom)	Arthrogryposis multiplex congenita	Asphyxierende, familiäre thorakale Dystrophie	Kleidokraniale Dysplasie	Chondrodysplasia punctata	Chondroektodermaldysplasie (E.-van-Creveld-Synd.)	Cornelia-de-Lange-Syndrom	Diastrophischer Zwergwuchs	Down-Syndrom (Trisomie 21)	Fanconi-Anämie	Fokale dermale Hypoplasie (Goltz-Syndrom)	Hand-Fuß-Uterus-Syndrom	Holt-Oram-Syndrom	Laurence-Moon-Biedl-Bardet-Syndrom	Okulodentoossäres Syndrom	Orofaziodigitales Syndrom	Otopalatodigitales Syndrom	Poland-Syndrom	Prader-Willi-Syndrom	Rubinstein-Taybi-Syndrom	Russell-Silver-Syndrom	Thanatophorer Zwergwuchs	Trisomie 13–15	Trisomie 18	Symphalangismus-Taubheit-Syndrom
Hand und Finger	Arachnodaktylie																											
	Brachydaktylie	+	+	+		+	+	○		+	+	+	+	+	+	+		+	+	+	+		+	+	+			
	Kamptodaktylie													○		+		+	+		○					+		
	Klinodaktylie			+	+					+		+	○	+	+	+	○	+	+	+	○	○	○	+			○	○
	Zapfenepiphysen	○	○			○	○		+						+					+								
	Hemihypertrophie (Hand)																							+				
	Metakarpalhypoplasie (III, IV und/oder V)				○	○		○																			○	
	Metakarpalhypoplasie (alle)	+				+		+			+														+			
	Kirner-Deformierung									○														○				
	Polydaktylie			+		○		○	+					+			+		○		+		○			+	○	
	Kleine Hände	+	+	+		+				+	+	+		○								+			+			
	Symphalangismus																											+
	Syndaktylie		+	+		○		○					○	+				+	+		+			○		○	○	
	Proximal zugespitzte Metakarpalia																											
	Ulnardeviation der Finger (III, IV, V)																										+	
Daumen	Duplikation		○	○									○															
	Aplasie												+			+											○	
	Kurzes Metakarpale									+	+		+		+	+											○	
	Langes Metakarpale															+												
	Breites Metakarpale									+	+				+													
	Kurze Grundphalanx		+																				+					
	Dreieckige Grundphalanx		+																				+					
	Kurze Endphalanx		+			○				+			+			+				+			+					
	Breite Endphalanx		+	+																			+			○		
	Eingezogener Daumen (Beugekontraktur)				+																							
	„Autostopperdaumen"		○								+												+					
	Triphalangealer Daumen															+										○		
Handwurzel	Os centrale (Abb. 15.**13**, p. 271)														+	+				○								
	Unregelmäßige Karpalränder										+																	
	Zusätzliche distale Karpalia										+									○								
	Abnorme Form des Skaphoids				○						○		+		+	+				○								
	Mit anderen Karpalia verschm. Skaphoid				○						○				+	+				○								○
	Fehlendes oder hypoplastisches Skaphoid												+			○												
	Abnorme Form des Kapitatums				○						○			○		○				+								
	Fehlendes oder hypoplastisches Kapitatum																											
	Verschmelzung einiger Karpalia				+				+		○				+	+				○								+
	Verkleinerter Karpalwinkel		○																									
	Vergrößerter Karpalwinkel				+						○																	
	Kleiner Karpus				+						+									○								
	Radiushypoplasie									+			○			○										○	○	

		Eventuell spätere Manifestation																	
Anomalien		Akrodysostose	Basalzellnävussyndrom	Dyschondrosteose	Hereditäre multiple Exostosen	Homozystinurie	Hurler-Syndrom (Mucopolysaccharidose I)	Klinefelter-Syndrom	Marfan-Syndrom	Morquio-Syndrom (Mucopolysaccharidose IV)	Multiple epiphysäre Dysplasie (Fairbank-Syndrom)	Myositis ossificans progressiva	Onychoosteodysplasie	Progerie	Pseudohypoparathyreoidismus	Pseudopseudohypoparathyreoidismus	Rothmund-Syndrom	Turner-Syndrom	Werner-Syndrom
Hand und Finger	Arachnodaktylie		○			○			+										
	Brachydaktylie	+			+			+				+		+	+	+	+		
	Kamptodaktylie								○				○						
	Klinodaktylie						○	+	○	○		○	○					○	
	Zapfenepiphysen	+		○	○							○			○				
	Hemihypertrophie (Hand)																		
	Metakarpalhypoplasie (III, IV und/oder V)		+	○	○			○				○		○	+	+		+	
	Metakarpalhypoplasie (alle)	+					+			+									
	Kirner-Deformierung																	○	
	Polydaktylie																		
	Kleine Hände																○		+
	Symphalangismus																		
	Syndaktylie																		
	Proximal zugespitzte Metakarpalia						+			+									
	Ulnardeviation der Finger (III, IV, V)																		
Daumen	Duplikation																		
	Aplasie																○		
	Kurzes Metakarpale	+										+			○	○	○		
	Langes Metakarpale																		
	Breites Metakarpale											+							
	Kurze Grundphalanx	+																	
	Dreieckige Grundphalanx																		
	Kurze Endphalanx											+							
	Breite Endphalanx																		
	Eingezogener Daumen (Beugekontraktur)																		
	„Autostopperdaumen"																		
	Triphalangealer Daumen																		
Handwurzel	Os centrale (Abb. 15.**13**, p. 271)																		
	Unregelmäßige Karpalränder									+	+								
	Zusätzliche distale Karpalia																		
	Abnorme Form des Skaphoids										○								
	Mit anderen Karpalia verschm. Skaphoid																		
	Fehlendes oder hypoplastisches Skaphoid																		
	Abnorme Form des Kapitatums					+		+			+								
	Fehlendes oder hypoplastisches Kapitatum										+								
	Verschmelzung einiger Karpalia			○														○	
	Verkleinerter Karpalwinkel			+			+											+	
	Vergrößerter Karpalwinkel										+								
	Kleiner Karpus										+								
	Radiushypoplasie			+													○		

Tabelle 15.2 Fußanomalien bei einigen angeborenen Knochendysplasien

(zusammengestellt aus Poznanski, A. K.: Foot manifestations of the congenital maniformation syndromes. Semin. Roentgenol. 5 [1970] 354)

+ = häufiges Vorkommen
○ = gelegentliches Vorkommen

		Meist bei der Geburt manifeste Syndrome																			Eventuell spätere Manifestation					
		Akrozephalosyndaktylie (Apert-Syndrom)	Akrozephalopolysyndaktylie (Carpenter-Syndrom)	Arthrogryposis multiplex congenita	Chondrodystrophia punctata	Chondroektodermaldysplasie (E.-van-Creveld-Synd.)	Cornelia-de-Lange-Syndrom	Diastrophischer Zwergwuchs	Down-Syndrom (Trisomie 21)	Fanconi-Anämie	Fokale dermale Hypoplasie (Goltz-Gorlin-Synd.)	Hand-Fuß-Uterus-Syndrom	Laurence-Moon-Biedl-Bardet-Syndrom	Okulodentoossäres Syndrom	Otopalatodigitales Syndrom	Prader-Willi-Syndrom	Rubinstein-Taybi-Syndrom	Russell-Silver-Syndrom	Trisomie 13–15	Trisomie 18	Symphalangismus-Taubheit-Syndrom	Dyschondrosteose	Myositis ossificans progressiva	Pseudohypoparathyreoidismus	Pseudopseudohypoparathyreoidismus	Turner-Syndrom
Metatarsalia und Zehen	Zapfenepiphysen											○			○							○				
	Hemihypertrophie																	+								
	Metatarsalhypoplasie (III, IV u./o. II)																					○		+	+	○
	Polydaktylie		+		○	+					○		+				+		+							
	Symphalangismus											+		+							+					
	Syndaktylie	+	+		○		○		○	○	○		○		○	○	○	○								
Großzehe	Kurzes Metatarsale	+	+									+			+					+			+			
	Kurze Grundphalanx						+								+								+			
	Kurze Endphalanx						+					+			+					+						
	Breite Endphalanx																+									
	Uniphalangeale Großzehe	+																					+			
Tarsus	Kurzer Kalkaneus											+														
	Tarsalverschm. (einschl. Kuneiforme)	+	+	+	○							+			+						+					+
	Klumpfuß			+		○	○	+											○	+						
	Kleine Füße											+														

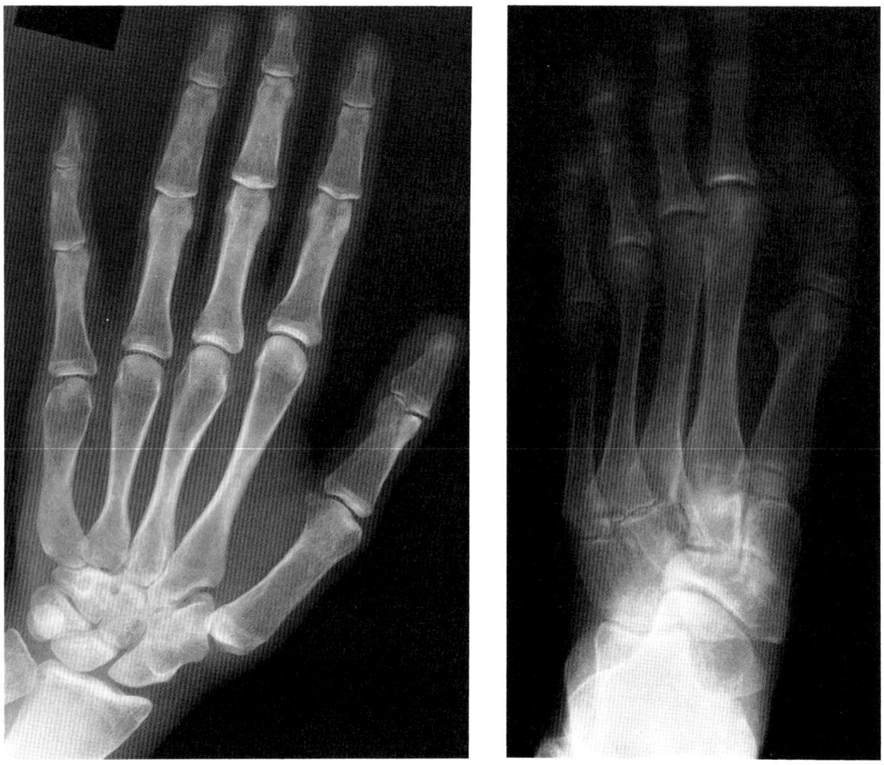

a b

Abb. 15.**15 a, b** **Otopalatodigitales Syndrom.** **a** Die distale Reihe der Karpalia und das Skaphoideum sind verschmolzen. Das 2.–4. Metakarpale haben schmale Diaphysen, das 5. hat dagegen eine abnorm breite Diaphyse, aber normale Länge. Die Fingerknochen zeigen keine grobe Abnormität. **b** Am Fuß Verschmelzung des Navikulare mit dem medialen Kuneiforme und des Kuboids mit dem lateralen Kuneiforme. Das 1. Metatarsale ist im Verhältnis zu den anderen kurz. Die große Zehe hat eine abnorme Form (Klinodaktylie).

Bild der Endphalangen

(Überarbeitet nach Jones, S. N., D. J. Stoker: Radiology at your fingertips: lesions of the terminal phalanx. Clin. Radiol. 39 [1988] 478–485)

Die Zehenenden sind auf normalen Röntgenaufnahmen gewöhnlich etwas unscharf, doch die Endphalangen der Finger kommen gut zur Darstellung. Eine Vielzahl von erworbenen und angeborenen Krankheiten sowie lokalisierte Läsionen verursachen Veränderungen im radiographischen Erscheinungsbild der Endphalangen. Um die distalen Interphalangealgelenke sind die radiographischen Veränderungen gleichartig wie anderswo im Skelett und in den Gelenken, aber an den Endphalangen kann das Bild anders sein. Tab. 15.**3** zeigt eine Liste verschiedener Bilder von Veränderungen der Endphalangen mit ihren üblichen oder typischen Ursachen.

Tabelle 15.3 Differentialdiagnose abnormer Endphalangen

Typ der Veränderung	Übliche oder typische Ursachen
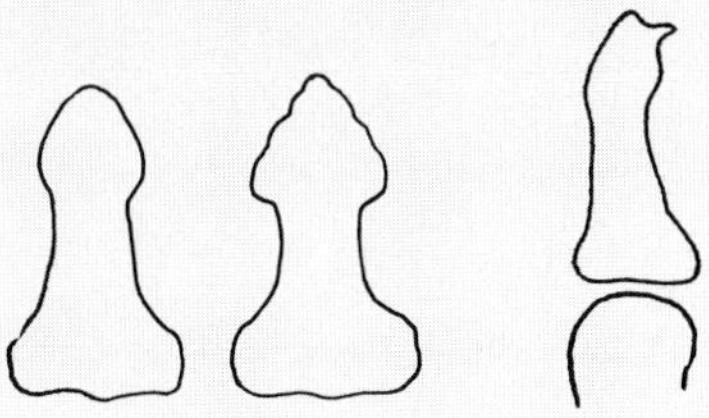 a) b)	a) Normvarianten b) Subunguale Exostose (Abb. 15.**16 a**)
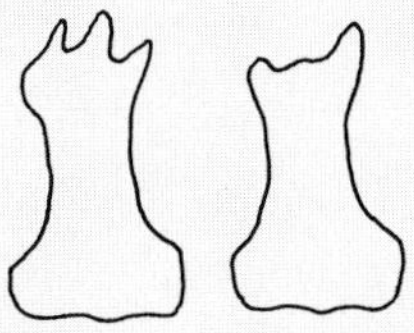 **Atrophisch**	Ursachen von Trommelschlegelfingern (Bronchuskarzinom, Leberzirrhose, angeborene Herzfehler, pulmonale hypertrophische Osteoarthropathie, Pachydermoperiostose, interstitielle Lungenfibrose)
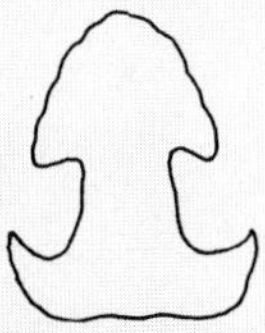 **Überbetont**	Akromegalie (Abb. 15.**16 b**) Basalzellnävussyndrom

Fortsetzung auf Seite 276

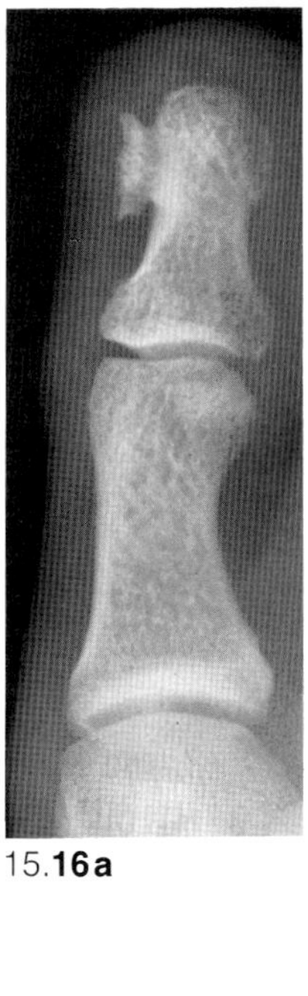

15.**16a**

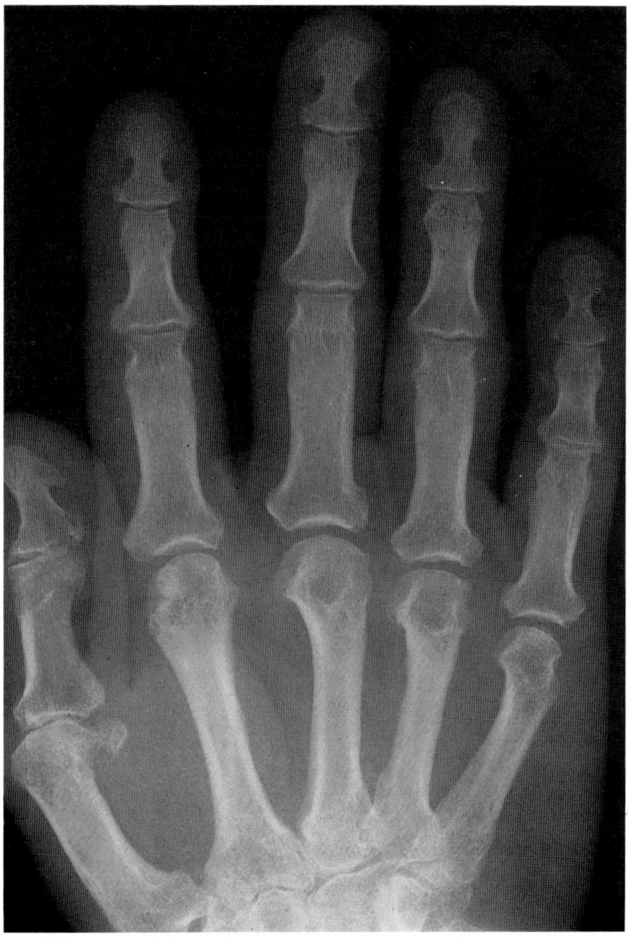

15.**16b**

Abb. 15.**16 a** **Subunguale Exostose.** Sie springt in typischer Weise vom distalen Teil der dorsomedialen Seite der Großzehenendphalanx vor.

Abb. 15. **b** **Akromegalie** mit überbetonten Endphalangenköpfchen, breiten Metakarpophalangealgelenkspalten, verdickten Weichteilen und vorzeitiger Arthrose.

Tabelle 15.3 Differentialdiagnose abnormer Endphalangen (Fortsetzung)

Typ der Veränderung	Übliche oder typische Ursachen
 **Akrosteosklerose**	Idiopathisch Rheumatoide Arthritis (und andere Bindegewebskrankheiten, Abb. 15.**17**) Chronische aktive Hepatitis Sarkoidose (Osteopetrosis, Melorheostose, Osteopoikilie, Abb. 15.**18** u. 15.**19**)
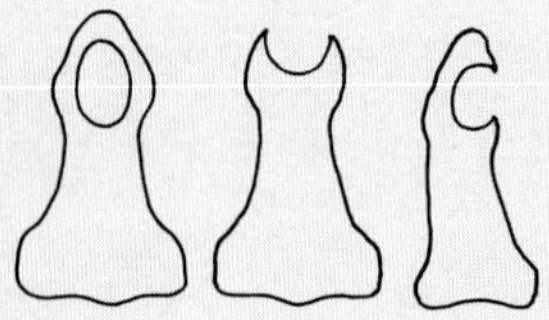 **Glatt begrenzte lytische Läsion**	Epidermiseinschlußzyste Enchondrom Glomustumor Sarkoidose Knochenzyste Arthritis Zystische Osteomyelitis Tuberöse Sklerose Osteoidosteom
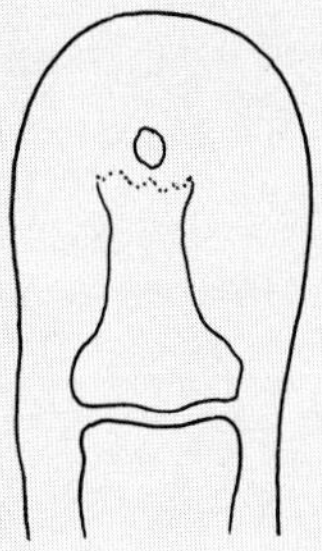 **Unscharf begrenzte lytische Läsion am Phalangenköpfchen**	Osteomyelitis (Panaritium ossale; Abb. 15.**20**) Lepra-Osteomyelitis Aneurysmatische Knochenzyste (selten)
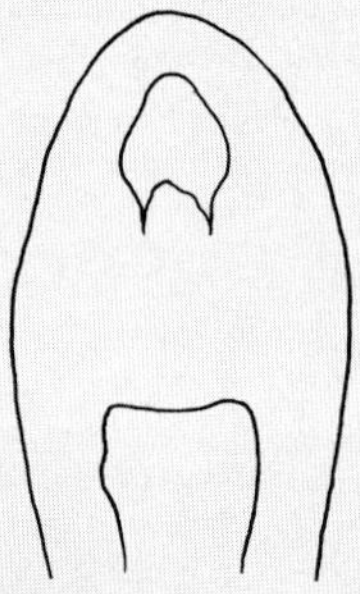 **Unscharf begrenzte lytische Läsion, die die Basis erfaßt**	Metastase (besonders Lungenkarzinom, Abb. 15.**21**) Nagelbettkarzinom Subunguales Sarkom Psoriatische Arthropathie Riesenzelltumor (selten) Myelom (selten) Sarkoidose (selten) Fibröse Dysplasie

Fortsetzung auf Seite 278

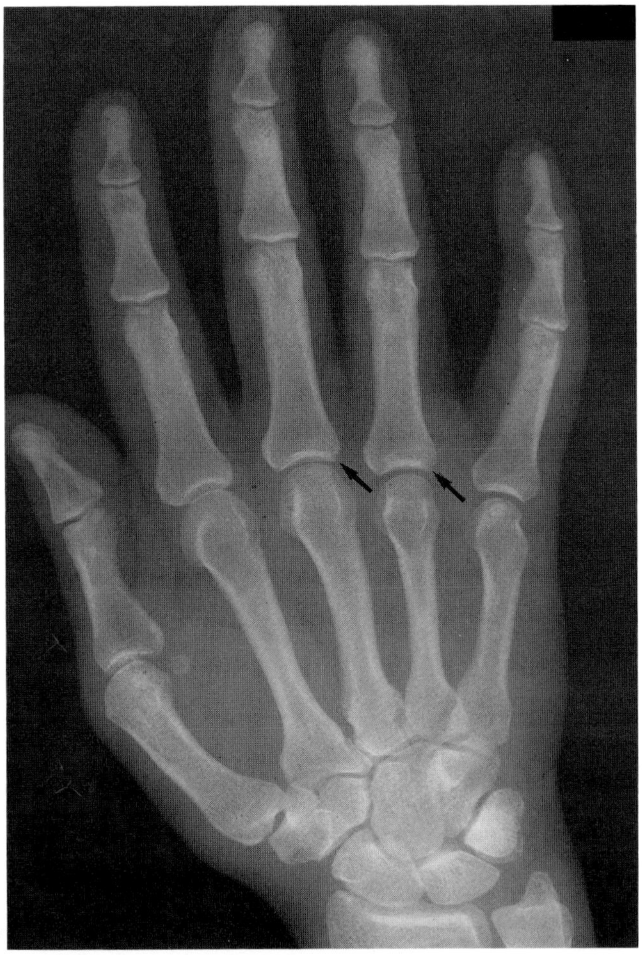

15.17

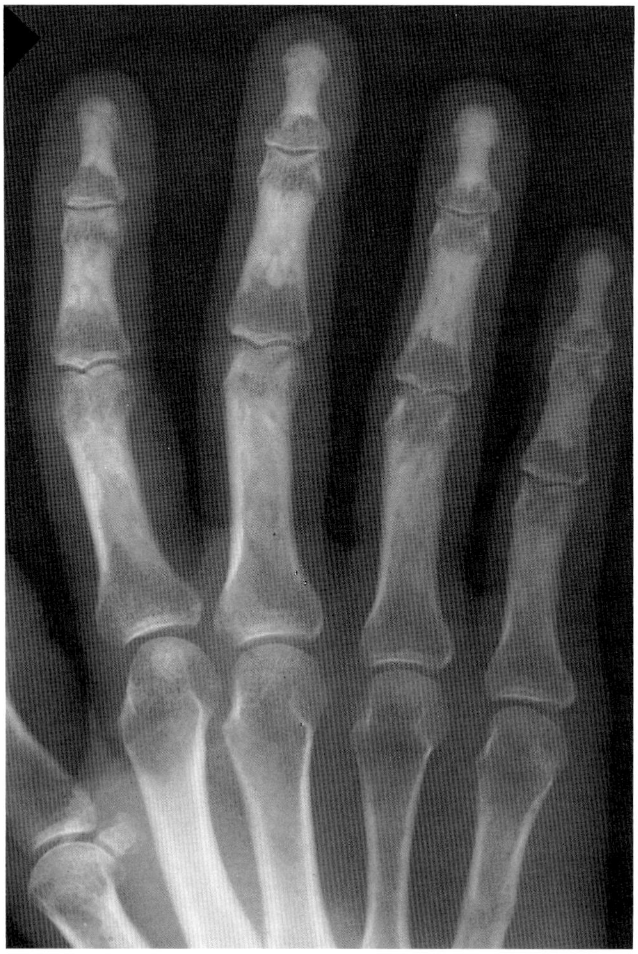

15.18

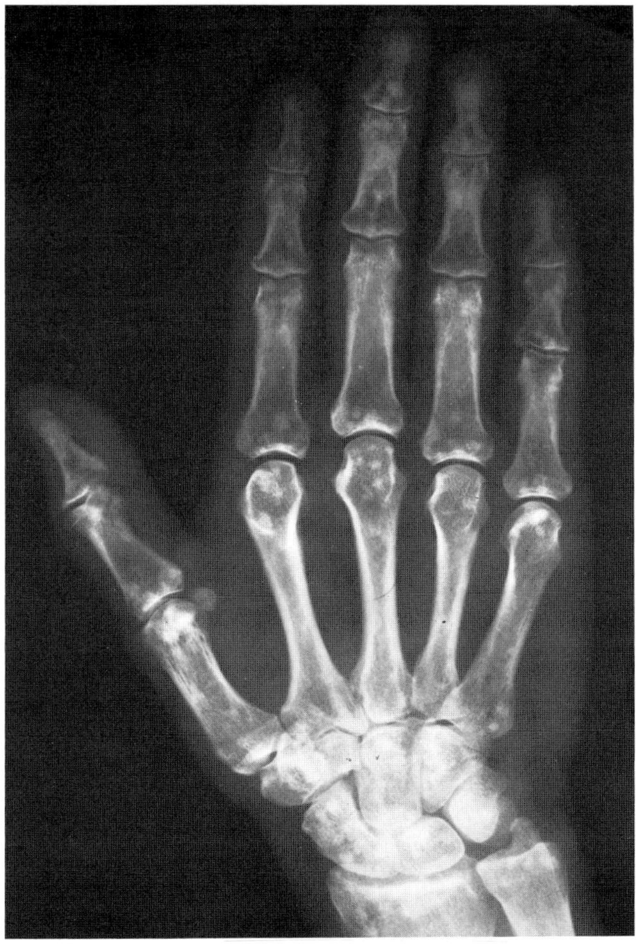

15.19

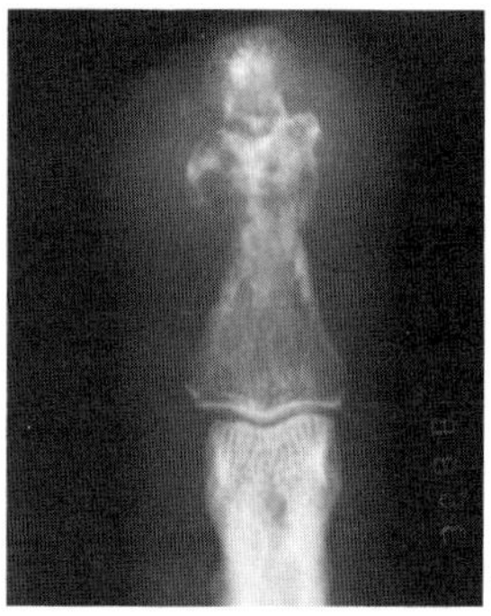

15.20a

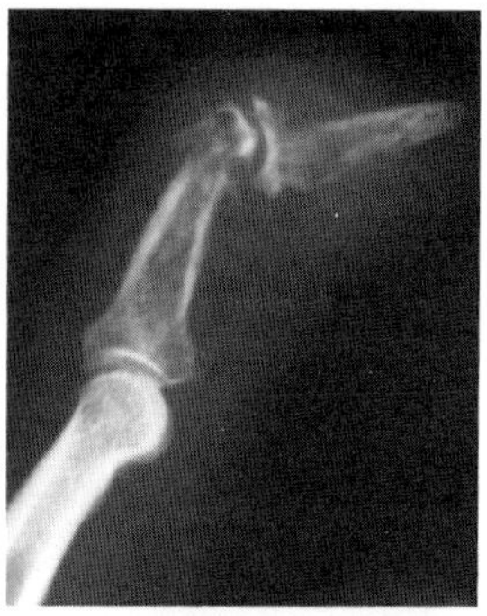

15.20b

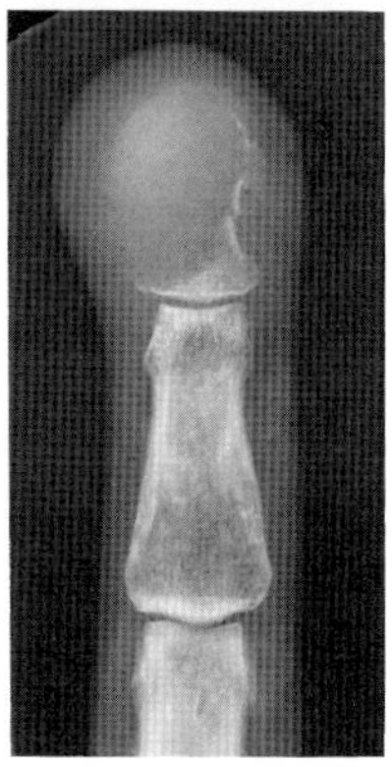

15.21

Abb. 15.**17** **Akroosteosklerose** der Endphalangen. Als Nebenbefund sind auch kleine Arrosionen (Pfeile) infolge einer beginnenden rheumatoiden Arthritis zu beobachten.

Abb. 15.**18** **Melorheostose** der Finger einschließlich der Endphalangen.

Abb. 15.**19** **Osteopoikilie** mit Akroosteosklerose.

Abb. 15.**20 a, b** **Osteomyelitis** mit Weichteilschwellung und Destruktion der Endphalanx.

Abb. 15.**21** **Metastase eines Bronchuskarzinoms** in der Endphalanx. Relativ gut demarkierte osteolytische Läsion und Weichteilschwellung.

Tabelle 15.3 Differentialdiagnose abnormer Endphalangen (Fortsetzung)

Typ der Veränderung	Übliche oder typische Ursachen
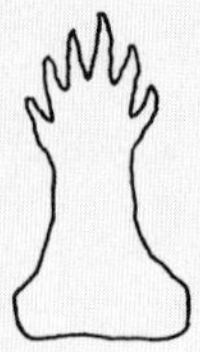 **„Morgenstern"**	Arthritis psoriatica (Abb. 15.**23**) Hyperparathyreoidismus (abb. 15.**24**) Sjögren-Syndrom
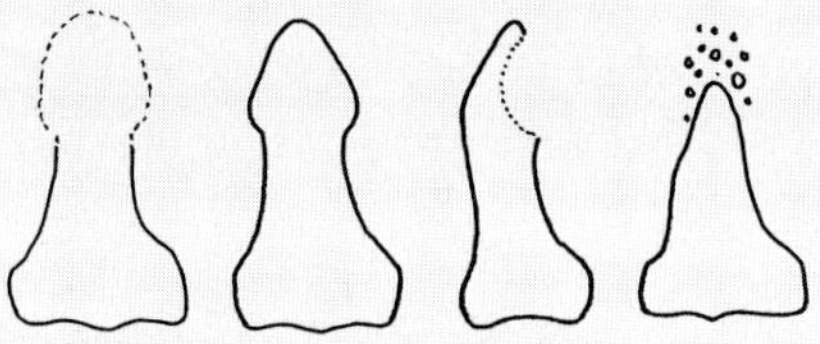 **Akroosteolyse** **(* mit möglicher Weichteilverkalkung)**	Vaskuläre Kollagenkrankheit* (besonders Sklerodermie und Dermatomyositis; Abb. 15.**25**) Sjögren-Syndrom Hyperparathyreoidismus* (Abb. 15.**22**) Arteriosclerosis obliterans Diabetische Gangrän Buerger-Winiwater-Krankheit Verbrennung, Erfrierung, Radiatio (Abb. 15.**26**) Pachydermoperiostose Neurotrophische Störung (Syringomyelie, Lepra (Abb. 15.**27**) Epidermolysis bullosa* Arthritis psoriatica Pyknodysostose Familiäre Akroosteolyse Progerie Pseudoxanthoma elasticum Angeborene Schmerzunempfindlichkeit Porphyrie Vinylchloridexposition Lesch-Nyhan-Syndrom Multizentrische Retikulohistiozytose Rothmund-Syndrom

Fortsetzung auf Seite 280

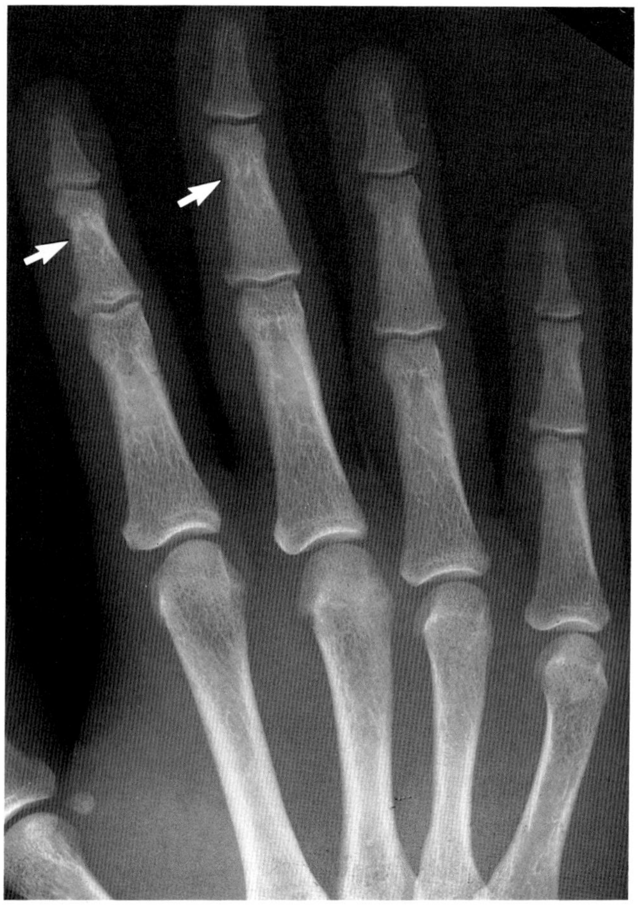

15.**22**

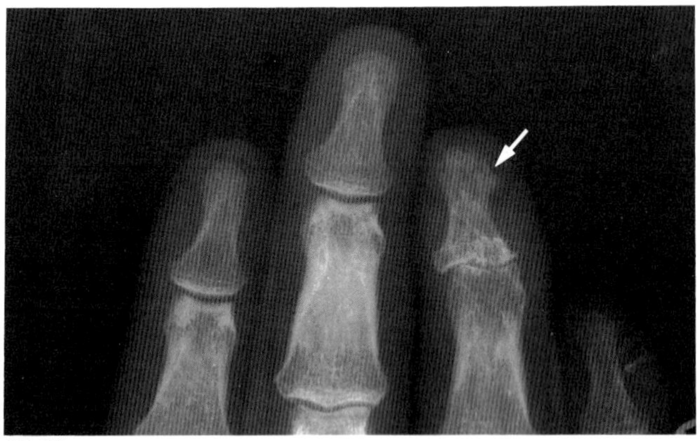

15.**23**

Abb. 15.**22** **Sekundärer Hyperparathyreoidismus** (renale Osteodystrophie). Rarefizierung der Endphalangenköpfchen und subperiostale Knochenresorption an den Phalangen (Pfeile).

Abb. 15.**23** **Arthritis psoriatica.** „Morgensternförmige" Arrosion am Endphalangenköpfchen des 4. Fingers (Pfeil).

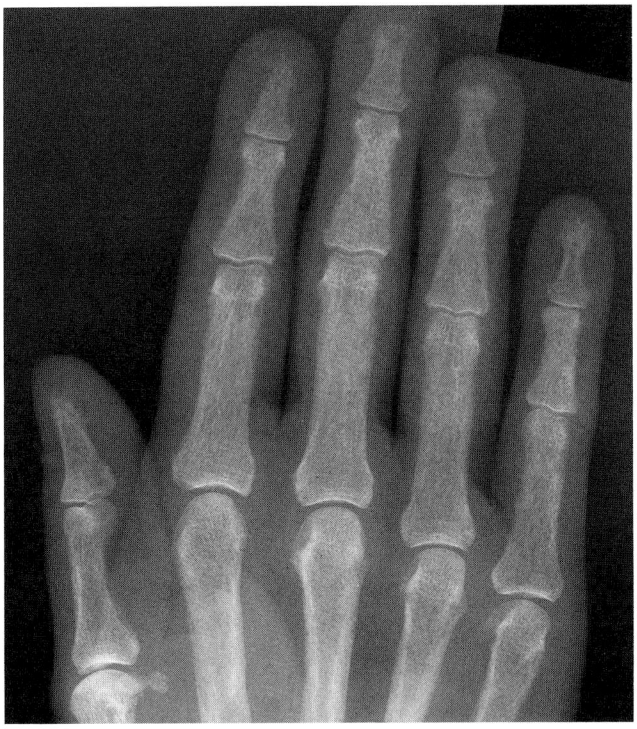

15.24

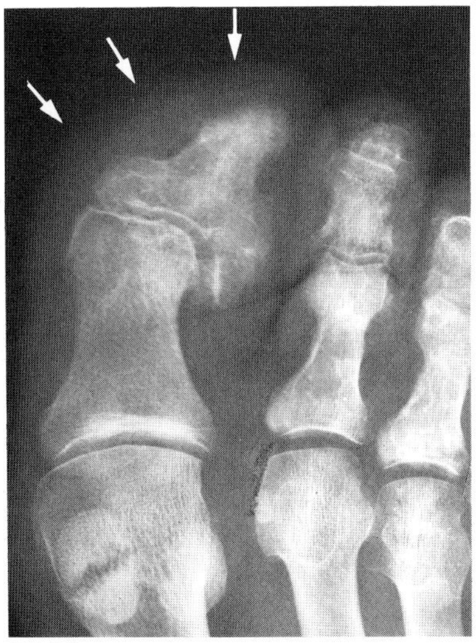

15.26

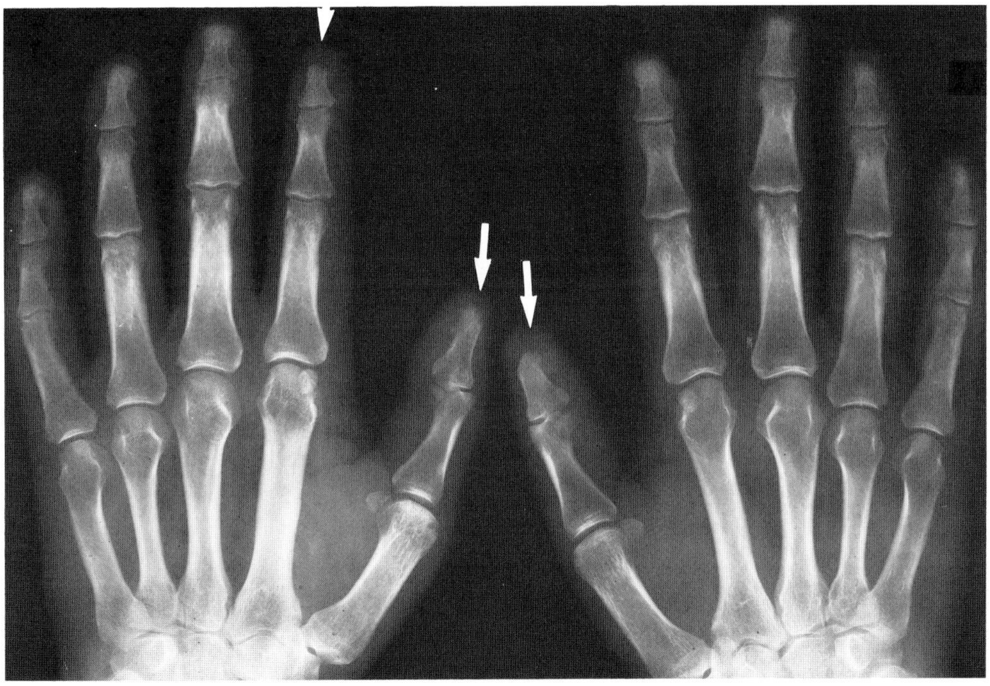

15.25

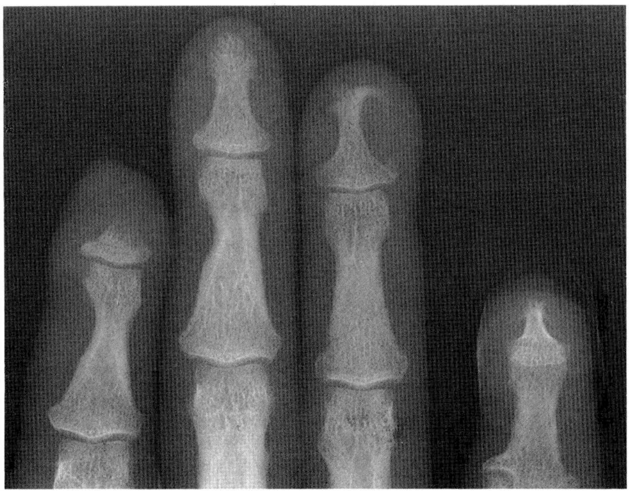

15.27

Abb. 15.**24** **Hyperparathyreoidismus.** Die Resorption am Zeigefinger erzeugt ein „Morgenstern"-Bild, aber im Gegensatz zur Arthritis psoriatica bestehen eine ausgedehnte Demineralisierung und subperiostale Resorptionen an anderen Stellen der Finger. An den übrigen Endphalangenköpfchen ist nur eine Rarefizierung zu beobachten.

Abb. 15.**25** **Sklerodermie.** Akroosteolyse und Weichteilatrophie an einigen Fingern (Pfeile), aber sonst keine augenfälligen Knochenveränderungen.

Abb. 15.**26** **Erfrierung.** Umschriebene Akroosteolyse in der Großzehe mit großem Weichteilgeschwür (Pfeile).

Abb. 15.**27** **Lepra.** Akroosteolyse in der Endphalanx des 2., 4. und 5. Fingers.

Tabelle 15.3 Differentialdiagnose abnormer Endphalangen (Fortsetzung)

Typ der Veränderung	Übliche oder typische Ursachen
 **Kurze Endphalangen (fehlende Phalangenköpfchen) Brachytelephalangie**	Mehrere kongenitale Syndrome mit kurzen Phalangen (s. Tab. 15.**1**, S. 272) In Verbindung mit hypoplastischen Fingernägeln Medikation der Mutter mit Antikonvulsiva (Phenytoin) Erfrierung Trauma
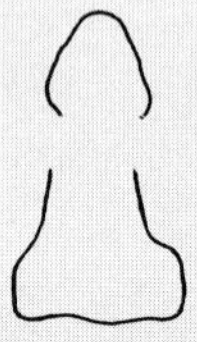 **Osteolyse in der Mitte** 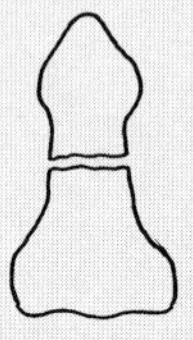 **Pseudoepiphyse in kleinen Endphalangen**	Chemische Akroosteolyse (Vinylchlorideinwirkung) Hyperparathyreoidismus (primär oder sekundär; Abb. 15.**28**) Hajdu-Cheney-Syndrom (angeborene Akroosteolyse) Juvenile rheumatoide Arthritis (Abb. 15.**29**) Kleidokraniale Dysostose
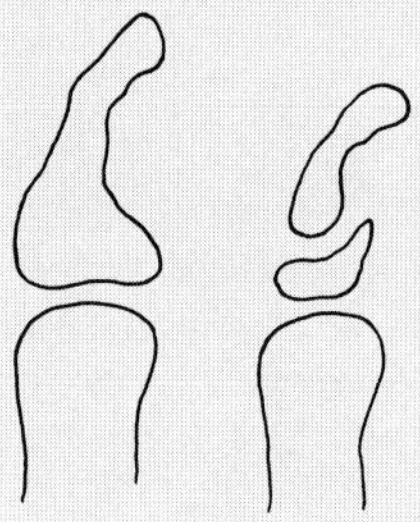 **adult juvenil** **Kirner-Deformierung**	Isolierte Anomalie (Abb. 15.**10**) oder bei kongenitalen Syndromen (Russell-Silver-Syndrom, Cornelia-de-Lange-Syndrom)
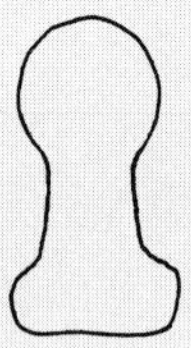 **Trommelschlegel (gerundetes, breites Endphalangenköpfchen)**	Turner-Syndrom (Abb. 15.**30**)

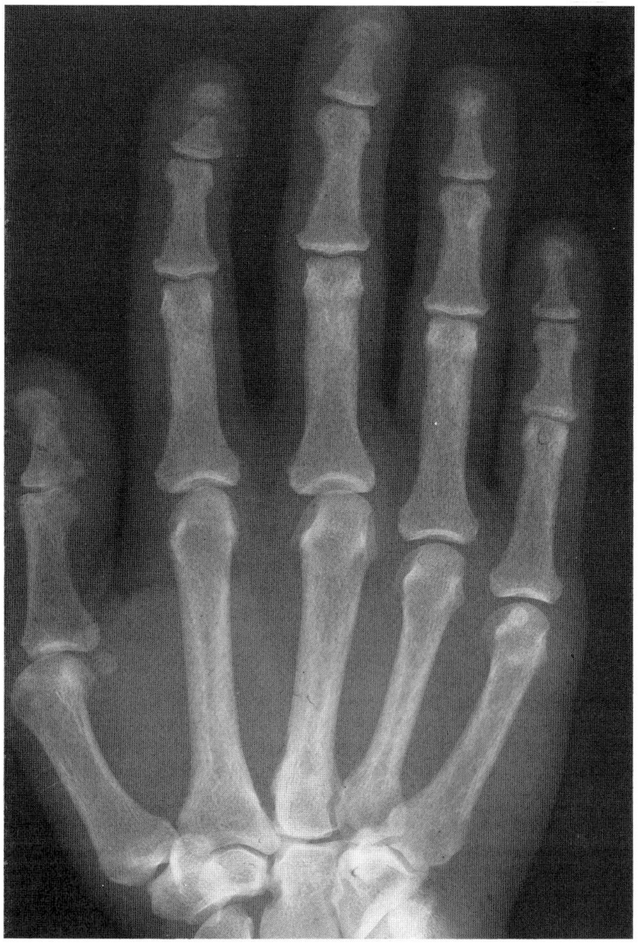

Abb. 15.**28** **Renale Osteodystrophie** mit Arrosionen in der Mitte der Endphalangen und subperiostaler Resorption an den Phalangen.

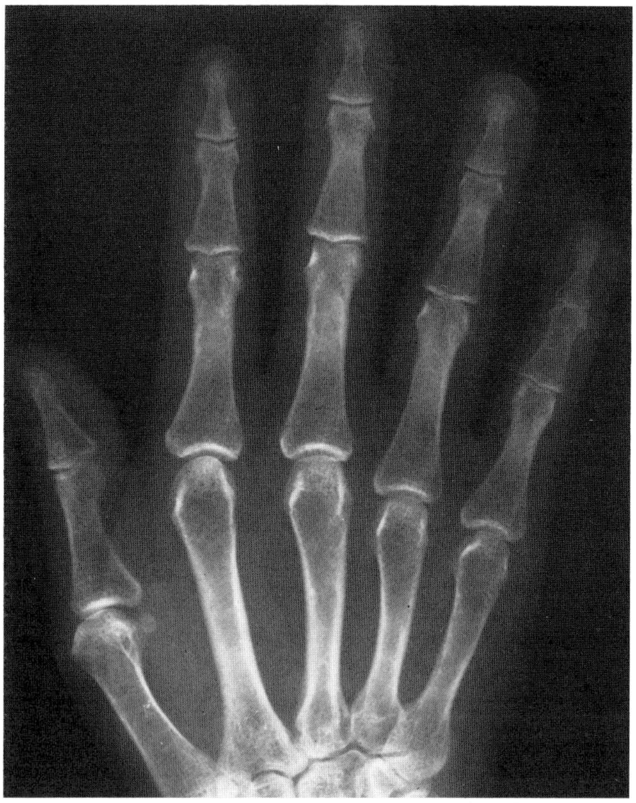

Abb. 15.**30** **Turner-Syndrom.** Trommelschlegelförmige Fingerenden und positives Metakarpalzeichen.

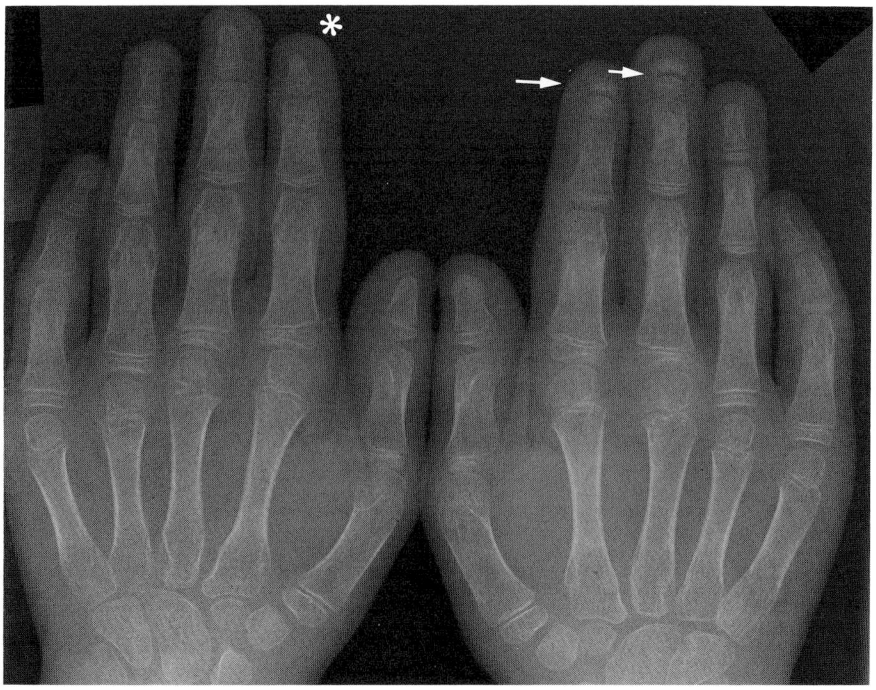

Abb. 15.**29** **Juvenile rheumatoide Arthritis.** Rechts am 2. und 3. Finger Arrosionen in der Mitte der Endphalangen (Pfeile). Außerdem am linken Zeigefinger Akroosteolyse (Sternchen).

Den Fuß betreffende orthopädische Probleme

An den Füßen kommt eine Reihe von Deformationen oder schmerzhaften Zuständen vor, die nicht unbedingt ein Ergebnis der in Tab. 15.**1** und 15.**2** angeführten kongenitalen Syndrome sein müssen.

Bei der Analyse einer Fußdeformation ist eine Anzahl wichtiger Linien und Winkel am Fußskelett zu beachten. Einige Hilfslinien und Winkel, die auf dorsoplantaren und seitlichen Aufnahmen unter Gewichtsbelastung beurteilt werden sollen, werden hier demonstriert (Abb. 15.**31**).

Die *Chopart-Gelenklinie* (Articulatio tarsi transversa; A-A) ist eine kontinuierliche Linie entlang dem vorderen Rand des Talus und Kalkaneus auf dem Seitenbild und des Talus und Kuboids auf dem a.-p. Bild. Ein Fehlen der Kontinuität zeigt einen mobilen Talus, eine veränderte Position von Talus und Kalkaneus in bezug zum Navikulare und Kuboid am Chopart-Gelenk an, z. B. eine Fehlstellung in der Fußwurzelmitte.

Der *Kalkaneusanstieg* (B) ist ein Index für die Höhe des Fußgewölbes; niedrig: 10 bis 20 Grad, mittel: 20 bis 30 Grad, hoch: über 30 Grad. Ein geringer Anstieg zeigt eine Veränderung in der Position des Kalkaneus und Talus am Sprunggelenk an, z. B. eine Fehlstellung des Rückfußes, wie sie beim Plattfuß beobachtet wird.

Der *Böhler-Winkel* (Tubergelenkwinkel; C, normal: 28 bis 40 Grad) ist ein Maß für die Integrität der vom Kalkaneus abhängigen plantaren Fußwölbung. Er ist bei einer *Fersenbeinfraktur* verringert.

Die *Diagonalachse des Talus* (D-D) ist ein guter Indikator für die richtige Beziehung des Talus zum Kalkaneus; normalerweise verläuft sie fast horizontal. Bei den meisten Fußdeformitäten ist sie nicht horizontal.

Der *Talus-Kalkaneus-Winkel* in der dorsoplantaren Aufnahme (E) liegt zwischen 20 Grad und 50 Grad bei Säuglingen und Kleinkindern und zwischen 15 Grad und 30 Grad ab dem 5. Lebensjahr. Eine in der Achse des Talus gezogene Linie zeigt auf das Köpfchen des ersten Mittelfußknochens, die Achse des Kalkaneus auf den vierten Mittelfußknochen. Der Talus-Kalkaneus-Winkel ist beim *Plattfuß* vergrößert und beim *Klumpfuß* verringert oder gegensinnig.

Im Seitenbild treffen sich die *Mittellinien des Talus und des Kalkaneus* nahe am vorderen Rand des Kuboids und bilden einen Winkel von 25 bis 50 Grad (F). Dieser Winkel ist beim *Klumpfuß* oder beim *Schaukelfuß* verkleinert und beim *Plattfuß* oder beim *Hohlfuß* vergrößert.

Der von den *Linien entlang dem unteren Rand des Kalkaneus und des fünften Metatarsale gebildete Winkel* (G) mißt 150 bis 175 Grad und ist altersunabhängig. Der Scheitel dieses Winkels ist beim *Plattfuß* und *Schaukelfuß* nach unten gerichtet.

Um einen aufschlußreichen röntgenographischen Bericht über eine Fußdeformation abgeben zu können, muß der Radiologe auch die orthopädische Terminologie kennen:

1. *Valgus* (Eversion, Pronation) = von der Mittellinie des Körpers, distal vom Beziehungspunkt oder -gelenk, nach außen gebogen.
2. *Varus* (Inversion, Supination) = zur Mittellinie des Körpers, distal vom Beziehungspunkt oder -gelenk, einwärts gebogen.
3. *Adduktion* = Verlagerung zur Körperachse hin in transversaler Ebene.
4. *Abduktion* = Verlagerung von der Körperachse weg in transversaler Ebene.
5. *Valgusferse* (Abb. 15.**32 b**) = die Ferse ist von hinten gesehen um mehr als 10 Grad schräg nach außen geknickt (verbunden mit vergrößertem Talus-Kalkaneus-Winkel auf der dorsoplantaren Aufnahme).
6. *Varusferse* (Abb. 15.**32 c**) = der normale Valguswinkel (5–10 Grad) ist verkleinert, oder die Ferse ist schräg nach innen gerichtet (verbunden mit verkleinertem Talus-Kalkaneus-Winkel auf der dorsoplantaren Aufnahme).
7. *Equinus* = fixierte Plantarflexion des Rückfußes (Kalkaneusvorderende unten). Auf dem Seitenbild bildet der Kalkaneus mit der Tibia vorn einen Winkel von mehr als 90 Grad.

Valgus- und Varusverse können nicht direkt anhand von a.-p. und seitlichen Routineaufnahmen bestimmt werden, lassen sich aber aus dem Talus-Kalkaneus-Winkel auf der a.-p. Aufnahme ableiten.

Tab. 15.**4** bringt eine Liste der häufigeren Fußdeformitäten mit ihren diagnostischen und differentialdiagnostischen Kriterien. Das Gesamterscheinungsbild verschiedener angeborener Fußdeformationen wird in Abb. 15.**33 a–g** schematisch dargestellt.

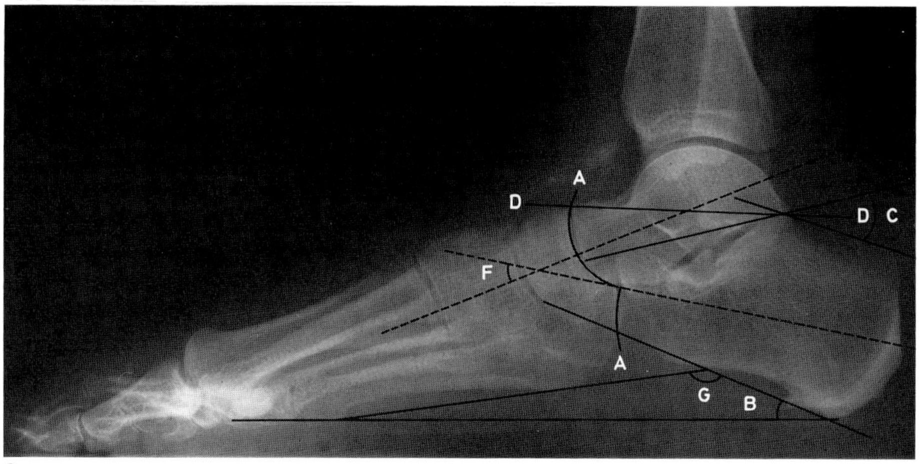

a

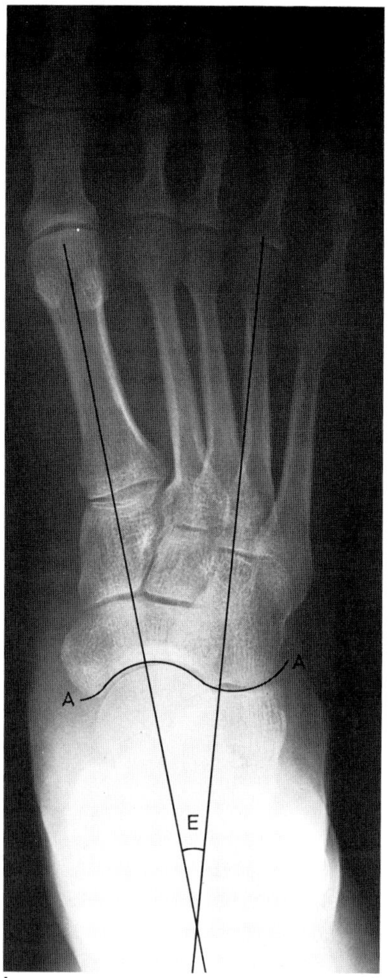

b

Abb. 15.**31 a, b** **Einige nützliche Linien und Winkel für die Beurteilung des Fußes bei orthopädischen Problemen.** A-A = Chopart-Gelenklinie, B = Kalkaneusanstieg, C = Böhler-Winkel (Tubergelenkwinkel), D = Diagonalachse des Talus, E = Talus-Kalkaneus-Winkel, F = Talus-Kalkaneus-Mittellinienwinkel, G = Winkel zwischen dem unteren Kortikalisrand des Kalkaneus und des fünften Metatarsale.

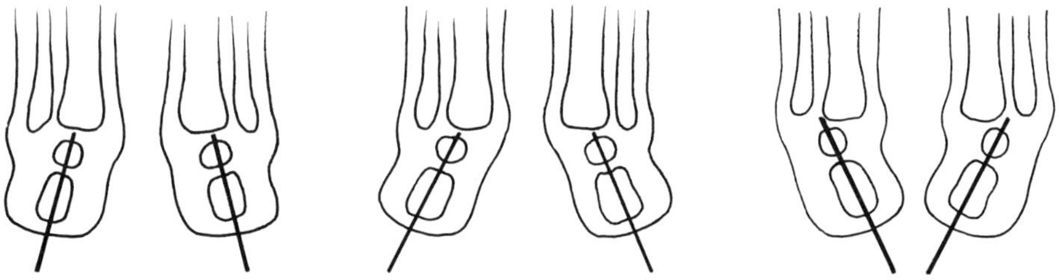

Abb. 15.**32a–c** **a** Normale Stellung der Ferse (von hinten gesehen). **b** Valgusstellung der Ferse bei Metatarsus varus (adductus). **c** Varusstellung der Ferse bei Klumpfuß.

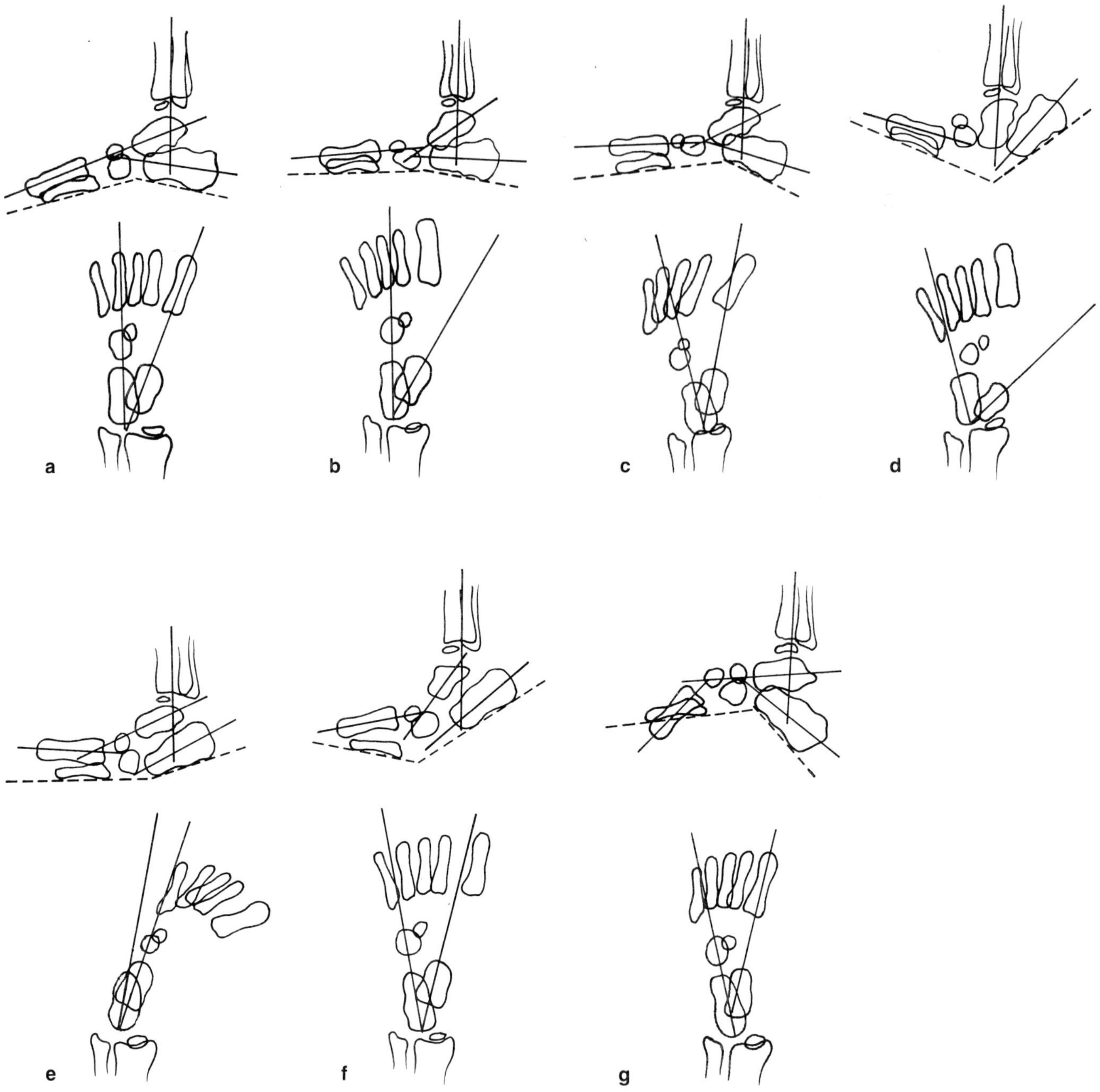

Abb. 15.**33 a–g** **Erscheinungsbild verschiedener angeborener Fußdeformitäten** mit speziellem Bezug auf den Talus-Kalkaneus-Mittellinienwinkel (a.-p. normalerweise 15–30 Grad, bei Säuglingen 30–50 Grad, Seitenbild 25–50 Grad), den Winkel zwischen unterem Kortikalisrand des Kalkaneus und des fünften Metatarsale (Seitenbild normalerweise 150–175 Grad) und die Orientierung der Metatarsalia. **a** Normaler Fuß, **b** Plattfuß, **c** Metatarsus varus (adductus), **d** angeborener Vertikalstand des Talus (Schaukelfuß), **e** Klumpfuß, **f** überkorrigierter Klumpfuß, **g** Hohlfuß.

Tabelle 15.4 Differentialdiagnose von Fußdeformierungen

Deformität	Radiographische Kennzeichen	Kommentar
Hallux valgus (Hallux abductus valgus) (Abb. 15.34, 15.35)	1. Abduktion der Großzehe (Winkel zwischen erstem Metatarsale und Großzehe 10 Grad bis 20 Grad = leicht; 20 Grad bis 30 Grad = mäßig; 30 Grad bis 45 Grad = schwer) mit Valgusrotation derselben. 2. Deviation oder Subluxation des Metatarsophalangealgelenks. 3. Mediales Vorspringen und Kraterbildung des medialen Epikondylus des ersten Metatarsalköpfchens. 4. Adduktion des ersten Metatarsale, Intermetatarsalwinkel (zwischen Metatarsale I und II) über 10 Grad. 5. Relative Lateralverlagerung der Sesambeine. Die Adduktion des ersten Metatarsale kann strukturbedingt (abnorme Metatarsalbasis, genannt *angeborener Metatarsus adductus primus:* abnormer, elongierter anterodistaler Rand des Kuneiforme) oder stellungsbedingt sein (übermäßige Spreizung des ersten Metatarsalsegments im adduzierten Vorfuß).	Häufigste Fußdeformität: Abweichung der Großzehe in die Abduktionsstellung, gefolgt von einer entzündlichen Reaktion über dem medialen Epikondylus des Metatarsalköpfchens. In Zusammenhang mit dem Tragen nicht passender Schuhe und/oder prädisponierender Fußanatomie. Die Valgus(Eversions-)komponente der Deformität kommt durch den rotatorischen Effekt des unausgewogenen Muskelzugs an der proximalen Phalanx zustande. Eine fortschreitende Deformierung ist eher bei Fehlstellungen zu erwarten. Ein Hallux valgus kann zum Bild der *rheumatoiden Arthritis* und des *Ehlers-Danlos-Syndroms* (schlaffe Gelenke, subkutane Verkalkungen) gehören. Wenn Weichteilverkalkungen (bei Gicht) fehlen, sind die Arrosionen und degenerativen Veränderungen des ersten Metatarsalköpfchens bei Hallux valgus allein und in Verbindung mit Gicht u. U. gleich.
Morton-Metatarsalgie (Metatarsus atavicus)	Das erste Metatarsale ist kurz, das zweite breit.	Neuralgie, meist in der Region neben dem vierten Metatarsalköpfchen, da das dritte und vierte oder das vierte und fünfte Metatarsale zu eng beisammen stehen und den Plantarnerv komprimieren.

Fortsetzung auf Seite 286

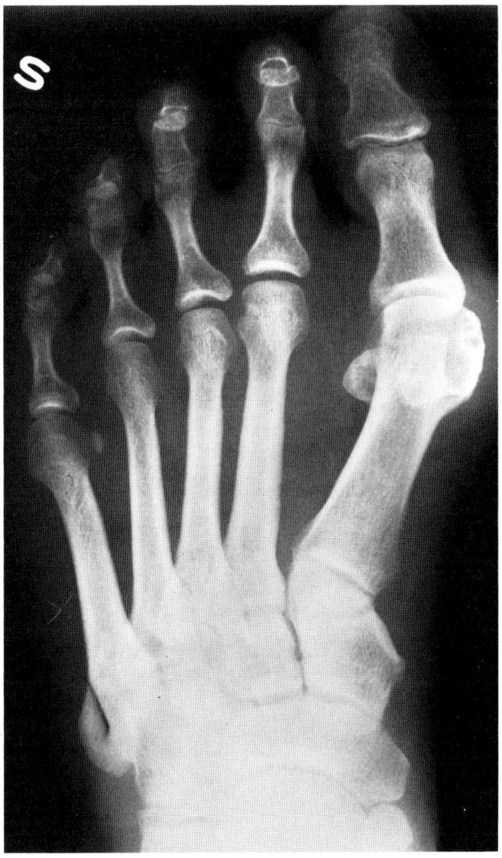

15.**34a**

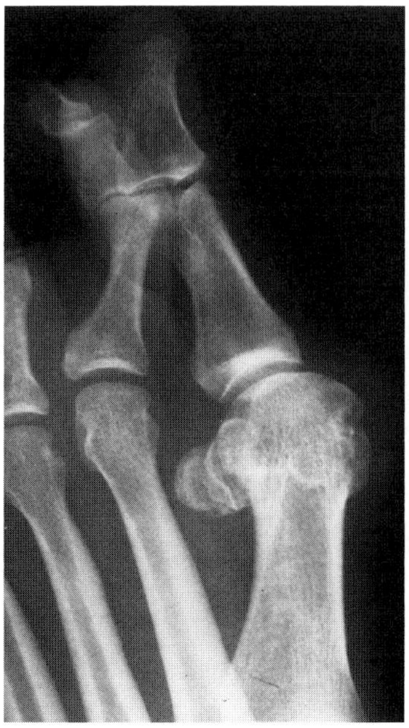

15.**34b**

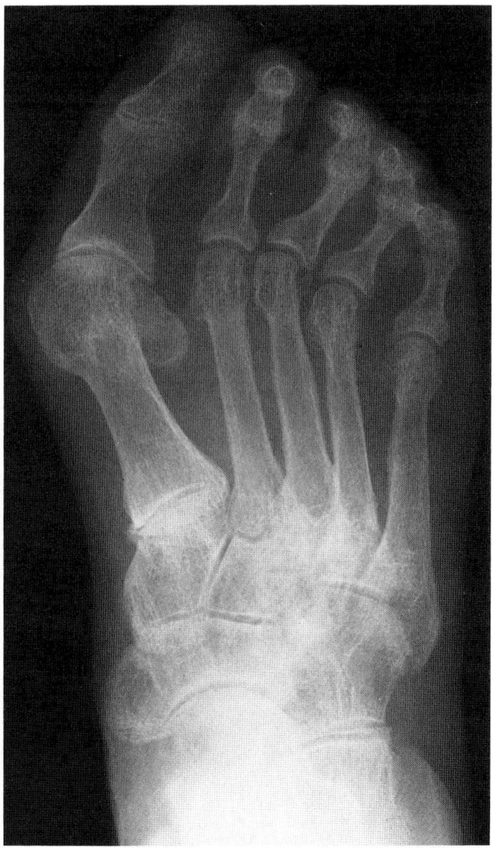

15.**35**

Abb. 15.**34a, b** **Leichter Hallux valgus** mit Lateralverlagerung der Sesambeine, medialem Vorspringen und Kraterbildung des medialen Epikondylus des ersten Metatarsalköpfchens (am besten zu sehen in der Schrägprojektion) und strukturbedingter Adduktion des ersten Metatarsale.

Abb. 15.**35** **Schwerer Hallux valgus.** Daneben besteht auch eine renale Osteodystrophie.

Tabelle 15.4 Differentialdiagnose von Fußdeformierungen (Fortsetzung)

Deformität	Radiographische Kennzeichen	Kommentar
Plattfuß (Pes planus) (Abb. 15.37, 15.38)	Dorsoplantare Aufnahme: 1. Talus-Kalkaneus-Winkel vergrößert. 2. Vorfuß abduziert. 3. Ferse in Valgusstellung: Die Längsachse des Talus verläuft medial vom ersten Metatarsale, während die Längsachse des Kalkaneus nahe an der Basis des vierten Metatarsale bleibt. Seitliche Aufnahme: 1. Dorsalflexion des Fußes in normalem Winkel (oder sogar mehr). 2. Talus-Kalkaneus-Winkel aufgrund der Plantarflexion des Talus vergrößert. 3. Die Längsachsen von Talus und fünftem Metatarsale bilden einen Winkel nach plantar.	Der *erworbene Plattfuß* kann vom *angeborenen Plattfuß* durch ein genaues Studium der Lage und Form des Kalkaneus und eine Beurteilung des Chopart-Gelenks unterschieden werden: 1. Beim erworbenen Einsinken des Fußgewölbes beträgt der Kalkaneusanstieg 10 Grad oder mehr, beim angeborenen weniger. 2. Beim erworbenen Plattfuß hat der Kalkaneus eine nach unten konkave Form, beim angeborenen ist er nach unten konvex oder flach. 3. Beim erworbenen Plattfuß ist die Chopart-Gelenklinie verändert (der Talus springt vor), beim angeborenen Pes planus ist die Gelenklinie pseudonormal, obwohl der Talus nach medial verlagert ist. Beim *fixierten Plattfuß* sind Pronation und Supination eingeschränkt, und der Zustand ist schmerzhaft, anders als beim flexiblen Plattfuß.

Fortsetzung auf Seite 288

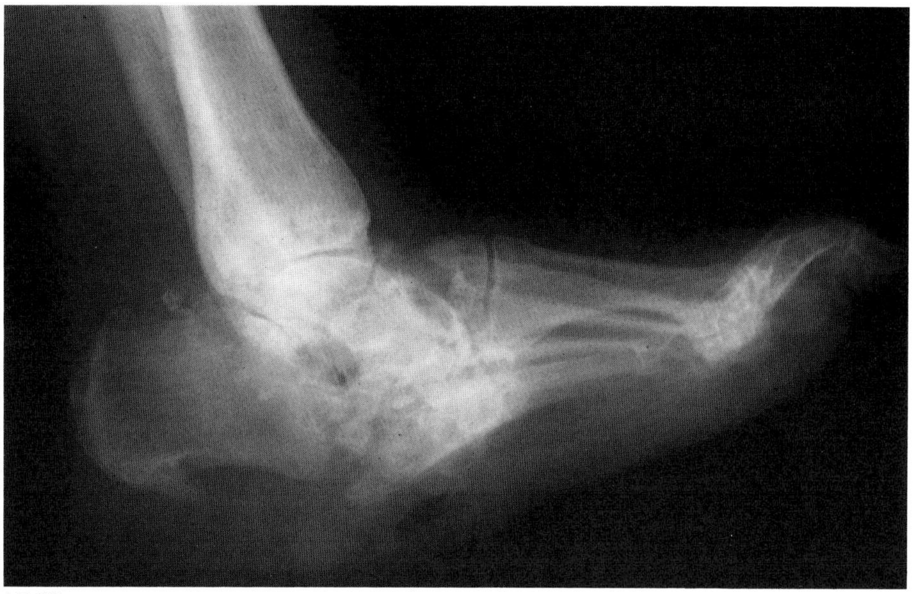

15.**36**

Abb. 15.**36** **Diabetische Arthropathie** (neurotrophisch geschädigter Fuß) mit erworbener Schaukelfußdeformität infolge Zerstörung und Fehlstellung der Knochen.

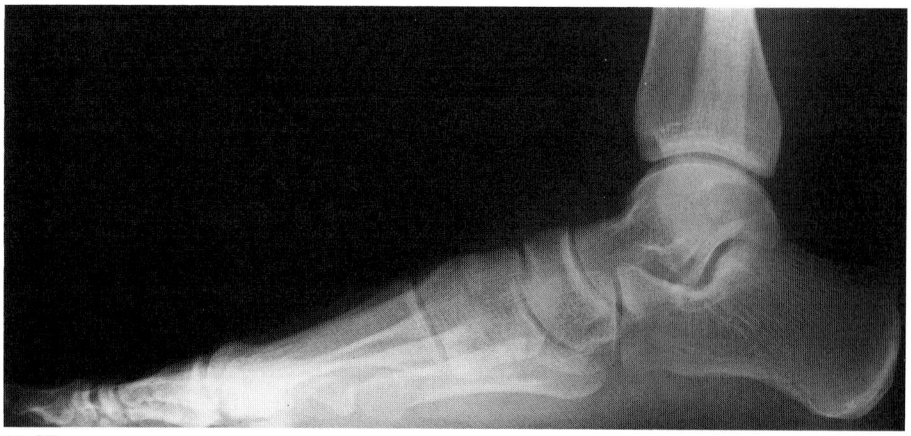

15.**37 a**

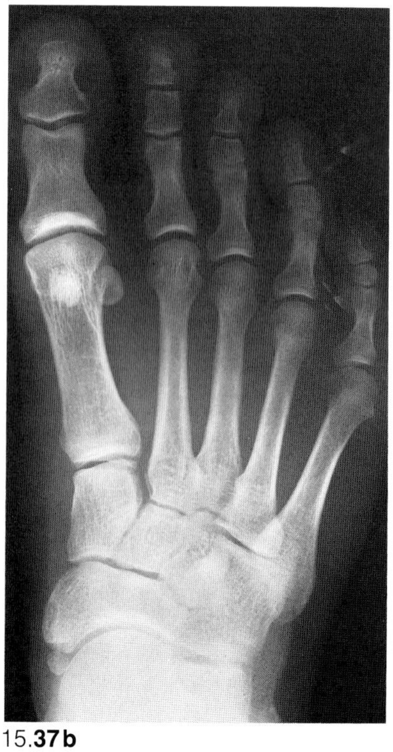

15.**37 b**

Abb. 15.**37 a, b** **Erworbener Plattfuß. a** Der Kalkaneusanstieg ist niedrig und die Chopart-Gelenklinie nicht ganz kontinuierlich. **b** Die Abflachung der transversalen Fußwölbung kommt in dem vergrößerten Abstand zwischen den Metatarsalköpfchen in der dorsoplantaren Projektion zum Ausdruck.

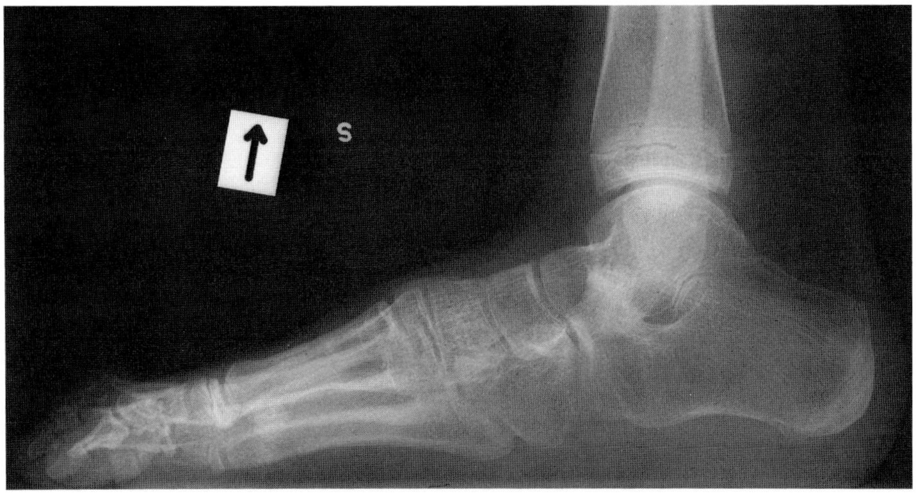

a

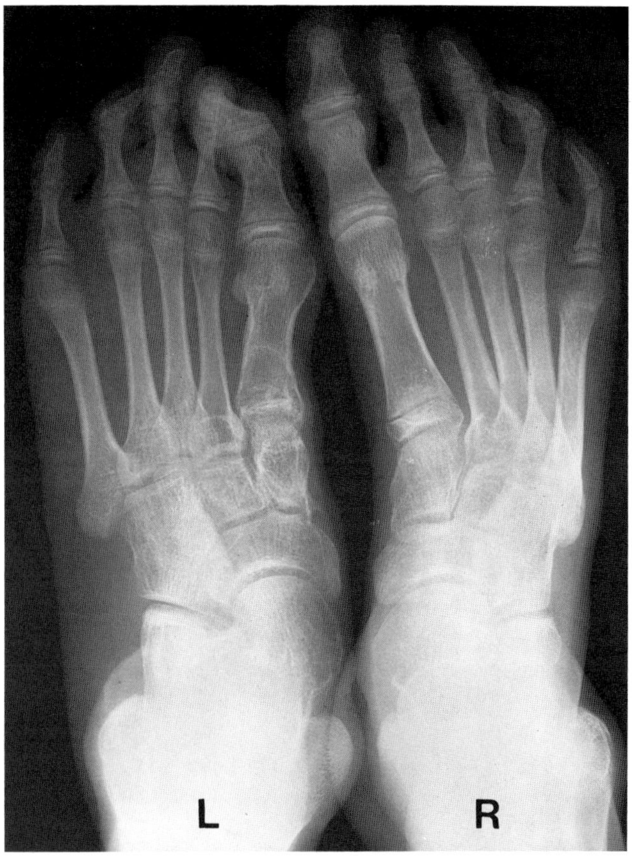

b

Abb. 15.**38 a, b** **Angeborener Plattfuß links** bei einem 13jährigen Kind mit Sklerodermie und Knochendeformierungen am linken Fuß. Der Kalkaneusanstieg beträgt weniger als 10 Grad, der Kalkaneus ist nach unten konvex, und die Chopart-Gelenklinie wirkt im Seitenbild normal, obwohl der Talus in der dorsoplantaren Ansicht nach medial verschoben ist.

Tabelle 15.4 Differentialdiagnose von Fußdeformierungen (Fortsetzung)

Deformität	Radiographische Kennzeichen	Kommentar
Metatarsus varus (adductus) (Abb. 15.39)	Dorsoplantare Aufnahme: Ferse in normaler oder Valgusstellung (Taluslängsachse entweder nahe der Basis des ersten Metatarsale oder medial davon). 2. Vorfuß adduziert und in Varusstellung (überdeckende Metatarsalia). Seitliche Aufnahme: 1. Normale oder vermehrte Dorsalflexion des Fußes. 2. Talus-Kalkaneus-Winkel normal oder etwas vergrößert. 3. Das erste Metatarsale ist höher als das fünfte.	Angeborene Fußform, bei der der Vorfuß adduziert ist. Wird im Säuglingsalter oft übersehen.
Angeborener vertikaler Talus (Abb. 15.40)	Dorsoplantare Aufnahme: Schwere Valgusstellung der Ferse (vergrößerter Talus-Kalkaneus-Winkel, die Talusachse geht weit medial am ersten Metatarsale vorbei). Seitliche Aufnahme: Ferse in Equinusstellung (plantarflektiert, Kalkaneusvorderende nach unten gekippt). 2. Talus in extremer Plantarflexion, Talus-Kalkaneus-Winkel vergrößert. 3. Dorsalflexion des Vorfußes in Höhe der Tarsusmitte, wodurch eine konvexe Plantarfläche entsteht (Schaukelfuß). 4. Dislokation des Navikulare nach dorsal (wird nach Erscheinen seines Knochenkerns sichtbar).	Bei einem *schweren* Plattfuß steht der Talus ebenfalls vertikal, es besteht aber keine Equinusferse. Beim *behandelten Klumpfuß* ist die Ferse permanent in Equinusstellung, aber der Talus ist nicht plantarflektiert. Bei der *Tripelarthrodese* wird oft versucht, eine Reduktion der Plantarflexion durch Plazierung des vorderen Talusabschnitts in die Unterseite des Navikulare zu erreichen, so daß sich das Navikulare dorsal vom Talus projiziert. Ein *neurotrophisch geschädigter Fuß* bei einem Erwachsenen kann eine Schaukelfußdeformität infolge Knochendestruktion und Fehlposition aufweisen (Abb. 15.**36**, S. 286).
Klumpfuß (Talipes equinovarus) (Abb. 15.41)	Dorsoplantare Aufnahme: 1. Talus-Kalkaneus-Winkel stark reduziert, Talus und Kalkaneus können parallel sein. 2. Vorfuß in Varusstellung und adduziert. Die Basen der Metatarsalia können sich überdecken oder im Seitenprofil darstellen, wenn die Varusstellung schwer ist. Seitliche Aufnahme: 1. Ferse in Equinusstellung. 2. Vorfuß plantarflektiert (cavus), mehr als der Rückfuß, sogar bei forcierter Dorsalflexion. 3. Die Längsachsen von Talus und Kalkaneus sind parallel.	Eine *Abflachung der Talusrolle* ist eine Spätkomplikation des Klumpfußes, die eine Inkongruenz im Knöchelgelenk verursacht.

Fortsetzung auf Seite 290

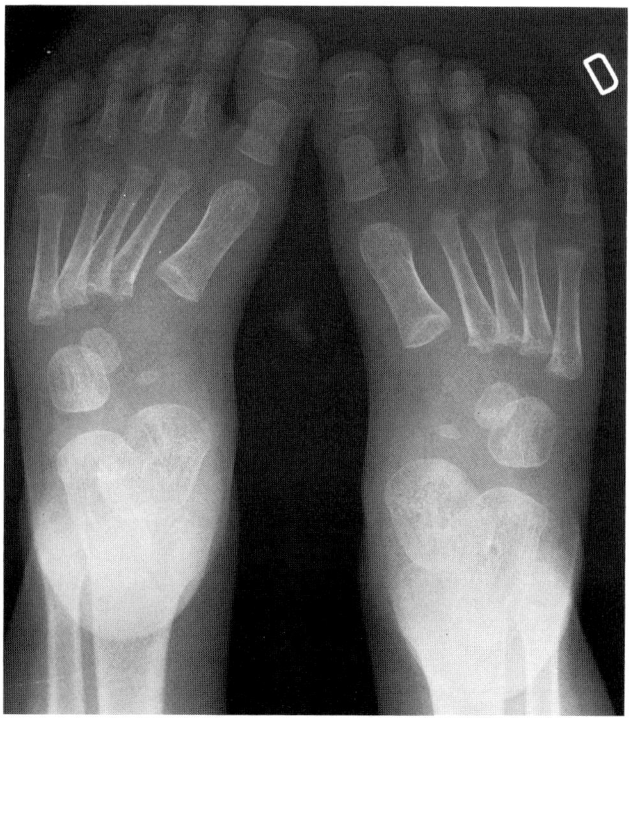
a

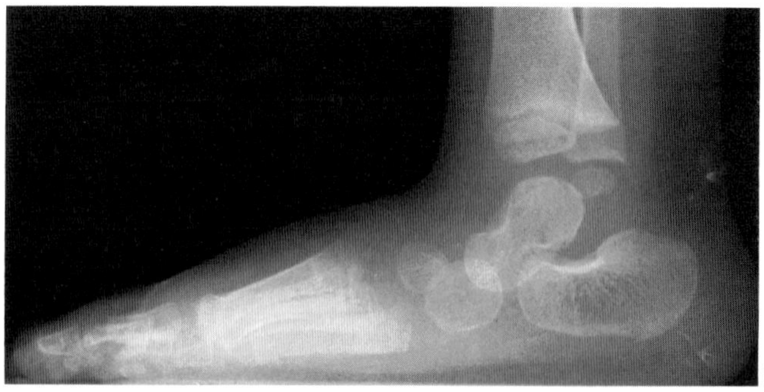
b

Abb. 15.**39** **a**, **b** **Metatarsus varus** bei einem 2jährigen Kind, links mehr als rechts. **a** Die Längsachse des Talus verläuft medial vom ersten Metatarsale (Valgusferse), und die Metatarsalia überdecken sich in der dorsoplantaren Ansicht. **b** Das Seitenbild zeigt einen etwas vergrößerten Talus-Kalkaneus-Winkel. Das erste Metatarsale liegt viel höher als das fünfte.

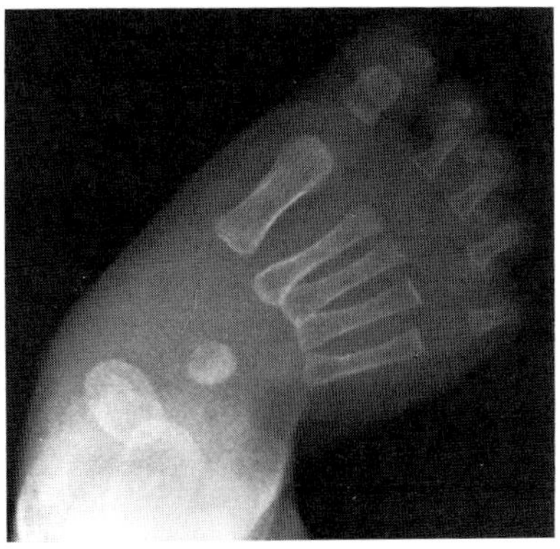
a

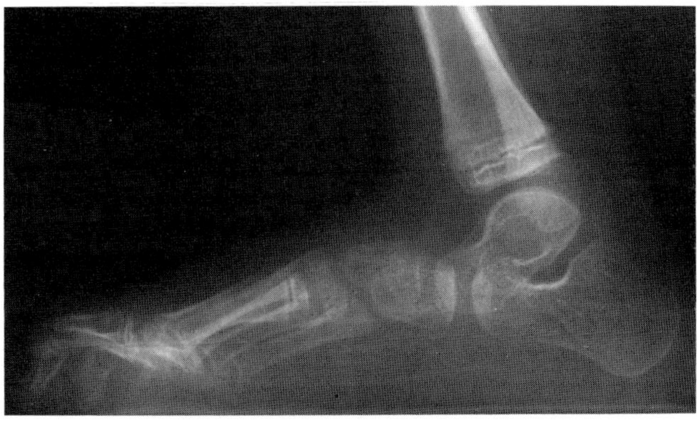
b

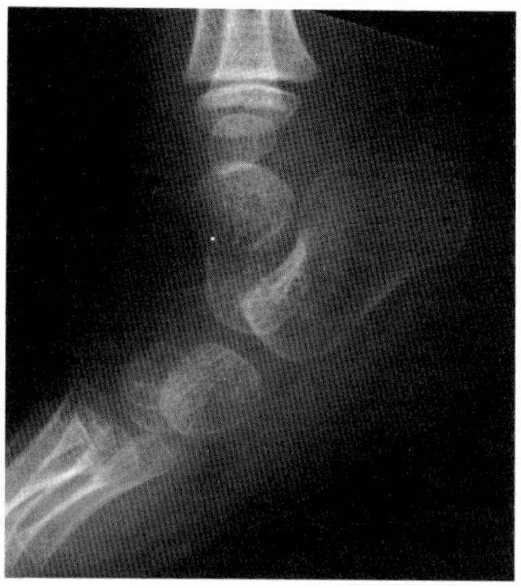
c

Abb. 15.**40 a–c** **Angeborener vertikaler Talus.** **a** Dorsoplantare Aufnahme im Alter von 4 Monaten. Der Talus ist adduziert und der Talus-Kalkaneus-Winkel sehr weit. **b** Seitliche Aufnahme im Alter von 6 Jahren. Der Talus ist mit dem Vorderende nach unten gekippt, und der Talus-Kalkaneus-Winkel ist vergrößert. Der Kalkaneus ist durch die Behandlung in relativ normaler Position, infolgedessen ist kein Schaukelfuß zurückgeblieben. **c** Unbehandelter Fall mit Schaukelfußdeformität.

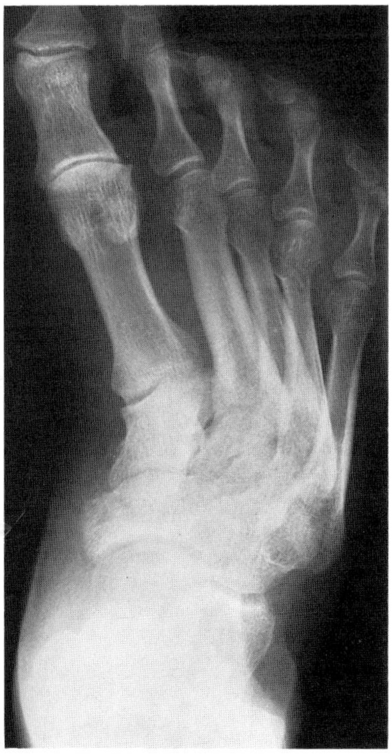
a

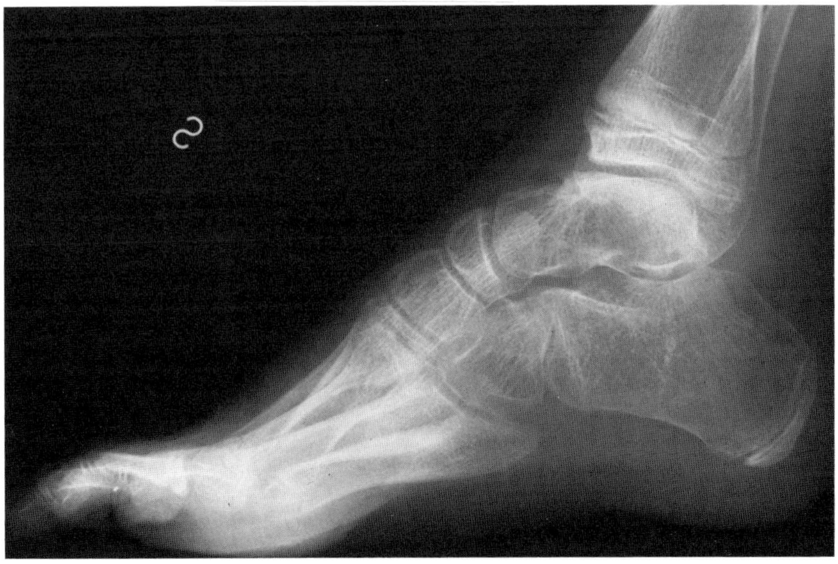
b

Abb. 15.**41 a, b** **Klumpfuß, 27 Jahre.** **a** Dorsoplantare Aufnahme: stark verkleinerter Talus-Kalkaneus-Winkel und überlappende Metatarsalia. **b** Seitliche Aufnahme: Plantarflexion des Vorfußes, die Längsachsen von Talus und Kalkaneus sind parallel. Die Talusrolle ist flach, eine Spätkomplikation.

Tabelle 15.4 Differentialdiagnose von Fußdeformierungen (Fortsetzung)

Deformität	Radiographische Kennzeichen	Kommentar
Hohlfuß (Pes excavatus, cavus) (Abb. 15.42)	Dorsoplantare Aufnahme: normaler Befund, wenn keine andere Deformität dabei ist. Seitliche Aufnahme: 1. vergrößerter Talus-Kalkaneus-Winkel. 2. Die Linien durch die Mitte des Talus und des ersten Metatarsale bilden einen Winkel mit dem Scheitel nach oben. 3. Die Ferse kann eine Varus-, Valgus-, Equinusstellung oder Kalkaneusdeformität aufweisen.	Abnorm hohes longitudinales Fußgewölbe, oft in Verbindung mit neuromuskulärer Störung.
Tarsusverwachsung (Abb. 15.43–15.46)	Eine *kalkaneonavikulare Verwachsung* wird u. U. erst sichtbar, wenn sie verknöchert, und zwar als Verschmelzung oder abnorme Artikulation zwischen dem vorderen Fortsatz des Kalkaneus und dem Navikulare; sie ist am besten auf einer medialen Schrägaufnahme von 45° zu sehen. Eine *talokalkaneale Verwachsung* findet meist an dem Gelenk beim Sustentaculum tali oder hinten nahe am Os trigonum statt. Eine sustentakuläre Talusverwachsung ist am besten in der Tangentialaufnahme der Ferse (nach Harris) mit verschiedenen Winkeln des Zentralstrahls parallel zur Oberfläche des Gelenks beim Sustentaculum tali zu sehen. Ein häufiges sekundäres Zeichen einer talokalkanealen Verwachsung ist ein Knochenvorsprung an der Dorsalseite des Talus, eine sogenannte Talusnase.	Knöcherne, knorpelige oder fibröse Verbindungen zwischen Kalkaneus und Navikulare oder Kalkaneus und Talus sind häufige Ursachen eines *peronealen spastischen Plattfußes.* Eine Tarsusverwachsung wird eventuell erst nach dem 10. Lebensjahr sichtbar, weil die Knochenkerne des Tarsus klein sind und die Verwachsung noch knorpelig ist. Bei der Tarsusverwachsung vieler Syndrome mit multiplen Mißbildungen sind die Kuneiforme beteiligt. Eine Verschmelzung von Fußwurzelknochen (und Handwurzelknochen) kann die Folge einer *rheumatoiden Arthritis* oder eines *entzündlichen Prozesses* sein. Eine Talusnase kann auch eine Folge degenerativer Veränderungen im Talonavikulargelenk sein oder einfach eine anatomische Variante, die seinerzeit auf das Tragen von Schuhen mit hohen Absätzen zurückgeführt worden ist (Abb. 15.**46**).

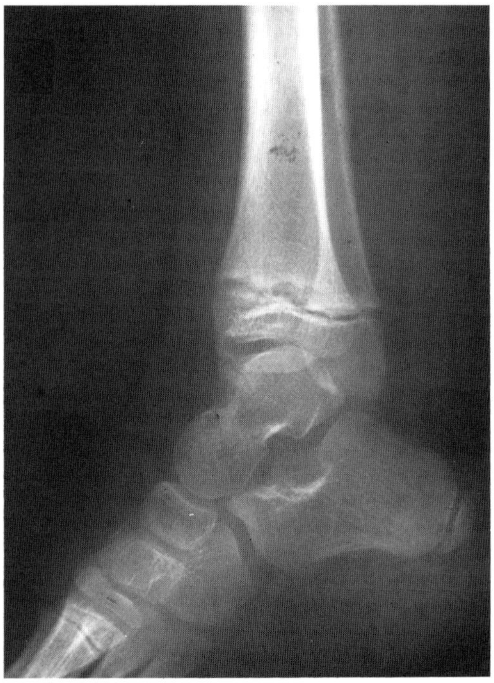

15.**42**

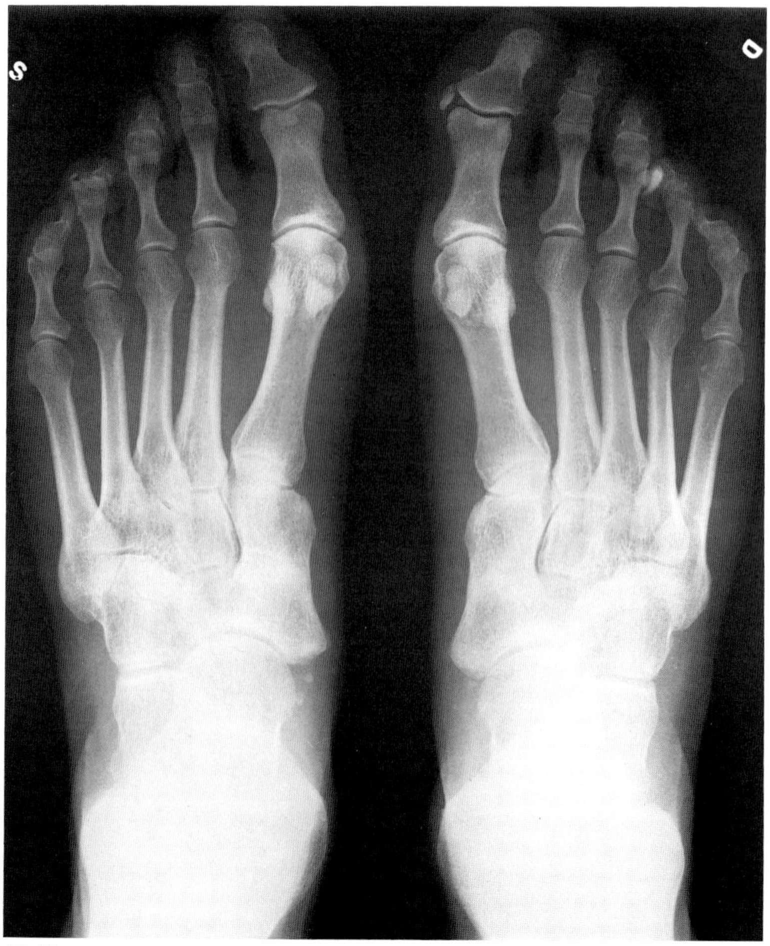

15.**43**

Abb. 15.**42** Deformierung vom **Hohlfuß-Typ** bei einem 8jährigen Kind mit Meningomyelozele.

Abb. 15.**43** **Beiderseits Verwachsung** des Navikulare und Kuneiforme. Außerdem besteht eine Calcinosis circumscripta in den Zehen.

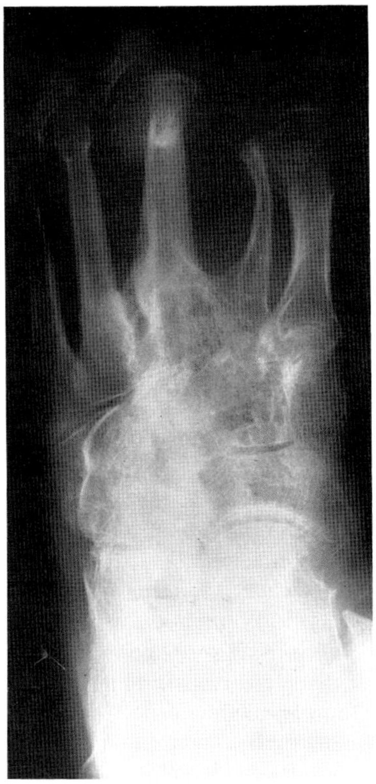

15.**44a**

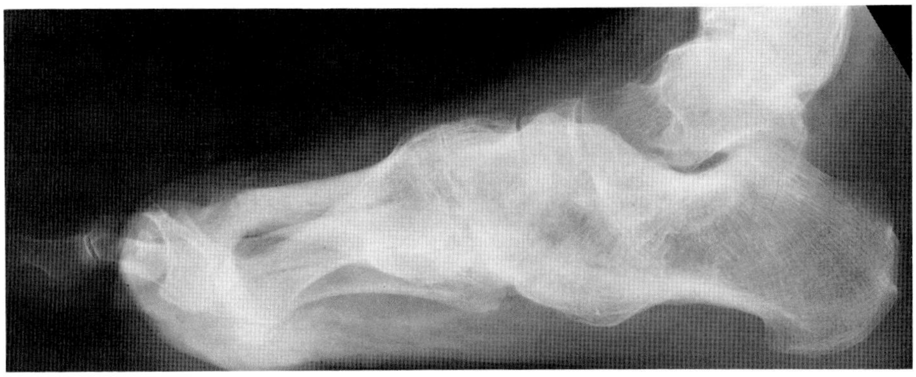

15.**44b**

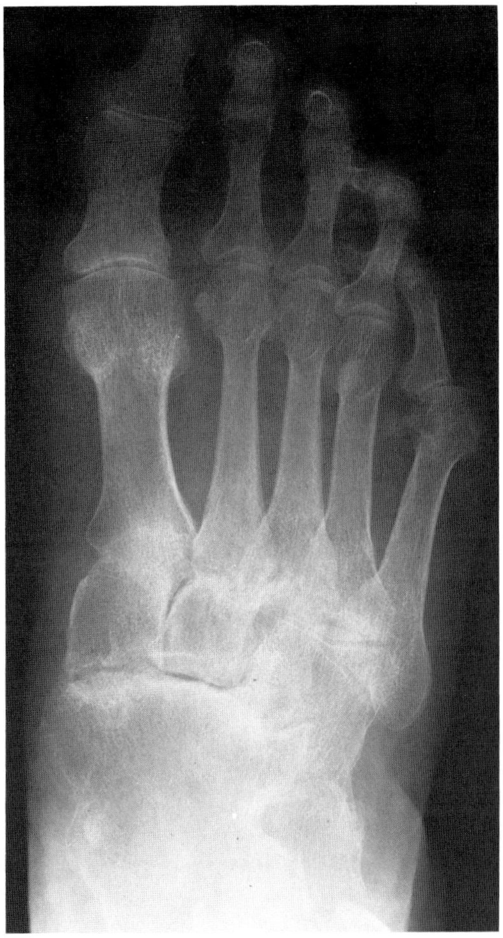

15.**45a**

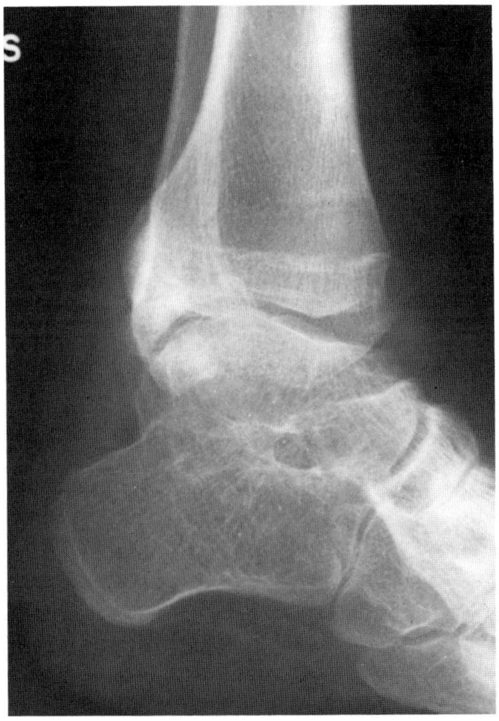

15.**45b**

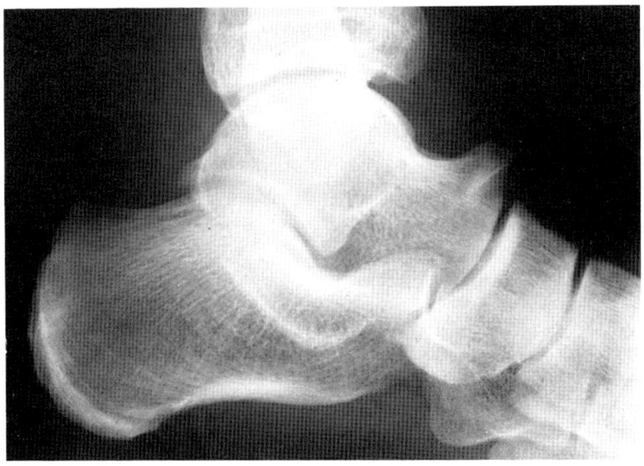

15.**46**

Abb. 15.**44a, b** **Tarsusverwachsung** in einem Fuß mit multiplen Mißbildungen. An der Verwachsung sind Kalkaneus, Kuboideum, Kuneiformia und mehrere Metatarsalia beteiligt.

Abb. 15.**45a, b** **Verschmelzungen im mittleren Fußwurzelbereich a** und zwischen **Talus und Kalkaneus b** als Folge einer rheumatoiden Arthritis.

Abb. 15.**46** **„Talusnase“** ohne begleitende Abnormität.

Tumoren und Infektionen

Tumoren der Hände und Füße haben radiographische Merkmale, die sich nicht von denen in den allgemeinen Beschreibungen in Kap. 5, S. 59 unterscheiden und hier nicht im einzelnen besprochen werden. Der häufigste *gutartige Knochentumor* der kleinen Röhrenknochen der Hand ist das *Enchondrom*. Es ist auch im Fuß häufig. Während solitäre Enchondrome gewöhnlich in der Altersstufe zwischen 10 und 50 Jahren beobachtet werden, ist die *Enchondromatose* (Abb. 15.**47**) bereits im sehr frühen Alter vorhanden. Eine Epidermiseinschlußzyste kann ein Enchondrom vortäuschen (Abb. 5.**9**, S. 65). Der häufigste Tumor im Fußskelett ist das *Osteochondrom*. Eine *subunguale Exostose* bildet sich an der Endphalanx unter dem Nagelbett, meist an der medialen Seite der Großzehe. *Solitäre Knochenzysten* treten häufig lateral im vorderen unteren Teil des Kalkaneus auf (Abb. 15.**48 a**). Eine pseudozystische Aufhellung in dieser Lokalisation kann eine echte Zyste vortäuschen (Abb. 15.**48 b**). Ein Kalkfleckchen im Zystenkavum gilt als kennzeichnend für ein Kalkaneuslipom (Abb. 15.**48 c**). Bösartige primäre oder metastatische Knochentumoren sind in Händen und Füßen selten, ebenso Weichteiltumoren. Ein *Hämangiom* ist u. U. anhand von begleitenden Phlebolithen zu identifizieren; es kann einen Gigantismus der betroffenen Region verursachen. Die *Neurofibromatose* kann zu elephantiasisähnlichen Weichteilveränderungen und zu Knochendeformationen führen. Eine *Synovitis villonodularis* tritt eventuell mit einer Knochenarrosion und Weichteilschwellung in Erscheinung.

Arthritiden und entzündliche Knochenveränderungen wurden in Kap. 6 besprochen. Viele der charakteristischen Befunde sind an Händen und Füßen zu sehen, sie werden hier nicht wiederholt.

Eine *Osteomyelitis* der Hände und Füße wird am häufigsten durch ein örtliches Trauma hervorgerufen, häufiger als durch hämatogene Infektion (Abb. 15.**49**). Bei Kindern ist der Kalkaneus eine wichtige Lokalisation einer primären hämatogenen Osteomyelitis. Sie ist relativ häufig (8,8% aller hämatogenen Infekte), kann aber schleichend verlaufen. Eine *Osteomyelitis* bei einem Diabetiker (Abb. 15.**50**) und eine *neurotrophische (diabetische) Arthropathie* mit starker Demineralisation können im Fuß identische Bilder erzeugen. Die *Tuberkulose* der kleinen Röhrenknochen verursacht ebenfalls eine ausgeprägte Demineralisation, gefolgt von Knochendestruktion, minimaler Sklerose, aber keinen Sequestern (Abb. 15.**51**). Sie ist in den Fingern häufiger *(Spina ventosa)* als in den Zehen. Bei disseminierten *Pilzinfektionen* können Hände und Füße beteiligt sein. Die radiographischen Zeichen sind nicht spezifisch und können wie bei Tuberkulose, eitriger Osteomyelitis oder einem malignen Neoplasma aussehen. Lokalisierte zystenähnliche Rarefizierungen und Sklerose finden sich eventuell auch bei nichtentzündlichen Krankheiten wie der *tuberösen Sklerose,* die besonders die Endphalangen befällt. Die seltene *granulomatöse Erkrankung des Kindesalters* tritt vorwie-

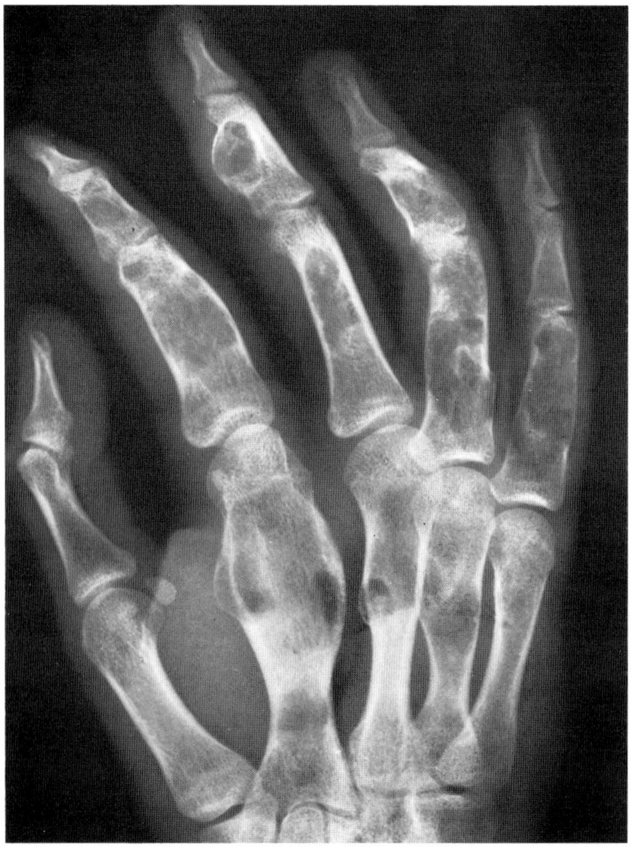

Abb. 15.**47** **Enchondromatose** der Hand. Multiple expansive strahlendurchlässige Läsionen verursachen eine starke Deformierung der Knochen. Innerhalb der Tumoren sind schwache Verkalkungen zu sehen.

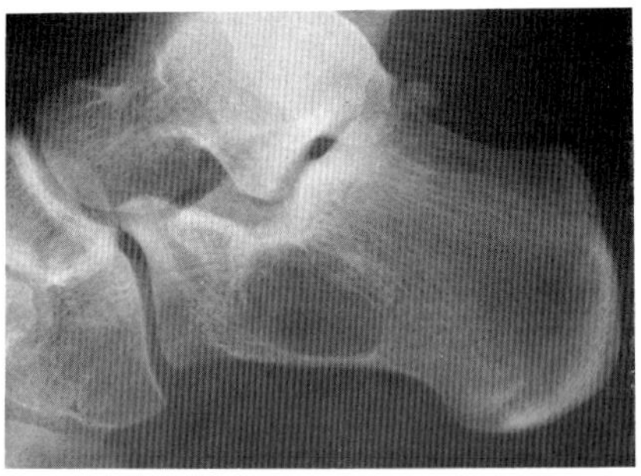

a

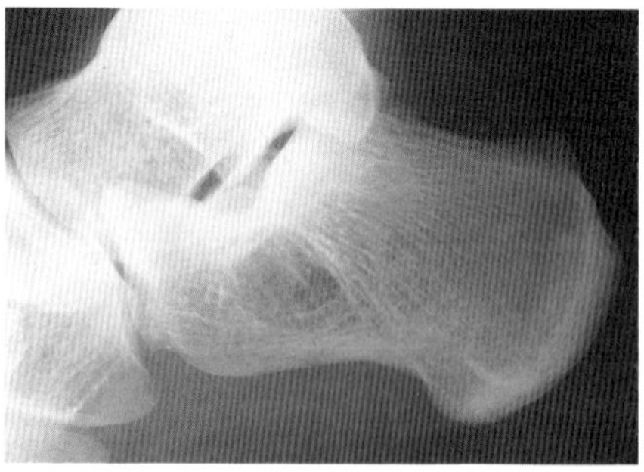

b

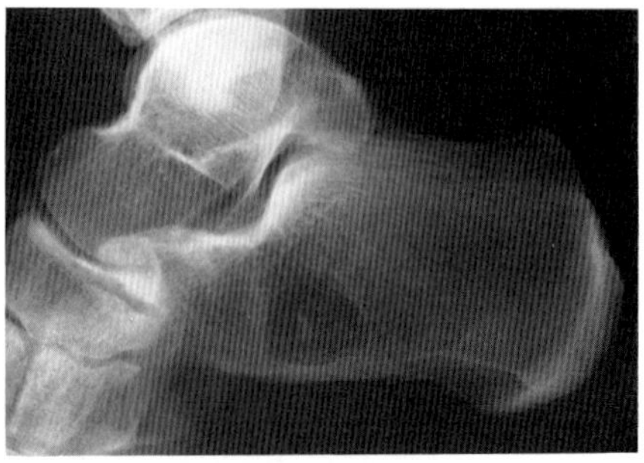

c

Abb. 15.**48 a** **Kalkaneuszyste. b Pseudozystische Aufhellung,** die eine Kalkaneuszyste vortäuscht. **c Kalkaneuslipom.**

gend in Händen und Füßen auf. Dabei fehlen örtliche Entzündungserscheinungen, es kommt zur Knochendestruktion ohne Sklerose, Abszeß oder Sequester. Die *Sarkoidose* kann ein variables Spektrum von Knochenveränderungen an Händen und Füßen hervorrufen, einschließlich zystenähnlicher Defekte, Akroosteolyse oder Akroosteosklerose, periostaler Reaktion und abnormer Trabekelzeichnung in den kleinen Röhrenknochen. Einige Infektionskrankheiten, die in gemäßigten Regionen selten sind, treten in tropischen Gegenden endemisch und häufig auf. Viele davon, die zwar primär Haut und Weichteile befallen, verursachen destruierende Veränderungen im darunterliegenden Knochen. Oft ist ihre Eintrittspforte an den Händen oder Füßen. Tropenkrankheiten finden im gemäßigten oder kalten Klima selten stärkere Berücksichtigung in den differentialdiagnostischen Überlegungen. Sie befallen oft Hände und Füße und werden in Tab. 15.**5** zusammengefaßt.

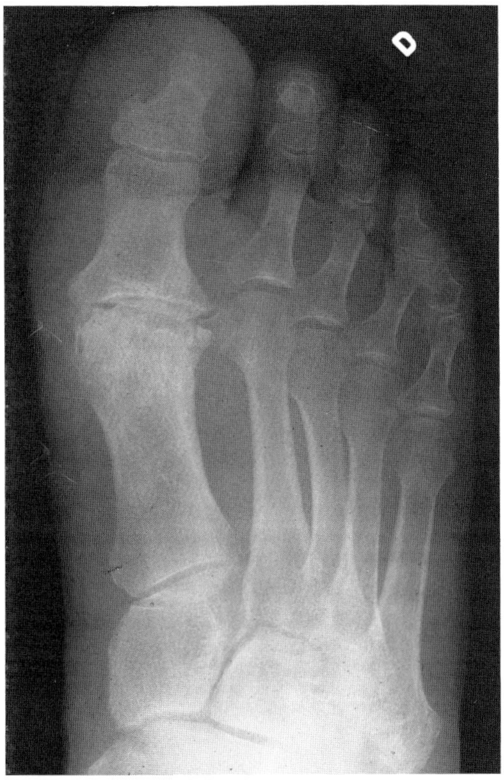
15.**49a**

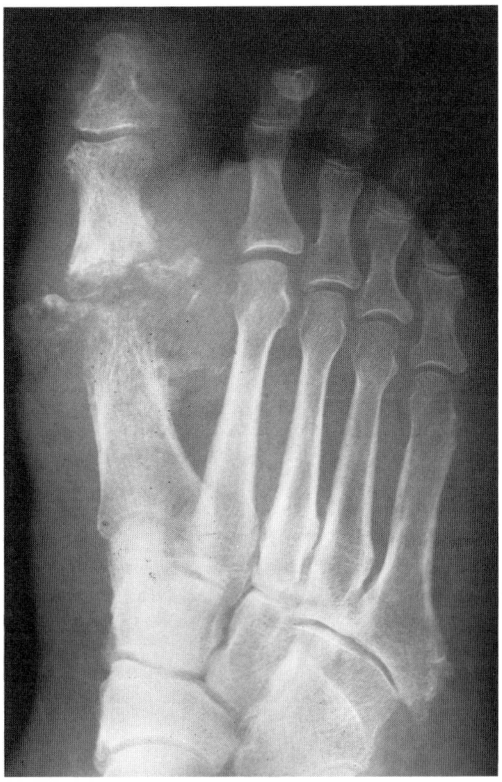
15.**49b**

Abb. 15.**49a, b** **Eitrige Osteomyelitis** als Komplikation einer Arthrose des ersten Metatarsophalangealgelenks. **a** Periartikuläre Weichteilschwellung und beginnende destruierende Veränderungen im sklerotischen Köpfchen des ersten Metatarsale, drei Wochen nach einem penetrierenden Trauma. **b** Ausgedehnte Zerstörung des Gelenks und des angrenzenden Knochens acht Monate später.

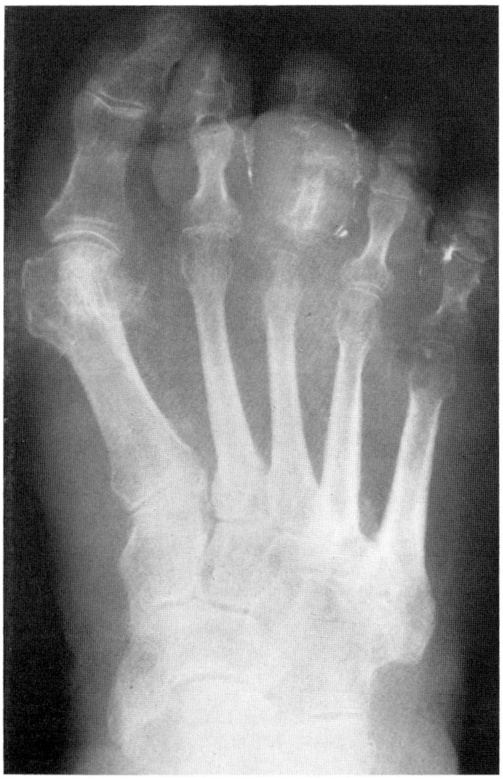
15.**50**

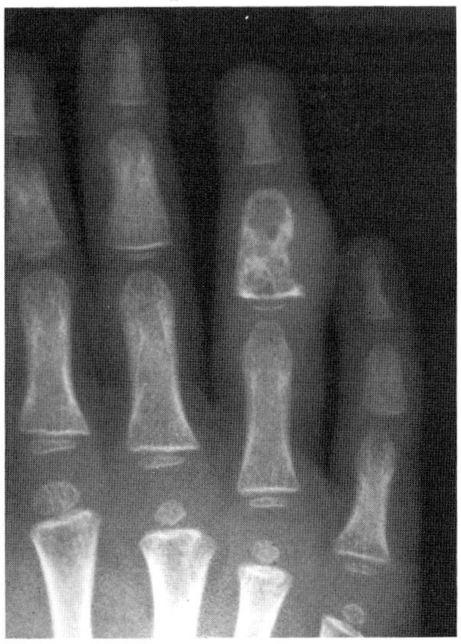
15.**51**

Abb. 15.**50** **Fuß bei Diabetes.** Ausgedehnte Knochendestruktion in den Zehen und Metatarsophalangealgelenken, bedingt durch Osteomyelitis.

Abb. 15.**51** **Knochentuberkulose** in der Mittelphalanx des vierten Fingers. Knochendestruktion mit Aufhellungen und geringer Sklerose, aber keine Sequester.

Tabelle 15.5 Tropenkrankheiten mit Beteiligung der Hände und Füße

Krankheit	Radiographischer Befund	Kommentar
Frambösie (Abb. 15.52, 15.53)	*Primärstadium:* Hauteffloreszenz, keine Knochenläsionen. *Sekundärstadium:* nacheinander Osteoporose, kleine, zusammenfließende Rarefizierungsherde im Knochen und floride periostale Reaktion. *Tertiärstadium:* wie Sekundärstadium, aber größere Destruktionsherde, ein wenig Sklerose und zackigeres Bild der Periostitis. Bei Kindern kommen Wachstumsstörungen vor.	Nicht venerische Infektion, hervorgerufen durch *Treponema pertenue.* Eindringen der Erreger durch Hautabschürfung, meist im Kindesalter. Es kommt zur Osteoperiostitis an Füßen, Händen, Beinen und Unterarmen. Knochenveränderungen werden in etwa einem Sechstel der Fälle beobachtet.
Lepra (Abb. 15.54)	Drei Typen von Knochenveränderungen: 1. *Ostitis leprosa,* eine örtliche kortikale oder subperiostale Knochendestruktion in den Phalangen, besonders den Fingern. 2. *Unspezifische Ostitis,* modifiziert durch neurotrophische und vaskuläre Faktoren bei Sensibilitätsausfall: Resorption der subungualen Phalangenköpfchen infolge Infektion oder akuter Ostitis. Die Fingerphalangen und distalen Metatarsalia können arrodiert, fragmentiert oder vollständig aufgelöst werden. 3. *Inaktivitätsosteoporose.*	*Infektion mit Mycobacterium leprae.* Siechtum in erster Linie durch den Befall der peripheren Nerven bedingt, der beim *tuberkuloiden* Typ minimal, beim virulenten *lepromatösen* Typ aber ausgedehnt ist. In etwa 15% der Fälle bestehen Knochenveränderungen. Imitiert *diabetische Neuropathie, angeborene Schmerzunempfindlichkeit, Syringomyelie, Sklerodermie, Psoriasis, Morbus Raynaud* und *Erfrierung.* Kann die Fußwurzelknochen befallen und zu Veränderungen von der Art eines Charcot-Gelenks führen.
Tropengeschwür	In etwa 20% der Fälle entwickelt sich eine unspezifische periostale Reaktion an der Vorderseite der darunter liegenden Tibia. In chronischen Fällen kann eine maligne Entartung eintreten.	Chronisches, durch *Fusobakterien* und *Plaut-Vincent-Spirochäten* verursachtes Geschwür, meist im mittleren oder unteren Teil des Beins.
Pocken(Variola)-osteomyelitis	Innerhalb von 10 Tagen zeigen sich an Röhrenknochen transversale Destruktionsstreifen in den Metaphysen mit eventueller Sequestration der Epiphyse. Am Schaft entlang periostale Knochenneubildung. Der ursprüngliche Schaft kann nach 2 bis 3 Wochen sequestriert erscheinen, wird aber in die langsam neugeformte Hülle inkorporiert. Wachstumsstörungen, Ankylosen und sekundäre Arthrosen sind häufig.	Kommt bei etwa 5% der an Pocken erkrankten Kleinkinder vor, ein bis sechs Wochen nach Krankheitsbeginn. Die Entzündung in den Metaphysen von Ellbogen, Händen, Handgelenken, Sprunggelenken und Füßen führt zu Schmerzhaftigkeit und Schwellung.

Fortsetzung auf Seite 296

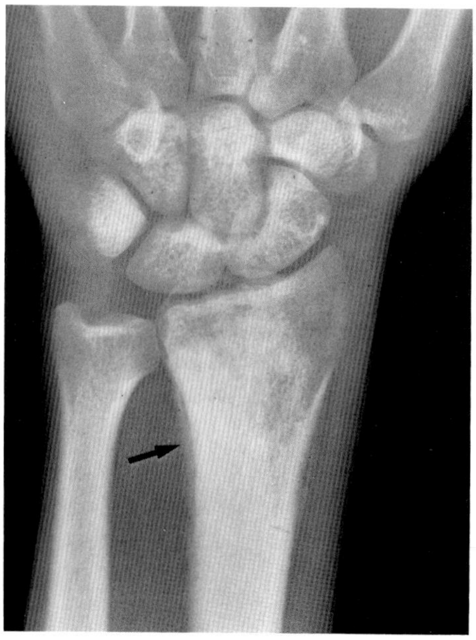

Abb. 15.**52** **Sekundäre Frambösie** im distalen Radius: Knochenrarefizierung und periostale Reaktion (Pfeil).

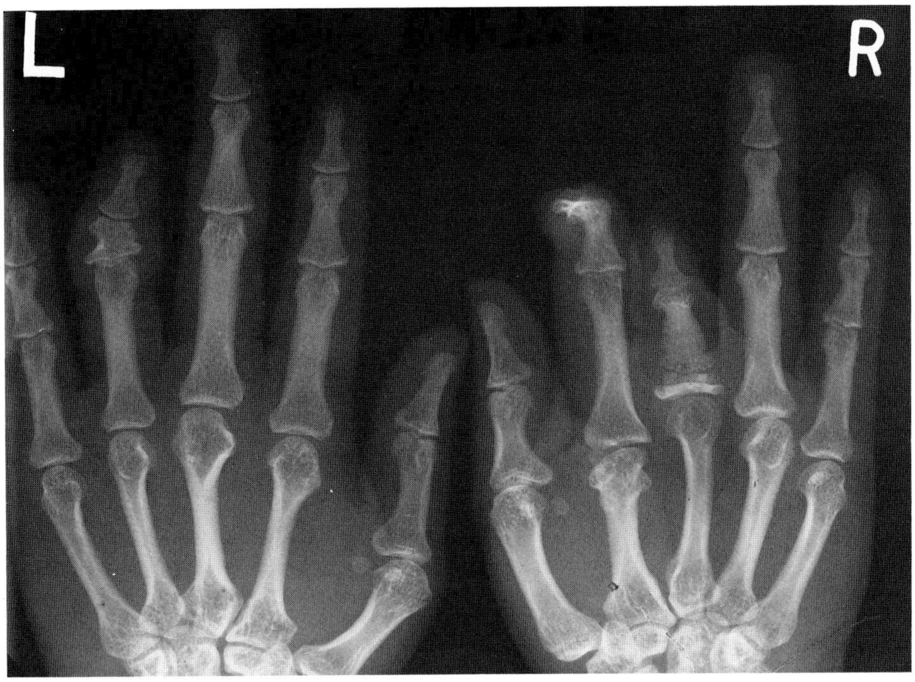

Abb. 15.**53** **Tertiäre Frambösie.** Kurze Mittelphalanx des linken vierten Fingers und rudimentäre Grundphalanx des rechten Mittelfingers infolge von Wachstumsstörungen. Beugekontraktur im distalen Interphalangealgelenk des rechten Zeigefingers.

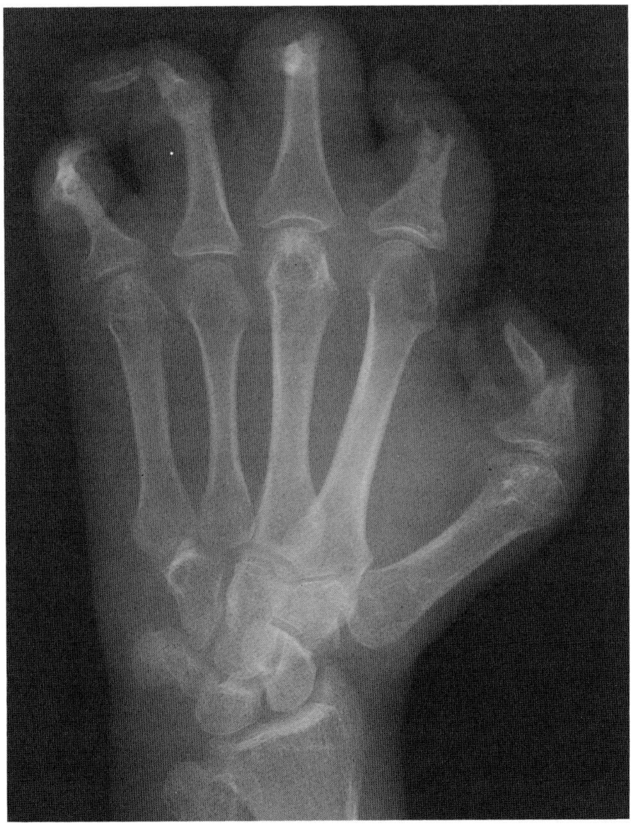

Abb. 15.**54** **Lepra.** Knochendestruktion in den Fingern (unspezifische Ostitis).

Tabelle 15.5 Tropenkrankheiten mit Beteiligung der Hände und Füße (Fortsetzung)

Krankheit	Radiographischer Befund	Kommentar
Myzetom (Madurafuß)	*Oberflächlich:* Weichteilschwellung innerhalb der Grenzen der Plantaraponeurose. *Tief:* Knochenveränderungen entwickeln sich nach mehreren Monaten: 1. endostale Aushöhlung, keine Sequestration; 2. parostale Arrosion, 3. periostale Knochenneubildung; 4. amorphe Knochenauftreibung. Gewöhnlich sind die Tarsal- und Metatarsalknochen betroffen, die ein „mottenzerfressenes" Aussehen zeigen.	Direkte Inokulation des Pilzes (Aktinomyzes oder Maduromyzes) durch einen Dornenstich in den bloßen Fuß, die zu einem oberflächlichen oder tiefen Fußsohlenmyzetom führt. Aus Fistelgängen entleeren sich Körnchen. Endemisch in wüstenähnlichen, dornigen Gebieten.
Filariasis	Enorme Weichteilschwellung. Keine Beteiligung der darunterliegenden Knochen; selten sind in den Weichteilen der Extremitäten verkalkte Schlingen von Filarien zu sehen.	Befall der Lymphgefäße mit *Wuchereria bancrofti.* Lymphangitis und granulomatöse oder allergische Reaktionen führen zu einem subkutanen Ödem und nachfolgendem Lymphödem.
Guineawurm (Drakunkulose)	Serpiginöse, schlingenförmige Verkalkungen im subkutanen Gewebe der Füße und Knöchel, auch andernorts.	Der Wurm, *Dracunculus medinensis,* kann eine entzündliche Reaktion hervorrufen. Abgestorbene Filarien können verkalken.
Loa-loa-Filariose	Feine, schlingenförmige, netzartige oder filamentöse Verkalkungen zwischen den Metakarpal- und Metatarsalknochen.	Die Loa-loa-Infektion ist durch heiße, gerötete Schwellungen, besonders in den oberen Extremitäten, gekennzeichnet.
Kaposi-Sarkom	Weichteilknötchen, Osteoporose der darunter liegenden Knochen, Kortikalisarrosionen und kleine Knochenzysten. Keine Knochenneubildung oder periostale Reaktion.	Chronische Krankheit mit niedrigem Malignitätsgrad, die in erster Linie Hautveränderungen in Form von bläulich-roten, derbelastischen, sehr gefäßreichen Knötchen verursacht. Meist sind Füße, Beine, Hände und Arme betroffen. Häufig in Äquatorialregionen und Südafrika. Sehr häufig bei *AIDS (erworbenes Immunschwächesyndrom).*
Ainhum (Abb. 15.55)	Abschnürung der Weichteile zwischen Grund- und Mittelphalanx der Kleinzehe. Durch den Druck kann es zur Arrosion, Fraktur oder zum Schwund des Knochens darunter kommen.	Unspezifische konzentrische Entzündung der tiefen Faszienschichten der Kleinzehe. Befällt afrikanische Neger und ihre Abkömmlinge, hauptsächlich ältere Männer.
Sichelzellendaktylitis (Hand-Fuß-Syndrom) (Abb. 15.56)	Knochendestruktion mit nachfolgender periostaler Knochenneubildung (Knochen im Knochen) infolge Infarzierung der Metakarpalia, Metatarsalia und/oder Phalangen.	Befällt Säuglinge und Kleinkinder mit Sichelzellenanämie. Die Hände und Füße sind schmerzhaft und geschwollen. Kann durch eine (Salmonellen-)Osteomyelitis kompliziert werden. Die Osteomyelitis kann als solche ein identisches Bild erzeugen.

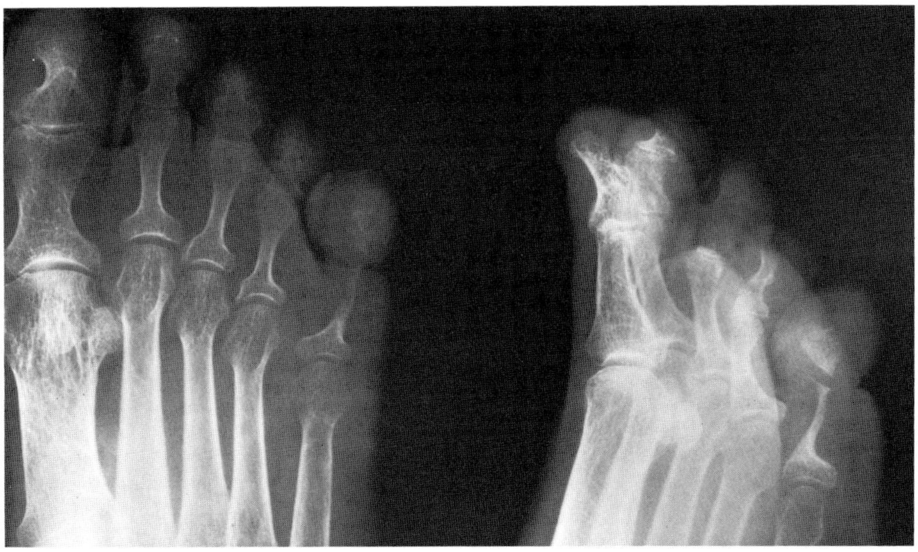

Abb. 15.**55** **Ainhum.** Knochenschwund als Folge der Weichteilabschnürung an der Mittelphalanx der fünften Zehe.

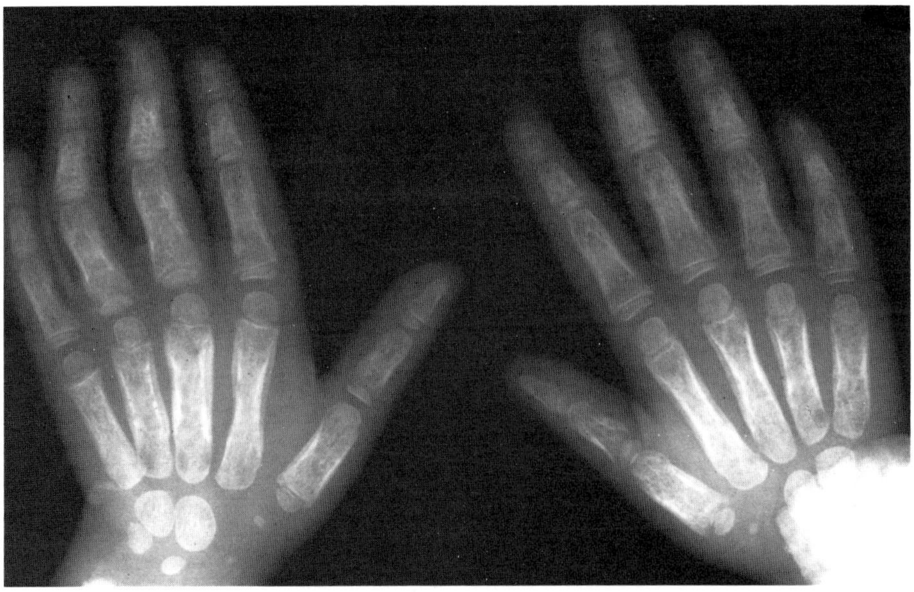

a

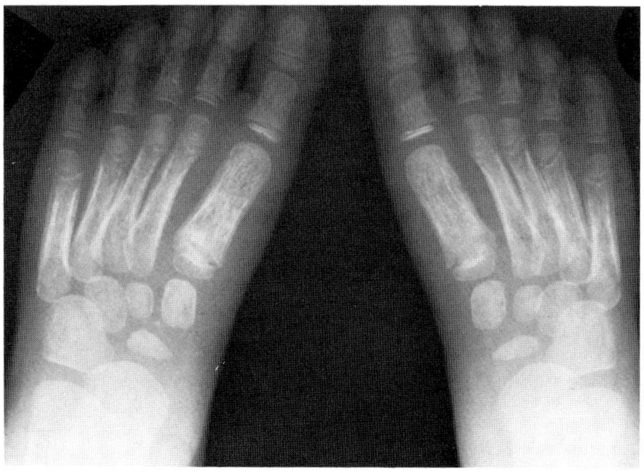

b

Abb. 15.**56 a, b** **Sichelzellendaktylitis.** Knochendestruktion und periostale Reaktion an beiden Händen und Füßen. Die radiographischen Veränderungen sind ähnlich wie bei Osteomyelitis, treten aber symmetrisch in mehreren Knochen auf.

Traumatische Läsionen

Mit Frakturen und anderen traumatischen Läsionen der Hände und Füße hat man es Tag für Tag zu tun. Die häufigste Lokalisation in der oberen Extremität ist die Handwurzel, in der unteren die Fußwurzel. Aufgrund der zahlreichen Knochen in Händen und Füßen ergibt sich eine große Vielfalt verschiedener Läsionen.

Die abnorme Stellung der Knochen bei einer Lunatumluxation oder einer perilunären Luxation sollte nicht unerkannt bleiben, weil es in unbehandelten Fällen zu einer schweren Arthrose und bleibenden Bewegungseinschränkung kommt.

Bei der *perilunären Luxation* behält das Lunatum seine normale Lagebeziehung zum Radiusende, und die umgebenden Handwurzelknochen sind nach dorsal disloziert (Abb. 15.**57**). Sie ist oft mit Frakturen des Processus styloideus ulnae, des Skaphoideums und des *Triquetrums* verbunden. Das Seitenbild zeigt die Dislokation, die in der a.-p. Projektion übersehen werden könnte.

Bei der *Lunatumluxation* besteht eine Verlagerung des Mondbeins nach volar. Die distale Reihe der Handwurzelknochen rückt zum Radius nach, um den vom Mondbein freigelassenen Platz zu füllen. Dieser Luxationstyp ist in der lateralen Projektion gut zu erkennen (Abb. 15.**58**).

Eine *Subluxation des Kahnbeins* kann eine Restdeformität nach unvollständiger Reposition einer Handwurzelluxation darstellen oder die Folge eines örtlichen Bänderrisses zwischen Mond- und Kahnbein sein. Auf der a.-p. Aufnahme erscheint das Kahnbein verkürzt, und der Abstand zwischen Mond- und Kahnbein beträgt mehr als 2 mm.

Die Epiphysen in den Händen und Füßen können doppelt, getüpfelt oder fragmentiert sein oder ohne Fraktur geteilt bleiben. Bei jugendlichen Patienten ist es ratsam, im Zweifelsfall einen Vergleich mit der kontralateralen Extremität anzustellen. Unter den akzessorischen Knöchelchen des Handgelenks sind das Os centrale (Abb. 15.**13**, S. 271) und das Os triangulare (akzessorisches Knöchelchen zwischen Ulna und Handwurzelknochen) von Interesse, weil sie bei bestimmten Syndromen von angeborenen Mißbildungen häufig vorhanden sind. Knöchelchen dürfen nicht mit Frakturfragmenten verwechselt werden. Eine Verwachsung der Karpalia kann eine angeborene Anomalie sein. Am häufigsten ist eine Verwachsung von Lunatum und Triquetrum (Abb. 15.**59**, 15.**63 b**). Am Fuß ist die Entdeckung größerer Frakturen und Luxationen gewöhnlich kein Problem, wenn man der normalen Gelenkachsenstellung und der strukturellen Integrität der Knochen Aufmerksamkeit schenkt. *Knochenausrisse* sind im allgemeinen dünn und leicht zu übersehen. Gewöhnlich sind sie nur in tangentialer Projektion sichtbar. Nach Knochenabsplitterungen sollte man an der Stelle Ausschau halten, an der klinische Symptome bestehen. Kleine Knochenausrisse zwischen den größeren Knochen sind häufig. Sesambeine und akzessorische Knöchelchen können sich an den gleichen Orten finden, doch sind sie glatt begrenzt und häufig symmetrisch (Abb. 15.**60**).

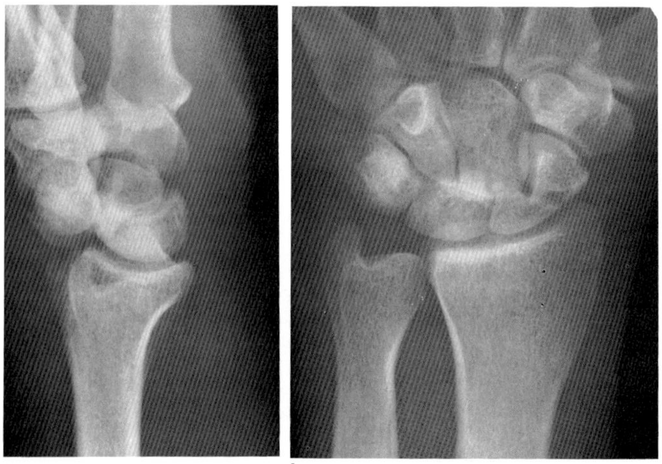

a b

Abb. 15.**57 a, b** **Perilunäre Luxation** im Handgelenk mit normaler Beziehung des Lunatums zum Radiusende, verbunden mit einer Fraktur des Skaphoideums (perilunäre transskaphoidale Luxation).

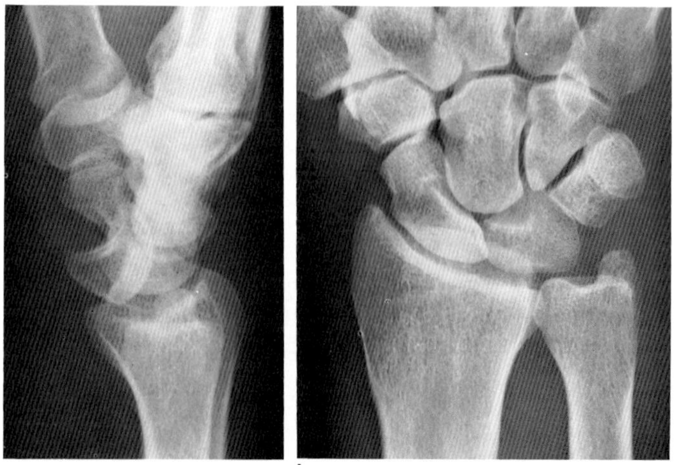

a b

Abb. 15.**58 a, b** **Lunatumluxation** mit Verlagerung des Lunatums nach volar. Die Form des Lunatums erscheint in der a.-p. Projektion abnorm (**a**), während im Seitenbild (**b**) die abnorme Lage des Lunatums erkennbar ist.

Abb. 15.**59** **Fusionsanomalie** des Lunatums und des Triquetrums. ▶

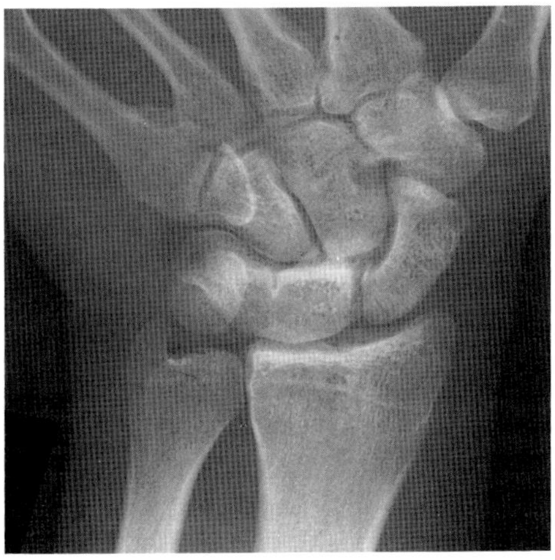

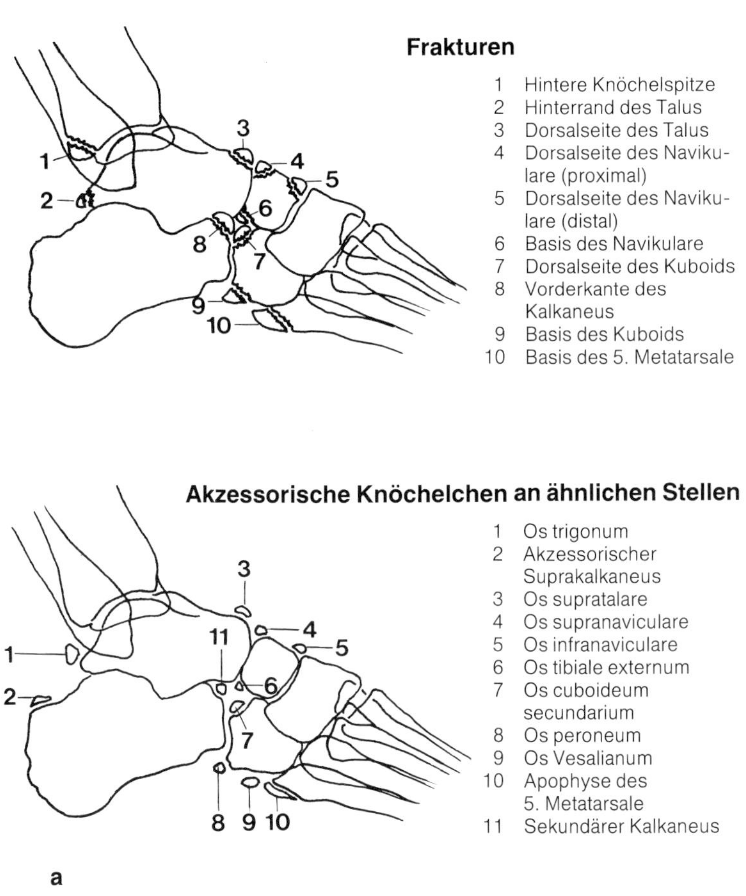

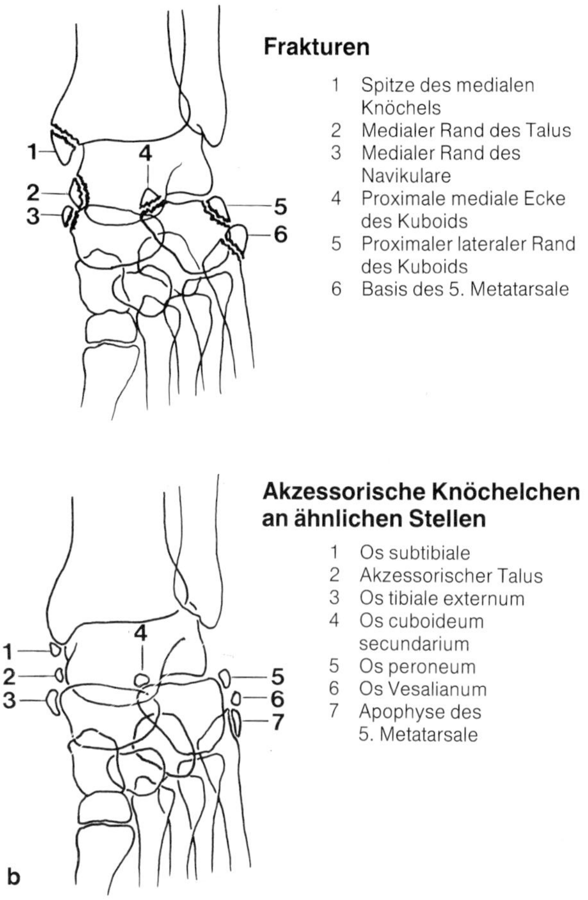

Abb. 15.**60 a, b** **Differentialdiagnose** zwischen häufig vorkommenden Knochenausrissen und akzessorischen Knöchelchen in seitlicher (**a**) und dorsoplantarer Ansicht (**b**).

Sekundäre Arthrose

Wenn sich eine *Arthrose* an einem atypischen Gelenk der Hand oder des Fußes findet, sollte man nach einem Faktor suchen, der dafür verantwortlich ist. Jeder Zustand, der die normale Beweglichkeit einschränkt, führt zu einer Überbelastung und prädisponiert zur sekundären Arthrose. Am Handgelenk ist es oft eine *alte Fraktur,* besonders des Kahnbeins. Am Fuß wird von einer primären Arthrose meist nur das erste Metatarsophalangeal-, das erste Tarsometatarsal- und das Talonavikulargelenk befallen. Eine *Arthrose in einem anderen Metatarsophalangealgelenk* ist eher die Folge eines *Traumas* oder einer avaskulären Nekrose *(Freiberg-Köhler-Syndrom,* Abb. 15.**61**). Avaskuläre Nekrosen kommen relativ häufig im Lunatum (*Kienböck,* Abb. 15.**62**), Skaphoideum (*Preiser,* Abb. 15.**63**) und im tarsalen Navikulare vor (*Köhler,* Abb. 15.**64**). Wenn alle Metatarsophalangealgelenke betroffen sind, kann eine *epiphysäre Dysplasie* die Grundlage bilden. Eine ausgeprägte Arthrose des Talonavikulargelenks weist auf eine abnorme subtalare Beweglichkeit hin (bedingt durch *Tarsusverwachsung* oder *subtalare Arthritis*). Ein dramatisches Fortschreiten degenerativer Veränderungen mit Destruktion in den Sprung-, Fußwurzel- oder gelegentlich Metatarsophalangealgelenken spricht für einen *neurotrophischen Prozeß* (Charcot-Gelenk, Abb. 15.**36**, S. 286). Neurotrophisch bedingte Veränderungen an den Händen beruhen meistens auf einer *Syringomyelie.*

Weichteilveränderungen

Bei einem kleinen Prozentsatz der Röntgenbilder liegt der entscheidende Hinweis auf die Diagnose in den Weichteilen. Oft liefert eine genaue Analyse der Weichteilverdichtungen auf den Röntgenaufnahmen wichtige ergänzende Informationen und hilft bei der Differentialdiagnose. Eine Ultraschalluntersuchung mit Hochfrequenzschallkopf ist oft aufschlußreich. An bestimmten Lokalisationen kann die Information so wichtig sein, daß sie eine spezielle Weichteilaufnahme rechtfertigt. Die verschiedenen Ursachen der Weichteilverkalkungen wurden in Kap. 7, S. 107 dargelegt.

Wenn man von einem durch Allgemeinerkrankungen wie Herz-, Nieren- oder Leberinsuffizienz, Myxödem oder malignen Tumoren bedingten Ödem absieht, kann eine *generalisierte Weichteilverdickung an Händen und Füßen* Ausdruck eines verstärkten Wachstums infolge *Akromegalie* (Abb. 15.**65**) oder einer Hautinfiltration durch Ödem und fibröses Gewebe bei *Pachydermoperiostose (idiopathische Osteoarthropathie)* sein.

Falls ein Ödem, Myxödem, eine lokale Infektion und die seltene Pachydermoperiostose auszuschließen sind, ist jede Dickenzunahme des Fersenballens ein verläßlicher Indikator der Akromegalie. Eine Fersenballendicke von weniger als 21 mm beim Mann und 18 mm bei der Frau auf Aufnahmen des unbelasteten Fußes schließt praktisch eine Akromegalie aus. Andererseits ist eine Fersenballendicke von über 25 mm bei einem Körpergewicht von 60 kg und von 30 mm bei einem Körpergewicht von 120 kg ein nahezu sicheres Zeichen der Akromegalie.

Eine diffuse, gewöhnlich durch ein Ödem bedingte Verdickung der Weichteile der ganzen Hand oder des ganzen Fußes kann auf *venöser oder lymphatischer Stauung, Sudeck-Atrophie, Schulter-Arm-Syndrom, neurotrophischer Störung* (an der Hand höchstwahrscheinlich Syringomegalie, am Fuß diabetische Neuropathie) oder *Myxödem* beruhen (Abb. 15.**66**).

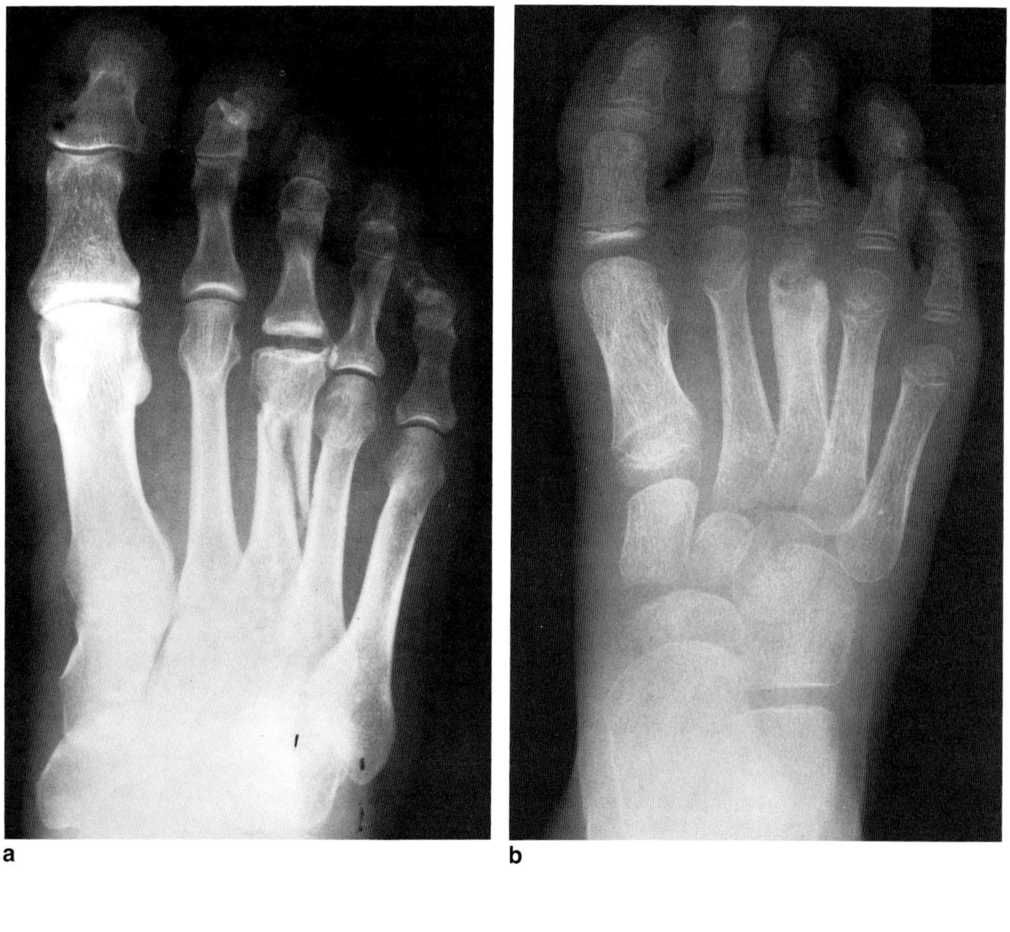

a b

Abb. 15.**61 a Avaskuläre Nekrose** des dritten Metatarsalköpfchens, zufällig zugleich mit einer Fraktur der Diaphyse des dritten Metatarsale. **b Beginnende avaskuläre Nekrose** des dritten Metatarsale bei einem 7jährigen Kind, verbunden mit Destruktion der Epiphyse und periostaler Reaktion. Später entwickelte sich das typische Bild eines Freiberg-Köhler-Syndroms.

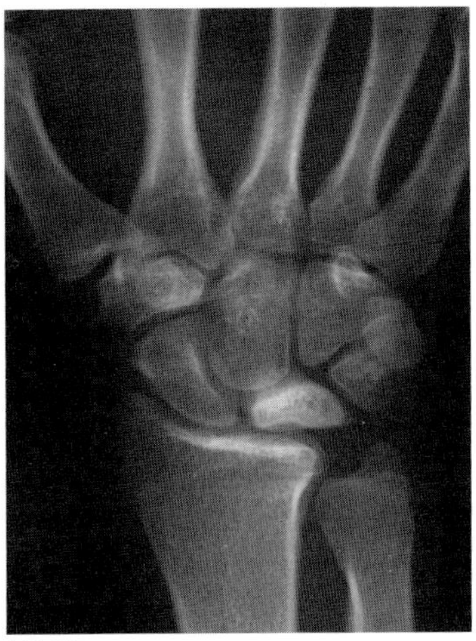

15.62

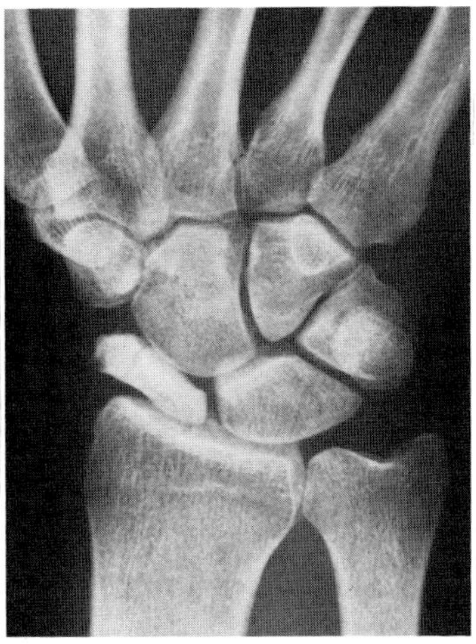

15.63a

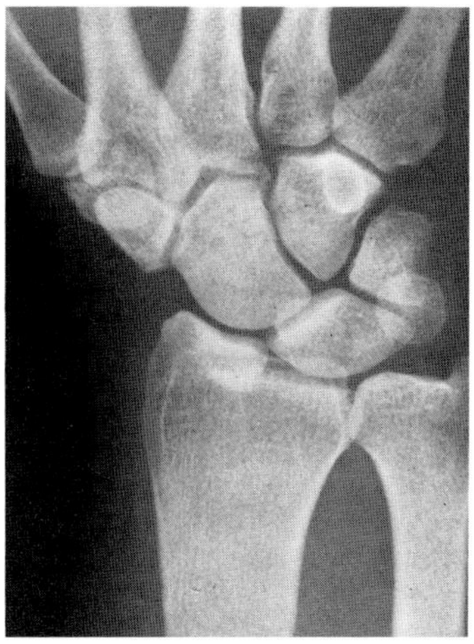

15.63b

Abb. 15.**62** **Avaskuläre Nekrose** des Mondbeins, die sich in einer dichten Sklerose dieses Knochens zeigt.

Abb. 15.**63a, b** **a Avaskuläre Nekrose des Kahnbeins. b Verschmelzung des Kahnbeins** mit der Speiche und Stellungsanomalie der Handwurzel. Eine ungewöhnliche Anomalie, die ein wenig an eine avaskuläre Nekrose erinnert.

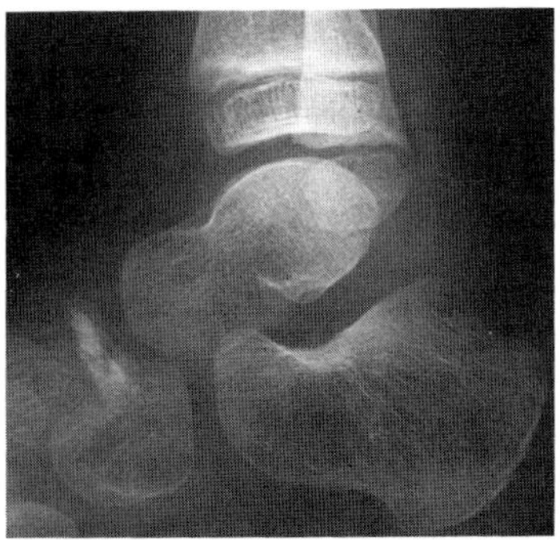

15.**64**

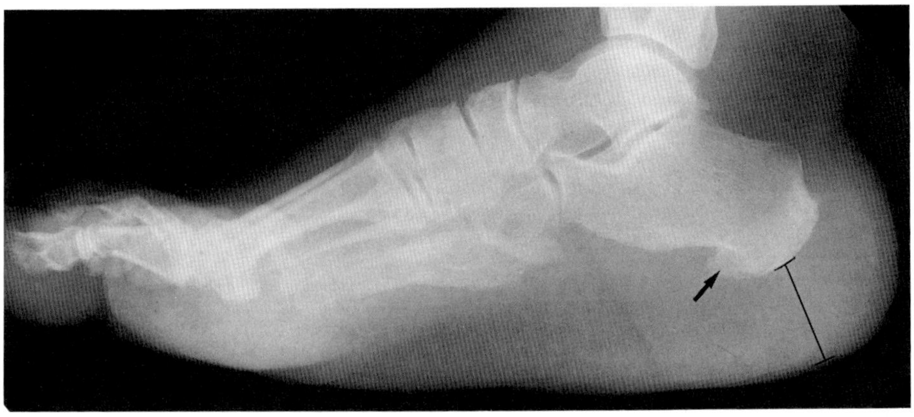

15.**65**

Abb. 15.**64** **Avaskuläre Nekrose des Navikulare,** das geschrumpft und sklerotisch ist.

Abb. 15.**65** **Akromegalie.** Generalisierte Zunahme der Weichteile des Fußes, die am besten an der Verdickung des Fersenballens zu erkennen ist. Auch ein „Kalkaneussporn" ist nachweisbar (Pfeil).

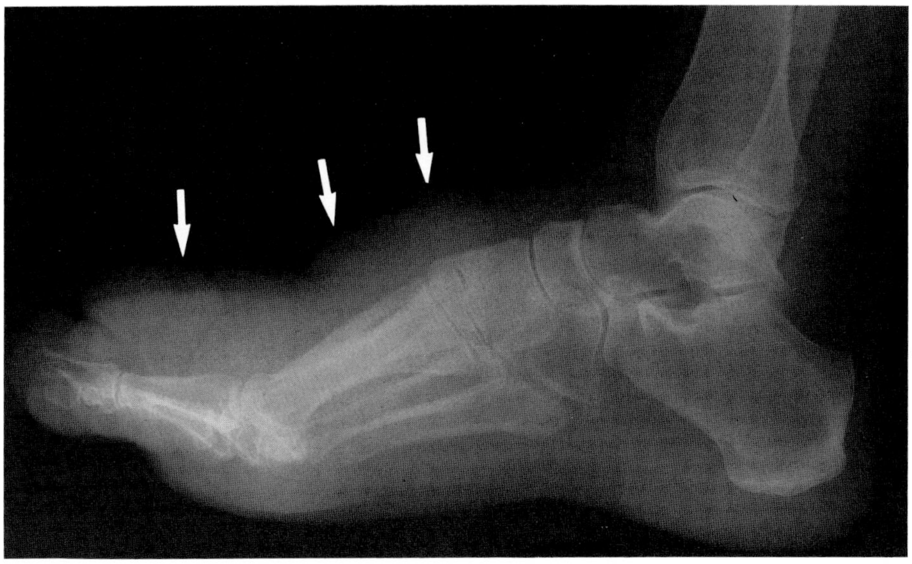

Abb. 15.**66** **Örtliches Myxödem** am Fußrücken, das in einer Zunahme der Weichteildicke ohne Knochenläsionen zum Ausdruck kommt (Pfeile).

Ein flüchtiges Ödem kann nach einem *zerebrovaskulären Insult* auftreten.

Eine *allgemeine Verminderung* der Weichteildicke an Händen und Füßen beruht meist auf *vaskulären Kollagenkrankheiten* (Abb. 15.**67**), *Epidermolysis bullosa,* Inaktivitätsatrophie bei *muskulären oder neurologischen Störungen* und, selten, *Lipodystrophie.*

Trommelschlegelfinger

Eine kolbenförmige Konfiguration der Fingerenden, sog. *Trommelschlegelfinger,* ist sehr häufig die Folge von *Bronchuskarzinom, Leberzirrhose, angeborenen Herzfehlern, pulmonaler hypertrophischer Osteoarthropathie oder pulmonaler interstitieller Fibrose* mit oder ohne *Pneumokoniose.* Zu den ungewöhnlicheren Ursachen von Trommelschlegelfingern gehören *Pachydermoperiostose, Polyzythämie* und einige *chronische Infektionen.* In seltenen Fällen sind sie vielleicht idiopathisch.

Weichteilknoten

Bei einer isolierten Weichteilschwellung an Hand oder Fuß kann es sich um einen gut- oder bösartigen *Weichteiltumor* handeln, oder es kann eine Arthritis oder Arthrose dahinterstehen. Subkutane Knötchen bei *rheumatoider Arthritis* finden sich häufiger an der Streckseite der Unterarme, können aber auch an den Händen vorkommen. Selten ist eine *Tuberkulose* (kalter Abszeß) die Ursache einer lokalisierten Anschwellung an einem Finger (Zehe); andere granulombildende Erkrankungen (z. B. Sarkoidose und Lepra) rufen dagegen eher eine generalisierte Schwellung eines Fingers (Zehe) hervor. Metabolische Arthritiden (*Gicht,* Abb. 6.**26**, S. 97, *Amyloidose, Lipoiddermatoarthritis* und *Hyperlipidämie*) können zur Bildung diskreter Knoten in den Weichteilen führen. Man muß sie von Weichteilknoten und Mukoidzysten an den Gelenkrändern bei *Arthrose* unterscheiden, die gewöhnlich an den distalen Interphalangealgelenken der Finger beobachtet werden. Eine umschriebene Weichteilschwellung kann auch auf einer *Entzündung des subkutanen Gewebes* beruhen. Aufhellungsbezirke in einer umschriebenen subkutanen Schwellung weisen entweder auf gasbildende Erreger wie *Klostridien (Gasgangrän)* oder auf einen Lufteintritt ins Gewebe durch eine offene Wunde hin (subkutanes Emphysem).

Gelenkergüsse verursachen eine Auftreibung und/oder erhöhte Dichte der Weichteile des betroffenen Gelenks. Bei *rheumatoider Arthritis, Virusinfektionen* (besonders Virushepatitis), *Sarkoidose* und einigen *gastrointestinalen Störungen* (Morbus Whipple, Colitis ulcerosa, Morbus Crohn, Purpura Schoenlein-Henoch und Dünndarm-Bypassoperation) können sich mono- oder polyartikuläre Ergüsse ohne Knochenläsionen entwickeln. Andere Ursachen monoartikulärer Ergüsse sind Gicht, Pilzinfektionen, Tuberkulose, Hämophilie und Synovitis villonodularis. Oft kommt es dann zu einer sekundären Arrosion des angrenzenden Knochens. Anders als bei der rheumatoiden Arthritis werden die Gelenke bei der *Arthritis psoriatica* und beim *Reiter-Syndrom* wahllos unter Beteiligung der Sehnen und der Gelenkkapseln befallen. Es kann der ganze Finger anschwellen (Wurstfinger). Ein übermäßiges Größenwachstum oder eine Fingervergrößerung aus anderen Gründen, an der sowohl Weichteile als auch eventuell knöcherne Elemente beteiligt sind, wird als partieller Gigantismus bezeichnet. Die Ursachen eines partiellen Gigantismus werden in Tabelle 15.**6** aufgeführt.

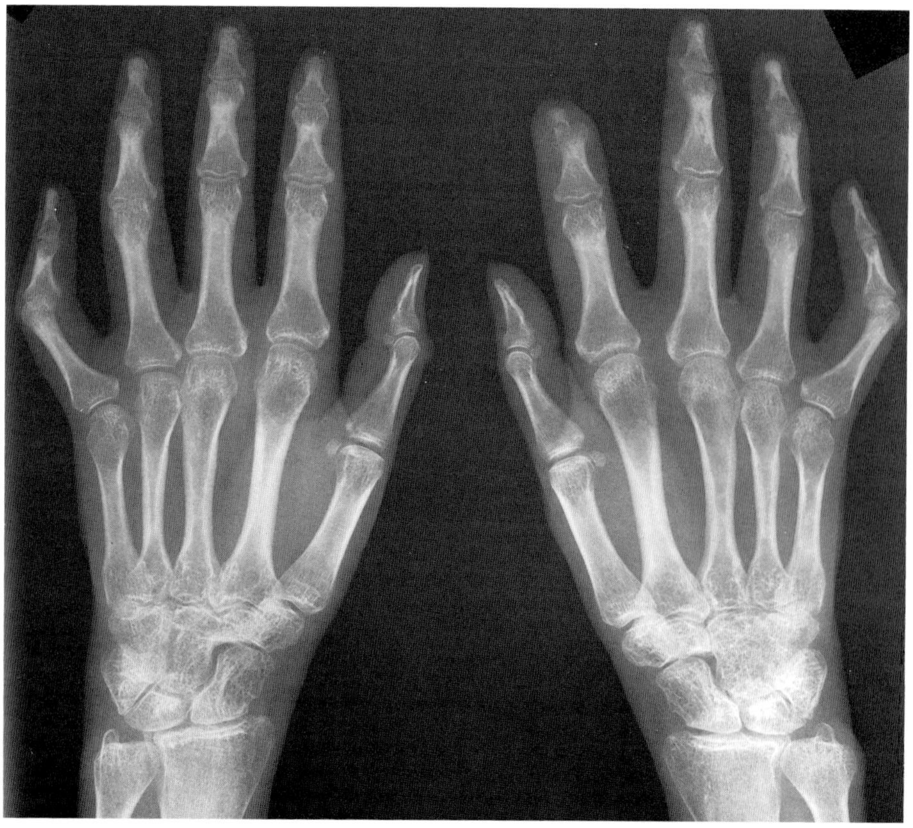

Abb. 15.**67** **Sklerodermie.** Allgemeine Atrophie der Weichteile, nebenbei verbunden mit einer Akrosklerose der Finger.

Tabelle 15.6 Partieller Gigantismus im Bereich der Hände und Füße

Krankheit	Radiographischer Befund	Kommentar
Macrodystrophia lipomatosa (Abb. 15.68)	Riesenwuchs von Weichteilen und ossären Elementen; zweiter und dritter Strahl von Hand oder Fuß sind am häufigsten betroffen. Die Überentwicklung der Weichteile ist an der Volarseite am ausgeprägtesten. Die Phalangen sind lang, breit und oft aufgetrieben. Die Veränderungen sind an den distalen Strahlenenden am schwersten.	Seltene Form des angeborenen partiellen Gigantismus. Kann statisch oder progredient sein, das Wachstum hört aber mit der Pubertät auf. Oft begleitet von Polydaktylie oder Syndaktylie, fast ausnahmslos von Klinodaktylie.
Mafucci-Syndrom	Multiple Enchondrome in den Hand- und Fußknochen, zusätzlich Hämangiome, die als Phlebolithen sichtbar werden, und Weichteiltumoren.	Radiographische Zeichen ähnlich wie bei Ollier-Krankheit (multiple Enchondrome), dazu noch Weichteiltumoren.
Klippel-Trenaunay-Weber-Syndrom	Partieller Gigantismus mit Weichteil- und Knochenhypertrophie. Kann eine ganze Extremität oder nur die distalen Phalangen betreffen. Gewöhnlich noch andere Knochenanomalien.	Trias von kapillaren Hämangiomen der Haut, varikösen Venen und umschriebenem Gigantismus. Arteriovenöse Malformationen sind häufig.
Neurofibromatose	Vergrößerte Digiti, eventuell bilateral; nicht unbedingt benachbarte Digiti betroffen. Die Endphalangen sind nicht am schwersten befallen. Ein vorzeitiger Epiphysenschluß kann vorkommen.	Makrodaktylie bedingt durch plexiforme Neurofibrome, kombiniert mit mesodermaler Dysplasie.
Hämangiom Lymphangiom	Vergrößerung der Weichteile in der betroffenen Region.	In einem Hämangiom können Phlebolithen vorhanden sein.
Ollier-Krankheit	Multiple Enchondrome	Große Enchondrome können das Bild eines umschriebenen Gigantismus erzeugen, auch wenn kein Weichteiltumor besteht.

Fortsetzung auf Seite 304

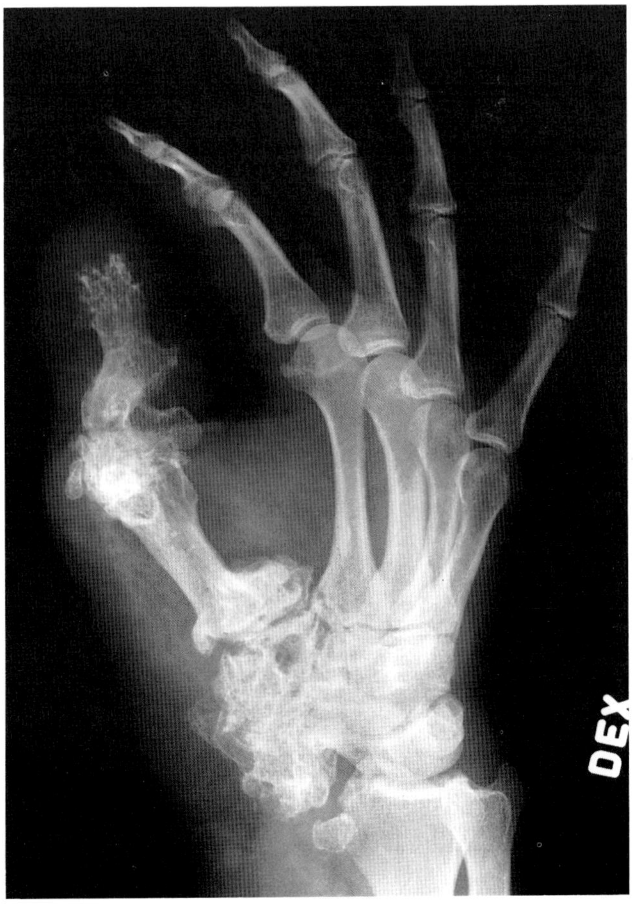

Abb. 15.**68** **Macrodystrophia lipomatosa** im Bereich der Weichteile und Knochen von Daumen, 1. Metakarpale und Trapezium.

Tabelle 15.6 Partieller Gigantismus im Bereich der Hände und Füße (Fortsetzung)

Krankheit	Radiographischer Befund	Kommentar
Daktylitis (Abb. 15.69)	Weichteilschwellung an einem Strahl infolge Infektion, Infarzierung, Gicht, Sarkoidose oder Still-Syndrom.	Siehe Kap. 6, S. 83.
Osteoidosteom	Die Knochenveränderungen in Metatarsalia, Metakarpalia oder Phalangen sind variabel, abhängig von der Lokalisation des Tumors. Im Vordergrund kann die Weichteilschwellung stehen.	Siehe Kap. 5, S. 62.
Melorheostose (Abb. 15.70)	Charakteristische knöcherne Exkreszenzen entlang dem betroffenen Knochen, die wie herabfließendes Wachs an einer brennenden Kerze aussehen.	Durch Wachstumstörung kann eine vergrößerte Zirkumferenz und ungleiche Länge des Glieds entstehen. Zu den Weichteilveränderungen gehören Hautverhärtung und -rötung und subkutanes Ödem.
Umschriebenes Myxödem (Abb. 15.66, S. 301)	Weichteilschwellung ohne Knochenbeteiligung.	Seltene Ursache einer örtlichen Vergrößerung eines Glieds.

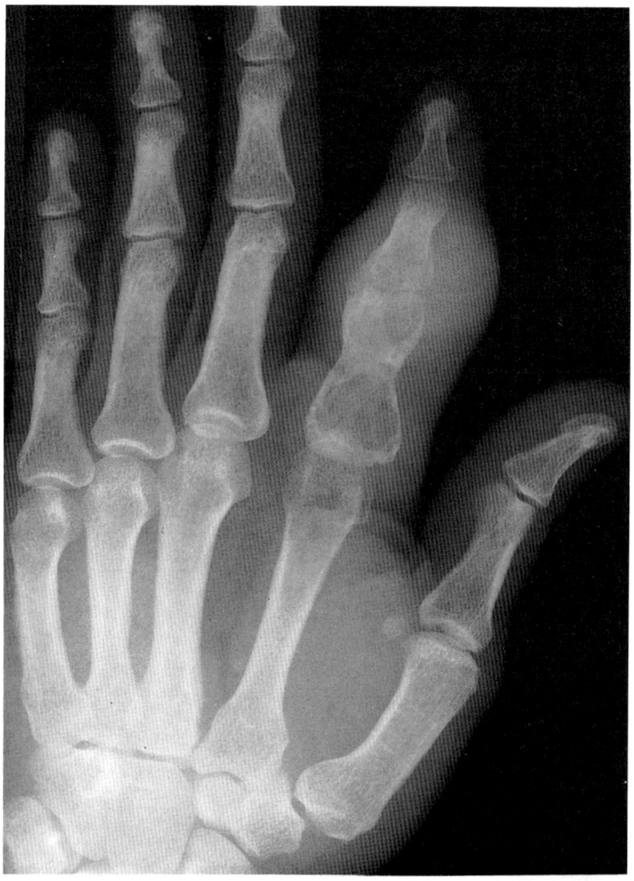

Abb. 15.**69** **Daktylitis bei Sarkoidose.** Der Zeigefinger ist geschwollen, und die Grundphalanx enthält grobe, expansive Knochenläsionen.

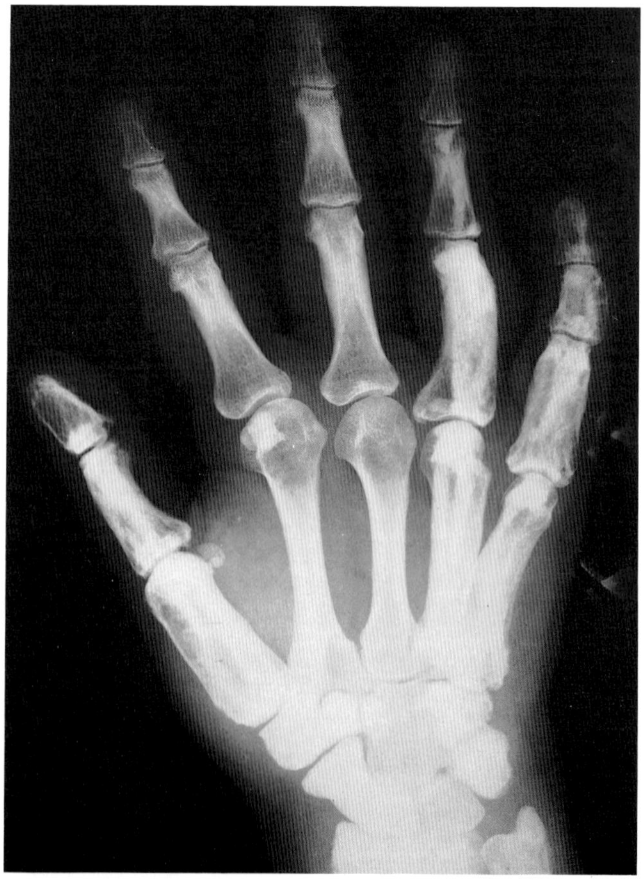

Abb. 15.**70** **Melorheostose.** Das 1., 4. und 5. Metakarpale und die Phalangen sind verdickt. Die sklerotischen Veränderungen verlaufen am Knochen entlang. Es besteht auch eine Weichteilschwellung.

Sehnen, Gelenkkapseln und Schleimbeutel

Eine richtig exponierte Röntgenaufnahme ermöglicht die Abgrenzung einiger Sehnenscheiden und Gelenkkapseln. Wenn dort eine Entzündung besteht, manifestiert sie sich entweder als Verdichtung oder Verbreiterung. Empfindlicher ist die Ultraschalluntersuchung; sie wird eine Echoverminderung und/oder Expansion infolge Ödem, Erguß und Entzündung zeigen.

Bei einer *Tendovaginitis des Extensor pollicis brevis* und des *Abductor pollicis longus* ist die Abgrenzbarkeit der Gewebeschichten an der radialen Seite des Handgelenks aufgehoben.

Bei rheumatoider Arthritis ist oft die Sehne des *Extensor carpi ulnaris* befallen, erkennbar an einer Schwellung an der ulnaren Seite des Handgelenks in der a.-p. Projektion. Ein weiterer Beweis für eine Synovitis ist eventuell eine Kapseldehnung an den Interphalangeal- und Metakarpophalangealgelenken.

Die Anatomie der Achillessehne zeichnet sich auf dem Seitenbild des Knöchels durch ein dreieckiges Fettkissen an ihrer Vorderseite (Kager-Dreieck) scharf ab. Der Durchmesser der Achillessehne beträgt normalerweise 9 mm oder weniger. Eine *Tendinitis,* ein *Ödem* oder eine *Blutung* aus beliebiger Ursache führt zu einer Zunahme des Achillessehnendurchmessers, mit oder ohne Verlust der Schärfe des hinteren Kager-Dreieckrandes. Zu den Ursachen einer Durchmesservergrößerung der Achillessehne gehören Blutung infolge *Ruptur, Tendinitis bei Überbeanspruchung,* Ödem infolge *venöser Stauung, Infektion* der Nachbargewebe oder *Entzündung* (rheumatoide Arthritis, Spondylitis ankylosans, Reiter-Syndrom und Gicht). Eine Entzündung des Schleimbeutels zwischen Kalkaneus und Achillessehne kann zu einer Arrosion an der Hinterseite des Kalkaneus führen. Das ist charakteristisch für einen entzündlichen Prozeß. Jede der *metabolischen Arthritiden* (Gicht, Amyloidose, Lipoiddermatoarthritis und Hyperlipidämie) kann eine Zunahme des Achillessehnendurchmessers oder eine örtliche Schwellung bewirken. Bei symptomfreien hypercholesterinämischen Patienten ist eine Verdickung der Achillessehne (über 9 mm) praktisch beweisend für eine *familiäre Hypercholesterinämie* (Abb. 15.**71**), weil die nichtfamiliäre Form keine xanthomatöse Verdickung der Achillessehne verursacht. Das Ausmaß der Sehnenbeteiligung hängt vom Alter des Patienten und der Höhe des Serumcholesterinspiegels ab. Mit der Ultraschalluntersuchung lassen sich kleine Xanthome in der Achillessehne bei familiärer Hypercholesterinämie leichter entdecken als mit der Radiographie.

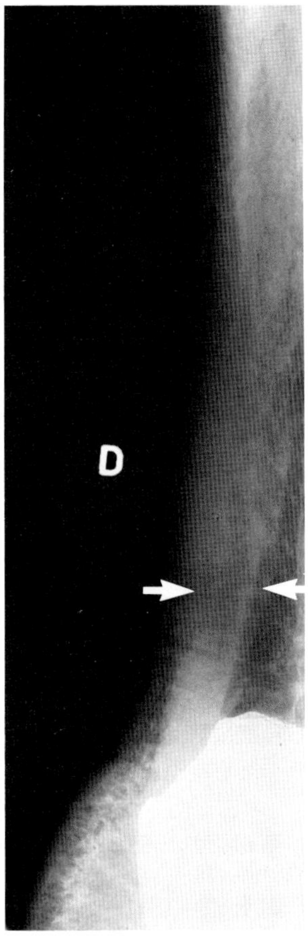

Abb. 15.**71** **Verdickung der Achillessehne** auf einen Durchmesser von 13 mm bei familiärer Hypercholesterinämie vom Typ II A.

Literatur

Brocher, J. E. W., H. G. Willert: Differentialdiagnose der Wirbelsäulenerkrankungen. Thieme, Stuttgart 1980

Dihlmann, W.: Gelenke-Wirbelverbindungen, 3. Aufl. Thieme, Stuttgart 1987

Dihlmann, W.: Röntgenatlas rheumatischer Krankheiten. Thieme, Stuttgart 1985

Edeiken, J.: Roentgen Diagnosis of Disease of Bone, 3rd ed. Williams & Wilkins, Baltimore 1981

Federle, M. P., A. J. Megibow, D. P. Naidich: Radiology of AIDS. Raven Press, New York 1988

Forrestier, D. M., J. C. Brown, J. W. Nesson: The Radiology of Joint Disease, 2nd ed. Saunders, Philadelphia 1978

Freeman, B. A.: Textbook of Microbiology, 22nd ed. Saunders, Philadelphia 1985

Gamble, F. O., I. Yale: Clinical Foot Roentgenology. Krieger, Huntington, NY 1975

Gibilisco, J. A.: Stafne's Oral Roentgenographic Diagnosis, 5th ed. Saunders, Philadelphia 1985

Greenfield, G. B.: Radiology of Bone Disease, 5th ed. Lippincott, Philadelphia 1990

Kissane, J. M.: Andersons's Pathology, 8th ed. Mosby, St Louis 1985

Köhler, A., E. A. Zimmer: Grenzen des Normalen und Anfänge des Pathologischen im Röntgenbild des Skeletts, 13. Aufl. Thieme, Stuttgart 1989

Kreel, L.: Outline of Radiology. Heinemann, London 1971

Kricun, M. E., J. Edeiken: The Hand and Wrist in Systemic Disease. Williams & Wilkins, Baltimore 1973

Lusted, L. B., T. E. Keats: Atlas of Roentgenographic Measurement, 5th ed. Year Book, Chicago 1985

Meschan, I.: Analysis of Roentgen Signs in General Radiology. Saunders, Philadelphia 1984

Newton, T. H., D. G. Potts: Radiology of the Skull and Brain: The Skull. Mosby, St Louis 1971

Poznanski, A. K.: The Hand in Radiologic Diagnosis, 2nd ed. Saunders, Philadelphia 1984

Radiologic Clinics of North America 15 (1977) Nr. 2. Saunders, Philadelphia

Reeder, M. M., B. Felson: Gamuts in Radiology, 2nd ed. Audiovisual Radiology of Cincinnati, Cincinnati 1987

Resnick, D., G. Niwayama: Diagnosis of Bone and Joint Disorders, 2nd ed. Saunders, Philadelphia 1988

Robbins, S. L.: Pathologic Basis of Disease, 4th ed. Saunders Philadelphia 1989

Sabiston jr., D. C.: Textbook of Surgery: the Biological Basis of Modern Surgical Practice, 13th ed. Saunders, Philadelphia 1986

Schinz: Radiologische Diagnostik in Klinik und Praxis. In 6 Bänden, 7. Aufl. Thieme, Stuttgart 1983–1991

Schmidt, H., E. Fischer: Die okzipitale Dysplasie. Thieme, Stuttgart 1960

Seminars in Roentgenology 5 (1970) Nr. 4; 14 (1979) Nr. 1. Grune & Stratton, New York

Silverman, F.: Caffey's Pediatric X-Ray Diagnosis: A Textbook for Students and Practitioners of Pediatrics, Surgery and Radiology, 8th ed. Year Book, Chicago 1985

Sutton, D.: A Textbook of Radiology and Imaging, 4th ed. Churchill Livingstone, Edinburgh 1987

Swischuk, L. E.: Imaging of the Newborn, Infant and Young Child, 3rd ed. Williams & Wilkins, Baltimore 1989

Taveras, J. M., J. T. Ferrucci: Radiology: Diagnosis, Imaging, Intervention. Lippincott, Philadelphia 1989

Taybi, H.: Radiology of Syndromes and Metabolic Disorders, 3rd ed. Year Book, Chicago 1990

Teplick, J. G., M. E. Haskin: Surgical Radiology. Saunders, Philadelphia 1981

Teschendorf, W., H. Anacker, P. Thurn: Radiologische Differentialdiagnostik, 6. Aufl. Thieme, Stuttgart 1991

von Torklus, D., W. Gehle: Die obere Halswirbelsäule, 3. Aufl. Thieme, Stuttgart 1987

Williams, P. L., R. Warwick, M. Dyson, L. H. Bannister: Gray's Anatomy, 37th ed. Churchill Livingstone, Edinburgh 1989

Wilner, D.: Radiology of Bone Tumor and Allied Disorders. Saunders, Philadelphia 1982

Wyngaarden, J. B., L. H. Smith jr.: Cecil's Textbook of Medicine, 18th ed. Saunders, Philadelphia 1988

Zimmer, E. A.: Das Brustbein und seine Gelenke. Thieme, Leipzig 1939

Sachverzeichnis

Halbfett gedruckte Ziffern verweisen auf Seiten mit Abbildungen

E

F

G

H

I

J

K

L

M

N

O

P

T

U

V

W

X

Z